戈尔巴乔夫与德国问题

[俄] 阿·加尔金 阿·切尔尼亚耶夫 著
周 力 胡 昊 董国平 姚晓南 王 峰 译
周 力 校

当代世界出版社
THE CONTEMPORARY WORLD PRESS

图书在版编目（CIP）数据

戈尔巴乔夫与德国问题／（俄罗斯）阿·加尔金，（俄罗斯）阿·切尔尼亚耶夫著；周力等译．
—北京：当代世界出版社，2017.1
ISBN 978-7-5090-1182-9

Ⅰ.①戈… Ⅱ.①阿… ②阿… ③周… Ⅲ.①戈尔巴乔夫（Gorbachev, Mikhail Sergsyevich 1931-）－人物研究 ②德国问题－研究 Ⅳ.①K835.127=5 ②D851.63

中国版本图书馆CIP数据核字（2016）第317524号

书　　名：	戈尔巴乔夫与德国问题
出版发行：	当代世界出版社
地　　址：	北京市复兴路4号（100860）
网　　址：	http://www.worldpress.org.cn
编务电话：	（010）83907332
发行电话：	（010）83908409
	（010）83908455
	（010）83908377
	（010）83908423（邮购）
	（010）83908410（传真）
经　　销：	新华书店
印　　刷：	北京毅峰迅捷印刷有限公司
开　　本：	710毫米×1000毫米　1/16
印　　张：	35.5
字　　数：	560千字
版　　次：	2017年1月第1版
印　　次：	2017年1月第1次
书　　号：	ISBN 978-7-5090-1182-9
定　　价：	90.10元

如发现印装质量问题，请与承印厂联系调换。
版权所有，翻印必究；未经许可，不得转载！

目 录
CONTENTS

1986 年

在苏共中央政治局会议上

  （1986 年 3 月 27 日）………………………………… 1

在戈尔巴乔夫办公室举行的小范围会议

  （1986 年 5 月 26 日）………………………………… 2

苏共中央政治局会议讨论华沙条约组织成员国政治协商委员会

 布达佩斯会议的成果

  （1986 年 6 月 13 日）………………………………… 3

摘自戈尔巴乔夫同约翰内斯·劳的会谈记录

  （1986 年 6 月 25 日）………………………………… 4

关于戈尔巴乔夫与根舍的会谈

  （1986 年 7 月 21 日）………………………………… 11

在苏共中央政治局会议上

  （1986 年 7 月 24 日）………………………………… 12

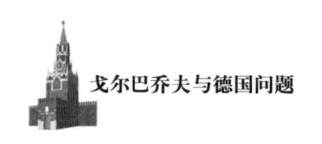

在苏共中央政治局会议上

　　（1986年9月25日）·················13

摘自戈尔巴乔夫在经互会会议前同助手们的谈话记录

　　（1986年9月29日）·················13

摘自戈尔巴乔夫同昂纳克、密斯、施密特的会谈记录

　　（1986年10月3日）·················15

1987年

在苏共中央政治局会议上

　　（1987年1月21日）·················21

戈尔巴乔夫就德国问题发布命令

　　（1987年2月2日）··················23

在苏共中央政治局会议上

　　（1987年2月12日）·················24

摘自法林和巴尔几次会谈的记录

　　（1987年2月13—16日）···············25

摘自戈尔巴乔夫与昂纳克的会谈记录

　　（1987年5月28日）·················28

在苏共中央政治局会议上

　　（1987年6月11日）·················34

摘自戈尔巴乔夫与魏茨泽克的会谈记录

  （1987年7月7日　莫斯科）……………………………… 35

在苏共中央政治局会议上

  （1987年7月16日）……………………………………… 44

摘自戈尔巴乔夫同密斯的会谈记录

  （1987年11月4日）……………………………………… 48

摘自戈尔巴乔夫与施特劳斯的会谈记录

  （1987年12月29日）…………………………………… 50

1988年

摘自戈尔巴乔夫会见施佩特的谈话记录

  （1988年2月9日）……………………………………… 67

在苏共中央政治局会议上

  （1988年4月14日）……………………………………… 69

摘自戈尔巴乔夫与福格尔的会谈记录

  （1988年5月11日　莫斯科）…………………………… 71

摘自戈尔巴乔夫与邦格曼的会谈记录

  （1988年5月16日）……………………………………… 81

摘自戈尔巴乔夫同根舍的会谈记录

  （1988年7月30日）……………………………………… 88

3

摘自戈尔巴乔夫和昂纳克的会谈记录

　　（1988年9月28日）……………………………… 96

摘自戈尔巴乔夫和昂纳克的大范围会谈记录

　　（1988年9月28日）……………………………… 100

摘自戈尔巴乔夫同《明镜周刊》代表的会谈记录

　　（1988年10月20日）……………………………… 109

摘自戈尔巴乔夫接受《明镜周刊》的采访记录

　　（1988年10月20日）……………………………… 110

摘自戈尔巴乔夫和科尔的会谈记录

　　（1988年10月24日）……………………………… 111

切尔尼亚耶夫就西欧对科尔访问莫斯科所作反应起草的请示

　　（1988年10月28日）……………………………… 114

1989 年

摘自戈尔巴乔夫同福格尔的会谈记录

　　（1989年4月11日）……………………………… 117

在苏共中央政治局会议上

　　（1989年4月13日）……………………………… 126

摘自戈尔巴乔夫同魏茨泽克总统的第一次会谈记录

　　（1989年6月12日　波恩）……………………… 127

| 目 录 |

摘自戈尔巴乔夫同科尔一对一的会谈记录

（1989年6月12日　波恩）……………………………… 130

在正式午宴上的交谈

（1989年6月12日）……………………………………… 139

摘自戈尔巴乔夫同根舍的会谈记录

（1989年6月13日　波恩）……………………………… 143

摘自戈尔巴乔夫同科尔第二次一对一的会谈记录

（1989年6月13日　波恩）……………………………… 147

苏联同德意志联邦共和国签署的系列文件

（1989年6月13日　波恩）……………………………… 150

戈尔巴乔夫与实业界代表的会见

（1989年6月13日　科隆）……………………………… 156

戈尔巴乔夫在魏茨泽克总统午宴上的演讲

（1989年6月13日）……………………………………… 158

摘自戈尔巴乔夫同施佩特的会谈记录

（1989年6月14日　斯图加特）………………………… 160

摘自戈尔巴乔夫同科尔第三次一对一的会谈记录

（1989年6月14日　波恩）……………………………… 163

摘自戈尔巴乔夫同魏茨泽克总统最后一场会谈的记录

（1989年6月15日　波恩）……………………………… 164

戈尔巴乔夫在波恩举行记者招待会

（1989年6月15日）……………………………………… 165

5

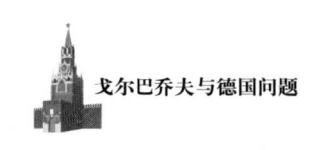

摘自戈尔巴乔夫对记者提问的回答

　　…………………………………………………………… 166

摘自切尔尼亚耶夫日记

　　（1989 年 10 月 5 日）…………………………………… 167

摘自尔巴乔夫与昂纳克的会谈记录

　　（1989 年 10 月 7 日）…………………………………… 168

摘自戈尔巴乔夫与德国社会统一党中央政治局委员们的会谈记录

　　（1989 年 10 月 7 日　柏林）…………………………… 171

摘自切尔尼亚耶夫日记

　　（1989 年 10 月 9 日）…………………………………… 176

摘自切尔尼亚耶夫日记

　　（1989 年 10 月 11 日）………………………………… 177

扎格拉金谈 1989 年 10 月 9 日和德意志联邦共和国代表们的会谈情况

　　…………………………………………………………… 177

摘自戈尔巴乔夫同科尔的通话记录

　　（1989 年 10 月 11 日　通话应科尔请求进行）……… 180

摘自戈尔巴乔夫与勃兰特的会谈记录

　　（1989 年 10 月 17 日　莫斯科）……………………… 182

摘自戈尔巴乔夫同克伦茨的会谈记录

　　（1989 年 11 月 1 日）…………………………………… 191

摘自切尔尼亚耶夫日记

　　（1989 年 11 月 10 日）·················· 205

摘自戈尔巴乔夫与科尔的通话记录

　　（1989 年 11 月 11 日）·················· 205

扎格拉金与联邦德国驻苏联大使布列赫的谈话记录

　　（1989 年 11 月 16 日）·················· 209

《从邦联结构到联邦制》——联邦总理科尔在联邦议院的演讲

　　（1989 年 11 月 28 日）·················· 211

摘自戈尔巴乔夫和安德烈奥蒂的谈话记录

　　（1989 年 11 月 29 日　罗马）············· 219

摘自戈尔巴乔夫与安德烈奥蒂举行的联合记者招待会

　　（1989 年 12 月 1 日　米兰）·············· 222

摘自戈尔巴乔夫和乔治·布什的谈话记录

　　（1989 年 12 月 2 日　马耳他）············· 223

摘自戈尔巴乔夫和乔治·布什的谈话记录

　　（1989 年 12 月 3 日）··················· 225

摘自戈尔巴乔夫和根舍的谈话记录

　　（1989 年 12 月 5 日）··················· 227

摘自扎格拉金在基辅和阿塔里的谈话记录

　　（1989 年 12 月 6 日）··················· 237

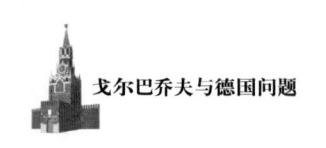

摘自戈尔巴乔夫和密特朗的谈话记录

  （1989年12月6日　基辅）……………………… 238

摘自扎格拉金同戈洛维茨的谈话记录

  （1989年12月11日）………………………………… 243

摘自扎格拉金同拉莫尔斯的会谈简报

  （1989年12月20日至21日）……………………… 244

1990 年

在苏共中央总书记办公室小范围会议上讨论德国问题

  （1990年1月26日）……………………………… 255

摘自戈尔巴乔夫同莫德罗的谈话记录

  （1990年1月30日）……………………………… 260

为了德国，为了统一的祖国（讨论实现德国统一的构想）

  ……………………………………………………… 272

扎格拉金同联邦德国驻苏联大使布列赫的谈话记录

  （1990年2月1日）………………………………… 273

戈尔巴乔夫会见居西

  （1990年2月2日）………………………………… 275

摘自戈尔巴乔夫同贝克的谈话记录

  （1990年2月9日　莫斯科）……………………… 277

摘自戈尔巴乔夫同科尔的一对一的谈话记录

（1990年2月10日 莫斯科）………………………… 283

摘自戈尔巴乔夫同科尔的谈话记录（续）

（1990年2月10日）………………………………… 298

摘自戈尔巴乔夫同莫德罗的通话记录

（1990年2月12日）………………………………… 302

扎格拉金同赖斯的谈话记录

（1990年2月12日）………………………………… 305

苏共中央书记处关于苏联人民代表大会非例行会议及

苏共二十八大筹备问题会议的发言摘录

（1990年2月13日）………………………………… 307

戈尔巴乔夫同科尔的通话记录

（1990年2月20日）………………………………… 309

戈尔巴乔夫回答《真理报》记者提问

（1990年2月21日）………………………………… 310

摘自戈尔巴乔夫同乔治·布什的通话记录

（1990年2月28日）………………………………… 314

戈尔巴乔夫会见民主德国政府代表团

（1990年3月6日）…………………………………… 316

戈尔巴乔夫接受《真理报》采访

（1990年3月7日）…………………………………… 318

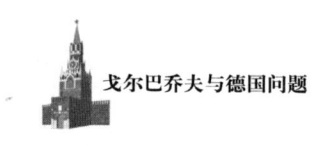

苏联外交部声明

（1990年3月14日）……………………………… 321

苏联政府声明

（1990年3月28日）……………………………… 323

摘自戈尔巴乔夫同赫德的谈话记录

（1990年4月10日）……………………………… 325

摘自戈尔巴乔夫同雅鲁泽尔斯基的谈话记录

（1990年4月13日）……………………………… 328

摘自戈尔巴乔夫同德米克利斯的谈话记录

（1990年4月17日）……………………………… 329

法林提交给戈尔巴乔夫的报告

（1990年4月18日）……………………………… 331

摘自戈尔巴乔夫与德梅齐埃的会谈记录

（1990年4月29日）……………………………… 339

摘自切尔尼亚耶夫写给戈尔巴乔夫的请示

（1990年5月4日）………………………………… 352

摘自戈尔巴乔夫同特里奇克的会谈记录

（1990年5月14日）……………………………… 354

摘自戈尔巴乔夫与贝克的会谈记录

（1990年5月18日）……………………………… 363

| 目 录 |

摘自戈尔巴乔夫与杜布切克的会谈记录

 （1990年5月21日）………………………………… 371

美国《时代》杂志对戈尔巴乔夫的采访摘录

 （1990年5月22日）………………………………… 372

摘自戈尔巴乔夫与密特朗的会谈记录

 （1990年5月25日）………………………………… 374

摘自戈尔巴乔夫和密特朗一对一的会谈记录

 （1990年5月25日）………………………………… 377

摘自戈尔巴乔夫与乔治·布什的会谈记录

 （1990年5月31日 华盛顿）…………………… 387

戈尔巴乔夫与布什在共同举办的

 访美情况新闻发布会上的讲话

 （1990年6月4日）………………………………… 396

摘自戈尔巴乔夫与撒切尔的会谈记录

 （1990年6月8日）………………………………… 397

戈尔巴乔夫和撒切尔在新闻发布会上的讲话

 （1990年6月8日）………………………………… 404

联邦德国和民主德国政府关于解决公开财产问题的联合声明

 （1990年6月15日）………………………………… 405

摘自戈尔巴乔夫与韦尔纳的会谈记录

 （1990年7月14日 莫斯科）…………………… 407

11

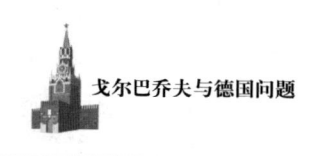

摘自戈尔巴乔夫与科尔一对一的谈话记录

　　（1990年7月15日）·································410

摘自戈尔巴乔夫与科尔（代表团成员）的会谈记录

　　（1990年7月15日）·································418

摘自戈尔巴乔夫与科尔的会谈记录

　　（1990年7月16日　阿尔赫兹）·······················420

戈尔巴乔夫和科尔举行记者招待会

　　（1990年7月16日）·································435

摘自戈尔巴乔夫与乔治·布什的通话记录

　　（1990年7月17日）·································449

关于呈报苏德条约草案并附戈尔巴乔夫致科尔的信件事

　　（1990年7月25日）·································451

摘自戈尔巴乔夫与安德烈奥第的会谈记录

　　（1990年7月26日　莫斯科）·························453

摘自戈尔巴乔夫与迪马的会谈记录

　　（1990年8月25日）·································456

摘自戈尔巴乔夫与科尔的通话记录

　　（1990年9月7日）··································457

摘自戈尔巴乔夫与乔治·布什一对一的会谈记录

　　（1990年9月9日　赫尔辛基）·························462

切尔尼亚耶夫起草的就即将同科尔通话和

 10 月 3 日可能赴德国的请示件

  （1990 年 9 月 10 日） ………………………………… 463

摘自戈尔巴乔夫同科尔的通话记录

  （1990 年 9 月 10 日） ………………………………… 464

摘自戈尔巴乔夫与德梅齐埃的会谈记录

  （1990 年 9 月 12 日） ………………………………… 467

摘自戈尔巴乔夫与根舍的会谈记录

  （1990 年 9 月 12 日） ………………………………… 469

摘自戈尔巴乔夫与赫德的会谈记录

  （1990 年 9 月 14 日） ………………………………… 473

谢瓦尔德纳泽在苏联最高苏维埃国际事务委员会会议上的演讲

  （1990 年 9 月 20 日） ………………………………… 474

《苏联最高苏维埃国际事务委员会决议》

  （1990 年 9 月 20 日） ………………………………… 480

摘自戈尔巴乔夫与拉方丹的会谈记录

  （1990 年 9 月 21 日） ………………………………… 481

切尔尼亚耶夫的请示和致科尔的信件草稿

  （1990 年 9 月 24 日） ………………………………… 489

苏联最高苏维埃关于《苏联与民主德国友好、

    合作与互助条约》的决议

        （1990年9月2日）……………………………… 491

摘自戈尔巴乔夫与魏茨泽克的会谈记录

        （1990年11月9日　波恩）………………………… 492

摘自戈尔巴乔夫和科尔一对一的会谈记录

        （1990年10月9日　波恩）………………………… 494

摘自戈尔巴乔夫和科尔的会谈记录

        （1990年11月9日　波恩）………………………… 504

在《联邦德国与苏联睦邻、伙伴关系和合作条约》签署仪式上的演讲

        （1990年11月9日）………………………………… 507

摘自戈尔巴乔夫与沃格尔和拉方丹的会谈记录

        （1990年11月10日　波恩）……………………… 511

摘自戈尔巴乔夫与威格尔的会谈记录

        （1990年11月10日　波恩）……………………… 512

摘自戈尔巴乔夫与根舍的会谈记录

        （1990年11月10日　波恩）……………………… 514

戈尔巴乔夫给切尔尼亚耶夫下达的指示

        （1990年11月10日　从波恩回国的飞机上）……… 517

摘自扎格拉金与舍费尔的会谈记录

        （1990年11月14日）……………………………… 519

1991 年

摘自戈尔巴乔夫与科尔的通话记录
  （1991 年 1 月 18 日） ·············· 521

苏联最高苏维埃的声明
  （1991 年 3 月 4 日） ·············· 522

摘自戈尔巴乔夫与科尔的通话记录
  （1991 年 3 月 5 日） ·············· 524

戈尔巴乔夫会见科尔的谈话要点
  （1991 年 6 月 18 日） ·············· 526

戈尔巴乔夫就交换文物事致魏茨泽克的信
  （1991 年 7 月 12 日） ·············· 527

与科尔通话的谈话要点
  （1991 年 10 月 2 日） ·············· 529

摘自戈尔巴乔夫与根舍的通话记录
  （1991 年 12 月 25 日） ·············· 530

戈尔巴乔夫致科尔的告别信
  （1991 年 12 月 25 日） ·············· 532

前 言

有关德国统一的问题，出版的专著和发表的文章可谓汗牛充栋，纪录片和电影也无可计数，专访更是多得不胜枚举。对这一具有国际意义的突发事件的所有主要脉络，似乎都已经研究得很透了。专门记录德国统一事件内外各个侧面的卷帙浩繁的文件和其他证据，都被事件的参与者和亲历者、学者、记者们翻了无数遍。给人的感觉是，再也没有什么东西可以影响我们理解德国统一的因果关系及其来龙去脉的秘密了。尽管如此，各种争论至今仍不绝于耳。我们远没有资格下结论，说我们对德国统一进程的认识已经完全和彻底了。

这里面有很多客观原因。其中一个，就是短而又短的历史距离。人们对这一事件记忆犹新，而且一时无法摆脱感情接受程度的影响。情绪支配引发的议论浪潮尚未平息，政治上的某种偏好还占据着上风。事件的参与者们还都没有能够进入并确定他们要赢得或者希望担当的某种历史角色。

另外一个原因是信息即来源基础的片面性。研究者们最能接近的（对公众而言就更是如此了），是那些只能说明这一事件外部情况的材料。它的深层次方面，包括很多"幕后花絮"，在很大程度上还为公众所不知。结果就是，

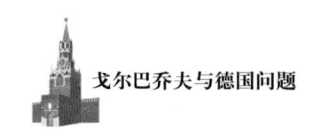

许多评判流于表面，甚至往往用主观臆测来取代客观的分析，对事件当事人的动机缺乏理解。

由此可以得出结论：在对德国统一起因的诸多事件、统一进程的动力、使这一历史成为可能的各种诱因的研究过程中，划上句号还为时尚早。

正确理解并评价戈尔巴乔夫对德政策的一个前提条件是，要将这一政策放到更为广义的历史背景中去解读。比如，戈尔巴乔夫对国际局势所作的判断是怎样的；他就停止将人类引向自我毁灭边缘的"冷战"作出的果断抉择是什么；苏联国内局势又是如何发展演变的等等。德国问题的解决，注定要成为消除不同体系正面对峙的标志性因素。

20世纪80年代中期，德国问题对苏联领导层来说，有两个层面的含义。因为当时存在着两个德国，相应地也就有两套苏联对德的政策。问题在于，这两套对德政策或多或少全都需要调整或更新。苏联同德意志民主共和国和同德意志联邦共和国的关系是历史形成的，中间积累了许多非理性的东西，即意识形态与现实情况相脱节的东西。实际上，最初并未提出实现德国统一的问题。尽管当时苏联很多专家都感觉到，这显然是迟早要发生的事。

在戈尔巴乔夫担任苏联领导人期间，他掌握着能够充分说明德意志民主共和国情况远非十分理想的那些材料。民主德国积累的经济和社会问题不仅没有得到解决，而且还在不断深化。对当局政策的不满情绪，在所有的社会阶层中都可以看到。

民主德国也像苏联一样，变革的条件趋于成熟了。在这种形势下，自然而然摆在面前的，是两种可行但又相互排斥的处理方式。第一种是将苏联正在进行的改革强加给民主德国，即从外部"倡议"改革。第二种是尊重民主德国的独立与主权，遵循不干涉其内部事务的方针，寄希望于民主德国在苏联自身"改革"的实例影响下发生变化。历史形成的苏联与社会主义同盟国之间关系的性质，推动着苏联领导层采取了第一种处理方式。但对已经着手在所有领域推行深刻变革的戈尔巴乔夫本人来说，这是绝对不可以接受的，因为它会导致苏联和东欧国家的关系丧失任何发展的前景。也正因为如此，在戈尔巴乔夫的前任康斯坦丁·契尔年科[1]的葬礼上，戈尔巴乔夫就向华沙条约组织成员国的领袖们明确地表示，苏联领导人将严格遵循不干涉盟国事务的原则。至于民主德国的领导人如何利用这一新局面，即为什么一结束苏联的托管，就暴露出民主德国制度的无能，那就是另外的问题了。

同联邦德国重新定位关系是很困难的。问题是多方面的，但绝不是仅这一点就能解释通的。心理因素也起了不小的作用。戈尔巴乔夫本人从孩提时代起，就亲身体验到战争和德国占领的各种艰难困苦。他自己也同许多苏联人一样，并不那么容易战胜"反德综合症"。更何况千百万的普通民众呢？作为一个有高度政治敏感性的人，戈尔巴乔夫清醒地意识到，在对德关系上，抛开一定的、已经历史形成的界限，去搞什么急转弯，是不会被苏联人民理解的。需要逐步地朝这个方向去引导和培养。

与民主德国拥有多年的双边关系，对战胜"反德综合症"起到了积极作用。维利·勃兰特[2]推动"德国问题"向前发展的"东方政策"，在这方面发挥了重要影响。

苏联同联邦德国关系气氛的改变，始于1987年联邦德国总统里夏德·冯·魏茨泽克[3]访问莫斯科。看不出魏茨泽克同戈尔巴乔夫的会谈有什么爆炸性新闻。戈尔巴乔夫提请对方要注意的是，两个德国都对欧洲的和平与安全作出了贡献。他再次以相当强硬的方式重申了苏联的立场：两个德国的存在，这是现实；任何要重新审视这一现实的企图，都将带来最不希望看到的后果。

与此同时，会谈中也有一些新的声音。会谈指出，70年代末80年代初以来，在苏联同其他国家关系积极发展的背景下，苏联和联邦德国关系停滞不前的状况显得十分突出。双方愿意并将致力于为这种停滞划上句号。还有一些更为重要的情况。戈尔巴乔夫原则上并未排除实现德国统一的可能。就算不是

---

[1] 康斯坦丁·乌斯季诺维奇·契尔年科（1911—1985年），苏联领导人。1984年担任苏共中央总书记。1985年3月10日因病去世，3月11日，在葛罗米柯等人的支持下，戈尔巴乔夫在苏共中央非常全会上当选苏共中央总书记、苏联国防委员会主席。——译者注

[2] 维利·勃兰特，西德政治家和国务活动家，德国社会民主党主席（1964—1987年），社会党国际主席（1976—1992年）。联邦德国外交部长（1966—1968年），总理（1969—1974年），是对苏关系实施新东方政策的首倡者。诺贝尔和平奖获得者。

[3] 里夏德·冯·魏茨泽克，联邦德国总统（1984—1994年）。

现在，那么就晚些时候统一吧。应该让历史有做工作的机会。在那个时代，又是在那样的条件下，这些表态的意义无疑是十分深远的。

同魏茨泽克总统会谈之后，和施特劳斯[1]、施佩特[2]、邦格曼[3]、福格尔[4]，特别是与根舍[5]进行的谈话中，对"德国问题"各个方面展开的讨论，就都比较顺畅了。在小范围和政治局的会议上，戈尔巴乔夫越来越频繁地提到"德国问题"。

作为对科尔[6]总理发出的又一轮试探气球的回应，戈尔巴乔夫给科尔写了封信。信中第一次出现了我们两国关系"新篇章"的字样。1988年10月，科尔抵达莫斯科访问。要理解这次访问的意义，特别是从对德问题未来处理方式的角度来理解，就有必要回顾一下这次会见的氛围，它使两位政治家相互产生了信任。

1988年10月28日，一场具有转折性意义的信任对话，在克里姆林宫的叶卡捷琳娜宫举行了。双方都放弃了敌意、意识形态上的相互攻讦，不再模棱两可或耍滑头。两人后来都证实，这是一次诚恳、开诚布公的谈话。双方都采取现实主义的态度，体现出责任感和乐观态度以及面向未来的精神。

在政治局的讨论中，戈尔巴乔夫对科尔访问作了这样的总结："暂时还没有取得突破，但朝着这一重要方向前进的强大动力已经展现出来了"。

戈尔巴乔夫同科尔的关系很快成为朋友式的关系。这最终保障了民主德国推进改革的进程没有出现过度的振荡。而那时，民主德国也和其他中东欧国家一样，政治动荡最激烈的几个月已经来临。

---

[1] 弗兰茨·约瑟夫·施特劳斯，西德政治家和国务活动家。巴伐利亚基督教社会同盟保守党主席（1961–1988年），巴伐利亚总理（1978–1988年）。1950–1969年期间在联邦德国政府担任过各种部长职务。

[2] 洛塔尔·施佩特，基督教民主同盟副主席（1981–1989年），巴登-符腾堡州总理（1978–1991年）。

[3] 马丁·邦格曼，联邦德国自由民主党主席（1985–1988年），联邦德国经济部长。

[4] 汉斯·约亨·福格尔，西德政治家和国务活动家。1983–1991年担任联邦德国议会中的社会民主反对派领袖。德国社会民主党主席（1087–1991年）。

[5] 汉斯·迪特里希·根舍，德国政治家和国务活动家。联邦德国内务部长（1969–1974年），外长、副总理（1974–1992年），德国自由民主党主席（1974–1985年）。

[6] 赫尔穆特·科尔，德国政治家和国务活动家。基督教民主同盟主席（1973–1998年），联邦德国总理（1982–1998年）。

| 前 言 |

  有象征意义的是，两位政治家的"接触"，恰好与戈尔巴乔夫1988年12月初在联合国发表的演讲相吻合。展现在全世界面前最重要的动向是，苏联正在不可逆转地向一种全新的政策过渡，即同任何国家发展关系，都以放弃意识形态上的先入为主为前提。

  1989年6月初，戈尔巴乔夫访问了联邦德国。在科尔访问和戈尔巴乔夫此访之间的这几个月内，对德国所作的全面分析让戈尔巴乔夫确信，在实现德国统一的问题上，此前曾令他疑虑的强硬立场，是毫无前途的。

  当然，包括戈尔巴乔夫在内的任何人那时都想象不到，事件将如何发展，会以什么样的速度发展。无论在苏联，还是在联邦德国，围绕德国统一问题出现的严重分歧，都不可能很快消失。尽管这样，在戈尔巴乔夫访问联邦德国期间签署的联合声明中，还是有了新的说法，显得格外引人注目。在同戈尔巴乔夫单独会谈时，科尔将这份文件定位为"结束过去的分界线"、"照亮通往未来之路的光源"。戈尔巴乔夫的评价大致相同。他将这份共同文件称之为双边关系取得突破的一个见证。

  现在，回过头来看这次访问的成果和当时所签文件的意义，我们有充分的依据得出以下的结论：事实上，正是在那个时刻，开启了实现德国统一的进程。

  美国、法国、英国和联邦德国的其他北约盟国们，立刻捕捉到西德这几个夏日事态发展所包含的那些隐秘含义。大家看得都很清楚，因为包括报刊媒体上的立场都透露出来了。民主德国也明白收到的信号是什么意思，无论是"来自上面的"，还是"从下面来的"。但如果说，一心向往东西德统一的民主德国大多数人民已经清楚，苏联无意妨碍德国人民表达自己的意愿，也不会发生任何类似1968年捷克斯洛伐克事件那样的情况，那么德国统一社会党的领导层和民主德国的最高当局也就不可能得出与所事态发生相符的结论。

  不过，那时还阶段性地存在着实现德国和平统一的客观可能性。在渐进式推进统一的情况下，本来是可以避免后来出现的某些消极后果和付出的社会代价的，或至少可以将它们减少到最低的程度。

  毫不夸张地说，到1989年秋天，东德的形势已经发展到点一把火就能着的地步。"柏林墙"的倒塌，在德国人民心中激起了强烈的反应。局势确

实随时都可能失控，而且种种迹象已经不止一次地显现出来。

这个时候必须时刻记住，在民主德国境内，还部署着苏联武装力量一个最大的集群。针对苏联军人的任何一种挑衅，哪怕是很不起眼的挑衅行为，都可能导致流血冲突。还必须考虑到的是，在苏联和民主德国，都有一些很有影响的势力。这些势力越来越响亮地要求动用军队来"整顿秩序"。

在这种条件下，戈尔巴乔夫认为自己的主要任务，是将德国统一进程纳入到井然有序的框架之内，排除武力解决的方案，同时最大限度地照顾到苏联的国家利益，特别是军队的利益。现在情况发生了变化，军队已不能像从前那样，再驻留德国了。而且不论是从政治角度（包括国际因素），还是从经济角度考虑，都是如此。要在已经实现统一的德国，继续驻留苏军，已经毫无意义。而且让苏军继续驻留下去，还不知要花费多少外汇。

戈尔巴乔夫同西方国家元首们展开了密集的对话。昂纳克下台后，戈尔巴乔夫于1989年11月1日和昂纳克的继任者克伦茨[1]进行了一次长时间会谈。在这次谈话中，戈尔巴乔夫的出发点，依然是假设德国统一社会党的新领导层有能力掌控局势，能开始着手改革，从而使民主德国与联邦德国逐步接近，并使合并最终成为可能。在同科尔、根舍两人的接触中，戈尔巴乔夫苦口婆心地劝说他们，不要感情冲动，要表现出克制和冷静。

但是，民主德国和联邦德国各自国内尖锐的政治局势，推动两国加速了统一的进程。1989年11月11日，在同戈尔巴乔夫的会谈中，科尔提到联邦德国对民主德国事态发展的立场时，还信誓旦旦地说什么，德国人清楚，目测的含义是什么，目测意味着既有观测的悟性，又有规划行为时考虑到承担后果的能力，还有个人的责任感。到11月28日，民主德国的国家机构便开始瓦解。科尔随即在联邦德国议会大厦发表了题为"战胜德国和欧洲分裂的十点计划"的讲话。

苏联领导层对科尔"十点计划"的反应极其强烈。但这种强烈反应很快就过去了。因为事态发展的速度超出了这份纲要所指的范围。

1990年1月底，在戈尔巴乔夫办公室，召开了一次有关德国问题的小范

---

[1] 埃贡·克伦茨，德国统一社会党中央候补委员（自1976年起）、委员（1983–1989年），后取代昂纳克担任德国统一社会党总书记和德意志民主共和国国务委员会主席（1989年10月）。

围会议。经过讨论，形成了立场。戈尔巴乔夫把它归纳为以下几点：

——提出组建"六方会谈"（即4大战胜国——苏联、美国、英国、法国和两个德国——联邦德国和民主德国）的倡议，讨论与德国问题相关的所有外部问题；

——在对联邦德国的关系中，以科尔为基准，但也不忽视德国社会民主党的诉求；

——邀请民主德国的新总理莫德罗[1]和德国统一社会党的新领导人居西[2]来莫斯科谈判；

——就德国问题同英国、法国保持定期接触；

——责成阿赫罗梅耶夫元帅为从民主德国撤出苏联军队作好准备。

但要确保德国问题的解决成为一种可能，还必须使世界、欧洲，首先是苏联国内，发生很多变化，特别是在俄罗斯人同德国人关系的问题上。

到了2月，在渥太华会议期间，就"六方会谈"框架内"最终解决"问题的谈判达成了一致。此后在波恩、柏林和莫斯科又举行了三轮谈判。这三轮谈判以"2+4"的形式载入史册。

可后来，围绕"2+4"谈判的名称问题，又人为制造出一场外交烟雾。一些反对戈尔巴乔夫政策的人出于政治目的，也有人纯粹是出于个人原因，宣称"六方会谈"框架内谈判概念最初的基础，应该是"4+2"，即战胜国要优先于两个德国。因此，将文件和对外报道中的"4+2"形式改为"2+4"，可以解读为作出了没有根据的重大让步，简直就是投降。

事实上，在那个发生具有划时代意义变革的背景下，这些不切实际的外交公文八股已经失去了意义。至少对苏联和其他战胜国而言是这样。德方对"数字变化"的兴趣可以理解。美国国务卿贝克支持了德方立场。德国人想再次向世人表明，德国被视为二流谈判方的时代已经一去不复返了。"2+4"公式听起来，等于说德国自己的事务由德国人自己解决，而以前的战胜国则只能去负责实现统一的国际问题。换句话说，这一公式中的数字顺序被理解

---

[1] 汉斯·莫德罗，德意志民主共和国倒数第二位总理（1989年11月–1990年3月），德国统一社会党政治局委员（1989–1990年），民主社会主义党名誉主席（1990–2004年）。

[2] 格雷格尔·居西，东德政治家、律师。领导了德国统一社会党改组工作委员会，之后（1990年）在该党非例行代表大会上当选为党主席，该党不久后更名为民主社会主义党。

成了德意志民族的声誉问题。

在讨论欧洲与世界命运的问题时，还在固持己见地抠数字，显然不符合戈尔巴乔夫的行事规则。戈尔巴乔夫考虑的是苏联与未来统一了的德国关系的前景问题。他不需要在小事上讨价还价。戈尔巴乔夫认为，很明显，德国人不仅有权利，而且将不可避免地自己决定自己的事务。1990年2月10日，在同再次抵达莫斯科访问的科尔会见时，戈尔巴乔夫为避免对方的理解产生歧义，明确地表示："应由德国人自己作出自己的选择"。科尔马上追问："您是想说，是否实现统一的问题，这是德国人自己要作出的选择吗？"科尔听到了意思清楚的确认："是的……现实就是这样"。

1990年初，强大的人民运动，首先是民主德国国内的人民运动，成为德国统一进程的决定性动力。统一进程已经在形式上最终转到了德国人手中。战胜国需要解决的主要问题是，在已经发生根本性变化的条件下，如何保障欧洲的安全。统一后的德国同北约的未来关系问题被提到了首位。美国和联邦德国政府在这一问题上的立场毫不含糊，即统一后的德国应当成为拥有全权的北约成员国。

其实，未来的德国加入北约这件事本身，以及随之而来的北约管辖范围向东推进了几百公里，对苏联来说，产生的意义已经不完全是地缘政治上的，而更多是心理上的。总的来说，在核时代，特别是在已经开始裁军的条件下（而且加入华沙条约组织的东欧国家已经获得切实的选择自由），统一后的德国加入北约，实际上并不会给苏联的国家安全带来任何改变。但是，戈尔巴乔夫不能不重视社会上、政治高层中，特别是在军人中大有市场的那些意见。他为此要找到一种能够排除统一后的德国直接加入北约的方案。1990年整整一个春天，无论在戈尔巴乔夫身边工作人员的小圈子里，还是在苏共中央政治局，全都在忙于讨论各种可能的方案。到5月初，谢瓦尔德纳泽[1]赴波恩参加"2+4"第一轮谈判前夕，政治局就此话题展开了一场立场极其强硬的讨论，得出的结论是，我们绝不允许德国加入北约！

但进一步的分析表明，统一后的德国实行中立或者同时加入北约和华

---

[1] 爱德华·阿姆伏罗西耶维奇·谢瓦尔德纳泽，苏联和格鲁吉亚政治家和国务活动家。苏联外交部长，苏共中央政治局委员（1985–1990年）。格鲁吉亚总统（1992–2003年）。

| 前 言 |

约等等想法，都是站不住脚的。因为，既然说各方对统一已经达成了一致，就等于说，去除掉了与战争后果相关的所有限制，那么德国也就因此获得了选择加入哪一个集团或根本不加入某一集团的主权权利。谢瓦尔德纳泽参加"2+4"谈判途中拿到的有关口径，正像可以预见的那样，"没管用"。

1990年5月底，戈尔巴乔夫又带着这一口径去了华盛顿。对戈尔巴乔夫在美期间和乔治·布什[1]的谈判，也有不少机会主义的说法，歪曲了戈尔巴乔夫的真实动机。问题的实质在于，戈尔巴乔夫在以现实和基本逻辑为依据的同时，不可能坚守住苏方原先的立场。戈尔巴乔夫面临选择：要么不做让步，那么德国统一进程肯定也会继续走下去，只不过它会绕过苏联，或者在没有苏联参与的情况下进行，但这可能出现违背苏联重大利益的局面；要么遵循健全的理性，保住苏联在这一事件中的角色，并作为成果，得到一个友好的、感恩的德国伙伴——世界经济的大块头，更何况德国如今在政治上已变成大块头了。5月31日，双方终于找到了相互妥协的形式。

现在，我们再来讲讲实现统一"进行曲"的最后一个"终止符"。1990年7月，科尔再次来到莫斯科，以求最终确定两德统一的程序。他同戈尔巴乔夫的会见安排在苏联外交部小别墅举行。科尔讲话意思清晰，据理力争。他此刻玩儿得是诚实却争夺激烈的游戏。科尔做了很多让步，但成果显著，即统一后的德国可以随后加入北约。

一个月后，戈尔巴乔夫在赫尔辛基同布什秘密会谈时，对自己的对德立场作了如下概括："您可能会同意我的说法，东欧事件、德国事务对苏联而言，比对美国更加棘手。我坦率跟您讲，需要付出巨大努力，克服强大压力，表现出政治意愿，才能跨越自己，摆脱似乎是不可动摇的老旧的处理方式，按照已经变化了的现实的要求去行动。我至今不得不经常甚至不断地在国内解释这一立场，证明新思维的必要性，说服大家认可这些举措是正确的。这并非一件容易的事。更何况西方总是有人在添油加醋，抛出以旧思维为依据作出的各种分析。这令我的处境更加难堪。"

在外交部小别墅，科尔向戈尔巴乔夫递交了《大条约》草案。这个草案总体上是可以接受的。用科尔的话说，这一条约理应在两个伟大民族的关系

---

[1] 乔治·赫伯特·沃克·布什，美国总统（1989-1993年）。

上结束过去，开辟全新的阶段；未来两国应开展互利合作，进而发展友好关系。

为巩固会谈成果，戈尔巴乔夫陪同科尔去了自己的家乡——斯塔夫罗波尔。最后一场谈判是在阿尔赫兹（一个规模不大的风景如画的北高加索疗养胜地）举行。两个人在那里过了夜。准确地讲，是他们几乎一夜都在谈判中度过。各个文件内容的所有细节，包括未来的睦邻、伙伴和合作条约，彻底解决德国问题的条约，苏军暂时驻留的条约，过渡措施的协议等等，双方都一一谈到了。

后来，科尔在大多数德国人的支持下，忠诚守信，履行了他签过字的所有文件条款。科尔也把他自己对苏联态度的接力棒，传递给后来的德国对俄罗斯的政策，同时并未改变他对戈尔巴乔夫的诚实态度，而没有像某些曾经的伙伴那样，用外交式的"某种失忆"侮辱自己的人格。

历史继续向前走。1990年8月30日，在柏林，签署了联邦德国和民主德国统一为一个国家的条约。9月12日，在莫斯科签署了彻底解决德国问题的条约。

1990年11月9日至10日，戈尔巴乔夫对统一后的德国进行访问。举行了隆重仪式，签署了一系列文件。德国人民与苏联各民族人民发展正常的、实实在在的友好关系的国际法和政治道德基础从此得以奠定。

今天，在回顾当时事态发展进程的时候，我们有充分的理由强调：那时的国家逻辑是，消除核战争的威胁，根本改变国际政治的实质，放弃致命的、难以承受的超级武器的重负，并以同德国建立起稳定的睦邻关系为第一要义。戈尔巴乔夫遵循的正是这样的国家逻辑。他做对了。戈尔巴乔夫在当时的条件下，为达到这一目的，尽了最大的可能。

本书包含四大类材料。第一类，戈尔巴乔夫同外国政治家的会谈记录。其中一部分记录在本书中全文引用，一部分记录有些删节。删掉的内容，或者与德国问题没有直接联系，或者重复了在此前会谈阐述过的内容。第二类，戈尔巴乔夫助理切尔尼亚耶夫[1]为戈尔巴乔夫参加过的有关德国问题的会议和会见所做的记录整理稿。有关速记记录本，都存放在戈尔巴乔夫基金会的

---

[1] 安纳托利·谢尔盖耶维奇·切尔尼亚耶夫，苏共中央总书记、苏联总统的国际问题助理（1986–1991年）。

档案库中。第三类，戈尔巴乔夫身边工作人员整理出的涉及德国统一问题主要决策时期的工作记录和有关德国问题的其他材料。第四类，对了解有关事件十分重要的个别报刊材料。

阿·加尔金 历史学博士、教授
阿·切尔尼亚耶夫 前苏联总统国际事务助理

2006 年 3 月 2 日

1986年

在苏共中央政治局会议上

（1986年3月27日）

戈尔巴乔夫：……联邦德国的问题很让人头疼[1]。限制同科尔进行政治对话，同时通过其他方面继续开展务实合作的路线是正确的。现在还是要坚持这一路线。它正在对科尔发挥影响。要让他及其圈子里的人明白，苏联对德国意味着什么。

与西方其他领导人的交流表明，他们都赞成我们给科尔点颜色看。意大利方面对我们说，他们希望总书记的首次访问不是去联邦德国，而是去意大利。但我们的出发点应该是，联邦德国是一支巨大的力量，我们应该在欧洲和国际舞台上重视这个因素。不可施加过大的压力，以使双边关系变冷。我们的行动要避免毁掉此前已经取得的成果。

我们对联邦德国关系的路线同样制约着民主德国。经济方面的压力，可能使柏林投向西德的怀抱。

我们同美国的关系不顺。我们可以通过欧洲，包括通过联邦德国，甚至通过日本和中国，来推动对美关系。只要我们和西欧开始尝试建立接触，美国马上就会变得忧心忡忡。联邦德国在其中也发挥着重要作用。要搞出一些有分量的举措来。但暂时不要同联邦德国有最高层的接触。还是得给科尔一

---

[1] 1985–1986年间，即戈尔巴乔夫担任苏联领导人第一年期间，苏联与德意志联邦共和国的关系相当冷淡。这种局面不符合苏联的利益。会上谈的正是这个问题。

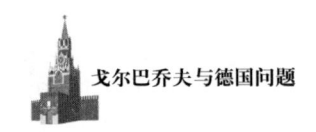

些颜色。要认真对待勃兰特、施密特[1]们的立场。在德国问题上，他们同基督教民主同盟没有太多的原则性区别。要是我们朝着基督教民主同盟急转弯，也会损害我们同德国社会民主党的关系。

在接触中，包括在同社会民主党人的接触时，应重视经济问题。要积极开展文化、社会方面的交流。德国人是严肃认真的民族。他们总是能务实地捕捉到信号。……

摘自切尔尼亚耶夫的记录
戈尔巴乔夫基金会档案：全宗号2，目录号2

在戈尔巴乔夫办公室举行的小范围会议

（1986年5月26日）

（出席人：谢瓦尔德纳泽、多勃雷宁[2]、阿赫罗梅耶夫[3]、切尔尼亚耶夫）

戈尔巴乔夫：……科维钦斯基[4]同科尔的谈话表明，现在已经到了一个临界点，接下去要发生某种改变了。我们已经把科尔逼到了墙角。现在必须仔细斟酌，不要一下子走向另一个极端。同时不能在选举中帮科尔的忙。在经济领域也必须采取些措施了。在这方面以及在核能领域，我们是可以得到好处的。

要知道，我们同德国人之间有个内部渠道。现在还没有利用过。应该用比较超脱的思维来研究一下我们同德国的关系。然后通过这一不公开的渠道

---

[1] 赫尔穆特·施密特，西德政治家和国务活动家。德国社会民主党领袖之一，联邦德国总理（1974-1982年）。

[2] 安纳托利·费奥多罗维奇·多勃雷宁，苏联外交家，苏联驻美国大使（1962-1986年）。苏共中央书记，苏共中央对外联络部部长（1986-1988年），之后担任苏联最高苏维埃主席团主席顾问，苏联总统顾问。

[3] 谢尔盖·费奥多罗维奇·阿赫罗梅耶夫，苏联元帅，苏联武装力量总参谋长（1984-1988年），苏联最高苏维埃主席团主席顾问（1988-1989年），苏联总统军事问题顾问（1990-1991年）。

[4] 尤里·阿列克山德罗维奇·科维钦斯基，苏联和俄罗斯外交家。苏联驻联邦德国大使（1986-1990年）。多次率苏联代表团参加日内瓦限制战略性进攻武器谈判（1981年，1987年）。

传递出去。我认为，作为第一步，我应见一下科维钦斯基，并对外发布消息。之后让他去向科尔介绍一下我们俩人的谈话内容。就说，如果贵方理解，苏方愿意考虑德方的任何看法和建议。还要确定，我们现在拟定了哪些具体措施……并通过科维钦斯基让科尔了解到。

社会民主党人玩的游戏非常巧妙。当然，他们的心理定向是实现德国统一。我们清楚这一点。

我访问联邦德国只能安排在1987年。不能早于这个时间了。可以让根舍秋天来访。就让我们两国的外长们见见面吧。但他能不能来呢。要是我们不告诉他我要见他。……

摘自切尔尼亚耶夫的记录
戈尔巴乔夫基金会档案：全宗号2，目录号2

苏共中央政治局会议讨论华沙条约组织成员国政治协商委员会布达佩斯会议[1]的成果

（1986年6月13日）

（出席人：谢瓦尔德纳泽、多勃雷宁、
阿赫罗梅耶夫、切尔尼亚耶夫）

戈尔巴乔夫：……在同朋友们[2]的所有会见中都达成了这样一个共识，即应该做联邦德国的工作，同他们打交道。这些朋友都和联邦德国联系非常

---

[1] 华沙条约组织成员国政治协商委员会布达佩斯会议，于1986年6月10日至11日召开。会上提出建立涵盖军事、政治、经济和人文等各领域的全面国际安全体系的倡议，通过了华约成员国致北约成员国及所有欧洲国家倡议裁减欧洲武装力量和常规武器的呼吁书。华沙条约组织成员国政治协商委员会系华沙条约组织的最高政治机关，是该组织协调成员国制定并实施对外政策的主要机构。——译者注

[2] 那当时通常称社会主义阵营国家的领导人以及国外共产党的代表为朋友。

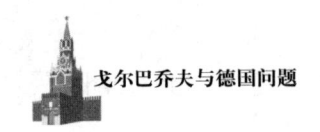

紧密，首先是经济方面。胡萨克[1]的立场同我方最接近。当我们说到我们给了科尔颜色时，大家都表示赞成。但不要走极端。科尔已经开始不自在了。这很好。昂纳克[2]提到了这一点，卡达尔也这样讲了。无论如何不能把关系破坏掉。

但是，当我们说"应该打交道"也有可能导致出现裂痕时，所有各方都表现出很积极的样子，希望跟联邦德国接近……

欧洲方面可以使我们得到更多的资源。大家都这样认为。这方面的工作，也正在影响着美国以及全世界的进程。……

摘自切尔尼亚耶夫的记录
戈尔巴乔夫基金会档案：全宗号2，目录号2

摘自戈尔巴乔夫同约翰内斯·劳[3]的会谈记录

（1986年6月25日）

戈尔巴乔夫：……去年9月同您的会谈给我留下美好印象。9个月过去了。这段时间发生了很多事情。苏联共产党同德国社会民主党的党际关系仍在积极发展，我把和您的会晤视作对这种积极关系的确认。我们对此评价很高。很高兴接受德国社会民主党领导人以及那些为我们相互关系达到相当水平并继续深化、不断向前发展的那些人的问候。苏联领导人对给予应有的评价。也请你转达苏联领导层及我个人对勃兰特主席以及巴尔的同志式问候。我不久前同巴尔举行了一次十分有益的会谈。顺便说一下，我已经做了当时向巴

---

[1] 古斯塔夫·胡萨克（1913-1991年），捷克斯洛伐克社会主义共和国政治家和国务活动家。捷克斯洛伐克共产党中央总（第一）书记（1969-1987年）。捷克斯洛伐克社会主义共和国总统（1975-1989年）。

[2] 埃里希·昂纳克，德国统一社会党中央第一书记、总书记（1971-1989年），德意志民主共和国国务委员会主席（1976-1989年）。

[3] 约翰内斯·劳，西德政治家和国务活动家。德国社会民主党主席团成员，北莱茵-维斯特法伦州总理（1978-1998年）。德国总统（1999-2004年）。

尔承诺的事情。但他还没全做。不过这是他的事了。

劳：……我想谈三个主要方面的问题，我认为都是重要的问题，也非常希望听取您的评价。首先是苏联的经济发展问题。……第二方面的问题和大国之间的谈判（或谈判外）现状有关。在苏联方面提出一月、四月、六月（在布达佩斯）的建议和想法，以及您不久前在苏共中央全会发表讲话之后，都发生了什么，现在的情况如何？里根提议的苏联和美国外长会晤能否举行，这次会晤是否会成为新一轮首脑会晤的筹备会？在我二月访问美国时，里根总统非常乐观地评价已经启动的政治对话。之后几个月的政治气氛都差强人意。现在好像又有些进展了……

最后，我还想谈谈核能问题。联邦德国正在对核能的未来发展展开大讨论。……

戈尔巴乔夫：我们从国外，包括从联邦德国，得到了很多建议。这些建议多涉及我们接下去该怎么走、往哪里走的问题。"德国之波"广播电台以德国式的直率，播出了许多让人联想到类似中央情报局指令那样的"指示"，尽管稍微有些不同。他们不断散布挑衅式的言论，比如该如何同苏联作斗争，怎样给苏共中央总书记做鉴定等等，企图借此离间苏联党和人民。总之，"德国之波"电台的行为不像是国家级的电台，还不如"自由欧洲"电台。而且在稍加修改过的波恩政策中，我们看到听到的，都与华盛顿说的毫无二致。这就只有令人惊呼的份儿了！德国人怎么了，他们自己的脸面在哪里？

……美国人现在怕的不是我们的新武器，而是我们的发展进程。美国人最关心的，就是给苏联添乱，阻碍我们转向经济增长集约化发展之路。刚好，您也特别关心我们的经济前景。

劳：我应该关心啊。北莱茵－威斯特法伦州是从苏联进口石油和天然气的最大消费客户。苏联同联邦德国的贸易总额，有近一半是从我们州过境的。

戈尔巴乔夫：我想，联邦德国参加落实我们的计划，会带给她好巨大的经济和政治利益。

劳：……至于说到"德国之波"，把它和"自由欧洲"混为一谈，让人很不愉快。"德国之波"广播电台台长自社会民主联盟时期就在那儿工作了。他不是"冷战"的追随者。是不是有必要安排他见见苏联代表，讨论一下有关的形势？

戈尔巴乔夫：……苏联存在70年了。针对我们的臆造、谎言，多得都能堆成绵绵山脉了。我们都挺过来了。现在也能挺过去。拿"德国之波"电台负责人怎么办，这不是应多关心的事。我们能分出什么是政治，什么是宣传。

……我们觉得，美国领导层中的右翼集团利用里根的保守主义观点说服了里根，要继续搞军备竞赛。这不仅仅是为了军事上的优势，主要还是想从经济上拖垮苏联。看得出来，美国现任行政当局离开军备竞赛，就不会跟人打交道了。但我们能任由自己成为军工综合体的人质吗？能任由美国行政当局更何况是右翼集团随意操纵世界和我们国家的命运吗？我们要共同努力，打掉他们的如意算盘。我认为，我们同德国社会民主党在这些根本问题上开展合作，对继续政治对话、停止军备竞赛、平衡国际关系，都具有重大意义。

谈判情况如下。美国人不打算取得实际进展，但又害怕被揭穿，不想表现出他们是反对裁军的。而批评的声音，包括美国国内，却在不断增加。我们就战略性武器、航天领域拿出十分广泛的和现实的建议，在中程导弹方面做了很多妥协，提出了常规武器方面的倡议。

可我们没有得到美方的答复。他们在华盛顿和日内瓦制造了一些表象，先提出问题，再抠细节。结果表明，这根本不是谈判，不过是挡箭牌，是幌子。

形势严峻。我给里根写了一封信。我们的新任驻美大使在向里根递交国书的时候，转交了这封信并附带作了说明。我把最主要的问题都一一给里根摆出来了。我说，要拿出行动来解决问题，我们希望得到建设性的答复。近来美国人降低了调门，对我们批评得少了。他们是在造假象，好像苏美又在接触、对话，并透露出会举行新一轮峰会的消息。总之，是在玩某种游戏，暂时还难以期待真的会有什么成果。

美国领导层都是些老奸巨猾的政客。但我们是不会让他们得逞的。我们，包括西方有现实思维的人，或者可以通过共同努力，争取他们对谈判认真起来，或者彻底揭露这一届美国行政当局的丑陋面目。

您可以相信，在裁军方面，我们的立场是十分严肃的。正因为如此，作为起步，我们坚持应起码迈出具体的一两步，才能为谈判进一步前进注入动力。如果新一轮最高级会晤能够举行，那么会晤时就应在裁军方面迈出这一两步。离开这些具体步骤的新会晤，都是空谈。它只符合那些想破坏东西方对话、继续迅即开启军备竞赛的那些人的利益。

我们看到，里根仅仅想会见一下，并没东西拿出来。这是为了他的国内需要。而且他还会对盟国说，"不管他里根做了什么，怎么乱来，戈尔巴乔夫不也是来美国了嘛。"

事情不能这么办。

我们不会去搞一场空谈式的会晤。仅仅为握握手而去会晤，将使国际社会大失所望。如果能就改善局势迈出实际的步伐，我们就去参加会晤，并为会晤的准备和召开作出自己的贡献。我想，您会理解这种立场。

在致里根的密信中，我们阐明了我们的态度，并提出了建议。一切旨在取得实效。我们还就会晤的筹备机制提出了一些建议。

劳：这一机制规定外长会晤了吗？

戈尔巴乔夫：是的，不过不仅限于此。现在我们已经有一些同里根打交道的经验了。恕我直言，这事"挺有意思的"。里根大脑里好像是植入了几个模块，里面有一些他时不时用到的题材。我在看他和我国新任大使会谈的简报时发现，有不少话是他在日内瓦就对我讲过了的。他还是那么喜欢旧话重提。比如，谈到美国在二战后的核垄断，说他们"品德高尚"，没有利用这一垄断地位。还有，苏联根据马克思主义理论正在致力于向世界传播自己的统治。不过这次里根补充说，戈尔巴乔夫倒是最近没提过有关世界革命的话题。

要同这一届美国当局取得进展，很难。美国当局的立场十分顽固。不知能否推动它从现有立场上有所松动。如果不能，我们就等等看。（下面似乎是开玩笑地说。）

或许可以设想一下，有没有可能，等您上台后，即直接同联邦德国谈判，谈美国导弹从贵国撤出以及相应裁减我们的军事潜力？……类似我们已经向法国、英国建议的那样。

劳：但您要注意的是，在同您签署那样的协议之前，我不得不给美国人打电话。那是我们的北约伙伴。

戈尔巴乔夫：我说这话纯属假设。至于说联邦德国的选举，我们预祝您成功。要是西方的保守主义势力能消退就好了。"德国之波"电台就让它留着吧（引人发笑的暗示，意指关于"德国之波"电台的谈话和必须保持政策的独立性）。

劳：在为德国社会民主党代表大会起草的安全政策决议草案中，我们重

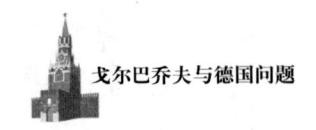

申，我们将继续遵守大西洋同盟一些已知的条款，这一点至关重要。并且我们的同事强调，我们对谈判没有取得成果是不能认可的。如果谈判不成功，我们就只能依靠自己的努力去寻求裁军。这些努力具体指什么，又将取决于国内和国际形势的发展。

戈尔巴乔夫：我希望，在这个阶段我们同您一直保持接触。

劳：当然。

戈尔巴乔夫：在我们看来，苏联共产党同德国社会民主党长期保持联系，使我们的双边关系，也使欧洲乃至整个国际事务都受益匪浅。我们两党领导着众多劳动者。这是我们开展合作和协作的现实基础，也是前景广阔并将不断扩大的保障。我们两党代表着工人运动的两个分支。但两党意识形态上和政治上的差异，并不排除、也不应妨碍我们共同努力，维护和平，控制军备竞赛，改善东西方关系，并在经济、文化和其他领域开展合作。

（劳提议谈第三个方面的问题，即和平利用核能。）

戈尔巴乔夫：是的，切尔诺贝利[1]以新的方式提出了这些问题。

我们第一次遇到如此严峻的形势。对我们这样一个幅员辽阔的国家来说，切尔诺贝利事故造成的困难非常之大。试想，如果有几个这样规模的核事故发生在国土面积小一些的国家，会怎样呢？

劳：您是什么时候得到核电站发生事故信息的？德国有报道说，在事故发生现场，人们未能立即对事故规模作出评估，未能及时向中央报告。

戈尔巴乔夫：并非完全如此。第一次报告核反应堆发生损毁是及时的。在对外宣布之前（要知道问题十分尖锐），要停止核电站的运行，要对发生的各种情况作出登记。我们必须排除恐慌。正因为如此，我们没有走"西方式道路"。得知反应堆损毁的消息，立即组成了政府委员会，确定了必要手段，派出专家对事故做全面、客观的调查。当天晚上，广播和电视台都播出了有关新闻，向一些国家作了通报。我们没有刻意隐瞒事故。有些国家政府的立场令我们惊讶和愤怒。

我们那时要先控制住这一重大事故后果的范围。在夜以继日地工作，因

---

[1] 指1986年4月26日在（乌克兰）切尔诺贝利核电站发生的重大事故。这一事故导致大片地区遭受放射性污染。

为我们意识到对本国人民、对其他国家人民所承担的责任。政府委员会马上就会结束工作，会作出所有必要的结论。

在切尔诺贝利核事故问题上，教训对我们是非常残酷、沉重和严肃的。最主要的教训就是，对待民用核能，必须极其谨慎，必须富有高度的责任感。每个国家，甚至全世界，都要重视核能的利用问题，并且要考虑到在一些国家，核能的利用已经达到相当大的规模。

许多国家对必须开展更加切实的国际合作的立场正在接近。我们认为这非常重要。国际原子能机构组织正在采取第一轮协调措施，已计划举行讨论国际会晤，以提高核能安全的联合措施，明确未来合作的性质。我们责成我国专家从核电站运行机制、维持安全系统和秩序运行的机制（并考虑到人们错以为核电站是某种"永动机"的习惯效应、失去警惕的现状）等方面，研究能够代表从事核能活动所有国家利益的那些具体问题。我们也向联邦德国提出了建议[1]。

还出现了国际核恐怖主义问题。那些毫无责任感的集团的所作所为形成了相当严重的威胁。

劳：我同意您就这个话题提出的上述建议。联邦德国正在加强核能领域的研究，积累了一些实践经验。我们当然全力支持国际原子能机构提出的维也纳倡议。除此而外，我们认为同苏方开展双边合作是非常适宜的。我们准备把这些建议向科维岑斯基大使转达。

戈尔巴乔夫：我觉得，不应当排除进行这种接触的可能。我国社会对切尔诺贝利事故的反应十分强烈。我们应该给人民一个交待，即切尔诺贝利事故到底是怎么发生的。我们必须这么做。现在政府委员会工作的结果还没出来，我们就已开始检查所有现在运行着的核电站的工作安全了。借此机会，我想为联邦德国人民在事故发生后对我们表达的同情，为贵国提议向我们提供援助一事，向联邦德国人民表示感谢。

劳：切尔诺贝利事故表明，辐射无国界。有鉴于此，我们再次明确声明，必须停止核试验，感谢苏联多次延长暂停核试验的时间。我们将继续向美国施加压力，让他们也这样做。不久前，在由我们共同努力筹备召开的"全世

---

[1] 指的是旨在提高不扩散核武器协议效率的建议。

界医生主张阻止核战争"的科隆会议上,勃兰特和我都一再呼吁,要以苏联为榜样停止核试验……

您能否告诉我,您何时来联邦德国访问?

戈尔巴乔夫:今年我不去。这个我可以告诉你。

劳(开玩笑地说):如果您明年来的话,我可能就变换地址了[1]。我会及时通告您,以免您届时找不到我。

戈尔巴乔夫:我们欢迎这种发展。关于地址变更的事,咱们可以以不让外人产生不必要怀疑的方式说好。顺便说一句,巴尔跟我建议过,要以某种形式批评一下德国社会民主党。

劳:我觉得这个建议不错。

戈尔巴乔夫:我回答他说,我们不会拉不下面子的。但我想,得益于我们两党的长期接触,谁都不能指责谁,说这种对话的某一方丢了脸面或是处于伙伴的压迫之下。很可能恰恰相反。很高兴看到同社会党国际开启了良好的合作,特别是考虑到我们是生活在压力多么大的世界里,为理顺国际关系去联合所有有理智的力量,是多么的重要。

劳:根舍7月要来莫斯科。他是我政治上的敌人。但应该指出的是,他在尽自己所能,保留社会自由联盟执政以来波恩现行路线的延续性。特别是他已经就美国拒绝履行限制战略武器条约的义务一事作了明确的表态。

戈尔巴乔夫:我们看到了这一差别。根舍来访将表明,我们同联邦德国有正常的接触和交流,我们在这方面没有"走偏"。我想,这也符合你们的利益。

劳:我们的想法也是这样的。

戈尔巴乔夫:祝你们的展览[2]取得圆满成功。我想再次保证,苏联领导层愿意发展同联邦德国的经济联系。我们在这方面应该走得更远些,超越简单的商品交换。要寻找一些新的形式。经济形势的波动和一些负面现象,不能改变我们对同联邦德国发展经济联系的看法。我们会对贵国予以应有的重视。

摘自切尔尼亚耶夫的记录

戈尔巴乔夫基金会档案:全宗号1,目录号1

---

[1] 暗示德国社会民主党可能在将要举行的议会选举后上台执政。
[2] "展览"指联邦德国组织的经济展览。劳此行前来出席了展览开幕式。

|1986年|

关于戈尔巴乔夫与根舍的会谈

（1986年7月21日）

7月21日，戈尔巴乔夫在克里姆林宫会见了联邦德国副总理、联邦外交部长根舍。根舍向苏共中央总书记转交了联邦总理科尔的信。双方讨论了国际形势特别是欧洲局势以及双边关系等广泛议题。重申各自国家忠实于1970年的莫斯科条约[1]和赫尔辛基最后文件[2]，认为这是苏联同联邦德国发展关系以及参与构建全欧进程的基础。

戈尔巴乔夫指出，在业已形成的世界形势、欧洲形势下，在联邦德国同苏联发展双边关系的条件下，此次会见和根舍的访问超出了通常的范围。世界正处于十字路口。世界向何处去，在很大程度上取决于欧洲的政治立场。

戈尔巴乔夫强调，像苏联和联邦德国这样的国家，在构建"欧洲大家庭"的进程中，彼此都负有责任，而且还要考虑到她们在欧洲、在世界上的地位和现实的分量，以及她们还要对各自的军事政治盟国保持忠诚的情况。我们将欧洲人开展合作的问题提到首位。它的出发点是，破坏欧洲现行的政治和领土构造，必将导致混乱和局势的恶化。

戈尔巴乔夫指出，联邦德国的政策已经出现了不连贯的现象。

《真理报》，1986年7月22日

---

[1] 1970年莫斯科条约。1970年8月12日联邦德国和苏联在莫斯科签署了互补侵犯条约。

[2] 赫尔辛基最后文件。1975年8月1日，欧洲国家和美国、加拿大等35国在赫尔辛基签署了《欧洲安全与合作会议最后文件》。

戈尔巴乔夫与德国问题

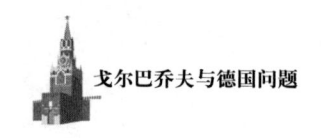

在苏共中央政治局会议上

（1986年7月24日）

关于根舍来访的总结

戈尔巴乔夫：……访问设计得很好。我们给德国人上了一课。接下去，不要施加过大压力，不要低估联邦德国的意义。现在取得了应有的成果。我们让他们明白了一些东西。……在表述中我们没有不好意思。

科维钦斯基：我们支持了基督教民主联盟中的左翼——根舍，这很好。向社会民主党和绿党发出了信号，让他们更积极地干，让他们明白，他们不是对苏关系的垄断者。联邦德国的国内气氛正在发生变化，他们想跟我们改善关系。

戈尔巴乔夫：就让我们把进行军事接触的愿望"漏"出去吧。最主要的是，要在经济方面好好干。德国人想越过出口监督协调委员会[1]。根舍马上就抓住了这一点。要制定具体措施。要不要同意搞合资企业呢？这还得再想想。但合作社、贷款、补偿交易，这些都不要再拖延了。干吧！他们会迎头而上的。……

摘自切尔尼亚耶夫的记录
戈尔巴乔夫基金会档案：全宗号2，目录号2

---

[1] 出口监督协调委员会是西方大国监督向苏联和其他社会主义国家提供最现代化电子技术和所谓双重用途（包括军用）商品的组织。

12

苏共中央政治局会议上

（1986年9月25日）

国际问题

戈尔巴乔夫：……（与昂纳克8月28日来信有关）既然对我们来讲，无论在欧洲，还是在社会主义联合体中，德国问题都是主要问题，那就应非常认真地加以对待。对社会主义一体化，我们要先同昂纳克、之后再跟其他的人研究。……

摘自切尔尼亚耶夫的记录

戈尔巴乔夫基金会档案，全宗号2，目录号2

摘自戈尔巴乔夫在经互会[1]会议前同助手们的谈话记录

（1986年9月29日）

……现在的结果是，所有人，无论是在联合国，还是在斯德哥尔摩–1[2]，都转向了我们。

实际上，他们绕不开我们的倡议，无法支吾搪塞。需要具体的倡议。而这样的倡议在我们的攻势中不可抗拒。

有些问题他们不和我们相向而行，可以不介意。但我们要明白，提出建议时，也应该顾及人家的利益。否则无论在哪儿，谁都不会百分之百地接受。

---

[1] 经互会：社会主义国家经济合作的组织。
[2] 斯德哥尔摩–1，裁减欧洲中短程导弹谈判的简称。

昂纳克发来了对开展经济合作的建议。在这方面不能相互忽视对方的利益。他们不想大踏步地搞合资企业。那就算了吧。咱们就谨慎些。我们要试试那些他们同意做的事。尽管我国和民主德国的科学发展与应用的关系现状是成反比例的。他们是按照奥斯塔普·本德拉[1]的思维行事。点子是我们的,汽油归他们。应该让他们知道,我们一切都看在眼里,什么都知道。但不要断绝往来。就说,好吧,我们商量着办……

昂纳克开始和中国玩游戏了。是不是因为我们在对中华人民共和国的关系中给了他"北约—经互会秘书长"的职能?是不是不该赋予他如此的职能呢?雅鲁泽尔斯基[2]可是跟经互会其他成员国没干过任何这样的事啊。昂纳克倒是自己给自己授权了……

你们想要什么呢?可是要知道,苏共越深化改革进程,问题就会越多。这是很正常的。

关于联邦德国,我要(在经互会会议上)对朋友们这么说,我们"考验"了科尔的极限。联邦德国希望与东欧发展关系。对此我们支持。不过我们要看透她的意图。

我们提醒昂纳克注意"柏林墙"的时候,他表现出很犹豫的样子。因此应该更策略地讲这些不可避免的进程。就是,"我想说的是……",意思是说:让德国朋友们自己说吧,把牌都亮开。到那时我们(在经互会里)的关系中,就不会有"共产国际的原则"了。

或许可以说,您如何看待未来的"德国问题"?让他们表态。对他们而言,那会是不太舒服的谈话。总的来说,我们到那儿应该少说。让他们多说。

是不是要抛出这样的主意:让"3个德国人"(就是德国统一社会党、联邦德国共产党和西柏林共产党领导人)全都聚到一起,谈谈"国际政治"。要充分信任地向他们通报我们去雷克雅未克的各种计划。用这样的办法拽着民主德国和联邦德国一起去接近欧洲政治。

---

[1] 奥斯塔普·本德拉,苏联《12把椅子》、《金牛犊》等系列小说的主人公,年轻、爱财、爱说谎,"知道4种诚实生财之路"。——译者注

[2] 沃伊切赫·雅鲁泽尔斯基,波兰政治家、国务活动家、军事家。担任过波兰国防部长(1962-1983年)、国家救国军事委员会主席(1981-1983年)、总理(1981-1985年)、波兰统一工人党中央第一书记(1981-1989年)、波兰人民共和国总统(1989-1991年)。

我们自己不要提昂纳克访问联邦德国的事……所有的社会主义国家都很容易被攻破。弄不好可能会把她们全弄丢了。民主德国比别国强大，但在和联邦德国实现统一的问题上还是坚持不住，那就得靠社会主义了。

关于德国社会民主党。在和平问题上，我们跟他们（西德社会民主党）有很多共同之处。东方政策也于我们有利。但他们的最终目标还是那一个，跟科尔、根舍的目标一致，不过更狡猾罢了，掩盖了复仇主意的话题……

摘自切尔尼亚耶夫的记录
戈尔巴乔夫基金会档案：全宗号2，目录号2

摘自戈尔巴乔夫同昂纳克、密斯[1]、施密特[2]的会谈记录

(1986年10月3日)

戈尔巴乔夫： ……最近我们同西德代表举行了多次会谈。无论在这里，在莫斯科，包括同根舍，还是在联邦德国，科维钦斯基大使把谈话情况都向我们报告了。在这些会谈中，西德方面坚持一个想法，即德国人同俄罗斯的关系如何发展，在很大程度上取决于整个欧洲形势的发展。当然，这里应该弄清楚，他们说的"我们与德国人"是什么意思，他们扩大同我们的接触抱有哪些目的。但有一点是清楚的，苏联同民主德国开展合作，对社会主义联合体乃至对整个欧洲，都具有重要意义。我们同联邦德国，无论是双边范围，还是在我们共同协调一致的路线框架内，发展关系都很重要。原因首先在于苏联、民主德国和联邦德国三角关系的分量。我们发展这些关系的基础，是维护世界和平、巩固缓和、承认现有现实的价值观基础，

---

[1] 格尔贝尔特·密斯，德国共产党主席（1973–1990年，联邦德国）。

[2] 霍尔斯特·施密特，西柏林统一社会党主席。

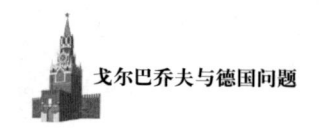

并符合赫尔辛基最后文件以及双边条约规定的那些原则。

我们几个党合作的特殊性质,对我们各自人民以及欧洲和全世界人民的高度责任感,也由此产生。我们为欧洲乃至全世界建成今天这个样子,贡献了太多太多。我就不说我们在这条路上所作的牺牲了。

我在思考这次会见的特点。这是由我们几国在欧洲政策中的现实分量决定的。因此我想再次像欢迎老战友那样欢迎你们各位。

昂纳克: 我想对您关于今天我们会见的特点、我们几国关系和党际关系的发展对欧洲安全、对维护世界和平具有重要意义的表态给予支持。我想重提一下我在集会上讲话的一个思想。说的是你在雷克雅未克同里根会晤的倡议。毫不例外,这条消息在全世界引起了巨大反响。我们知道,为此次会晤的举行付出了多少努力。我们党的政治局很满意地接受、理解您的致信。就算雷克雅未克会晤只是对最高级会晤的一次准备,那也丝毫不会改变世界在此刻完全不考虑在美国举行会晤这一事实。

不管这条消息传到哪里,人们都会感到满意和高兴。密斯和施密特会同意我的话。至少在民主德国,在我们的劳动者当中,大家全都赞成,并把它视为苏联热爱和平政策和我们在布达佩斯确定的共同路线的成功。

我同意您对我们今天四方会谈、对我们几国关系和党际关系深化意义所作的评价。西德资产阶级想方设法强调,如果联邦德国与苏联关系发展得好,那么欧洲的一切都会很美好。在访问莫斯科之后,根舍请求安排他同我们党中央一位中央委员举行可信任的会见。我们将此事委托给德国统一社会党中央社会科学院院长雷。会谈中,根舍不止一次地强调,对莫斯科的访问,在联邦德国同苏联的关系中开辟了新篇章;同时他又说他自己在处理这一事务中有很大的功劳。但我们知道,联邦德国方面许多情况得以好转,是因为我们协商一致采取行动,使西德领导人不得不重视民主德国同苏联的友谊。与这一点有很大关系。值得注意的是,根舍充满敬意地回忆了他在莫斯科的会谈情况。

戈尔巴乔夫: 谢尔瓦德纳泽在纽约几次见到过根舍。根舍在向谢尔瓦德纳泽回忆我和他自己的会谈时说,请转告戈尔巴乔夫,我已经完成了按照斯德哥尔摩-1承担的义务。当时我们在莫斯科坦率地告诉根舍,我们是现实主义者。我们知道,联邦德国的经济、政治、技术以及军事意味着什么。我们了解德国人民。但我们不想在我们同联邦德国现任领导的代表接触中,听到华盛顿说出蹩脚的德语译文。我们主张缩短距离,以便直接把话从德语翻译成俄语。如果联邦德国在国际事务中能以自己的面孔出现,那么这只会给联邦德国自身带来好处。

昂纳克:根舍没有隐瞒这些"责备"。他对雷说,我向戈尔巴乔夫承诺,要对美国行政当局施加影响。我会这样做的。有意思的是,他是自己主动向我们通报的,并提议以后可以继续举行这种可信任的会见。

当然,我们也看清了这些行为的动机。这首先是由于明年 1 月 15 日即将举行的议会大选。联邦德国的现任领导人想参加此次选举。因为他们赢得了和平天使的声誉。不过我们欢迎这些发展进程,包括举行雷克雅未克会晤[1]。这符合我们共同协商的政治路线,有利于在决定性方向上保障国际安全向前推进。

戈尔巴乔夫:波恩如何看待我们正在一起做的这些事呢?

密斯:我很重视这项工作。我指的是我们党以及国际共产主义运动的利益……苏联和民主德国对联邦德国实施的政策,以及对联邦德国国内政治的发展所带来的意义有多么重大,我就不在这里多啰嗦了。感谢您为此所作的非常积极而全面的努力。正因为如此,在很大程度上我们今天才有了改变部分西德资产阶级同社会主义国家对峙的路线,以及争取他们转到和平共处立场上来的历史机遇。

戈尔巴乔夫:您提了一个有意思的问题。确确实实,我们从科维钦斯基大使那里得到的大量信息给人一种印象,西德人简直是在敲所有的门。那里正在发生着什么,是什么"在发酵"。我还想告诉你们,我们是怎么考虑的。现在,当着密斯和施密特的面,我想指出,在苏共二十七大和德国统一社会党十一大之后,我们双方在政治、经济、文化领域的合作,变得更有活力了,在两党关系方面,相向而行的态势加强了。这当中有我们同昂纳克的功劳。如果我们沿着这条路线继续走下去,那前面还会有更大的收获等着我们。但收获不会是唾手可得的。我们不得不重新寻找很多东西。在这条路上也不排

---

[1] 雷克雅未克会晤,指戈尔巴乔夫同美国总统里根即将在雷克雅未克举行的会晤,预计届时讨论裁减核武器和停止军备竞赛问题。

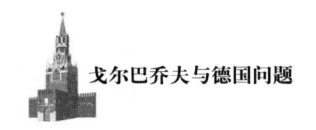

除会犯错误。但如果我们能胜任这一新阶段的任务（比这难的任务过去我们都胜任了），毫无疑问将为苏联，为民主德国和为整个社会主义联合体向前发展，迈出实质性的步伐。

昂纳克：我完全同意戈尔巴乔夫同志关于我们合作进入新阶段的表述。我们政治局的全体成员也是这么看的。而且我们相信，我们能够解决好面对的任务。德国统一社会党和苏联共产党理解各自对联邦德国和西柏林的局势发展所应承担的责任。

……最近，我们在同社会民主党开展积极的对话。应勃兰特请求，我们接待了社会民主党参加地方议会选举的所有候选人。在团结德国一切进步力量方面，我们两党发挥着先锋队作用。在德国社会民主党纲领委员会那里，我们的同志在积极合作着。在共产主义国际运动史上，还从未有过这样的先例。恩斯特·台尔曼[1]当年为此斗争过。您今天在集会上谈到了那些能够预防战争发生的条件。当年德国社会民主党像鬼怕神像似地极度恐惧共产党。施密特目前还未能同西柏林社会民主党建立起这样务实的关系。但西柏林社会民主党的代表倒是相当频繁地到民主德国来。尽管我们有很多意识形态上的差异，社会民主党人却不得不承认我们。因为国内政治原因迫使他们这样做。今天的民主德国是社会主义联合体的一部分，是他们不能不重视的力量。

戈尔巴乔夫：……我们相互通报的信息面大大拓宽了。

昂纳克：……现在，联邦德国政府立场发生变化的原因，不仅在于即将举行选举，还在于那些确定西德政策的人们——工业家们的情绪发生了变化。今天，他们越来越积极地主张开展西部与东部的对话，不想按照美国发出的命令行事。前不久我跟拜茨[2]和阿梅隆根[3]谈过这个事。他们都直截了当地说出对美国的敌意，表态支持扩大同苏联的经济联系。他们说，这是联邦德国大多数工业家的看法。

暂停地下核武器试验，对改变人们的思想倾向起了很大作用。受此影响，

---

[1] 恩斯特·台尔曼（1886-1944），德国共产党领袖，是希特勒的主要政治敌人。——译者注

[2] 别尔托尔德·拜茨，西德工业家，克虏伯康采恩观察理事会主席（1970-1990年）。

[3] 阿梅隆根·奥托·沃尔夫·冯，西德工业家。奥托·沃尔夫公司总裁。积极主张同苏联发展外贸关系。

| 1986 年 |

甚至在基督教民主联盟、基督教社会联盟阵营里的辩论都激烈起来了。

因此，在雷克雅未克会晤之前，美国行政当局及其关系最近的盟友，都处于一种防御的地位。现在里根也已因同意去爱尔兰而遭到右翼的攻击⋯⋯

前不久，联邦德国围绕基督教民主联盟、基督教社会联盟中最右翼的韦尔纳[1]和德列格尔[2]反对举行雷克雅未克会晤的言论，引发了一场闹剧。可见，美国和北约中的极右翼势力担心国际紧张局势缓和产生的深远后果，在千方百计地阻挠裁军事务方面取得任何进展。

戈尔巴乔夫：您说得对，他们确实害怕后果。

昂纳克：西德和美国 70-80% 的民众表态支持暂停地下核武器试验。这些国家的政府不能不重视这些意见。这不是偶然的。因此我们可以乐观地向前看。前不久，我们见证了社会党国际支持苏联的和平倡议，这是前所未有的大事。如果说加入社会党国际的多数是工人党，那么在这件事上我们就有了工人阶级在争取和平斗争中行动一致的例证。帕潘德里欧[3]在和我会谈时说，离开华沙条约成员国清晰明确的政策，离开戈尔巴乔夫建设性的政策，"六方会谈"[4]是不可能像在墨西哥那样表明自己的立场的。

我们自己正在努力提出也能促进欧洲大陆国际安全的倡议。10 月 1 日，德国统一社会党主席团已经批准，由我们党和社会民主党代表起草在中欧建立无战场核武器地区的文件草案。

戈尔巴乔夫：我们今天的谈话已经涉及到了国际政治。这是自然的。要知道，维护和平，这是我们所有人面对的最重要的任务。为完成这项任务，所有的社会主义国家、国际共运、解放运动必须一齐努力。帝国主义的阶级利益推动它们维持对抗气氛，反抗进步力量。因此倡议应当由我们提出。我们现在经历的历史性时刻，是转折的时刻。

---

[1] 曼弗雷德·韦尔纳，联邦德国国防部长（1982-1988 年），北约秘书长（1988-1994 年）。

[2] 阿尔弗雷德·德列格尔，联邦德国政治家。联邦议会基督教民主联盟议员团主席（1982-1991 年）。

[3] 安德烈亚斯·帕潘德里欧，希腊总理（1981-1989 年，1993-1996 年），泛希腊社会主义运动党的创建者和领袖。

[4] 指 6 个有影响的"不结盟国家"领导人会晤，他们都持反战立场。

昂纳克：是的，这是一个历史性的转折，将迎来整个战后阶段意义最深远的事件。……

摘自切尔尼亚耶夫的记录
戈尔巴乔夫基金会档案：全宗号1，目录号1

1987 年

在苏共中央政治局会议上

(1987 年 1 月 21 日)

关于经互会成员国中央书记华沙会议的总结

雅科夫列夫[1]：我党二十七大以及现在的中央全会给朋友们带来了政治上的不便，这涉及他们自己怎么办，以及如何对待我们。

多勃雷宁：不必戏剧性地看待昂纳克、德国统一社会党的一些具体行为。我们在国际问题上的立场是相同的。对两德关系的立场除外。与西德对待民主德国的态度不同，我们要扩大同民主德国的联系。朋友们似乎不太了解我们在发展改革上的立场。

戈尔巴乔夫：我们和民主德国在上层建筑领域有分歧。昂纳克把我们的自治区域同南斯拉夫的做法混为一谈，说明我们相互了解有多差！沙特罗夫关于列宁的话剧[2]被他评价为是对十月革命的倒退。他对我们处理萨哈罗夫的方式[3]也不满。

---

[1] 亚历山大·尼古拉耶维奇·雅科夫列夫，苏联党务活动家。苏共中央书记（1986–1990 年），苏共政治局委员（1987–1990 年）。苏联（俄罗斯）科学院院士。

[2] 沙特罗夫的话剧《我们就这样战胜》引起巨大反响，作者获得了 1983 年国家奖。

[3] 1986 年 12 月，根据戈尔巴乔夫命令，萨哈罗夫从流放地返回莫斯科。

戈尔巴乔夫与德国问题

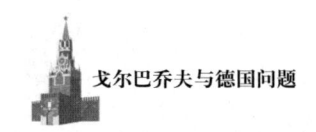

梅德韦杰夫[1]：德国统一社会党放弃了"向苏联学习战无不胜"的口号。德里宣言在民主德国没有发表。对美国的批判力度减弱了。不能说这是德国统一社会党的特殊路线。因为德国统一社会党没有就此发布决议。这其实是一种偏离和违背。

戈尔巴乔夫：目前还未发生任何出人意料的事。这些是可以预想到的。根子还是在我们的四月全会[2]之前。

昂纳克、卡达尔、日夫科夫[3]都偏离了我们。他们在同西方开展经济联系方面已经走得很远了。这是我们经济方面不成功的结果。我们没能向他们提供现代化的技术和工艺，所以他们都跑去向西方借债了。

政治方面，我们在最高级别上的联系减少了。而他们相互间的联系扩大了。应该怎么办？

1. 利用他们对苏联国内进程的兴趣，展示我们国家发展和对外政策的活力。我们不能因为他们的做法，就以关闭天然气和石油的阀门作为回应。

如果他们要求用外汇结算，对他们来讲将会是一场灾难。光说"我们白给他们廉价能源"是愚蠢的。应该过渡到互利交换。并要更坚定地坚持这样一条原则，即每个共产党都应该为它自己国内的事情负责任。我们也一样。我们希望，不要把他们国家正在发生和可能发生的一切责任都推到我们身上。

2. 不能忽视事情的另外一面。那一面的变化也成熟了，已经到了领导层更迭的时刻。三位领导人分别在任35、25和17年了。问题堆积成山。而领导人无论年龄还是体力上，已经很难再胜任工作。他们在最高层实际上已经展开了争夺。更新进程正在进行中。只不过一国是这样，另一国是那样。我们不能持为谁作政治评价或蔑视谁的立场。我们的影响只能是一种，即通过我们在自己家的所作所为发挥影响。然后正像我们看到的，这些国家的社会对我们的反应也是不错的。他们的评价有许多值得注意的地方，也是自然

---

[1] 瓦季姆·安德烈耶维奇·梅德韦杰夫，苏联政治家，苏共中央书记（1986-1990年），苏共中央政治局委员（1988-1990年）。

[2] 1985年4月召开的苏共中央全会。在会上，戈尔巴乔夫第一次阐述了在国内进行深刻变革的问题。

[3] 托多尔·日夫科夫（1911-1998年），保加利亚政治家和国务活动家。保加利亚共产党中央第一书记、总书记（1954-1989年），保加利亚人民共和国国务委员会主席（1971-1989年）。

的。卡达尔、昂纳克不相信我们的进程是不可逆转的。胡萨克对我们大加奉承,但反对在自己国内搞任何新事物。布拉格街上出现了讽刺漫画。宣传画上写着:"要是米沙[1]取代他们所有人就好了!"所有人指的是胡萨克、史特罗乌加尔[2]、比利亚克[3]。日夫科夫说的更是东一榔头西一棒子:你们的赫鲁晓夫用自己的改革引发了1956年的匈牙利事件;现在戈尔巴乔夫正在搞乱社会主义联合体;保加利亚形势很紧张。

但不应也不能认为,我们同他们已经不是朋友了。还是要作朋友。并且不管昂纳克说了我们什么,都要反应平静。还要把一切都看在眼里。不能让他们再随意发表意见。要朋友式地做工作。不能使问题变得尖锐化。要更多地接触,掌握更多的信息。

摘自切尔尼亚耶夫的记录
戈尔巴乔夫基金会档案:全宗号2,目录号2

戈尔巴乔夫就德国问题发布命令
(1987年2月2日)

就联邦德国和欧洲政策给科维钦斯基、多勃雷宁、谢瓦尔德纳泽、外交部的指示

……

1. 责成科维钦斯基,做好魏茨泽克访问莫斯科的保障工作。开展经济联络。不要急于同德国人进行政府层面的交往。

2. 责成外交部和多勃雷宁,准备好有关联邦德国问题的分析和建议。"不

---

[1] 米沙,指戈尔巴乔夫,是他名字的爱称。
[2] 柳博米尔·史特罗乌加尔,捷克斯洛伐克政治家、国务活动家,捷共中央政治局委员。比利亚克·瓦西里,捷克斯洛伐克共产党中央政治局委员。
[3] 瓦西里·比利亚克,捷克斯洛伐克共产党中央政治局委员。

要把联邦德国拱手让给昂纳克！"

责成谢瓦尔德纳泽，去一趟联邦德国。修改我要接受《明镜周刊》采访的材料……已经到了对联邦德国要更积极的时候了。别让撒切尔夫人笑破肚皮。

3. 责成外交部，在欧洲方向上加速再加速，既然美国那边是一个烂摊子。……

摘自切尔尼亚耶夫的记录
戈尔巴乔夫基金会档案：全宗号2，目录号2

在苏共中央政治局会议上
（1987 年 2 月 12 日）

关于谢瓦尔德纳泽访问民主德国和捷克斯洛伐克的总结

谢瓦尔德纳泽：……投机倒把分子正在黑市上卖戈尔巴乔夫在一月中央全会上的讲话……价格不便宜。因为民主德国报刊没有发表。……

我们在民主德国，感觉他们对我们有戒备。最高领导层谈起我们的全会甚至二十七大的时候，一点热情都没有。

戈尔巴乔夫：现在就更清楚了，我们开了一个怎样的全会……

甚至在共产党人的心理和思维当中，有关德意志民族要实现统一的思想也是很有市场的。他们在跟西德人"调情"。也不批判联邦德国了。而且问题并不仅仅在于经济利益。

关于德国统一的思想，要求我们进行认真研究，要有科学的分析。顺便说一下，波兰人对此也很担忧。

……昂纳克的同事们都怕他。昂纳克说的一切，都是最高级的真理。他推行的是追求个人崇拜的领导方式。这并不得人心。昂纳克意识到，在即将召开的党代表会议上，他面临一场斗争。昂纳克明白，如果他用苏共目前遵循的原则来武装自己，对他个人将产生威胁。

摘自切尔尼亚耶夫的记录
戈尔巴乔夫基金会档案：全宗号2，目录号2

摘自法林和巴尔几次会谈的记录

(1987年2月13—16日)

……巴尔得出的结论是，苏联为取得外交倡议的成功，需要一些盟友和可靠的伙伴。第二个结论是，他多次强调，合作应该是长期的、诚实的；要是一方的行为让另一方琢磨不透，就不太好；共同的最高目标（和平），并非以消除在各领域的差异或放弃自己的倡议为前提。第三个结论是，联邦德国曾经是欧洲缓和进程的轴心，迄今联邦德国比别国更多地享受着勃兰特开始的"新东方政策"的成果。相应地，目前那里仍保留着法律和道德心理的基础。要恢复苏联和西德双边关系的良好气候，还必须依靠这个基础，然后才能达到欧洲实现"军事缓和"的目的，平行地采取共同行动。

如果苏联领导人认为，他们离开联邦德国或是同科尔政府合作，能更好地完成稳定和改善形势的任务，社会民主党人就会将此视为既成的事实。但勃兰特及其同事们了解局势的各方面情况，不倾向于高度评价基督教民主联盟（基督教社会联盟）可能会释放的善意以及根舍所能发挥的潜力。

未来两年，波恩将会十分驯顺地按照华盛顿的意见行事。在言辞上，特别是在内部会谈和密函中使用的话语中，波恩会毫不吝啬地作出承诺。但要想让科尔的非建设性行为在上述期限内发生变化，必须满足两个条件：一是里根能醒悟过来；二是联邦德国内部对基督教民主同盟（基督教社会同盟）

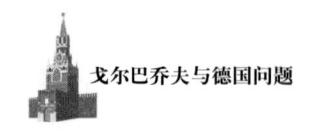

施加足够强大的压力。

换句话说，如果把精力集中在问题的联邦德国方向上，苏联需要自己先确定：

1. 从长远看，是基督教民主同盟（基督教社会联盟）还是德国社会民主党，哪一个可能的代理人对苏联更好？

2. 如果选择前者，那么未来同社会民主党的接触应该是什么性质？

3. 如果要更信任德国社会民主党，那么为实现社会民主党于90年代初上台执政，或起码不阻碍她上台执政，各方应该拿出怎样的战略和战术？

上述内容并不等于说，德国社会民主党即使在同苏联关系冷淡的情况下，也会为清除联邦德国与苏联的积怨设置障碍。恰恰相反，过去，是对本国人民应尽的义务，推动着社会民主党奉行审慎的、建设性的路线，今后仍将推动社会民主党奉行这样的路线。但社会民主党不希望成为一张被别人打的牌。社会民主党对认为触动了她的利益的现象，也不能不作出反应，甚至作出强烈的病态反应。

巴尔应询解释这一说法时，引用了安东诺夫[1]在1987年1月议会选举前8天同沃尔夫·冯·阿梅隆根谈话中表达的要尽快访问联邦德国的愿望。德国社会民主党的对手们就此小题大做，给社会民主党制造了不少麻烦。实际上，波恩的执政联盟下台后，苏联在有关裁军的一系列重要问题上，不仅立刻改变了重点，而且转变了立场。现在依然摸不透为什么会转变。要是当时能对施密特及时作出那些让步，事态发展可能会完全相反。

里根的得势，就某种程度而言，是苏联作出的"贡献"。科尔－根舍政府的出现，自然也部分地源于莫斯科的欧洲政策。无论好与坏，在联邦德国就其国内安全问题以及联邦德国与民主德国及其他社会主义国家关系的所有辩论中，苏联都是绕不开的参与者。就已知的限制和附带条件看，苏联的影响可能并不比美国小。德国社会民主党感到不安的是，在眼下苏联社会和苏联对外政策发生令人瞩目的重大变化时，苏联打算如何运用自己的影响。

巴尔在概述德国社会民主党发展的时候说，社会民主党已经通过推举拉

---

[1] 阿列克赛·康斯坦丁诺维奇·安东诺夫，苏联部长会议副主席，苏联驻经互会常驻代表。

方丹[1]为联邦德国社会民族主义运动领袖的决定。这将分两个阶段进行。近期,将宣布拉方丹为总理候选人;到1988年下半年,他将取代勃兰特成为该党主席。对这个问题,已经在最小范围内原则性地交换过意见了。

巴尔对科维钦斯基同根舍接触的情况很清楚。用他的话说,勃兰特、福格尔以及社会民主党其他领袖们都喜欢魏茨泽克总统访问苏联的设想。对于魏茨泽克个人而言,此访是对苏联发出尊重的信号,而且同时也表达了他在基督教民主同盟内、在国内、在争取社会民意反对极右翼势力的斗争中,要发挥更加积极作用的愿望。

巴尔指出,在魏茨泽克总统访苏之前,还是应该先让科尔就那个引人注目的事件[2]写来一封致歉的正式信函,或者在访问期间带来这样一封信。巴尔认为,对科尔这样一个无法正常评价宽仁大度意义的人,展示宽仁大度是不对的,而且由于苏联方面好说话,科尔甚至可能得出错误的结论。

巴尔希望率领西德代表团,于3月27日至28日到莫斯科来参加辩论俱乐部的活动。前总理施密特准备前来出席俱乐部活动。巴尔表示,考虑到施密特在联邦德国及其在国外一定圈子里仍享有声望,借施密特访问之机,在符合施密特身份和级别的情况下,同他举行会谈是有益的。

戈尔巴乔夫基金会档案: 全宗号1,目录号1

---

[1] 奥斯卡·拉方丹,联邦德国政治家。德国社会民主党萨尔州州委主席,德国社会民主党左翼领袖(1977-1996年)。德国社会民主党主席(1995-1999年),萨尔州州长(1985-1998年)。2005年退出社会民主党,担任德国议会左翼议员团主席。

[2] 指1986年10月科尔接受《新闻周刊》杂志采访时,将戈尔巴乔夫的宣传才能比作纳粹德国的戈培尔。

戈尔巴乔夫与德国问题

摘自戈尔巴乔夫与昂纳克的会谈记录 [1]

(1987年5月28日)

戈尔巴乔夫：我想跟您讨论两个原则问题。

首先，是我们双方同联邦德国的关系。大家都清楚，无论对你们，还是对我们，这个问题对于推行欧洲政策和世界政策，都具有重要意义。

应该说，欧洲局势正在发生变化。大量新问题不断涌现，新的政治力量对比也正在浮出水面。

我们政治局不止一次讨论过这个问题，并认为，我们双方共同研究对联邦德国的关系，共同对这一领域不同利益的相互联系作出评判，对双方是有利的。而且今天在政治协商会议[2]上也暴露出，确实存在着这些不同的利益。总之，有必要共同考虑一下这个问题。可以委托我们两党中央的国际部、外交部对局势进行分析，提出对此问题的看法。之后我和您，昂纳克同志，就可以见见面，详细地讨论所有的问题。

我们对同联邦德国发展关系有自己的看法。但我们不想在这一领域抛开你们搞什么动作。我想，你们可能也有这个需求。

昂纳克：我同意您的看法。对同联邦德国发展关系，确实是我国欧洲政策的一个主要问题。您说的完全正确，这方面确实存在一定差异，这在今天的政治协商会议上也暴露出来了。

联邦德国的政治力量正在重新配置。社会民主党的新领导人在努力积极开展工作，巩固党的阵地。重要的是，现在社会民主党得到了工会的支持，工会正就战争与和平、欧洲核导弹问题积极地发表看法。现在，基督教民主联盟内部显现出一定的矛盾。科尔不久前到西柏林来，请人向我转达，他支

---

[1] 会见是在柏林召开的政治协商会议期间进行的。
[2] 指华沙条约组织成员国政治协商委员会会议——译者注。

28

持"双零"决定[1]。科尔同时提议,要我们直接跟他本人接触,而不是跟什么都决定不了的各州州长们接触。

应该说,基督教民主联盟在最近这次地方选举中丢了不少票。而自由民主党却因此巩固了自己的阵地。根舍于是通过代理人提出,要讨论一些重大问题。根舍强调,他正在并将继续为限制中短程导弹数量协定的签署而奋斗。

戈尔巴乔夫:依我看,我们已经达成了共识,即应该责成同志们去做,让他们干起来,然后把建议提交给我们。

昂纳克:那把这事交给中央的部门还是交给外交部办好呢?

戈尔巴乔夫:我想,最好让党中央国际部去做。他们可以再从其他部门调遣人手。

现在我们谈第二个问题。是我们在从机场来的路上就开始谈的那个问题,即我们两国的经济关系。从昨天和今天的角度看,这方面一切都进行得很顺利。但是要想继续前进,就显得不够了。我们不可能原地踏步。需要严肃认真地谈一谈,怎样才能更好地将我们两国的经济潜力结合起来。

昂纳克:我已经特意把我们两国合作的清单转交给您了,就是想让您了解一下现在的合作进展情况。我们非常重视这一合作,将我们国内最强的力量都投入其中了。

说到企业、联合体之间的直接联系,他们向我汇报说,最初一段时间经常产生各种困难。现在参与这些联系的职工已接近100万,相当于我国科技人才的1/3。我也给您提供了材料,请您看看,我们赋予这种合作以怎样的意义。

既然我们现在是同志式地、坦诚布公地谈话,我想直截了当地说,在推进经济联系的新形式时,还是遇到了不少挫折。但我们认为,建立直接联系是当前条件下最有效率的一种方式。问题在于,在成立合资企业时出现了很多问题,诸如外汇、价格、人才,等等。是不是,我们暂时还最好限于只成立6家合资企业。让这些企业慢慢去积累经验吧。我们迄今为止在这方面积累的经验不多。我们和波兰有合资企业,但效率并不高。我就不提维斯穆特[2]的事了,因为这家企业成立之初,我们就没指望它能获利。而且从形式

---

[1] 指互相销毁(或撤出作战状态)中程(最大射程在2000公里之内)和短程(最大射程500—600公里)导弹。

[2] 苏联与民主德国成立的开采铀矿石的合资企业。

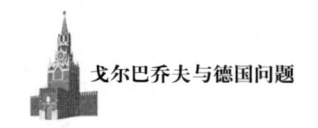

上来说，它是个股份制公司。

我们经常在政治局讨论经济合作问题，并且正在努力履行为科技进步共同奋斗的协议。关于这点，我想讲3点想法。

第一，我们通过共同努力，已经在研发激光技术领域取得不少进展；

第二，我们认为直接联系是发展我们经济合作的主要方向；

第三，在建立直接联系的时候，我们必须以包含在五年计划中的那些长期协议作为基础。

戈尔巴乔夫： 在经济领域，我们的合作现在已经进入到一个新阶段。这个事确实很复杂，是个新鲜事物。并非事事进展都能像预先设想的那样顺利，这并不足为奇。但这不应让我们垂头丧气。

如果进展得好，我们以后就要更大规模地发展这些合作形式。

在我们看来，究竟是哪里进展得不顺呢？以商品交换的结构为例。苏联一直扮演着原料供应商的角色。不错，我们以前一直在履行这方面的义务，今后还将继续履行义务。但我们的能力远大于供应原料。对这一点，不应视而不见。我们要向前看。我们正在搞经济现代化建设，在推动科学发展。这些都是要考虑到的。而现在的情况是，每当民主德国要加强新的生产能力时，你们就去找西方。大概是因为，你们现在从西方得到的设备比从我们那里得到的要好。但我们两国应当向前看，要更多地为对方着想。我们两国的合作生产进展得不太好。民主德国表达了供应最终产品的愿望。但那样的话我们也许走不远。如果不扭转局面，到1990年底，苏联将欠下民主德国40亿卢布的债务。到那时，又会产生如何平衡这一逆差的问题，是靠减少我们从民主德国的进口，还是靠增加我们的供货来解决呢？

我想，你们和我们，都同样需要正确地解决这个问题。我们要共同寻求结论。

民主德国对参与在苏联境内开采原料一事不积极。经互会其他国家却抓住了这一机遇。或许是，民主德国在这当中只追求眼前的利益？而我们主张，要更多地着眼于未来。

昂纳克： 我知道，由于油价下跌，苏联面临着必须增加对其他社会主义国家出口的问题。我们确实需要你们的原料，因为我们国内根本没有这些原料。我们两国的贸易额已经达到相当大的规模，820亿卢布，等于3800亿马克。

在我们的外贸额中，苏联占 38%。在你们的对外贸易额中，我国约占 10%。

民主德国向苏联供应很多机床。其中 70% 到 80% 符合世界最高水平的要求。我们将这类供货视为履行我们的义务。就以蔡司公司为例。这家公司生产的产品质量高，其中很大一部分出口到苏联。

我们根本不想形成这样的局面，就是我们从苏联进口原料，而苏联对民主德国欠下债务。我们主张另外一种形式，希望你们和我们都能稳定地发展。但这里面也有一些问题。

你们的同志不好好利用同我们合作的机会。例如，我们向你们转交了以新工艺为基础的非常节约成本的纺纱生产线。但你们并没有去搞这种真正的生产。我们协助你们掌握了生产高压聚乙烯的技术。但你们建成的企业生产能力却只是每年 1.5 万吨。而我们在本国洛茵建成的这类企业，年产则达到 6 万吨。

当然了，也有我们合作非常好的方向。明天您在展览会上能看到我国的一些工业新产品。其中 80% 符合世界最高水平的要求。这些产品上边都有"与苏联合作制造"的标识。展览还要展出很尖端的计算机。这类产品现在只有美国、日本比我们生产的好。

我们想同你们开展合作，但你们方面参加合作的人要好好干才行。

戈尔巴乔夫：要是我们没有同你们继续开展合作的政治、经济兴趣的话，也就不需要今天的谈话了。我们愿在所有领域更好地开展相互协作。

谈到经济合作在实践中是如何落实的，我们会发现，在某些领域，民主德国的态度很积极；而在民主德国目前感觉不到有利可图的另外一些领域，合作就推进得慢。

当然，我们最终可能都要靠自己来解决现在面对的科技进步的问题。但我们认为，在这方面，我们两国开展最密切的合作更为有利，因为我们联起手来，可以更快获得成功。

现在的结果是，民主德国在很多情形下回避我们的建议，比如苏联帮助民主德国改造个别企业的建议。民主德国方面也不愿意参与改造我们苏联的企业。

恕我直言，一些苏联同志对我们两国的经济合作产生了怀疑。我们不想让这样的言论有存在的土壤。这不符合我们的利益。

苏联领导层的出发点是，我们需要严肃地谈一谈经济合作问题。可以给

我们两国的相关部委下达指令，责成这些部委在 10 到 15 天期限之内搞清楚这些问题，之后请雷日科夫[1]、扎伊科夫[2]、斯柳尼科夫[3]、马斯柳科夫[4]等同志同施托福[5]、米塔格[6]以及民主德国其他同志们会面讨论一下。

昂纳克：我欢迎这样开诚布公的谈话。但我要说的是，我们只有一个政策，即同苏联开展最密切的合作。我们根本没患上"民族傲慢症"。这对我们最危险不过，因为敌人是从不打盹的。

我们并不会为贸易平衡是顺差还是逆差而感到烦恼。

对我们而言，主要问题在于经济合作的效率。例如，克莱佩达－穆克朗[7]轮渡就证明了，合作的效率很高。同志们在那里找到了能达到许多世界最高水平的解决办法。我们的同志对和卡列斯尼科夫[8]同志在电子方面的合作反响很好。

但我也听到很多的负面反映，说你们处理经济事务的方式有问题。我们两国在克里沃伊罗格[9]的合作大大落后了。你们的同志不履行自己的义务。我们很难对本国工人解释清楚这些事实。

我们决定安排好 120 万吨产量的转炉冶炼生产，并向马格尼托戈尔斯克提出来合作。但一拖就是几年。我们只好调转方向，去找奥地利的公司。

我们非常需要热轧设备，就在联邦德国订购了热轧设备。既然我们要建新工厂，投入几十亿马克，就要购买装备现代电子技术的设备。可你们目前还拿不出装备这种电子技术的产品。

---

[1] 雷日科夫，苏联国务活动家、政治家。苏联部长会议主席（1981-1991 年），苏共中央政治局委员（1985-1990 年）。

[2] 扎伊科夫，苏联政治家、国务活动家，苏共中央政治局委员（1986-1990 年），苏共中央书记（1985-1990 年）。

[3] 斯柳尼科夫，苏联党务活动家、国务活动家。苏共中央书记、政治局委员（1987-1990 年）。

[4] 马斯柳科夫，苏联和俄罗斯国务活动家。苏联部长会议副主席，苏联国家计划委员会主席（1985-1990 年）。

[5] 施托福，民主德国部长会议主席（1964-1973 年；1976-1989 年），德国统一社会党中央政治局委员。

[6] 米塔格，德国统一社会党中央政治局候补委员（自 1963 年起）、委员（1967-1989 年），德国统一社会党中央负责工业问题的书记。

[7] 克莱佩达位于苏联境内——译者注。

[8] 卡列斯尼科夫，苏联电子工业部部长（1985-1991 年）。

[9] 克里沃伊罗格，在苏联境内——译者注。

戈尔巴乔夫：您列举了几个负面的例子。我认为，这些事情不应再积累下去了，问题应该马上解决。否则的话，我们在这件事上不满意，你们在那件事上不满意，结果就会产生这样的想法，即双方还有没有合作的愿望了，事情往下还能有进展吗？

正因为如此，我们建议，现在就谈解决办法，把所有未决的问题都拿到政府层面上来。

昂纳克：我同意。我们需要开辟富有成效的合作之路。

戈尔巴乔夫：我支持。

昂纳克：我可以一条一条地细细给您讲，我们双方在哪些方面合作得好。就连联邦德国听说这样的合作都会垂涎三尺。

戈尔巴乔夫：如果齐奥塞斯库同志[1]对我说，他在某些领域想跟我们合作，在某些领域不想合作，这不会让我们太费心。而民主德国不一样，我们的联系更加紧密，是历史命运把我们两国联系在一起。所以，我们对两国合作如何发展、合作的未来如何，是不会无动于衷的。

昂纳克：我是在苏联长大的，我把苏联看作是自己的第二故乡；当然，我热爱民主德国。

我同意要深入探讨您提出的两个问题。

我想再提一个问题。苏联能否靠国内节约石油，每年向民主德国增加200万吨石油的供应？这样，我们就能达到我们商定的那个水平了。你们在商定好那个水平后就减少了出口。我们为进口你们的石油，特意建成了很大的储运生产能力。而且在我国领土上驻扎着你们的部队，我们要为他们供应石油制成品。

戈尔巴乔夫：我们理解你们的关切。如果有可能为你们增加石油的供应，我们一定会这样做的。

昂纳克：我们是不是把这个问题也责成两国政府去讨论呢？

戈尔巴乔夫：我不反对。也可以讨论这个问题。

昂纳克：我想派米塔格同志到你们这儿来讨论经济问题。

---

[1] 齐奥塞斯库，罗马尼亚共产党总书记（1965-1989年）、国务委员会主席（1967-1974年），罗马尼亚总统（1974-1989年）。

戈尔巴乔夫：我们想委托雷日科夫同志来负责这些谈判。所以也希望你们保障相应的级别。如果你们想让谁再加入谈判，完全看你们。

我同您是从对联邦德国关系的问题谈起的。这的确是个重要问题。但对我们双方而言，主要的还是经济。要知道不仅我们的现在取决于经济，而且我们的未来在很大程度上，更取决于经济。

我们现在正在打基础，以推动经济有实质性的进展。我们需要明确，我们的伙伴想要什么。如果苏联和民主德国不在经济领域作出有效合作的表率，那谁还能作出表率呢？如果我们把合作搞上去，那么民主德国在同西方关系、同联邦德国的关系中，都会感觉到自己更强大。

昂纳克：是的，是这样。

戈尔巴乔夫：那么，可以认为我们就两个问题都谈妥了吧？

昂纳克：都谈妥了。

戈尔巴乔夫基金会档案：全宗号 1，目录号 1

在苏共中央政治局会议上
（1987 年 6 月 11 日）

戈尔巴乔夫：根据 1987 年 5 月底在柏林举行的政治协商会议，我们责成有关部门就我们对联邦德国的工作准备些材料，以供我们在政治局讨论这个问题。在对联邦德国的关系上，应当做些一些超出常规的事。要把这个国家朝我们再拉近一些。

他们那一面也有这种需要。与此相关，他们的报刊对德国实现统一问题的议论比较多。这是通过大众传媒来测试我们的反应。他们想让我们明确立场。同时也很清楚，德国之外的西方全都害怕德国统一。

民主德国的人民对我们非常友好。要不是语言障碍，在民主德国会感觉像在家里一样。我对昂纳克说了，你们要和联邦德国找到共同语言。联邦德国需要共同语言。

摘自切尔尼亚耶夫的记录

戈尔巴乔夫基金会档案：全宗 2，目录 2

摘自戈尔巴乔夫与魏茨泽克的会谈记录

（1987 年 7 月 7 日　莫斯科）
（出席会见的还有联邦德国外长根舍和
戈尔巴乔夫的助理切尔尼亚耶夫）

戈尔巴乔夫：今天在这里出席会见的根舍先生去年访问莫斯科期间，我们似乎已经就两国关系"打开新的一页"达成了一致。但这一页还没填写好，而且还出现了不得不用令我们双方不愉快的随便什么东西来填写的危险，甚至把这一页就合上了。好在这种情况并未发生。我们要由此来观察联邦德国总统对我国的此次访问。

坦率地说，我们不完全理解为什么会这样。在我们看来，应该与我们发展关系的国家，却不太努力这么做。我们首先看到的是，联邦德国现任领导层没有要作努力的愿望。

当我们谈到发展睦邻关系的愿望时，我们首先指的是人民，普通民众的情绪。我们知道，社会情绪的形成同样有利于双边关系的发展……

苏联考虑的是贵国的潜力、能力，以及她在欧洲和世界上的地位。联邦德国清楚，苏联能够发挥什么样的作用，我们对联邦德国的政策有什么意义。在制定政治路线时，应考虑到这种相互依赖性。

历史让我们有责任这样做。俄罗斯和德国的关系有源远流长的悠久传统，我们之间既有数不胜数的沉重往事，也有无以计数的正面故事。也曾有过苦难的篇章。这首先是指第二次世界大战。过去发生的悲剧性教训要求我们两国，要致力于不重蹈覆辙，不断完善双方关系，要赋予双边关系发展以不可逆转

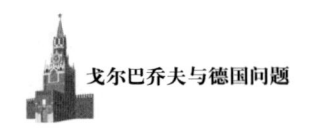

的前进动力。

即使在二战最艰难的岁月里,我们的现实感也没有发生过变化。在1941年秋天最危急的时刻,当德军兵临莫斯科城下的时候,克里姆林宫发表的讲话印证了这一点:"希特勒们来了又走了,而德国人民还留在那里。"我们没有把德国人民同纳粹制度混为一谈,也没有因希特勒侵略给我们带来的苦难而谴责德国人民。我们从未改变对德国人民的态度。德意志民族是欧洲历史悠久、人口众多的民族。

历史教训促使你们和我们得出与之相符的结论。我们对人民的责任就在于此。我们理解联邦德国的作用和意义。在现实评价联邦德国参与改善世界和欧洲形势能力的基础上,我们制定了当前的政策。您对此完全可以不存疑虑,我们充分考虑到了联邦德国的分量与潜力。我们同样有权希望,联邦德国领导人也能对苏联的作用和能力作出现实的评价。

我们的改革引起其他一些国家人民的关注。我们看到,西德社会中的许多阶层都有与我们开展各领域合作相向而行的愿望。我们所作的改变和推行的改革,不是为了要让谁喜欢,而是因为这是涉及我们自己生命攸关的事业。这些正在朝着积极的方向变化,并由此改变我们的面貌、性格、生活方式和对各种问题的处理方式。许多人已经对此深信不疑,以后还会有许多人深信不疑。

我想负责任地强调,苏联主张同联邦德国开展认真的、不断的、有充分根据的政治对话。我们愿意探讨双方都感兴趣的所有问题,不打算回避任何东西……

当然,也会产生某些意外。谁都没上这个保险。但如果毫不动摇地坚持主要的、原则性的路线,任何问题都可以解决。

我倾向于用直接的、坦率的语言讲话。总统先生,恕我直言,您的表态经常非常讲究、文雅。当我看到您这些表态的时候,我经常不能马上领会,您的主要意思是什么。这是习惯的问题。而习惯也像人一样,形形色色都有。

魏茨泽克: 谈话越坦率越好。我也会争取说的像您一样直率和坦诚。

首先说点个人意见。在今天这场会谈中,我可能是年龄最大的。我从二战开始的第一天到最后一天,经历了所有的苦难。当我昨天去向无名烈士墓献花圈并走过镌刻着二战在苏联大地各阶段上的那些方尖碑时,我想到的是,德国人给俄罗斯人造成了什么样的灾难和痛苦。因此，我一直有一种负罪感和责任感。

1973年秋天，我担任议员时，曾经跟联邦议会的代表团访问过列宁格勒。在参观皮斯卡廖夫公墓后，我不得不遗憾地对苏联代表说，在战争年代，我作为德军一员，就驻扎在列宁格勒城下。那时我还年轻，但我不希望当今的青年们经历我这一代人经受过的苦难。

在那次访问苏联期间，我始终有那样的感觉，就是现在我也一样能体会到那种感觉。我非常感谢苏联方面派摩托车护送队，陪我去了莫斯科郊外的德军战俘墓。

苏联的青年也跟我们联邦德国的青年一样，求知欲强、热爱生活，但远非无忧无虑。今天我在电视台跟一大群苏联年轻人进行了辩论。他们中有工人、大学生，有科学界和文化界的代表。同他们谈话令我深受鼓舞。我甚至觉得自己都变年轻了。不过，您也理解，谈话并不轻松，因为我们毕竟是来自不同的意识形态世界。但要进行诚实的、坦率的、能够相互充实的交流，这并不是什么障碍。我今天再次印证了这一点。

我非常希望，总书记先生，等您以后来联邦德国访问的时候，您也和我们国家的青年搞一次这样的辩论。请您相信，气氛将会是完全开放的，当然，提的问题不会不够您回答的。

……我们在历史面前负有不可推卸的责任。作为同一个大陆上的邻居，特别是在当前条件下，我们两国和人民因迅猛发展的联系越来越紧密地互相交织在一起。我们要相互分担这一责任。

在所有国家，青年人的共性感、参与感、利益一致感，都在增强。这些增强将会变成一种有凝聚力的因素。而让人与人直接分离、产生隔阂的东西，正在逐渐变成陈词滥调和刻板公式，必须要借助新的思维，战胜它们。

青年人开始思考那些长远的问题，这很好。这就更要求我们这些政治家们，要从自己的态度和行为上，为长远着想。正是因为面向未来，我们应该考虑的问题是，东西方关系在下一个千年到来之际应该是什么样的。我们怀着对未来的思考，应该想到的还有我们共同的全欧大家庭。顺便说一句，我想借此机会感谢您，总书记先生，是您将这个全新概念引入了政治语汇。

戈尔巴乔夫：在联邦德国，人们对这个概念的接受程度如何？

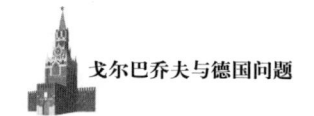

魏茨泽克：这是一个定向标，它帮助我们想象，在这个共同的欧洲大家庭中，应该是有什么样的秩序在发挥作用。尤其是，这个共同的欧洲大家庭里的房间，能在多大程度上满足人们相互串门。

戈尔巴乔夫：这倒是都对，只是如果有人突然晚上来串门，而人家两口子这时都已经上床了，就大概不会让所有人都感到高兴。

魏茨泽克：要是有一条深沟穿过大家的公用客厅的话，我们也不喜欢。

戈尔巴乔夫：我明白您的暗示。

魏茨泽克：必须建立起信任关系。照我看，信任应该不断增进。互利合作的计划要建立在日益增强的长远基础上。在落实合作计划的过程中，信任会得到逐步的增进。

为此，可以把赫尔辛基最后文件的三个篮子[1]作为出发点。自然，"第一个篮子"在这里起着决定性作用，它包含一整套安全问题。"第三个篮子"里也包括很多重要问题。我想请您特别注意的是"第二个篮子"。正是这个篮子提供了开展集约化合作的机会。我们作为欧洲共同体的一个主要成员国，愿意同苏联发展集约化合作。合作的意愿是欧洲共同体的特征之一。我想在今天的会谈中，再次向您确认这一点。

苏联正在进行的改革，与联邦德国和欧洲共同体同贵国合作的愿望完全合拍。Перестройка[2]这个词在我们德语中成了一个新词汇，所有人都理解它的创新含义。

戈尔巴乔夫：可这个词不是能意译成德语吗？

魏茨泽克：意译的德语词是有啊，但俄语的发音更别具一格。我们认为，当开始一项大事业的时候，用一个宽泛的、广为人知的、能开启人们联想的概念来定义它，是很重要的。Перестройка这个概念就是这样。

戈尔巴乔夫：如果这是您在分析思考基础上得出的结论，并且你们要致力于长远合作，那么，这一结论就将为我们两国现在和未来的关系发展赋予

---

[1] 1975年在欧洲安全与合作会议赫尔辛基峰会上通过的最终文件的三个篮子。欧洲安全与合作会议成员国的外交官们仿照佛教正经条文的相互联系的三个部分（把梵文的"三藏"比作"三个篮子"），将成员国承担的三个领域义务分别称之为："第一个篮子"包括安全问题，"第二个篮子"包括经济和其他合作，"第三个篮子"包括人文问题、人权。

[2] Перестройка，俄语词，意思是"改革"，直译为"重建"。

充分的理由，也会得到苏联领导层方面完全对应的答复。

但是它需要一种毫不动摇并反映自己的、而非别人利益的政策，而不是对短暂易逝的一时一事作出权宜之计式的反应。

我们希望能够确信，德国联邦政府不会再利用某些事件或眼前的现象，给我们两国相互接近踩刹车了。特殊的东西不能掩盖主要的东西。严肃认真的、经得起推敲的政策，正应该以此为标准制定出来。

……我们觉得，联邦德国应该对苏联希望和贵国发展友好、认真的关系作出评价。这是所有苏联领导人的看法。

魏茨泽克：您可以认为，我们的政策并非是对某些偶然事件的连锁反应。我们愿意将眼前现象放在一边，在严肃认真基础的上制定我们的政策。

自然，我们可能会遇到束缚关系发展的个别现象。发生这种现象，是因为几十年来我们都一直在培育相互间的不信任。后果至今犹在。我们不希望这样，必须通过共同努力克服这些后果。

联邦总理阿登纳[1]在去世前的最后几年，总是不知疲倦地教导基督教民主联盟，同苏联打下牢固、长期的关系基础，符合联邦德国的利益。

转折点是随着莫斯科条约[2]的产生而到来的。莫斯科条约是1970年之后任何一届联邦政府工作的基石。正是因为这一条约的签署，才出现了同波兰和捷克斯洛伐克签署条约，以及签署西柏林问题四方协议的可能。大家公认，没有莫斯科条约，就不可能有欧洲安全与合作会议[3]，不可能有赫尔辛基最后文件。

另外，莫斯科条约还是开诚布公、相互信任地讨论上述双边关系中出现的偶然事件或困难的基础。事件有大有小，反响也有所不同，处理起来应该区别对待。

戈尔巴乔夫：您认为莫斯科条约本身和联邦德国同其他社会主义国家签

---

[1] 康拉德·阿登纳，西德国务活动家和政治家。基督教民主联盟主席（1946–1966年），西德第一任政府总理（1949–1963年）。

[2] 1970年苏联与联邦德国签署了莫斯科条约。该条约规定签字双方承认第二次世界大战结果形成的边界。条约得到进入当时的执政联盟（德国社会民主党和德国自由民主党）的政党的积极支持，但遇到当时在野的中右翼政党（基督教民主联盟和基督教社会联盟）的强烈反对。

[3] 是联合了多数欧洲国家、美国、加拿大等国用于谈判的论坛，后来成为欧洲安全与合作组织。

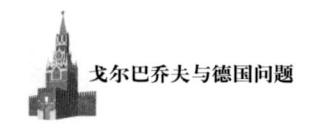

署的条约，是联邦德国对东欧政策的基础，我们欢迎这样的表态。我支持您这些思想，愿重申这些话，也愿签字确认。当我们听到这些评价的时候，我们说，我们有对现实的理解，有建设牢固关系、加强互相信任的愿望。

与此同时，我们不能不担心的是，在听到这些话的同时，我们还时常听到有人说，似乎"德国"的问题还没有解决，"东部领土"问题并未完全明确，雅尔塔会议和波茨坦会议的决议"没有法律根据"。我不是指您个人，总统先生，但是经常有这种言论从联邦德国传过来。自然而然，我们就开始自问：在这之后，还能不能相信愿遵守莫斯科条约所有条款的种种誓言是有诚意的。我们怀疑，联邦德国领导人是否致力于坚持落实这一条约，还是他们在推行一条用自己的实际政策侵蚀该条约的路线。

魏茨泽克：如果您有问题或怀疑，请您马上就让我们知道您的这些问题和疑虑，不要自己琢磨了。我们的关系需要公开性，而不是怀疑。

我再次强调，尊重莫斯科条约的字面意义及其精神，是任何一届联邦政府制定政策的共识。在每一位联邦德国总理向联邦议会发表的联邦政府的声明中，都不可更改地写入有关忠实于莫斯科条约的措辞。这是自莫斯科条约签字之日起就形成的不可动摇的传统。

……科尔总理不带任何附加条件或限制地赞成，联邦德国全体领导人坚持必须严格遵守莫斯科条约并在这一基础上同苏联发展全面互利联系的信念。

总书记先生，刚才听到您说，苏联人民即使在最艰难的战争年代，都能将德国人民与当时德国的统治制度加以区别对待，让我很受启发。德国人民也像其他国家人民一样，意识到自己的历史，并忠实于自己的过去。自然，这是指过去的积极方面。

从这个意义上讲，我对您在前不久英国首相撒切尔夫人[1]访问苏联期间所作的表态很感兴趣。您声明说，不尊重自己历史的民族，就等于是为自己的未来划上了问号。用这话来形容德国人，也恰到好处。我们生活在两个被分割开来的国家，分属于两个防御联盟、两种互相对立的社会制度，信仰两种不同的意识形态。但我们是一个民族，我们有能力有效地为欧洲和平与合

---

[1] 玛格丽特·撒切尔，英国政治家、国务活动家。保守党主席（1975—1990年），英国首相（1979—1990年）。

作事业服务。我们认为，同属于一个民族的德国人是欧洲进步道路上的发动机，而不是设置种种障碍的来源。

戈尔巴乔夫： 我现在不想就民族的概念做理论上的阐述。眼下重要的是政治方面。世界上有两个德国，她们的社会政治制度不同，都有自己的价值观。两个德国都汲取了历史教训。每个德国都可以为欧洲和世界的各种事业作出自己的贡献。但不能视而不见的是，在这些因素之外，还有些东西不能不引起波兰、捷克斯洛伐克、苏联以及民主德国的关切。我指的是联邦德国国内，人们把这些因素与之关联。

魏茨泽克： 那也该谈谈英国、丹麦等我们其他一些邻国的关切了。

戈尔巴乔夫： 举例来讲，这种关切在巴西、阿根廷就不可能有，尽管那里也生活着不少德国人。

魏茨泽克： 我们有很多邻国。历史从未属于德国。德国人意识到，他们需要和自己的邻居们生活在和睦与和谐当中，而不是引起邻居们的关切和恐慌。

您知道，联邦德国与法国的关系在战后取得很多进展，现在达到了在我们看来是无可指责的水平。可是别忘了，德国与法国曾经在数百年间不间断地相互发动流血战争。现在，一切都走向相互满意和顺遂。不过，这并不妨碍法国某个著名政治家说，他是如此地热爱德国人，以至于他喜欢有两个德国，而不是一个。

无论如何，同属于一个民族的感觉，并没有干扰我们同邻国发展友好关系。我们意识到欧洲未来政治建设的规模。为了保障关系顺畅发展，应有机会开诚布公地、相互信任地讨论所有问题。

我们不想破坏或改变欧洲边界。但是我们非常希望改变国与国之间的边界将人们分隔开来的性质。这种分隔还依然存在的事实，促使我们奉行联邦德国与所有国家密集发展睦邻关系的外交路线。我们希望，这样的愿望是无可厚非的。如果我们的伙伴有同样意愿并相向而行，国界就可以丧失把两国人民隔断的作用。我们同法国的关系就是这样的一个例证。

戈尔巴乔夫： 1975 年，在反法西斯胜利 30 周年之际，我到过联邦德国。在法兰克福郊外的一个加油站，我跟加油站老板聊了起来。他聊着聊着就提醒我说，您看，斯大林是讲过"希特勒们来了、又走了"，但实际上苏联在战后还是把德国人民隔离开来了。他说，正是由于苏联的罪过，才产生了两

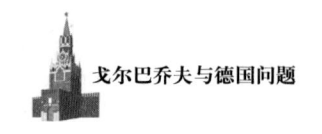

个德国。

我们就争论起来了。我提醒他，把德国一分为二，是丘吉尔和美国人搞的战后计划的一部分，苏联在德国分裂问题上没有错。我们当时是反对丘吉尔这些计划的。我们想建立的是一个统一的、主权的德意志国家。您回忆一下吧，到底是哪个国家先出现的，是联邦德国还是民主德国？苏联在那个阶段都提出了什么建议？

波茨坦会议和雅尔塔会议关于德国肃清纳粹主义、民主化和非军事化的决定规定，建立一个统一的、主权的，首先是和平的德意志国家。但西方有些人不喜欢这样。结果是大家都知道的。所以，您要是找分裂德国的罪魁祸首，那就是联邦德国，而不是苏联。

魏茨泽克：非常感谢您讲这段历史上的题外话。我在纪念二战胜利40周年那天，在联邦议会致辞时，把1945年5月8日称为解放日。尽管对许多德国人来说，痛苦恰恰是这一天开始的，而且至今仍在持续着痛苦。与此相联系，我在讲话中总是呼吁人们要有历史意识和责任感，警告不要煽动不健康的政治热情。

戈尔巴乔夫：人民对过去发生的事无罪。应该谴责的是法西斯分子，是那些导致德国分裂的人。

魏茨泽克：我呼吁我国全体国民立足于现实和条约的土壤。联邦德国是一个存在，她不是一个大国，却可以成为一个有益的伙伴和欧洲未来和平的重要因素。

我们的任务在于确保长久的安全。现在产生了一些对此有利的前提，应该善加利用。

……所以我们愿意看到你们搞改革。当然，为此需要克制和耐心……

戈尔巴乔夫：我们苏联领导人当中，有一种感觉已经成熟了，这就是必须重新审视苏联同联邦德国的关系，要通过共同努力将两国关系提升到新水平。

我们已经为此做好准备，但这要求必须抛开各种成见和政治非议，摒弃苏联是敌人的形象。

联邦德国同苏联建立严肃认真的关系，是真正具有历史意义的。我们两国停留在各自的体系和联盟之中，依然可以在世界发展中发挥非常大的作用。

两国关系的稳定标志着欧洲的稳定，符合两国自身的利益，也符合欧洲和国际社会的利益。

我请您建设性地看待我们就此所提的各项建议。我们已经准备好了，等我去联邦德国访问或科尔总理到苏联来的时候，继续进行相应的意见交流。

一年前，我同根舍先生谈过俄罗斯和德国的历史联系，以及现今时期由此产生的苏联与西德关系的义务。我们目前看到的是，德方缺乏现实的政策。如果您对我们的建议给予周密考虑，如果接受这些建议的话，我们的对话将会迅速发展并不断提升，这既符合我们两国人民的利益，也符合全世界的利益。

我们主张全面发展赫尔辛基进程。离开苏联和联邦德国的积极参与，欧洲建设是不可思议的。苏联希望联邦德国的安全是可靠的。苏联愿意共同充实"第二个篮子"，即在扩大和完善经济联系的基础上，巩固全欧洲发展的物质基础。我们愿就"第三个篮子"进行广泛交流。只要"第三个篮子"今后不被用于干涉内政，这也是完全可能的。

我想提及一点，这是在深入思考今后应如何行动时值得考虑的一点。欧洲是我们的共同家园，但欧洲正在进行的一体化进程不是统一的，欧洲的东方和西方都在搞自己的一体化进程。我们认为，应该想一想如何构建为欧洲整体服务的全欧进程……

魏茨泽克：我非常感谢您关于赫尔辛基进程"三个篮子"的想法，这些看法与我们的思路一致。必须相互保障拥有足够安全的权利。这是任何裁军进程不可分割的组成部分。

我已经表态支持我们两国发展经济联系了。我现在只想说的是，我认为，电讯领域的合作可能大有裨益。

至于"第三个篮子"，我们坚决反对干涉任何国家的内政。这可能会将人们误导到很远的地方。但我们想要向我们国家的人民展示一些事例，说明缓和与合作进程正在成为现实的、触手可及的事业。比如，在来苏联访问之前，我见过一位德意志族的苏联公民，他对我说，是您亲自批准他在离别40年后，去探望他住在杜塞尔多夫的母亲。

我认为您关于正在欧洲展开的那些一体化进程的思想极端重要。我将给予持续关注。

戈尔巴乔夫：当代人面临一系列重大问题，包括生存、生态、科技革命

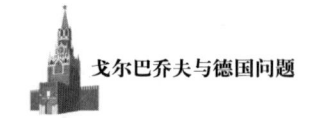

及其社会后果、相互间的信息沟通、能源、人口等等。依我们看，如果遵循新思维并摆脱"恐龙"心理，所有这些问题都是可以解决的。但是时间不可浪费。10到20年后，这些问题将更难解决。

魏茨泽克：有不少"恐龙"还在妨碍着我们推行国内政策。谁都不掌握绝对真理，但应该尊重努力接近真理的愿望。我想，苏联也不会不这样认为。

对那些一体化进程，也应该加以引导，使它不失控。不要把一体化进程的创造者变成优柔寡断的工具。

戈尔巴乔夫：我喜欢我们这种内容充实、开诚布公的会谈，喜欢跟您谈话。总统先生，您讲的想法非常令人感兴趣。

我想请您和联邦德国的领导人严肃认真地思考我们向你们提出的建议。我们主张翻开我们两国关系的新篇章，主张理由充分地填写好这一新篇章，并用有意思的内容填写好。我们愿意继续工作。但如果您需要一段时间来思考，我们可以等待，我们不着急。

根舍：新的一页已经打开，我们不想让它空着。我们将用清晰的书法字体填写好这一页。……

戈尔巴乔夫基金会档案：全宗号1，目录号1

在苏共中央政治局会议上
（1987年7月16日）

关于联邦德国总统魏茨泽克访问莫斯科的总结

戈尔巴乔夫：我觉得，我们已经按工作程序讨论了这些总结。

葛罗米柯[1]：我完全支持您作的评价。我捕捉到这样一个信息，就是相

---

[1] 安德烈·安德烈耶维奇·葛罗米柯，苏联国务活动家和政治家、外交家。苏联外长（1957-1985年），苏联最高苏维埃主席团主席（1985-1988年），苏共中央政治局委员（1973-1988年）。

对于科尔和其他人，魏茨泽克的立场比较温和……最尖锐的那些问题他都避而不谈，而核武器问题他没有权利谈，因为那不是他的职权范围。但他暗示过几次，联邦德国准备（与美国谈判时对苏方）持轻松些的立场。

在经济关系方面。他完全支持经济关系发展。但搞合资企业和合作生产的想法，德国人还一下子消化不了。对这个主意，联邦德国暂时没上钩。

在经营管理方面。这方面是德国人很擅长的。这个领域有可学习的东西。魏茨泽克已经提出建议了，应该好好利用。

戈尔巴乔夫：在现阶段魏茨泽克是最合适的人选，无论从他在国内还是在欧洲的威望看，以及从政治素质和人品来讲，都是这样。但要接触，还是不得不把根舍放在他前面。

谢瓦尔德纳泽：我们确定的重点都正确。总体而言，魏茨泽克的访问无论对联邦德国，还是对我们，对世界，意义都是积极的。

戈尔巴乔夫：他还紧张呢。他问了科维岑斯基大使好几次，他给我们这边留下的印象如何。对他来说，感觉最不好的是关于美国"潘兴-2"[1]的问题。

以后的阶段是会见施特劳斯、施佩特。没有他们，我们和联邦德国正在翻开的新篇章就无法写好。然后还有其他会见。我们来看看，接下去是谁。

多勃雷宁：米哈伊尔·谢尔盖耶维奇的一个主要思想，是重新思考联邦德国同苏联的整体关系。我们正在落实这个想法，同世界最大的国家之一步入全面对话的阶段。

戈尔巴乔夫：同志们，概括地说，这次访问涉及到我们政策最重要的方向之一。联邦德国是西欧的主要国家。我们制定了正确的路线，要以现实为导向，认真地分析实际情况。如果找到合适的方式处理好同联邦德国的关系，包括历史因素，既面对现在，又着眼未来，我们就能在欧洲做许多事情。

我想，我们在把自己同德国人对立这件事上已经走到了边缘。而且这也令他们担忧。特别是现在，当我们同其他大国开展对话之后。所以施特劳斯等人关心我们苏联在自己的新政策中能分给联邦德国什么角色，不是偶然的。我们正好赶上这个国家在确定对我们关系具体步骤方面感到难受的时候。联

---

[1] 指美国在1983年列装的《潘兴-2》中程弹道导弹。当时广泛讨论着在西欧国家、首先是西德部署这些导弹的计划，用于回应苏联装备的"少先队员"中程导弹（按北约术语为SS-20）。

邦德国要与美国拉开距离的社会情绪在上升,特别是里根变得有些"跛脚"之后。德国人也在反思,他们这是把自己跟谁绑在了一起,上了哪辆战车了?

拉巴洛条约[1]今年签署65周年了。德国人记得这个事情。关于拉巴洛条约的记忆还折磨着西方大国,他们的脑子里在发酵,会不会出现类似的新转折呢?我们利用同魏茨泽克的接触,迫使法国领导人也动起来了。如果现实如此,如果与联邦德国的合作可行,我们就可以"控制德国人"了。这在军事方面,尤其是对我们把两个国家(德国)都保留下去和维持二战后果的政策,有重大意义。我们要借助这次会晤弄清楚,德国人是否已经准备好向我们这个方面转变。

我们要让他们明白,我们不同意重新审议二战的结果,但我们愿意相向而行并且愿意走得更远。可以说,"你们就仔细想想你们自己的立场吧"。这样一来,我们就迈出了第一步。以后的关系怎么搞,取决于他们。美国也开始担心了,"苏联将通过联邦德国走向全欧洲。"当然,联邦德国会害怕,新的拉巴洛条约能不能吓倒美国、法国。因此,我们也不能过分施加压力。现实同拉巴洛条约毫无关系,因为已经完全是不同的历史时期、不同的条件了。

政治方面,西德人在感觉到我们似乎对他们视而不见的时候,总是觉得不舒服。要利用好这个因素。但要深思熟虑之后再行动。我们的朋友们也担心着呢。雅鲁泽尔斯基就问过,我们跟魏茨泽克谈得怎么样。我向他介绍了我们谈的关于两个德国、雅尔塔、波茨坦以及用新式武器取代欧洲核武器等等情况。胡萨克也支持我们的倡议。但他们全都忧心忡忡,担心我们会不会在同联邦德国发展关系时把他们忘记了。因此,要坦诚、具体地向他们通报情况,打消朋友们的关切。

在他们那边和在我们国内,在刊登我和魏茨泽克的谈话内容时,都配发了纸币的图样,但在报刊上提到"民族问题"时,却什么都没漏掉。

我还想说,在这种局势下,不能把科尔变成替罪羊。否则就不是政治,而是新闻报道了。谢瓦尔德纳泽访问联邦德国,施特劳斯和施佩特来我国访问,就让这些访问成为和科尔会晤的准备工作吧。

---

[1] 1922年,德国与俄罗斯苏维埃社会主义共和国联盟在热那亚会议期间,到热那亚郊区的拉巴洛签署了拉巴洛条约。条约规定两国恢复外交关系,相互放弃要求,发展经贸关系。这一条约当时引起第一次世界大战战胜国,尤其是英国、法国的强烈反应。

我想说一说我们方面的一个失误。施佩特给我们发来了两个题目，两个经济项目。他像是要把这个作为经济联系的一种模式。为什么我们什么都没回复人家？他这可是一个有意思的处理方式啊。他这个人也挺有意思。

施特劳斯建议我们跟巴伐利亚发展经济联系。大家想想吧，都考虑一下。

事情并不在于来来往往的相互访问，而在于，为什么我们面对这样的建议却不相向而行。我们可是比他们更希望这样啊。做好具体、务实的经济联系计划，可以影响到同联邦德国关系的其他方向。

应该这样提出问题，在联邦德国领土上部署"潘兴-1"导弹，就等于是允许联邦德国拥有核武器，这是违反核不扩散条约的。现在就应该把这个问题在报纸上披露出来。

（对卡缅采夫[1]说）有相互关系的哲学，还有很多具体的东西，能够赋予这一哲学观念未来15到20年的现实前景。我们自己的计划会把联邦德国和整个西欧都吓坏的。但这有益于包括社会主义国家在内的各个方面。日夫科夫不就老幻想着，让联邦德国吞并了保加利亚嘛。

我认为，哪怕就是冒风险，也值得和德国人接近。

当然，不能忘记法国、英国。这里面一切都要做得合乎规范。继续吧，再继续干吧。

是的，还有奥地利、芬兰，我们同这两个国家的联系都很紧密。

他们离开我们的市场就活不下去。还有联邦德国，不过这就完全是另一码事了。我们要通过她来接近瑞典……

联邦德国是一个现实，而且不仅限于在欧洲这个范围内。与联邦德国重建关系，可以让欧洲发生许多改变。德国人还坐立不安呢。我们提出彻底解决欧洲裁军问题的建议后，他们就开始担心了。问题来了，联邦德国会怎样呢？挪在里根的战车上不能令他们满意。用魏茨泽克的话说就是，拉巴洛条约的精神令西方强烈忧虑。对出现大的转折，他们并没有心理准备。让他们好好想去吧。这次访问说明了这一点。

没有我们这一方承认联邦德国的作用，联邦德国就无法崛起。社会舆论

---

[1] 弗拉基米尔·米哈伊洛维奇·卡缅采夫，苏联国务活动家，苏联部长会议副主席，国家对外经济委员会主席（自1986年起）。

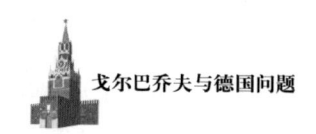

正在接受这一认识。接下来，我们同联邦德国发展关系，会有谢瓦尔德纳泽去访，施佩特和施特劳斯来访，科尔是会成熟起来的。应该公开就"潘兴"一事发表讲话，把在联邦德国境内部署"潘兴"，解释为就是准许德国拥有核武器。要研究施佩特关于同列宁格勒市发展联系的建议。要研究施特劳斯关于巴伐利亚的类似提议。他们不会把我们引入歧途的。我们通过与他们接触，可以对西方产生影响，并控制住社会主义国家。

摘自切尔尼亚耶夫的记录
戈尔巴乔夫基金会档案：全宗号2，目录号2

摘自戈尔巴乔夫同密斯[1]的会谈记录

(1987年11月4日)

戈尔巴乔夫：戈尔贝特，见到你真高兴。我们时间不多，但我还是想，一定要见见你。

密斯：我们俩已经熟悉得只要听到对方半句话，就能相互理解了。我想感谢你发表了精彩的讲话。能感觉得到，你们事前做了大量紧张的工作和细致的分析。我们理解，其中主要是对改革作了哲学、政治和历史的论证。这篇讲话回答了许多问题，发人深省，让我们所有人都为未来着想。

戈尔巴乔夫：这就是我们的意图所在。不是要讲改革如何进行的。因为这方面我们最近已经不止一次地讲过了，而是要让大家看看改革的哲学。

密斯：我们大家都非常期待你的讲话。特别是我想感谢你辩证地分析了苏联走过的发展道路。

戈尔巴乔夫：在这方面，我们除了不得不重新分析，还得去感受很多东西。

密斯：讲话中提出了许多问题，很多都直接涉及到国际共产主义运动。

---

[1] 此次会见是在莫斯科隆重纪念十月革命70周年大会的第二天举行的。受邀出席会议的除各国共产党外，还有一系列社会民主党、社会党、民族民主政党。戈尔巴乔夫在会上致辞。

讲话的重要性在于，它不仅对国际共产主义运动的历史作出了评价，而且包含着新的内容，号召人们向前进，寻求相互协作。

现在下最后的评论还为时尚早，应该让种种印象再沉淀沉淀。但现在就可以说，我们的活动很可能标志着，国际共产主义运动发展的新阶段出现了一点萌芽。已经有了成功的开端。重要的是，这个萌芽还产生于其他政党，特别是社会党和社会民主党的代表都出席了。

戈尔巴乔夫：这方面我们的印象也完全相同。

密斯：苏联共产党支持同社会民主党发展双边关系，这已经成为正常现象。但今天，共产党人与社会党人第一次在莫斯科，在多边场合齐聚一堂，坐在一张桌旁，以前还从未有过。

几乎所有来参加聚会的方面，都对苏联共产党领导人产生如此一致的好感，这也是前所未有的。就算它在很大程度上是对一个特定的人的个人喜好吧。真的是这样。无论是"亲莫斯科的政党"，还是欧洲共产党人，无论是社会党人，还是只能算一半的社会党人，所有的政党此时此刻都一致承认，苏联共产党在争取和平和改革这两个最重大的问题上，发挥着思想上的领导作用。而且所有的党都是自愿承认的，不是按上级指示这样做的。

尽管这一事实还没得到组织程序的认可。

戈尔巴乔夫：也不需要任何组织机构来认可。主要是我们在施加我们的影响。第一是通过制定新的理论方法，第二是通过改革过程，在国内释放社会主义的潜力。

密斯：除了刚刚问世的戈尔巴乔夫的新书以外，还能找得到以往哪份文件能这样吗，不用任何自上而下的压力，没有不可胜数的宣传干部参与的组织准备，就在国际共产主义运动中被如此满怀兴趣地研究和分析吗？换句话说，我们今天面临前所未有的机遇，就是推动兄弟党之间的合作事业向前发展，并在自愿承认苏共意识形态领导作用的基础上，加强兄弟党的团结一致。

改革也触动了我们党。正如一场来得及时的暴风雨那样，各种垃圾都正在从海底翻涌到表面上来。

戈尔巴乔夫：我有你的那些会谈的信息。我要说，我们始终都注意倾听你的意见。我们这么做不仅是为了让你高兴，首先是因为我们重视你的想法、你的考虑。

密斯：改革已经这样或那样地抓住了所有人的注意力。一些人已经加入其中，另一些人还在思索，但也一定会加入其中的。我们和柏林的同志们发生过众所周知的摩擦。但现在状况在好转。所以你们不必担心。事情都在改善。德国统一社会党的同志们刚刚开始理解有必要以批判性的眼光看待自己的意义，但暂时还没公开谈论这一点。我、阿克森[1]和扎格拉金[2]12月20日要在柏林相聚，届时我们要谈谈对联邦德国的工作。……

戈尔巴乔夫基金会档案：全宗号1，目录号1

摘自戈尔巴乔夫与施特劳斯的会谈记录

（1987年12月29日）

戈尔巴乔夫：欢迎您来莫斯科，施特劳斯先生。

施特劳斯：我以前来过苏联，但是是以另外一种身份，我当时是德国武装力量的一名军官。我从乌克兰开始参战，到过利沃夫、乌曼、哈尔科夫、罗斯托夫。

戈尔巴乔夫：那儿离我的故乡很近，与我出生和生活过的边疆区相邻。我在被占领土地上生活过5个月。施特劳斯先生，那段时光我还记得啊。

施特劳斯：我记得那些历史教训。

戈尔巴乔夫：我知道，您的专业是古代语言学和历史教师。看来，您了解赫拉克勒斯[3]的那句名言："一切都在流逝，一切都在变化"。这句名言现在既适用于你们，也适用于我们。

---

[1] 戈尔曼·阿克森，东德政治家。德国统一社会党中央政治局候补委员（自1963年起）、委员（1971–1989年），党中央对外政策委员会领导。

[2] 瓦季姆·瓦连京诺维奇·扎格拉金，苏共中央对外联络部第一副部长，戈尔巴乔夫国际事务顾问（自1988年起）。

[3] 赫拉克勒斯，希腊神话中宙斯与人间一女子所生的儿子，是最伟大的英雄，以力气大闻名。——译者注

施特劳斯：赫拉克勒斯还有一句名言："战争是所有东西的老师"。当时确实是那样的，但现在这是不可接受的。我们已经学会了很多东西，以避免今后发生此类情况。

戈尔巴乔夫：克劳塞维茨[1]有这样的表述："战争是通过其他手段继续的政治"。如果都按这句话来办事，很难想象会发生些什么。

为什么我回忆起希腊人和你的职业了呢？战后以来，莱茵河和伏尔加河流过的水已经无以计数了。我们各自的国家，欧洲和世界和平都有很大变化。这些质变不应被忽视。

世界已经变了样子。国际社会由不同国家等组成——社会主义国家、发达资本主义国家和大量"第三"世界国家等组成。这些国家正在经历复杂、暴风雨般的进程。

需要补充的是，我们处于科技革命的新时代。科技革命带来许许多多的社会后果和其他后果。有很多问题将我们互相联系在一起，必须着眼于未来，通过共同努力去解决。

仅以生态为例。你们那儿因为这个问题甚至还出现了一个政党。你们稍微"变绿"了点儿。（气氛活跃。）我们没这样的党，不过有生态问题。

施特劳斯：不必羡慕我们。"绿党"造成不少麻烦，不建议你们也搞这样的党。（气氛活跃。）

戈尔巴乔夫：我们国内匆匆忙忙抓起了生态问题，还没来得及作出任何决定。我们果断决定要注重保存历史文化古迹。这是一项全民的事业。人们愿意为保护古迹贡献出最后的力量。

据我所知，巴伐利亚州有不少历史遗迹。巴伐利亚州作为一个独立的单元，大概已经存在 1000 多年了。

施特劳斯：1200 年。就跟俄罗斯差不多。

戈尔巴乔夫：明年要纪念俄罗斯受洗 1000 年。受洗之前，基辅罗斯就已经存在了。俄罗斯这个国家在受洗之前就有了，她发展很快，与欧洲保持了广泛交往。所以我们大致有共同的历史。

---

[1] 卡尔·冯·克劳塞维茨（1780-1831 年），德国军事理论家和军事历史学家，是近代战略学的奠基人，普鲁士军队少将。著有兵学巨著《战争论》，被称作西方军事思想的代表、西方兵圣。——译者注

施特劳斯：俄罗斯的历史非常具有多面性。抽时间来研究俄罗斯历史，我向来都很享受。甚至还曾经有过波兰帝国，她的边界一直延伸到莫斯科。

　　戈尔巴乔夫：从罗马帝国起，有过不少帝国。不过，现在只剩下回忆了。

　　施特劳斯：曾经一度也有过大英帝国。现在大英帝国所剩无几了。我们德国人帮助她达到了那个状态。当然，我这是开玩笑。

　　戈尔巴乔夫：我在想最近40年来发生的质变。变化太大了。可是如果你拿起我们的政治词典或外交词典，里面都是老旧的处理方式和先例。

　　我对撒切尔夫人说过："丘吉尔发表富尔顿讲话之后，世界上一切都变了，连英国也不是那个英国了，世界也已经不是那个世界了。而你们英国人的行事方式，却好像世界上什么都没发生一样。"

　　政治思维落后于将人类引领到新的发展阶段的那些进程。新的现实要求新的方法。甚至连施特劳斯先生来莫斯科，都是不寻常的新闻。

　　新思维正在困难重重地开辟道路。不过归根结底，世界正在开始以新的方式思考。这很重要，无论我们身处何方，在欧洲，还是美洲，或是亚洲。应该理解正在发展中的那些进程。要停下来，回顾一下，想一想，然后该怎么办。为了让事业进展得更轻松、更快，必须坚持不懈地对话。现在感觉对对话的需求越来越强烈了。

　　施特劳斯：是的，相互了解、相互交换信息的需要正在日益增长。这是时代的嘱托，而且世界上没有一种力量能够阻碍得了。

　　戈尔巴乔夫：人们渴望重新思考并理解我们生活的世界，这种愿望吸引了政治家们的全部注意力。以前，一切都很简单。几个超级大国向全世界发号施令，把自己的意志强加给别人。现在这已经不可能了。国际关系需要非意识形态化。就让每个国家的人民选择自己的道路、自己的宗教、自己的意识形态、自己的生活方式吧。

　　不理睬各种暗中提示或强迫，作出自己的选择，这是每一个国家人民的主权权利。

　　既然我们不能允许冲突发生，既然战争是不可接受的，而世界在经济、科技、文化等方面又是相互联系的，那么我们就应该考虑，如何建设新的国际关系。

　　还应当考虑，我们是不同的。我不知道，要是我们不了解德国文化，我们会有什么感受。那对我们将会是一个损失。但是，我们在了解和热爱德国文学、音乐的同时，在了解其他民族文化的同时，我们还是俄罗斯人，要坚守我们自己的价值观。只是与此同时，我们也已经变了。因为我们掌握了其他民族文化的知识。

谢瓦尔德纳泽向我介绍说，你昨天跟他谈得很好，很实在。不错，施特劳斯先生批判了马克思列宁主义，但这并不是什么新闻。只有用对人类创造的所有财富的了解来丰富自己的头脑，才能成为一个共产党人。这句话恰恰是列宁说的。你看，施特劳斯先生，共产党人不仅不把自己的历史，也不把人类的历史跟自己对立起来。我们感觉自己就是人类历史的一部分。成为真正的共产党人不太容易，而且也不是每个人都有上天赋予的那些才智。

总之，施特劳斯先生，应该改变形象了。不久以前，德国在画我们的时候，要给我们头上添两只角呢。可这正是德国煮好共产主义的这锅粥啊。马克思和恩格斯都是德国人。他们的理论走过了漫长的形成之路，经受了时间的考验。现在应该比以往任何时候都坚定地站在现实的土壤之上。过去，忽视现实曾导致严重的后果。如果我们不能从过去汲取教训的话，将犯下不可挽回的错误。

杜勒斯[1]曾被问到过，在第三次世界大战中可能会使用什么样的武器。他说，他不知道，但可以确定地说，第四次世界大战将会使用弓箭。

我常说，国际社会不能浪费时间。要争取时间做很多事情。为此，现实主义必须为我们所用。

施特劳斯：我同意您的话。不能浪费时间。希腊哲学有一个概念叫"кайрос"，意思是必须要利用的可能性，因为除此而外，再就没有这种可能性了。

戈尔巴乔夫：这大概就是通常叫做机遇的词吧。

施特劳斯：这个词的含义甚至比机遇广。欧洲历史上有过多次"кайрос"被错过的时刻。后果是最最可怕的……

1931年1月30日，希特勒在德国上台。1月31日，我父亲对我说："希特勒成了帝国总理。这意味着战争和德国的毁灭。"我父亲说对了。他仅仅

---

[1] 约翰·福斯特·杜勒斯（1888—1959年），美国政治家。美国国务卿（1953—1959年），1944年其成为共和党外交政策的主要发言人。1950年曾参与策划朝鲜战争。任内推行所谓实力地位政策、战争边缘政策和艾森豪威尔主义。

是个手工匠人。

但是，过去已经留在了过去，注意力应面向未来。现在我们正处在一个"кайрос"的状态中。人类正处于新纪元的门槛上，全部精神寄托在对未来的希望当中。这些希望正是得益于你，总书记先生，你发挥了决定性作用。在联邦德国，德国人的所有期待，都受到来自莫斯科脉动的鼓舞。这是事实，而非意识形态。您的倡议，您的建议，触到了人类灵魂最隐秘的角落。我不是共产党人，但在这种情况下，我要指出确有其事。您是被众口一词议论着的领导人。

这是事实，不是恭维话。

戈尔巴乔夫：我想，苏联西德关系的议题会在我们会谈中占据相应的地位。

施特劳斯：战争不是政治通过其他手段的继续，它意味着现存的一切的终结。

1956至1962年间，我担任国防部长。25年前，1962年夏天，我到过五角大楼，同美国军队的最高将领们有过一次开诚布公的谈话。美国人应我的请求，用沙盘、图景向我介绍了未来战争的规模，即按照他们的设想，未来的战争将会如何进行，结局又会怎样。

在了解到这些信息后，我的结论毫不含糊，打过这样的战争，地球便无法生存。

戈尔巴乔夫：那时的美国国防部长好像是麦克纳马拉。最近听说他讲过不少理智的话。

施特劳斯：我到过他在华盛顿的家里，谈了很久。他还邀请了参谋长联席会议主席。我当时是一个人去的。但我把所有谈话都详细记录下来了。回国后我把这场会谈的情况报告给阿登纳。我下令让联邦国防军的总监察员准备一份相应的研究材料，分析一旦德国遭遇未来战争，情况会怎样。上次我毫不含糊，这次结论更明确，就是说，随着核武器作为战争工具的出现，人类任何生存下来的希望都没有了。

昨天，在同谢瓦尔德纳泽先生会谈时，我请他注意，诸如世界革命、世界统治、"最后一场决定性战役"等等概念都已过时，再也不符合我们这个时代的"绝对命令"了，最多只不过是一些华丽的辞藻罢了。应该以这样的态度来对待这些言辞。

可能我昨天批评的味道浓了一些，但我这样做，是为了让你们更好地理解我的用意。科技革命将一切都翻了个儿。人们已经完全变成另外的样子了。对此不能视而不见。

戈尔巴乔夫：我不知道，为什么人们把马克思列宁主义当成一种侵略性的学说。

施特劳斯：我可没说侵略性。我说的是世界革命。我把这个理论看作是对众所周知的最后决定性一役的召唤。如果不是这样，那就最好。

戈尔巴乔夫：这一切从根源上来说并非如此。革命只能在现实的、民族的土壤上才能成熟。这是马克思主义的精髓。如果这样的土壤不存在，推动革命就会导致冒险主义。而输出革命，是压根就不可接受的。

施特劳斯：很高兴听您这么说。

戈尔巴乔夫：向来如此。看来，用另外一种方式阐释马克思主义，会让某些人有利可图。人类走过了自己发展的特定阶段：奴隶制度、封建制度、资本主义制度、社会主义制度。马克思得出了一个结论，所有的民族都会到达社会主义。但这是理论。它的基础是，社会发展过程一直是前进的。但这会发生在什么时候，是本世纪还是下个世纪？……

资本主义有一些资源，资本主义在适应正在变化的局势，在学习。

为什么资产阶级理论家们认为，资产阶级制度是最高成就，是人间天堂呢？未来会让我们看到，是谁对了，是谁走在迷路上。让我们展开竞赛，在合作中生存，走着瞧吧。

施特劳斯：完全正确，历史会把所有的东西摆放到自己的位置上。

您当然知道，我去过民主德国、匈牙利、保加利亚，以及罗马尼亚，这个国家有点特殊。我在那些国家的会谈都相当坦率。在会谈中我弄清楚了，有一些社会主义的元素是资本主义本质上固有的，有时会以比在社会主义国家更为发达的形式出现。区别主要在于，生产工具和生产资料在资本主义制度下归私人所有。但就是在这方面，历史也会作出自己的决定。

戈尔巴乔夫：很难给社会主义作出一个完整的评价。社会主义还是一种年轻的制度，它的潜能尚未完全发掘出来。

就以我们的历史为例。苏联作为国家存在了近70年。革命前夜，俄罗

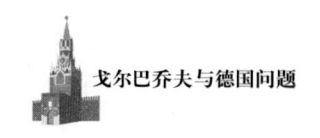

斯在所有的方方面面都处于灾难性的状态。要么崩溃，要么走另一条道路。革命的条件成熟了。应该做些什么了。否则，就是全民族的灾难。

施特劳斯：我同意，那时的俄罗斯没有其他的路可走。

戈尔巴乔夫：革命后，开始的是什么呢？让我们来简略地回顾一下苏联的历史吧。马上就开始了14国对苏维埃俄国的武装干涉。就所有领域来看，武装干涉令我们的国家倒退了许多年。先是经济遭到破坏，然后是恢复经济，开始社会主义改造进程。

但1933年1月到了，您刚才也回忆过。我们知道，那时的目的都是些什么，尤其是针对俄罗斯人民，针对苏联这个国家。我们开始准备国防，以防战争来临。那时顾不上民主。全国集中了全部精力。假设当时没有搞工业化，没有建立起自己的工业，你们的装甲车不早就残酷无情地把我们都轧死了？！而您当时也是装甲车里的一员。

战争给我们留下了什么？伏尔加河以西的地方都被摧毁了。只好开始重建家园。但我们又被强加上了"冷战"和军备竞赛。站在讲台上的时候，随便说什么都行。但这是生活，是现实。我跟您说这个，是因为我知道，您是一个现实主义者。

所有这一切都给社会的政治组织方式，给民主的形式烙上了印记。我们所有人当时都处于军事动员状态。在这种条件下，社会主义就发展民主刚刚说了第一句话。我们相信自己的制度，它让我们的国家和人民站起来了。这是一堂历史课。正如民间所说的，身在福中应知福啊。

但我们不怀疑别国人民的选择。我想说的一个主要的意思是，我们忠实于自己建立起来的制度，忠实于自己的体制，但我们也尊重别人的选择，其中包括联邦德国的选择。让我们都好好地活着，开展合作吧。我们越早得出这个结论，就越好。要减少军事上的对立，加强信任。

我们不仅会阐述我们的哲学，还能提出现实的政策。我们不仅在本国社会中这么做，也在国际舞台上这样做。而西方却流传着"俄罗斯熊"的形象，把我们说成是一头正要张起长满利爪的熊掌的熊。

我在华盛顿访问时，那儿的报刊也提到了这个话题，说是："俄罗斯人来了"。不过这一次，倒是谁也没像福雷斯特尔[1]那样跳窗户。

施特劳斯：据我所知，美国人对您很有好感。《时代》杂志把您评为"年度人物"。我想借此机会向您表示祝贺，这是您应得的评价。

戈尔巴乔夫：我们说了一些历史、哲学方面的题外话。这些都是为了相互了解的热身活动。接下来该怎么办？为了欧洲的安全利益，应该采取哪些措施？

施特劳斯：在你对世界的描述中，有很多内容我都同意。但也有一些问题，我的意见与你不同，特别是涉及到第二次世界大战以前的历史。但是，争论这个问题会使我们偏离会谈的正题。不过，我想仅仅提醒你一下1939年8月在这里，在莫斯科签订的那个条约。

斯大林的政策最终导致美国人进驻欧洲，这也是历史的真相。要知道曾经有过一个阶段，美国人已经将自己90%的军队撤出了欧洲。

重要的是另外一件事。你讲了科技革命对人类社会的作用。我认为，最近70年来，人类在自然科学领域积累的知识翻了一番。在1917年或1920年以前，人类在这一领域的知识量是一个水平，现在已经提高到那时的2倍。我们正在经历人类提高认识的加速度阶段。历史前进的速度真是一日千里。这里没有战争的位置，战争正在受到我们生活的全力抵制。

我研究历史，不是将它作为某些事件的简单列举，而是作为人类文明发展道路上的各个阶段来看待。我坚信，在工业发达国家，战争与革命的时代已经过去了，并且一去不复返。

现在的形势是，我们正在向东看。作为一名在自己人生的漫长岁月中有过不少见识的政治家，我不能不说，我们最近几年正处于莫斯科发出信号的影响之下，而这些信号就是总书记您发出的。

联邦德国同苏联一样，认为化学武器的时代已经完结。复杂的是监督问题。但是我们，我们的化学家们可以在这方面有效地开展工作。

---

[1] 詹姆斯·福雷斯特尔(1892-1949年)，1944年5月担任美国海军部长，1947年9月成为美国历史上第一任国防部长。1949年3月辞职。5天后他被官方宣布患上精神疾病，住进了海军医院，快要出院前，他的尸体被发现在海军医院3楼的平台上。美国政府直到10月才陆续公布福莱斯特自杀的细节，10月12日《纽约时报》发表文章，描述他喊着"俄罗斯人来了"从医院的窗户坠落而死。——译者注

在华盛顿签署的中短程导弹条约[1]规定，应销毁3%的核武器。我们应当将它视为一个起点，视为裁减和销毁武器进程的开端。否则，这个条约就没有任何意义了。

如果能从各种武器同时开始裁军的话，我个人将大力欢迎。我不喜欢作半拉子决定。不过，就在这些半拉子决定中，当然也有些东西。

现在摆上日程的是战略性进攻武器。这主要是两个超级大国的事情。我们联邦德国更感兴趣的是化学武器问题，将常规武器裁减到尽可能低的水平，并且裁减短程作战半径的核武器。我不是"零和"的狂热支持者，但中短程导弹条约签署之后，对联邦德国和民主德国来说，主要威胁就是那些"短程"导弹。

戈尔巴乔夫：我不认为，您这种级别的政治家对战略性进攻武器会漠不关心。这关系到所有人。

施特劳斯：您误解我了。自然，我也希望削减战略性进攻武器。但对我来说，主要的是各种武器都要成比例地裁减。

戈尔巴乔夫：这一点我注意到了。

施特劳斯：说起欧洲历史，在过去的2500年间，我们这块大陆上几乎一直在不间断地进行着战争。1945年5月8日到来了，从那时起再没发生战争。核武器的出现，对使用核武器可能造成后果的认识，都使战争不可能发生。

军人们，还有某些政治家们，有一个不祥的理论。下面我来讲讲他们的意思。如果说2500年间发生过数百场战争，那么新的战争也很可能发生。既然是这样，就应该努力限制战争，使它只波及尽可能小的地域，并仅限于使用少量武器。

对我们来说，这种态度是绝对不可接受的。因为这个有限的地域，指的就是联邦德国和民主德国。我们主张的不是缩减可能发生战争的地理界线，而是要从人们的意识中消除战争，要排除战争发生的可能性。对我们来说，任何战争都不可接受，不论是全面的战争，还是有限的战争，或者是核战争、半核战争以及普通战争。不允许战争发生，这就是我们期待政治去有所作为的。但这个任务，只有政治家们，而非军人们能够胜任。我们和你们有共同的利益，

---

[1] 1987年在华盛顿签署的中短程导弹条约规定，销毁欧洲的中程和短程导弹。

就是要避免战争。

总书记先生，您已经消除了许多人对"俄罗斯熊"的恐惧。这是一个巨大的心理突破。我们永远欢迎这方面采取的任何措施。我和北约将军们的辩论总是相当激烈，我一直坚持这个观点。

戈尔巴乔夫：我现在向您提出我们会谈的核心问题。您说，对于苏联、联邦德国和民主德国而言，任何形式的战争都是不可接受的，在爆发战争的情况下，这些国家都会受到不可弥补的损失。不过，有些人愿意对这个问题"袖手旁观"。别让他们以为，我们猜不透他们的如意算盘。

施特劳斯：战争是绝对不可思议的，也是不可预测的。不能再打仗了。

戈尔巴乔夫：过去，在德国与俄罗斯合作的时候，欧洲始终秩序井然。这就是历史经验。我们一直对联邦政府这样说，不久前对联邦总统也说过。我们希望苏联同联邦德国的关系能翻开新的一页。我们邀请了联邦德国领导人讨论这个话题。联邦德国政府是否已经成熟到可以发展新关系了？我们暂时还未听到明确的答复。

施特劳斯：我想请您准确地理解我，可别觉得委屈。要是我没有确信这是您的想法，我就会马上说，您的这些想法是从我这儿借鉴来的。我总是说，俄罗斯人和德国人关系好的时候，双方的人民是幸福的。而每当他们相互对立的时候，都给他们自己和其他国家的人民造成了不幸。

我已经说过，当代的主要结论在于，近些年对科学的认识翻番了。我们正处于第三次工业革命的门槛上。这从根本上改变着局势。所有的意识形态争论和分歧，都将是毫无结果的。

前一阵子，我在会谈中坦率地问波兰外长，赫鲁晓夫当年提出的"到1980年赶上西方、到1990年超过西方"的目标怎样了。他回答我说，应该讲一些现实的东西，而不是讲意识形态。

我想斗胆给您提一个问题，作为改革政策的成果，苏联在10年或20年后会是什么样子？对您的国家的未来，您是如何想象的？

戈尔巴乔夫：我早想向您介绍我们的计划了，我就等着您提这个问题呢。我就先从远处，从裁军问题谈起吧。

我们提出让世界在2000年前摆脱核武器的计划时，遵循的是现实的目标。我们不仅邀请对话，而且还把我们的建议变成现实的政策。这涉及到核武器、

化学武器和常规武器。

我们没有幼稚地认为，马上就会有谁出来呼应我们的提议。当然不会！第一步特别难。但应该迈出第一步，沿着现实的裁减武器之路走，这样才能保障所有各方——苏联、美国、联邦德国、整个欧洲享有同等的安全。

我们认为，如果美国人或者西欧人有关切，那么裁军进程就会停下来，不往前走了。谁在耍滑头，要欺骗谁，谁又利用了谁，这些都是不可接受的。因为这总会被揭穿的。我们相互间全都了解，或者几乎是全都了解的。

第二，在提出行动计划的同时，我们也在采取实际措施，愿意显示灵活，以及作出让步。

斯德哥尔摩－1就是一个证明。我们同意销毁中程和短程导弹，就监督问题作了让步，在这一阶段不去在意法国、英国的核潜力怎样。正因为如此，条约才可能谈成。我和里根才签署了条约。

列入议事日程的不仅有战略性进攻武器，还有化学武器和常规武器的问题。我们准备同样现实地讨论这些问题，相向而行。我们希望别人不再无动于衷地观望，而是有效地支持这一进程。

施特劳斯：联邦德国是一个不大的强国。她的影响可能不会有期待的那么重要。

戈尔巴乔夫：因为美国，就化学武器达成一致的进程现在停滞下来了；而且美国还在向英国施压。我们在华盛顿已经直截了当地多次谈到这个问题。我们争取到的结果是，化学武器问题被写入我们的联合声明当中。所以，我们才对美国通过的关于二次装弹生产的决定作出如此强烈的反应。我们和你们可以在这个领域大有可为。我们在这方面的利益相同。我们可以实现签署完全禁止化学武器的公约。

我们也愿在裁减常规武器领域同你们合作。我重申一下我们已经对里根说过的话，即这些武器让欧洲人满怀忧虑。既然让欧洲人担心，这对苏联来讲就是一桩严肃的事。

在政治方面，我们的行动力避给西欧安全造成损失。我们自己就是欧洲人，将为减轻欧洲的对立状态而竭尽全力。

现在大家都在说，苏联应该在欧洲裁军方面采取单方面的措施。这样提出问题的方法是不对的。让我们一起坐下来谈判，各自亮出自己的牌吧。一切都会弄明白的，哪儿过量了，谁在哪方面过量了。这是唯一正确的处理方式。

我给您举例说几个数字吧。华沙条约组织的坦克多出 2 万辆，北大西洋公约组织的空中打击力量多出 1400 架飞机。北约的直升机数过量。都说华沙条约组织成员国在中欧地区有优势。是的，是有优势。但北约在她的南翼也有优势，而且是所有指标都超量。巴尔干可是接近我国边境的。

施特劳斯：您大概是指巴尔干地区、土耳其和希腊吧？

戈尔巴乔夫：在那个地区，北约部署的武器超量，北约和华约在前线部署的飞机数量比例为 2.6∶1；战斗直升机比例为 5.8∶1；炮的比例为 1.9∶1。我说这个干什么呢？是的，是不平衡，不对称。但总体上存在着大致的均等。

我们建议用"一揽子削减"来解决所有问题。让我们来一起消除不平衡，一起来改变不对称吧。我们愿意具体讨论这些问题。

我们也愿意考虑沿两大集团的接触线，把军队从这条接触线向两侧撤出，从而建立起"宽阔走廊"的问题。这里，我们也愿以现实为基础开展行动，以应有的方式照顾所有各方的安全利益。

您讲过战术核武器的问题。我们现在可以表示，我们有彻底销毁这类武器的愿望，就是说，这方面我们正在朝完全归零的方向走。考虑到战术核武器是"双重用途"武器，我们建议把这一问题与常规武器配套起来讨论。

我们愿意慎重分析解决这一问题的其他各种方案。我想，联邦德国在这些问题上，同我们立场是相近的。您说过，短程导弹将会落到你们的领土上。如果联邦德国向自己那些主要盟国施加影响的话，就可能找到建设性的解决方案。总的来说，应该是两大集团掌握的力量都只够用于防御，不足以用来进攻。

昨天，您同谢瓦尔德纳泽会谈时还提了一个问题，如果美国人撤出西欧将会怎样？我们苏联将会如何行动？

施特劳斯：我感兴趣的是，如果美国人在同西欧人协商后，将部分军队撤出欧洲，苏联将如何作出反应？这算不算是对降低对抗性作出的一个贡献？

我认为，"欧洲安全不可能离开美国军队在欧洲大陆的存在"，这个立论是过时的教条。比方说，要是听说美国人打算从欧洲撤出一个旅，我们有些人就会陷入恐慌。我则坚持完全相反的观点。在我看来，北约在欧洲部队的总司令是个美国将军，这绝对是反自然的。

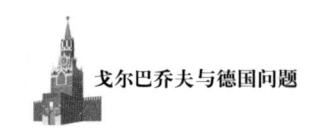

戈尔巴乔夫：我在华沙波兰统一工人党代表大会上发言时，就此话题已经作过表态。我们仍然坚持这一立场。这也是缓和对立进程的一部分。我们不打算进犯谁，不打算挑起战争。我们自己的操心事就够多的了。总的说来，我们从我们的原则角度讲，战争是不可接受的。

施特劳斯：我认为，任务在于将军事元素从政治画面中剔除出去。毫无疑问，那样的话，裁军问题解决起来也会轻松一些。

戈尔巴乔夫：正如您刚才所说，我们对一些问题的看法相同，并不意味着是我偷看了您的东西（气氛活跃）。

施特劳斯：我只是想以此来强调，我们两人的观点一致。这本身就已经很成功了。

戈尔巴乔夫：如果是这样，那我想提一个直接的问题。对我们而且不仅仅对我们来说，让人大伤脑筋的，就是联邦政府的许多声明。

一方面，我们听到关于愿意同苏联、同其他社会主义国家发展关系的誓言和保证。但另一方面，有关"1937年边界"、"东部领土"、德国问题未解决、恢复柏林帝国首都的作用等论调又不绝于耳。

这说明了什么？这些我们都听得到，其中包括施特劳斯先生说的话。如果这是政策的话，那么这一政策正在引导人们走进政治和逻辑上的死胡同。关于"开放的德国问题"的说法早就变成空谈了。说得越频繁、越固执，维护欧洲正常局势所需要的安全保障就要越严格、越高效。所有这些说法都平添了别人的疑虑。要是谁突然心血来潮，去实现上述的狂想，结局又会怎样呢？

我们邀请你们沿着合作的道路前进，战后的问题都已经解决。决定本身带着当年时局和情境的烙印。我们就将它留给历史吧。

如果联邦德国以此为出发点，那么就展现出政治、经济合作的各种机会。对联邦德国来说，政治资源并非是在西方，而是在东方，在"第三世界"。我并不硬拖着您合作，而是请您同我们相向而行。这才是核心问题！

施特劳斯：作为一个基督徒，我想再次满怀信心地强调，我们永远也不会容许自己试图用暴力解决政治问题。我们永远不会举着剑来解决政治问题。希特勒已经亲身体验过了这样做的结果。

我负责任地向您保证，在联邦德国，永远也不会再出现认为应该以战争或其他暴力方式您解决问题的政治领导人。

| 1987 年 |

担任国防部长时，我经常对联邦国防军的士兵们讲，你们的任务不在于对解决政治问题施加影响，而在于保护你们的祖国免遭暴力。我说，士兵的职业包含着根本性的矛盾。通常来说，一个人掌握普通的职业是为了这一专业能派上用场。而士兵们应该考虑的是，让自己所学专业最好永远都没有用武之地。

至于德国统一，应该看到历史产生的事实与司法法律立场之间的巨大差异。

我从来都不是和平条约的支持者。30 年前，我们就发表了声明说，德国只能以平等一方的身份出席和平会议。

戈尔巴乔夫：您看，您谴责了斯大林，可是他主张建立统一的民主的德国。甚至还建议在北约和统一的德国之间作出选择。而你们却选择了北约。

施特劳斯：这个我知道。我们不是在强行解决德国恢复统一的问题。可能要经过 10 年，50 年，甚至 100 年。但我们知道，解决这一问题的钥匙，在莫斯科手里，而不是在华盛顿那里。

戈尔巴乔夫：1949 年通过的联邦德国宪法里写了什么，这对历史来说无所谓。

施特劳斯：我不喜欢和平条约的想法还因为，在履行这一条约时，我们不得不支付战争赔偿。

戈尔巴乔夫：我能感觉到真正的德国式的务实态度（气氛活跃）。

施特劳斯：在我第一次到阿尔巴尼亚访问与该国领导人会谈的时候，他们说，如果联邦德国想同阿尔巴尼亚建立外交关系的话，联邦德国必须支付给阿尔巴尼亚 100 亿美元。我回答说，你们可以保留自己的要求，我们还是留着自己的美元吧。

我们今后也将坚持两个德国的德意志统一的可能性，并将此视为历史赋予我们的任务。我们落实"德意志政策"，也正是在这一框架内进行的。

政治给我带来了并不轻松的遭遇。阿登纳去世前，我是二号人物。可他逝世后，我成了形形色色的谣言中伤和侮辱的靶子，变成了一号政治活动家。

戈尔巴乔夫：其中可能有某种客观因素。没有空穴来风的嘛。

施特劳斯：只有一个方面，我从来不认为我自己有错。这就是自我批评。我对待自己一向如此。

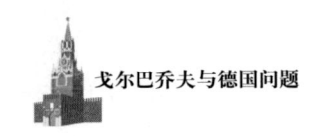

戈尔巴乔夫：我欢迎这样的态度。主要的是我们在前进，而不是后退。

施特劳斯：1983年7月，为了跟昂纳克讨论某些经济问题，我接受他的邀请，访问了民主德国。就好像魔杖一挥，突然之间我就从一个"怪物"变成了诚实的现实主义政治家。这一点也反映在民主德国的大众传媒中。

我给您讲一个真实的笑话。我在哈雷[1]有个熟人，是教授。他对我讲，他当时在大学里发言的时候宣布了一个消息，说施特劳斯将应昂纳克的邀请去民主德国访问，昂纳克将同施特劳斯举行会见、会谈，并为施特劳斯举办一场宴会。教授所在大学里的一位"正统"员工对这位教授正色道："别说昂纳克本人了，就连给昂纳克打扫院子的人，都不会给施特劳斯这份荣幸的"。一个月后，我去昂纳克那儿做了客。我的教授朋友问对他唱反调的那个同事："昂纳克现在到底是什么人啊？是打扫院子的，还是民主德国的国务委员会主席呢？"

前不久，昂纳克也到了我这儿，慕尼黑，来做客。时代在变化。不知道，有可能，我自己也变了。旁观者清啊……

戈尔巴乔夫：我们对待那些给我们出谋划策的西方人有这样一条原则，即作家的本职就是写书，读者的本职就是读书，生活就是要照旧往前走。在政治上不能搞冒险主义。我们要克服保守主义、行政命令方式，要同官僚主义作斗争。但是我们不会赶超阶段。无论保守主义者，还是冒险主义者，都不是我们的同路人……

我们要继续深化改革进程。这是我们的社会需要的。苏联的改革不会给邻居们造成任何威胁。

施特劳斯：我们祝福你们在这条道路上取得成功。我们是从自私的动机出发来祝福的。这里的"自私"概念是褒义。你们的改革在客观和主观上都减弱着我们相互间存在的恐惧感。我不认为，苏联国内的改革会对他国有害，不认为会像美国人试图证明的那样，改革会刺激苏联干涉其他地区的事务……

美国人总是在想象，如果他们给某个发展中国家运过去宪法和圣经，在当地建起类似国会山的东西，这个国家就会瞬间解决自己的问题，并走上建设"美国式生活方式"的道路。

---

[1] 民主德国一个专区的首府。

我不止一次对美国人谈过"第三世界"问题。我的结论是，他们的想象力跟学龄前儿童一样幼稚，尤其是对非洲。

戈尔巴乔夫： 我同美国总统就地区冲突交换过意见。我得出的一个结论是，我们的观点不同。我们的路线在于，无论是在柬埔寨、中东，还是在阿富汗、中美洲，都要致力于达成政治调解。

我们提出了要对当前形势作出评估的建议。形势是这样的。各方通过政治手段解决冲突的意愿都在增强。让我们一起利用苏联和美国的权威和影响来支持这一政治趋势吧。更何况，我们不仅打出这样一个口号，还提出了具体建议。美国人的反应，往轻里说是不现实的。但到我访问结束时，他们表态同意继续交换意见。

我要说，我们现在遇到的，是一个处于运动状态中的美国。美国社会正在发酵，酝酿着有意味的深度思考。

施特劳斯： 我们的会谈非常充实和全面。我们主张全面发展联邦德国同苏联的关系。我们认为，联邦德国同苏联发展关系，是欧洲政治画面上最重要的一个元素。巴伐利亚州政府非常希望同苏联发展经济和科技方面的合作。在巴伐利亚州，你们的专家们永远是受欢迎的客人，我经常愉快地回忆起和他们的有趣谈话。

戈尔巴乔夫： 我几次访问过联邦德国，到过纽伦堡、莱茵河畔法兰克福、斯图加特、萨尔布吕肯、慕尼黑，顺便说一句，我还没机会去波恩。

施特劳斯： 巴伐利亚州有点类似格鲁吉亚共和国或者斯塔福罗波尔边疆区。您肯定会喜欢那儿的。

戈尔巴乔夫： 我希望，即将到来的1988年预示着苏联同联邦德国的建设性政治对话会有一个大发展，预示着两国的接触和会见会不断增多。

施特劳斯： 总书记先生，我非常喜欢同您进行的务实、无拘无束的意见交流，以致我想斗胆向您建议，我们可以书面形式将这样的交流继续下去。我希望您不会反对，如果我有强烈需要同您交流意见时，我就写信给您。

戈尔巴乔夫： 我接受您的建议。预祝您在莫斯科的一系列会见内容丰富、引人入胜。

戈尔巴乔夫基金会档案：全宗号1，目录号1

戈尔巴乔夫与德国问题

1988年

摘自戈尔巴乔夫会见施佩特的谈话记录

(1988年2月9日)

(出席会见的有戈尔巴乔夫的助理切尔尼亚耶夫)

施佩特：有一个复杂问题令我们十分担心，苏联有可能在这方面能帮上我们的忙。我们刚刚在政治上变得更积极主动，就又出现了一个薄弱环节。

我指的是西柏林问题，这关乎西柏林的四方地位。我讲的是纯理论方面的。只要我们开始在这方面或那方面更积极地采取行动，美国、法国和英国马上就会指出，在这条路线上有同西柏林相关联的种种特殊风险，说他们不喜欢。我们希望，为避免误会，苏联能从现实出发，就像苏联处理其他问题那样，处理好西柏林问题。

我现实地，像看待其他问题一样看待柏林的形势。我们应该务实地对待形势的发展。对我们来说，我们的西方伙伴不要用她们自己针对西柏林法律地位的行动来阻挠我们，是最重要的。

戈尔巴乔夫：您讲的是理论方面，那我就在实践方面表个态。我已经对魏茨泽克总统和根舍讲过我的意见。我们今天拥有的，全都是战后的现实。

已经签署了一系列条约。但这些条约只是在受到尊重的情况下才有意义。我们知道，很多人对这些条约并不感到欢欣鼓舞。但对待这些条约应该像对待现实一样。我对联邦总统讲过，要让历史去解决这些问题。

我把西柏林也看作是这些现实之一。我们将负责任地推行政策。不要试图互相欺骗，在某些方面耍花招。花招迟早是会被揭穿的，但它会产生怀疑。疑虑产生后总要持续多年、甚至几十年的。

我们的立场是明确的。我们与德意志民主共和国的关系很好。我们希望同德意志联邦共和国也建立起良好的关系，希望围绕西柏林问题的解决进程都很平静。您还希望我们做些什么呢？

施佩特：我们也希望同民主德国能有良好的关系。

戈尔巴乔夫：应该有良好的、善意的关系。其他的处理方式恐将引起严重、复杂的后果。我们认为，在和平道路上发展，欧洲也将会为民主德国与联邦德国继续改善关系提供机遇。每当紧张度提高的时候，往往就会出现限制、障碍。

施佩特：现在，两个德国已经存在着务实关系。如我所说，要是苏联也开始务实地对待西柏林问题的话就好了。离开这个，要想发展建设性的政策，可不容易。

在我们就某些其他重大问题产生分歧的时候，这对我们不会造成心理负担，因为毕竟这是事关两种相反的社会制度的关系。只有问题涉及这样或那样的措施会不会给西柏林带来风险的时候，才会引起神经过敏。

戈尔巴乔夫：我已经说过了，要现实地看待问题。如果苏联与联邦德国、联邦德国与民主德国、以及民主德国与苏联关系都好的话，那么有关西柏林问题的局势也将会是平静的。……

戈尔巴乔夫基金会档案：全宗号1，目录号1

| 1988 年 |

在苏共中央政治局会议上

（1988 年 4 月 14 日）

关于威利·勃兰特[1]

戈尔巴乔夫：从两个重要角度看，即在对联邦德国的关系上，以及对国际社会民主—社会党国际的关系上，我同勃兰特的会见都有重要意义。

1. 在会谈中几乎没有提到过苏联与西德的关系。勃兰特遵守了礼仪。他来这儿是作为国际社会民主党的代表，而不是联邦德国的领袖（以便不抢占联邦德国领导层的官方权限）。

但同他会见本身（他在联邦德国当代历史中是很重要的人物），已经让我们稍微修正了一下我们近期对基督教民主联盟（基督教社会联盟）和自由党人政治方向的倾斜度。顺便说一句，这种倾斜度很有益处。

2. 成就了一个涉及社会党国际的重大行动。这方面暂无人可与勃兰特竞争，他拥有很高的威望。

无论在会谈中，还是与媒体接触中，以及和自己的同事们在一起时，他都没有隐瞒内心所想，即他应该确信，苏联的改革是稳定的，我们没有打算偏离方向或者停下来，就同在对外政策中的做法一样。

正因为如此，不得不用大量时间向他介绍我们的国内事务。根据密码电报发来的情况看，勃兰特的确是认可苏联改革方针是可靠的。应该说，这一问题曾让他很担心。所以他在会谈一开始，就提到了《苏维埃俄罗斯报》上

---

[1] 在戈尔巴乔夫与勃兰特会见的过程中，实际上并未涉及苏联和联邦德国的关系问题。作为社会党国际主席和欧洲最大的社会民主党领袖，勃兰特首先关注的是国际形势和苏联的改革。

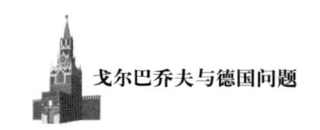

的那篇文章[1]。德国人还没来得及看《真理报》上的文章呢。

3. 已经提前了解到，在国际问题方面，我们没有原则性的分歧。无论是对战略防御倡议[2]，还是对战略进攻武器，或者是在化学武器和常规武器方面，都没有分歧。在这些问题上，联邦德国社会民主党持积极的立场。这一次会见使我们的立场更接近了。

顺便说一下，我当时说，如果他们在例行的社会党国际理事会或代表大会(1989年)上，不再把苏联与美国相提并论，倒是不坏的一件事。勃兰特似乎听进去了。总的说来，从他那儿以及从他在联邦德国的周围人那里得到的信息看，在筹备将在马德里举行的社会党国际理事会5月会议时，他是打算认真考虑此次会见成果的。正如他在自己的圈子里所说，这样做也是体现了社会党国际对苏联"改革"的态度。

还有，现在正在起草社会党国际的新纲领，照勃兰特的说法，这份纲领将从根本上有别于1951年通过的旧纲领。原来的那份纲领充满了"冷战"的色彩，字里行间充斥着反共产主义和反苏联的思维。

4. 对"圆桌会议"[3]的立场。原则上他们主张举办各种不同力量参与的全欧论坛。但看来他们已经跟意大利人（纳塔[4]）商量好了，所以不想让小的共产党参加。

好在，已经让他们稍微偏离了这个立场。我们在双边基础上商定，要研究"圆桌会议"问题。这事相当有价值。这是欧洲社会舆论的大舞台。

5. 总之，需要有这么一场会见。因为这关系到一大片地区的工人运动，甚至是涉及所有劳动群众的运动，特别是西欧地区。社会党国际的各党（共70个党）加起来有2000万人，他们拥有1.2亿选民的支持。应该继续推动他们采用新思维，支持我们的改革，参与打破"敌人形象"的事业。要聪明地继续做下去，有分寸地、依据平等原则地继续做下去。

---

[1] 指的是1988年3月13日《苏维埃俄罗斯报》发表的尼娜·安德烈耶娃的署名文章《我不能放弃原则》。此文批评了改革政策。文章在苏联引起了激烈争议。《真理报》在4月5日刊登受苏共中央政治局委托起草的编辑部文章，对安德烈耶娃一文作出强烈回应。

[2] 是里根总统1983年宣布的争夺太空军事统治地位和预防对美国导弹攻击的长期计划，俗称"星球大战"计划。

[3] 指的是正在讨论的举行全欧洲左翼政党会见的想法。

[4] 亚历山德罗·纳塔，意大利政治家。意大利共产党总书记（1984–1988年）。

6. 意识形态差异。这些差异仍然是可能的，而且时不时地会在务实的原则性辩论中以不同形式表现出来，并显得合情合理。当然不是以过去煽起共产党人与社会民主党人敌意的那种形式出现。

顺便再说一下，勃兰特在指出存在着分歧之后又补充说，他认为，最近一个时期，共产党人与社会民主党人的距离在缩小。

摘自切尔尼亚耶夫的记录
戈尔巴乔夫基金会档案：全宗号2，目录号2

摘自戈尔巴乔夫与福格尔[1]的会谈记录

（1988年5月11日　莫斯科）

戈尔巴乔夫：真诚地欢迎您和您的党中央同事们。我们高度评价同德国社会民主党的关系。我觉得，苏联共产党同德国社会民主党的关系是一个已经独立的大题目。主要是我们双方发展这种关系不会有任何损失，相反还有了许多收获。我们没变成德国社会民主党的分部，你们也没变成苏联共产党的分部。我们两党在坚持各自立场的同时，都能表达自己的观点，而交流给我们双方带来的，全是好处。

我们在联邦德国和德国社会民主党内有很多朋友。我们重视他们的意见。在我们这个变化很快、面对转折的时代，潜藏着许多危险，因而开展高水平的对话具有重要价值。我们本着业已形成的传统精神，愿意发展并深化这样的对话。对话有助于确定，我们身处何处，我们掌握着什么。我们在已经取得成果的基础上继续前进，盼望举行此次会谈。

再次欢迎你们，下面请客人讲话吧。

福格尔：感谢您对我们两党关系所作的评价，我同意您的评价。五、六年前，就连乐观主义者都想象不到，我们的关系会发展到现在这个样子。

---

[1] 德国社会民主党的新主席率团抵达莫斯科访问。

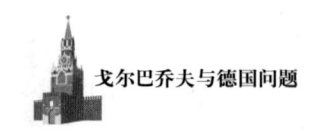

我们知道我们的底线，不想夸大自己的意义。但是，苏联同联邦德国实现关系正常化，首先是应归功于社会民主党人、我的前任——社会民主党主席勃兰特。不久前您和他那场内容详尽的会谈，他都详细向我介绍了。他请我向您转达问候。

戈尔巴乔夫：谢谢。

福格尔：我们这一代人站在克里姆林宫城墙边，在无名烈士墓前回首往事的时候，都有一些特殊的情感。几分钟之前，在拜谒无名烈士墓时，我们都不禁回想起1941到1945年间的那些往事。

感谢您抽出时间会见我们，我们也想正确支配时间。我们想讨论以下几个问题。

第一，关于苏联国内发展的问题。您知道吗，我们是带着多么浓厚的兴趣和好感关注着苏联的改革。想听听您更详细地介绍一下，您对改革进程、困难、前景有什么评价，改革遇到了哪些障碍，我们能帮上什么忙。苏联的改革政策也符合我们的利益。我们不单单是出自对亲近之人的爱，才祝福你们改革成功的。

第二，是保障和平与安全的问题。今后应该做什么呢？德国社会民主党、联邦政府能做些什么？我们还想谈谈人们都极其关注的"全欧大家庭"问题，就苏联同联邦德国发展关系交换一下意见。

如果您不反对，还可以谈谈两个德国的关系。我们愿就联邦德国国内的政治局势及其前景作出分析。

我还想和您探讨一下德国社会民主党同苏联共产党的关系。我们对双方开展接触，包括超出我们联合工作组框架的接触，有一系列具体的建议。如果还有时间，还可以谈几句危机地区的问题。一个半月前我去过美国，有一些印象。总之，想谈的话题相当多。但是和您会谈的机会并不是每天都有。

我重申，我们社会民主党人满怀兴趣和绝对好感地关注着苏联的改革政策。坦率地说，我当时还真不相信，《真理报》在我们德国会被买光。我们不想夸大自己的意义，不想干涉你们的内政，但希望听到，我们在哪方面能提供帮助，因为我们是从党的渠道为你们的改革成功而捧场……

几个星期前在同日夫科夫会谈时，我听到他说，万一苏联的改革中断，不仅对苏联，而且对整个欧洲，对我们所有人都将是一场灾难。我只能同意这个看法。所以在祝福你们成功的时候,也有我们的自私成分……

戈尔巴乔夫:您说到贵党对我们的改革有好感。我们看到西方对苏联改革的现实态度是什么呢?开始的时候,西方反应相当积极。但现在已经清楚了,西方只不过当时不相信,改革是严肃认真的,并且是长期要进行的。那些著名的中心是多么紧张啊!他们曾经以为会发配到"历史垃圾堆"的社会主义正在焕发出新的活力。"邪恶帝国"正在开启民主化进程,并提出各种各样的裁军倡议。"敌人形象"在哪儿啊?政策和宣传赖以存在的全部概念正在坍塌。

在雷克雅未克会晤之后,华盛顿开始发出惊恐的信号。在布鲁塞尔,人们谈的不是怎样推动裁军进程,而是纷纷申斥里根,因为他顺应了俄罗斯人的新思维,被人当成了傻子。他们说,对主动权留在苏维埃手里这种情况,不能再忍耐下去了。撒切尔夫人对自己为戈尔巴乔夫扬名所作的"贡献"做了自我批评。再听听里根在访问前的发言吧!所以,我们不得不让他冷静一下头脑。因此,不是所有人都喜欢改革与新思维。这方面要做现实主义者。但在社交圈里,在知识分子和老百姓当中,人们都对苏联的改革、新思维产生了强烈的共鸣。就看看我的《改革》一书产生的现象吧。印数已经接近400万到500万本了。

福格尔:在联邦德国,您的书一直占居图书排行榜榜首,而且居高不下。

戈尔巴乔夫:对我来讲重要的是,为什么这本书得到如此大的反响。看来,世界已经疲倦了,它在期待着向更好的方向转变。这本书之所以流行,原因就在于此。我们将充满信心、循序渐进地行动,尽管现在所有领域的谈判进程都很艰难。

这种新的处理方式让美国人很难堪。他们仍然试图采用强力行动。不知道是谁让他们记住了(也有可能是他们自己这么认为),"戈尔巴乔夫及其团队"现在陷入困境了,可以从他们那儿榨出更多的东西。在达成削减洲际弹道导弹这种最危险的武器协议之后,美方就这么尝试过,想通过太空,通过增强海基巡航导弹来实现他们的目的。总之,就是在他们自认为他们占优势的地方,要超越我们。

有可能,世界和美国都会发生改变。我们有足够的智慧和耐力。但我们不能让美国和西方太舒服了。他们应该做的是,要么参与核裁军和全面裁军,

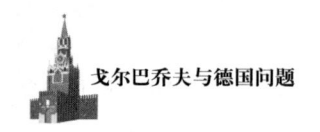

要么公开暴露自己的面目，承认他们是军国主义的支持者。

福格尔：这可能是最重要的问题了。您的回答非常清醒、务实，给我们这些有丰富政治经验的人都留下非常深刻的印象。

走出停滞的、僵化的状态，会解放人民的力量，激发活力，并最终有利于全体苏联人民。随着时间流逝，苏联不仅会在军事力量的基础上，而且依靠经济效率、依靠公开性和对社会的吸引力，在全世界发挥政治引领作用。

苏联会为解决全人类的问题作出更多贡献。这些问题已经超越制度的界限，并且一年比一年尖锐。我理解，这指的是销毁大规模杀伤性武器，保护大自然，抵御包括臭氧层问题在内的生态危险，以及气候变化。社会问题不仅每个国家内部有，而且全人类都有，还有北方与南方的相互关系问题。我把这些也都归结为全人类问题。世界变得很拥挤，解决上述所有问题，需要一些相应的国际机构。

在联邦德国和美国国内，都有明显的少数派。他们认为，现实社会主义停滞、僵化的面孔比公开的、富有吸引力的苏联更好。您说得对，许多东西取决于人们的理解。我们感受到了西方对苏共领导人的关注和希望。你们在裁军政策中取得的成就最大，提出了许多出人意料的建议，或者接受了西方的提议。我要作自我批评了，西方简直不知道该怎么办了，呆若木鸡。

你们可以通过民主化进程，也就是多元化，来批评社会，开发自己的主动性等，在更广泛的战线上达到更多的效果。

今天，参加会谈的还有3位大城市的前任市长。我们国家的城市和村社的自治鼓励竞争精神、多样性，这种做法对于欧洲，比如法国这样的国家，都是很有示范意义的。我们的地方自治把通过决定的全部责任，都交给了社会公众自己。

说到经济改革，您提到了恢复苏联长期以来都不重视的价格的经济功能。为此，需要对此感兴趣的人，需要愿意使用价格工具、不看"上面"眼色、敢于自己承担输赢风险的人。我们通过1948年的外汇改革以及中国的改革了解到了这种情况。

撒切尔不厌其烦地对我讲，在英国以外，她喜欢两个男人，戈尔巴乔夫和施密特。不过，后来她又多次解释说，跟共产党人打交道，还是小心点儿为好。

戈尔巴乔夫：那又怎么解释对社会民主党人的谨慎态度呢？

福格尔：对这个问题，她也有十分严格的要求，不过是另外的一些原因……昨天在议会下院，撒切尔精力充沛地就批准中短程导弹条约一事作了发言。

　　戈尔巴乔夫：现在她又重来敲门，要求我们安排她回访了。

　　福格尔：她在发展伦敦同莫斯科的关系的问题上易受外界感染。必须做她的工作，要像做施特劳斯的工作那样。

　　戈尔巴乔夫：施特劳斯是很有意思的谈话对手。

　　福格尔：我同他打交道 30 年了，我凭经验已经认识到这一点。我早就表态主张，苏联应该接待施特劳斯来访，并能想象到他本人对在莫斯科的会谈会有什么反应。就像美国人说的那样，你们"用了那么少的代价得到了那么多"，即用最少的花费换来了一个大广告。

　　戈尔巴乔夫：在一些主要问题上，他的态度是很明确的。他理解联邦德国同苏联发展关系的意义。早在他腿被冻伤从斯大林格勒转移出来的时候，他就已经接受了教训。他不止一次地对我们说，他坚决主张欧洲避免发生军事冲突，认为欧洲发生军事冲突就是自杀行为。我不倾向于把他归结为不负责任的政治家那一类。他有自己的保守主义信条，但他是个现实主义者，是可以跟他打交道的。

　　福格尔：我同意您的评价。他不想打仗，而且十分严肃。与此同时，他又时常是不可预测的。在我们国内，都把他比作"大功率电站"，锅炉有时都会烧坏了。你们要是早一点，比如 1975 年就接待他来访，就好了。我深信，那样的话，就能避免我们相互关系中出现许多不愉快的事情了。

　　戈尔巴乔夫：德国社会民主党在台上的时候，曾主张推行新的"东方政策"。这一政策已体现在一些众所周知的条约中。那时在基督教民主联盟的队伍里，在施特劳斯口中，都发出了"这是背叛"的呼声。我们还记得这个情况。施特劳斯后来在莫斯科就重大国际问题讲得很清醒，很现实。就是说，世界在变化。

　　福格尔：我同意。圣经中说，一个忏悔了的罪人比 99 个遵守教规者还宝贵。

　　戈尔巴乔夫：施特劳斯在会谈中引用了他父亲在希特勒上台后对他讲的话："约瑟夫，这个人会毁了德国"。

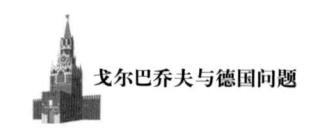

福格尔： 我想就安全问题讲几句。我们十分重视中短程导弹条约。它第一次成功阻滞了军备竞赛。我们相信，美国是会批准条约的。我们认为，目前的困难并没有什么了不起。我们还看到了美国竞选的影响，以及参议院和白宫关系的紧张程度。但这一条约如果不被批准，那就意味着，美国人不得不为此付出不可思议的高昂代价，才能维护住自己的威信。

在战略进攻性武器领域，我们希望协定的制订工作能够完成。我们相信，能解决监督海基巡航导弹的问题。我们从一开始就坚决反对所有类型的太空武器，不论它属于哪个国家。我们需要几十亿，甚至上百亿的资金，不是要把它们用于太空，而是要用在地球上，用来解决迫切问题。

我们还主张全面禁止化学武器。我们有一种印象，即监督问题的困境来自美国方面。你们在这个领域的建议，比美国人走得远。我们把这叫作"戈尔巴乔夫效应"。德国社会民主党和民主德国政府以及加入到我们队伍中的捷克斯洛伐克社会主义共和国政府一道，提出了在中欧建立无化学武器地带的建议。如果说不能马上完全禁止化学武器，那我们提议，在3至4年内搞试验时，要在实践中研究如何落实中欧无化学武器地带的问题，包括监督等问题。

我们认为，现在常规领域的裁军正日益成为一个主要问题。我们深信，应从结构上避免两个军事同盟的武装力量开展进攻性行动。我们很高兴，类似的概念得到了华沙条约组织方面的支持。根舍对这些概念运用自如。现有的非对称局面应该消除。你们在民主德国有太多的坦克。我同意，西方也有优势，如，在飞机数量上。要解决这些问题。我们支持您关于交换常规武器和武装力量数据的建议。但为什么您仅仅邀请美国进行这种交换，而没有邀请别的欧洲国家呢？

我们的第二方案是，在中欧地区建立纵深向每方各延伸150公里的无核走廊。在这方面，通过炮兵又触及到常规武器了。要是苏联方面声明，愿意将专门用于进攻的浮桥工程设施演示性地向纵深撤离300至500公里，就等于是苏联为裁军事业作贡献的新动力了。

我们承认，常规领域裁军与短程核系统之间存在着联系。我指的是射程小于500公里的战术核导弹以及战场核武器。我们意识到这个问题的复杂性，忠实于新的零点决议和彻底销毁这些武器。在联邦德国国内，已就这个问题协商一致，它已超出社会民主党的范围。这也包括根舍的立场，还有基督教民主联盟高级代表不久前在华盛顿所作的表态。我们欢迎这一新现象。联邦德国在裁军领域推行理智政策的分量可能会增加。

我们认为战胜"敌人形象"有决定性意义。如果人们的意识不改变，我们就只能寄希望于短暂易逝的成功。应该认真研究将军们搞出来的军事战略评估。有时在作评估分析时，他们更爱看从军事拨款中获得的酬金数额能有多少。

我再讲几句两个军事同盟的问题。在可预见的未来，它们将保留各自的功能。联邦德国的社会民主党政府不会给联邦德国的北约成员国身份打上问号。我们主张改变我们的同盟战略，但战略改变的速度和规模，应根据华沙条约组织战略的类似变化而确定。我们否认要走任何其他特别的德国道路。社会民主党人过去曾经，并且现在正在同民主德国领导人一起，以对自己盟国的完全忠诚为基础，利用位于欧洲地理中心的优势，为保障和平作出自己的贡献。

戈尔巴乔夫：谢谢。您的讲话证明了我们有关社会民主党最近为寻求发展和平和裁军道路作出了积极贡献的看法。我们的对话一直在进行，并且已经定期举行。我们对德国社会民主党在"潘兴-1A"导弹问题上表达的明确立场给予应有的评价。

现在，我们面临着一个机遇，可以从现实主义立场出发，推进解决德国社会民主党同苏联共产党意见相同的那些问题……

（之后会谈双方转至讨论欧洲进程和双边关系。）

福格尔：应该改变人的意识、心理。战争不是政治的手段，哪怕是使用常规武器的战争。已经发生了不少变化。我们的现实乐观主义就是来自于此。当然，您提到的那些人是存在的。我们刚才已经把施特劳斯先生列入"建设性"的那类人范畴了。那在德国，还剩下谁了呢？

戈尔巴乔夫：至于欧洲，它可以在这个转折时刻发挥不可替代的作用。欧洲已经积累了最丰富的历史和智力经验。也正因此，我们才如此重视我们政策的欧洲方向。在欧洲，我们希望有一个比迄今为止更好的对联邦德国的关系。自从现任的联盟上台以来，我们两国的关系不仅停滞，而且出现了损伤。现在关系有好转。这符合苏联人民和联邦德国人民的利益，符合欧洲和世界

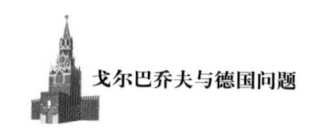

的利益。

福格尔：我讲几句欧洲问题和双边关系吧。是您第一次提出了构建"全欧大家庭"这个概念。我们很赞成这个说法。但我认为，这块大陆在日内瓦谈判中并不是占居最后的地位，而欧洲的代表们至今还没能坐到谈判桌前，这是不正常的。

我们主张发展欧洲政治联合进程。我们认为，建立联合大约3.5亿人口的欧洲共同体内部市场，将为和平的经济发展注入新动力。欧洲共同体应该更多地关注安全问题，在这方面用一个声音说话。欧洲人2000年的流血教训以及不胜枚举的可怕错误，相当有教育意义。

我们欢迎经互会同欧共体建立正式关系。据我们了解，现在还有一个不太大的问题。如果能在联邦德国担任欧洲共同体轮值主席国期间解决这个问题，我们将非常高兴。这将有助于发展我们两国关系。我们已经成立了自己的欧洲问题工作组。

至于双边关系，其中确实断断续续。我们批评了我们认为需要批评的人和事。我不想再重复了。我们欢迎科尔即将对苏联的访问。当然，如果情况允许，一两年前实现此访就好了。我们期待着您访问联邦德国。如果您的访问日程除波恩外，还包含其他一些城市，如杜塞尔多夫，也会十分有益。

经济合作在我们的全部关系中，依然占据着最重要的地位。这在贵国变化的背景下就更为迫切了。我们欢迎苏方与"德意志银行"刚刚达成的一致，尽管我们并不总是同意这家银行的观点。

生态保护领域的合作大有可为。文化合作领域有不少机遇。很多西德城市表达出希同苏联建立伙伴关系的愿望。沃尔夫斯堡市的领导人请我转达他们希与陶里亚蒂市建立联系的建议。这样的关系也可以扩展到中小学、当地"大众"汽车厂的生产理事会、人员交往等方面。我现在就把这些材料转交给您。

在经济方面，我们目前还只利用了很小一部分机遇。联邦德国的中小公司有和你们的企业建立直接联系的愿望。这样的话，就能跨越漫长的官僚主义协商道路，节省很多时间。需要作出具体决定，然后才可能把量转化为质。

我有两个具体问题想提出来。与我们关系密切的艾伯特基金会，有为年轻的苏联中层管理人员提供20至30个岗位的机会，目的是在我国进行理论培训和生产实践，掌握与西方企业家交流的技能。在包括尤其是重工业在内的某些部门，正在缩短退休年龄，人到57、58岁就退休了。退休的工程师、师傅们希望自己的经验和知识还能有用武之地。你们可以组织他们来6到8个月。对他们来说，这不是钱的问题，而是能带来好处的机会。

我再说两句西柏林问题。我们想把西柏林也纳入到经济合作中来。我们对双方在航空运输领域建立起接触很满意。如果西柏林从关系改善大局中体现不出任何优势，是很令人遗憾的。

戈尔巴乔夫：您和我们的想法都在正确的方向上前进着，相向而行。我们主张在政府级别开展政治对话，主张发展经济联系。现在我们正在搞对外经济领域的改革。应该把事情转到具体决定的层面上。暂时有一些困难，但是我想，会有进展的。大概在准备科尔来访时，我们就可以确定下来某些东西了。谈到您的这些建议，我看不出还有什么障碍。不过要看一看，如何利用艾伯特基金会提供的机会。至于城市间的联系，我们会把您的建议转告政府。

关于西柏林。我们现在拥有的最好的东西，就是四方协议。最好是不要打破这一平衡。

西柏林不应该是一座死城。我们没有那样的想法。

我想再说一个关于欧洲的想法。我们需要对一个具体问题形成一致的理解。我们常听说："应该制止欧洲分裂"。指的是有别于我们所说的某些东西。我们说的则是，让我们一道建设共同的"全欧大家庭"吧，尊重主权、社会选择，尊重领土现状。而对制止欧洲分裂的某些要求是什么呢？是致力于让某些国家从此彻底消失掉。这是不可接受、也是不现实的。在这个问题上，同样应当是现实主义者。

福格尔：我们理解的欧洲统一，是这块大陆在欧洲共同体框架内的统一。我们想生活在共同的全欧大家庭里，尽管可能是在不同的楼层上。我们不主张重新审议边界。我们主张边界失去现在的意义，成为"可穿越的"边界，把人们连结起来，而不是让人们彼此分离。我们同德国统一社会党一起制定了"意识形态争论和共同安全"的文件，我们没有试图抹掉两种体制的差异。因为这不会有什么结果。

我们想组织一场和平竞赛，使它成为既对各国，也对共同解决全人类任务有激活作用的元素。签署这样的共同文件是一个历史性的事件。自1917年起，社会民主党人和共产党人就没有在德国采取过任何类似措施。我现在把

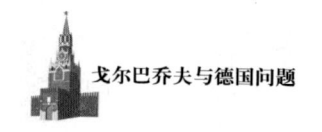

这份文件的文本转交给您。

戈尔巴乔夫：我已经在您签字之前就看过了。

福格尔：我猜到了。

谈到两个德国的关系，我们都在认真关注您的历次讲话。您在同魏茨泽克会见时关于历史将会给我们答复的说法，在我们国内得到了认可。我们还认为，这种说法和德国人的历史、文化、语言、精神的同一性存在并不矛盾。

戈尔巴乔夫：就这一问题开展交流也是有益的。这里需要明确一下。从我方来讲，我只能再次确认我以前讲话的立场。可能就像你们一样，我们也在倾听伙伴们的表述，之后再看看，并将它与实际作比较，再得出自己的结论。在这个问题上，我们也会这样来做。

还有一点。过去常常是这样，不管我们想还是不想，人民、国家间的差异，往往成为对抗、争斗的源头。这也涉及到意识形态上的差异。中世纪那些骑士团相互征战，总是将人民牵涉其中。

对我们来说最重要的原则是，差异不是开展合作、交流科学、文化技术成就的障碍。个别国家内部也有很大差异，差异存在于不同人群、阶层之间。应该保持自我，尊重别人的选择，寻找利益的平衡。在这之外的处理方式，只能带来负面后果，如果不称之为灾难的话。全部战后历史有足够多的教训，迫使我们更好地评价世界。尽管存在着各种矛盾，但我们毕竟是同一种文明，应当学会按新的方式来生活。

福格尔：您说得对，总书记先生。这样的处理问题方式，我觉得很容易接受。

为改善我们两党信息的相互交流，我想提两个建议。艾伯特基金会正就在莫斯科开设自己的常设代表处展开谈判。据我所知，这些谈判已经有些结果了。我们非常支持这件事。

我们今天还谈到了媒体的重要作用。我们党出版一份《前进》周报。它几乎是在德国社会民主党成立的同时创刊的，已经发行了100多年，中间停了12年，即在"反社会党人法"生效期间，以及在希特勒制度年代遭禁时。我们想在苏联发行1万份《前进》周报。

戈尔巴乔夫：艾伯特基金会代表处的问题已经解决。至于《前进》周报，我们会积极研究这个请求并向您作出通报……

我们对我们两党交往的发展很满意。今天这场会见也将为这一进程作出一定贡献。我们对开展对话持开放态度。

福格尔： 我想，此次会见确定了您的助手们给我的批判性评价，我希望，还有正面的评价。最后，想送给您费迪南·拉萨尔[1]的一幅肖像画。我们在克里姆林宫城墙边亚历山大花园里的纪念碑上，高兴地发现了他的名字。我们党的成立和拉萨尔的名字息息相关。我还向您转交一本已近绝迹的他写的书。他在书中对民主和选举权等问题作了思考。

戈尔巴乔夫基金会档案：全宗号1，目录号1

摘自戈尔巴乔夫与邦格曼的会谈记录
（1988年5月16日）

戈尔巴乔夫： ……苏联领导人对同自由民主党保持接触十分重视。我们都知道根舍先生，现在很高兴认识您。

我们同联邦德国的主要政党和政治力量都在开展积极对话。对话的进程在加强，接触和联系的范围在扩大。建立了合作的新形式。总之，对此可以作出应有的评价。我们要弥补已经错过了的和失去的东西。

因此，我想特别强调一下根舍所作的贡献。我和他已经形成了良好的关系和相互理解。我说这个不是为了让你们高兴。我想确认的是，贵党在欧洲和世界政治以及苏联和西德的关系中所持的立场是建设性的。

您大概十分关注我们国内的情况。我们也在关注着你们，比如谁说了什么，向世界提出了什么建议？

1986年夏天，我同根舍先生会见时（那是我们与现在的联盟党代表的第

---

[1] 费迪南·拉萨尔（1825—1864年），德国（普鲁士）哲学家、法学家、经济学家、政治家。德国早期工人运动指导者。德国社会民主党的前身是费迪南·拉萨尔于1863年5月创建的"全德工人联合会"，1890年10月改名为"德国社会民主党"。

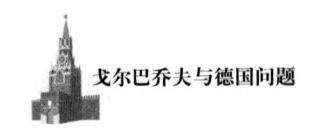

一次谈话），我们都一致认为，苏联同联邦德国的关系，是理解欧洲和国际政治的一把钥匙。如果我们确实想建成一个没有偏见的欧洲，那么就要立足于现实，并考虑到欧洲各国人民在悠久和丰富多彩的历史时期中创造的历史成就和价值观。这不仅对今天重要，对明天更重要。

至于联邦德国，我已经说过，我们主张，要让人听到她自己的声音，而不是听波恩把英语翻译成德语，之后再翻译成俄语给我们（气氛活跃）。因为这个过程太长，会把特色丢掉。

我们认为，从对当代世界经济、政治和哲学的认识角度看，联邦德国的确是世界和欧洲政治中的一个大块头。我们很容易理解，因为俄罗斯人和德国人早就相互了解，他们被历史紧紧地连结在一起了，而且他们也能够用他们的民族性格中特有的那种直率来彼此讲话。

我刚才所说的纯属回忆。现在形势变了。我们已经翻过了我们两国历史的那一页，并开始书写新的一页。我们主张同联邦德国人民选举出来的任何一届政府开展广泛的合作。我们希望，德国人永远不会允许类似民族社会主义的东西出现，也不会同意搞出一个复仇主义的政府。

邦格曼：联邦德国出现民族复仇主义的危险性相当小，这些力量能组建政府的机会简直是微乎其微。倒是我们的邻国，比如法国、丹麦，极右翼力量在前不久举行的选举中，得票真是明显增多了。在我们联邦德国，极右翼力量即使在对它们最有利的条件下，也只能争取到1%到1.5%的选民投票支持。

别人已经对您讲过了，我也想负责任地请您相信，德国人已经从历史中汲取了残酷的教训，而且他们会竭尽全力避免那段历史卷土重来。我们的邻国和我们自己都已经付出了巨大牺牲，我们无权忘记这些牺牲。那是不道德的。

人类不可能与民族主义者或法西斯主义者在稳定的状态下、在对自己的明天充满信心时，一起得到发展。法西斯主义的危险性是可以清除的。但我们要跟进，不能让它复辟。

戈尔巴乔夫：我们也是这么想的，也是从这个原则出发的。与此同时，我们也没有放弃对哪怕是有一点点小小尝试表现的复仇主义的关注。我们对此有特殊的敏感性。

从大的方面说，苏联和联邦德国在很大程度上可以发挥"全欧大家庭"

设计师的作用。我们作为这一善举的共同作者,可以创造出两种不同体系合作的模式,并在实践中作出检验,以展示它的生命活力和对欧洲所有国家人民的好处。我们两国人民,全欧洲的人民,在这样的政治、经济和其他领域合作中,都会只赢不输。历史经验有力地见证了这一点。

我们都是各种不同的民族,但我们要在一个欧洲大家庭里生活。为什么各国人民不能生活在一起呢?要知道欧洲人多少世纪以来就一直相互紧挨着生活,已经积累了共存的丰富经验。从国际政治和欧洲政治角度讲,这是必须的……

有时别人对我们说,你们就是喜欢同美国搞关系。这纯属一派胡言!欧洲从来就没被放在我们政策的末位。从来没有过。欧洲过去是、现在依然是我们政策的主要方向。我们也将努力地用现实的步伐证明这一点,而不仅仅靠发表声明表达我们的立场。离开欧洲,不可能制定出现实的、可预测的政治路线。

我想就此再次提醒您,联邦德国政府的一员。我已经对联邦德国的代表说过了,波恩对外政策的资源在西方已经枯竭了。联邦德国对外政策的资源在于东方。

邦格曼:我也是这么想。

戈尔巴乔夫:上面讲的是一种建议,我和基辛格不同,我总是免费提供建议……

邦格曼:我想负责任地说,自由民主党认为自己的主要政治目的之一,就是巩固联邦德国同苏联相互信任与合作关系的路线。我所在的党,早在1950年代中期,就制定了同联邦德国的东方邻国,首先是苏联发展关系的纲要。

我们的纲要当时没有得到赞同。甚至遭到像基督教民主联盟(基督教社会联盟)等大党的极端仇恨。矛盾尖锐化到了自由民主党陷入崩溃边缘的程度。这也是我们和德国社会民主党组成联盟13年以来,一直同社会民主党人分享内阁职位的原因之一。在这段时期内,我们的纲要在政治实践中确定了地位,并且被原来的反对者接受了。

现在的基督教民主联盟(基督教社会联盟)与民主党联盟奉行明确的"面向东方"政策。我们与基督教民主联盟组建联盟的一个先决条件,就是要严

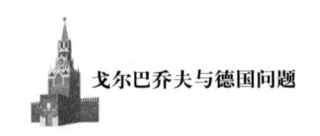

格遵守这条路线。现在，联盟内所有的党，都支持以我们的原则为基础制定的对外政策。

总书记先生，我想，在您和施特劳斯和施佩特举行的会谈中，您有机会确认我说的这些话的真实性。

戈尔巴乔夫：苏联方面知道，自由民主党是一个为缓和政策、为坚持同苏联及其他社会主义国家开展建设性合作方针作出实质性贡献的党。这已被证明是正确的。

根舍在1986年的议会选举中坚持了这一政策。自由民主党当时得到选民的广泛支持。最终，整个执政联盟也确认了这一政策。虽然选民们看到各党立场还有差异，但这也给自由民主党进一步确立自己的威信提供了机遇。

邦格曼：我认为，我们的对外政策纲要已被承认是毫无争议的。我们从一开始就说了，我们不会参加不支持这一政策的政府。基督教民主联盟（基督教社会联盟）对此表示理解，并及时作了调整。

我们同苏联的经济合作和科技联系都在持续发展。目前在莫斯科结束的苏联－联邦德国经济和科技合作委员会第十六次会议，就是在务实和建设性的气氛中进行的。在我看来，这次会议是历次会议中最有成果的一次。

联邦德国的实业界、大资本家们纷纷表态，支持我们奉行的政策，包括外交政策。我们在积极运用经济协作的各种新形式。我们已经建成了九家合资企业。苏联同西方任何一个其他国家都没有搞成这么多的合资企业。

在委员会会议上，我们谈了共同开发赫科尔半岛[1]、勘探开发西西伯利亚矿产资源、对苏联的轻工业和食品工业企业进行现代化改造等问题。这一切都是互利的，将为深化我们两国和人民相互理解的事业服务。

戈尔巴乔夫：但我认为，要使我们的关系得以恢复，是不能不发展经济联系的。光是政治意志，不能保障有可靠的合作，也不能赋予合作应有的动力，如果我们不变得相互更为"依赖"对方的话。我指的不是互相把对方闷死在怀抱当中，而是指广泛地发展联系，是我们在每一方完全独立的情况下互为对方所需要的那种联系。这样的"依赖"，将为长期、可靠地发展合作奠定良好的基础。合作将为两国人民、为欧洲合作、为世界经济带来实实在在的

---

[1] 位于原苏联极北地区。————译者注。

好处。

那时我们的关系还将具有强大的人本力量。那时就可以说，我们的关系是可靠的了。我说这话并非是陷入了乌托邦，不是被错觉控制了。我想坚定地站在现实的土地上。

看到了吧，把经互会和欧洲共同体的利益结合起来是多么的不容易。但这就是生活。我想，我们总归是有权把许久以来的空谈转到现实寻找的层面上来的人。

现在不论你们，还是我们，谁都不那么满意。联邦德国的实业家人士说，不是一切都如想象的那样。特别是考虑到我们已被卷入到一场什么样的变革时，这些就都好理解了。我们的干部们在对外经济领域有很多东西要学。现在是过渡阶段，新的经济机制很快就会形成。

德国人的特长，是哲学方面的基础比较扎实。如果说要去勒索一笔钱，是一回事。但要是建设立足于长期基础的关系，那就应该好好琢磨琢磨了。在这方面，贵党的贡献，您作为经济部长和经济合作委员会联席主席的贡献，都具有重要意义。让我们不要害怕生活，不要害怕暂时的一切不尽如意，让我们沿着既定的道路坚定地前行吧。

等科尔总理来访时，我们要谈谈这些，把这些年来所做的一切都对比一下。看来，根舍先生也会来。

我们的出发点是，这次访问将成为我们两国阶段性合作的一件大事。我们对访问有很多期待，首先是期待着进一步加强我们的相互关系。

我们不想把联邦德国同美国和西欧分隔开来，不想打压你们业已形成的联系。我们没有那样的打算。而且要让所有人都知道，克里姆林宫没有处心积虑地针对联邦德国和任何一个西方国家搞阴谋诡计。

邦格曼：我同意您的话。

我们在已经结束的委员会会议上讨论了科尔总理即将对苏联进行的访问。您知道，几十年来，联邦德国的经济一直是在坚持同苏联发展长期的联系。我们的企业家们向来不认可那种只认眼前利益、捞一把就从市场上消失的做法。我们希望成为你们最可靠的伙伴，而且是尽可能长期合作的伙伴。您对此大可不必怀疑。

我说几句经互会与欧洲经济共同体关系的问题。在您和时任意大利总理

兼欧洲共同体轮值主席克拉克西会谈的时候，曾达成标志着这两个经济联合体关系出现转折点的一系列共识。我本人曾长期担任欧洲议会自由党团的主席。

我当时还不明白，为什么苏联将欧洲经济共同体视为空气，视为空白。凡想建设"全欧大家庭"的人，都必须首先能利用欧洲经济共同体极富生机的潜力。所以，我们现在欢迎对欧共体态度上取得的进展，欢迎东方现在把欧共体视为现实。

如果经互会和欧共体有关合作的文件能够在联邦德国担任欧共体轮值主席国期间，即在1988年6月底之前签署，那就太好了。文件的签署对苏联和联邦德国来说，都将成为一个重要的政治里程碑。

戈尔巴乔夫： 我简单回应一下您的话。

为什么我们以前没有承认欧洲经济共同体，为什么我们现在想同它开展合作？在现实的影响下一切都在变化，也包括我们的观点。欧洲经济共同体是一个现实。如果要确定一个长期的、可预测的政策，就应该考虑到这个现实。

至于您所提问题的第二部分，我们当然希望在联邦德国担任轮值主席国期限结束之前签署有关经互会和欧共体合作的相关文件。我们的立场没有任何变化。我们也认为，这个问题不解决，就不可能建设"欧洲大家庭"。尽管两个联合体经济实现对接，不是件简单的事情，需要时间。

在实践层面，两个组织的关系已经在发展。文件签了，也不会一切都进展得很顺利。我们知道，欧共体内部也有争论。尤其是对有关1992年之前要建成西欧统一市场的问题。我们听说，联邦德国实业界对这一问题态度并不一致。有人说，市场总归是市场，而国家利益总还是国家利益。

邦格曼： 您掌握的有关联邦德国实业界情绪的信息，而且也不仅是联邦德国的信息，都十分准确。

建立统一的西欧市场将会成为相当重要的事件，远非乌托邦。现在我们已经制定了共同的欧洲法律法规。有实质意义的还包括，在投票程序中，依据的是法定多数，而不是一致决定。无论如何，统一的西欧市场将把3.2亿消费者联结在一起。购买力潜力巨大无比。

戈尔巴乔夫： 我们开辟扩大欧洲和世界经济联系的道路，必然要通过规模宏大的一体化进程。苏联的经济改革以及卢布成为可自由兑换货币，对此有决定性的意义。现在我们暂时还不能把卢布变成可自由兑换货币，还必须再等等。干什么事都需要时间。

邦格曼：我们将会支持你们在这方面的努力。

我今天和雷日科夫会谈时，谈到举行两国政府层面专家参加的研讨会。研讨会的题目，就是如何发挥好西欧内部市场对双边经济关系领域的作用。

戈尔巴乔夫：作为会见结束语，我想说，我们高度评价联邦德国忠实于裁军、就核武器、常规武器和化学武器达成一致路线的政治力量。我们赞赏联邦德国在这些问题上采取的积极立场。我们希望，这一立场将日益增强，而不是后退。

我们不是第一次这样讲了。就让别人指责我们相互勾结吧。那怎么办呢！我们都已经意识到，我们确实是勾结在一起了，因为我们都主张裁军（气氛活跃）。

裁军是当今时代的一个首要问题。它在我们同联邦总理即将举行的会谈中，也将占据核心的位置。

邦格曼：裁军领域的进步，对于国家间开展活动的所有领域都很重要，包括经济联系。联邦德国十分理解，世界和平得益于近年来在这条道路上取得的结果，首先要感谢您的充沛精力和远见卓识。

我们希望裁军是均衡的，它不仅涵盖核与导弹类武器，而且包括常规武器。您知道，联邦德国在签署销毁化学武器公约方面提出了一系列倡议。您可以确信，联邦德国政府不会偏离这个方针。

请允许我诚挚地感谢您和我交换意见，内容极其充实。我要再次转达联邦总理科尔和联邦德国政府全体成员对您的问候。联邦总理正在积极准备即将对苏联进行的访问，将努力使这次访问成为一次成果丰硕的访问，使它产生好的效益，并对我们两国关系发展注入新的动力。

戈尔巴乔夫：很高兴认识您。我们高度评价您对苏联同西德关系发展所作的贡献。

戈尔巴乔夫基金会档案：全宗号1，目录号1

戈尔巴乔夫与德国问题

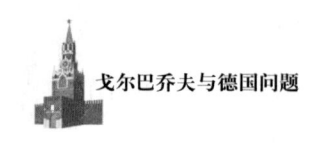

摘自戈尔巴乔夫同根舍的会谈记录

(1988年7月30日)

(参加会谈的有戈尔巴乔夫的助理切尔尼亚耶夫)

戈尔巴乔夫：部长先生，很高兴，欢迎您来访。您是我们一个早就相识且思想深思想深邃的对话者，一个有意思的伙伴。

我们同您多年来一直从事的事业表明，不同体制的代表可以一起顺利开展工作。我认为，这是一个很好的结论。我们确实都是不同的，但这又有什么呢？相反，这很有意思。应该为五彩缤纷的世界、为世界上发生着各种不同的进程而鼓掌。令人欣慰的是，我们同您在这方面有共识。我想，我们今天的会谈同以往一样，是富有成果的，它有助于我们作出一些总结，并对前景做出规划。

从我国国内发展的角度讲，您来的正是时候。昨天召开了苏共中央全会，会上讨论了执行第十九次全苏党代表会议决议的某些实际措施。作了正面的总结，也指出了某些负面的因素和趋势。无论党的代表会议，还是党中央全会，都展示出苏联社会克服保守主义和惰性向前迈步的决心。同时，也对形形色色的假革命、脱离生活的口号、一挥手就改革好一切的极端要求和乌托邦式的号召，给予了回击。

我不想把局势戏剧化，但保守主义的势力现在还很强大，能够感觉到他们在抵抗。但我们不打算退缩。全国人民都支持改革，而且越来越有信心，越来越坚决地支持党在苏联社会革命式更新道路上的各种创举。

根舍：在西方，特别是在联邦德国，人们都在密切关注着苏联正在进行的进程。我已经说过，我对贵国推行的改革、对改革的整体抱有很大的好感。我们祝愿你们在这条道路上取得成功，因为我们看到这其中也蕴含着对我们自己有利的很多机会。正如您多次正确地指出的那样，我们大家在这个世界上都是相互密切联系着的。所以，你们的事业发展得越好，西方与东方关系的整体就越稳定，互利合作就会越丰富多彩。

戈尔巴乔夫： 您说得对，改革对我们双方都有利。可以说，我们都变得更加聪明了。很自然，要考虑到，在这个世界上我们应该怎样生活，怎样相互合作，怎样共同解决全人类的任务。相互开枪射击，是不明智的做法，就让它留在过去吧。

人们还面临着许许多多尚未开发的相互协作的领域。这既涉及到政治、经济，也涉及到文化和其他领域。每个人都有自己的价值观。他们负有使命，也有能力为相互充实的事业服务，而不是为搞对抗服务。现在，我们和你们两边，有越来越多的人得出了这样的结论。这也恰好证明，我们正变得更加聪明。

但还必须要考虑到时间的因素，要努力有成效地利用好时间。这既包括我们的整体关系，也包括您此次对苏联的访问，部长先生。因此我建议您从您的笔记本中挑出您想和我讨论的问题，其余问题可留待和谢瓦尔德纳泽即将举行的谈判中去探讨。

根舍： 我完全赞成这种办法。总书记先生，在准备同您会见时，我重读了我两年前，1986年同您在莫斯科会谈的材料。

我必须坦率地说，我非常满意地得出一个结论，即从那时起，我们向前走了好长一段路，我们有能力解决一系列问题，并在许多重大问题上使我们的观点和立场得以接近。这一切之所以成为可能，是因为我们彼此相互教会对方以新的方式来思维，努力超越于日常琐事，力求面向未来，看得更远一些。

目前进展速度很好，发展的态势应该保持。当然，这里还涉及安全问题和裁军问题。要考虑在这些方面，如何更合理地组织好未来十年的工作，以便使总体有利的进展变得不可逆转。

毫无争议的是，我们对中短程导弹条约已经开始得到落实感到很高兴。联邦德国对自己在完成这一条约的过程中所作的贡献感到满意。您知道，在这方面，联邦德国有特殊的兴趣，而且我们懂得，我们应承担特殊的责任。苏联也同样负有这样的责任。这一切，都使我们有必要在解决与此相关的任务方面，继续寻求共同语言和相互理解。

总书记先生，您知道，波恩认为，同苏联搞好关系，对于联邦德国具有核心意义。我们这么说，指的不仅是我们的双边关系，而且包括双边关系对整个欧洲、对东西方整体关系的拉动作用。近年来，也可以说是最近十年来，

这种作用总的来说是积极的。为此我们将不遗余力地加以推动。

我们特别欢迎联邦德国在欧洲经济共同体担任轮值主席国期间，签署了欧共体和经互会建立关系的声明。我们认为，这为两大集团国家开展合作提供了全新的机遇，从1992年前建立起西欧统一市场的角度看，尤为如此。我想强调，西欧统一市场不会是一个封闭的、与世界隔绝的组织形式，而是一个开放式的、愿意邀请所有有意愿开展合作的组织。当然，这一邀请我们将首先发给苏联和社会主义国家。

戈尔巴乔夫： 你们这个市场能搞起来吗？真的是要出现某种现实的、有生命力的东西吗？

根舍： 问题当然是有，但都是可以解决的问题。我已经说过，我们设想的共同市场是一个对合作开放的组织。它的使命，是推动欧洲实现经济和政治的稳定。因此，它完全契合建立"全欧大家庭"的构想。

戈尔巴乔夫： 了解到这一点很重要，也就是的确会出现一个开放的统一市场，它将拓宽欧洲大陆各国和人民的合作道路。最引起我注意的是，军事一体化是否会阻碍裁军，即是否会阻碍使欧洲摆脱巨大武器库所在地的进程。如果1992年还不能关闭这个武器库，那么"全欧大家庭"的基础就将严重受损……

我欢迎您继续思考建立"全欧大家庭"的构想。最近一个时期，我们在沿着以具体物质内容充实这一构想的道路前进。但主要问题看来还在于，如何实现军事政治和经济领域的相互理解……

观察欧洲及其力量对比的时候，经常会不由自主地得出一个结论，就是一些国家在许多立场相同、体现全欧意义的同时，还有很多不同，也就是不协调。有些国家试图有意识地与众不同。在我们看来，这都是非建设性的。我指的是象法国和英国这样的国家。这两个国家受自己核武器的束缚，仅限于考虑自己的今天和明天。

当然，我们在与她们对话并将继续进行对话。但是，这种对话要取得更加富有成效、富有前景的条件是，要有更多实在的行动，要推行积极政策。我们认为，联邦德国这样的国家应冲在前面。我希望，我的这种看法不会遭到您的反对。

我们高度评价您对签署中短程导弹条约所作的贡献。我们认为可以更积极地同您就常规武器、就裁军日程等其他项目开展合作。

我们知道联邦德国实业界对进一步加强与苏联的经济协作，对运用适应我们改革的新形式持何种态度。

同以往一样，我将对您坦诚到底。在分析我们两国关系的言与行时，可以勾划出这样一幅画面，即苏联和西德的总体关系对欧洲、对我们和你们，可以发挥关键性的作用。

在继续坦诚交换意见时，我想听听您对访问我国的印象。在联邦德国的政治圈中，在政府联盟中，目前还没有足够的决心朝着新的、前景广阔的方向迈出大的步伐。而这个新方向预示着，无论对联邦德国，还是对整个欧洲，它都会带来相当大的回报。这件事看起来，就像是联邦德国领导人站在门前，左右脚替换着，但就是不敢动地方，不敢向前迈步一样。现在还是克制占了上风。在我们看来是谨慎过头了。

大概你们害怕，某些地方的人不理解你们，不赞成联邦德国在欧洲和世界发展的建设性方向上采取广泛和积极的行动吧？你们可能也害怕法国人、英国人和美国人会说什么吧？你们担心，有人会突然揭露你们炸毁北约的恶意企图或者以此精神为宗旨去干些什么吧？

我们也可以引用美国人或东欧人说过的话，但我们不会这么做。我们的目的简单而又明确。要在务实的和善意的对话进程中加以权衡，通过积极发展各个层次的国家间关系，为保障欧洲大陆的稳定和安全作出实质性的贡献。

部长先生，我感兴趣的是，您对我以上说的感觉如何，这其中是否有些夸大其辞。

根舍：总书记先生，两年前我同您用完全开诚布公的方式谈过一次。现在我也主张坚持这一传统。

欧洲确实有一些人不断地说，两大强国背地里串通好了，要骑在我们头上。我们对此持另外的看法。我同意您的说法，即苏联和美国拥有的良好关系，也会给欧洲注入强大的动力。苏联和美国的整体关系是人类生存的一个前提条件。无论如何不能把实现这一高尚目标称之为是背地里搞串通。这一切符合我们的利益。我们支持这样的发展。

与此同时，联邦德国以前没有，现在也不想置身事外。我们认为自己在欧洲的作用符合欧洲本身的利益。但我们作为德国人，也能深刻地意识到，

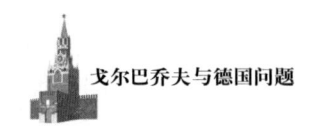

我们在这个背景下也要承担自己应尽的责任。过去经常是，我们把我们德国自己的利益同我们欧洲邻国的利益对立起来。现在我们的立场转变了。我们的利益也应该符合联邦德国那些毗邻国家的利益，也应该为改善欧洲大陆整体气氛的事业服务。

我们仍然打算在东西方之间扮演积极的角色。我们现在正在做的事绝对不出格，与我们的分量是相称的。

德国同俄罗斯的关系，联邦德国同苏联的关系，过去是、现在也可以是睦邻和互利合作的典范。它植根于经济、文化领域，也植根于人脉关系。我们积累了极其丰富的经验。不管怎样都要善加利用这一经验。当然，也曾经有过迷惑，结果是我们走上了错路。现在前景很好，我们必须看到这些前景，必须共同努力去实现这些前景。

我同意您的话，就是说在这个过程中，必须充分考虑到欧洲的自我意识，考虑到欧洲的独特性。我们大家都有值得自豪的东西。我们也有可学习的东西。我们对谁都不打算关紧门，不打算离谁而去。联邦德国将坚定不移地支持欧洲，为实现这些目的把各种力量都联合起来。

总书记先生，我向您转达联邦总理科尔的问候。他满怀信心地期待着对莫斯科的访问。我直说吧，我们正在精心准备此次访问，愿意通过一些能够将我们的关系提升到新质量的重大决定。为此在促成有利的氛围。您的改革发挥了重要作用。我们联邦德国非常注重在细节上讨论苏联发生的事情。您的改革，你们的讨论，你们采取的措施，包括就一些复杂问题推出的举措，都符合我们对民主的认识。我们国内对苏联的态度正在发生根本性的转变，不是每天在改变，而是每个小时都在改变。

就像我已经指出的，1987年春天重新组建的联邦政府声明讲到，同苏联搞好关系，对联邦德国具有核心意义。更重要的是，这一目的不仅得到联合政府力量的支持，也得到联邦议会所有政党的支持。顺便说一句，这样的声明说明，我们不仅没有在犹豫不决中原地踏步，而且已经迈进了您提到的那扇门里。

戈尔巴乔夫：我想，如果，我把您称作几十年来一直保持着联系的独一无二的政治家，应该不会错。

联邦德国国内如何制定对苏联关系的政策，对于欧洲进程的发展具有决定性的意义。这也可以推动联邦德国对欧洲和国际政治的进程施加影响。

这些都得益于同联邦德国所谓的"东方政策"相关的丰富经验,"东方政策"由前任联合政府奠定开端,至今仍忠实地遵循着。已经建立起一定的信任基础。这一点确实具有决定性的意义。在落实"东方政策"的过程中,签署了莫斯科条约,为以通过赫尔辛基最后文件而告终的全欧进程注入了动力。这个文件总结了第二次世界大战的结果。联邦德国成为国际社会上一位受尊重的成员,包括苏联在内的国家对联邦德国的态度都从根本上改变了。这是一笔巨大的政治资本,必须加以珍惜。联邦德国进入了本国历史的新阶段。

无论你们,西欧人,还是我们,都应该向前看,而不是往后看。回顾过去,只是有益于吸取历史的教训。应该思考未来,思考前面有什么在等待着我们。这条路不轻松,但已经形成的信任将赋予我们力量。

根舍: 信任很容易毁掉,而建立信任却很难。我们两个民族的历史、欧洲的历史,教会了我们这些经验。这就是为什么说珍惜信任、发展信任、为信任充实具体内容,有多么的重要。

戈尔巴乔夫: 我们面临着众多的任务。现在必须加速推进诸多问题的解决。莫斯科条约及时为新的发展奠定了开端,清扫了通往赫尔辛基最后文件道路的淤塞。现在到了克服维也纳[1]困难的时候了。

根舍: 我们德国人生活在欧洲的中心,所以我们非常希望维也纳会晤能有果而终。总的来说,我越来越强烈地感觉到,所有人都开始更多地承认欧洲,欧洲的威信正在上升。苏联的新外交政策对这一点的促进作用可真的是不小。

鉴此,联邦德国准备在此条件下同苏联开展最密切的合作。而且局势已经发展到这样,即其他国家不仅在看我们,而且开始以我们为导向了。这一态势不仅应该保持,而且还应强化。

如果回顾一下欧洲历史,就可以看到,当初我们都向其他国家输出过痛苦。现在我们的任务完全不同了。欧洲要做的,不是输出冲突,而是要为预防或消除冲突发挥决定性的作用……

戈尔巴乔夫: 现在到了把我们的外交政策提升到一个新水平的时候了。使它不仅对现实事件作出反应,而且要把新思维的精神投射到新的国际关系

---

[1] 当时裁减欧洲常规武器和武装力量谈判正在维也纳继续进行。

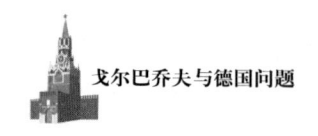

中去。持这样的立场制定外交政策，已经带来了第一批重要的实践成果，尽管一开始曾备受质疑。

仅以我们1986年1月15日的声明[1]为例说明一下。西方对这个声明的第一个反应是，这是幻想，是乌托邦。他们说，你瞧，新耶稣显灵了，他会给人们带来和平。可是，不过两年半时间，就出现了销毁核武器的第一个条约。我坦率地说，如果美国不就某些条款继续负隅顽抗，就像我们所知的那样，不那么重视现任总统的旨意的话，是有可能找到裁减50%战略进攻性武器的解决办法的……

所以，让我们一起向前看吧，不要害怕出现复杂问题；要相信，没有不可攻克的困难。

核威胁正在敲响所有的门窗，对此无法闭上眼睛。建立无核世界是全人类的任务，它符合所有人、所有国家的利益。如果我们不予足够重视，像躲避令人厌烦的宣传一样地挥手拒绝，那么早晚有一天会发生可怕的事情，到时就连哪种体制在哪里存在的问题，都不必再问了。

认真对待对方的立场，充满建设性、尊重和信任的态度，这是发展国家关系应该遵循的原则。对真理不能有任何垄断。不要将自己的世界观强加给别人，也不要输出自己的价值观。而要富有成果地交换意见，加强互利联系和合作。这是我们时代的选择，没有其他选择。

根舍：我们非常好感地观察到，你们在实施政治、经济改革的过程中提出了哪些目标。我们支持这些目标，因为我们深信，这些目标不仅为苏联，也会为整个欧洲带来好处。

联邦德国也像其他国家一样，努力发展本国经济。我们遵循和其他国家和人民一道合作的愿望，而不是只顾自己。这在经济上意义深远，在政治上同样意义深远，而且它对推动建立信任会产生决定性的影响。

联邦德国正在敞开大门，以便加强同包括苏联在内的所有国家的合作。苏联变得与我们更密切、更可接近，也更可理解。我们支持裁军，而且，就像我说的那样，也支持裁减常规武器。维持武装力量和常规武器，要求巨额资金。这些资金可以用于和平目的，用于提高人民生活水平。

---

[1] 戈尔巴乔夫1986年1月15日的声明包含全面裁减和销毁核武器的完整计划。

我想谈一下加强联合国作用的必要性。这个有相当权威的组织的资源储备尚未用尽。现在，联合国在保障国际稳定方面，而且不单是保障国际政治稳定，还在保障国际经济稳定方面，发挥出日益显著的作用。

总书记先生，请您相信，联邦德国将永远是一个开放的、可靠的伙伴。我们的关系具有坚实的基础。为此已经建立了良好的储备，不存在转入新阶段特别的障碍。我想再次重申我的想法，联邦德国同苏联的崭新关系，可以也应该赋予东西方以崭新的关系。我认为我们两国对此负有共同的责任，是对全欧洲应尽的责任，而非出于德国与苏联的某种自私。

戈尔巴乔夫： 我同意。如果说到具体步骤，那就让我们一起在维也纳多做工作吧。在这方面我们准备一直走下去。这不是像别人说的那样，我们是在搞什么宣传。我们发表了相关的讲话和声明，是为了让西方各国首都的政治家们都动起来。我们从不食言。您在研究政治协商会议通过的那些决议后，就可以确信这一点。

苏联，华沙条约组织的所有国家，都希望维也纳会晤能不拖延地结束。我们准备在解决那里产生的问题上迈出更大的步伐。但是，谁也不要指望我们搞单方面的裁军。

现在我谈谈最高级互访的问题。我认为，这是件大事。更何况这种互访已经很长时间没有过了。既然应该有互访，那么我主张做好精心的准备。两个访问应该吸收我们积累的一切。所有的问题都应该好好研究，包括政治、经济、环保领域、文化、人员来往等等问题……

合作的愿望应该转化到具体层面。我们希望，联邦德国会成为我们更可靠、更具有吸引力的伙伴。

根舍： 在筹备科尔总理访问莫斯科的过程中，我们也正打算研究这个问题。我和谢瓦尔德纳泽已经商量好，我们将在9月纽约举行的会晤中详细讨论这个问题。

我同意您说的，即联邦总理对苏联的访问和您对联邦德国的访问应该成为令人记忆深刻的大事。我很高兴，我们对这个问题的处理方式是一致的，我们打算在一个相同的方向上采取行动。

星期一，8月1日，我将在奥地利见到在那里休假的联邦总理。我要向他详细汇报我在莫斯科的访问，当然，首先是汇报同您、总书记先生的会谈

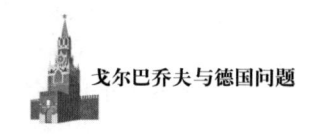

情况。

我想再次强调，苏联的改革是欧洲所有国家和全体人民的事业。改革不会让任何人置身于它的影响之外，改革的动力在社会的各个阶层中都能感觉到。我们愿同你们一起前进，克服我们关系中个别领域的停滞状态，从相互合作当中汲取新的力量。苏联越强大，苏联人民的生活水平越高，欧洲大陆的局势就越稳定，欧洲各国和人民关系的发展就越成功。

戈尔巴乔夫：联邦部长先生，感谢您讲述了您一如既往的有意思的观点和有益的思想。

请您向科尔总理转达问候。我期待着不久的将来同他举行会晤。

戈尔巴乔夫基金会档案：全宗号1，目录号1

摘自戈尔巴乔夫和昂纳克的会谈记录

（1988年9月28日）
（苏联方面出席会见的有安东诺夫和斯柳尼科夫、东德方面出席的有米塔格）

戈尔巴乔夫：尽管您的此次工作访问时间短暂，但从内容上讲此访并不次于一次正式访问。可以说，这符合改革与新思维的精神——少吹号，多做事……

昂纳克：我们的关系处于如此密切和信任的水平，以致我可以坦率地说出我们担心的问题。你们的报刊上有时出现一些同您的讲话不合拍的报道。这些报道在我们国内引起很大的争论。迄今为止，我们一直都在奉行明确的方针，并得到本国人民和一些兄弟党的支持和理解。要看到，对我们数百万人民来说，苏联一直是一个风向标。因此，当有人质疑十月革命成就的时候，肯定会引起不解。

昂纳克表示相信，会见结果将确认，苏联共产党同德国统一社会党在进行社会主义建设和从事国际政治的所有主要问题上的立场，是一致的。

戈尔巴乔夫详细通报了苏联的改革进程,并用如下话语结束了自己的讲话:

如果我们能将改革进行到成功的终点,那将具有历史意义。当然,不良现象肯定会有,有些事我们可能做得不尽如意,有些事又会做得很过分,但主要的方向是正确的。我们将充满信心地推动改革进程,那样的话,糟粕会自行脱落。

埃里希,我认为必须看着你的眼睛,说出这一切。

昂纳克:我和我的多数同志对苏联改革是历史的必然这一点没有任何怀疑。我们确信,改革正在开辟自己的道路。虽然这里说的是苏联的问题,但我们都将它视为自己的问题。要知道马克思列宁主义理想是不可分割的,《共产党宣言》的口号即"全世界无产者,联合起来!"仍然有效。所以我们民主德国对苏联的发展怀有极大兴趣。当然,对此有正确的评价,也有不正确的评价。

戈尔巴乔夫:我们国内也有。

昂纳克:误会通常产生于个别的报道。我记得,1985年您对我说过,为加速科技进程,我们需要社会上有战斗的气氛。

当时我并未完全理解这些话。说实话,我那时没有像现在这样认识到停滞现象已经到了如此地步。

戈尔巴乔夫:那时我们也没真正搞明白。

昂纳克:像你所说,我现在坚定地认为,改革是必须进行的。需要调整党的职能并巩固党和群众的联系,要遵循列宁有关社会主义建设的构想。这是把我们联合在一起的纽带。坦率地说,我们曾有一段时间,将列宁的《怎么办?》、《苏维埃政权的当前任务》等著作作为德国统一社会党全部思想工作的基础。

我不敢说,我们做的一切都对。但你说的这一点是完全正确的,即每个国家的社会主义建设进程都是不同的。我们在红军取得二战胜利后走上了社会主义道路。尽管许多共产党员在二战中牺牲了,但苏联的胜利创造了新机遇,我们在德国就利用了这个机遇。德国共产党人在魏玛共和国[1]时期,特

---

[1] 是形容1919年至1933年期间统治德国的共和政体之历史名词。由于共和国的宪法(一般称之为《魏玛宪法》)是在魏玛召开的国民议会上通过的,因此这个共和政府被称为魏玛共和国。魏玛共和国之名词,是后世历史学家的称呼,从来不是共和国的官方名字。——译者注

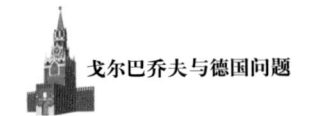

别是在战后的那些年代里，始终把苏联作为典范。1947年我曾到过斯大林格勒，那时它倒在一片废墟之中，人们都住在临时帐篷里。我们听到他们信心十足地说，"我们会重建好我们的国家和我们的斯大林格勒"时，全都惊呆了。我之后又去过一次，看到了城市是如何建设的，还参观了拖拉机厂。但"我们"这个词的使用，给我们留下了特殊的印象。我们，代表的是工厂，代表的是城市，代表的是国家。民主德国还得要不断努力，才能争取到人们说："我们"和"我们的"。我们的工作都是在苏联影响下进行的。尽管我们党在1945年6月11日的声明中说，不打算机械地照搬苏联的经验。我们有一个最低纲领和一个最高纲领。最低纲领规定要实现民主化，最高纲领要求向建设社会主义过渡。但我们更多地以你们为风向标。我自己参加了马哥尼托格尔斯克、"乌拉尔重型机械制造厂"的建设，在莫斯科的发电厂也工作过。这些地方都是在复杂的条件下建设出后来成为苏联当代工业的基础。但我们不认为有必要在我们自己的意识形态工作中，过分地突出这些困难。因此现在我们国内有人说，我们把苏联理想化了。

我想再次强调，我们对改革不存在态度上的问题。我们党内都理解，改革是不可避免的，改革符合所有兄弟国家的利益。

应该承认，我们自己有不少问题。关于这些，我们在德国统一社会党第十一大上都谈到了。现在正在搞党组织的重新选举，有94.8%的共产党员参加会议。这是很高的比例了。会议关注的中心，一是建成发达的社会主义社会，我们依然把这作为自己的主要目标；二是对来自西方的敌意攻击给予思想政治上的回击。资产阶级现在的宣传重点都放在我们这里，他们以波兰、苏联和其他国家为例，表明见证了社会主义实验的失败。当然，他们不引用你的讲话，引用的都是以社会主义多元化为口号发表在《文学报》、《星火杂志》、《新时代》等刊物上的某些意见。

戈尔巴乔夫：资产阶级宣传的那一套东西，对我们并不是新闻。资产阶级那边有时还说什么，戈尔巴乔夫只剩一个月的工作时间了，改革被人民推翻了，官僚主义把一切都埋葬了，如此等等。抛出建议，或者让老百姓对领导人施压，或者相反，让领导人交出原则阵地。有人说，苏联的改革正在进行，而民主德国没有搞改革，好像两国的领导人关系很紧张。一句话，就是竭尽全力让我们两国吵起来。但我们不会上当受骗。我坚信，对改革最好的保护，就是满怀信心地继续推进改革,保证满足人民的需求。

昂纳克: 在这方面我们没有困难。民主德国的经济发展得不错。至于说社会发展,应该承认,甚至超出了我们现有的条件。但是问题在于,来自西方的宣传每天24小时地在民主德国境内进行着……

我们对阿塞拜疆、亚美尼亚、波罗的海三国的事件以及"民主联盟"[1]党的成立感到有些不安。

戈尔巴乔夫: 据你们的情报,这个党已经成立了?

昂纳克: 没有。但西方正在宣传……

戈尔巴乔夫: 如果你解释起来有困难,就给我打电话,我就过去一趟,我们一起去到群众中解释我们国内发生的事情,看社会主义到底发展了没有。但我深信,德国统一社会党的领导人训练有素,能够回答自己公民的问题。

昂纳克: 你和政治局可以确信,我们完全支持你们的政策,并且知道,苏联共产党是这一进程的主要力量。

至于我们党,她经历了太多的考验,无论遇到什么都再不可能动摇她。我们党内向来都有民主。我们一向与人民商量着办事。德国统一社会党在我们国内与其他党和社会组织一直在合作,并且关注着,让其他党在政权机关里面也要有自己的代表。我的国务委员会里面有五位副手。这就是我们的经验,但我们不想将它强加给别人。

戈尔巴乔夫: 你们在经济领域有更多的民主,合作社、手工业者、小贸易主的工作都很有益。

昂纳克: 这是德国的老传统了。

戈尔巴乔夫: 我们在列宁时期也是这样,然后一切就都破坏了。难道因

---

[1] 苏联民主联盟,1988年5月7日在莫斯科成立。1989年在苏联74个城市中约有700多名成员。该联盟自称是现秩序的反对派政党,主张在苏联取消共产党的领导,实行多党制;主张苏联各民族有加入和退出苏联的权利,反对苏联"占领"立陶宛、拉脱维亚和爱沙尼亚;认为人生而自由是社会的基本原则,应废除苏联实行的身份证制度、新闻检查制度,保证公民自由进出国家,保证公民的言论、集会、结社的自由权;主张在私有制基础上搞市场经济。民主联盟为自己提出的任务是,以非暴力改变国家的社会制度,改变单一的思想、单一的所有制和单一的政党,在政治、经济和思想方面实行多元化。民主联盟主张未来的社会制度应保障公民权优先于国家利益。该联盟的主要人物有瓦·诺沃德沃尔斯卡娃和格里戈良茨等。有出版物《自由之声》、《公开性》等。——译者注。

戈尔巴乔夫与德国问题

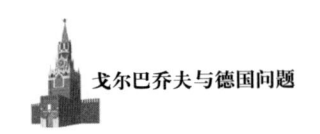

为手工业者、合作者，你们的社会主义就能死了吗？

昂纳克： 昨天我接受了西班牙《国家报》的采访。编辑问我："您认识戈尔巴乔夫先生，您认为他的改革会成功吗？"我回答，一定能成功。民主德国福音教会的教长也要求我们搞和苏联同样的改革。但他同时引用了西方的宣传。我告诉他，你们自己要改革一下。联邦德国的社会民主党人也说，我们到了开始自己改革的时候了。而我们建议他们先从改革自己开始。

同样，我们请你控制一下你们报刊中用德语写的那些不实报道。不希望这类报道太多……

戈尔巴乔夫： ……很高兴，我们相互理解的很充分，至少我是这样感觉的。问题是会不断产生的，这是自然的。

至于说那些报道，我们会注意这个问题的。只是不想再用训斥、命令等老套的办法来做。

应该运用政治手段，用讲解、劝说的方式来影响这些进程。当然了，也有像干部政策这样的手段。最近一次见媒体的时候我说了，我们没有不受批评的禁区。我们帮助媒体，但是，如果我们看到，我们听不到反应，对总书记说的话没有表现出应有的关注，那么就要撤下这样的编辑。他们接受了，理解了。我重申，我们不能再退回去使用旧的方法了。人们一直都在担心，怕给公开性划上句号，认为这样就说明改革本身已经走到头了……

戈尔巴乔夫基金会档案：全宗号1，目录号1

摘自戈尔巴乔夫和昂纳克的大范围会谈记录

(1988年9月28日)
(苏联方面出席会见的有安东诺夫和
斯柳尼科夫、东德方面出席的有米塔格)

戈尔巴乔夫： 我们两党和两国达到如此高的合作和信任水平，是一个巨大的成就。这个资本应该保护好。

我同昂纳克同志还确认，没有必要对我们双方合作的战略路线作任何的修改。……

我向昂纳克同志通报了苏联改革的进程、我们的设想、战略和战术。我们在这方面的相互理解是很非常充分的。

确实存在一些需要讨论的问题，但这并未改变我们会谈的主要内容。

关于经济问题，昂纳克同志表示，在米塔格和斯柳尼科夫同志不出席的情况下对此展开讨论，不太好。这是对的。我补充说，这种会谈还应请梅德韦杰夫、安东诺夫和卡图舍夫同志也来参加。

我们理解民主德国经济发展出现的问题。这些问题离我们也很近，因为我们想把民主德国看作是一个稳定的国家。至于能源问题，我们在领导层内部已经讨论过多次。我们想，1991-1995年度还保持上一个五年计划期间对民主德国能源供应的规模。昂纳克同志希望我们增加供应。但我们目前没有这样的能力。只要有能力，我们一定会努力相向而行的。

我们还讨论了在苏联和民主德国经济机制发生变化的情况下，我们如何进一步开展合作的问题。

我汇报得对不对，埃里希？

昂纳克：说得都对。感谢您对我们刚才的讨论做了很好的概括……我提议，请米塔格同志就一些具体问题向我们作出通报，请安东诺夫同志讲讲，我们的提议能够在什么程度上通过。

米塔格：在我和斯柳尼科夫同志的会谈中，我们开诚布公地探讨了所有主要问题，并且明确了，我们现在可以做什么，未来又应该做什么。

戈尔巴乔夫：为了继续开展这些工作，并保证能在一定期限内实打实地完成，建立几个专门工作组比较合理。

您和斯柳尼科夫同志没有谈过这个吗？

米塔格：我们认为这是条达到最佳结果的最快的路，即根据那些任务的重要性，分别组织苏联和民主德国的专家开展合作。在微电子领域已经有了这种合作的经验。没有成立新的机构，却在两年内完成了建立了容量为1兆比特集成电路的任务。……

戈尔巴乔夫：我想提一个具体问题。我们听说，好像在同你们开展合作的问题上不太成功。直接联系有，研究成果也有，但到要搞最终产品的时候，

事情就不顺了。

不过，这是经互会的通病。但我们暂且把它放到一边。我们要考虑的是，如何给我们的双边关系注入活力。

有时一种想法冒出来，我们和你们的经济界人士是不是总是试图相互愚弄，以至最终合作效果比较差。原因是不是就在于此？

全世界都在开展合作。而我们却总像围着一罐热粥似地绕着这个问题转圈子。

昂纳克： 我们不知道这一领域在哪能找出一个具体的负面例子。

而正面经验，我们的"卡尔·蔡司"联合体的总经理比尔曼同志一个半月前刚来过苏联。他见到了苏联电子工业部科列斯尼科夫部长。他们在开展微电子领域合作的问题上意见完全一致。他们确定了今后共同开展工作的方向。遗憾的是，科列斯尼科夫同志通报说，不能向民主德国提供我们希望的元件数量。

第二个例子——光导管。从民主德国开展这一专项工作以来，你们的相关部委就加入进来，合作是非常顺畅的。我本人参观过几次我们国内开展光导管工作的青年项目，对做这个项目的能力深信不疑。

还和你们的工程师们在陶瓷问题上进行着合作，尽管根据对社会主义国家的禁运条款，西方对我们在这一方面有些限制。

戈尔巴乔夫： 我们和你们签署了140项合作协议，可实际上只有7家在落实生产合作。这就是我们合作薄弱的方面。

安东诺夫： 我们两国的科技合作总体来讲进展得不错。民主德国占我们在这一领域同经互会国家合作总量的30%。在戈尔巴乔夫同志和昂纳克同志1986年会晤后，通过了在这些方向上进一步开展工作的计划。但得到的结果却是，在这种合作的框架内，民主德国很会使用我们的基础研究成果，而苏联方面却不能很有效地利用民主德国在实用领域取得的成就。

昂纳克： 原因是什么，我并不清楚。

戈尔巴乔夫： 是的，应该搞清楚这是怎么回事。

昂纳克： 在发展直接联系时，有时也会出现一些障碍。原因是相关的苏联企业所作的决定，不符合此前在更高层面达成的共识。我已经举过列宁格勒的一家生产企业拒绝为我们的核电站提供设备的例子。这对民主德国整个核能发展纲要都造成了威胁。联邦德国向我们提议，可以在民主德国领土上建造一座核电站，但我们要的不是这个。我们需要的是列宁格勒不要拒绝履行自己的义务。

戈尔巴乔夫：从安东诺夫同志提供的材料看，我们这方面对列宁格勒采取的这个步骤，谁都不知情。

昂纳克：另外一个例子是穆克朗至克莱佩达的轮渡线路。这几乎就是我们两国搞的一个合资企业了。当初我们共同决定在这条线路上使用六艘船。到了夏天，苏联方面突然通知我们，第六条船不需要了。我们表示反对，接着谈判了3个月，直到苏联方面同意启用这条船为止。

但同时也有很多好的合作例子，如新沃罗涅日工厂和克林工厂的项目。

戈尔巴乔夫：我们也有不少例子，但现在不想再一一列举了。

看来，应该克服相互误解以及某些苏联同志一再产生的印象，似乎民主德国只想在她感到有利的方面开展合作，而在其他领域则不想合作。或许，这种现象的产生是因为管理机制。我们的企业为了完成生产合作寻求民主德国企业的支持，而柏林则不允许这些企业独立行动？

也有可能是因为，我们一些部委协调不力。

昂纳克：我们对苏联同志没有任何秘密。等你们到民主德国访问时，我可以请你们去参观你们选择的任意一家企业。有很多事实说明我们两国有好的、顺畅的科技合作，可以就供应、价格、合作等问题很快签署具体的协议。比如，爱尔福特[1]的压力设备厂就将80%的产品供应给了苏联汽车工业。

戈尔巴乔夫：如果讲得具体一些，那么签订直接联系协议的48对企业中，只有25对企业规定了联合办厂方面的合作，而实际只有7对企业实现了配套产品的供应。此类供货的总额为8000万卢布，占两国贸易总量的1%。

可是同时，资本主义国家对民主德国配套产品的供应，却以更快的速度在增加着。

要搞清楚这个问题。为什么你们的经济界人士对同我国企业开展此类合作没有兴趣呢？是因为苏联产品的技术水平低吗？

斯柳尼科夫：可以举下面这个具体的例子来作说明。民主德国对苏联的

---

[1] 民主德国的一个专区及其首府名称。

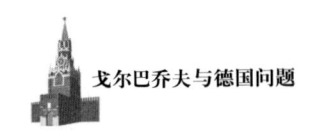

科学技术研发感兴趣，但没兴趣向苏联提供与此相关的产品。我们两国过去都没有聚乙烯，要花外汇买。后来搞了一家合资的科研组织，民主德国发挥牵头作用，研制成功了"聚合物-50"的装置。在苏联和民主德国两国，以合作办厂为基础，形成了相应的生产能力。但民主德国保障了本国对此产品的需求之后，你们的机械制造厂家便马上拒绝向我们供应设备，我们不得不自己解决这个问题。

结果就是，根据经互会科学技术进步综合纲要开展的合作，我们两国的此类项目全部以科研成果的方式完成，但却没能走到合作办厂和组织专业生产那一步。所以，我和米塔格同志说好，要对这一进程进行分析并作出必要的决定……

昂纳克： 我觉得，让我们的部长们一起来看看问题到底出在哪里，可能会加快解决戈尔巴乔夫同志提出的问题。对民主德国来说，这非常重要，因为苏联在我们的对外贸易额中几乎占到40%，所有的社会主义国家加在一起，也才占70%。资本主义世界占到30%的贸易额，其中又有15%是同发展中国家的贸易额。

仅凭我们相互是对方的最大贸易伙伴这一点，在我们双方的出口商品中就不应也不可能按质量来分配，如把一些商品给西方，另外一些给东方。

完成双边《2000年前经济和科学技术合作构想》的制订工作，也十分重要。我们已经在今年6月28日由德国统一社会党中央政治局批准了这一构想，但迄今为止还没有通过共同的决定。这是怎么回事呢？要知道，我们两国的国家计划委员会是都同意这个构想的。

我提议责成米塔格同志和斯柳尼科夫同志研究这些问题，并确定具体的期限和执行人的责任。

戈尔巴乔夫： 以上所说，目的只有一个，就是消除现有的困忧。对同民主德国开展合作，我们过去不搞、现在也依然不搞两副面孔，我们应该遵守互利互惠的原则。

我们的同志们报告说，民主德国的机械制造联合体都在争取搞科学技术研发阶段的合作，并主动承担落实研发成果的工作。之后就出现了这些企业对生产这类或那类产品不感兴趣的现象。无论如何，我们方面有这种印象。这也是我们的问题，但你们也应该考虑到这一点。我们主张向前推动我们的合作。

昂纳克： 你所说的完全出乎我们的意料。我并不全都理解。例如，卡尔·马克思城[1]的技术大学同机械制造联合体的合作是密切的。苏联专家在那里工作着。他们对生产什么、生产多少，都有准确的了解。

在民主德国，没有哪一个大企业里面没有苏联的专家。或许应该召集有关的部长们，让他们拿出民主德国方面获得研发却不分享最终成果的具体证据来。

从我方这个角度，想请你注意这样一个情况。按照我们共同签署的合同，"卡尔·蔡司"联合体的一家企业生产了一些"空对空"级的导弹。仓库里面现在还有600枚。我们现在不知道该拿这些导弹怎么办，因为谁都不要。看样子工厂不得不关闭了。

戈尔巴乔夫： 对我们来说这也是新闻。导弹工厂毫无用处了。

不过据说，新任总经理的到来，我们同"蔡司"的合作又变得有些复杂了。

昂纳克： 他们向我报告说，前不久总经理比尔曼同志去找过苏联的伙伴。除一个实验室以外，所有的生产环节都给他看了。似乎我们已经有了相互理解。而且"蔡司"那里也有你们的专家。

戈尔巴乔夫： 反正必须要解决这个问题，以免合作参与者们相互产生抵触情绪。我认为，对于苏联而言，即使把战略性问题搁置一边不谈，同民主德国开展经济合作也是必须和有益的。

昂纳克： 我也赞成消除已经产生的那些误会。从民主德国方面讲，发展生产合作不存在任何意识形态或政治上的障碍。我想再次确认这一点。当然，应该确保这样的合作长期和稳定。我们要在合作办厂的基础上，保证在关键性技术领域，特别是微电子领域有所突破。这非常重要。

戈尔巴乔夫： 是的，那样的话我们就能取得对西方的技术独立了。

昂纳克： 在涉及到微电子领域，我们已经获得了独立。民主德国自己能够开采硅并生产砷化镓。只需要增加联合生产计算机。我们已经开始向联邦德国供应16位的计算机了。

戈尔巴乔夫： 我们现在正在经历"计算机热"。各领域的问题很多。看来，我们应该给电子工业部减负，给它一些活动余地。

---

[1] 民主德国的一个专区及其首府名称。

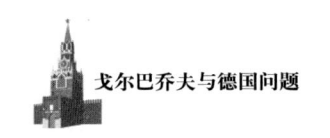

那就让我们认为，我们已经就经济问题达成了一致，我们没有任何危机。

我提议，现在我们就联邦德国总理科尔即将访问苏联相关的一些问题交换一下意见。

昂纳克：我同意。

戈尔巴乔夫：我们看到，西德人非常清楚，他们与我们、与你们的关系，是一种三角关系。这大概是好事。我们和你们应对联邦德国的政治路线是已经协商好了的。我们可以不知道细节，但原则上一切都清楚。

在同西德人的接触当中，我们不仅维护自己的利益，也维护你们的利益。苏联的利益和民主德国的利益对我们来说，意义是相同的。而且有时我们还把你们的利益放在第一位。可能有时候我们言辞上表达得比较激烈，但我们将继续对他们这样说话。

在评价联邦德国当前局势时，我们认为，西德社会发生了一些变化，同社会主义国家发展正常的互利合作关系的意向加强了。我想，我们对联邦德国关系中迈出新步伐的前提条件成熟了。这符合我们两国已经协商好的对联邦德国的政策和对欧洲的政策。此外，还可以对联邦德国在参与西欧军事一体化，特别是与法国开展军事合作的问题上发挥遏制性的影响。

无论如何，这都是一次重要的访问。我们将详细地向你们通报访问的成果。

昂纳克：我们完全同意你们对联邦德国关系所持的立场。我已经通报过，在我访问波恩期间，我和科尔都未向对方作出让步。但如果我们想要认真谈论"全欧大家庭"的建设，离开同联邦德国的广泛合作，也是不可能的。现今的联邦德国是欧洲资本主义的大国、强国。无论从经济，还是从军事上讲，我在华沙举行的政治协商会议上就说过，不应只对联邦德国的某一支政治力量下注，而应该同此刻正在台上的政府建立起关系。

我们从同科尔关系非常近的一个圈子里得到可靠的信息，科尔计划访苏期间主要解决经济问题，等到你对波恩进行回访的时候再提出政治问题。原因在于，他现在不得不经常关注美国总统选举的结果。从另一方面看，联邦德国国内的局势相当复杂。尽管她的失业率很高，但经济却还在上扬。天平时而向德国社会民主党摇摆，时而又向基督教民主联盟（基督教自由联盟）回摆。基督教民主联盟在最近几乎所有的地方议会选举中都有失利之处，德

| 1988 年 |

国社会民主党也都有所得分，但双方的机会仍然大致相同，双方的选民储备也都接近40%。用我们最近交谈过的社会民主党人拉方丹、恩格霍姆[1]、施罗德[2]等人的话说，如果近期行情看跌，那么德国社会民主党有望在1991年议会选举中或与"绿党"结盟、或与德国自由民主党结盟而获胜。

基督教民主联盟内部充满着不确定性。谁将成为该党下一位总理候选人，是科尔还是施佩特？德国社会民主党试图靠提出"科尔政府是富人政府"的口号来捞分。对最近选举结果的仔细分析说明，安全、裁军问题退到了第二位。人们主要担忧的是经济受保护程度的问题。前不久财政部长施托尔滕贝格提出的税务改革方案，遭到各派一致批评。不论是德国社会民主党与绿党，还是施特劳斯都反对。所以不得不紧急修改文件。

因建立西欧统一市场计划而产生出一些严重问题，甚至引起了美国的担忧。今年初我在巴黎和密特朗会谈时，密特朗对我说，西德人举止傲慢，尽管他对此没有拿出任何特别的根据。他说，法国并不比联邦德国弱。撒切尔也大致说了这个意思。

戈尔巴乔夫： 密特朗还公开表示过，意大利是西方发展最快的国家呢。

昂纳克： 这说明，西欧人相互存在着分歧。我们认为，正因为如此，科尔要努力争取在莫斯科取得尽可能多的经济成果。

不过总的来说，我们认为，欧洲经济共同体国家最终会相互达成一致。他们已经实行了通用的结算单位——埃居。埃居将与各国货币同时流通。我不想空口无凭，想送你一枚面值50埃居的硬币留作纪念。

戈尔巴乔夫： 谢谢。顺便说一句，为什么我们不在经互会范围内也搞统一货币呢？

昂纳克： 我们不反对搞统一货币。但我们认为，这件事情目前还做不到。在经互会范围内，我们是一个集体，在大家内部进行着商品交换。但每一个国家都有自己的特色，尤其是在价格的形成上。等我们建成共同的商品市场以后，就完全是另外一码事了。

戈尔巴乔夫： 要不，让我们的同志们就这个问题见面谈一谈？

---

[1] 约恩·恩格霍姆，西德政治家，德国社会民主党主席（1991-1993年）。

[2] 格哈德·施罗德，德国政治家和国务活动家。下萨克森州州长（1990-1998年），德国社会民主党主席（1999-2004年），联邦德国总理（1996-2005年）。

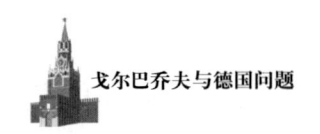

昂纳克：好，我们支持磋商在前。我们认为，我们现在应成立一个欧洲社会主义国家的联合组织，而且马上就要考虑我们的发展往下要经过几个阶段。不要管我们这些国家同不同意这个意见。

跨国垄断公司在西欧地区的统治地位，大大简化了这类形式的政治一体化，如欧洲议会就是这样。还必须指出的是，到1992年，欧洲共同体国家相互间就不会有边界存在了。

民主德国与经互会成员国经过协商并取得同意，同欧洲共同体建立了外交关系，并因此第一次使联邦德国被迫承认民主德国是"外国"，因为联邦德国是欧洲共同体的成员。

戈尔巴乔夫：我们也不断感觉到西德方面在进行试探，如能不能在即将进行的访问过程中使我们转变对西柏林问题的立场？还可能就已经受住生活考验的四方协定一事瞎操心。我们对他们重申了我们的立场。如果有什么新情况的话，我们是不会作出任何承诺的。

昂纳克：联邦德国希望能承认西柏林是她的领土。不过，在你们答复三个西方大国有关空中航线的简单备忘录之后（对此我们完全同意），波恩好像清醒了。

我访问联邦德国时，科尔也提出了这个问题。我引用关于西柏林问题四方协定的条款回复他。他试图对我的话作出更正，说这一协定涉及的是整个柏林。我对他说，您错了，如果认真地看一下这个文件的内容，您永远找不到"柏林"的字眼。但是柏林的西部地区等字眼则经常出现。我还强调，联邦德国应该为此高兴，因为正是得益于这一协定，欧洲的中部才最终得以安宁。

戈尔巴乔夫：是的。联邦德国经常违反四方协定。西德人现在还在折腾，要把西柏林的议员纳入到联邦德国的议会代表团里呢。

昂纳克：你说得对。但如果你们坚决反对这一点，就会得到三个所谓西方大国（保护国）的支持。最近以来，在西柏林，谁哪怕是损害了它的一点点利益，三个西方大国的反应都非常敏感。例如，不久前，三个西方大国甚至驳回了西柏林市长关于取消失效的40年代末盟国警备司令部对携带冷兵器者施以死刑的决议的请求。所以，尽管美国、英国和法国有那么多分歧，但它们在这样一个问题上是一致的，即都努力保持自己在西柏林的阵地。

综上所说，我想指出，我认为，科尔是一个完全可以接受的谈判伙伴。

当然，他的政治独立性并不总是那么坚定，也并不那么深入了解问题。

戈尔巴乔夫：根舍在科尔总理立场如此不明确的背景下，倒是很得分啊。

昂纳克：是的，在发展东西方关系的方面，他是比较积极主动的。

戈尔巴乔夫：如果我们在科尔访问前还有什么情况的话，我们会向你通报的。如果没有，我们就一起讨论访问的成果。我想，我们无论在东西方关系方面，还是在两个德国关系方面，采取的行动都是正确的。

昂纳克：完全同意。

戈尔巴乔夫基金会档案：全宗号1，目录号1

摘自戈尔巴乔夫同《明镜周刊》代表的会谈记录

（1988年10月20日）

阿乌格施泰因[1]：我们希望，明年春天您会访问联邦德国。在我国您能看到，对两国人民开导合作给予的信任、对合作价值观的信任大大提升了。我们认为，这本身就是一个巨大的成就。总书记先生了解我们国家，不仅仅是因为进行过正式访问。我们知道，您作为斯塔夫罗波尔边疆区委的书记，曾经置身于联邦德国的人群中漫步，他们当时没认出来您……

戈尔巴乔夫：那是一次有意思的出访，虽然说也是不轻松的一次。为什么？前任大使还记得我那次率团出访的情节。访问正好赶上粉碎法西斯30周年纪念日。在法兰克福郊外一个加油站上展开的辩论，给我留下特别深刻的印象（戈尔巴乔夫下面重提了此前对魏茨泽克总统讲过的那个片段）。

阿乌格施泰因（回答戈尔巴乔夫关于1945年如何划分德国的回忆）：当然，我们现在不能重复所有的历史，讨论所有的历史事实。我完全同意

---

[1] 阿乌格施泰因，西德记者，《明镜周刊》的创办人和出版人。

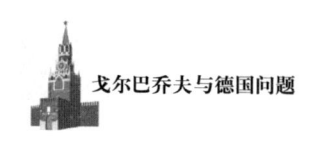

您说的美国和英国瓜分德国的计划,这些计划同苏联的计划没有丝毫共同之处。……

戈尔巴乔夫基金会档案:全宗号1,目录号1

摘自戈尔巴乔夫接受《明镜周刊》的采访记录

(1988年10月20日)

问:德国问题是否还没有解决?

答:对这个问题,我已经公开说过多次,同联邦德国的国务活动家们会晤时也说过。所以我现在只能再次确认原先就这一问题所说的话。

而且我想明确地表示,德国人的命运,是同整个欧洲的命运、同欧洲所有人和每个人在充分安全条件下取得的进步是分不开的,也就是说,同构建"欧洲大家庭"的前景是密不可分的。对这一点不可能有不同的意见。

任何要冲刷掉两个主权德国国家边界的企图,以及在这一领域搞武力试验的企图,都是不可接受的。否则就将导致灾难性的后果。在这些问题上,来不得半点的含糊……

《戈尔巴乔夫讲话和文章选集》,莫斯科,1990年版,第七卷

摘自戈尔巴乔夫和科尔[1]的会谈记录

(1988年10月24日)

戈尔巴乔夫：……由于欧洲在世界的影响，我们同您一起做的事情，应该得到美国和加拿大的理解。我们的同盟国，所有其他各方都理解……

科尔：我们两国存在着现实的困难，但需要共同生活下去。我指的不是意识形态上的，而是心理上的因素。第二次世界大战对我们两个民族来讲是一场悲剧。德国人给苏联各族人民造成的伤害是非常强烈的。德国人在战争结束后遭受的经历也是十分痛苦的。不能忘记这一点，而要从现实中学到东西。

战后国界被改变，也属于现实。现实也就是我们丧失了1/3的德国，我们的国家被切割了。

但莫斯科条约以及在华沙和布拉格签署的条约，也是现实。莫斯科条约是这些条约的根基。我向来都说，条约应该得到遵守。

有一些问题是我们不同意的。我们应该注意到这个情况。我们德国人总是说，分隔并非历史终结。我们是现实主义者，我们认为，战争不是政治的手段。我们现在所谈的改变，只有通过和平手段并且同邻国们一起努力，才会成为可能。不得不等待，可能还要等待很久。但应该看到，这并非是要重新燃起复仇主义。我们说，民族是统一的，这时我们指的是几代人之后才可能出现的机遇。

我们知道，你们有不同的看法。但如果看到，我们已经被分隔开了，承认这种状况，并对改变这种状况抱有希望，这并不是什么复仇主义，那么这本身就已经向前迈进了一步。当然，这并不是我们这一辈人的任务。但我们在欧洲，应该朝着这一目标迈进。或许，我们的子孙后代会迎来我说的那个机遇。

---

[1] 会谈是在联邦德国总理科尔第一次访问莫斯科期间进行的。

柏林也是一个现实。我认为，应该将柏林完全纳入我们两国关系的发展进程中来。四方协定表明，它完全可以作为一个牢固的基础。在严格遵守和充分落实四方协定的前提下，也应该找到解决那些悬而未决问题的实际、合理的办法。

大概，我们今天还不能就所有问题达成一致。但过一段时间，信任有所增加，不可能的事就可能变成现实。

我们已经起草好了有关环境保护领域开展合作的协定。我们接到请求，要我们寄来可能参与起草这项协定的西柏林人的邮箱号码。用邮箱号码代替那个著名学者的姓名，有些难堪。但我们决定走出这一步，避免妨碍协定的签署。随着时间的推移，这种的处理方式多半会过时。我们应能找到更可接受的、符合双方利益的办法。

您多次从生态保护的角度谈到欧洲的生存问题。我也同意您说的话，苏联与联邦德国现在就可以落实有关措施，以解决不断增加的尖锐问题。切尔诺贝利可以成为一个范例。我们为它付出了6亿马克。

戈尔巴乔夫：我们花了50亿卢布，而且这可能还不能彻底解决问题。

科尔：要在完善核能、加强核电站安全领域开展合作。这既符合我们两国的利益，也符合整个欧洲的利益。如果我们在发展合作的道路上，出现类似武器出口协调委员会清单这种现实，那么我们也可以谈谈，怎样做才能不妨碍我们。相关的决定可能就会作出。

戈尔巴乔夫：您提到了我们对话的一个重要部分。不弄清这个部分，我们就无法开启相互关系的新一页。我愿进行面对面的接触，愿敞开探讨所有问题。

科尔：我也正是持这样的态度对待我们的对话的。

戈尔巴乔夫：当然，我不仅是今天才试图理解欧洲局势、研究历史遗产给我们带来的现实的。我们就从这里开始吧，谈谈战后形成的最令人头疼的现实。我们主张同两个德国在健康和长期的基础上保持良好关系，对此不可能有两种意见。我们和德意志民主共和国是盟国关系。同时我们奉行同联邦德国关系友好的路线。至于苏联同西德的关系，那么就像我多次讲过的，最困难的时期已经过去。这为我们能够将关系提升到新水平创造了前提，而且联邦德国的广大民众对苏联的态度也有不小的改变。

科尔：是的，您说得对。

戈尔巴乔夫：这很重要。现在再说说战争遗留下来的其他现实。应该说，我们都理解德国人民的痛苦。但能怎么办呢？历史是不能重写的。在接受《明镜周刊》采访时，我提起和法兰克福郊外加油站主人那场谈话，并不是偶然的，那次对话深深刻记在我心里。

但历史的安排是，已经形成了这些现实。而且正如您已经看到的，莫斯科条约与其他条约都是现实，这也是现实。

我本着同样坦诚的态度继续说。每当有人说统一问题还未解决的时候，每当有人要在40-50年代的政治思维水平上解决这一问题的时候，就不仅会引发我们，也会引发你们的西方邻国作出反应。一方面，承认那些现实；另一方面，又不断地翻过去的老账。而且，不只在社会上是这样。政治家们也都在留恋过去。更何况，我们看到的，还不止这些。

就在这张桌子旁，有很多人都试探过我们（东方西方的代表都有），问我们，苏联的立场是什么。结果就引申出信任的问题。如果一个政府对自己的邻国有要求，而不仅仅是对战争后果不满，那么可否相信这个政府？

科尔：这并不是一回事。

戈尔巴乔夫：总理先生，所有的人都理解家庭破裂及许多其他问题。但是有现实啊。

有西柏林问题。谁都没打算把它变成一座死城。但试图将柏林的话题偷换成联邦德国领土的概念，意味着什么呢？当这个说法出现在政治地平线上的时候，我们和其他各方都会立刻作出反应。您的主要想法是对的。这就是现实。所以无论如何不能不认可现实。无论你们，还是我们，都不能不认可。否则就将把我们拖回到过去。

应该一起合作，相互接近起来。我们做好了同联邦德国发展友好关系的准备。就让历史再一次作出安排吧。但我们不能把发展的模式强加在这上面。这不仅于事无补，还会使关系变得更加复杂。

许多国家都把这种对过去的留恋、对西柏林等问题的要求，同联邦德国对待裁军问题，包括对常规武器、战术核武器的微妙态度挂起钩来。联邦德国国内经常有人在说，裁军的应该是苏联，应该是华沙条约的成员国。他们说，联邦德国方面的裁军措施只应是象征性的。每当裁军领域开始某种谈判的时

候,也都有人这么说。这很令人担忧。

科尔:我是否可以加一句话?可能,根舍和谢瓦尔德纳泽能够探讨出一些吸收西柏林参与我们双边合作更加完善的形式。我指的首先是纯粹务实的事情,这样可以使我们避免官僚主义因循拖延或被形形色色的"玄妙"结局所耍弄。

戈尔巴乔夫:就让他们以严格遵守四方协定为基础去谈吧。

戈尔巴乔夫基金会档案:全宗号1,目录号1

切尔尼亚耶夫就西欧对科尔访问莫斯科所作反应起草的请示

(1988年10月28日)

米哈伊尔·谢尔盖耶维奇!

科维岑斯基这些天和德国人沟通过,以下是他的通报。

科尔和科尔夫人对访问的结果无条件满意。小范围晚会给他们留下特别深刻的"个人"印象。夫人说她在晚会之前曾非常不安。但看到主人如此殷勤好客和开放,如此理解"她的状况",她便马上振奋起来,表现得好像是"恰如其分","大家似乎很喜欢她"。

科尔就这个话题(甚至在参观达尼洛夫修道院时对采访他的记者)补充了如下细节。他说他非常希望,戈尔巴乔夫不只是作为一个国务活动家,而且也"像一个人那样"同他谈话。他本来并未指望做到这一点,但这确实实现了,令他非常"感动"。戈尔巴乔夫和他谈话,就像是一个对心理状况、对个人情况都十分理解的人,从而显示出,他不仅善于以客观的绝对命令、以国家利益为基础,而且能从纯粹的个人角度来建立信任关系。

科尔的圈子密切注视着北约同盟国的反应并向科尔作详细汇报。科尔担心,他回国后"有可能受到申斥"。两家法国报纸(《巴黎》和《费加罗报》)刊载的文章让他感到不安。这两份报纸不是用暗示的语言,而是直截了当地写道,访问性质令人怀疑科尔对同盟国应尽义务的忠诚。这些疑问在祖波夫广场记者招待会上体现出来了。法国记者向科尔提出了不怀好意的问题。他们说,好!您给了俄国人这么多,换来了什么呢?俄国人承诺要释放那几个政治信仰犯吗?还有的说,现在你们拿法国和德国结盟、搞联合军队以及对法国人所作的其他承诺怎么办?科尔现在是不是已经改变了他的政治倾向,从西方的法国调转到的东方苏联了?科尔也注意到美国媒体和美国外交官们有类似的暗示。不过让他放心的是,英国人的反应相当平静,尽管他预想,恰恰是英国人会作出激烈的反应。

从这些谈话中,科维岑斯基捕捉到的信息是,科尔选择5月回访绝非偶然。这里有他自己的策略。科尔感到满意的是,在他和戈尔巴乔夫的两次会晤之间,法国人访问了莫斯科,而且和美国人也有接触,还可能和"别人"有接触。这样他就不受什么怀疑了,可以比较轻松地与我们打交道。

至于经济部分,科尔和部长们、工业家们都非常满意,充满了希望。他们对苏联伙伴的严肃态度寄予厚望。总的看来,他准备为您的访问追加一些大项目。

科维岑斯基还捕捉到德国人不想把自己同西西伯利亚挂钩的坚定愿望。对科尔半岛抱有很大兴趣。他们提议成立苏联-德国联合综合委员会,以解决与这个项目相关的所有问题。

科尔女士对她送给儿童医院的礼物未能在苏联媒体中报道一事感到奇怪,也有些沮丧,因为她当初是"对此做了大量准备工作的"。没有任何官方人士出席,虽说是医院工作人员、院长、病人们都非常热情地接待了她。看来,应该请利哈诺夫(儿童基金会领导人)给科尔女士写封信,再找个办法在我国报刊上介绍一下她这次访问以及赠送的礼物。

米哈伊尔·谢尔盖耶维奇!

我听沙赫纳扎罗夫说,他提议向昂纳克转交您与科尔会谈的记录(顺便提一下,他还不知道会谈的内容呢!)。

我的意见是,不应该这么办。第一,这样的话就创了一个先例。第二,问题甚至还不在于内容,尽管从内容看也不该让他全都知道,特别是关于会

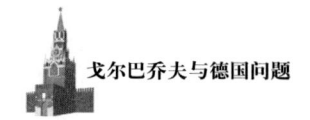

谈的气氛。昂纳克可能会因此得出我们根本不需要的结论，如"意识形态方面的"（即对"正统思想"的含义那一部分产生怀疑；或务实性的，即他会说，"现在我也可以更大胆地想往哪儿去，就往哪儿去了。"）

给他发密码电报是危险的，因为联邦德国可能会泄密（自然，我们是不为泄密内容负责的）。

总之，我们有自己的政策，完全不必和昂纳克的政策保持一致。您对科尔说什么，怎么说的，都体现了我们的政策。我们有什么必要捆住自己的手脚呢？

今天邦达连科要飞往东德去见昂纳克。我同意了，请他向昂纳克转达您的问候。

戈尔巴乔夫基金会档案：全宗号2，目录号2

1989 年

摘自戈尔巴乔夫同福格尔[1]的会谈记录

(1989年4月11日)

(德国方面出席会谈的是巴尔、苏联方面为法林)

戈尔巴乔夫：真诚欢迎德国社会民主党的领导成员们来莫斯科。昨天发生了一件有象征意义的大事。它见证了我们两党的崭新关系。我指的是弗里德里希·艾伯特基金会在莫斯科了开设常驻代表处。

我们两党关系走过了漫漫长路。刚开始，在最初接触的时期，我们讨论了战后调整的问题。后来，我们会谈的议题变成了共同关心的如何巩固和平的问题。现在，我们可以对比经验，对照想法，交换意见。直截了当地讲，我们信任德国社会民主党的现任领导人，高度评价我们的合作。作出这一点说明之后，我就可以什么都不说了。其余的全都是细节了。

福格尔：非常感谢。十分高兴听到您的这些话。我想说的是，我们也完全信任你们。有可能这话听起来有些吹捧的意味。但我们确实认为，正是得益于你们，近期当选的苏联共产党的领导成员们，我们才成为改变世界这些进程的见证人。……

戈尔巴乔夫：假如包括贵党在内的其他人不参加到这些进程中来，靠我们单打独斗，任何事都做不成。比如说，我们正在同美国开展对话。我们对

---

[1] 德国社会民主党主席汉斯·约翰·福格尔率团前来莫斯科，出席与社民党关系密切的弗里德里希·艾伯特基金会在莫斯科开办的常设代表处的开幕式。

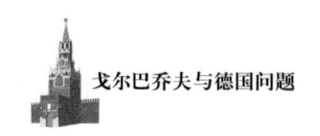

美国人说，美国行政当局思考当代对外政策现实的过程拖得太久了。但是，无论这方面有多少复杂，我们都理解，这是我们大家共同的任务。

福格尔：可以把德国社会民主党作为例子，进而具体化一下这个思想。假如没有莫斯科条约，没有"东方政策"，而且没有勃兰特，以及现在坐在这里的法林和巴尔，我们今天的政策就不可能出台。

戈尔巴乔夫：主要的是，这些人都从那个时代走过来，并且现在都还在积极工作着。

福格尔：他们至少还能再干上20年。

戈尔巴乔夫：一句话，他们都是可靠的人。他们投身的事业确实是具有转折性意义的。

福格尔：为了这一事业，他们一直在奋斗，在顽强奋斗。今天我们可以满意地确认这样一个事实，即联邦德国当年抵制过这些进程的人，今天都已经转到完全不同的立场上。

戈尔巴乔夫：我还对联邦德国议会就这些问题投票时的紧张气氛记忆犹新呢。

福格尔：您提到了你们的改革，提到了推行改革过程中遇到的困难。我们对贵国的改革进程抱有好感，祝愿你们成功。成功不仅符合你们的利益，也符合我们的利益。我想转交给您我们党刚刚做好的一本出版物。这里是您历次讲话内容的摘编（把一本小册子交给戈尔巴乔夫）。这也是德国社会民主党对改革所作的一份贡献。

戈尔巴乔夫：我以前能读一点德语，但说德语费劲儿。我觉得，在联邦德国或民主德国访问时，我试着说德语，当地人很高兴。

福格尔：我们刚从美国回来。我有一种印象，美国管事的政策圈子，现在对你们改革的态度比较积极。我们同布什、贝克及国会议员们的会谈中，都能看出这一点。前不久，最内行的苏美关系专家约翰·凯南对美国参议院外委会的成员们发表了演讲，就是本着这一精神来说的。他的演讲受到外委会成员们的热烈欢迎。我想给您看看这次演讲的内容，以及《时代》周刊上的一篇标题引人注目的文章（《冷战已经结束了》）（把材料递交给戈尔巴乔夫）。……

戈尔巴乔夫：我想指出，西德社会民主党对上述情况的改变有很大功劳，我们是见证人。功劳首先在于，在令我们和你们付出惨重代价的那场可怕的战争之后，得益于苏联领导人和勃兰特的努力，我们两国人民的关系实现了正常化。假若没有这个，就不可能有赫尔辛基进程的出现，也不可能有当代形势的整体发展。

在我提出构建"全欧大家庭"的思想后，有人怀疑我想埋葬赫尔辛基进程。巴尔曾向我介绍过西方对我的这些忧虑。我们同样不想像某人时不时说的那样，将美国排挤出欧洲。这是幻象。我们坚定地立足于现实政治的土壤上。只有从这样的立场上出发，才可能向前推进。赫尔辛基进程在发展，已达到新的水平，正在建立起新的交流机制。这个机制不仅交换商品，而且交流思想。

福格尔：1983年，安德罗波夫和我谈话时说，我们两国人民存在着"血肉联系"。我当时没理解他指的是什么。后来我想到了二战中阵亡的2000万苏联人和数百万德国人。40年后我们能够战胜过去，这是一个巨大的成就，它在很大程度上更是属于你们的成就。

戈尔巴乔夫：苏联同西德关系之树已经开始长出新芽。这棵树有很深的根基，这很重要。我对魏茨泽克总统，对科尔总理，都这么说过。我认为，苏联和联邦德国所有的政治家都已经深刻意识到，我们两国关系对欧洲、对全世界所具有的意义有多么重要。

福格尔：我同意。

戈尔巴乔夫：我知道，联邦德国国内在这个问题上还有些摇摆。有些人担心，苏联同西德发展关系会引起盟国尤其是法国的疑虑。这没什么。时间和现实政策的事实会让大家看到，这是别无其他的选择。我们说，我们打算翻开我们关系的新篇章。但是，这个进程的发展有时会很困难，写满新的一页并不那么轻松。我跟我们的大使科维岑斯基谈过这个话题。您知道这个人，他是苏联同西德发展全方位关系的积极分子和衷心的拥护者。顺便说一句，现在出席会谈的马耶尔－兰德鲁特大使也是这样。

所以，我们现在还不是一切都顺利。当有什么事情没有办好的时候，大家就要找替罪羊了。没办法，暂时就让我们双方的大使们当替罪羊吧（气氛活跃）。

福格尔：我想继续谈谈"战胜过去"这个话题。为什么我们过去对我们两国人民的和解讲得这么少呢？要知道，德国人已经能同法国人、波兰人、

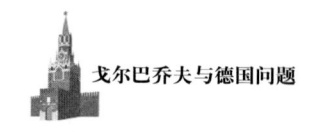

以色列人了结了过去。在二战中牺牲的2000万苏联公民让德国政府不安，让我们的良心不安。很快要到1991年了。届时，就是1941年6月22日已满50周年的日子。因此，为什么不想一想，我们德国为什么不能为在德国牺牲的苏联士兵树立一块纪念碑，在苏联某个合适的地方给那些在苏联阵亡的年轻德国士兵树立一块纪念碑呢？即使德国士兵们是在那场非正义的战争中执行的是罪恶的命令。主观地说，纪念碑是纪念那些年轻的德国人的，他们是带着纯净的良心走上自己生命的最后一役的。这样的举动会感动我们两国的人民，展示战后成长起来的新一代一次性地永远结束悲剧性过去的意愿。我相信，人们需要这样的象征。

戈尔巴乔夫：这个问题要认真研究。这里面有些疑点，与其说是政治上的，不如说是情感上的。

比如说，这样的纪念碑能建在哪儿呢？建在全都被摧毁了的维亚兹马吗？人们对此会有什么态度？他们不会对我们说："这里的一切都被破坏掉了，而你们却要立碑？"我看我们不要急，应该非常慎重地考虑这个建议。我现在没准备好答复求您的建议。我再重复一遍，就政治方面来说，这条建议值得关注，但这里有非常强烈的感情因素。

当然，士兵仍然是士兵。但那是怎样的牺牲啊！我想，比方说，这个提议在白俄罗斯就是不可能实施的。我认为，这个提议的政治意义在于，要表达我们这代人永远不允许重演过去的决心。但同时不应该粉饰自己，不要用玫瑰色来描绘过去，要记住那场悲剧。

福格尔：我们还有时间思考。

想请您简要介绍一下裁军的进程……

戈尔巴乔夫：德国人想从裁军进程中得到什么呢？如果想要的是"第三个零"，那么我们愿意迈出这一步。应该用战术核武器谈判来充实常规武器谈判的进程。否则，我们将会继续相互猜疑。

在我看来，在建立无核武器区、无化学武器区相关的思想和看法上，我们并未失去现实意义，并未落到议题之末。这一切都符合裁军进程的框架，都是裁军进程的重要因素，特别是在那些不可能马上作出重大决定的领域。

所以，就让我们合作吧。我们的联合工作组已经研究过这些问题，这很好，对我们有帮助。联合工作组要继续干下去。也许，应该设立一个新的"全欧大家庭"问题工作组。这也是一个有意思的问题。有人说戈尔巴乔夫的"全欧大家庭"提议含混不清。我们在这里也要个小滑头，也让别人议论议论这个话题吧。我们认为，建造这幢"全欧大家庭"的建筑队，应该是全欧洲的。这里也有它自己的现实。这就是北大西洋公约组织和华沙条约组织。

福格尔：每一栋房子都需要承重墙。这两个组织就是起这样的作用。

戈尔巴乔夫：为什么我们不将这两个组织政治化呢？就让军人们相互碰碰面，辩论辩论吧。我觉得，维也纳谈判进程本身有助于降低对抗性。而这又可以成为我们工作组的一个议题。

再一个问题，是如何看待欧洲经济共同体和经济互助会的发展前景。不要让这两个欧洲组织搞的一体化进程再走到两岔去，这一点很重要。西欧和东欧都拥有所有必要的资源。不必跑到天边去找这些资源了。重要的是，不要浪费时间，要从现实出发。当然，也要避免任何搅乱局势的行动。应该摒弃树立在"冷战"原则之上的那种心理，即对邻居越不好，对我就越好。今天的原则应当是，如果对某人不好，那就是对我也不好。这就是新思维的公理之一。

福格尔：说到裁军，这个进程今天已经具备了自己的动力，首先得益于你们的思想。不过，我要指出，社会民主党政府可是不会那么简单地把这些问题的主动权交给你们的。

戈尔巴乔夫：那你们就自己掌权吧。

福格尔：我们在努力。

戈尔巴乔夫：当然了，这是你们的内部事务。至于我们，我们将同联邦德国的任何一届政府开展合作。

福格尔：北约60-70年代的总司令古德佩斯特尔不久前发表的演讲引人注目。他讲到，必须将北约和华约这两个组织的武装力量裁减到北约现有水平的50%。所以，最近从美国听到的是越来越多的好消息。

戈尔巴乔夫：很遗憾，这些讲话并不总是能带来实际的后果。而且，我们在落实改革和公开性政策的过程中，也有这方面的体验。在我们竞选期间发表的一些建议，通常并没有实际意义。有时甚至觉得，有的人认为民主的含义就在于，可以放空炮……

我们的构想是社会主义民主的构想。民主化进程不仅在政治领域，而且

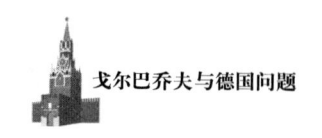

在经济领域也进行着。经济领域的民主化，在私人所有制条件下往往特别难以实现。我们想利用政治和经济中出现的一些新形式，使劳动者成为主人翁，给他机会，不仅让他执行决策，而且还可直接参与决策。

福格尔：这些内容恰好在我们的新党纲里面都讲到了（向戈尔巴乔夫递交德国社会民主党的新纲领草案）。新党纲的一个重要部分，就是谈劳动者参加管理生产和管理社会的问题。

戈尔巴乔夫：我们将全部私人财产收归国有之后，提供了克服人被异化的机会。但是行政命令体制却不允许在实践中消除这种异化。无论在经济中，还是在政治中，都不允许。

福格尔：人应更多地依赖于职能管理者，而不是依赖于所有制。

戈尔巴乔夫：（浏览着党纲。）我喜欢草案行文的流畅。其中许多说法简直和我们的一模一样。

福格尔：不过请您别忘了，我们的党已经126岁了，比你们的老。

戈尔巴乔夫：我非常尊敬勃兰特，至今还和他保持着通信。我对他说过，什么时候我们才能开始从1914年出现的分裂转过头来呢？我们因此付出了多少代价啊。

我想，假如工人运动仍然团结一致的话，30年代法西斯就不可能在德国掌权。现在时代是这样，需要全力以赴地发展我们的合作。当然，我们也不能一厢情愿地把愿望当成事实。

巴尔：我们不打算争辩意识形态问题，让我们在可能的领域解决一些实际问题吧。

戈尔巴乔夫：我们正在研究你们的经验，研究其他有社会民主传统的国家的经验。

福格尔：我想就裁军问题讲几点意见。总体而言，我们和政府在这个问题上，比以往任何时候都有了更多的理解与一致。分歧主要集中在3个问题上。第一，我们建议战术核武器谈判与维也纳谈判同步进行。政府似乎也主张这一点，但又不得不看那些盟国的脸色。盟国会说，别着急。我们认为，"第三个零"[1]应当是最好的解决方案了。但可以同意迈出这样一步，即确定这

---

[1] 指的是短程导弹（即"战场导弹"）的命运。

里的"天花板"是共同的,"天花板"少于现今已有的兰斯[1]的数量。我们反对搞武器现代化。因为我们认为,以现代化为借口,可能会发生用新型武器甚至射程更远的武器来替代现有武器的情况。政府已经看到,反对搞武器现代化的情绪,正在全国舆论中广为传播。而政府在设法争取时间。

戈尔巴乔夫:搞武器现代化会引发一场大闹剧。结果会是什么呢?我们销毁了作战半径500公里及大于500公里的导弹,而现在有人想列装最大射程达495公里的导弹。这不是纯粹的欺诈行为吗?

法林:顺便说一句,根据中导条约,我们已经撤除了射程甚至小于500公里的导弹。

戈尔巴乔夫:美国人不想谈判,因为美国的军工综合体已经扩充了新的武器纲要。我们有一条信息,但不是美国人告诉我们的,说的是,白宫讨论过如何对待裁军进程的前景,如何对待我们的改革。最强烈反对我们两国扩大联系的,是美国的军工综合体。他们的负责人担心,如果裁军进程继续下去,失业将会增多。另外,他们不知道,该拿科学研究怎么办。行政当局和为军工综合体服务的科研机构产生了冲突。美国人过去寄希望于,苏联会对美国打开自己的国内市场,大量进口美国的日用消费品。可苏联现在经历着痛苦,却不从美国进口。西方市场早就商品饱和了。所以,改革对他们来讲,是不可接受的。将会有一场斗争。

美国人在这方面提出哪些想法了呢?举例来说,布热津斯基是这样作出判断的:社会主义可以存在的形式,要么是像斯大林那样的专政,要么是无政府主义状态。在他看来,苏联目前正在经历的改革阶段就是无政府主义状态。还有这样的思想:既然改革的结果暂时还不能预测,是否值得同苏联发生关系呢?不幸的是,连德国实业界也上了这个套,而且比法国人和英国人还厉害。他们说什么,最好是少投资,但要投到可靠之处。我们现在能明显感觉到这种情绪。在轻工业和食品工业的一系列项目上,我们获得了法国和意大利公司更为优惠的商业建议。西德银行提供的30亿贷款则很难落实。所以说,这个问题不那么简单。

改革是个复杂的过程。但是我们早就知道,我们会碰到什么,不想仅限

---

[1] 指美国的"兰斯"短程导弹(射程小于600公里)。

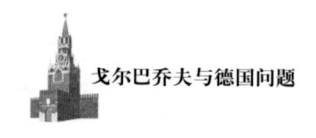

于重新粉刷墙壁的正面……

福格尔：或者是换墙纸。……

我们在观察着这一过程，或许，我们的观察比很多其他人更近一些。我们也认为，改革别无选择。

戈尔巴乔夫：有4年多了，没有任何人能提出任何其他的方案。

福格尔：我觉得，你们对联邦德国实业界的评价太悲观了。我可以举出很多例子来说明，联邦德国的实业界是愿意同贵国积极开展合作的。您知道，和我一道来莫斯科的，就有一大批大企业家。"汉莎"航空公司负责人鲁纳乌这两天草签了扩建"谢列梅杰沃2号"机场的合同，正在研究用"伊尔-76"飞机做货运的问题。"赫石"康采恩领导人罗维德尔对一家工厂积极进行现代化改造，使这家工厂很快能生产液压挖掘机。"银行"总裁诺伊贝尔正和苏联伙伴们在贷款业务领域努力开展合作。同我一起飞来莫斯科的，有3位大工厂的生产理事会主席。他们都是很有意思的人，是真正的工人领袖。我们准备积极支持你们培训中层领导人员的计划。社会民主党领导的联邦德国的各个州，愿通过艾伯特基金会的渠道，接待100人前来参加培训。苏联专家可以来我们这里呆上3到4个月，提高业务水平，不仅可以到工业企业，还可以去其他部门，比如公共事业管理机构。

您提到了军工综合体，它在哪儿都很有影响，不光是在美国。军工企业花费了数万亿马克，其实都是徒劳无益的。

而且这还是在人类面临着气候变化、臭氧层遭到破坏、南北关系问题、人口爆炸等威胁的时候。每一个马克都应该用在解决这些难题上。我很有兴致地读了您在联合国发表的演讲稿。我希望，我们能活到那个时候，全球的人们不再相互隔绝、躲在自己国家的房子里，而是能够共同发声，能够意识到大家是一个共同体。

我想谈一个问题。联邦德国最大的州，就是拥有发达的采煤、铸钢、化工和高水平工艺的北莱茵-威斯特伐利亚州。

戈尔巴乔夫：我正好想去那儿做客呢。

福格尔：要是您在联邦德国访问期间能到那个州去做客，就太好了。该州的总理，也是我在党内的一个副手,约翰内斯·劳会感到万分荣幸。说到这里，我还有一个愿望。现在苏联有些机构正在找在联邦德国开办苏联经济之家的地点。为什么北莱茵-威斯特伐利亚州的首府杜塞尔多夫不能作为苏联经济之家的落脚点呢？

另一个愿望是，离杜塞尔多夫市不远，有一座大型工业中心多特蒙德。假如总书记能去那儿一趟，对6000多名冶金工人发个演说，是最好不过了。"黑石"康采恩的领导和劳动集体都让我全权代表他们邀请您去。我希望，您对同德国工人交流意见，不比同"最高层"会晤的兴趣小。

戈尔巴乔夫：在英国，我好不容易才争取到和工人们见面的机会。

福格尔：您在英国见到尼尔·金诺克[1]了吗？

戈尔巴乔夫：我们进行了内容广泛的会谈。我向他提议考虑一下，是否搞一搞共同庆祝第二国际成立100周年的活动。这可是整个工人运动的共同纪念日啊。我也想向你们提议参加我们组织的相关活动。同样，我们也愿参加你们与此相关的活动。

福格尔：这个事应该同勃兰特谈一谈。不过，今年还有一个我们的共同节日，就是第一国际成立125周年。

您说到苏联共产党同德国社会民主党成立联合工作组的事情。我们想让这个工作组研究研究"全欧大家庭"问题。

戈尔巴乔夫：我想在这个议题之外再补充一个生态保护的题目。这个问题紧叩所有的大门。还可以讨论债务问题。

福格尔："欧洲大家庭"里面有这么一个房间，被分成了两部分。门上写着"柏林"。我同意，在大家庭的各个单元里和楼梯上，要维持好秩序。但要是在大家庭里开始枪击，就很糟糕了。人们应该有自由迁徙的权利。当然，这种流动应以某种方式组织好，包括借助于警察。但警察不该开枪。我们希望，民主德国的同事们能对我们更加信任，表现出更多的灵活性。

戈尔巴乔夫：他们少给你们的，我们愿意给你们补偿。

福格尔：这是个好主意。

戈尔巴乔夫：我讲几句德意志族苏联公民的事，还有更宽泛的问题。在实现民族关系和谐化的过程内，我们在探索一种方式，以使在我们国家生活的各个不同民族的代表们，都能更好地满足自己在文化发展方面的需求。与

---

[1] 尼尔·戈尔登·金诺克，英国政治家，英国工党领袖（1983-1992年）。

此同时，我们不认为实现和谐，就是要重新划分各个加盟共和国、各民族之间的现行边界。我们在设想，为加盟共和国、自治区的主权概念充实一些新的内容，扩大少数民族发展文化的机会。这里面还有很多问题，包括与国内发展和生产力布局相联系的一些经济问题。这些问题我们是要解决的……

福格尔：我想再就我们的党际交往说几句。我要承认，有一个方面我们马虎大意了。我上次同您会见时，表达了希在苏联发行1万份《前进》周刊的愿望。显然，您了解我们现在办这份周刊遇到的困难。不仅在你们这儿，在我们国家，也不总是一切都能按照希望的那样进行。说到另外一件重要的事情，就是开设艾伯特基金会驻莫斯科常驻代表处的问题。这个任务我们已经完成了。我们期待着在波恩开设苏共中央马克思列宁主义研究院的代表处。

戈尔巴乔夫：这确实是非常重大的事件。可能，今天我们还不能充分评价它的全部意义。……

戈尔巴乔夫基金会档案：全宗号1，目录号1

苏共中央政治局会议上
（1989年4月13日）

关于戈尔巴乔夫同福格尔的会谈

戈尔巴乔夫：这是一场非常有意思的会谈。但最有意思的话，是他对雅科夫列夫说的：国际共产主义运动实际上已经不存在了，社会主义思想正继续活跃在社会民主的思想之中。就是说，我们也应该和你们并肩前进。

福格尔在捍卫民主方面特别积极。他说，可能我们还会就第比利斯事件说三道四。但我们理解你们的处境。请你们无论如何别把改革葬送掉。

福格尔对同尼古拉·伊万诺维奇（雷日科夫）的会见感到满意。他向我

| 1989 年 |

们的总理点了一些德国公司的名，说，"等我们德国社会民主党上台的时候，这些公司会同你们打交道的。"

摘自切尔尼亚耶夫的记录

戈尔巴乔夫基金会：全宗号 2，目录号 2

摘自戈尔巴乔夫同魏茨泽克[1]总统的第一次会谈记录

（1989 年 6 月 12 日　波恩）

（德国方面出席会谈的为科尔、根舍、布列赫、巴尔，苏联方面为谢瓦尔德纳泽、雅科夫列夫、西拉耶夫、科维钦斯基）

魏茨泽克：……在政治方面，现在是在双边关系中迈出决定性一步和对欧洲及世界形势施加积极影响的一个非常有利的时机。

这次正式访问是科尔 1988 年 10 月访问苏联时开启的另一半发展进程。双方准备了基础性的共同政治文件和条约。这些文件非常形象地体现出双方要在相互关系中翻开新篇章的努力。

历史上，德国人同俄罗斯人并非只发生过战争，还有过很多相互协作和合作的良好事例，有过人道的睦邻关系。我们的合作不针对任何人，但我们的合作对欧洲的命运有决定性的意义。联邦德国全体国民欢迎您来访，并将表达一种愿望，即您的访问毫无疑问是一项高度负责的工作，希望它能为欧洲大陆进一步巩固和平和睦邻关系作出重要贡献。同时有必要强调，在我们两国开展合作的过程中，也照顾到了我们和你们各自加入的联盟。在这种情

---

[1] 1989 年 6 月 12-15 日，戈尔巴乔夫对联邦德国进行第一次国事访问。陪同访问的有谢瓦尔德纳泽、雅科夫列夫、西拉耶夫、切尔尼亚耶夫等。访问期间，戈尔巴乔夫会见了很多政治家和社会代表。

况下，联邦德国准备在自己的联盟框架内，全力以赴地支持我们两国相互理解的趋势。

几天前，我会见了布什总统，他请我向您转达问候和良好的祝愿。布什说，他同您的会见气氛友好、态度坦诚。如果您注意到美国总统在他前不久访问联邦德国、在北约布鲁塞尔纪念大会和在美国大报上发表的讲话，那么您就不会感觉不到，美国行政当局在一度拖延之后，开始把希望寄托在东西方关系出现建设性的阶段上。我想指出的是，西德方面，无论是政府，还是社会，都为这一变化作出了实质性贡献。

戈尔巴乔夫（感谢热情款待和良好祝愿）：……最近两三年来，苏联同西德的关系有很多变化，使得我们可以完成一个根本性的转变，开启两国关系一个新的、更高的阶段。

谈到与此前那些访问的相互关联，我想提一下您去年夏天对莫斯科的访问。您那次访问也在很多方面对我们两国关系中新的发展方式和新思维的出现有所促进。我们高度评价自那时起所做的一切，也想从我们的访问一开始就确认，我们是怀着真诚的愿望来到莱茵河畔的，并希望继续发展所有的积极成果，以确保两国关系发生根本性的转变。这样的路线为我们两国人民、为欧洲其他国家、为我们的盟国和伙伴们，带来的是完完全全的好处。这自然也是我们的出发点。因为我们并不准备炸掉欧洲大陆创造出来的成果，我们只是打算为已经显露出来的积极能量添砖加瓦。

魏茨泽克：就连昂纳克先生不久前接受《华盛顿邮报》采访时，都对北约最近的布鲁塞尔会议给予了正面评价。

戈尔巴乔夫：为什么您这个时候恰好想到了昂纳克？

魏茨泽克：问题在于，我过去从没听到他从肯定的角度说起过北约。正因为如此，我才注意到这次采访。

戈尔巴乔夫：我想从我们自己这方面的角度指出，昂纳克过去一直主张，并且现在也主张，让两个德国坚定地遵循一个目标，即不允许在德意志的大地上再发起战争。昂纳克始终不渝地忠实于和平政策，他的现实主义观点令他与众不同。

（随后同总统共进早餐，继续小范围会谈。）

魏茨泽克："冷战"时期结束了。欧洲经济共同体同社会主义国家经济互助会的关系已经实现正常化并在发展之中,欧洲各国的双边关系也取得了根本性的进展。一句话,许多事情都在变化之中。在这种形势下,联邦德国的地缘政治地位本身,大大增加了联邦德国的分量和意义。……

联邦德国不是一个大国,但她在欧洲和在西方联盟体系中,有自己的分量和意义。我们非常理解美国同苏联开展建设性谈判的意义。我们认为,布什总统愿同戈尔巴乔夫就建立一个可持续、稳定的和平秩序的愿景进行信任对话,这一点十分重要。

戈尔巴乔夫:既然说到布什总统,我想指出,我同他的面对面会谈总是洋溢着信任、善意的气氛。我们致力于保持这种势头,尽管美国行政当局拖了很久才明确他们要继续发展苏美关系的路线。我们很耐心,没有批评布什及其政府。甚至在美国和欧洲社会对这样的拖延批评一浪高于一浪的时候,我们也没卷入到论战中。现在看来,我们做的是对的。

说到美国的外交路线,应该指出,它有一系列持续不断的弱点。第一,和布什总统进行一对一会谈的时候,他既务实,又努力不固守意识形态的条条框框。但是,当他一和公众接触,他的言语中就会经常出现那种我们称之为"里根反共产主义的十字军远征"的调门。

第二,布什行政当局和他的前任们一样,惯于在同苏联发展关系问题上采取观望和拖拉的态度。他们一次又一次地试图坐等,看看苏联是否会因为遇到的种种困难转而作出更多的让步,好通过这个给美国"加分"。我们不止一次对他们指出,这样的处理方式是虚幻的,不能把政治建立在错觉上。但他们现在依然不改变,死抱着这种做法不松手。……

魏茨泽克:看来,不能将布什总统同里根相提并论。跟乔治·布什可以务实地解决各种事情,不必夸大意识形态的那一面。当然,布什处于右翼的强大压力之下;而且这甚至不是共和党内的右翼,甚至不是国会,而是美国为数众多的强大的"压力集团"。还说什么美国呢!类似的集团,在我们联邦德国也多得是……

(最后,魏茨泽克感谢戈尔巴乔夫上述所谈。魏茨泽克强调说,联邦德国的实业界、社会以及全体国民,将怀着极大的兴趣欢迎并期待苏联领导人的来访。)

戈尔巴乔夫基金会档案:全宗号1,目录号1

戈尔巴乔夫与德国问题

摘自戈尔巴乔夫同科尔一对一的会谈记录
（1989年6月12日　波恩）

科尔：……我想首先祝贺您当选苏联最高苏维埃主席这一崇高的职务。在联邦德国，我们都极其关注人民代表大会的进程，饶有兴趣地观察您作为主席主持代表大会的情况。我们得出一致的意见，就是这个身份对您而言，是再适合不过了。

现在是建功立业、总结成果、确定未来前景的时候。9月1日，将迎来第二次世界大战爆发50周年纪念日。前两天我们庆祝了德意志联邦共和国成立40周年。这里有许多要思考的问题，我们不打算回避。

所以，我想首先对明天我们即将签署的共同政治文件表示欢迎。这一文件结束了过去，照亮了通往未来的道路。

从纯个人的角度，我想明确地强调以下一点。无论是我，还是我领导的联邦政府，都准备同您，戈尔巴乔夫先生，同您的战友们，一起沿着我们签署的共同文件确定的路线前进。我希望，我们共同的计划和目标，不仅有利于我们两个国家及其民众，而且有利于全欧洲和全世界。我想，我们有足够的力量和能力去实现这个目标。主要是因为人们会跟着我们走。

我们知道，您现在不容易。我们可以设想你们遇到的困难，祝愿你们成功战胜困难，并愿在这方面给予力所能及的协助。

世界进入变动之中。苏联改革在其中所起的作用不小。对很多东西都在反思，而且有些时候是以迅雷不及掩耳之势、以全新的方式进行着反思。这就只有令人惊叹的份儿了。

前不久我同美国总统布什会谈过。我早就认识他，也很了解他。我对他直言，联邦德国的利益，就是欧洲的利益，意即是相互关联着的所有欧洲人的利益。当然，在欧洲优先方向的清单上，居于首位的是安全、保障和维护和平的问题。我们认为，现在形成了对裁军非常有利的气氛。

我想，布什对这一切同样看得很清楚，也掌握情况。他清楚我们的利益，而且他不能忽视我们的利益。

当然，我绝非要夸大我们联邦德国所持立场的意义，但是在北约布鲁塞尔会议上，联邦德国发挥了在我们看来相当显著的建设性作用。

戈尔巴乔夫：这个我们也注意到了，我们没漏掉任何东西。

科尔：听到这样的话我很高兴。我们对不少问题的看法都是一致的，这令人很愉快。偶然性经常能在政治当中发挥大作用。腓特烈大公多次讲过，对一个将军而言，好运气很重要……

戈尔巴乔夫：您的意见跟我的想法不谋而合。……

我认为，我们无须过多谦虚，完全可以说，我们的共同政治文件会给人留下深刻印象，很有规模。它见证了我们两国关系取得突破，走出停滞状态，见证了新思维的确立。

我同意您的说法，我们的关系进入了一个全新的阶段，这不仅对双边关系，也会对多边关系发挥促进作用。世界确实已经进入变动之中，并且日益尖锐地提出了一个问题，那就是，政治将走向何方，国际关系会朝着哪个方向运动。这里主要的问题是，谁会占上风。是导致"冷战"旧病复发的惯性力量呢，还是建设性合作的进步力量？人类从此满怀信心地开始沿着新的轨迹迈向未来。一句话，可以说，现在出现了重建国际关系的机遇。我们把改革理解为，是为了未来理想，为了不损害任何人、不危害任何人安全的共同理想，而着手对国际关系进行更新的过程。

我们是现实主义者。我们当然理解，苏美关系对世界局势的发展，对世界局势好起来还是坏起来，发挥着决定性的影响。

但是苏美关系综合起来看，不是孤立的，并不仅仅局限于双边领域。它也受到外部，而且首先受到欧洲的影响。而在欧洲大陆上，苏联同联邦德国的关系显然起关键性的作用。可以毫不夸张地说，欧洲的未来，将取决于苏联同联邦德国的关系如何。因此，没有什么比掌握这把钥匙更大的责任了。我想强调，我们苏联领导人，正如我去年10月对您说过的那样，在制定我们的政策时，总是坚定不移地、全方位地考虑到联邦德国政策的全球作用。

请允许我给您提一个清晰的、非常直截了当的问题。您是否觉得，美国行政当局和布什总统本人正在推行某种双重路线，即在国内竭力制造一种印

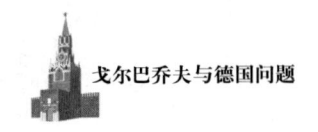

象,在国外又制造另外一种印象?

我同美国总统的对话相当积极,对话机制运行畅通。我自己的感觉,布什给人的印象,是一个善于进行现实思考的政治家,能清醒地看待事物。他阐述的想法都富有建设性,一句话,为未来作出正面决定打开了机会之窗。我的个人印象就是这样。

但是看他发表的公开言论,他对各种不同社会阶层讲出的话,有时会发生明显的重心移动,出现不能不让人感到惊讶的矛盾。大概这是总统在向共和党内的右翼势力或者军工综合体做样子吧,要展示他有能力代表右翼势力和军工综合体的利益,可以成为他们利益的代言人。或者,布什想显示自己是个有毅力、决策果断的人,要摆脱某些他不喜欢的性格特点。但这完全可以借助于一些建设性工具做到啊。他近期的讲话中,有许多言论都让人想起"冷战"的时代,有一些我们感觉渐行渐远的概念和范畴。

我喜欢开诚布公地讲话,对对方完全信任。希望这种做法也会适合您,科尔先生。

科尔: 我完全赞同。我也给您一个同样开诚布公的、尽量周全的答复。

我早就认识乔治·布什了。我们关系不错,是朋友式的关系。他当总统不过才几个月,给作为总统的他作出评价,我认为必须考虑到他此前的状况。

他在里根手下当了8年副总统。一向很忠诚。大概,我们对此看法是一致的,都很欣赏忠诚的品质。但对布什本人来讲,这个评语则有负面含义,对他有害。因为大家总会不断提出疑问,布什最终能不能有一天走出里根的阴影,有一副自己独一无二的政治面孔,还是他就这样永远定格在忠诚的形象上了?

在做公众工作方面,布什比里根差远了。他既没有演员的那种魅力,也没有在电视屏幕上同民众交流的本领,亦没有其他类似的素质。他是个知识分子。他们美国人,有来自太平洋沿岸和来自大西洋沿岸一说。加利福尼亚出来的人,则完全不像来自美国西部的人。

从这个意义上讲,布什作为一个政治家,对欧洲非常重要。他比起里根来,有更广泛的欧洲视角。顺便说一下,政治家里根简直就是我看着成长起来的。我从1979年就认识他了。那时我还领导着反对党。他有一次来到波恩,我见了他。我们谈了3个小时。时任联邦总理施密特没见他,说他没有时间。那时，同里根的会谈给我留下的印象，是精神压抑。原来，他对欧洲事务压根一点儿都不了解。我的助理特里奇克参加了那次谈话。他现在可以给您证明，我们当时有多么沮丧。不过，里根不是当上了总统嘛，而且总书记先生您也已经和他找到了共同语言。

布什则完全是另一个人。别忘了，他继承的可是沉重的国内政治遗产，首先在经济方面。现在，将于1992年建成的欧洲统一市场就像幽灵一样，敲打着美国的大门。而美国国内到处都是日本企业家在活动，他们在美国占领了越来越多的阵地。美国居民，首先是弱势阶层的生活水平，依然处于停滞状态。……

我们，联邦德国的代表，在北约的布鲁塞尔会议上，同其他国家的与会代表地位不同。经过一番工作，感觉与我们最贴近的是美国人。但同伦敦的距离还是很远。布什和贝克在布鲁塞尔展现了出类拔萃的政治才能。无论总统，还是国务卿，他们两人都很强。不应该不对此予以足够的重视。应该充分利用好这一点。

起作用的还有另一个情况，即布什的夫人是个平和的、稳重的女人。她对周围人散发着一种使人心平气和的气质。以前从未有过这种情况。我早就认识芭芭拉·布什，她是个有魅力的女性、母亲和祖母。她到场之处，紧张程度总是很快就缓和下来。这对于白宫活动来说，是一个非常敏感的问题。您到白宫访问时，就会验证我的话对不对。

我可以满怀信心地告诉您，布什从个人角度讲，可能也想同您打交道。他身边那些人也是这么务实。这一点，我们可以从白宫对卷入阿以冲突的各国行事风格的变化上看出来。

总之，您尽可以同美国打交道。接下来应该注意的，就是爱丽舍宫和我们了。我提到爱丽舍宫并没说走嘴。密特朗和我，在我们应该共同做什么这一点上，没有任何分歧。我是个现实主义者。苏共中央总书记也应该是一个现实主义者。否则他就不可能登上这个位子，也不可能把持住这个职务。这对我这个基督教民主联盟主席来讲，也是同理。要是我不是一个现实主义者的话，我在这个位子上连一天也坚持不下去。人们提到我的工作时常说，"像骑老虎一样"。我已经骑了16年老虎了。每隔3个月，就有人预言我的政治死亡期限到了，但我至今还活着，也暂时没打算死。

我持乐观主义态度，准备同您深化我们的信任对话，不绕过任何一个问题或难题。如果富有耐心地并循序渐进地做事，那就连一个空白、一个未解决问题，都不会留下。我过去是，将来也是乐观主义者。

戈尔巴乔夫：我跟布什有过不少次会面了，包括私人性质的会面。我们两人最近一次讨论问题是在去年12月，他已经当选为总统。我们相互信任地谈妥，要按照"继承性＋应予充实的部分"这样一个公式来发展苏美关系。

我们的关系中还有不少敏感问题，因此必须加强莫斯科与华盛顿的信任程度。暂时我还没发现布什一方对谈妥的事有明显的倒退。但，正如我多次说过的，他最近几次讲话引起了我们的不安。……

科尔：如果我们能在12到15个月之后取得维也纳谈判的决定性进展，就将根本改变裁军事务各个方面的态势。现在不存在任何根本不能谈的话题，没有任何不能解决的问题。我举一个例子。在布鲁塞尔，我们谈到了武器出口协调委员会，说应该改变武器出口委员会的工作，因为它早就成老古董了。布什同意这个观点，而且他十分认真，看起来不象是出于某些策略性的考虑。还有一个例子。我们怀着很大兴趣关注着匈牙利的发展。美国也在关注，当然也有您，总书记先生。我对布什说，我们在对待匈牙利的态度上，是在按照德国的老谚语行事："就让教堂留在村子里吧"。这意味着，就让匈牙利人自己决定他们需要什么吧，谁都不应该去干涉他们的事。确

戈尔巴乔夫：我们有一句类似的谚语：不带自己的章程进别人的修道院。

科尔：常常有这种情况发生，对一件事情，有一方观点，有另一方观点，还可能经常有第三种观点、一致的观点。这既是苏联的观点，也是美国的观点，还是德意志联邦共和国的观点，甚至其他国家的观点。一句话，不应妨碍任何国家谋求自己的发展。

戈尔巴乔夫：现在，有不少国家内部都很紧张。如果有谁企图搞乱局势，那就会毁掉东西方加强信任的进程，就会摧毁迄今为止已经塑造出来的一切。我们想实现彼此接近，而不是要重返对抗。

科尔：完全同意您的意见。请允许我再坦率地讲几句。我们在处理同民主德国关系的问题上，没有要往后退的意思。但昂纳克先生对改变现状和推进改革没有表现出任何兴趣，还亲手把局势搞乱了。这对谁来说，都已经不是秘密。

我因此在联邦德国遇到了难题。我一再表示，说不希望民主德国的局势出现不稳的局面。但人们总是问我，为什么民主德国要坚持那些僵化的立场。他们对我说，应该采取些措施了，要让那边感受到现在匈牙利、波兰享有的自由，当然还有苏联特有的那种自由。

您想象不到，当听说民主德国禁止发行苏联《卫星》杂志时，我们国内是如何作出反应的。大家都在笑。但我可顾不上笑。要知道，人们要求我这个联邦总理，在改善与民主德国的关系上迈出新的步伐。而我却什么都做不了。

戈尔巴乔夫：在对待我们的盟友关系上，我们有一条坚定的信念，就是每一个盟友都自己对自己负责。我们不打算给谁上课，但也不会请求别人给我们上课。照我看，我说的很明确，就是"勃列日涅夫的学说"到底有，还是没有。我们主张各方面的关系都发生积极的变化，主张政治健康化，主张加强经济，同时我们也主张保持各个社会主义国家的特色和传统。

科尔：我支持您的看法。坦率讲，相比柏林，我们现在能更好地理解莫斯科，莫斯科对我们也更亲近。民主德国现在有 50% 的居民在看我们的电视节目。他们那边对所有的事情都知道，但现在还害怕公开说出来。这些人简直是太可怜了。但我再重复一遍，我不做任何破坏局势稳定的事。对匈牙利、波兰也是一样。对哪一个国家内政发展要施加影响，就意味着要将欧洲推回到彼此戒备和不信任时代的破坏性路线上去。

戈尔巴乔夫：您的重申和确认非常重要，它符合时代的精神。

科尔：是呀，现在到了回忆的时候了。50 年前爆发了第二次世界大战。历史上有一些进程，不可能把它停下来或任其倒退。现在一切都在变化之中，一切都在革新。在这样的条件下，必须体现出国家的英明之处和理解彼此的立场。

我是西欧最大的基督教民主党的主席。我们的意识形态观念与你们不同，但这不等于说我们不能交流与合作。更进一步说，我祝愿你们共产党人推行的改革取得成功，因为改革对西方，对西方的福祉而言，也是一个机遇。

我不久前访问美国期间，在纽约的一个对外关系内部研讨会上发了言。有很多大政治家、实业界代表和记者出席。我在会上说到，在德国实现统一的问题上，我不同意戈尔巴乔夫的意见。之后我指出，我认为就这些事情从早争论到晚，没有任何意义。联邦德国的总理还有责任谈柏林、柏林墙等等

问题。但问题在于怎么谈。是确认现有的形势，还是呼吁改变形势。

我还对美国人讲，戈尔巴乔夫自己的问题就够多了，尤其是民族问题，以及保障居民食品供应问题。在这方面应该考虑一下，怎样予以必要的协助，当然，首先是经济领域。我坚决反对那种政策，就是坐在剧院包厢里看着舞台，到剧终的时候说，我们早就知道这一切了，我们把这一切都预见到了，并且我们的预测没出错。

此外，我在发言中强调，谁都不应该希望苏联形势不稳定。如果戈尔巴乔夫取得成功，如果改革越来越占上风，这对全世界和平和福祉都是一件有益的事情。我去美国看望了儿子们，他们在那里上学。此前他们已经在德国联邦国防军服过役，都是预备役军官，但我可不想让他们有一天上战场。看来，我的话挺顺美国听众们的心意，至少他们给了我热烈的掌声。

当我作为基督教民主联盟主席和苏共中央总书记谈话的时候，我没抱任何幻想。但我们有一个共同目标，就是不允许第三次世界大战发生。这将我们联合在一起。至于说矛盾，那就是在一个集团内部的各个盟国之间，也总会有矛盾。

形势正在朝着积极的方向发展。现在我跟您谈话，已经比去年10月在莫斯科的时候讲得更加开诚布公、更加相互信任了。在北约的布鲁塞尔会议上，我也讲得不同以往。在您到来前的一个小时，冈萨雷斯从马德里给我打来电话。他是社会党国际的副主席，也是我的好朋友。他说，你现在马上就要会见米哈伊尔了，我很羡慕你。不过你可要加小心啊……跟他打交道不容易……他请我向您转达问候，祝您访问成功，并建议我为此作出努力。

您看，现在我们和社会党人讲话，已经跟以前不同了，而且我们说话不仅是在领导层面，也体现在普通人的层面。星期日将举行欧洲议会选举。法国社会党人在竞选活动中只用了一幅宣传画，上面是密特朗和我在凡尔登的会晤。社会党人把我，一个德国人，而且是基督教民主党人，用于他们的竞选斗争……

戈尔巴乔夫：我们也在以极大的兴趣关注着欧洲议会的竞选斗争。我们希望，无论是选举，还是欧洲议会的活动，都将有利于构建全欧大家庭。

科尔：必须加强信任，因为它是一个保障。如果今天不行，那明天一定能解决迄今为止都解决不了的问题。

戈尔巴乔夫：我同意您的话，加强信任，对就全部问题达成相互理解，具有决定性意义。这个进程应该与观点的变化、与运用新的思维同步进行。但在所有这些进程中，主要的是要降低军事对抗的水平。当然，在这方面，正在维也纳进行的多边谈判具有首要意义。我们也主张谈判尽快取得成果。

我看过北约布鲁塞尔会议宣言的译文。宣言大概有50条内容。坦率讲，这份文件让我喜忧参半。文件一方面指出，忠实于欧洲正在发生的积极进程、赫尔辛基和维也纳通过的文件、建设性对话。但与此同时，不可能看不到，宣言中还有倚仗核武器甚至允许使用核武器恫吓的成分。

我和里根在日内瓦宣布，核战争无立足之地。这一公理是人类生存的基石，是政治面向未来的基础。我不理解，联邦德国的总理如何能在含有如此非建设性成分的"文件"上签字。是不是撒切尔夫人把她自己的信念强加给您了？

我们可是计划以相互接近、加强合作、巩固信任为指针向前迈步的。而布鲁塞尔宣言却把希望寄托在使用武力上。怎么能向全世界展示这样的一致立场呢？或许，北约需要这一切，来纠正它近期在某些方面弱化了的立场，来压制近来不时谈到的离心力吧。如果原因不在这里，那就是说，我们与之打交道的，还是依靠武力、依靠核威慑、允许使用核武器的老政治。说透了，这就是洞穴政策，它散发着潮湿、发霉、阴冷的气息。

科尔：北约有自己的一套哲学，以阿尔梅尔的著名言论为依据。阿尔梅尔论断的实质是，只有变得强大，才能展开谈判、巩固和平。北约现在就是统一而且强大。但这并非目的本身。我们不想坐在由武器堆成的山上，更不想把山堆得越来越高。我们自己的建设性行动有多大可能性，已经在中短程导弹条约上体现出来了。包括联邦德国在内，北约对和平的热爱已经显露无遗，特别是在放弃"潘兴1A"导弹的问题上。我全方位地权衡过一切因素后，支持放弃这种导弹的决定。

我们主张，要朝着消减战略进攻性武器达成协议的方向加紧开展工作。在布鲁塞尔文件中，还明确主张禁止化学武器。联邦德国很早就在这个问题上发挥着先锋作用。我们将继续努力履行好这个职责。

至于常规武器，解决这个问题的钥匙掌握在你们手里。现在存在着达成一致的现实可能性。即使未来12个月不行，那么最多14到15个月之内，也

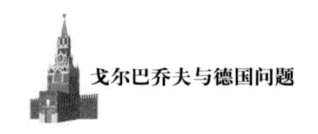

能就常规武器达成协议。常规武器达成了协议，将把整个裁军问题转入全新的轨道。我要成为把这个问题讲得清晰明确的第一批人。

总书记先生，我想建议您，最近几个月内就维也纳谈判问题和我本人直接联系，而不是通过下面的部门来接触。而且我认为，应该沟通得更密切一些，经常相互打打电话，即便没有什么具体事情。如果能经常对话，相互听听对方的声音，那么问题解决起来也会更轻松。至于特别代表，我已经说过，我将委派和我关系最近的助理特里奇克担任。他现在也在这里。您可以派切尔尼亚耶夫来见我。

戈尔巴乔夫：我同意。

科尔：我们并不夸大自己的作用，但也不缩小自己的作用。会有越来越多的人认同我们的。这一点我现在就已经感觉到了。

戈尔巴乔夫：是要更加密切地开展协作，我们的合作可以有效推动那些悬而未解决的了问题取得积极进展。

科尔：我对我到访莫斯科和您来访之间这段时间取得的进展感到满意。我们有了很大进步，签署了一系列文件，还准备签署一批新的文件。但有一个问题，已经妨碍我们很长时间了。这就是要将西柏林纳入我们合作中未解决的问题之列。因为这个问题没有解决，致使我们至今还不能就航运协议达成一致。是不是可以让我们两国的专家们试试，在您访问联邦德国期间能就此做些什么。西柏林问题存在于我们的关系中，它也散发着洞穴的潮气。时代要求我们重新审视处理方式，使西柏林问题不再扮演摧毁性的角色。

戈尔巴乔夫：我会把您的建议转告给谢瓦尔德纳泽的。

戈尔巴乔夫基金会档案：全宗号1，目录号1

| 1989 年 |

在正式午宴上的交谈

(1989 年 6 月 12 日)

科尔：……我们，德国人，现在意识到，这场战争用德国人之手和以德国人的名义，给苏联各族人民带来了多少死亡和破坏，造成了多少痛苦和折磨。

也有许多德国人无辜死去了，很多人不得不经受可怕的煎熬。1000 多万人被驱逐，难民流离失所。我们的祖国和我们古老的首都柏林被切割成两半。

但西德人和东德人的参与感依然没有改变。我们都把正在继续下去的分裂视为敞着口的伤口。

根据赫尔辛基会议结果签署的维也纳会晤最终文件，指明了新的道路，它将在维护人权、迁徙自由、信仰自由和保护少数人口的事业中不断取得进步。

我们还通过同我们的东方和东南方邻国的发展睦邻关系，来促进这一涉及整个欧洲的发展进程。总书记先生，我们同贵国的关系在其中扮演着主要角色。联邦德国同苏联搞好关系，对于东西方关系的整体具有核心意义。

1955-1956 年间外交关系的恢复，以及我们从字面到精神都予以遵守的 1970 年签署的莫斯科条约，奠定了牢固的基础。基于上述，我们准备通过互访并借助互访，为我们所有领域的关系都注入动力，以便目标明确地继续发展我们的关系。

我们准备定期开展最高水平的信任对话。我们鼓励政府、议会、教会和社会团体、城市和村社、公民特别是青年之间，在所有层面上开展磋商、接触和会晤。

明天，关于交流的协议将会把这项内容固定下来。正如我们其他所有条约一样，柏林（西柏林）将被纳入其中，这完全符合四方协定。您知道，将柏林纳入我们所有领域关系的发展，具有怎样的意义。

还是在困难时期，我们的经济关系就已经表现为整体关系的一个稳定要素了。考虑到苏联着手推进深刻的经济和社会变革，联邦德国意识到自己应

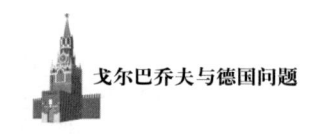

扮演什么样的角色,即应成为贵国最大的西方经济伙伴。我们愿在互利的基础上,拓宽我们的合作,包括探索合作的新形式、新领域的合作,如在对环境有利的工艺技术领域开展合作。

我们明天还将签署培训和提高专家、领导干部业务水平的协议,以及保护和促进投资的协议。这两项协议都具有特殊意义。两国互设贸易和工业中心,会帮助双方企业合作得更轻松一些。

伟大的先行者们为我们开辟了一条在文化和科学领域进行密切、富有成果交流的道路……

他们打开了大门,使我们两国能够开展文化和人与人的交往,并相互肯定两国人民往来的意义。我们希望继续走他们的路:

——明天我们将就创立文化机制问题达成一致,这早已成为一种必要;

——我们要签署学者、教师、学生交流的协议。

这样,我们就会延续数百年历史形成的好传统。

250年前,就有德国人开始移民到俄罗斯,并以自己的归属感和可靠劳动,推动了新祖国的建设。他们是将我们联合起来的历史遗产的一部分。几十年的不幸结束了。他们是无辜的。现在他们又可以重新成为两国人民的中间人了。

总书记先生,您给了其中许多人机会,让他们来我国探望家人和朋友,我们为此感谢您!我们祝愿那些愿意留在苏联的人能够保留自己的特色。我们愿意帮助他们保留他们信仰的宗教、使用的语言和文化。

总书记先生,

——政治如果不能掌握人心,就会一直停留在抽象的思想层面;

——如果人民不支持,政府改善关系的所有努力都会碰壁。

在我们两国和两国人民的关系中,个人的参与向来是充分的。能见证这一点的,不仅有我的同胞们对苏联各项事件发展的密切关注,还包括纯粹的人与人的团结一心。这一点在去年亚美尼亚地震和几天前发生的铁路灾难中,都明显地表现出来了。

总书记先生,我们希望,在我们实施到2000年前愿景政策的框架内,使这些政治和全人类的基础得以继续发展。明天我们要签署的联合声明,是指路明灯式的文件。通过这样的政策,我们将完成人民的夙愿,用相互理解与和解,治好过去的伤痛,建设更美好的未来。……

戈尔巴乔夫：……我们愿尽全力同所有国家，无论其远近和大小，在所有领域和所有级别上扩大思想、人员、经验的交流和往来。这其中也包括联邦德国。我们真诚地希望发展、深化我们两国关系，用新的思想和具体事务充实两国关系的内涵。科尔先生，我同您此前在莫斯科谈话时，就是本着这一精神进行的。现在，我再次重申我们的这一立场。

……我认为，我们大家都理解，苏联同西德的关系，对欧洲事务及其以外的国际形势，发挥着多么大的影响。这是历史和近年来一些事件一再证实的明晃晃的事实。

我们两国人民和全世界在纳粹分子发动的战争中经历的悲剧提醒我们，在为死难者低头默哀的同时，必须汲取教训。一个主要的教训就是，在国与国的关系中，占首位的，应该是相互尊重、平等、无条件承认选择自由的思想。正因为都对这个教训有共识，才使我们和你们，提出了要翻开苏联同西德关系新的一页的问题。总理先生，我和您在莫斯科都表达了赋予两国关系全新质量的愿望。今天，我们可以确认，我们已经在开始浏览我们相互关系"新的篇章"中的头几页了。我们正在一笔勾销战后时期。在我们看来，这使得我们两国都能够相向而行，并且向前再迈出决定性的一步。

我就是这样看待联合政治文件的。明天，我和您，总理先生，就要签署这份文件。

我认为它的价值首先在于，在这份文件中，我们大大地发展了莫斯科条约的思想和理念。大概这是此类性质和规模的第一份文件。在文件中，分属不同体制和同盟的两个欧洲大国，试图对今天国际社会正在经历的时刻作出哲学的思考，并共同描绘自己的政策目标。

文件并不要求你们或我们，放弃自己的特色或弱化我们各自的同盟关系。相反，我相信，在我们的政策中，遵循这份文件，将有助于增强我们两国对建设和平的欧洲秩序以及确立全欧意识所作的贡献。

在您访问莫斯科之后，双方代表明显加强了接触，并首先就经济领域中的大项目合作达成了协议。我们期待着这项工作取得实际成果，这些天，这项工作将会继续进行。

我们选择了实现最美好的、让我们两国人民更加相互了解的路线。这将得益于我们两国居民越来越活跃、形式多样的交往。让我们的大中小学学生们、

我们的工人们、农民和工程师们、我们的实业家们和文艺工作者们、科学家和社会活动家们相互认识,相互学习,互相借鉴各自的一切精华吧。他们就是最广义、含义最真实的人民。

在我们两国关系步入新的、真正和平时期的时候,我们要填写"新篇章"的内容,就是我们寄予希望的东西。

还有一点。对全世界,特别是对欧洲来说,生态问题已经具有生命攸关的意义。一些国际规模的大项目已经人所共知,在讨论也在落实。密特朗总统、德国社会民主党、"绿党"、其他党派和运动就此提出了很多有意思的建议。我认为,将苏联和联邦德国的科学技术和经济能力纳入到这一合作领域的框架内,具有重大意义。举例来说,我建议研究如下设想:

——建立生产净化设备、废料加工装置的合资企业;

——建立苏联同联邦德国各领域、城市间交流生态保护政策经验的体系;

——在发生自然灾害或重大生产事故时,组织紧急生态互助;

——成立制定全欧生态保护政策的苏联-联邦德国双边工作组(未来可以成为多边的)。

先生们!在苏联同联邦德国的关系中,还有一些同其他西欧国家关系没有的独特的复杂性。但我们可以认为,我们同你们的和谐已经达到很高的程度。我们双方都理解,不使现有的复杂性进一步复杂化,不把解决这样或那样的问题引入死胡同,符合我们共同的利益,符合欧洲的总体利益。

总之,我们正在使我们两国关系从今天起奉行永远稳定、充满活力、具有现代内涵和毫不动摇的信任的方针。

苏共中央总书记、苏联最高苏维埃主席
戈尔巴乔夫访问德意志联邦共和国。
《文献与资料》莫斯科,政治出版社,1989年。

摘自戈尔巴乔夫同根舍的会谈记录

(1989年6月13日 波恩)

戈尔巴乔夫： 我很高兴同您会见，认为这次会见意义重大。昨天在与魏茨泽克总统会谈时，我提到两国外长对发展我们关系所作的巨大贡献。这并非只是出于礼貌。取得了很多成果，而取得这些并非易事。但我们有一个很好的晴雨表，这就是我们两国人民相互对对方的态度发生了很大变化。当然还需要付出很多努力，继续改变它。

还应该说说我们两国的大使，他们做了大量工作。他们得到我们的充分信任。我们高度评价科维钦斯基大使，把他的职务提升了。他当上了中央委员。我不知道，你们对兰德鲁特大使有什么计划（气氛活跃）……

根舍： 我们对兰德鲁特大使也有一些想法……

我非常感谢您所讲的。我经常回忆起我们1986年夏天的第一次会谈。那时您讲到，必须翻开我们两国关系的新篇章。从那时起走过了很长的路。今天将要签署的文件，代表着已经完成的工作成果，当然这还不是终点。

这段时期以来，联邦德国开始更好地理解你们国家发生的事情和我们共同为两国福祉所做的一切，已经建立起相互信任，包括人与人之间信任的关系。我想说的是，这也包括我的同事谢瓦尔德纳泽先生。

我想提一下给予我特殊信心和满足感的两件事。第一件是，今天我将要出席签署联合政治声明的活动。第二件是，我们终于在布鲁塞尔同盟国们就联邦德国早就坚持和提议的路线达成了一致。这很重要，因为在东西方关系的大背景下，苏联同联邦德国搞好关系，可以发挥很大的作用。但我们两国关系确定不了整个国际气氛的质量。所以，我们欢迎苏联同美国达成的那些共识。这些成就符合我们的期待。它们并不损害联邦德国在欧洲心甘情愿承担起来的作用。

戈尔巴乔夫： 我在阅读布鲁塞尔文件的时候，有一种矛盾的感觉。作为

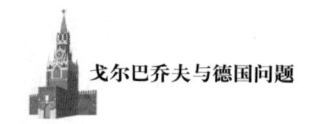

一个持现实观点的人，我理解，迈出这新的一大步，实在来之不易。但是，文件中对核恫吓的"理论"介绍得太漫无边际了吧，似乎近年来什么都没发生过一样。我昨天对科尔总理说了这些印象。文件是新旧混合物，就像是从"冷战"向新形势转变的过渡时期一样。

根舍：（好像在开玩笑）那份文件有很多作者。在我们起草的苏联同联邦德国的声明时，可没有那么多的作者。

戈尔巴乔夫：所以我感兴趣的是，欧洲各国的首都和另外一个国家的首都是不是都能理解我们的意图。文件本身还不是突破。但它正在打开通往突破的道路。这很重要，因为现在是要明确未来政策的时刻了。我是从内部来看我们的改革的。你们的大使向你们报告改革的进程，是从旁观者的角度来观察。可能，他早晨报告说，我们正在垮下去；到晚上他又说，暂时还不会垮掉。（气氛活跃）现在正在进行着一场深刻的变革，而且变革以它自己独特的方式又折射到人们的思想当中。这种观点上和思维方式上发生的突变，是最难理解的一件事。

我们的联合文件也可以归入此类。我们正在做的也不可能马上被人理解。但应当做好准备，以便让所有人都看到，文件不仅对我们有利，也对全欧洲有利。我们在这方面，没有任何秘密或任何"秘密议定书"。

……我们的联合声明是开放性的象征，是新思维的精髓。

根舍：西方许多人都已经习惯性地认为，苏联国内只存在一种观点，而且是唯一的观点。

戈尔巴乔夫：早就没有这种唯一的观点了。

根舍：以前，其他观点不过是没有表达出来罢了。现在，有了各种不同的看法，就有人将它解释为暴露出了弱点。不过要知道，在西方社会，我们认为，如果对一种观点的看法完全不同，那么这种观点只会变得更强有力。你们国家怎么会不一样呢？

戈尔巴乔夫：人民代表大会的实践表明，这是可能的。尽管我们没有从心理上完全准备好应对这种情况。这是我们的悲剧。但应该向前走。如果1985年4月有谁告诉我说，我们现在能够走这么远，我都不会相信他的。现在我看到，应该继续走下去。

根舍：在我们第一次会见时，您概述了面临的问题，而且说，您并不知道所有问题的答案,这给我留下深刻的印象。我对那些永远都知道一切,特别是预知未来的人,一向非常戒备。

戈尔巴乔夫: 有这样的人,他们认为,只存在两种意见。他们自己的意见和不正确的意见(大家都笑)。

根舍: 昨天晚饭后,您走下汽车,在大街上跟民众进行了交流。您能看出来,他们对您和您的政策是什么态度。这里有很多信任,对您的勇敢而真诚十分敬重。要知道人民比某些政治家聪明多了。对什么是真的,什么不是真的,他们有一种与生俱来的感觉。现在他们有一种正确的感觉,就是欧洲会不会有更加美好的未来。这个事情现在就掌握在我们手中。在联邦德国就战术核武器问题进行辩论时,表现得一目了然。人们不再需要用现代化来改造战术核武器那样的决议了。

最近这个周末,我回了一趟老家加勒市,跟熟人们、中小学生都见了面。他们全都说,您在导弹问题上做得对,要是您不这么办的话,最好就再也别来我们这儿了。全国的人都是这样想的。

现在我们应该致力于在欧洲建立一个新的安全架构,以保障我们现在不得不面对的许多东西都能避免将来再出现。

您说得对,我们的联合声明本身还不是突破,但它正在为突破打开大门,其中也包括这个方面。我们应该将声明等同于赫尔辛基最后文件。它不是要合上一个篇章,而是在打开发展的一个新篇章。

戈尔巴乔夫: 我想说说以下问题。我们现在全都参与到深刻的变革中了,无论是个别国家,还是欧洲,或是全世界。应该十分谨慎,不受为一己之私对这种形势加以利用的诱惑。我想再解释一下这个想法,我就此想得很多。如果在当前这个非常重要的阶段忽视现实,忽视诸如两个联盟、美国的利益、美国与欧洲的联系、苏联的利益、苏联现存的各种联系等等,就有可能毁掉一切。相反,如果我们负责任地、务实地、有远见地采取行动,那么进程就会走得更和谐一些,就能找到解决所有问题的正确办法,无论是两个联盟的命运,还是个别国家的利益,以及它们相互间的关系等等问题。我自己是把我们的大陆作为一个活生生的、有活力的整体来考虑的。这样发展下去,很多东西就都应能理顺。

根舍: 在当前阶段,需要知道,您想往哪里走。我想,就对欧洲而言,

这个问题的答案已经很清楚。我们想通过共同努力重新联合欧洲。欧洲的现状无法称为是合理的。因为这种现状不符合欧洲人的意识。这样的意识还在不断增强。人们越来越多地思考历史的同一性和对未来的责任。我们知道，对欧洲来说，如果谁要认为他在占上风，那就不会有更美好的未来了。

戈尔巴乔夫：您的想法非常正确。

根舍：自己的自由也永远是别人的自由。安全问题也是同样的道理。不可能靠别人的安全来实现真正的安全。

戈尔巴乔夫：这方面您就与布鲁塞尔声明有冲突了。那份文件里有一种只为北约安全着想的思想。

根舍：我想，您应该再认真地看一遍声明的文本。它表明，北约内部的"根舍主义者"人数在上升。加强包括在安全问题方面的合作很重要。相关的现实已经体现在苏联与西德的政治声明之中。

当然，我们在这方面的出发点，是存在着两个联盟、美国也参与欧洲的事务。下个星期，我将对美国进行短暂的访问，届时要同美国行政当局会谈。我要强调，我们欢迎美国和苏联共同采取的那些步骤。我们坚信，这些措施将对欧洲发展施加好的影响。

戈尔巴乔夫：毫无疑问，您也会介绍和我们谈判的内容。您可以告诉他们，在我们的谈判桌上，永远都存在着第三方（气氛活跃）。这话不是指我们要巴结讨好谁，或者像兔子面对着蟒蛇那样。我指的是现在的现实。没有美国的参与，国际事务要取得进步，是不可思议的。如果您能见到布什，请向他转达我的问候。我想，一切都会好起来的。

根舍：我根据以往同美国行政当局的所有会谈体会到，美国非常努力想同您达成一致和相互理解。

戈尔巴乔夫：我们希望，我们不仅不会因为近期同美国关系取得的成果失去什么，而且还会逐渐有所积累。就让他们谁都别怀疑吧。既不要怀疑我们，也不要怀疑你们。那边可是有为怀疑论提供土壤的人。

根舍：主要是媒体吧。

戈尔巴乔夫：也不仅仅是媒体，还包括您的朋友基辛格，还有布热津斯基、传统基金会等等。

根舍：但新总统不能马上就把所有的人都任命为国务卿。而今天决定政策的那些人,是按照另外一种方式看问题的。

戈尔巴乔夫基金会档案:全宗号1,目录号1

摘自戈尔巴乔夫同科尔第二次一对一的会谈记录

(1989年6月13日 波恩)

科尔:让我们开始第二个工作日吧,继续交换意见。我想建议您讨论几个对我国、对我国人民都有意义的问题。

首先,我想请您研究一下联邦德国公民参观访问加里宁格勒,即从前的柯尼斯堡市的问题。我们有些游轮现在已经开进了波罗的海沿岸的苏联港口。要是游轮也能开往加里宁格勒,游客们能上岸到城里去转转,应该不会有什么坏处。而且这也可以成为苏联外汇收入的一个来源。

接着,我想感谢您,已经开始向我们移交德国战俘的名单了,并允许对德国战俘埋葬地新墓址进行拜谒。这件事对我们有重要的心理意义。通过红十字协会渠道,实现了富有成效的沟通。这个渠道继续发展,可相互带来好处,并为苏联与联邦德国人民的相互理解服务。

还有一个过去遗留的难题。在您来访之前,我收到许多西德公民的来信。写信的人,是那些本人或他们的亲属在战争期间或在战后在苏联被集体判刑的人。这具体指的是曾经发生过的一些事实,即当时不经任何区别对待,就将德国战俘的整支部队或整个兵团判了刑。讲述这事的,是阿登纳1955年访问莫斯科期间协商好被苏联释放回来的那些战俘。就让我们委托双方代表,在信任的气氛中讨论讨论这个问题吧。这有助于消除我们关系中的又一个空白点。

还有一个问题。我们知道,苏联领导人准备本着改革精神就民族问题作

出一些必要的决定。你们现在正处于困难时期。但我们相信，你们能够缓和局势。既然要解决民族问题，那我就想提醒您一下，有些苏联公民其实是德意志族裔。

我们觉得，你们国家的事情正在朝着一个方向发展，即要给予这个或那个少数民族在其聚居地提供自治的权力，或让他们返回曾被迁出的地方。与此相联系，是不是也可以考虑一下，也给苏联的德意志族人划拨一个自治的行政单位，例如州一级单位的问题呢。你们要作出政治决定，我们自然不会袖手旁观，将提供我们力所能及的经济上的协助。应该设计出某种模式。如果有必要的话，我们以后就可以在允许的范围内尽力地参与其中了。

在这个问题上，我们不打算搞得轰轰烈烈，公开进行争论。就算没有这些争论，苏联在这方面操心的事儿已经够多了。我只是请您关注一下我现在对您提的问题，考虑一下我的想法，等您的考虑成熟了，再通报我们。

戈尔巴乔夫：我们代表团里有3位苏联公民是德意志民族的。他们是女演员弗雷茵德里赫、院士拉乌申巴赫和机械师格勒尔特。

我们是要解决民族问题。这些问题以前在我们国家被遮蔽了起来，而现在，这些问题越来越提醒我们它们是存在的。

您刚才说的，包括到加里宁格勒参观访问的事，我们会考虑的。

在10月份我们两人谈过失踪的战俘命运问题之后，我下达了指示。结果，在我们的档案中找到了3万份死于苏联的德国战俘的卷宗。确认所有失踪者是不可能了，不过死者的卷宗保存下来了。现在正在对这些档案进行整理加工，将根据整理情况向西德方面提交名单。据我所知，1500人的名单已经交给德方了。这项工作将通过红十字协会渠道继续进行。

开放拜谒的墓地数量也在扩充。除了俄罗斯社会主义共和国联邦的叶拉布格和喀山以外，我们还要开放乌兹别克斯坦的2处墓地，在科坎达和卡甘。

我想借此机会，通过您感谢人民联盟对在联邦德国的军人墓葬给予的关照，人民联盟将遗骨葬在西德大地的我国同胞的名单交给我们了。差不多有34万人的命运终于弄清楚了。这一行动在我们国内引发了深深的感激之情。

至于将法西斯德国的整支部队和兵团集体判刑，对我来说是个新问题。我们弄清楚之后再继续谈。

我们已经不是第一次谈论在苏联的德族人问题了。这些德意志族人是我们的好公民，人们尊重他们，像对待所有苏联人一样对待他们。我们还没有公布人民代表大会的基本决议。在讨论过的决议草案中，提议责成苏联最高苏维埃审议为一系列苏联少数民族恢复权利的问题。这指的是克里米亚鞑靼人，梅斯赫土耳其人，德意志族人，以及其他民族。

为少数民族提供自治地位的问题已经敲响大门了。我们不能对此视而不见。当然，这个问题应该早些解决，因为他们以前生活的地方现在住进了别人，而且人家已经住惯了。在这件事情上也需要改革。触动这个问题是相当敏感的。但还是应该解决问题，生活要求这样做。

科尔：我们拿西柏林怎么办呢？

我了解了通航协议问题的进展情况。实际上船已经在运行，而且早就通航了。协议只是为这一活动提供法律基础。

我想，问题正在解决的路上。因此我想提议，责成我们的专家们继续开展工作，把事情做到底。

当然，既然已经付出那么多努力，问题就应该继续解决下去。我们赋予这个协议十分重要的意义。

（在会谈中，就裁减武器问题和苏美裁减武器谈判的进程交换了意见。）

科尔：我们不仅有共同的命运，而且有共同的历史。现在，我同您会谈的时候，我们的夫人们正在参观纪念馆，那里埋葬着战争期间死去的苏联公民。无论在联邦德国，还是在苏联，没有哪一个家庭没有被战争触及。我有两个儿子是联邦德国国防军的军官，我的一个兄弟在战争中遇难了。

戈尔巴乔夫：缺失道德的政治，不能被视为是严肃的政治。对没有道德的政治家，要相信他是不可能的。

科尔：在不久前召开的北约峰会上，我对同事们直言，我是你们当中唯一一个两个儿子都在融入北约的军队中服过役的人。同时我强调，我不是胆小鬼，但我请他们注意一点，我是个德国人，并且熟知历史和地理。

戈尔巴乔夫：感谢您如此诚实、坦率的谈话。我很赞赏我们因一场场会见而增加起来的信任。

科尔：就让我们经常交流交流吧，相互打打电话。我想，我们有能力自己来做很多事情，不用交给那些只会解决问题很拖拉的部委去做。

戈尔巴乔夫基金会档案：全宗号1，目录号1

戈尔巴乔夫与德国问题

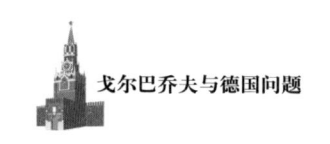

苏联同德意志联邦共和国签署的系列文件[1]

(1989年6月13日 波恩)

联合声明

一

苏维埃社会主义共和国联盟和德意志联邦共和国一致认为，在第三个千年到来之际，人类面临着历史性挑战。对所有的人都具有命运攸关意义的问题，只能由各国和各国人民共同来解决。这一切，都要求有新的政治思维。

——政治的核心，应该是人及其尊严和权利，是对人类生存的关心。

——应利用人和当代社会创造力的巨大潜力，保障和平和所有国家与人民的福祉。

——应预防任何战争的发生，无论是核战争，还是常规战争。要解决全球各地区的冲突，维护并可靠地保障全面的和平。

——应保证所有民族和国家能自由支配自己的命运，以国际法为依据，拥有主权建设相互关系的权利。要保障国际法在国内和国际政治中享有的首要意义。

——当代经济、科学和技术的成就开辟了前所未有的机遇。这些机遇应造福于所有的人。这里面包含的风险和机会，要求提出共同的答案。因此，重要的是扩大在所有领域的合作，继续削减贸易发展之路上的任何障碍，寻求相互协作的新形式，并利用它们来实现互利的好处。

——为了现在这一代人和未来子孙后代人的利益，需要采取果断行动保护环境，应该消除全世界的饥饿与贫困。

---

[1] 6月13日，在戈尔巴乔夫访问联邦德国期间，戈尔巴乔夫与科尔签署了联合声明，发表了联合公报。

——必须满腔热情地同包括传染病和国际恐怖主义在内的新威胁作斗争。

双方决心履行因身处高位而应承担的责任，认为在政治和社会秩序方面现存的价值观差异，不是奉行共同政策的障碍。这一共同政策面向未来，并将超越社会制度的框架。

二

欧洲在建设未来和平的进程中，可以发挥独一无二的作用。尽管欧洲大陆几十年来被持续地隔绝联系，但欧洲的独特性和共同意识仍在人们心中活跃着，积蓄着力量。必须促进这一进程的发展。

苏联和德意志联邦共和国认为自己政策的首要任务在于，依据历史形成的欧洲传统，克服掉欧洲老死不相往来的状态。两国决心共同探索通往创造和平与合作的欧洲道路，即欧洲和平机制，全欧大家庭。这其中也有美国和加拿大的位置。赫尔辛基最后文件的全部章节，以及马德里和维也纳会晤的成果文件，都确定了实现这一目标的路线。

欧洲深受两次世界大战的影响。欧洲因而在维护和平、睦邻和把所有国家（无论其社会制度如何）都团结起来实现共同福祉的建设性合作方面，有义务发挥榜样的作用。欧洲国家能够也应该彼此毫无恐惧地相互和平竞争地毗邻而居。

建设和平与合作的欧洲应包含如下因素：

——无条件地尊重每个国家的完整与安全。各国有权自由选择自己的政治和经济制度。无条件地遵守国际法原则和准则，包括尊重各族人民自治的权利；

——继续努力推进裁军和武器监控的进程。在核世纪，不仅应为预防战争而努力，而且应为确立和平并使之更加可靠而努力；

——开展内容丰富的、涵盖双边和国际关系领域传统议题和新议题的对话，包括在最高政治层面上的定期会晤；

——实现人权并协助人员交往和思想交流，包括发展城市间的伙伴关系、交通与通讯、文化交往、旅游和体育交流、鼓励学习对方国家语言，以及善

意研究家庭团聚和出境等人道主义问题；

——发展青年间的直接交往，用忠实于建设未来和平的思想教育年轻人；

——广泛开展互利经济合作，包括新形式的合作生产。经互会和欧洲共同体 1988 年 6 月 25 日发表的联合声明，欧洲国家即经互会成员国与欧洲共同体成员国关系的正常化，以及业已开启的苏联同欧洲共同体 12 个成员国的政治对话，为全欧洲在这方面的发展开辟了新的前景；

——分阶段建立全欧洲包括交通、能源、卫生保健、信息与通讯等各领域合作的机构；

——强化环境保护合作，并利用以人为本、能够预防跨境危险产生的新技术；

——尊重并珍惜欧洲各民族历史形成的文化。文化多样性是欧洲大陆的伟大珍宝之一。欧洲的少数民族及其文化是这份财富的一部分，少数民族的合法利益理应受到保护。

苏联和德意志联邦共和国呼吁欧安会所有成员国参与欧洲未来建设的共同工作。

三

苏联和德意志联邦共和国声明，任何人都不应该靠损害他人安全维护自己的安全。两国因此将致力于奉行建设性、面向未来的政策，消除造成紧张和不信任的原因，争取一步步用相互信任气氛取代尚存的威胁感。

双方承认，每个国家，无论其大小或世界观取向如何，都有保障安全的合法权益。两国谴责谋求军事优势的企图。战争不应再成为政治的工具。安全和建设军事力量问题上的政策，应该只服务于减少并消除战争威胁、用最少数量的武器保障和平。军备竞赛则不在此列。

双方努力用有约束力的协商一致，在有效的国际监督下，来消除现存的不对称，努力削减军事潜力直至达到最低水平上的稳定均衡，这一均衡足够用于防御，但不足以用于侵犯。双方特别认为，必须排除武装力量突然入侵并开始大规模进攻行动的能力。

苏联和德意志联邦共和国主张并支持：

——将美国和苏联的战略进攻性核武器裁减50%；

——核武器、太空武器谈判中经美苏协商一致的决议，也应包括遵守反导条约；

——确定最低水平的常规武器数量，实现稳定和可靠的均衡，并协商巩固全欧洲信任与安全的进一步措施；

——要在最短期限内，在日内瓦裁军会议框架内协商出可靠、可监控的停止核试验的办法。双方欢迎美国与苏联在现有接触中实现阶段性的接近；

——采取进一步措施加强信任，主张军事潜力和巩固国防预算方面的透明性，支持有效的国际反危机机制，包括针对欧洲以外发生的危机。

四

考虑到欧洲历史和欧洲在世界上的地位，以及每一方在相应联盟中拥有的分量，苏联和德意志联邦共和国认为，两国相互关系的发展，对欧洲形势和东西方整体关系具有核心意义。他们将以多世纪历史形成的积极传统为基础，满怀信心地保障稳固的睦邻关系。两国的共同目标在于，继续发展和深化富有成效的合作，赋予合作新的质量。

1970年8月12日签署的莫斯科条约，依然是两国关系的基石。双方将充分利用这一条约及其他协议创造的机遇。

双方决定循序渐进地扩大双边关系的条约基础，把所有领域的伙伴合作关系都建立在信任、权利平等和互利互惠的基础之上。

柏林（西）在遵守和充分落实1971年9月3日四方协定条款的条件下参加合作。

五

苏联和德意志联邦共和国坚信对方政策具有长远的可预测性，对继续发展所有方向的相互关系充满信心。双方将为两国关系稳定和牢固地向前发展创造条件。

这一政策照顾到双方的条约义务和联盟义务，并不反对任何人。这一政

策符合两国人民内心深处长久以来通过相互理解与和解治愈过去的创伤的愿望，符合共同建设更加美好未来的夙愿。

米·谢·戈尔巴乔夫　　　　　　　　　　　赫·科尔
1989年6月13日　波恩

联合消息稿

1. 苏联共产党中央总书记、苏联最高苏维埃主席米·谢·戈尔巴乔夫和联邦总理赫·科尔根据联邦总理去年10月访问莫斯科期间达成的共识，于1989年6月13日签署了联合声明（发表于报刊）。

2. 双方签署了下列协议：

——苏维埃社会主义共和国联盟与德意志联邦共和国关于促进落实和相互保护投资的条约

——苏维埃社会主义共和国联盟政府与德意志联邦共和国政府关于在莫斯科克里姆林宫与波恩联邦总理府之间建立直线联系的协议

——苏维埃社会主义共和国联盟政府与德意志联邦共和国政府关于深化培训和提高经济领域专家、领导干部业务水平合作的协议

——苏维埃社会主义共和国联盟政府与德意志联邦共和国政府关于扩大科学和高等教育领域合作的协议

——苏维埃社会主义共和国联盟政府与德意志联邦共和国政府关于建立苏联和德意志联邦共和国文化中心及其活动的协议

——苏维埃社会主义共和国联盟政府与德意志联邦共和国政府关于交换中小学生和教师的协议

——苏维埃社会主义共和国联盟政府与德意志联邦共和国政府关于青年交流的协议

——苏维埃社会主义共和国联盟政府与德意志联邦共和国政府关于促进劳动保护和有职业的残疾人复职领域专家业务水平的协议

——苏维埃社会主义共和国联盟政府与德意志联邦共和国政府关于打击

滥用麻醉品和精神创伤物质及其非法流通合作的协议

——根据苏维埃社会主义共和国联盟政府与德意志联邦共和国政府 1988 年 10 月 25 日关于对核事故进行业务通报和交流核装置信息的协议，另行交换照会

3. 就根据来源地移交拉维尔 - 塔林市立档案和汉萨同盟地区城市不莱梅、汉堡、吕贝克档案问题的谈判顺利结束。

4. 双方对依照 1988 年 10 月达成的一致，首次顺利举行波恩社会论坛予以高度评价，并同意把它作为发展关系的重要工具，希继续获得双方的支持。

5. 德意志联邦共和国联邦政府和实业界愿在力所能及的范围内，继续促进苏联经济改革进程取得成功。

这包括德意志联邦共和国企业通过供货和组织合资企业方式，参与苏联轻工业和食品加工业的现代化改造。1988 年 10 月由德意志联邦共和国银行财团提供的 30 亿马克框架贷款，在过去这段期间已通过相关项目清偿了一半以上。

6. 双方表示支持继续发展两国在和平研究和利用太空领域的合作，并主张 1988 年 10 月 25 日苏联科学院与德意志联邦共和国联邦科学研究和技术部签署的相关协议和第一份合作纲要尽快生效，其中包括宇航员 - 研究人员参加苏联航天飞船和苏联轨道站飞行的合作。双方责任单位被授权近期签署安排此种飞行的协议。

7. 苏联部长会议机械制造局和德意志银行股份公司签署了关于在德意志联邦共和国建立苏联经济和工业之家和在苏联建立德意志联邦共和国经济之家的议定书。

8. 双方就深化法律领域的合作达成一致。为此，成立了两国外交部条法司司长担任组长的法律问题工作组。工作组将研究包括打击国际恐怖主义和麻醉剂上瘾、海洋法、北极和南极以及普通国际法等领域合作的法律问题，并将为上述目的成立一些分组。

9. 双方同意研究签署自然灾害发生后开展互助协议的问题。

10. 双方商定继续就签署国际公路运输协议进行谈判。

11. 苏联方面将探讨继续扩大苏联与德意志联邦共和国电话通讯的可能性。

12. 双方欢迎最近一次人文问题合作工作组会议取得的积极成果。双方均对语言和文化领域合作提出了建议,并将继续研究上述建议。

13. 双方表示支持相关的文学组织和文学专家进行文学领域的合作与交往。

苏共中央总书记、苏联最高苏维埃主席
米·谢·戈尔巴乔夫访问德意志联邦共和国。
《文件与资料》,莫斯科,政治出版社,1989年出版

戈尔巴乔夫与实业界代表的会见

(1989年6月13日　科隆)

戈尔巴乔夫的讲话

……昨天和今天,我同德意志联邦共和国总统、总理科尔先生及其内阁的同事们举行了几次重要会谈。我想表达的是,我对这些会谈的水平及成果深感满意。

我想,我们今天确实可以谈谈我们关系中的新的一章,和这一新篇章的头几页了。

我想和你们分享一下仅仅是普通人的观察。贵国普通民众对我此次来贵国访问作出的反应,令我深受感动。我感觉到,他们也像我们国家的人民一样,想与我们相向而行。所以我认为,这是一种来自两国人民的绝对命令。政治家们也应该听到了这个绝对命令。我希望,实业界也应该听得到。因为我无法想象,除此以外还怎么可能扩大和深化合作。无法想象,当对话在增多,交流和接触在拓展的时候,经济和务实合作却还没有变化,我们还在原地踏步。我想,更进一步,经济合作恰恰是能够前进的,能够顺利开展和发展下去,并使之成为所有其他的合作形式都能稳定发展的可靠的经济基础。

总的来说，我们和德意志联邦共和国的经济联系发展得不错，即便是在其他领域合作不好，或者往轻里说，不太好的时候。

我认为，在这里发挥作用的，既有几个世纪以来的传统，也有德国人在同我们开展贸易方面积累的丰富经验，还有一个并非次要的细节，即我们两国经济存在着互补性。

……德意志联邦共和国在我们的西方伙伴中，保持着头把交椅的地位。

但是，如果考虑到，你们是世界出口的冠军，而且在这一指标上已经超过了美国和日本，如果我没弄错的话，西德出口占本国社会总产值的四分之一强，达到了3230亿美元之巨额，那我们两国的经济关系上的数字则真是小得可笑至极。

我们是否在千方百计地利用改革的机会来提高务实合作的速度和规模了呢？看来远非如此。我们自己还不得不做大量工作，以使公司发展和行动的氛围变个样，要变得更加有利才是。我们恰恰是认为自己有义务在这个方面上采取行动。尤其是今天签署的一份文件，即对投向我国经济的外国投资予以保护的协议，就是服务于这个目的的。

当然，很多东西与我们国家经济中现在正在进行的大变革有关系。

……德意志联邦共和国实业界方面有一定的戒心。在这种情况下，我指的是你们，今天在座的各位。比如，我听说贵国实业界代表有这样的议论，"为什么我们要急着同苏联发展关系呢？就让他们苏联人自己把自己的事情先搞好了再说吧，我们再等等，正如俗语所说的，'莫管他人瓦上霜'，西德经济成就不错，顺差大，目前就这样也能活啊。等一切都清楚了，那时候就可以不冒风险地向苏联市场进发了，去拓展联系，再大张旗鼓地干这些事。"我不知道，你们到底该如何行动，最后要由你们自己来判断。但我有另外的看法。

现在，我们正在向世界经济开放，向其他国家开放，正在寻找新的可靠的联系。

……就让我们相互研究对方吧。最起码，我只能讲一点，德意志联邦共和国实业界即使在过去，都可以不顾我们两国关系不太有利的政治氛围，努力同我们发展务实联系，并迈出了坚实的步伐。我想，这个经验表明，你们什么都没输。

戈尔巴乔夫与德国问题

……很多人迄今仍止步不前，还因为，在法律上有些问题还未得到解决。这也影响了西方公司包括西德公司在我们国家市场上采取行动的信心。

……总之，我的想法归结为一点，我们大家都应该放弃业已形成的陈规旧俗，应该把自己当前的态度同正在开辟道路的那些趋势作作比较。这些趋势就是，世界正在变得更加相互依赖。我们在这里，在各国人民都由共同命运联系在一起的欧洲，对此感觉特别深切。而且全世界的很多事情都取决于欧洲大陆的进程如何。我认为，我们大家都要想想这个问题，而且，你们，西德经济的船长们，更要好好想一想，因为像所有德国人那样，你们自己对欧洲分裂的后果有着特别的痛苦。

苏共中央总书记、苏联最高苏维埃主席米·谢·戈尔巴乔夫访问德意志联邦共和国。
《文件与资料》，莫斯科，政治出版社，1989年

戈尔巴乔夫在魏茨泽克总统午宴上的演讲
（1989年6月13日）

……我们理解，同过去一刀两断，并不是一件轻而易举的事情。对待过去，采取肤浅、粗暴的方式处理，只能阻碍前进，甚至中断前进的步伐。社会意识从世界大战的精神压抑中逐渐摆脱出来，便形成了对问题的这种理解。我们的改革以它的开放和目标的清晰性，为我们彼此相向而行创造了新的机遇，而你们对改革作出的善意回应，则令人鼓舞。许多世纪以来的交往和强烈的相互影响及传统，给我们两国人民留下很多积极的东西。所以，落实这些正面遗产的前景是十分广阔的。

这一切，都让我们更勇敢地向前看，并据此制定我们的政策，同时又不将战后的经验一笔勾销，而是严肃认真、全面地，并结合当代生活的要求，来理解战后的经验。而且我们还要保持警惕，无论如何不能允许再出现可能

成为战争源头的情况。

我们想奔向未来,建立起新的关系。但如果我们忽视已然在条约和协议中固定下来的现实,则未必能指望有什么未来和建立起新的关系了。我觉得,从政治上讲,我们已经足够成熟,完全可以这样提出问题了。我现在说这些是满怀着信心的,因为我们已经积累了遵守1970年条约19年的经验。

正如弗里德里希·席勒[1]所说,"人随着他的目标增多而长大"。所以我希望,我们会有足够的智慧和远见去为与21世纪相匹配的目标而努力。应该去探索。这就是我们的义务所在,特别是那些受到本国人民信任,现在又负有保护地球人生命责任的政治家们。

高水平的苏联与西德关系,它的发展和不断充实的新内容,都与任何人的利益不相矛盾,也不会威胁到任何人。当然,需要我们每一方都能正确地把握住自己在欧洲和国际社会所处的地位。如果是这样,我们的合作就可以成为整个东西方新关系的催化剂。

我想,我们已经达到的关系水平,可以使我们办好一些重大的具体事务。我们不仅能取消战胜军事对抗,而且还能创立一些促进我们两国人民协作关系的新机构和新的规范。

这不应该成为看得见的现实情况的障碍。现实就是,相互关系在发展,并且也会用不同的途径来发展。每一方都要忠实于自己基本的、历史形成的那种价值观。每一方都还要忠实于自己的盟国义务,因为盟国义务服务于欧洲的稳定。但我想预先说明的是,我们可以并且应当根据自身的国家利益,把这些义务用来建立一个基于防御学说的安全体系,以便对相互地、实质性地裁减武器给予现实的推动。……

苏联共产党中央总书记、苏联最高苏维埃主席米·谢·戈尔巴乔夫访问德意志联邦共和国。

《文件与资料》,莫斯科,政治出版社,1989年

---

[1] 席勒(1759–1805年),德国诗人、作家、哲学家、历史学家、剧作家,德国启蒙文学的代表人物之一。

戈尔巴乔夫与德国问题

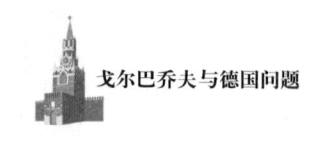

摘自戈尔巴乔夫同施佩特会谈记录

(1989年6月14日 斯图加特)
(出席会见的有戈尔巴乔夫的助理切尔尼亚耶夫)

施佩特欢迎戈尔巴乔夫,并对苏联领导人在正式访问联邦德国期间到访巴登－符腾堡州表示十分满意。

施佩特:最近以来,在相当程度上得益于苏联领导人实施的全新的方针,正在形成一种有利的态势,可以决定性地推进和扩展东西方的合作关系。西欧一体化的进程,同作为经互会主导力量的苏联对欧洲社会的开放,两者并行发展,为开始实际全欧大家庭的思想提供了历史机遇。无论是类似昨天苏联与联邦德国签署的联合声明那种全新的政治文件,还是涉及具体领域合作的条约和协议,数量都在不断增加。这当然为我们两国建立真正意义上的协作创造了良好的政治氛围。现在主要的是,要在这一基础上全力以赴、不浪费时日地深化和拓展经济、科学和技术领域以及开发利用最新技术成果方面的合作。现在恰恰应该把精力集中在这方面。

戈尔巴乔夫感谢施佩特在斯图加特对他和苏联代表团的热情款待。他说,在斯图加特大街上同民众的第一次交流就已经表明,人们的情绪以及对苏联的态度都发生了实质性的、意义广泛和政治上积极的变化。我们对此表示欢迎并认为,政治家的任务就在于反映这些变化,并将其精神推广到苏联同联邦德国合作的所有领域中去。

戈尔巴乔夫:我们完全同意施佩特先生对优先深化经济、技术合作和将最新科研成果运用于生产领域的意见。在这方面,您可以将我们视为可靠的伙伴。重要的是尽快着手干起来。

施佩特:我想了很多,究竟该如何着手实际落实相互协作与合作的思想。例如,以一批来自巴登－符腾堡州的中小公司为基础,在苏联某个城市创立一个示范中心。这个中心可以和同样一批苏联的中型企业展开相互的协作。这种做法是很合理的。在这种合作中,不仅可以按一个牵头企业及连带的分包供应商原则搞基础设施建设和生产,也可以对管理者以及技术专家开展有效的实习培训。可以先在机械制造和大众消费品生产领域试验一下这种模式。之后再将这一经验推广到其他领域。无论如何,这都将推进我们的事业向前发展,因为中小公司和企业相当机动灵活,且没有大企业和联合体的那些结构性缺陷。

戈尔巴乔夫问到,施佩特认为开展这种合作会存在哪些主要困难。

施佩特:我认为这里面有一系列问题。首先,苏联企业现在正获得越来越大的自主权。但企业领导人还远不能确切地理解,他们自己能实实在在地解决哪些问题,以及能解决到什么程度。这给实际开展合作造成了诸多困难。其次,你们的专家认为,搞合作主要体现在,现在对投资者有保障了,投进去的钱不会打水漂。但是,这还只是事情的一部分。对于有合作愿望的人来说,重要的是要有看得见长远的前景。

每个人都应该信心十足,苏联经济正在贯彻的改革理念,将长期稳定地存在并发展下去,这方面不会有出乎意料的转折和改变。此外,苏联有许多经济学家提出了各种带有全局性的建议。这些建议作为不同模式的理论研究固然很好,但是任何一种骤然的转变,都可能导致意外的、不可预见的负面后果。现在已经出现了大量的带有全局性的建议,比如说实施激进的价格改革,等等。

我以为,走平行路线似更为合理,就是说完善大型企业结构,同时开展以刚才提到的一批中小公司协作为基础的运行合作模式。我们经常直言不讳地讲,巴登-符腾堡州政府愿意同苏联方面指定的任何一个拥有发达基础设施和工业的城市的中小企业建立这种合作模式。你们负责提供场地、交通基础设施等等,我们则确定提供必要设备、生产技能并培训专家的我方公司。

这一切都需要毫不拖泥带水地完成,以便树立一个开展具体合作的典范。

昨天签署了成立"经济之家"的协议。这是件好事,非常有益,但它建成以及之后的运行可能会拖延相当长的时间。我们则建议走一条更快的路,能在近期获得回报。

戈尔巴乔夫:我们支持这个模式。现在重要的是尽快将它落实下去,而不要束之高阁。

与此同时,让我们也来想想看,该如何对我们的大企业进行结构性的改

造，以使这些企业能更快地适应现实，接受那些已经证明有效的先进技术经验，比如巴登－符腾堡州的现代科技含量高的工业综合体的经验。

毫无疑问，您说得对，现在决定性的问题在于推广新技术成果的速度。这方面，你们的经验类似于日本经验，而且推介得也很好。

施佩特：是的，确实如此。我们已经确信，这种模式正在走向加快发展的国际分工。例如，巴登－符腾堡州的公司向世界上差不多100个国家供应自己的产品，从50多个国家进口配套产品。这一切都使得相互依赖的程度日益增加，具有极其重要的政治意义。这样的合作可以深化人们对巩固世界和平进程不可逆转的理解。

戈尔巴乔夫：我完全相信，我们的相互依赖程度越高，我们的关系就越牢固、越可靠，我们在分工协作时，就会越有成效。

施佩特：在1992年建立"欧洲统一市场"的计划方面，我们将尽全力避免"欧洲统一市场"把西方和东方的伙伴隔离开来。联邦德国对"欧洲统一市场"非常关注，也同样对开展"统一市场"各领域间的区域合作感兴趣，以避免在各种各样的国别要求基础上出现困难和冲突。因为随着这一市场的形成，将自然而然地出现资本和生产的相互流通。在南方国家，比如，在葡萄牙，工资几乎只是联邦德国的1/6，却集中了要求大规模使用劳动力的产业。而在巴登－符腾堡那样的州却截然相反，那里在开始集中科技含量高的产业。

这相应地又会深化分工的发展。所以在这方面，我们看到了同苏联扩大合作生产的机会，因为与联邦德国相邻近的社会主义国家搞技术应用，远比到诸如中东或远东等地域遥远的国家走技术投资的路子合理得多。目前这方面的态势还很不理想。现在在巴登－符腾堡州属公司1000多亿马克的出口值中，只有15亿马克是对苏联出口的。所以说，苏联的科学工业综合体同巴登－符腾堡州相互协作的情况还很少。而我们州在联邦德国的指标是相当不错的。我们州人口占全国总数的15%，生产18%的国民总收入，出口占联邦德国的20%，拥有全国30%的科研能力。我们准备在同苏联工业开展合作的进程中发挥出这些潜力。

戈尔巴乔夫：这是个好主意，我们完全支持。我们愿意大力促进相关计划的具体实施。请你们不要拖延，向我们提供这方面的具体构想。我们保证一定认真尽快研究你们的建议，并在最短期限内着手具体落实你们提出的合作模式和项目。

戈尔巴乔夫基金会档案：全宗号1，目录号1

摘自戈尔巴乔夫同科尔第三次一对一的会谈记录

（1989年6月14日　波恩）

科尔：……现在，我就我们的共同朋友讲几句话。

我就直说吧，昂纳克不让我安宁。他夫人刚才发表了声明，呼吁德意志民主共和国的青年必要时拿起武器，捍卫社会主义成果不受外敌侵犯。很显然，她说的外部敌人，指的是正在推行改革、推动民主进程、走自己独一无二道路的那些社会主义国家。当然，首先是指波兰和匈牙利。这个声明很令人费解。

戈尔巴乔夫：你们同波兰的关系怎么样了？

科尔：这个国家的情况并不好。但我们想帮助波兰摆脱危机。正如我们同德意志民主共和国的关系一样，我们也不愿看到波兰出现任何不稳定的情况。

……我多次说过，在对社会主义国家关系、对苏联的关系方面，我们实行的是明确不干涉内部事务的方针。但不干涉政策有两种。一种是坐在剧院包厢里面，观察着舞台上发生的一切，快到结局的时候说，这一切我们都已经预见到了，我们预言过，不可能有别的结果了。看，我们多聪明啊。

另外一种也是不干涉，但却是怀着同情心看待台上发生的一切。不是坐在包厢里，但也不是直接参与到剧中的情节。可以承担起另外的职责。比如，帮着调试一下射到舞台上的灯光照明。因为灯光照明也扮演着远非次要的角色。……

戈尔巴乔夫基金会档案：全宗号1，目录号1

戈尔巴乔夫与德国问题

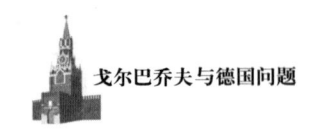

摘自戈尔巴乔夫同魏茨泽克总统最后一场会谈的记录

(1989年6月15日 波恩)
(德意志联邦共和国总理科尔、戈尔巴乔夫的助理切尔尼亚耶夫参加了会见)

魏茨泽克：主席先生，我衷心祝贺您访问获得圆满成功。访问期间，举行了内容非常丰富、充实的政治谈判和会谈，您对公众和实业界发表了演讲，还进行了其他级别的接触。但主要还是看人民、普通百姓对您接受的程度如何。甚至就算我们想，我们也不可能组织如此大规模的民众上街，到广场上去欢迎您。这是人心所向，是心灵的跳跃，展现出人民对您的好感以及要共同和平生活和合作的愿望。我已经讲过，如此盛情接待的原因是什么。戈尔巴乔夫先生，您成功地使德国公民摆脱了对俄国人的恐惧，摆脱了对战争的恐惧。您使他们心中的不信任冰消瓦解，将几十年来制造出来的"敌人形象"一笔勾销了。我们觉得，您的访问彻底结束了俄罗斯人和德国人相互间的敌意。现在所有黑暗的东西都被甩在后面，我们可以乐观地看待未来了。

戈尔巴乔夫：你们做了大量工作。我和我的同事们对访问相当满意。

我想，如果我说，这次访问标志着苏联同西德关系达到了新水平和新质量，是不会有错的。我同科尔总理谈了很多很有意思的话题，我们已建立起密切的个人交往，今后还会继续发展这种交往。我想特别指出，这些天来友好诚挚的气氛独具特色，两国人民渴望相向而行开展合作，共同建设属于自己的和平未来，推动根本改善东西方的关系。

总统先生，我想感谢您，感谢科尔和根舍，感谢双方同事们的合作、相互理解和信任。正是这些因素，在很大程度上预先决定了此次访问的成功。德意志联邦共和国公民表现出来的善意和同苏联人民接近的愿望，再一次证明，两国政府选择的用具体和有益的事务加以充实的密切协作方针，保持包括最高级交往在内的各层级接触的方针,无疑是正确的,符合两国的利益,也符合欧洲和共同安全的利益,将推动世界发展进入一个和平时期。

两国外交部所做的工作也值得称赞。在此次访问期间,雅科夫列夫同政党和社会运动领导人的接触,也十分重要,有利于深化两国人民的社会政治联系和相互理解。西拉耶夫与他的西德同行也做得很好。

我想邀请您,联邦总统先生,总理先生,我也想邀请您,邀请你们对苏联进行正式访问。外交部长谢瓦尔德纳泽和根舍也要进行正式访问。他们也将保持相互间的定期工作交往。再次衷心感谢为我所做的一切。

戈尔巴乔夫基金会档案:全宗号1,目录号1

戈尔巴乔夫在波恩举行记者招待会

(1989年6月15日)

戈尔巴乔夫:我们的访问即将结束,尽管还有一个有意思的行程,要在多特蒙德和杜塞尔多夫举行会见和会谈。但现在已经可以谈谈访问的成果了,尝试着对这一事件作出初步的评价。我们认为,此访不仅是我们双边关系,而且是欧洲政治乃至国际政治的一个重大事件。

访问成果丰硕。访问展现出,着眼于两国人民、欧洲和其他国家的利益,苏联同西德的合作拥有巨大的潜力。

……毫无疑问,访问的核心是和德意志联邦共和国领导人的会谈。我同魏茨泽克总统、联邦总理科尔,同其他政治家和社会活动家以及实业界代表,都坦诚、深入地交换了意见,其中和科尔总理举行了三次一对一的会谈。所有这些会见和会谈,让我们了解到德意志联邦共和国、她奉行的政策及其努力方向的许多新东西。我们代表团的其他成员也举行了许多重要和有益的会见。这扩展了访问的范围,赋予访问真正独一无二的性质。我们高度评价访

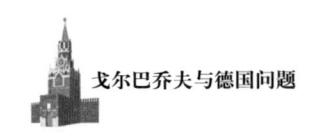

问前和访问期间,我们社会各界的代表,我指的是学者、记者、其他知识界代表和德意志联邦共和国同行们进行的接触和讨论。

这一切都使得我可以说,这些天来我们双方确实就今天和未来的发展,做了大量重要的思考。我特别想再次强调的是,尽管十分短暂,但同德意志联邦共和国公民直接、生动的交流,使我们确信,相互间对对方的看法和情绪的转变,不仅发生在我国人民身上,也发生在这里。或许,我们今天可以说,我们两国人民正在相向而行,相互接近,都在思考着怎么更好地开展合作。这本身就是今天值得确认的最主要之点。它在很大程度上决定着未来,将对两国政府的活动产生影响。

这一切概括起来,说明经过大量不轻松、富有耐心的工作之后,我们是能够共同建立起新的关系、并翻开我们新的历史有益篇章的。

摘自戈尔巴乔夫对记者提问的回答

问:您认为是否可能有那么一天,欧洲的同一性和一致性可以在一个文件中规定出来的这种事,会在两个德国发生?

戈尔巴乔夫:我可以想象一切。但时代给我们留下的这个世界,是在那些著名事件发生之后,是在战后。而且时代本身应该由自己去把握,像后来发生的那样。

(由于没有翻译,回答重复了一遍。)

我答复你提问的意思是这样的。现今欧洲的形势是一定时代的产物。这是现实。在现实的基础上,赫尔辛基进程和其他进程都发展起来了。这就是说,我们现在面对的形势,是同一定时代相关联的。我们希望,时代应由我们自己来决定,自己来把握。今天我们满意地确认并欢迎,无论在德意志联邦共和国内部,还是在德意志民主共和国内部,都理解十分有必要,尽一切可能避免在德国大地上再发生战争。

问：许多西德人认为，柏林墙是我们两国接近、充分接近道路上的一个物理障碍，也是政治障碍。您是否认为，在柏林墙依旧存在的条件下，您致力构建的全欧大家庭是可能实现的？

戈尔巴乔夫：把通往构建欧洲大家庭之路上的唯一障碍归结为柏林墙的存在，是不严肃的。我们从各国人民利益出发，在建设欧洲大家庭的过程中，要解决很多问题，与此同时，也要尊重各国人民的选择，尊重他们的传统，尊重他们的历史，为实现权利平等、互利互惠的合作创造条件。月光之下没有什么是可以永恒的。我们希望，我们现在是走在正确的道路上。柏林墙的出现，有它的具体情况，并非由某种恶意阴谋策划而产生。德意志民主共和国当时是依法行使自己的主权权利。在催生柏林墙的那些前提条件都消失之后，柏林墙也就不应存在了。我不认为这里有多大的问题。……

苏联共产党中央总书记、苏联最高苏维埃主席
戈尔巴乔夫访问德意志联邦共和国。
《文件与资料》， 莫斯科，政治出版社，1989 年

摘自切尔尼亚耶夫的日记

(1989 年 10 月 5 日)

戈尔巴乔夫明天将飞赴德意志民主共和国,出席共和国建国 40 周年庆典。他非常不想去。今天两次给我打电话，说把发言稿认认真真地研究过了，连每个字母都斟酌到了，因为人家会拿显微镜到处看的……支持昂纳克的话，我一句都不说。我支持的是共和国，支持革命。

今天在德累斯顿爆发了有 2 万人参加的示威游行。昨天是在莱比锡爆发的。

有消息说，在戈尔巴乔夫在场的情况下，会开始向"柏林墙"发起进攻。载满从德意志民主共和国逃向西方的难民的专列，从布拉格经德累斯顿开往德意志联邦共和国的场面，实在惊心动魄。西德电视台将这一切场景都拍摄下来，

戈尔巴乔夫与德国问题

并向德意志民主共和国全境播发。所有西方媒体都刊载着有关德国统一的文章。

戈尔巴乔夫基金会档案：全宗号2，目录号2

摘自戈尔巴乔夫与昂纳克会谈记录
（1989年10月7日）

  戈尔巴乔夫：……我重申一下我在汽车里说过的话。对我们来说，德意志民主共和国是一个优先的盟友，应该以此为出发点。从我们两国和国际局势发展的角度看，过去几十年并不都是没有波折的。我们一直是在一定的环境下行动的。那时的条件是"冷战"，而且你不得不认同那些条件。今天，把我们联合在一起的东西也绝非偶然。那就是我们有源远流长的关系。在这一牢固的基础上，可以解决任何有关内外秩序方面的局部问题。我想，我们今天已经能够更好地认清自己的作用，自己的责任是什么，相互间不应存在任何疑虑。现在有一切理由说，两国人民、两党和两国的关系已经成熟了。

  ……但是，为了做到这一点，就需要我们共同把相互理解的水平提高一步，把各领域合作的质量提升上去。这是我们全体领导层的信念。在改造国际关系方面，我们应该持果断坚定的态度。当然，我们的合作要考虑到社会主义文明发展转折时刻的特点。

  我们在改革的最初阶段感受到，我们国内激进的变革与包括共产党员在内的人们头脑中的混乱纠缠在一起了。

  ……我说这些是什么意思呢？党的行动不能不受社会脉搏跳动的影响。

  昨天我说了，你的演讲令人信服地展现了共和国的成就。你也同样兼顾了未来，这很好。显然，在这个日子里，在这篇讲话中，没有必要更深入地阐述这个话题。我理解，在节日之后以及筹备代表大会期间，你们都要研究这个议题。令我们和你们担忧的问题，需要这样做。主动权要掌握在党和领导人手中，由不得迟疑。

昂纳克：我想再次表达我对你能前来出席德意志民主共和国节日庆典的谢意。我还是在去马格尼托哥尔斯克的路上邀请你来参加的，当时我的出发点是，共和国成立40周年是我们的共同事业。德意志民主共和国与苏联的兄弟合作已经融入多数人的血液中。尽管我们的关系有高潮，有低谷，但苏联共产党和德国统一社会党的合作，一直是起决定性作用的。

我们就改革的话题已经谈过好几次了。你们的对外政策取得了巨大成就。至于说到苏联的国内进程，我们在自己的媒体上都详细地介绍了。

现在，我们的敌人要求我们改革。对过去没有足够关注的某些意识形态问题，党应该加强解释工作。在筹备代表大会期间，我们要解决这些问题。已经成立了若干个委员会，其中之一就是要对21世纪的社会主义如何发展作出分析。

我在昨天的讲话中谈到了我们的问题。我们位于华沙条约组织和北大西洋公约组织的边界上，承受着德国的分裂。这是各领域阶级斗争加剧的源头。科尔在接受采访时说，如果德意志民主共和国迈上改革之路，德意志联邦共和国将会伸出援助之手。但我们是不会允许别人操纵我们的行为规则的。

对匈牙利早先发生的事件，我感到很遗憾。出事之前，应德国社会民主党的邀请，我访问了西德。可他们已经和匈牙利人谈好了。如果匈牙利开放边境，德意志联邦共和国就向匈牙利提供5.5亿马克的贷款。匈牙利人同意了。我们每年都有300万人去匈牙利旅游。由于这些事，我们不得不取消同匈牙利人民共和国的免签制度。

看来，布达佩斯今天将会通过一些反对社会主义的决议。我已经收到格罗斯发来的一封忧心忡忡的电报。但我们对他们，却什么忙都帮不上。失去匈牙利这样一个社会主义国家，后果是严重的。这一切都引起我们的担忧：社会主义这是在朝哪个方向运动啊？

西方将匈牙利、波兰等一些国家的瓦解，看作是对社会主义再实施打压的借口。现在把力量集中对准了德意志民主共和国。科尔在同我会见时，说了批判纳粹主义的许多好听的话。但在基督教民主联盟代表大会上，他却开始论证，社会主义似乎已经完蛋了，西方民主胜利了。他们还展示了军事实力。德意志联邦共和国正准备搞有25万人参加的军事演习。

戈尔巴乔夫：我赞成你对现在社会主义国家发生复杂进程的看法。西方正在用施加小恩小惠的许诺，换取社会主义国家丢掉阵地。他们也向我们宣传，

应多朝他们借贷款。我国社会的进程也不那么顺利，但他们很难在我们这里得逞。匈牙利和波兰就是另外一回事儿了。那里好多年来一直在人为地制造一种富裕现象，致使他们日益陷入依赖别人的境地。

昂纳克：说到你们国内的事件，我们对苏共中央10月全会感到满意。全会公正地指出，不能让煽风点火的人无所顾忌。但是，在我们这里发行的苏联杂志中，有许多令人接受不了的内容。我希望，你们会原谅我们吧，我们可是刊载了叶利钦到访美国的文章？

戈尔巴乔夫：你们是应该对这个事实作出反应的。我们感到很失望，《真理报》转载了资产阶级报刊中的一篇文章，就好像《真理报》不能表达自己的观点似的。

昂纳克：我们多次讨论过我们这里的局势，并将于星期二继续讨论。现在比较明确的是，要通过更广泛地吸收人民参与落实已经成熟的那些措施，来加固社会的结构。我已经说好，要和人民阵线各党的领导人举行会见。必须要让德国社会统一党和其他党、工会都朝着同一方向行动。

在召开第十二次代表大会之前，意识形态工作的意义越来越重要。总体看，工人阶级特别是农民的情绪很好。劳动人民支持党的路线。问题当然是有的，但幸运的是，我们及时着手解决了社会问题，首先解决了住房问题。我们在继续获得科技革命的成果。在共和国成立40周年纪念日之前，一部分企业就得到了新的自动化设备。到德国社会统一党十二大之前，将在电子化基础上对这些企业做进一步的改造。这些企业的劳动生产率将从300%提高到700%。联合生产体的形式已经站稳了脚跟，正在走向国际市场，同苏联企业开展越来越密切的合作。总之，我们的联系已经发生了质的变化。在向苏联供应产品的企业里工作的劳动人口，占到了40%到50%。

只有一条意见要说一下。我们共同费了很大力气建造的克莱佩达港轮渡没有能满负荷地使用，一年的运量只有350万吨。

在总结我前面所说的话时，我强调，我们现在做的，是我们第一次会晤时说好的那些事。同苏联相比，德意志民主共和国是一个小国，但同时也是一个在工业、科学和技术方面富有潜力的强国。我们现在同你们，在所有主要问题上都是一致的。这一点十分重要。

戈尔巴乔夫基金会档案：全宗号1，目录号1

摘自戈尔巴乔夫与德国统一社会党中央政治局委员们的会谈记录

（1989年10月7日 柏林）

（德方：政治局委员、政治局候补委员和部分中央委员。苏方：法林、沙赫纳扎罗夫、阿波伊莫夫、科切马索夫、格拉西莫夫、科普捷尔采夫参加了会谈）

戈尔巴乔夫：……德意志民主共和国的成就表明，所有将自己的命运与共和国紧密相连的人的生命都没有虚度。你们40年来取得的成果，既经受住了遇到的千难万险，也弥补了不可避免的那些损失。因为只有在表格中，而不是在现实生活中，一切才都看起来是顺畅的。同志们，你们大家都可以感到非常满意了。

当然，德意志民主共和国美好纪念日的到来，她取得的成就，并不能让任何人不再关心国家的进一步发展和担负起责任。

……和德意志民主共和国官方代表的会谈，以及在柏林街头的几次短暂会见，都使我再次确信，人们依然忠实于同苏联的兄弟情谊和合作。我们对此给予高度评价。

此前，我和昂纳克同志在会谈中确实一致认为，在评价当前我们两国和社会主义整个世界发展进程的时候，感觉到当代社会发展带来的新变化，是很重要的。

这也与我们的改革有直接关系。党在理论和实践的哪一个方面落后了，我们就总是在哪里自食苦果。你们大家都知道，我们国内近来的民族冲突和骚动是如何发展起来的。民族问题非常复杂，其中交织了很多因素。既有经济方面的，也有人口方面的，还有主权、历史和个别民族传统的问题。我们应该让社会了解对待这些问题的方式方法，并且经过充分的论证。但当我们强化这一方面工作的时候，这当然是需要一段时间的，其他的力量就向民族

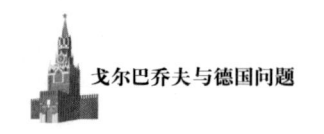

关系的土壤里播下了毒种。

我们在 9 月的中央全会上，批准了苏共有关民族政策的纲领。这在一定程度上安抚了社会。人们看到了能够把各种社会力量团结起来的清晰而又确切的方向标。

在大庆的这些日子里，我在思考我们面临的共同问题。我得出了一个结论，即昂纳克同志报告中最重要的一点，就是谈到你们未来计划的那部分。

……但是，众所周知，共产党人从不满足于已经取得的成就。对我们大家都很重要的是，以后怎么办？当然，在周年纪念日所作的报告中，涉及到发展前景的部分，不可能展开得那么全面。但社会必须变革的思想本身非常重要，无论是在经济基础，还是在上层建筑方面，都是如此，而在更全面和更现实地吸收劳动者参与到变革进程中来的民主方面，尤为重要。你们已经开始了代表大会的筹备工作。这次代表大会应该成为向国家发展新阶段转变的一个标志。

你们知道，在这里听到这些，对我非常重要。因为我们的改革也是对时代挑战的回答。我们，共产党人，归根到底要考虑在我们身后，会留下些什么，我们要给后代们留下些什么。

是的，我对埃里希说过，你们看来会在很多方面比我们轻松得多。你们这里的社会经济领域，没有我们的那种紧张程度。但作出政治变革的决定，也不是件很轻松的事情。时代期待着你们，时代要求你们勇敢作出决策。我说这个完全是出于我们的切身经验。你们还记得吗，列宁曾经指出，在暴风骤雨般的革命年代，有时用几个星期和几个月时间，人们就可以获得几十年才能学到的丰富经验。

我国的改革还让我们明白了一个道理，就是劳动人民的生活条件如果得不到改善，革命事业就不会得到劳动人民的支持。但事实上，面包和香肠的问题并不代表一切。人们要求有新的社会气氛，要求社会中释放出更多的氧气，更何况这里指的是社会主义制度下的社会。我说这话，是想提醒你们注意我们国内遇到的那些问题。

形象地说，人们要求的不仅是面包，还有娱乐。如果从广义上理解这个意思，我指的是必须要为社会发展建立起物质的，还有社会精神的氛围。我认为，这对我们来说是个教训。不能再错过时机了。在这方面，党应该对这些问题有自己的观点,有自己清晰的政策。每当我们迟到的时候,生活总是会惩罚我们。顺便说一句,与此相关,我们也将召开苏共第二十八次代表大会的会期提前了。

现在社会上都理解,党内的状况如何,改革会怎样搞。但在工人阶级中,在社会上,在党内,人们的看法是不一致的。我要说的是,改革的思想在党内没有人质疑。4年了,没有任何人拿出过能实际操作的另一个方案。但有个别人群,不是社会思潮,只是个别人群的摇摆幅度很大,从君主主义到无政府主义,都有。未必要认真对待这种现象。主要社会力量,可以说是全部力量,都支持改革。发生碰撞,是因为对改革的速度、深度和实施的策略看法不同。但大家都同意这样的看法,即改革取决于党内的状况。

……涉及党的问题已经尖锐到这种程度,即许多组织提出了召开非例行代表大会的主张。论据是这样的,许多干部不接受改革,所以需要更新党的机构。

我们掌握了主动,提出了代表大会的议事日程,提议修改党章,以使党章能够促进党内民主化进程的发展。苏共的纲领我们暂时不会动。许多东西还应该等它成熟了之后再提出来才好。但必须有一个近期的未来行动纲领。到3月份我们应能制定出这个纲领,使它既经得起推敲,又不会出现混乱。我们将在党的民主框架内实现党的机关的革新。9月的中央全会刚刚通过提前召开代表大会的决议,我们马上就明白,主动权已经掌握在我们手里。要是考虑到,同期还要召开苏联最高苏维埃会议,苏维埃代表大会将要解决的是所有制、租赁、社会主义企业、土地等等问题,那就意味着,实际上最近几个月就将为今后的发展建立起强大的法律基础。

我在这里讲这些,是因为你们对我们的事情很感兴趣。你们感兴趣是可以理解的,更何况正如埃里希对我说的那样,你们在德国统一社会党代表大会召开之前的一段时间里,要研究制定解决远景问题的办法。我相信,你们一定会把握住时代的主要脉搏,能走得远一些。这将使我们更为接近。因此,我们应充分利用我们两国就社会学家联合开展工作达成一致的条件。非常有必要就同富有活力的时代要求相联系的所有问题交流意见。我们已经走到这样一个阶段,需要向前迈出精心设计好的新的重大步骤。

我们双方根据自身经验,特别是根据波兰、匈牙利的经验,可以确信,

如果党装作什么特别的事都没发生的样子，不对生活提出的要求作出反应的话，那是注定要失败的。我们在为波兰、匈牙利的健康力量担心，但要助他们一臂之力已经很难了。因为那里的阵地已经交出去了。退出阵地，是因为没有及时对生活提出的要求作出答复，使得进程的发展呈现出病态的样子。波兰的同志们没有利用好 80 年代初展现在他们面前的机会。在匈牙利，卡达尔在生命即将结束的时候，内心也很痛苦，他没有及时做应该做而且也能做的事。所以，我们大家只有一个选择，要勇敢地前进，否则我们就要被打败。

昂纳克：……亲爱的同志们！我认为，我们可以以大家的名义衷心感谢米哈伊尔·谢尔盖耶维奇讲的这番话。他说了许多我们两人当年第一次会谈时谈过的问题。

对我们来说，我昨天在《永远向前，永不退缩！》的报告中提出的论断非常重要的。人民非常理解这条标语的含义。当语言与行动一致的时候，同群众的联系就变得更加密切。而群众每天都在建设着我们的生活。米哈伊尔·谢尔盖耶维奇对我们所作的工作总结，对我们目标明确地面向未来都表示满意。我们确实指出了，今后应该朝哪个方向走，尽管同社会组织、工会组织和党组织的广泛对话现在就已经在进行。顺便说一句，我们的工会有 960 万会员。

我们高度重视十二大的筹备工作。在这方面，个别谈话很有裨益。成立了一个研究加工各方面材料和建议的委员会，由科学院和其他单位的研究员们组成。他们已经加工了不少经过研究的材料。

我可以有把握地对苏联同志们说，我们把你们关于在德国大地上建成更牢固的社会主义的建议放在了心上。米哈伊尔·谢尔盖耶维奇今天回想起古罗马人"要面包！要娱乐！"的要求。与此相关，我想提醒大家注意弗·恩格斯在卡尔·马克思葬礼上表达的一个思想。恩格斯说，人们首先应该有饭吃，有衣穿，有容身之处。我们不是不重视精神层面的问题，我们在按照马克思和恩格斯的遗愿办事，因为正是他们，把社会主义变成了科学理论，并使这一科学理论同工人阶级密切相连。马克思在《哥达纲领批判》中强调了这一论断的重要性，即在社会主义制度下，只能实行按劳分配，而不是像在共产主义制度下那样实行按需分配。这是需要认真充分考虑的一个关键所在。

在就换党证问题同党员们进行个别谈话的过程中，我们得到了有助于推动中央机关工作的信息。我们也在筹备将于 1990 年 6 月举行的德意志民主共和国人民议会会议。这将提高党代表大会的意义。代表大会将确定德国统一社会党参加选举的纲领。与其他社会主义国家不同的是，德意志民主共和国的人民议会有 10 个议员团。因此，德国统一社会党的责任更重大。它不能只发表宣言。重要的是，要让其他党的候选人也能问心无愧、凭内心信仰同我们并肩前进。这就要求，对国内发展和对外政策的所有远景性问题，都要拿出明确的立场和建议。

在中央全会上，我们主张保持继承性并进行革新。以此强调我们的党是创新者的党。我们懂得，不能停滞。否则就要落后。必须看到新问题，解决新问题。

衷心感谢米哈伊尔·谢尔盖耶维奇对德意志民主共和国讲的美好之词，感谢你对我们两国和两党关系发展作出的贡献。我们同意苏联共产党和德国统一社会党都是强大的党这一说法。不过，我们当然明白苏共在全世界事务发展中发挥的那种特殊作用。

米哈伊尔·谢尔盖耶维奇举了两个对待时代挑战的例子。我想再讲一个问题。我和米哈伊尔·谢尔盖耶维奇在苏共第二十七次代表大会之后即刻举行的第一次会晤期间，他对我说，你对科学技术革命的想法是正确的，但落实这些想法需要相应的社会氛围。我当时并未完全理解他的思想。但生活告诉我们，这是一个重要思想。没有相应的氛围，没有劳动者切切实实的参与，就不可能将科技革命成果与社会主义的优势结合起来。

我们党早在米哈伊尔·谢尔盖耶维奇 60 年代访问我国时，就开始注意到科技革命的问题了。为了因应帝国主义国家在高科技领域取得的新突破，我们在 70 年代通过了关于发展微电子产业的中央决议。所以我们办到了一些人没能予以足够重视的事。我们建立了强大的微电子基地。

为此，需要投资 150 亿马克，不光是为生产厂家，而是为所有工业领域投资。电子化在各地都得到最广泛的应用。

我已经说过，在筹备代表大会的过程中，我们计划对 6000 家企业进行现代化改造。在准备庆祝德意志民主共和国成立 40 周年的活动期间，100 多家企业推广使用了灵活的自动化系统。这是向创建我们不久前在莫斯科展览会上展示的未来工厂迈出的一步。这是一次重大行动，非常有前景有意义，

尽管也产生出不少新的具体问题，毕竟有很多人从生产过程中腾挪出来了。在工会组织的协助下，我们将为这些人安排第三班工作，并解决与此相关的社会问题。这一切都不是没有摩擦的。需要敏锐地加以对待。

我在马格尼托哥尔斯克时，看到那里在建一些产能为 900 万吨优质钢的吹炉冶炼车间。为了取得突破，苏联也在关键生产部门付出了巨大努力。我讲这个是因为，这对我们的合作很重要。我们也在共同发展光电、传感器技术和激光技术，制造新材料，在太空合作开发方面开展工作。我们为两国科学家在这些领域的合作提升到新水平而感到高兴。交换工人也给我们的关系带来了新气象。总之，是共同努力来打造我们两国新未来的基础。

米哈伊尔·谢尔盖耶维奇，你的一些见解对我们的未来非常宝贵。而且毫无疑问，落实这些见解具有重大的国际意义。……

戈尔巴乔夫基金会档案：全宗号 1，目录号 1

摘自切尔尼亚耶夫日记

（1989 年 10 月 9 日）

整个欧洲都在为米哈伊尔·谢尔盖耶维奇访问柏林而高兴。许多人"咬着耳朵"对我们小声说，苏联表态说反对现在搞"德国统一"，尽管措辞上说得很得体，但这已经很不错了。

扎格拉金刚刚走遍了法国。广泛会见了当地政要，从密特朗到各地的市长。就会谈内容给莫斯科发来了雪片般的密码电报。所有人都异口同声地说，一个德国谁都不需要。阿塔利对扎格拉金说起了恢复苏联与法国建立同盟（包括军事一体化，通过迷彩服实现，即在抗击自然灾害时动用军队）的严肃问题。

撒切尔……在和米哈伊尔·谢尔盖耶维奇谈话时……突然请求"不要记录"。撒切尔坚决反对"德国统一"。她说，但我自己无论在自己国内，还是在北约内部，自己都不能这么说。

总之，他们想用我们的手来阻止这件事。

（1989 年 10 月 11 日）

我看了米哈伊尔·谢尔盖耶维奇和昂纳克在柏林的会谈记录。就这个问题同他聊起来。沙赫纳扎罗夫也在场。米哈伊尔·谢尔盖耶维奇把昂纳克称作活不了多久的人。昂纳克本可以对自己人说：我已经做过 4 次手术，都 78 岁了，在这种疾风骤雨般的时期，要耗费大量体力和精力，你们就放了我吧，我已经把自己的事做完了。那样的话，可能还能青史留名。

我跟沙赫（亲密的熟人互相之间如此称呼沙赫纳扎罗夫）对此表示怀疑，他就算现在这么做，还能不能青史留名。两三年前不管怎么样都行！现在他已经受到人民的诅咒了。

柏林的政治局会议已经开到第二天了。克伦茨承诺就变革一事"提出问题"（对我们大使说的——请大使转告米哈伊尔·谢尔盖耶维奇）。昂纳克警告他说：你将成为我的敌人。但克伦茨似乎已经这么做了。结局会怎样呢？

戈尔巴乔夫基金会档案：全宗号 2，目录号 2

扎格拉金谈 1989 年 10 月 9 日同德意志联邦共和国代表们的会谈的情况

10 月 9 日，会见了应苏联支持欧洲安全与合作委员会邀请来访的以乌·罗内布尔格尔为团长的德意志联邦共和国议会自由民主党议员团代表团和德意志联邦共和国新任驻苏联大使布列赫。

1. 代表团团长罗内布尔格尔对因几万名德意志民主共和国公民进入德意志联邦共和国而引发的局势表示严重关切。他说，我的忧虑既与可能破坏整个欧洲进程稳定的德意志民主共和国的状况有关，也与正在持续发酵的德意志联邦共和国"意味深长的情绪极度兴奋"的事态发展有关。

民主德国的事件，使得基督教民主联盟（基督教社会联盟）将事实上刚刚开始的竞选造势活动，引入了"不可遏制的要求统一"的轨道。罗内布尔格尔继续说，这些党的领导人并未清醒地意识到，在提出明摆着实现不了的要求的同时，他们实质上是为复仇主义势力的行动开辟了空间；而从另外一方面来看，他们也是在召唤所有其他欧洲国家的政治力量起来反对联邦德国。

罗内布尔格尔说，根舍与联邦总理的态度完全不同。他认为必须严格遵守德意志联邦共和国签署的各项条约以及苏联与西德在波恩签署的联合声明。罗内布尔格尔接着说，科尔目前对内采取的行动，令迫使根舍考虑有无可能在联盟内部"更换伙伴"。遗憾的是，这个伙伴，即德国社会民主党，自己还没找到准确的行为路线。

在这些条件下，戈尔巴乔夫在柏林的讲话发挥了很大作用。这次讲话成为基督教民主联盟、基督教社会联盟、德国社会民主党重新思考的推进器。至于说自由民主党人，他们则接受了这个讲话，认为讲话符合他们自己向东西方发出要理智行事的观点。

罗内布尔格尔下结论说，现在很多东西将取决于柏林如何行动，取决于昂纳克下一步怎么做。但非常遗憾的是，昂纳克他不是一个人，他身边有许多人依然认为，借助武力能够达到一切目的。

2. 布列赫大使也表示，对戈尔巴乔夫在柏林的讲话深感满意。他说，这是对所有人的一种警告，告诫人们"不要使船晃来晃去"。德意志联邦共和国听到了他的告诫，但目前还不是所有人都听到。

布列赫承认，德意志民主共和国公民脱逃的活动，虽然总的来说属于自发行为，但某种程度上仍是由德意志联邦共和国挑起的。比如，联邦总理对事件的发生作了不准确的解读，他在不莱梅代表大会上发表的讲话实际上混淆了社会视听；他对苏联和西德文件所作的解释，也起了负面作用。

大使继续说道，联邦总理寄望于，他能用这种行动把右翼选民吸引到基督教民主联盟方面来。但并未如愿。结果出人意料，共和党人巩固了自己的影响，基督教民主联盟则（在北莱茵-威斯特伐利亚州）失去了选票。与此同时，共和党人是靠社会民主党和"绿党"取胜的（包括在多特蒙德和杜伊斯堡）。当然，科尔为左派反对派势力被削弱而高兴，但他对自己的党没能得到"加分"有些沮丧。大使承诺以后向我转交最近选举的统计分析材料。

此外，在对德意志民主共和国公民逃离的第一轮"爆炸性兴奋"过后，现在开始清醒了。大使说，我们谁都没在意，从德意志民主共和国来的年轻人有着自己的"社会习惯"。他们不会"自己关心自己"，想让波恩政府给他们找到适合他们专业的工作，保障他们的孩子上幼儿园，等等。可是要知道，德意志联邦共和国是一个"自由的私人企业主国家"。所以，很多来自德意志民主共和国的年轻人开始灰心丧气了。忧虑产生了。大使说，我们国内有些人开始问自己：要是这些德国人开始返回民主德国，会怎么样呢？要是他们开始大声揭露联邦德国的"社会气候"，怎么办呢？他最后说，一句话，情况根本不是那么简单。

当然，戈尔巴乔夫的讲话没有给出东方和西方人都希望得到的答案。但讲话迫使所有人去深思，应该独立解决自己的问题。"处理德国事务，不应在莫斯科，而应在柏林"这句话，使许多人都醒悟过来。大使说，现在重要的是共同去做工作，以缓和事态的紧张程度。

大使请求允许他再来探讨"尖锐问题"，如果他那里以后还有什么尖锐问题的话。我没有表示反对。当然，我也把丑话说在前面了，他未必能从我这儿得到所有问题的答案，但我自己会很感兴趣地了解，到底哪些问题他认为是"尖锐的"。

鉴于布列赫在被任命为大使之前担任联邦总理府一个部委的领导人，他在波恩有广泛的人脉关系，因此我觉得从他那儿来的信息有一定的意义。

戈尔巴乔夫基金会档案：全宗号3，目录号1

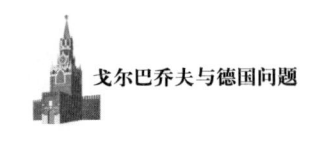

摘自戈尔巴乔夫同科尔的通话纪录

(1989年10月11日 通话应科尔请求进行)

科尔：您好，总书记先生，非常高兴再次听到您的声音。我希望，您那里一切都好。

我决定给您打电话，是按我们在波恩说好的那样，要尽可能进行简短的非正式接触，以便就某些当时发生的问题交换意见。

戈尔巴乔夫：欢迎您，联邦总理先生。我回想起我们在波恩的多次会见，我愿意继续我们的对话。

科尔：首先，我想明确地向您确认，我们在您今年夏天访问波恩期间谈好的一切，都依然算数，并将继续全面发挥作用。作为德意志联邦共和国的总理，我想再一次以十分清晰的口吻请您确信这一点。现在，请允许我转到几个让我想起要给您打电话的问题上来。

我们认为，匈牙利的事态正在朝着我们评价为进步的、积极的方向发展。德意志联邦共和国准备在现有条件下积极发展同匈牙利的联系，首先是在经济领域。我们打算在自己力所能及的范围内，并且在不干涉这个国家内部事务的条件下，向匈牙利提供必要的协助，使匈牙利能够提高本国人民的生活水平，巩固国家的总体地位。

戈尔巴乔夫：联邦总理先生，您说的这些我都知道了。对我和对苏联的全体领导人而言，您对我们共同确定的路线，对我们在波恩最高级会晤达成的共识作出不变的保证非常重要。您讲的也与我们所想相吻合。我们同样主张不折不扣地落实好已经达成的一切共识。

你们对同匈牙利发展合作的设想，如果是您表述的那样，真的挺有意思。

科尔：我们认为，波兰也在朝着积极的方向发展。我们在波恩最后一场会谈中，讨论过波兰当时的局势，以及从正面对波兰施加影响的可能，以便帮助波兰这个国家和波兰人民。德意志联邦共和国注意到波兰现在的危机状况，打算为波兰人提供经济协助。您知道吗，德国人对波兰人有一种特殊的感情，我们在某种程度上欠他们的债。

我们打算帮助波兰。我想，苏联能够理解我们。形势现在是这样，11月中旬我大概可以对波兰人民共和国进行正式访问。我想请您放心，在我们同波兰领导人的接触当中，我们将坚定不移地遵循德意志联邦共和国和波兰人民共和国所签条约的各项条款，严格遵守条约的字面含义和精神含义。

在我去华沙访问之前，我可能会再要和您通话。希望您不会反对。

戈尔巴乔夫：没问题，您打电话吧，我只会高兴的。

今天我同正在莫斯科访问的拉科夫斯基举行了会谈。波兰情况很复杂。波兰领导人正在寻求摆脱危机局势的出路。会谈给我留下的印象是，波兰人寄希望于得到包括德意志联邦共和国在内的西方的帮助，希望得到我们的援助，还有美国的援助。我对拉科夫斯基讲，他们应首先指望自己。

科尔：这当然是正确的。我们也认为是这样的。

戈尔巴乔夫：如果您说完了，联邦总理先生，那我想再次感谢您打电话来。

科尔：我这次通话还有最后一个问题。它涉及到德意志民主共和国。

我想请您相信，德意志联邦共和国无论如何也不希望德意志民主共和国生乱，不希望他们不好。我们希望，德意志民主共和国的事态发展不要失去控制，希望最近一段时间的闹腾劲能够平静下来。

我们唯一想看到的一点，是德意志民主共和国能响应你们选择的方针，响应你们的先行改革和变革的方针。近来的一些事件表明，德意志民主共和国这样做的条件已经成熟。至于说民主德国人民，我们主张，他们还是留在自己家里好。我们不打算惊动他们，诱惑他们做出什么事情来。否则过后我们会为这些行为受到谴责的。

戈尔巴乔夫：从德意志联邦共和国总理的嘴里听到这番话，十分重要。我希望，不要出现言行不一的情况。

科尔：您对此大可不必怀疑。

戈尔巴乔夫：我们应当珍惜我们在双边关系中取得的成果，用生活充实现有的协议精神。如果需要的话，还要保护这些协议的执行不受外部的负面影响。

我给我们政府的领导人下达了指令，要密切关注我们在波恩访问期间达

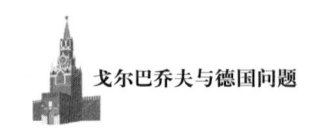

成协议的落实情况。所有问题都在我们的视野当中。我们要致力于将达成的协议转化为落实的成果。

科尔： 我也要从整体上把握同苏联双边关系上的问题，其中包括经济方面的问题。

我想，到明年春天，我们应该搞出一份综述性材料，概括地介绍一下事情总体上办得如何，哪些正在执行，哪些接近于落实，以及哪方面落后了，哪里还有有待挖掘的资源，等等。

我认为，我们谈得很好。总书记先生，如果我有什么需要的时候，我请您能尽快和我通话或进行其他方式的接触。我永远听您指挥。我们应该更经常地进行电话交流，避免两次谈话之间的时间间隔太长。

戈尔巴乔夫： 我也赞成这样做。我们应尽快建立起莫斯科和波恩的专线通讯联系。要加紧落实这方面已有的共识。

科尔： 我会去关注，怎样解决这个问题好。

最后，请允许我再次代表我夫人和我自己热烈欢迎您。请向您夫人转达我们的衷心问候。

戈尔巴乔夫： 我也请您向您夫人转达我和我夫人的问候。祝您一切顺遂，再见。

戈尔巴乔夫基金会档案：全宗号1，目录号1

摘自戈尔巴乔夫同勃兰特的会谈记录

（1989年10月17日　莫斯科）

热烈欢迎勃兰特先生和您的同事们访问莫斯科。我们的会见已经成为传统，是我们的外交工作的重要元素。我对我们彼此能够理解感到很满意。

勃兰特： 我同意您说的。我想，这些会见对双方来讲都非常重要。我想转达我在社会党国际主席团的同事们，以及德意志联邦共和国的同事们，而且不仅是我们党内的，还有科尔先生对您的问候。相比于您在柏林提出的批评，他更重视您的表扬。我们对您 6 月访问德意志联邦共和国的情景记忆犹新。这次访问成了一件大事。并非只是我一个人满怀兴致和极大敬意地关注着您对德意志民主共和国的访问。大家都非常认真地听了您在那里发表的言论。

请允许我介绍一下我的同事们。巴尔经常来莫斯科……

戈尔巴乔夫：这是批评他吗？对我们来说，跟巴尔会见是常事。

勃兰特：这位是汉斯·科施尼克，德国社会民主党理事会对外政策委员会主席。这位是来自下萨克森州的格哈尔德·施罗德，顺便说一句，他以前是"共青团员"，现在已经长大了（气氛活跃起来）。

戈尔巴乔夫：我以自身的经历知道，就是共青团员，也会成长起来的。

勃兰特：明天施罗德要飞赴哈萨克斯坦。您知道，与德意志族苏联公民有关的问题让我们十分感兴趣。我想马上告诉您的是，我们的兴趣在于，希望他们留在苏联，并保持住自己的文化特色。如果已经离开苏联去了德意志联邦共和国的一部分人能够重返苏联，那就太好了。

戈尔巴乔夫：我跟您谈话既轻松，又困难。轻松是因为，相互理解的水平使得我们可以同志式地、完全放开地谈话，讨论任何问题。困难是因为，我们不能只说些笼统的话就敷衍了事。

我有一种印象，我说的更重一些吧，是有一种信念，由于社会主义国家现在发生的深刻变革，以及各国社会民主党内正在进行的那些进程，我们彼此变得更亲近了。如果我们说，在我们这个相互依赖的世界里，我们应该探索同任何一个国家和谐相处的方法，无论哪个国家作出何种选择；那么上帝自己就会吩咐，维护和平也好，解决各种不同的社会任务也好，都要同社会民主党人寻求合作，找到新的联系形式。不用说，你们，还有我们，首先都应希望，我们苏联的改革能够取得成功。这归根结底关系到所有忠实于社会主义思想的人。我们感觉到了你们那一方面的团结一致和理解。……

我们之间有很多共性，而且共性越来越多。我们现在应特别严肃认真地对待彼此，因为无论在社会主义国家，还是社会民主党人，都在探索社会主义的发展前景。在这条道路上，我们能够向世界，向文明提出非常重要的判断和建议，以及文明到了 21 世纪会成为什么样子的看法。

这是初步的意见。

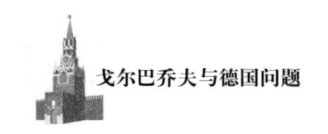

勃兰特：我想特别支持您最后说的这个想法。引导改革走向成功非常重要。如果您告诉我，您期待所谓的西方和我们，主要属于西方的社会民主党人，在帮助你们改革方面能做些什么，我会感谢您的。很多人议论说，社会主义"正在终结"，社会主义已经过时了。但我认为，从历史角度看，我们拥有的事业在很大一部分世界上，有了社会主义的新开端、新质量。

昨天我们会见了研究社会民主问题的苏联专家学者。我们谈了各国社会民主党的纲领。以发达社会为例，那里的经济不能拒绝市场的元素。另一方面，国际化进程推动我们作出全然不是自由主义性质的决策。

我们党尝试过为西欧、拉美和世界其他部分的不同政党找到一个公约数。但未如所愿都搞成功。主要问题在于，在纲领中要能体现出基本的价值观也有新的发展。

我们不想给人造成一种印象，说我们之间过去有过的一切都已经水落石出，"消化"掉了。按照新思维的精神，我们是近邻，我们应该加强实际的、务实的合作。我同意您的意见，即在战争与和平的问题（它们依然是优先问题）之外，还必须在其他领域开展相互协作，通过这样的合作提高关系的新质量。

当然，开展务实合作同就基本价值观问题继续交流并不矛盾。……

戈尔巴乔夫：我们的合作，可以说具有直观性，而且不仅体现在国际问题方面。当我们同意在莫斯科开设艾伯特基金会代表处时，我们也是从这一点出发的。

我们认为，双方就当前令人不安的社会主义问题以及科技革命、生态保护、信息等等问题密集交流意见，是有益的。我们欢迎您提出就这些问题交流意见，包括就社会党国际副主席代表团访问事宜交换意见的建议。

我们并未澄清所有问题，还有许多需要弄个水落石出的问题。更何况，我们确实是在反思过去的经验，也在寻找向新质量过渡的方式方法。党内这方面的政治活动和理论活动都在加强。……

我们在开展合作的同时，依然保持着各自党的本色，但却在这个过程中相互得到了充实。相互更好理解的进程在向前推进着。是该想一想，我们需要采取哪些措施，才能克服1914年造成的分裂局面。勃兰特先生，我还记得，您在我们两人先前的一次会见中对这个想法作出的积极反应。

至于说到给杂志提供文章的事，这是个有意思的想法。要考虑一下。

我们期待西方在改革方面做些什么呢？期待给予理解。以期在这个转折时刻，不要再发生几十年前发生的事情。那个时候，每个人都在按照"对别人越好，就会对我自己越坏"的原则行事。

正在发生的转折太需要负起责任了。我对密特朗、科尔、撒切尔都说过，现在不能允许任何人像闯进瓷器店里的大象那样为所欲为。这会带来致命的后果。

毕竟世界上大多数人都理解改革的积极意义。当社会党国际表示要与我们团结一致的时候，她是很负责任的。社会民主党人也是这样。我们高度评价社会党国际为理解我们的问题付出的努力。勃兰特先生，我们恰如其分地接受了您就我们某些民族政策的做法发出的呼吁。我们现在要谈的是增加新的信任。但创造改革的应该是我们自己。……

至于说向我们提供某些商品，尽管看不出有什么特别的愿望，但可以说，指望别人供养的生活方式，会产生更严重的指望别人供养的生活方式！我们要这些小恩小惠干什么？在经济、环保、文化领域开展正常合作，则是另外一码事了。简要地说就是，给我们国内的工作提供一个正常的外部环境。

我国目前最缺的东西，就是在所有方面都出台积极的符合形势要求的政策。我们经常来不及做这做那。同时，我们不想把不成熟的果实抛给社会。成熟需要时间。我们准备民族问题的行动纲领就是这样。当我们在考虑怎么搞这个行动纲领的时候，问题还在继续积累。所以，现在还能继续感受到这场"地震"带来的"余震"。在行动纲领通过之后，一切才都或多或少地进入了正常渠道。不过，总还是有人倾向于简单化地解决一切问题。这是一些多么危险的事情呀。他们不断地从各个侧面向我们抛售乱七八糟的奇谈怪论，导致一片混乱。我想把这叫做"哲学的贫困"。他们或者建议重返到开始时的原点，即结束改革；或者建议一下子把所有的都毁掉。这就是全部的智力潜能！我认为，这既是"政治贫困"，也是不负责任。

在极端条件下开展工作，也经常导致失误，缺少系统性的处理办法。我们给了企业经济自主权，却没有想到要建立一个能在一定范围内维持这个进程的机制。我们的垄断主义比你们国家的还强大。把价格强加给消费者，消费者就不得不承受。货币收入在增长，可商品并没有增多。过去，企业都按规定的指标生产，这是计划经济强加给企业的。现在，企业这样做不合算了，

而社会则得不到商品。我们在这方面没有考虑周全。我们也没有税收政策。

消费市场的局势也很复杂。有很多"坏"钱。如果说，过去每年商品流通额增长100到120亿卢布算是正常的话，那么去年，商品流通额一下子增长到了240亿卢布，今年将增长到290亿卢布之多。尽管如此，商店的货架上依旧空空如也。我们必须减轻社会上的紧张度。否则，对改革本身的批评就会水涨船高。批评的论调已经产生，不是挥挥手就能消失的。

但我们毕竟没有失去主要方向。现在我们国内在讨论一系列综合性法律，即关于所有制、土地、租赁、合作生产的法律。这些法律将改变经济基础的态势，改变人的状况。我们愿意利用别国的经验。但那些建议我们简单照搬别人经验的人，就是在犯例行的愚蠢错误了。我们应该看到现实发展的社会，并推进社会中那些能够改变社会的进程。我们正是在这些方面展开探索的。

……一个走了，另一个还没来。一定不能失去方向标，不能因为犹豫不决而偏离中心。我们正在经历这样一个时刻，对"现在主要的就是开展建设性的工作"的理解正为社会所接受。我们会逐步地、艰难地走出集会游行的阶段。这个阶段抖落出多少东西来啊！但是，这个阶段又是必须的。不经过这个阶段，就不会有改革。所有的人都得到了说话的权利。这使人们理解了自己。

我们的社会因为受到习惯和过去概念的严重束缚，非常不容易接受进行深刻的变革。人们习以为常地等待中央的指令，已经不习惯自己要负什么责任。平均主义盛行，大家都把平均主义看作是社会公正。所有这一切都正在受到大规模的破除。……

我们现在对成功有更大的信心，因为知识更丰富了，因为我们已经走到解决所有制、权力、文化等根源性问题的阶段了。所有这些都正在获得全新的内容。这就是我对改革要做的说明。

（之后会谈以一对一的形式继续进行）

戈尔巴乔夫：……如果我们能更快地缓解消费市场的紧张程度，那许多事情就好办了。改革现在正经历着最尖锐的时期。苏联是个大国，各地的条件千差万别。问题积累得相当严重。教条主义、保守主义充斥在人们的意识之中。这些都是改革巨大的障碍。与此同时，经济、政治和社会进程都步入了新的发展轨道，对苏联，对社会主义，对全世界又都有重大的意义。

勃兰特：我支持这种看法。

戈尔巴乔夫：我想很信任地告诉您，我们对局势的评价是怎样的。主要问题在于，改革没有另外的选项。现在大家就各种不同问题都在发表意见，但谁都拿不出现行方针之外的其他方案。这就是说，战略是正确的。问题在于选择的战术、优先方向和变革的速度。对这些，大家众说纷纭。

如果社会紧张加剧，生活水平恶化，可能一根火柴就能燃起大火。因此，改革的命运取决于如何解开市场、金融这些结子。已经采取了一系列措施。但为控制住进程，掌控好局面，我们正在考虑制定一些更严厉的措施。

勃兰特：这使人想起法国作家加缪[1]的话。他说，人应该像看待一个幸福的人那样，面对西西弗斯[2]。

戈尔巴乔夫：有个人给我寄来一个象征100个赫拉克勒斯的礼物。

勃兰特：这差不多就是同一个意思吧。

戈尔巴乔夫：我从德意志民主共和国回来时非常不安。感觉那里在浪费时间。这个国家为人的事情做了很多。但看来问题还取决于，人们是否不仅能够享受到物质和社会福利，而且还能有机会去实现自己。我在同德国同志们谈话中说，要是把你们的问题给我们来办有多好啊！生活本身正在向你们发出信号，你们应该在政策中加以落实才对。

在柏林时，我觉得有必要对科尔在不莱梅发表的讲话的某一段落作出反应。他给人的感觉是他对现实似乎是理解的。但他讲话的动机却是要在选举中，通过煽动民族主义情绪来赢得阵地，以打击德国社会民主党。

可民族主义是一个危险品。这一点，我们在自己国内都看到了。因此，我在柏林讲话时就说了，科尔总理背离了在波恩通过的联合声明的精神。他明白了我的意思，所以这两天给我打来了电话。我们谈得不轻松，讨论了各种话题。总理到底还是没敢说出来，他为何要打电话给我。只是在我开始对他来电话表示感谢的时候，他才说到德意志民主共和国。他确认，一切都按

---

[1] 阿尔贝·加缪，法国作家和存在主义哲学家。

[2] 西西弗斯，古希腊神话中人物。西西弗斯因得罪了诸神，被罚将巨石推到山顶，但每当他用尽全力将巨石推进山顶时，巨石就会从他手中滑落，滚到山底。他只好走下去，重新将巨石向山顶奋力推去，日复一日，陷入永无止境的苦役之中。法国作家加缪从这个神话中得到启发，写成了阐述他荒谬英雄理念的名篇《西西弗斯的神话》。——译者注。

我们在波恩签署的声明中规定的那样做，要立足于已达成的共识，他不想看到德意志民主共和国的局势出乱子。我说，我明白他指的什么。

我把话题又转回来，强调在这个深刻变革的时刻，不能允许有任何外部的干涉。我对科尔没这么说，但要和您说一说，因为我看得出来，我和您对问题的理解都比较深刻。无论如何，基督教民主联盟领导层发生的变化让密特朗、撒切尔感到不安了。这一点，我在最近几次的会谈中都感受到了。美国人那边，尽管我没有这个把握，也感觉在发生着什么。我觉得，美国人大概在想，德意志联邦共和国和苏联做的事情，可能会导致苏联成为德国统一的"教父"。但愿美国不要作出什么决定，应该对此事持超脱的态度。但这只是基于我观察得来的假设。他们的路线在调整。

我们和你们早就持现实主义立场了。这样的立场强劲地推动了欧洲进程，开辟了合作的新阶段。

勃兰特：我妻子是搞历史的，前不久她去了美国。她在那边会见了美国国务院的一位高级官员，战后时期著名的苏美关系专家查尔斯·波伦大使的女儿。大使女儿表示，解决德国问题的钥匙在莫斯科手上，美国目前还不知道，下一轮将会发生什么情况，以及对此如何作出反应。这就是美国方面传递过来的信息。

我们不喜欢年轻人离开德意志民主共和国。走的人中，都不是在社会上混得差的那部分人，很可能是那些比别人过得还好的人。相应地，他们迁到德意志联邦共和国也不是出于物质上的原因！原因在于，国家领导人不把他们看作有选举权的公民。据说，逃离的人数在增多。德意志民主共和国内部正在产生一种新的自我意识。必须在那里尽快作出某种决断。领导人应该同社会各界广泛开展对话，而不只是和政党联盟对话。

我想提一下两个德国在新的欧洲和平秩序中应享有何种地位的问题。在您访问柏林期间，我们注意到格拉西莫夫发表的一个相当重要的声明。他说，苏联在德意志民主共和国保持军事存在，是一个战略因素。对这个重要的现实情况，应该直截了当地谈一谈。而且这并不意味着，要减少在德意志民主共和国境内的驻军。但在两个大国的关系中，这依然是一个重要因素。

我早就想和您分享这样一个想法了，就是不能将德国事务和欧洲事务割裂开来。如果是这样，如果其余的欧洲国家会继续沿着相互接近、合而为一的道路前进的话，那么两个德国就会发现，她们在各个领域要比其他国家有更多的共性。为两个德国描绘出在各领域加强合作，会获得某种"共同"屋檐的可能性，岂不是更有意义？况且，这同重新合并没有什么共同之处。我可是早就在讲话中反对用"重新合并"这个术语了。重新合并意味着重返过去。而这，一是不可能，二是不能成为我们的目标。

戈尔巴乔夫：让我们一起再考虑考虑吧。更何况，在我看来，我们已经认识到，这个问题不应列入今天的议事日程。一体化进程正在欧洲进行着。未来会让我们看到，联合起来的欧洲将是什么样子。历史有足够的想象力。前不久，我收到一位名叫托登贺菲尔的基督教民主联盟党员的来信，简直就是在给我们下最后通牒。他给布什、撒切尔、密特朗都发了内容相似的信。

勃兰特：对这件事不必认真。

还有一个问题。我不认为，这个问题会有多大意义，不过我还是要提一下，因为我们在进行开诚布公的谈话。在德意志民主共和国，已经成立了一个社会民主党人小组。他们认为自己不是一个政党，而是一种联合体。我本人跟他们不认识，但是听说，他们不想做德国社会民主党的附庸。最近我收到他们寄给社会党国际主席的一封信，让我感到很难堪。一方面，不可能接收这个联合体加入社会党国际。与此同时，我又不能不对这封信作出反应。我决定，先派我的一位瑞典朋友去他们那儿看看，以便让他们明白，他们的收信人不是德国社会民主党。

戈尔巴乔夫：我说什么好呢……我认为，德意志民主共和国正在启动严肃认真的变革。今天他们要召开政治局会议，之后要接着开中央全会。会谈到党如何与社会各界、与民众开展广泛对话这样一些问题。我建议稍微等一等，不要干预德意志民主共和国正在发生的进程。恰恰是现在，需要表现出谨慎与克制。然后我们再对局势作出评价，对正在发生的进程作出评价，并研究如何作出反应为好。

勃兰特：我同意您的意见。

对于德意志民主共和国来说，改变新闻媒体的状况很重要。

戈尔巴乔夫：我赞成。

勃兰特：波罗的海三个共和国的形势令我十分关注。我正就此和我们的

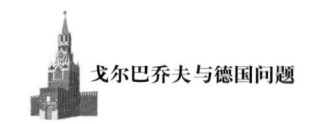

北方朋友们接触。前不久科伊维斯托[1]和帕西奥[2]访问了波恩。他们在谈到芬兰和爱沙尼亚的关系时表示，他们打算从经济和文化两个渠道来发展芬爱关系，因为两国的语言非常接近，同时，不进行任何干涉，不制造任何障碍。

瑞典领导人卡尔松[3]向我作出保证，说在发展传统的、伊始于里夫梁迪亚[4]时期的瑞典同拉脱维亚各领域的关系时，瑞典并不打算妨碍苏联什么。我认为，你们可不必为这些国家的立场担心。

立陶宛的情况要复杂一些。立陶宛在北欧没有一个固定的伙伴。诚然，在丹麦，保守党人和社会民主党人在同立陶宛的接触中围绕谁占上风的问题，展开了一场笼络人心的竞争。我向我们的哥本哈根朋友建议，把这事先放一放。我希望，我的话他们能听进去。

鲁尔地区的主要城市杜伊斯堡，与维尔纽斯市保持着友城关系。杜伊斯堡市长是社会民主党人。他可能会带着我的任务去维尔纽斯评判一下局势。我们在这一地区的影响不大。但我要请您相信，假若我们利用一下自己的影响的话，也仅仅是为了稳定局势。如果需要，我们会对某人说，对苏联搞联邦制提出质疑，这简直就是在玩火。保留联邦制，将为各共和国开展合作开辟广阔的空间。

戈尔巴乔夫：确实是这样。我跟波罗的海三个共和国的代表们有很多交流。我经常和他们见面。每次我都争取向他们传播一个简单的思想，即我们还从未在真正的联邦制条件下一起生活过。现在有的这个，过去叫联邦，但却是一个单一制国家。现在给了各个共和国经济自主权，用实际内容去充实共和国的主权，我们给予共和国发展文化、语言和民族特色方面的充分自由。

勃兰特：时间过得很快。我还想再谈谈同欧洲事务、全球性问题相联系的一系列问题。我认为，书面交流会更好一些。用简单的备忘录形式写出来，我们将通过法林转交给您。

---

[1] 毛诺·科伊维斯托，芬兰政治家和国务活动家。芬兰总统（1982-1994年）。

[2] 佩尔蒂·帕西奥，芬兰国务活动家。芬兰副总理和外交部长（1989-1991年）。

[3] 英瓦尔·卡尔松，瑞典国务活动家和政治家。在帕尔梅政府中（1982-1986年）担任副首相。1986年帕尔梅遇刺罹难后接替帕尔梅担任首相、社会民主党主席。

[4] 里夫梁迪亚，地名，1721年俄罗斯在北方战争中打败瑞典后，在瑞典占据的波罗的海沿岸设立的行政区划，行政中心为里加。包括现在的拉脱维亚、爱沙尼亚，1917年二月革命后被分割成多个县、省。——译者注

|1989年|

戈尔巴乔夫：我同意。我们对这些问题很感兴趣。

非常感谢，您谈的内容很丰富。还要感谢您对我们的信任，对我们的好感。请向社会党国际的领导成员们转达问候。

勃兰特：谢谢您。

戈尔巴乔夫基金会档案：全宗号1，目录号1

摘自戈尔巴乔夫同克伦茨[1]的会谈记录

（1989年11月1日）

戈尔巴乔夫：德意志民主共和国现在发生的一切，都令苏联十分关注。我们希望从您的介绍中得到最新的信息。当然，很多情况我们也是了解的。看来，德意志民主共和国内部局势的发展还在势头上。没有出现落后于改革的危险吗？您还记得吧，我和你们在柏林时就讲过，落后就永远等于输。我们是从自己的切身体会中，知道这个道理的。

你们承认开展对话有必要，这很好。否则一个严肃的党就不可能搞活动了。你们的人现在作出了各种各样的判断。重要的是要能掌控这些进程，而不是畏惧这些进程。我现在这么讲，也是以自己的体会作依据的。有时候就赶上我们某些同志处于一种被压迫状态，它被潮水般涌入我们生活的突变所引起。我总是在类似的情况下讲，是我们自己努力发起变革的，现在变革已经开始了。就算并非一切都是按以前预想的那样，但害怕自己人民的，不应该是我们。

我不能说，我们已经"驯服了改革之马"。这匹马曾经相当热心地工作，生气勃勃。不管怎么说，我们还远未调教好它。这匹马有时还企图把骑手甩

---

[1] 埃贡·克伦茨，自1976起为德国统一社会党中央政治局委员，1989年10月18日，克伦茨当选德国统一社会党总书记，10月24日，当选为德意志民主共和国国务委员会和国防委员会主席。克伦茨11月1日抵达莫斯科。

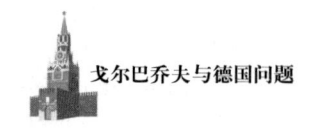

落到地上。但经验我们已经有了，而且是极为重要的经验。

我欢迎您到我们这儿来，衷心祝愿您在新的岗位上取得成就。你们的国家、人民、党，正面临着深刻的变革。所以，在这个比较复杂的时期，我们将同你们在一起。德意志民主共和国发生的一切，在苏联人这里，都能引起最积极的响应。大概，除了你们自己，最希望你们成功的，就是我们苏联人民了。你们可以坚信这一点。

克伦茨：非常感谢你们的盛情款待。我们政治局的所有委员都请我转达对您的问候。我们一提出访问莫斯科，你们马上就接待了我。真是太感谢了。您在庆祝德意志民主共和国成立40周年时访问我国，双方得以推动解决了许多对我们来说很棘手的问题。大家一致接受您阐述的"迟到者必定要遭受生活惩罚"的思想。您的所有讲话，都在我们这里引起强烈反响，并推动我们加快确定我国未来的政策。

毫无疑问，过去几十年我们取得了巨大的成就。在纪念建国40周年之际，我们全面表彰了党和全体人民取得的巨大工作成果。在过去所做一切这一牢固基础上，我们能够作出今后的规划。但我们的人民群众感到非常不满的是，新闻媒体在制造一种不符合生活现实的虚幻世界。宣传与实践脱节。党开始失去人民的信任。而这对于执政党，是最可怕的事情。

有人说，最近三个月以来，局势紧张的主要原因在于，党的领导人在成千上万人离开祖国的时候没有发出声音。这是严肃的批评，对此不能不作考虑。当时还有严重的心理失误。我们的报刊居然说什么，我们才不会为那些走了的人流眼泪。可是要知道，这些人有母亲、父亲，有其他亲属和朋友，而且就是从人性的角度看，你也不可能不为我们失去自己的公民而感到惋惜。

在政治局会议上，我们得出一个结论，那就是，政治危机不只是这几个月才形成的。许多问题是经年累月积累起来的。党的第十一次代表大会拿出的立场是不符合实际情况的，在很多方面是错误的。十一大的经济决议是以主观主义观点为基础搞出来的。实际上，当时根本就没有考虑党内和人民中反映出来的大量意见。

但是看来所犯的根本性错误在于，没有从苏联、从其他社会主义国家已经开始的、从德意志民主共和国本国已经成熟了的社会发展的新进程中，归纳出严肃认真的结论。因为如果你有一个主要的盟友，你就应该理解并分享他的那些问题和困难。不应该仅仅在口头上宣传友好和同盟关系，而在他努力解决自己的复杂问题时，你却做一个旁观者。有些想法的人会感觉到，我们怎么突然就和苏联不一致了呢，而这个障碍恰恰是我们自己设置起来的。

戈尔巴乔夫：现在人们可以从各个方面，包括从西方获取信息，自己来分析这些信息，并有能力自己作出结论。

克伦茨：是的。遗憾的是，我们把宣传改革问题的专利权拱手让给了西方的新闻媒介，而没有作出我们的评价，没有同自己的社会各界开展对话。

对苏联《同路人》杂志的查禁，严重打击了人们的政治意识。当然，事情并不在这本杂志上。德意志民主共和国的公民们感到，尽管他们可以随时看到西方的电视节目，但却恰恰在获取苏联信息的来源这个问题上不自由。人们的政治意识发生了严重的偏差，造成的负面后果相当严重。鉴此，我们采取的第一批措施中，就有一条是取消对《同路人》杂志的禁令。这不是偶然的。

戈尔巴乔夫：顺便说一句，这并不剥夺你们在自己的报刊上批评《同路人》杂志上那些你们不同意的材料的权利。在我们的新闻媒介中，现在想怎么说就怎么说。

克伦茨：现在，当我们在自己的媒体上进行认真的对话以后，我们的《时事摄像机》（类似你们的《时代新闻联播》的电视节目）开始比西方电视台的节目吸引更多注意力了。尽管我们目前还未形成解决已经产生问题的完整构想，但这些问题现在就已经在德意志民主共和国国内进行讨论，而不只是在西方讨论了。这就是成就了。

我想说，通往德国统一社会党中央九中全会的道路，也是十分艰难的。在和施托福同志商量好之后，我就若干重大政治问题起草了声明草案。草案含有妥协的余地。一个要点就是，昂纳克仍将留任党的最高领导人。我们当时还希望，能和他一道摆脱现在的局面。但是，埃里希（昂纳克）拿到草案后认为，草案是针对他个人的。他对我亲自说了这番话，并强调，他本人从未对皮克和乌立波里赫特采取过任何手段。这不符合事实，但昂纳克就是这么说的。昂纳克声称，如果你把这份草案提交上去，领导层就会发生分裂。而且本应在一定条件下可做出的干部变动，也将根本不可能了。

我不顾这些威胁，仍然将草案提交给政治局讨论。在会上，昂纳克马上

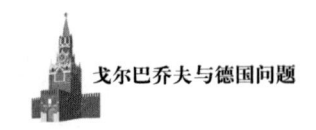

又强调了他先前说过的话。但是，除一个人以外，所有的人都表态支持了我起草的声明草案。当然，后来采取的办法是弱化草案的立场，并责成米塔格和赫尔曼对草案再做加工。我则提名让沙博夫斯基[1]也加入其中。

戈尔巴乔夫：从政治角度看，情况是清楚的，而从纯粹人的角度看，就是个悲剧。我也为此感到难过。总的来说，我和昂纳克的关系还不错，但最近他好像变成了瞎子。假如他能自己主动在两三年前就推动必要的政治改革的话，那么一切都会在很大程度上与现在不同。看来，他的思维出现了某种错位，他看不到世界和本国的现实发展进程走到哪里了。这是一个人的悲剧。但因为昂纳克占据高位，人的悲剧也就演变为政治的悲剧。

克伦茨：是的，您说得对。这对我来说也是一场悲剧。是埃里希·昂纳克教育我成长起来的，他是我政治上的导师。

戈尔巴乔夫：有些人现在正拿这个来搞投机呢，但我想，这不应该让您感到难堪。

克伦茨：大概，昂纳克发生转变，恰好是从1985年开始的，也就是从您当选为苏联共产党中央总书记之时起。昂纳克把这件事视为对自己权威的一个威胁，因为他一直认为自己才是最具活力的政治领袖。从那以后，他置现实情况于不顾，完全不依靠政治局这个集体了。在这方面，米塔格和赫尔曼对他起了非常坏的作用。米塔格充当了他的军师，赫尔曼则是一个执行者。

昨天在政治局会议上，我们讨论了经济形势。可能是第一次不加粉饰地介绍了实际情况。我们以前还没有作过如此坦诚和全面的分析。所以才弄明白，财政形势已经到了极为严峻的地步。

戈尔巴乔夫：这是一个很熟悉的场景。我当年已经是政治局委员了，实际上却也对我们的预算一无所知。有一次，我和雷日科夫在执行安德罗波夫委派的与预算事务有关的指令时，就没有办法做下去。于是我们决定，最好还是先熟悉一下预算的事吧。安德罗波夫说，别往这里面钻，这不是你们的事儿。现在我们才知道，为什么他当时那样说。因为这根本不是预算。鬼才知道是什么玩意儿。

---

[1] 京特·沙博夫斯基，东德政治家。《德意志新闻》报主编（1978—1985年），自1981年起为德国统一社会党中央政治局候补委员，1984—1989年为德国统一社会党中央政治局委员，1986—1989年任中央书记，1085—1989年任东柏林党组织第一书记。

克伦茨：我们为我们的全会选择的标语是《直面真相》。但要是说出所有真相，即刻就会让人休克。

戈尔巴乔夫：我们了解你们的状况，了解你们与德意志联邦共和国在经济上和金融上的联系，明白这一切可能带来的后果。从苏联这方面说，我们按良心办事，履行着对德意志民主共和国的义务，包括向德意志民主共和国供应石油，尽管我们有过一段时间不得不减少一定的数量。昂纳克在这些事上，对我们不够真诚。我们都清楚，但表现出了克制和忍耐，因为我们遵循的是最崇高的政治考量。

克伦茨：我们自己有许多同志也早就知道这些，但一直保持沉默，认为不能破坏党的团结。但是，在政治局昨天的会议上，大家高调表达了这样一个思想，即如果缺乏坦率和诚实，如果人们不敢说出自己的看法，不惜任何代价地保持所谓的团结，就可能是在帮倒忙。

戈尔巴乔夫：假如昂纳克不只是听米塔格的，而且也听您的，听施托福和克罗利柯夫福斯基的[1]，听其他有理智思维的同志们的意见，那就可以从中得出正常的客观结论。完全是另外一回事。但据我们所知，昂纳克把施托福降了职。而昂纳克是怎么对待莫德罗的呢？简直可以说是把他给"阉割"了。

克伦茨：两年前，我被委派去解除施托福的职务。德累斯顿剧院的演员们写了两封信，支持苏联的改革。一封发给了柏林，另一封寄到了莫斯科，给了您。于是，昂纳克派我走了一趟德累斯顿，就是去解除莫德罗的工作。我去了，我和莫德罗坦率地谈了话。我采取了这样的策略，即批了他一通，但把他留在了原岗位。

戈尔巴乔夫：团结的问题很重要。但需要的不是形式上的团结，而是建立在尊重其他同志意见，允许不同观点交流，客观综合各种判断之上的团结。领袖人物往往在失去自己阵地的地方，就抓住形式上的团结不放手。记得你们大规模扩充了政治局。这么做，显然是为了往政治局里掺水。

在我们的政治局里，现在所有人都是想什么就说什么，可以自由广泛地发表意见。有时因此不得不开一整天的会，甚至要夜以继日地开会。全面、

---

[1] 维尔纳·克罗利科夫斯基，德国统一社会党中央政治局委员（1971-1989年），中央书记（1973-1976年，1988-1989年）。

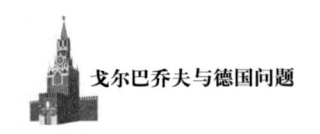

客观的处理方式，可以带来完全不同的效果。

克伦茨：昨天大概是我们第一次开了感情这么丰富的政治局会议。比预定时间延长了三个小时。经济状况是如此复杂，以至于捆住了我们的手脚，没法通过必要的政治决议。

戈尔巴乔夫：根据我们掌握的材料，你们的生产增长不是4%到5%，而要比这低2%。

克伦茨：这还是有人算得很慷慨呢。还有，以货币形式表现出来的增长是一回事，现实的增长则完全是另外一回事。对微电子行业的过多投入引发了不安。这些耗费比国际标准高出好几倍，每年要补贴30亿马克。需要继续发展关键技术是不错，但不能不重视消耗啊。而且老百姓把这一切都看在眼里。他们对我们说，能得到一兆比特的电固然好，可是商店货架上也没有相应的消费品啊。

关键问题是偿还债务。您知道我们历来是讲究收支平衡的。1989年底，我们的债务将高达265亿美元，或者490亿马克。外汇收入有59亿美元（由出口和其它付款得来的），而支出要180亿美元，包括偿还债务利息。这样一来，缺口达121亿美元。这迫使我们还要再借新的贷款。仅仅贷款利息就达45亿美元，占整个出口创汇的62%。

总之，我们消费的，要比生产的多。老百姓要求改善物质状况，但他们不知道，我们的能力是多么有限。为了实现收支平衡，就得把生活水平降低30%。

戈尔巴乔夫：这种情况我们知道。我建议，找一种什么办法，笼统地让人们明白，你们过的日子是有些入不敷出，然后再一点点详细一些地说出真实的情况。

克伦茨：我想，在最近一次中央全会上，我就要笼统地讲讲这个了。对我们来说，保持经济稳定、保障偿还必要的债务最重要。如果不得不求助于国际货币基金组织，那情况可能就会变得极其复杂。

戈尔巴乔夫：我们将努力履行对德意志民主共和国应尽的义务。我们提供的原料，可以让你们大大松口气。

克伦茨：我们非常感谢苏联的供应。遗憾的是，老百姓中很多人不太了解，

| 1989 年 |

这些供应对民主德国意味着什么。前不久许雷尔[1]报告说，要是我们在资本主义市场上买这些商品，那不知道要花费多大一笔巨款，而且能不能在那边买得到，还很成问题。70 年代末到 80 年代初时，我们写过不少东西，以说明苏联的供货对我们有多么重要。现在也应该这样做。

戈尔巴乔夫： 是的。不过，要平平静静地做，不要大喊大叫。应该让人们了解实情。关于经济联系，我还想说一下，对德意志联邦共和国必须实行既讲原则、又很灵活的路线。德意志联邦共和国多半会对你们施加压力。要做到，凡是涉及到德意志民主共和国的决定，都应在柏林，而不是在波恩通过。但我重申，还要显示出足够的灵活，因为强力的打击可能会随之而来。

克伦茨： 我同意。总之，我非常感谢您就同德意志联邦共和国的关系给我提出的建议。我想更清楚地了解，苏联在全欧大家庭中留给德意志联邦共和国和德意志民主共和国的，都是什么位置？这对我们来说非常重要。我们的出发点是，德意志民主共和国是苏联的孩子，品行端正的人总是承认自己的孩子的，至少会允许他们用自己的父称。（气氛活跃起来。）

戈尔巴乔夫： 昨天，雅科夫列夫会见了布热津斯基。如您所知，布热津斯基是具有"全球头脑"的人物。他说，假如现在事态发展到了德国统一已经成为现实这一步的话，那对很多事情来说都将是崩溃的局面。我想，我们至今仍在奉行一条正确的路线，即坚定地主张两个德国并存。结果，我们得到了对德意志民主共和国广泛的国际认可，签署了莫斯科条约，推动了赫尔辛基进程。所以，应当满怀信心地继续奉行这条路线。

您应该知道，所有严肃的政治家，撒切尔也好，密特朗也好，或是安德烈奥蒂[2]和雅鲁泽尔斯基，还有那些美国人，尽管美国人的立场现在出现了某种细微变化，他们全都不想看到德国实现统一的那一天。更何况，在当前条件下，德国统一问题又有了爆炸性。西方多数领导人们不想象解散华沙条约组织那样，解散北大西洋公约组织。严肃的政治家都理解，这一切都是必须平衡的。尽管，密特朗认为也需要表达一下同情德国统一的想法。美国人

---

[1] 格哈德·许雷尔，东德政治家和国务活动家，德国统一社会党中央政治局候补委员，计划委员会主任（1073-1989 年）。

[2] 朱利奥·安德烈奥蒂，意大利政治家和国务活动家。天主教民主党领导人之一。多次担任意大利政府的部长职务。部长会议主席（1972-1973 年，1976-1979 年，1989-1992 年）。

也常说起类似同情德国人渴望统一的话。但我想，他们这么做，是为了迎合波恩，在某种程度上也担心德意志联邦共和国和苏联过分接近。如此，我便想重申，在德国事务上，继续奉行我们至今一直成功的那条路线，是最正确不过的了。

顺便说一句，勃兰特也坚持这种意见。他认为，德意志民主共和国是社会主义的巨大成果。当然，他对社会主义有自己的理解。按他的意思，一个共和国的消亡，对社会民主党人来说，会出现崩溃的局面。所以我认为，我们大家都应从这样一个公式出发，即历史决定了两个德国的存在。当然了，你们是无论如何摆脱不开德意志联邦共和国的。对人员接触方面的需要，要以和德意志联邦共和国有正常的关系为前提。你们不能扯断同德意志联邦共和国的联系。不用说，这些联系是应当有掌控的。

我相信，我们应该同德意志联邦共和国协调好关系。昂纳克在某种程度上却总是躲躲闪闪。我们知道你们同联邦德国的关系，你们也知道我们同联邦德国的关系。所以，在这方面有什么好故意模糊、相互隐瞒的呢！我们也应该想一想，苏联、德意志民主共和国和德意志联邦共和国开展三方合作的可能性，特别是在经济领域。要知道，当年甚至曾经有过一个苏联－德意志民主共和国专门协调委员会。这个委员会至今也未被解散，虽说已很久没开展活动了。民主德国方面好像是米塔格参加了这个委员会。

克伦茨：也许，正是他为这个委员会停止工作做了手脚。

戈尔巴乔夫：应该恢复这个委员会的工作。当然，要考虑到正在发生的变化。我想，对我们来说，利用德意志联邦共和国的潜力，争取将联邦德国跟我们绑到一起是划算的，更何况那边也有人表现出了相向而行的态度。不过，德意志联邦共和国愿意在很多方面迎合苏联，是为了换取我们在德国统一问题上的配合。美国人直接说了，解开实现德国统一之锁的钥匙在莫斯科手上，他们不反对我们同西德发生某种冲撞。我再说一遍，他们非常不喜欢苏联同德意志联邦共和国接近的进程。

……一句话，我们两家应该好好地把涉及到同德意志联邦共和国关系的一切一切都想得周全一些。而且，在你们这边，事态可能发展到顾不上意识形态的地步。要非常会算计才是。在我们参与三方联系的条件下，你们或许会感觉更有信心一些。这对所有各方都有利，也有助于你们同德意志联邦共和国改善政治关系，从整体上巩固德意志民主共和国的立场。此外，你们还可以更大胆地同其他西方国家，而不仅仅是同德意志联邦共和国发展关系。这也会强化你们同波恩关系的地位。

在匈牙利和波兰，情况现在已经变成了这样，即当政者们已经不知所措，因为他们深深陷入到对西方的财政依赖上了。现在有人谴责我们说，苏联在往哪儿看啊，为什么苏联允许波兰和匈牙利"游向"西方呢？我们可是不能把波兰养起来啊！盖莱克[1]借了那么多债……波兰已经偿还了490亿美元，还要再偿还差不多500亿美元。至于匈牙利，还是在1987年的卡达尔时期，国际货币基金组织就已向匈牙利发出强硬的最后通牒了。

克伦茨：这不是我们要走的路。

戈尔巴乔夫：在同德意志联邦共和国的关系中，也应该考虑到这个问题。

谈到德国问题最终将如何解决，我们未必需要现在就来猜测这个结果。应该从历史"赠予"的现实情况出发。不重视这个现实，就是一个最坏的政治方案。也许，过上几十年，如果欧洲的一体化进程能正常发展下去，德国问题可能会是另外一种样子了。就是现在，说到西欧一体化的时候，西方也总是提到要保留某些国家一定的政治、文化和其他特色的东西。

总之，目前实现德国统一的问题并不那么迫切。我请您将我们的这一坚定信念，转告给德国统一社会党政治局和中央委员会。我重申，我们反希特勒联盟的伙伴们也是这样理解的。这当然不是次要的。现在的首要任务是，提高欧洲内部各种关系的质量。否则，一切都可能被毁掉。

克伦茨：我同意您这样提出问题。这要求有意识形态作保障。80年代初，昂纳克对波恩提出了著名的五点要求，包括承认德意志民主共和国的国籍，等等。从那时起，我们同德意志联邦共和国签署了一系列条约。但实际上，没有哪个要求得到过满足。而且还形成了一种假象。人们看到，昂纳克，米塔格，克伦茨都能多次到德意志联邦共和国去。那为什么他们还要禁止别人也去呢？

还有一个对我们来说并不简单的问题。您经常提到全人类的价值观。我也支持全人类价值观。但是还存在着全德国问题。与此相联系，德意志民主

---

[1] 爱德华·盖莱克，波兰政治家和国务活动家。波兰统一工人党中央第一书记（1070-1980年）。

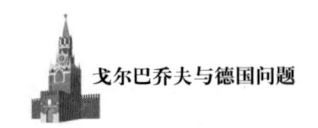

共和国和德意志联邦共和国发展关系要搞非意识形态化,将给我们带来诸多的麻烦,因为这意味着放弃捍卫德意志民主共和国的社会主义。和柏林墙、边界制度等紧密相联的那些问题,也都很难处理。

戈尔巴乔夫:要将这一切都考虑周全,以找到能使人们实现人的需求的一些说法。

克伦茨:我们已经采取了一系列步骤。首先,我们给军人下达了指令,在边境上不得使用武器,直接进攻边防军的情况除外。第二,在政治局会议上通过了出国行的法律草案。将把草案提交全民讨论。我们希望国民会议能在圣诞节前通过这一法律草案。法律草案规定,每个公民缴纳一定费用,即可获得出国护照并得到出境签证。如有例外,也是出于安全方面的考虑。另一项限制将导致兑换马克的外汇严重不足。我们当然将因此受到批评,但这不意味着,我们不重视现实情况。……星期三,也就是11月8日,在德国统一社会党中央第十次全会上,我们还要审议德意志民主共和国今后的发展道路问题。我在会上,将要回答我们是怎么走到今天这一步,为什么会走到这一步的问题。如果不能作出认真的答复,中央委员们就将对政治局提出尖锐的批评。

戈尔巴乔夫:我认为,您在人民议院的讲话调子是非常积极的。据我了解,对您讲话作出的第一反应是克制的。要巩固阵地,往下继续走。顺便说一句,我们已经向不少国家的主流政治家们,包括布什、撒切尔、密特朗等,通报了我们支持德意志民主共和国领导层变动的做法。

克伦茨:我收到了他们所有人发来的贺电。非常感谢这种支持。同科尔也通了电话。科尔说,他跟戈尔巴乔夫保持着经常性联系,建议我也经常联系。我同意了。我说,比之背后相互议论,莫如相互谈一谈。

戈尔巴乔夫:这样不错。

克伦茨:科尔马上提议讨论出国行、生态环境、西柏林等问题。我说,任何问题我们都可以谈,但最好还是先从可以达成共识的问题谈起。我让他感觉到,我们有相向而行的利益。

戈尔巴乔夫:我在柏林的讲话中提到对我们同德意志联邦共和国达成的某些协议有错误解读之后,科尔明显着急了。他马上给我打了电话。

克伦茨:应当重视科尔。这是一个很讲实际的人物……我认为,我们的中央全会将会是疾风暴雨式的。

很多人想发言,当然,会提出政治局作为集体应承担责任的问题,以及我个人的责任问题。应当找到一个智慧的答案。通过行动纲领是主要任务。党现在正处于十分复杂的状况,因为生活实际上推翻了第七次中央全会和第八次中央全会作出的决议。现在我们已经说出来,我们想要革新。但是怎样革新、革新什么,是我们所有人现在都应该思考的问题。主要的是需要说出来,我们认为什么是更好的、更吸引人的、更现代的社会主义,我们要为什么样的价值观而奋斗。

如何推行激进的经济改革,也是一个重大问题。或许,我们要指出改革的主要方向,并责成政府做好相应的研究工作。我们还要强调指出,改革要在社会主义的框架内进行。

必须广泛发展民主,这是没错的。但与此相关就出现了一个很大的问题,就是要选举。这里要考虑到迄今表达出来的所有意见。要在宪法中体现新闻自由、公开性、维护个人尊严和自由等问题。

在很多方面,都应该重新思考党在新条件下的领导作用,说出对党章的看法。要排除主观主义的屏障。与此相关,又涉及限制中央总书记和党的其他领导人任职期限的问题。

下一步将解决干部任免问题。我们已经请米尔克[1]退居二线,尽管我劝他再等等,毕竟他是我的朋友啊,可以说是我的父亲。还有诺依曼[2],米肯贝格尔[3],哈格尔(顺便提一句,哈格尔说过,苏联的改革不过是"重新糊墙纸",这只是他因为非常守纪律而重复别人的话而已),以及阿克森。他们都是经验丰富的人。因此他们的离职也不是简单的事情。辛德曼[4]想留任到下次党代表大会,但党内意见多主张老人们退休。甚至施托福也在被批之列。

---

[1] 埃里希·米尔克,德国统一社会党中央政治局候补委员(从1971年起)、政治局委员(1976-1989年),德意志民主共和国国家安全部部长。

[2] 阿尔弗雷德·诺依曼,东德政治家和国务活动家。德国统一社会党中央政治局候补委员(从1954年起)、政治局委员(1958-1989年)。

[3] 埃里希·米肯贝格尔,东德政治家。德国统一社会党中央政治局候补委员(从1950年起)、政治局委员(1958-1989年),党中央监察委员会主席。

[4] 霍斯特·辛德曼,东德政治家和国务活动家。德意志民主共和国国民议会主席(1976-1989年),德国统一社会党中央政治局委员(1967-1989年)。

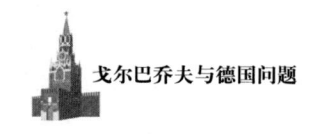

我要保护他。

戈尔巴乔夫：依我看，不能对所有人一概而论。就拿施托福来说，他一向都很优秀，很讲原则。

克伦茨：现在，蒂施[1]成了众矢之的。他犯了一个严重错误。在电视台发表讲话的时候，他将受到批评的全部责任都推到基层工作者身上了。他说，基层工作人员在所有问题上都有错，因为他们太听党组织书记们的话了。结果引发了大规模的抗议。许多人要求解除基什工会理事会主席的职务。我们在政治局会议上把这个事放下了，只是请工会自行解决问题。昨天基什说，他会辞职的。

由于搞了群众性游行示威，导致局面复杂。参加群众性游行示威的，什么人都有，显然也有我们的敌人。但多数人只是对现状不满。在人民议院发言时，我强调，政治问题只能通过政治手段解决。我们尽可能做到不动用警力。这个周末对我们来说形势非常严峻。预计11月4日，星期六，柏林会有一次大规模游行活动。计划参加游行的有17个创作联合会，包括演员，作家等等。可能会聚集50万人。

戈尔巴乔夫：在去柏林之前，我收到一封来信，信中以"文化暴动"[2]的名义开门见山地谈到，如果德意志民主共和国不积极搞变革，"文化暴动"就将直接向人们发出呼吁。

克伦茨：假设昂纳克在庆祝东德成立40周年之际，以另外一种方式发表讲话，谈一谈变革的必要性，那么局势可能就不一样了。现在我们呼吁共产党人参加游行活动。在安排好的演讲者中，还有沙博夫斯基。他的讲话，对我们是一种考验。

戈尔巴乔夫：党应该出现在有群众的地方。

克伦茨：我们认为，不是所有去参加游行的人，都是我们的敌人。不过，我们对大规模冲击柏林墙的行为要采取措施。那里会有警察。如果有人企图翻过柏林墙进入西柏林，局面将会变得非常严峻，那就不得不实施紧急状态了。希望不会走到这一步。

---

[1] 哈里·蒂施，德国统一社会党中央政治局候补委员（从1971年起），政治局委员（1975–1989年），德意志民主共和国工会领导人。

[2] "文化暴动"，德意志民主共和国创作工作者联合会。

戈尔巴乔夫：应该尽一切努力排除这种情况，当然，也要考虑到最坏的方案。这也是正确的。

克伦茨：在游行过程中，提出了以下口号：点出了要为危机状况承担责任的人的名字；要求老人们退休，政府换人；出国自由；改组工会、青年联合会；推出新的选举法；允许反对派合法化，取消特权；实行新闻自由；改善居民供应；保障生产的协调性；等等。

戈尔巴乔夫：这些要求都十分重要。有必要开一次认真的中央全会。

克伦茨：前两天米奇尼克[1]来访时，西方记者们问，对反对派，我是怎么想的？我说，那些在街上要求建设更好社会主义的人，都是我的战友，而不是反对派；我们反对把他们变成罪犯。现在不得不非常慎重地对待承认《新论坛》这类组织的问题。因为存在着它们变成波兰《团结工会》那类组织的危险。

……我想特别强调一下我们一直把握住的几种原则方法。

主要一点就是，我们要在思想和心灵上形成统一。我们感受到贵方和我方真诚、开放的态度，我们一定要同你们恢复开放的、诚实的关系。

您到柏林的时候，肯定会感觉到，全体青年是那么敞开心怀地欢迎您，全城上空都响起"戈尔比，戈尔比"的呼喊声。那样的欢迎仪式是不可能人为准备好的。它只是见证了，任何人都不能破坏德意志民主共和国青年对待苏联、对待苏联改革的态度。

戈尔巴乔夫：坦率地说，这让我很尴尬，特别是在火炬游行期间，当时我跟昂纳克并肩站着。

今天的会见对我们两党和两国来说，非常重要。

在这个负责任的时刻，我们在一起，肩并肩地站在一起。所有的人都要知道这一点。这对社会主义国家，对全世界都非常重要。现在西德人特别感兴趣的是，克伦茨在和戈尔巴乔夫谈什么。

我赞成您在这里同我分享的那些想法……说到此，我也回忆起我们经历的一些痛苦教训。我们在某些方面有严重失算的地方，首先是在经济上……

我们大家都应该更深入地领会什么是社会主义，理解社会主义朝着真正的人道主义方向发展的前景。这是一个复杂和漫长的过程。

---

[1] 亚当·米奇尼克，波兰政论家，民主反对派的领袖之一。

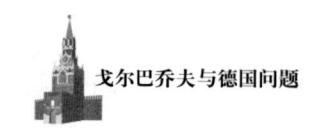

有些人对这种探索持特别警觉的态度。例如，菲德尔·卡斯特罗就很担心我们这里发生的事情。但是，在同他最近一次的会谈中，当我直截了当地告诉他，我们不会把自己的方式方法、具体手段强加于任何人的时候，他似乎有点平静下来了。我现在也在不停地强调，革命、改革是不可能强加给任何人的，革命、改革只有在自己成熟的时候才能搞起来。您看，它在德意志民主共和国就成熟了。而且，改革应具体如何进行，你们看得更清楚。这是你们的权限，也是你们的责任。正如您所知的那样，我们从自己这一方面表现出了克制，不发表任何刺激性的言论，尽管有过这样做的理由。

现在你们的社会也在搞"缓和"，好像相当地可怕。我又想强调，在新的条件下，应该考虑到你们的具体情况再行事。当然，要有共同的标准，要有确定的社会主义思想、社会主义政治、社会主义发展的成分。但是，不存在适用于所有条件和时间的模式。更何况，现在正在就社会主义理解本身的一些原则性问题展开大辩论。

我想，创造性探索的局面越来越成为德意志民主共和国的一个特色，尤其是在你们的经济状况，正如我已经多次讲过的，比我们好一些的时候。生活告诉我们，香肠尽管够吃的了，但这还没有满足所需的一切。亚里士多德就说过，"我们活着不是为了吃，而吃是为了活着"。当我在柏林讲到古罗马人"要面包！要娱乐！"的口号时，我指的也是这个意思。

克伦茨：大家都非常理解这个意思，除了昂纳克以外。

戈尔巴乔夫：有人告诉我，他连我们在政治局里的谈话也没有能够正确地理解。当然，我们对他没有任何恶意。假若他能在两三年前得出正确结论，那对德意志民主共和国，对他个人，都会有重大意义。无论如何，不能否定你们党和人民过去所做的一切。在这方面，我和您有着充分的相互理解。

戈尔巴乔夫基金会档案：全宗号1，目录号1

摘自切尔尼亚耶夫的日记

(1989 年 11 月 11 日)

柏林墙倒了。整整一个"社会主义体系"的历史时代结束了。

紧随波兰统一工人党和匈牙利社会主义工人党,昂纳克倒下了。今天传来了邓小平和日夫科夫"退出"的休息。"我们的老朋友"只剩下卡斯特罗、齐奥塞斯库和金日成。而他们都疯狂地仇恨我们。

但是,在民主德国,柏林墙是最主要的。因为这里涉及的已经不是"社会主义",而是世界力量的对比。雅尔塔体系在这里终结了。斯大林的遗产和歼灭希特勒德国也都将成为过去。

这就是戈尔巴乔夫"做的事情"。的确,他之所以伟大,是因为他感受到了历史的脚步,并推动它进入了"自然轨道"。

戈尔巴乔夫基金会档案:全宗号 2,目录号 2

摘自戈尔巴乔夫与科尔的通话记录

(1989 年 11 月 11 日)

(应科尔的请求通话)

科尔: 非常高兴,向您问候,总书记先生。我想对您昨天晚上发出的呼吁表示感谢。这是非常重要的一步。由于最近的事态,我被迫中断自己对波兰非常重要的访问。但再过两小时,我就将飞往华沙。明天,我将和雅鲁泽尔斯基先生举行内容丰富的会谈。我认为,这非常好,如果可以的话,届时我将引用您今天说的话,并转达您的问候。

戈尔巴乔夫: 我也非常高兴听到您的声音,联邦总理先生。苏联同联邦

德国建立起了现阶段高水平的相互理解和信任。我们两人的个人关系,也是这种高水平相互理解和信任的体现。我们今天的通话,再次体现出这种关系的全新水平。我想,今后这种交换意见的方式会用得越来越多。利用这个机会,我祝愿您在波兰的访问顺利。非常高兴请您转达我对雅鲁泽尔斯基总统的问候。

科尔:我乐意做这件事。我想对您的信函作出回复。一小时前,我与克伦茨先生进行了电话交谈。您知道,下个星期,民主德国就将组建新的政府。

这以后,即过一周后的星期一,我将派自己的代表到民主德国去。在那里,他将讨论我同克伦茨会面的事宜。这次会面看来将在 11 月底进行。

我想强调的是,我们欢迎民主德国开始的改革。同时,我们想使这种改革能在平静的条件下进行。我尤其反对任何形式的极端化行为。最近几天和昨天在柏林,我都说了这些话。我们希望,民主德国的人们都留在家里,而不要让民主德国的所有居民都跑到联邦德国去。事情的发展绝不会像某些人断言的那样,我们解决不了就此产生的那些问题。例如,今年,从民主德国迁移到联邦德国的人,就达 23 万之多。这些人都得到了安置。但大规模地向联邦德国移民,就是荒唐的事情了。我们希望德国人能在自己家里安排好自己的未来。

还想对预先通报您的这些资料做个修正。根据今天 12 时的评估,又有 10 多万人越过民主德国的边界。给人的印象是,大部分人都是观光者,他们没有要留在西德的愿望。那些想在西德获得长期居留权的人,要比担心留下不走的人少得多。我前不久说过,我们不想看到民主德国的局势不稳定。我现在依然坚持这个观点。我不知道,克伦茨先生能在多大范围内可以真正计划实施改革。但民主德国领导人本应在现有条件下充满活力地动起来。

还想对您说,我对您就上述事情给我写信给予高度评价。下星期,我从波兰一回来,如果您不反对,我次给您打个电话,讨论一下事态的进一步发展。

对波兰的访问非常短暂。我们支持这个国家奉行经济稳定的方针。我希望,那里的发展能沿着稳定的道路进行。

最后,还有一个很积极的现象,就是您同布什总统即将举行的会晤。我已经告诉布什,我们对美国和苏联举行新的最高级会晤表示欢迎,并期待裁军谈判取得实质性的进展。

最后一点，总书记先生，我想请您给我一个信号，即在苏联和联邦德国签署经济领域合作协定的背景下，贵国的发展是可以得到完善的。

戈尔巴乔夫：好。我记得，我们在整个务虚层面讨论了我们两国人民的关系和整个欧洲发展的问题。总理先生，您看到，这种讨论不仅仅是锻炼口才。世界正在进行深刻的变革。东欧国家也是如此。还有一个例子，就是保加利亚的变革进程已经开始，而且她的变革甚至比前不久预测的还要快。

当然，在不同国家，变革也会各异，实施的方式不同，达到的深度也自然不同。但不管怎样，都必须保持稳定，各方面都要慎重地行动。

总的来说，我认为，相互理解的基础在改善。我们彼此更接近了。这一点非常重要。

从这个观点看，作为非常重要的一步，我对您昨天所做和今天所说，给予高度评价。我觉得，民主德国现任领导人搞出来的纲领将会走得更远。他们正在进行认真思考，比如如何来保证民主、自由，怎样才能改进国家经济生活的方式。所有这些问题，都要作深入探讨，需要时间。

我曾特别向克伦茨建议，共和国领导人要在认真考虑社会情绪的情况下，在同国内各种社会力量、社会运动广泛开展对话的基础上，做好改革的准备。

我明白，现在，所有欧洲人，也不仅仅是欧洲人，都在盯着民主德国事态的发展。这是世界政治中一个非常重要的节点。但我们与你们，联邦德国与苏联，很大程度上是因为历史和我们现在关系的性质，对民主德国有兴趣，也是事实。

总体上可以说，形成了一个独特的三角。在这个三角中，对一切都要考虑周全，把握好平衡。我认为，目前的关系可以使我们做得尽可能好。

当然，所有的变革，都会出现某种不稳定的情况。所以，当我谈保持稳定的时候，我指的是，我们要在各方面，彼此相向迈出经过深思熟虑的步骤。总理先生，在我看来，目前正在发生向另一种关系、另一个世界的历史性转变。我们不应再通过愚笨的行为，对这种转变造成损害。否则，事态的加速演变，将使进程发展变得难以预测，将会搞得一团糟。这无论从哪个方面说，都是不受欢迎的。所以，我认真地看待您今天在我们的交谈中说的话。而且我希望，您利用您的权威、政治分量和影响，让其他各方的态度保持在和时代及其要求相称的框架内。

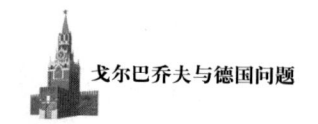

科尔：总书记先生，联邦德国政府会议刚刚结束。如果您出席会议，您就可能惊讶，我们的评价竟然如此一致。这种历史性时刻要求作出相应的反应，作出历史性的决定。在德语中，有个非常重要的概念叫"目测"。这意味着一种尺度感，能够在规划行动时计算出可能产生的后果，也意味着个人的责任感。联邦德国成立40年来，没有任何一位总理不担负起这样的责任，就像这种局势下我应担负的责任一样。

我认为苏联与联邦德国的关系达到现在如此之高的水平，是非常成功的。我尤为肯定我们两人形成的个人关系。在我看来，我们的关系已经超越了官方关系，具有个人色彩。我认为，这种关系以后也会这样发展。我对此做好了准备。我明白，个人关系不会改变问题的实质，但是它可以使问题解决起来更容易一些。

再回到对民主德国局势的评价。在我看来，主要问题现在在心理方面。昂纳克的方针彻底推翻了各项改革，将民主德国的新领导人置于非常困难的境地。克伦茨的"班子"被迫在糟糕透顶的时代压力下做事情。这是我看到的主要问题。为制定和实施改革，需要时间。您是正确的。但是这怎么向民主德国的居民作出解释呢？

戈尔巴乔夫：我认为，德国人固有的钻研劲头，无论在这个还是那个国家，都能够深层次地去研究解决面临的问题，推动改革进程走得更远。

我想再一次祝愿您对波兰的访问取得成功。

我希望，如果局势要求我们紧急地讨论些什么，我们就要找到能立即进行接触的方式。

科尔：毫无疑问是这样。如果在我们日后的谈话中，我们不得不对某些悲剧性的事件给予更多的关注，那就最好不过了。

戈尔巴乔夫：我希望，恰恰是因为对话，因为交换意见，斟酌我们要采取的那些步骤，悲剧性事件和转变才会更少一些。

戈尔巴乔夫基金会档案：全宗号2，目录号2

扎格拉金与联邦德国驻苏联大使布列赫的谈话记录

(1989 年 11 月 16 日)

11 月 16 日，我应约会见了联邦德国驻苏联大使布列赫。

他来拜会的理由，是要转达以下情况。1990 年 5 月或 6 月初，在联邦德国属于康采恩克房伯的"休格尔别墅"，将举办莫斯科克里姆林宫艺术珍宝展。联邦总统魏茨泽克对这次展会非常重视，准备对它给予特别的保护。不过他希望，在这种情况下，戈尔巴乔夫也能从苏联方面给予同样的重视。这不会使两位总统产生任何义务（也许，就是发发贺信），但能大大提高展会的声望，增进苏联同西德文化交流的水平。

按照魏茨泽克的委托，大使想非正式地提出如何落实好这件事的问题。因为只有在戈尔巴乔夫同意的情况下，事情才会正式启动。

我向大使保证，会把问题转告有关方面。

接下来就"德国问题"进行了简短的交流。

大使的想法可以归结如下。由于事态自发和快速的发展，"德国国家问题"已经作为极其紧迫的问题出现。他作为大使，象他的政府一样，不认为德国立即实现重新统一，只是一种可能，而是一种必须。联邦德国"某些人士"提出的问题是，他们使用了"未加深思熟虑的坚定表达"的表述。但是，国家领导人不同意这些人士的意见。

联邦德国领导人坚持的观点是，未来解决"德国问题"，只有在"欧洲格局"的框架下，才有可能。在回答我的评论时，布列赫指出，"某些人士"恰恰是想毁掉整个"欧洲格局"，因而具有难以预料的后果和威胁。大使接着又重复了一遍自己的看法，并说他的国家领导人不同意这些人士的意见。领导人是打算遵照在伯恩签署的苏联和联邦德国声明的精神和文字来做事情的。

我就此告诉大使，科尔在一些讲话中，特别是在不莱梅举行的德国基督教民主党代表大会上的讲话中，而且不只是在大会上的讲话，都非常随意地对两国签署的这个声明内容作了解读。布列赫对此表示同意。他说，后来总理"做了修正"。作为例子，他还引用了总理在波兰的讲话。

我对他今天所作的上述表示给予了反驳，尽管就整体而言，他这些说法并没有错。因为还是这位总理，在发表的其他声明中，曾暗示可能会提出重新审议边界（在德国统一情况下与波兰）的问题。布列赫保证说，这"只是联邦德国宪法的规定"，但是国家领导人知道，他们不能违背自己的国际法义务。

大使接着又提出问题：苏联怎么看待两个德国在新条件下，即在民主德国搞改革的条件下，发展建设性关系的问题？我告诉大使，对这一问题的答案，要在柏林和波恩去找。不管怎么说，都要注意不能把建设性关系解释为重新统一的代名词。布列赫忙说，指的不是这个，而是在两个德国继续存在的情况下如何发展合作的问题。从回答转到提问，对联邦德国是否打算最终完全承认民主德国作为主权国家的权利，大使的表述模棱两可。

随后，回到大使提出的话题。他说，我们不认为，在和联邦德国积极合作并采用合作新形式的条件下，民主德国就应与苏联"放弃对接"。这对民主德国来说是不可能的，而且也与"全欧格局"的思想相抵触。大使同时暗示，现在已经有了新的机遇，使得苏联、联邦德国和民主德国可以中许多情况下开展合作协调配合。我告诉大使，对你这个想法，要做认真思考。

布列赫很兴奋地谈到民主德国政府就减少民主德国公民向联邦德国和西柏林移居而采取的措施。按照他的看法，这个解决办法立刻就缓解了局势。他提到的"某些人士"已经安静下来。整体局势已经变了。

大使表示确信，尽管民主德国有不少公民可能希望移居到联邦德国，但是绝大多数公民还是希望留在自己的国家，即便有某些人后来还是离开了。

他在这个问题上提出了意味深长的看法："除了民主德国的公民是德国人以外，他们还是热爱自己国家的人。民主德国在许多方面，比联邦德国对任何一个德国人都更有吸引力。不错，联邦德国是商品多。但那里的生活复杂，不平静，不是在过日子，而是经常要进行斗争。尽管民主德国到现在依然是个警察国家，但她的生活比较平静。那儿的生活都是按部就班。这是一种古老的普鲁士生活方式，且德国人的性格很让人喜欢，包括我也喜欢"。

布列赫说，无论是东德的德国人，还是西德的德国人，都会变。但是，两个地方的人都有理智。我们脚下的基础不会被破坏掉。

大使继续说，西方的政治家们似乎现在准备承认合并问题的"合法性"了。我问他，他是否认为这些表态都是真诚的。大使笑了笑，说："并不总是真诚的。看得出来，在目前局势下，他们只是不想和已经苏醒的德国精神发生冲突罢了"。但他又补充说，这些表态并没有实际意义，对事态的发展不会产生影响。撒切尔的说法也许正好相反，她公开表现出对合并问题的不情愿态度，并呼吁保持克制，以免导致"联邦德国的某些人士"作出"爆炸性"的反应。

最后，大使再一次重复了他将忠实于他的领导人提出的"欧洲进程与欧洲解决方法"的话题，表示希望，依据事态的发展随时交换看法，并说，这对他有利，也对事情有利。我没有再反驳他。

戈尔巴乔夫基金会档案：全宗号3，目录号1

《从邦联结构到联邦》
——联邦总理科尔在联邦议院的演讲

(1989年11月28日)

女士们、先生们：

从德国内部边界和11月9日柏林各部分之间的边界开放那一时刻起，德国的政策就进入了新阶段，即新机遇和新挑战并存的阶段。

我们大家都因一个被分离的德国的所有人重新获得自由迁移而感到欢欣鼓舞。我们同民主德国的德国人一起高兴的是，终于通过和平的途径，推倒了存在几十年的柏林墙和边界阻隔。

我们欢欣鼓舞，是因为民主德国的德国人，用自己的热情洋溢与和平的行动，捍卫了自由、人权和自决权，并向全世界展示了勇敢和爱好自由的榜样。

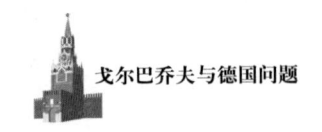

这个榜样获得全世界的高度评价。

莱比锡和许多其他城市的人们追求自由的那种真实而不可摧毁的意志，给我们大家都留下深刻印象。他们知道自己需要什么。他们想自己决定自己的未来，真正意义上的未来。我们，毫无疑问会尊重民主德国的人们，在自由确定自决过程中作出的任何决定。

我们，处于德国自由的这部分，充满团结的情感支持我们的同胞。

上个星期初，联邦部长扎伊特尔斯同国务委员会主席克伦茨和总理莫德罗就民主德国新领导人的计划举行了会谈。对我们来说，重要的是要知道，怎样实施他们宣布的改革纲领，在哪几段时间内应期待迈出什么样的具体步伐。

已经达成协议，12月初，将继续我们的这次会谈。如果在这一讨论过程中，如我们希望的，能看到第一批成果，那么在圣诞节前，我个人还想同民主德国的相关人士见见面。

在东柏林，联邦部长扎伊特尔斯还见了反对派和教会的代表。上星期，我在波恩亲自会见了反对派的代表。我们认为有必要考虑民主德国反对派的观点、意见和建议，这就是我们今天要做的事情。我们继续对这些交往给予高度重视。我们希望将来也能保持这种密集型的交往。

为战胜欧洲分裂，同时也战胜我们祖国分裂的机遇正在到来。今天，本着自由精神重又找到统一途径的德国人，将永远不再是威胁。相反，它对于欧洲合为一体是一个收获。

我们今天观察到的高潮，首先是人们的功劳，他们令人印象深刻地展示了自己对自由的意志。但它也是近年来许多政治进程发展的结果。我们依靠自己的政策，大大促进了这种发展。

这里具有决定性意义的情况是，我们实施这项政策，是在我国融入自由民主国家共同体的坚实基础上进行的。在1983年经受困难的考验时期，联盟的团结和坚韧性产生了结果。我们奉行大西洋联盟和欧洲共同体的明确方针，对中欧、东欧和东南欧的改革运动都给予了支持。

开始于东欧

随着经济与政治一体化迈上新台阶，我们在欧洲共同体框架内，顺利地继续推动欧洲人民自由联合模式向前发展，使联合具有的吸引力，远远超出了共同体的范围。

另一方面，具有决定性的一个前提条件，是戈尔巴乔夫总书记在苏联国内推行的改革政策和苏联对外政策的新思维。不承认各国人民和各国选择自己发展道路的权利，华沙条约其他国家的改革运动就不会取得成功。

如果波兰、匈牙利不提供政治、经济和社会根本性改革的范例，民主德国就不会发生悲剧性的事件。我对保加利亚和捷克斯洛伐克现在发生的变革表示欢迎。我感到特别高兴的是，德国图书贸易联盟设立的和平奖，让瓦茨拉夫·哈维尔成为了今年的获得者。哈维尔今天终于可以收获自己多年来坚持斗争和为自由遭受苦难的果实。他的庄严而充满感激的演讲，虽不被允许个人发表，但却已经在法兰克福的圣保罗教堂被宣读过了。演讲对共产主义和社会主义体系作了鲜明回答。

欧安会的发展在这里也起了相当大的作用。在这个过程中，我们与伙伴们坚持消除紧张局势的源头不动摇，坚持对话与合作，其中特别包括尊重人权。

通过条约政策进行准备

东西方关系新的信任得到增进，是由于东西方一些国家和政府的领导人在最高级别上开展持续不断大国外交和多边密集会晤的结果。裁军和军备控制领域实现了历史性突破，就是这种信任得到加强的直接体现。

联邦政府对苏联和所有其他共和国（华沙条约组织成员国）的广泛签约政策，对东西方关系的发展作出了实质性贡献，并为这种发展注入了重要的动力。

成功的原因中，还有我国民族能始终如一保持团结的政策。从1987年起，民主德国每年都有数百万同胞访问我国，其中不少是年轻人。在那些困难的年代，我们的"小步政策"保持和加强了民族的团结意识，深化了德国人的统一感情。

今天，这一点表现得尤其为强烈。

事态的这种发展进程，驳倒了所有阴郁的预测。因为从我执政一开始，

就有人预言东西方关系的"新冰河期"已经到来，并指责我们，其中也包括我本人，没有能力维护和平。可事实却截然相反。今天，德国和欧洲的相互谅解和共同点，比第二次世界大战结束之后的任何时期都多。

今天，每个人都明白，我们正位于欧洲和德国历史新篇章的开端，新的篇章将带领我们超越现有的状态，超越迄今为止欧洲已有的政治构架范围。

变革首先是人们用双手来做的事，他们赞同赋予自由，尊重人权，赞同由自己决定自己未来的权利。

所有那些在欧洲和为欧洲承担责任的人，都应该考虑到人民和人们的这种意愿。今天，我们呼吁构建欧洲大家庭的新架构，为我们的大陆建立起持久、公正的和平秩序，就像戈尔巴乔夫总书记今年6月13日和我在联合声明中强调的那样。

在这种情况下，所有参与者的合法利益都应该得到守护。德国的利益当然也不例外。这样，我们就会接近1967年12月大西洋联盟提出的目标。让我引用一下里面的提法："欧洲问题要得到最终和稳定的解决，不可能不先解决德国问题。因为德国问题恰是欧洲现代紧张局势的核心。任何类似的解决方案，都要致力于消除东西欧之间的种种非自然的障碍，而这些障碍，又最直观和最骇人听闻地表现在德国的分裂上"。

我们坐在"铺着绿色呢子"的桌子后面，或者手里拿着工作日历，是规划不出通向统一的道路的。抽象的模型于事无补。但是，我们今天，已经可以对这个阶段做好准备了。经历了这个阶段，奔向这一目标的道路就通了。我想以十点计划为例来阐述一下。

第一点，首先要求采取紧急措施，它之所以必须，是因为最近几星期的事态发展，特别是难民流在增大和公民往来人数在急剧增长。

联邦政府准备立即提供具体帮助，如果今天就必须援助的话。我们将给予人道主义援助和他们希望的医疗服务援助。

我们还知道，我们每年给每一个来自民主德国的人一次性地发放"欢迎资金"，但这笔钱解决不了他们往返的财政问题。说到底，民主德国应该自己能保证本国旅行者手中持有必要的外汇。而我们准备在过渡时期把这笔费用纳入外汇基金。条件是取消民主德国出国旅行换汇的最低额度。这将大大减轻返回民主德国的负担。而民主德国可以把自己的大部分份额存入外汇基金。

我们的目的，是使两个方向能更加无障碍地自由流动。

第二点，联邦政府将一如既往地在各领域同民主德国开展合作，首先是经济、科技和文化领域的合作。加强环境保护领域合作的力度也很重要。这将给边界两侧的人们带来直接的好处。这方面，近期就可以协商出新方案。

此外，我们想在以最快速度扩充民主德国的电话网方面提供协助。

关于开通汉诺威至柏林铁路总干线的谈判还在进行。除此之外，还有必要就重新规划欧洲的开放边界和接入民主德国的铁路网等原则问题展开谈判。对后者，首先要考虑推广最现代的高速列车。

第三点，如果能作出决定，以保证对民主德国的政治、经济体系进行根本性的改革，并使得改革不可逆转，那么在这种情况下，我建议大大扩大我们的援助和合作规模。"不可逆转"对我们意味着，民主德国的国家领导人要同反对派就修改宪法和新选举法达成协议。

我们支持民主德国在那些独立政党、包括非社会主义政党的参与下，搞自由、平等和无记名的选举。德国统一社会党对政权的垄断，应该消除。要求实施符合法制国家相应原则的条件，首先就意味着要取消因政治动机而进行的刑事追究。

只有在对经济体制进行根本改革的情况下，经济援助才会有效。这一点已由所有经互会国家的经验所证明。官僚主义的计划经济应该被取缔。

我们不想再维持现状，因为它已经令人难以忍受。只有在民主德国对西方投资打开大门、为市场经济创造条件并保证私人企业家活动得以进行的情况下，经济增长才会到来。匈牙利和波兰已经有这样的例子，民主德国可参照进行。在这种条件下，很快就会出现建立合资企业的热潮。今天，国内外为数众多的企业已经为此做好了诸多准备。所有这些，不是作为前提条件提出来，而是现实提出的要求，是为了我们的援助能发挥作用。总的来看，民主德国的人们想要建立起这样的经济秩序是毫无疑问的，因为这种秩序将给他们带来经济自由和福祉。

第四点，莫德罗总理在他的政府声明中谈到了条约共同体这样一个想法。我们准备响应，因为两个德国的接近和特殊性质，要求在各个领域和各个层面上，都能建立起一个更稳固的协定框架。

这种合作也越来越要求实施联合办事制度。对双方现有的一些委员会，可以提出新的任务，也可以再成立新的委员会。

我认为首先应包括经济、交通、环境保护、科学技术、卫生和文化等领域。毫无疑问，柏林将会全面加入到这种合作中去。

我呼吁所有的社会团体和机制，参加组建这样的条约共同体吧。

第五点，我们还准备再迈出一个决定性的步骤，就是在我们两个德国的基础上搭建起一个邦联式的结构，目的是随后建立联邦，即建立起德国联邦制的国家秩序。但这里所需的条件，是必须通过民主的办法，在民主德国建立起合法的政府。

同时，在自由选举之后，我们觉得成立以下机构是可行的：

——联合政府委员会，保持经常性磋商和协调政治问题的解决；

——联合的专业化委员会；

——联合的议会机构。

原先对民主德国实施的政策，应该说主要限于小步走的办法。小步走的策略能为人们减轻分裂的后果，保持并激发民族团结的意识。但如果未来，我们的伙伴是通过民主途径，即自由选举的合法政府上台执政的话，那就将开辟出全新的愿景。

新的机制化合作的形式将会逐渐产生并发展起来。这样的连结早已扎根在德国从未间断性的历史之中。在德国，国家组织往往意味着不是联邦就是邦联。现在，我们又可以利用这个历史经验了。

今天谁也不知道，一个统一的德国最终看起来会是怎样的。但是，如果德国人想要统一，那么它就会到来。我深信这一点。

第六点，德国内部关系的发展，要在全欧进程和东西方关系的轨道内进行。德国未来的格局，将成为统一欧洲未来格局的一个组成部分。为了实现这一点，西方以其要建立牢固和公正的欧洲和平秩序的理想，发挥着领导者的作用。

戈尔巴乔夫总书记和我在今年6月签署的联合声明中，谈到了构建"全欧大家庭"应包括的因素。作为例子，我要引用一些：

——无条件地尊重每个国家的完整和安全。每一个国家都有自由选择自己政治和社会体系的权利；

——无条件地尊重国际法的原则和准则，特别是尊重各国人民的自决权；

——实现人权；

——尊重和保护历史上形成的欧洲各国人民的文化。

借助于这些，我们愿意（戈尔巴乔夫总书记和我）这样记录在案，继续弘扬历史形成的欧洲传统，战胜欧洲的分裂局面。

第七点，欧洲共同体拥有的吸引力和作用力，过去和将来，都是全欧发展的一个常量。我们希望进一步加强欧共体的力量。

今天，要求欧洲共同体以开放和灵活的态度对待中东欧国家和东南欧国家面向市场的改革。这一点，已经为不久前聚集在巴黎的欧盟成员国的国家和政府领导人一致认同。

民主德国当然属于这些国家中的一员。所以：

——联邦政府支持以最快的速度同民主德国签署贸易合作协定，以扩大和保证民主德国能进入共同市场，其中包括要考虑到1992年时的发展前景。

——未来可能建立起某种形式的协作，它将使面向改革的中东欧和东南欧国家的国民经济向欧共体靠近，从而有助于消除我们大陆上的经济与社会差别。

欧洲应该向东方开放

我们把恢复德国统一的进程，理解为欧洲范围内的任务。所以，它也应被视为同欧洲实现相互一体化相关的事情。从这个意义上说，欧洲共同体应该对民主德国开放，对所有中东欧和东南欧民主国家开放。欧共体没有权利终止于欧罗巴，而应当向东方开放。

只有在这个意义上，欧共体才可能成为切实全面实现欧洲紧密团结的基础。只有在这个意义上，它才可能保持、确认和发展全体欧洲人的同一性。这种同一性不仅植根于欧洲文化的多样性，而且首先植根于自由、民主、人权和自决的价值观。

当中东欧和东南欧国家符合了必要的条件，我们也欢迎她们加入欧洲理事会，特别是加入《保护人权和基本自由公约》。

第八点，欧洲安全与合作会议进程也是这个全欧格局的心脏，应该得到

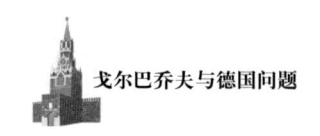

大力发展。为此应该利用即将召开的欧洲安全与合作会议来举办以下活动：

——1990年在哥本哈根和1991年在莫斯科召开人权会议；

——1991年在克拉科夫举办文化遗产研讨会；

——踏着欧洲安全与合作会议的足迹，在不远的将来在赫尔辛基举行会晤。

通过自决走向统一

在这些论坛会上，我们宜认真考虑全欧合作的机制化应采取哪些新形式的问题。我们认为，为协调好东西方的经济合作，建立一个集体机构以及成立全欧环境保护问题理事会是可行的。

第九点，消除欧洲分离和德国分裂的现象，要求在裁军和军备控制问题的解决上，采取大步向前的态度。裁军和军备控制应与政治进程同步进行，所以，要加快解决的速度。

这还特别牵扯到就制定削减欧洲常规武器、制定加强信任措施的协定以及全面禁止化学武器等问题举行的维也纳谈判。维也纳谈判还要求把大国的核潜力削减至战略必要的最低水平。布什总统与戈尔巴乔夫总书记即将举行的会晤，将为维也纳谈判注入新动力提供绝佳的机会。

我们将努力支持这个进程。在同华沙条约国家、还有民主德国举行的双边谈判的过程中，也要体现出我们的支持。

第十点，我们力求使这个全面政策在欧洲确立起牢固的和平。因为在和平的条件下，德国人民可以通过自由自决的办法，重新获得自己的统一。恢复统一，即德国实现国家团结的回归，依然是联邦政府的政治目标。我们要特别感谢，在今年5月北约布鲁塞尔最高级会晤时发表的声明中，在这个问题上，我们重又获得我们盟友的支持。

我们清楚，在通往德国统一的道路上，将出现一些特别困难的问题。对此我们今天不可能给出最终的答案。其中首先涉及到如何解决欧洲全面安全架构的问题。

正如我刚才在十点计划中阐述的那样，德国实现统一的问题同全欧进程、同东西方的关系，为它们相互间的有机发展创造了条件。因为这种有机发展将照顾到所有参与者的利益，并确保实现欧洲的和平共处。

只有在相互信任的气氛下,我们才能通过和平的途径,消除欧洲与德国的分裂。为了今天开始的进程能稳定、和平地进行,要求我们各方拥有审慎、健康的思维,并把握好分寸感。

可能对这个进程造成损害的,不是改革,而是放弃改革。不是自由导致了不稳定,而是对自由的压制导致了不稳定。在改革的道路上,迈出顺利的一步,就意味着整个欧洲会更加稳定,意味着自由和安全在增加。

《法兰克福共同报》,1989年11月29日

摘自戈尔巴乔夫和安德烈奥蒂的谈话记录

(1989年11月29日 罗马)

戈尔巴乔夫:现在谈谈德国问题。您在西欧,会感到对这个问题很微妙。甚至密特朗同科尔会谈后,也有人问到他对这个问题怎么看。密特朗说,他总体上似乎看好德国实现统一的前景。只是到后来,才对表态作出进一步明确的说明,这中间又出现改口,并强调言辞表述上的细微差别。而西欧人却谁也不想就此问题作直接表态。他们都在等着让戈尔巴乔夫说这件事。我的表态是,两个德国,这是现实。我们就是这样看待问题的。两个国家都是联合国成员国,这种情况是在特定的历史阶段,即种众所周知的事件发生之后形成的。它应该得到人们的尊重。顺便说说,安德烈奥蒂先生,我对您在这个问题的立场给予积极的评价。

如果我们开始重新审视战争的后果,那么马上就会面对边界问题怎么办的问题。这是一条非常危险的路。就让欧洲向前发展,就让和平向前推进吧。未来和平会对这个问题给出答案的。我曾直截了当地说过,德意志联邦共和国和德意志民主共和国恢复统一的问题,没有那么迫切。

安德烈奥蒂：这是绝对正确的。

戈尔巴乔夫：如果我们整天沉溺于这种情绪，那么，大家就都会被拽入陷阱。所以，要让我们的朋友科尔不要太着急。我看出来，在选举前，他受到了要玩弄报复的诱惑。

安德烈奥蒂：首先我想强调的是，我完全同意您有关无论东方还是西方都不掌握别人应予赞同的绝对真理的看法。现在，又出现了新的诱惑，呼吁人们要适应市场规律。这是一种一人发声、数百万人跟从的那种情况。我不认为，我们国家的发展在许多方面是正确的。社会领域和政治领域里的许多东西是应该可以改变的。当说到市场要靠相应税收制度作保障的反托拉斯法来进行矫正，那只是问题的一个方面。这样的观点可以同意。而如果没有上述的矫正办法，那就不是什么市场，而是资本专政，是集中于雇佣劳动中的专政。

所以，在对社会主义国家发生的事情作出评价时，我们都十分清楚，所说的都不是要他们转向"西方的信仰"。就让他们选择能够给他们带来最佳结果的道路吧。我想非常信任地告诉您以下情况。当波兰开始了大家都知道的进程时，罗马教皇就告诉我，如果你们决定这么干，那就是众目睽睽之下的反革命行为，而且是产生后果的行为，你们将犯下非常严肃的错误。这是非常公正的看法。

现在再来谈谈德国。我不止一次说过，包括不久前在议会也说过。我们是一个民族、两个国家。这是我们坚定而且是再坚定不过的立场。完全赞同您发表的公正意见，就是我们当中谁也不会猜到，未来到底会发生什么。本周末，十二个欧洲国家执政的基督教民主党的领导人和政府首脑将举行会晤。这一次我们打算非常坦率地同科尔谈一谈。要是有什么是绝对准确的话，那就是密特朗永远不会直接谈到德国恢复统一的问题。

在联邦德国，也出现了选战竞选失误的情况。政府担心共和党人势力加强，它们是极右翼的政党。由此就引申出各种各样类似科尔昨天在联邦议会作即兴发言时表达的意见。但我们肯定不会干涉两个德国发展相互间的关系，包括经济关系。而这种关系其实早就存在了。

还想提一个问题。民主德国事态如此急剧发展的原因是什么？开始是在莱比锡和德莱斯顿搞游行示威，接着突然又发生这么快的变革。显然，所有这些都和"柏林墙"有关。我要直言不讳地说，我们对事态如此发展，没有做好准备。

戈尔巴乔夫：有个问题我思考了很久。您知道，如果只以西方发达国家为例，那么您会发现，他们彼此非常不同，甚至在欧共体内部，也是各异。而我们，尽管采用社会主义的模式，但这些国家改革的情况也不同。有些国家采用了多党制和多种所有制形式。因此可以说，今天每个体系的发展都有多种方案，这是事实。

安德烈奥蒂：利用现在小范围会谈的机会，我还想回到先前的问题，民主德国事态如此迅猛发展的具体原因，究竟是什么？

戈尔巴乔夫：也许有这样的原因。由于同联邦德国的对峙，多年来，民主德国的领导人坚持让社会处于一种应召动员的状态。这种状态曾经很有效。当我们开始改革时，他们却还在做着同样的事情。创造各种机会，让人们可以实现自我，找到与时代相称的形式，其中包括与联邦德国建立关系。但是，昂纳克认为自己是圣火的守护者。其他人不管做什么，都被他看作是背叛，是在西方的压力下交出阵地。社会意识要求变革，而政治领导人却对此毫无反应。

根据昂纳克非常坚决的请求，我前往民主德国参加了庆祝建国40周年的活动。令我震惊的是，社会上各个不同阶层对变革的要求，竟然如此强烈。两小时的火炬游行，各类人士都参加了。您要知道，参加游行的主要是党的积极分子。当他们走过主席台时，大声喊着，"戈尔巴乔夫，留在我们这里吧！"可这时，我是和昂纳克并肩站在一起。这简直就是个悲剧呀。我在那儿发表的演讲还是有分寸的，我没有讲歌功颂德的话。但是评价了民主德国的成就，因为她是先进国家，在世界工业最发达国家中，排名在前十位。我当时说，党和人民必须一起寻找解决问题的方法。但不管怎么说，这是他们的事。

的确，目前发生在不同国家的变革，都是由内部进程和刺激因素引发的。而这也就保证了变革的生命力。如果试图将变革推向这边或那边，就只能坏事。在民主德国，政治领导人落后于社会发展进程，当变革一开始后，问题一下子都暴露出来。也许，这还刚刚开始。

安德烈奥蒂：我不太熟悉昂纳克，但是认识民主德国的其他一些领导人。

他们当中，有人把自己视为有现代思想的活动家，但这只是表面上的。比如埃克森就是这样。

戈尔巴乔夫：这些人全是"昨天"的活动家。

戈尔巴乔夫基金会档案：全宗号1，目录号1

摘自戈尔巴乔夫与安德烈奥蒂举行的联合记者招待会

（1989年12月1日 米兰）

《信使报》提问：我想知道的是，当欧洲发生巨大的变革之时，戈尔巴乔夫总统对德国致力于恢复统一是怎么看的？

戈尔巴乔夫：历史就是这样安排的。我们知道，今天的欧洲是由许多国际法文件固定下来的，其中包括《赫尔辛基最后文件》。还有一个事实就是，有两个德国并存，她们都是联合国的成员国。她们拥有广泛的国家间关系，其中每个国家的人民都可以行使主权，以支配自己的命运。

因此，现今的欧洲，包括她的边界以及两个德国的存在，是特定历史时期的结果。这些国家以后的命运如何，她们与世界、与我们的文明、与欧洲及与我们的关系如何，是我们大家都感兴趣的问题。我认为，时间将作出证明。就让历史本身来安排吧。现在，把恢复统一的问题作为紧迫的国家政治问题提出来，有些不合时宜。而且，这只会使局势复杂化。不过，这同在联邦德国和民主德国发生的变革并不矛盾，这些变革为她们两国的合作、为关系的发展，为人员的交往提供更多的机会，两国的关系变得日益正常。总之，就让历史来安排吧。要强行加快推动尚未成熟的进程。

《苏联外交部通报》，第24期，1989年12月31日

摘自戈尔巴乔夫和乔治·布什的谈话纪录

(1989年12月2日 马耳他)

(出席单独会见的有乔治·布什的助手斯考特罗夫特、戈尔巴乔夫的助手切尔尼亚耶夫)

由于美国干涉菲律宾的内政，戈尔巴乔夫嘲讽地指出："已经有人开始谈论，要用布什学说取代勃列日涅夫主义了"。

布什：难道是因为菲律宾吗？我只是想搞明白，他们为什么这样说？要知道这可是合法选举出来的领导人。他请求帮助，好与那个无耻的上校作斗争。

戈尔巴乔夫：同意您说的。不过我认为，出现这样的反应，在目前局势下是说得通的。您看一下就知道了。欧洲正在发生变革，很多政府都将被取代，而这些政府也是经过合法选举的。问题在于，如果在这场权力斗争中，有人请求苏联出面干预，我们该怎么办？就像布什总统那样采取行动吗？

布什：可以理解。

戈尔巴乔夫：有时经常会听到，在当前局势下，我们没有履行对朋友应尽的使命。在这种情况下，我通常这样来回答。第一，他们没有向我们提出请求。第二，一切都要合乎宪法。

布什：我会说得多一点。他们搞和平抗议，恰恰要感谢你们。

戈尔巴乔夫：我明白您的意思。我们主张搞和平的变革，我们不想也不愿干涉正在进行的进程。就让人民自己，而不是外来干涉，去解决他们自己的问题吧。但您要明白，菲律宾这样的上校在任何一个国家，都可以找得到。

布什：我们也好，你们也好，如果都主张搞民主和推动和平的变革，那么，这就是美苏关系获得良性发展并得以改善的一个重要因素。

而且，我对您所作的表态感到高兴的是，坦率是有益的。但是如果您把批评公开的话，那就可能会坏事。

我不想给您好像听腻了的老唱片那样的感觉，但请让我再重复一次，美国的舆论支持你们，支持你们搞改革，支持你们在东欧多样化进程发展中发挥作用，因为这种作用不是遏制变革，而是促进变革的因素。

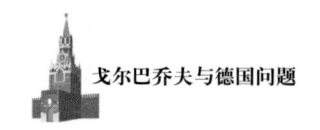

戈尔巴乔夫：我想再就东欧最近发生的一些事件出现的反应和举措说几句话。

东欧和苏联变革的方向使得我们接近起来，这是主要的。这还涉及到"德国问题"。我的印象是，科尔先生着急了，忙乱着，不能严肃和负责地做事情了。千万不应为了竞选的需要，就对恢复统一的话题做一些借题发挥的事情。不能只顾及一时一事，而缺乏战略上的考虑。顺便说一下，联邦德国对这一问题有不同的看法。在联合政府内部，在联合政府和社会民主党之间，都是如此。但对我们和你们都非常重要的一点是，要使所有的人都清楚，有些行为是会对积极进程造成损害的，更何况还可能发生更严重的事情，包括提出对联邦德国政府的信任问题。

将来怎么办呢？一个统一的德国将成为中立的、不属于某一军事政治联盟的成员，还是成为北约的成员？我认为，我们应该明白，现在谈论这些，还为时尚早。就让这个进程发展下去吧，不要人为地加以推动。

不是我们和你们要为德国的分裂负责。历史就是这样安排的。将来就让历史来安排这个问题吧。我觉得，我们和你们这一次达成了谅解。

布什：我认为，在科尔的言行当中，对事件得以扩展作出的情绪高昂的反应发挥了作用。根舍也是如此。的确，在十点计划中感觉到了竞选政策考虑的某些影响。但是，不能不考虑如何控制住现在出现的情绪浪潮。

科尔知道，有些西方盟友口头上支持恢复统一，但如果德国人民真想这样做的话，他们是非常不安的。

戈尔巴乔夫：是的，我知道这一点。已把这个观点告诉了科尔。与你们的盟友和您不同的是，我公开地表示，现在有两个德国，历史就是这样安排的。就让历史来安排，这一进程下一步如何发展；在出现新欧洲和新世界的背景下，这一进程又会走到哪里。科尔不止一次声明说，他明白自己应担负的责任，他将遵守我们在波恩达成的谅解。总之，这是一个我们应最大限度地予以关注的问题，以使这一问题不会对已经开始的变革造成伤害。

布什：同意您的看法。我们不会再采取某些考虑不周的行动，不会试图加快恢复统一问题的解决。

如果您和科尔会谈，那么就会发现，他同意我的这些看法。如果某些公开声明并不总是能够证明这一点，那么就应该既考虑政治平衡的特点，也应考虑激昂的一面。特别是后者。每当说到这些，他们眼里就含着泪水。

戈尔巴乔夫：我想强调的是，局势的变化为两个德国开展正常接触、扩大合作、增进贸易扩大等等创造了机遇，我们对此给予积极评价。

布什：无论多么奇怪，在这个问题上，你们和我们的北约盟友都在一条船上。最保守的北约盟友也欢迎这种态度。他们同时不得不考虑的问题是，联邦德国与民主德国的概念何时将一去不复返。在这个问题上，我将谨慎行事。就让我国的民主党指责我怯懦吧。我不准备跳墙，因为在这个问题上，许多东西都标在地图上。

戈尔巴乔夫：跳墙不是总统的职业（笑）。

布什：如果布什和戈尔巴乔夫对正在发生的变革表示满意，那么这最好不过。但是我不会受看上去漂亮、但可能产生危险后果的那些行为的诱惑。

戈尔巴乔夫：您说的很对。我们生活的时代不仅有许多承诺，而且非常需要担负起责任。

戈尔巴乔夫基金会档案：全宗号1，目录号1

摘自戈尔巴乔夫和乔治·布什的谈话记录

（1989年12月3日）

（美方出席大范围会谈的有：总统助理斯考克罗夫特、白宫幕僚长苏努努和其他人。苏方出席的有：谢瓦尔德纳泽、雅科夫列夫和切尔尼亚耶夫）

戈尔巴乔夫：您想首先就欧洲事务说些什么吗？

布什：我们靠近欧洲，但是我想先就我们的会谈发表几点看法。

首先，我承认，我们对急剧展开的变革感到震惊。我们高度评价您个人和整个苏联，对这些充满活力同时又涉及根源性的变革作出的反应和努力。

昨天我们在面对面的会谈中，讨论了德国恢复统一的问题，尽管没有涉及细节。我希望您能理解，不能要求我们不赞同德国恢复统一。同时，我们

也清楚，这是多么敏感和敏感的问题。我们在努力克制自己。我确立这样一个想法与别人略有不同。无论是我，还是我的行政机构的代表，都不想用看起来像是挑衅的立场来处理问题。我就强调这一点。……

贝克：德国实现统一的问题，让我们，也让你们和许多欧洲人，都变得神经过敏了。在这个问题上，我们的主张都要有什么呢？我们主张，实现统一要在公开性、多元化和自由市场的原则下进行。我们绝不想把统一后的德国复制成1937年至1945年的那种模式。这种模式肯定会使你们感到不安。那时德国的所作所为，与西方主张的价值观，没有任何共同之处。

戈尔巴乔夫：为什么民主化、公开性和市场就是"西方的"价值观呢？

布什：因为美国和西欧几十年来都赞同这样的价值观。

戈尔巴乔夫：我们也赞同。这也是全人类的价值观。

布什：但并不总是这样。您个人开启了这场变革，为民主化和公开性的发展奠定了基础。不错，今天，我们和你们赞同这些价值观，要比20年前明确的多。

戈尔巴乔夫：嗯，这很重要。……必须看清楚客观的生活是什么样的，把前进过程中的积极部分勾划出来并加以推动。

戈尔巴乔夫基金会档案：全宗第1号，目录号1

|1989年|

摘自戈尔巴乔夫同根舍的会谈记录

(1989年12月5日)

(谢瓦尔德纳泽和切尔尼亚耶夫参见会见)

戈尔巴乔夫： 欢迎您到莫斯科来访问，访问十分紧迫。对我们来说，您是享有特权的会谈者，因为我们早就知道您并给予您很高的评价。对新的不太出名的人一般都会客气一些，而和老熟人就可以坦率和直言不讳地谈话，可以立即和他们谈你感到难办的事情。

根舍： 感谢您的致辞。我愿进行坦率和诚实的会谈。

首先我想转达联邦总统和联邦总理对您的问候。他们认为，我此次对莫斯科的访问具有重要意义。现在，东西方关系已经步入新阶段，所以，直接和坦率地交换意见非常重要。我准备按我们已达成协议的精神来谈。这就是我访问莫斯科的目的。

戈尔巴乔夫： 您如何评价当前的时局？

根舍： 这是一个能为欧洲提供新的重大机遇的时局。东西方关系出现了巨大的转机。我觉得，这些进展是不可逆转的。但是，取得的进展还是非常脆弱的，对此不能低估。必须采取负责任和慎重的态度，努力关注，看得远一些，以及能灵活应对。

联邦德国采取的行动，始终遵循赫尔辛基会议的最后文件、遵循联邦德国同苏联、波兰和捷克斯洛伐克签署的条约，遵循联邦德国同民主德国主要关系条约中体现的精神。我们也完全遵循今年夏天在波恩举行最高级会晤时通过的联合声明的精神。

现在，东西方关系发生了质变。我们一致认为，我们要继续努力推动东西方关系向前发展。这些意思，我们在1986年夏天第一次会见时，我就特别同您谈过。当时您对我阐述了苏联领导人对国内发展和对外政策任务的目的和意图。我从一开始就对这些很有好感，您知道，我是走到哪儿都支持苏联实施的改革政策的。您主导的改革，不仅对你们国家，而且对欧洲人民乃至

227

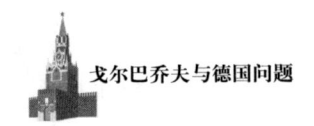

全世界人民，都有深远的意义。这是对欧洲和平秩序作出的贡献，也是对构建全欧大家庭事业作出的贡献。

我已经说过，对目前局势的发展，我们大家都应该负责任地对待。需要目标明确地作出努力，以为中欧和东欧推行改革打造稳定的框架。由于过去的历史和地理位置等原因，这一特殊责任就落到了德国人肩上。我们知道，欧洲各国人民都在看着我们，所以，我提到要遵循联邦德国同苏联、同社会主义国家签署的条约以及联合声明的精神来办事，就不是偶然的了。正因为如此，我们在诸如波兰西部边界等一系列重要问题上，态度都很明确，以避免可能出现的误解。

这个话题我在联合国发表的演讲中也提过。演讲的内容是得到联邦议会批准的。其中我特别讲到，50年前，波兰人民成为希特勒发动战争的首批牺牲品。我们不会对波兰国家的边界提出什么疑问，不想走回头路，而希望开展合作。我们希同波兰一起建设未来美好的欧洲。牢不可破，是欧洲全部生活的基础。昨天，在布鲁塞尔的北约总部会见时，我按这种精神又做了表态。本周末，在斯特拉斯堡欧洲理事会框架内举办的活动中，我还将阐述这些想法。密特朗明天也会向您讲同样的东西。

我们不想从东欧正在变化的进程中谋取单方面的好处。在这个进程中会出现一些问题，而这是推动重大改革时绕不过去的。我们的目的，就是通过同苏联、波兰、匈牙利、民主德国发展关系，来实现局势的稳定。这是我们内心的需要。

我们不想单枪匹马地向前推进，不想独自行走在德国的道路上。我们国家已经同欧共体实现了一体化，尽管这还不是欧洲的全部。我们也试图促进赫尔辛基进程的发展，因为它是欧洲大陆一个稳定的保障。

不要期待德国人会采取可能损害欧洲发展的步骤。我们支持欧洲稳定，支持欧洲各国和各国人民相互接近。

欧洲的发展，不能把德国人甩到康庄大道的边缘，不能绕过他们。同时，欧洲的接近，也不能只靠一部分德国人来推动，不能只围着德国转。

今天在和谢瓦尔德纳泽的会谈中，我们确认，在对裁军领域必须取得进展这个问题上，意见是一致的。因为这是全人类最重要的任务。推进这个事业，必须减少军事因素的作用，也必须发展合作，就全球性问题开展对话。这是符合各国人民希望和愿望的。在当代条件下,现有的联盟具有稳定意义,它们还将长期存在。但是联盟不应该政治化,即应在裁军过程中发挥出重要的作用。联邦德国会一直致力于维也纳和日内瓦的谈判进程取得进展。这一点,您同美国人也谈到了。

我们感到钦佩的是,苏美关系的发展充满了活力。我们抱着信任不断增进、而不是怀疑的眼光看待苏美关系的发展。我们充分理解这种关系的意义何在。欧洲当然有自己的分量,也能发挥自己的作用,但美国对欧洲大陆安全负有责任,美国积极参与了欧安会的发展进程。我们对此表示欢迎。

我想强调的是,我对阐述我国立场所用的每个词,都可以做到完全负责。我说的一切,都基于我的信念。这也可以证明,联邦德国奉行的是负责任的政策。

我不是作为一个个人,而是作为联邦德国的外交部长作出上述表示的。我国政府的政策,不是少数人的政策,它受到联邦德国大多数居民的支持,在联邦议院赢得了最广泛的赞同。所有这些,都保证我们同各方、包括苏方的互动在不断增加。我们打算继续这样做。

戈尔巴乔夫: 我以关注和信任的态度对待您的表态。如果您说的都符合实际情况,我们没有理由不欢迎。我们可以满意、乐观地结束我们的会谈。不过,还有一些意见要说一下。

这有两个层面。一个是务虚和概念上的层面,这恰好基于您阐述的想法。另一个层面是迈出实际的务实步骤。我们将拭目以待。

在欧洲,甚至在全世界,正在发生巨大的转变。这是向好的方向的转变。对抗和军备竞赛正在终止,相互信任正在增加。但假如在这种转变中,要让地方性的、地区性的、利己主义的和功利主义的态度占了上风,那就是非常危险了。

我们大家作为政治家,可以拟定一些共同的办法来检验,即让历史,让历史进程来检验。这样就不会发生使我们感到不安的严重情况。

直接说吧,我不明白联邦德国总理科尔阐述的著名的十点计划是什么意思。它应该涉及到联邦德国对民主德国采取的一些意图吧。必须直接告诉你们,这是对一个独立的、拥有主权的德国提出的一些最后通牒式的要求。总理谈的是民主德国,但涉及的却是我们大家。

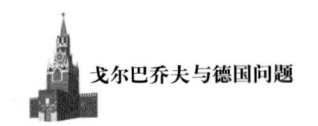

第一，这十点是在我们建设性地积极交换意见，并就一系列基本问题达成协议之后提出来的。按说，这样的文件应该在和伙伴们进行有关磋商之后再发表。难道是联邦总理认为不需要这样做了？看来他是认为，他一演奏进行曲，他就可以自己在伴奏下行军了。我不认为，这样做能有助于加强信任和相互谅解，能对我们达成的协议作出贡献。如果可以这样干的话，那还谈什么"欧洲建设"？

您知道，我和科尔总理通了电话。我对他说，民主德国不只是欧洲政治的因素，也是世界政治的因素；无论东方还是西方，都在密切关注会发生什么。科尔对此表示同意，并向我作出保证，联邦德国不愿看到民主德国局势出乱子，今后将慎重行事。但是，总理的所作所为与他作出的保证大相径庭。

我对科尔说，对苏联来说，民主德国是重要的伙伴和盟友。我们也致力于同联邦德国发展关系。这是一个在欧洲和世界发展进程中能发挥独特作用的三角关系。在这个三角关系中，办一切事情，都要三思而后行。但现在却提出了最后通牒式的要求，对民主德国应该走什么路，建立什么样的架构发出了指示。联邦德国的领导人动辄要下命令的欲望真是在膨胀。我可以向您担保，大家都感觉到了这一点。

或许，是布什在炒热局势？但您要知道，这需要算好自己向前迈的步子，一步、两步、三步或五步，并料到产生的后果是什么。

实际情况在那里摆着。两个德国都是主权和独立的国家。历史就是这样安排的。所以，作为现实主义者，我们的出发点应该是，要由历史来安排整个欧洲大陆的命运和发展进程，其中包括确定这两个国家的各自地位和作用。

全欧进程正在进行。我们想要建设一个新的欧洲，一个全欧大家庭。为此需要建立起相互间的信任。两个德国应在这些框架内发展关系。这种关系毫无疑问应该是紧密的。所有这些进程，都应该正常地往下走。任何人为的推动，都会使发生转变的意义变得更为复杂化。而这种转变，又是在欧洲国家中发展的。就是说，是在世界政治的中心地带发展的。

但我想，人为地推动，也不符合两个德国人民的利益。正是因为渴望稳定，正是因为慎重和相互尊重，正是因为在这种背景下，两个德国实在有必要调整相互间的关系。

可实际情况却完全相反。昨天，科尔总理不加思索地就声称，布什总统支持两个德国搞邦联制的想法。那以后怎么办？邦联制意味着什么呢？要知道邦联制国家必须拥有统一的国防和统一的外交政策。那届时联邦德国在哪里呢？在北约里边吗？那华沙条约又在哪里呢？或许变成个中立的组织？可是，没有联邦德国的北约又意味着什么呢？总之，以后怎么办呢？这些你们都考虑了吗？到那时，我们达成的协议又怎么处理？

谢瓦尔德纳泽：今天，如果这种处事方式适用于民主德国，那明天就会适用于波兰、捷克斯洛伐克，接着就是奥地利。

戈尔巴乔夫：可以完全负责任地对您讲，您展示出来的，不是最佳的政治处事方式。要知道您和科尔是分不开的。在任何情况下，这种处事方式都不能称之为是负责任的、可预测的。

根舍：我国政策的哲学观恰恰证明了它是可预测的。我们知道，我们将走向哪里。我是作为一个站在原则立场上的人来讲的。联邦德国的政治方针永远是明确和清晰的，否则我也不会同意代表联邦德国来讲话。

《莫斯科条约》和我们两国签署的联合声明，都是我国政策的组成部分，也是实现欧洲和平的一部分。我们永远也不会放弃这些东西。今天，我对谢瓦尔德纳泽说过，如果你们觉得，联邦德国奉行的不是这种政策，那我就不能对它负责。

联邦总理在联邦议院发表的声明，体现出联邦德国政策的长期性，表明这种政策是实现全欧一体化进程的组成部分。联邦总理对民主德国发出呼吁，首先是想表明，我们准备在这个阶段提供帮助和合作，并由此展现未来接近的机会。科尔发出的不是强制或最后通牒式的声音，不过是些建议而已。民主德国可以在自由、独立的基础上，自行决定，对这些建议可以作出什么样的反应。这就是我们的出发点。民主德国当然也清楚，她自己对欧洲的发展，应承担什么责任。

我来莫斯科之前，在布鲁塞尔和科尔总理进行了交谈。他发表的十点计划，在时间安排上不是刻不容缓的，而是想把一个前景确定下来。民主德国自己可以确定，她对科尔的建议如何作出回应，是同意还是不同意。

我们希望民主德国国内稳定。我们觉得，联邦总理发表的声明，为加强民主德国的稳定作出了贡献。这里没有强制，也没有最后通牒式的要求。联邦议院中所有有代表性的政党，包括德国社会民主党，都支持这十点计划和

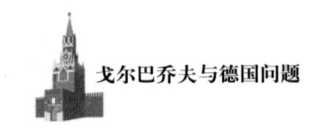

我们的政策。

我们同时也不会干涉民主德国的内政,联邦德国不会为此承担责任。

戈尔巴乔夫:无论如何都没有想到,您扮演的是联邦总理科尔律师的角色。就以十点计划的第三点为例吧。科尔表示,如果民主德国"一定会对政治和经济体制进行根本改革的话",如果民主德国的领导人能和"反对派势力"达成协议,民主德国将毫不动摇地奉行改革方针的话,他就赞同"全面扩大我们的援助和我们的合作"。这怎么能说不是在肆无忌惮地干涉一个主权国家的内部事务呢?

不仅如此,科尔总理还要求德国统一社会党放弃对权力的垄断。他说,必须根除"官僚主义的计划经济"。按照他的话说,民主德国只有向西方投资者敞开大门,为市场经济创造条件,并确保私人能够经营,经济才有可能腾飞。

我认为,民主德国不进行变革肯定不行。但这是她的内部事务。科尔总理对待民主德国的公民,实际上就像对他的臣民发出呼吁一样。

根舍:我想请您关注计划中的第二点。那里谈到了联邦政府愿在各领域权利平等的基础上,扩大与民主德国的合作。

戈尔巴乔夫:根舍先生,请把您的辩护都扔到一边去吧。这个计划中的第二点被第三点搞得一钱不值。早在沙皇俄国时期,一到释放政治犯时,就会告诉他,除了18个省之外,你想在哪里生活都可以。可是,俄国只有18个省。在您看来,他能在哪里生活呢?这个计划要达到的,就是这种效果。

根舍:可事情并不是这样。

戈尔巴乔夫:总理的计划打错了政治算盘。我们不能对此置之不理。我们不打算玩外交游戏。如果你们想和我们合作,我们现在就可以开始。如果不想合作,我们就将作出政治结论。我请您认真对待我上面说的意见。

根舍:我也认真地告诉您,在十点计划中,不包含任何条件。只是建议而已,民主德国可以决定,这些建议合适不合适。

戈尔巴乔夫:那么这更是最后通牒了。根据一切判断,你们准备葬送欧洲进程,而且就是以这种形式葬送。

根舍:根本不是这样。我主张我们坦率对话。您不应该这样来理解第二点和第三点。我不想让人们指责我们缺乏良好的意愿。联邦德国谁的内部事务都不想干涉。

戈尔巴乔夫：我们也不准备干涉联邦德国或民主德国的内部事务。但是请注意，我们知道对人民和世界要说些什么。这里的一切都应是清楚的。

根舍：完全正确。我们主张搞政治合作，并负起责任来。因为舍此别无出路。

还有一个问题想问一下。民主德国最近出事的原因是什么。这让你们，也让我们感到不安。联邦德国无权过问民主德国的事。不过今年我有机会两次表达我们对昂纳克的担忧。谢瓦尔德纳泽访问波恩时，我向他讲了同样的情况。苏联、波兰、匈牙利和民主德国的改革是如何进行的，人们又是如何为自己要求新权利的，我们都是一路看过来的。我们不认为这是一种体制对另一种体制的胜利，我们也根本不会断言，过去建立的体制要崩溃了。我们绝不打算就此庆祝胜利。其实，这里涉及的是民主变革和确立新价值观的问题。

今天在民主德国发生的事，不是我们搞出来的。那里的危机是可以克服的。但这取决于民主德国的新领导人要走什么样的路，取决于德国统一社会党的特别代表大会怎么开。

我不知道您昨天和莫德罗先生谈了什么内容。但如果我昨天在机场遇到他，就会告诉他，赢得民主德国居民信任的钥匙，就在他们的领导人手里。我完全是发自内心、确信无疑地告诉您这一点。

不要把我称为某人的律师。我是以全党的名义，代表联邦总理和联邦政府来说这些话的。

戈尔巴乔夫：我们认为民主德国的变革是不错的，只是不应该纠缠于那些陈规和教条。

根舍：我们尊重这些变革。

戈尔巴乔夫：我现在要再谈谈联邦德国。你们那里的人脑子里乱七八糟。感觉有些人对发生的事情难以自制。有的人开始失去理智，看不到周围的一切。而丧失理智的政策就不是政策。因为这样可以把我们一起创立起来的东西都搞砸了。德国人是个易动感情的民族，但是你们也是懂哲学的。应该记住，过去不长脑子的政策，导致了什么样的后果。

根舍：我们知道自己犯下的历史错误。我们不打算再犯错误。对现在在联邦德国和民主德国发生的事情，不值得作出如此尖刻的评价。民主德国的

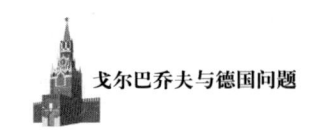

人们没有任何侵略性，他们完全是用和平的方式要求实现自己的合法权利。您知道，民主德国是我的故乡。我对居民的这些要求表示满意和抱有好感。联邦德国的所有居民都是带着好感和参与感来看待民主德国的变化的。我国所有负责任的政治家都强调，由民主德国的人们自己来决定他们认为需要做的事情。我们尊重他们选择的道路。

作出任何评价都必须以公正的态度进行。在波恩，我对苏联的欧洲政策所作的评价，经常受到人们的批评。可是要知道，正是苏联的政策，成为民主德国、匈牙利和其他社会主义国家发生变化的原因。

我不会就你们的政策对欧洲的未来意味着什么而视而不见。但是我们不想忘记自己作出的贡献，不想忘记民主德国居民作出的贡献，也不想让苏方低估联邦政府对政治生活稳定所作的贡献。我不知道，莫德罗先生对您说了什么，但是我知道他对联邦总理的演讲所作的表态是积极的，对科尔的许多观点都表示同意。当然，我们不能指望，声明中提到的各点，他都同意，这种事不太可能发生。

戈尔巴乔夫：一句话，看来您想说的是，你们做的都是正确的、负责任的。我的小结就是如此。我想再次强调，我们认为这具有极其重要的意义，我们将继续关注。

根舍：是的，联邦政府的政策是负责任和可以预测的，否则任何话我都不能讲了。

戈尔巴乔夫：我现在说的不是你们的全部政策，而是十点计划。您正在忘记过去。要知道任何人都能看出来，是科尔总理在人为地搞乱事情，想以这样的方式来破坏正在理顺的全欧进程。他大概已经想到，我们是不会对他的行为作出不偏不倚的评价的。

根舍：我已经说过，不能对所有事情都看得这样悲观。

戈尔巴乔夫：您现在已经听到苏联领导人的意见。这些意见是直接的、坦率的。也许，其他人不会对您说得这么直接和开门见山。但是，我敢保证，他们在内心深处考虑的，和我们的考虑是一样的。

根舍：那其他人是谁呢？

戈尔巴乔夫：是你们和我们的那些东方和西方的伙伴们。

根舍：我觉得，不应该这样来评价联邦德国。谁也不会对事态发展得这样好而提出异议。最近几星期和几个月来，应该说没有哪一个国家像联邦德国这样，对稳定政策作出如此重要的贡献。这一点是毫无疑问的，我们赞同民主进步的改革和稳定。

在两个德国的关系上，加速发展绝对不符合我们的利益。但是我们想让人们知道，我们的动机是可以理解的，因为我们准备在欧洲同所有国家一起采取行动，而不是自己单干，不搞利己主义。

戈尔巴乔夫：我们了解您的为人，评价是积极的，所以我们有什么话就和您直说了。倘若联邦德国能够按照这些愿望来做，那么，联邦德国的行事方式就是另一种样子了。就不会有什么十点计划的出台。我们也没有必要去搞清楚什么了。现在各方面的事态发展都很复杂，可以说是非常激烈。而你们呢，不是往火里面加柴，而是在扔炸药。

坦率地说，这样鲁莽的举措让我们感到很困惑。要知道目前的局势是我们和你们努力了很长时间，才形成的。你们与"东方政策"的制定有直接关系。现在你们却让许多事情办不下去。我担心，你们是否打算把所有事情都作为自己参加竞选斗争的筹码。当然，联邦德国可以按照她认为需要的方式来干。但是我们应该作出结论。我们倒要看看，你们是怎样把我们很难理顺的关系又搞砸了的。

根舍：我们从来没有过这样的念头。发生的这些事情同选举没有任何共同之处。即便选举不是明年搞，而是过三年再搞，我也会重复现在所说的话。我国没有哪一个政治家想为了短期获利而放弃什么。在这方面，不同国家的看法或许有所不同。但这是不可避免的。

戈尔巴乔夫：我注意您提到的一些具体情况，并对此给予评价。

根舍：我们不是冒险分子，我们知道担责的尺度在哪里。谁都不会怀疑，我们对待这事是多么认真。我们参与了欧安会进程，就是一个明证。民主德国发生的一切，都是这个国家的内政，是民主德国公民作出的选择。我们尊重这种选择。我们不强加任何东西。

我们知道我们为欧洲乃至整个世界的稳定应承担什么样的责任。我们明白，集团和联盟都意味着什么。联邦德国不会收回记载在联合声明中的任何一个词汇。我请你们不要怀疑我们提出的目标和意图的真诚性质。我们心里完全清楚。德国人是第一个因欧洲局势不稳而受到伤害的民族。局势不稳不

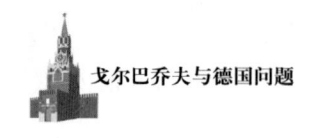

会让任何人置身事外的。

戈尔巴乔夫： 在我看来，我们与你们又在开始做重复的事情。您说到我们两国正在生效的协议时，我不会怀疑您的真诚。但是，在实际层面发生的事情，同要负许多责任的政策的共同之处太少了。恕我直言，在政治上搞即兴之作，是非常危险的。

我们应当开展合作，发展相互关系。我们的人民期待我们这样做。再次邀请您参与到这种合作中来。但也请您以后不要再搞这样的惊人之举，不要给我们和其他人送这样的礼物。在东西方开始相向而行之时，不要动不动就踩刹车。如果做事就象一头大象闯进瓷器店，那我们就真的会错失机会。

根舍： 我向您保证，联邦德国国内的竞选斗争不会影响到对外政策方针的执行，不会有任何改变。我主张奉行的政策已经得到整个国家和主要政治力量的支持。竞选斗争不会对对外政策产生任何影响。

我愉快地接受您开展合作的邀请。我主张奉行负责任的政策，要采取珍惜的态度。我正是要以这种精神和以这个视角，来看待和评价我们这一次的会谈。

还想问您一下，就我们今天的会谈，可以对外界说点什么？您知道，我马上要参加记者招待会。就是回到家，也会面对一大堆提问。

戈尔巴乔夫： 我们的会谈是坦率和内容丰富的。我们对所有问题都谈得很开，也很直接。我们谈的事情，应首先对作出政治结论有意义。如果我们想破坏同联邦德国的关系或者损伤它，那就可以公布我们今天谈话的内容。但是，我们是带着希望来看待我们和联邦德国的关系的。

正因为如此，要对媒体作适当通报，就说我们讨论了欧洲和世界政治一些最重要的问题，并且考虑到欧洲和世界形势的发展变化。

在这种背景下，我们也可以提一下，说我们讨论了两个主权德国——联邦德国与民主德国相互关系的问题。我们要说，苏联把民主德国看作是重要的盟友，和平与稳定的重要保证者，将对她给予帮助和支持。随后我们还要说，德国副总理表示，必须维持欧洲大陆稳定，进一步发展和深化作为这种稳定保证的全欧进程。

根舍： 我们也按这些前提来做，我们同意您说的要点，并对媒体作出回复。

戈尔巴乔夫： 最后，我还想告诉您，不要忘记，克里姆林宫密切关注着政策实施过程中所有的细微差别和大的转变。欧洲，联邦德国，民主德国，都要有正常的发展进程。不要提速，也不要把自己变成消防队，就像科尔总理做的那样。

顺便问一下，我觉得，根舍先生，您只是在联邦议院相应的演讲中听到了他的十点计划。

根舍： 是的，是这样，但这是我们的内部事务。我们自己会搞清楚的。

戈尔巴乔夫： 您自己看到了，你们的内部事务把所有的人都触犯了。也就是，我们彼此理解罢了。

我看到，您对我们准备对媒体通报的东西是满意的。今天我们暂且还这样说。不过你们要注意，如果你们再明白不过来，那我们明天就做另外的通报。

根舍： 我向您保证，我们将拿出最负责任的态度。请您不要认为，我说的不是我关注的。

戈尔巴乔夫： 不要把我所说的都归到您身上，根舍先生。您知道，我们对您，与对别人是不同的。我希望，您正确地领会了这一切。感谢您的谈话。

戈尔巴乔夫基金会档案：全宗号1，目录号1

摘自扎格拉金在基辅和阿塔里的谈话记录
(1989年12月6日)

在简短的会谈中，法国总统密特朗的助理阿塔里谈及如下：

苏联不干涉兄弟国家内部事务的清晰立场，在我们对民主德国事态发展的态度上也有反映，这让法国领导人感到为难。一方面，法国领导人真诚而满意地欢迎"勃列日涅夫主义"已经消失得无影无踪；另一方面，又不由自主地提出问题，即这个路线是否意味着，苏联似乎已经安于德国恢复统一，不会再采取任何措施来防范德国的统一？这引起了恐慌，甚至有些手足无措。

法国无论如何也不想让德国恢复统一。尽管法国也明白，德国归根到底

戈尔巴乔夫与德国问题

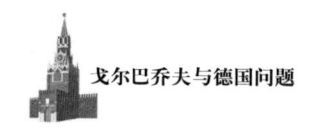

是会实现统一的。当密特朗在与戈尔巴乔夫会谈中确信,苏联赞同法国的立场,密特朗才安静下来并"提起了精神"。

随后,阿塔里重复了以前他表达过的立场,即必须尽可能快地搭建一个"穿越集团边界、横穿东西方分界线的机构"。这样的机构使德国不能单枪匹马地行动,甚至在恢复了统一的情况下,也能阻止她提出什么霸权性的要求。

最后,他提到了苏联和法国的特殊地位。第一,作为四个战胜国中的两强,要为防止在德国领土上出现新的战争威胁承担起特殊的责任。第二,作为传统盟友,更何况又是遭受德国侵略的盟友,应更加致力于防范德国出现新战争的威胁。……

戈尔巴乔夫基金会档案:全宗号3,目录号1

摘自戈尔巴乔夫和密特朗的谈话记录

(1989年12月6日　基辅)

(出席会见的有苏共中央国际部第一副部长扎格拉金)

戈尔巴乔夫:总统先生,我对您提出在这里、在基辅举行会晤的倡议表示欢迎。法国总统与苏联领导人进行对话非常难得。也许,今天这次对话比前不久进行的那次更有必要。当前形势要求我们开展更加扎实的合作。

正因为如此,我要再一次表示,欢迎您到我们这里来访问的倡议。

密特朗:谢谢。我之所以来这里,是因为理解到在我们经历的这一时刻应承担什么样的责任。

我高兴的是,我们可以恢复伟大的历史传统,开展经常性的对话,这是我们两国特有的一座可靠的桥梁。这非常重要。

另一方面,目前形势的发展给我们提出了十分严肃的问题。我想在我们两国关系密切的情况下,能一起渡过刚刚开始的困难时期。这是我们充分信任关系的体现。

我认为,需要尽一切努力,在我们之间,也在欧洲的两部分之间搭起桥来。

现在要谈的话题就是如何搭建起桥来。之后，我希望，欧洲能成为一块统一的土地。

戈尔巴乔夫：我同意您的看法。您说的，正是我们这次会晤的主要考虑。我不认为，我们夸大了自己肩负使命的意义。我深信，在当前欧洲、苏联以至全世界都在深刻变革的这个时期，层出不穷的新问题要求我们进行深入的思考，并使这种思考成为与欧洲和世界所需新政策相称的基础。

密特朗：今天最现实的问题就是德国。德国局势中有不少矛盾的东西。当然，当人民表达出强大的意愿，那就不能不顾及。同样，也很难不顾及两个德国之间的边界。这和用边界把不同的人们隔离开来，是不同的问题。

另一方面，在欧洲，谁也不想看到因德国统一，而使大陆发生深刻的变动以及带来哪些未知的后果。我们需要完善自己在大陆西部的共同体。您应该看到，华沙条约组织成员国的事态下一步会如何发展。我们应该顺势一起搞出一个深化全欧进程的方案来。就是要搞一个全欧性的会议决议，使之成为欧洲发展的基础。必须使全欧进程的发展快于德国问题的解决，要赶上德国方面的行动。我们应该建立起一个很掌管全欧的机制。而德国因素不过是欧洲政治的一个组成部分，绝不是压倒性的组成部分，不是起主导性作用的组成部分。

这不只是我的观点。实际上所有欧洲人都是这么想的。他们认为，我们应该一起向前走，把德国问题的影响和后果减少到最低限度。

我不害怕德国恢复统一。但它应以民主与和平的方式进行。而且我说"以和平的方式"，就是我认为不是要打仗，而是由我们、你们，并和英国、美国一起，为欧洲的安全负起责来。我们不能因偏爱德国问题，而失去对整个欧洲的管控。

我承认，我已经对我们的德国朋友们提出了意见，对他们在表达自己的想法时不提及同波兰的边界这一点表示惊讶。这个问题很严重。欧洲共同体的所有国家对这一问题的看法都是一样的，尽管他们表达的尖锐程度有所不同。

戈尔巴乔夫：我有一种感觉，就是美国没有完全坦率地讲明自己的立场，没有把这个立场讲透。

密特朗：的确是这样。我就这一话题和英国、意大利、比利时、荷兰及

丹麦的领导人进行了交流。还未来得及与西班牙领导人谈，他们正在忙组建新政府的事。但是，与我交谈的所有人，意见都是一致的。大家都认为，德国问题解决得太急了。大家都同意，欧洲进程应该发展得更快一些，为边界问题提供保障的《赫尔辛基最后文件》的原则，应该得到遵守。

至于布什，我再重复一下，我赞同您的评价。美国人没有把话说完，其中包括德国问题。但我不认为，他们准备站到打破欧洲边界的立场一边。

最近一个星期一，12月4日，我们大家都在布鲁塞尔。布什说的不是边界不可侵犯，而是欧洲边界不得改变。这有什么区别呢？我向他提出这个问题，但没得到答复。布什的思路是正确的。但是他没把这个问题谈透。

我与您的会谈则完全是无拘无束的。我们同联邦德国有特殊的关系。戴高乐和阿登纳于1963年缔结了盟约。我根据这个条约来做事。所以，也许我比其他人更难以拒绝德国人犯错误的权利。但是我相信自己的使命就是，保持欧洲的平衡，维护和平。

进程发展的程序不能改变。我重申，我们首先要做的事情，就是实现欧洲的一体化，实现东欧的演变，推动全欧进程发展，在欧洲建立起和平秩序。如果美国能参与到这些进程中来，那就要向我们大家提供额外的保障。

科尔的讲话，他的十点计划把大家弄得颠三倒四。他把所有的东西都掺和在一起。他太急了。我对根舍声明，讲了这个话，他对我得出的结论没有表现出很反感。

戈尔巴乔夫： 您说的这些都很有意思！关于这一点，我下面还要谈。

密特朗： 根舍是一位大政治家，他看问题都是从大处着眼。

这样，我想使我们的朋友和盟友，首先是我们和你们，要保持经常性的接触，认真对待这个问题。

戈尔巴乔夫： 同意您的意见，现在需要的是行动。在涉及东西方变革、包括德国问题上出现的新局势方面，我们的态度是一样的。我觉得，我们在增进相互理解并开展新的合作时，要考虑到欧洲发生的变化。我们可以在此基础上确保所有进程都能正常进行，哪怕这些进程发展得很快。我们必须保持相互谅解。在欧洲发展的这个转变时刻，来自任何一方的投机，都是非常危险的。

密特朗： 那您打算具体怎么做呢？

戈尔巴乔夫：首先要继续奉行和平变革的路线。要让每一个国家自己决定她的发展方向。我们要确信，不能允许外来干涉，不能歪曲人们的意愿。

由此我想请您关注一下12月4日我们发表的声明。华沙条约所有国家都参加了1968年的行动[1]，它们表达了对此行动的看法，宣称不允许干涉别国的内政。您说得很对，我们需要的不仅是观察，而是行动。每个国家都要同时表现出信任和扩大合作的态度。

密特朗：我要给自己提个问题，民主德国国内将会发生什么？

戈尔巴乔夫：刚才我谈的是东欧。现在谈民主德国。我完全同意您的观点，要把德国问题放到欧洲进程的背景下来看，并在其中找到它的位置。这将保证欧洲免于各种天灾人祸和不稳定。也只有这样，才可以找到更正确解决德国问题的办法。人为推动恢复统一的进程，应被排除掉。

昨天我对根舍十分尖锐地讲到，科尔的十点计划与当前态势并不相称，与我们和联邦德国达成的相互谅解是相抵触的，与全欧进程发展也是相抵触的。第一，科尔跑得太靠前了，他太急；第二，他用这种方式搞出了自己的计划，而这实际上意味着是强加于人。

密特朗：您就这样直接说出来了？强加于人，这可是德国词汇。

戈尔巴乔夫：我说得甚至比这个还厉害。在计划的第三点，科尔就说，民主德国应该做什么。这不就是直截了当地强加于人嘛，还提出要改变社会制度和经济体制的要求。……

我和根舍谈了很长时间。也没有什么其他办法。对我们来说，德国问题是个悬而未决的问题。我直截了当地说，如果您想搞爆炸，把我们达成的东西都毁掉，那您就折腾吧。但是全部责任都压在我们身上了。别忘了，就是中等资质的政治家，也都会把自己要做的事先前算两三步。

总理还谈到联邦德国与民主德国搞邦联制的问题。在布鲁塞尔时，科尔说，布什支持他这个想法。我问根舍：什么是邦联制？要知道它的一个主要特征就是要有共同的对外政策和共同的国防政策。所有教科书上都写得明明白白。两个德国怎么能够制定出一个共同的政策呢？我问：这个邦联要去哪？是加入北约还是华约？或者她就是中立的？可如果这样，北约还剩下什么？

---

[1] 指的是华沙条约成员国军队1968年8月进驻捷克斯洛伐克的行动。

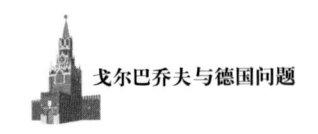

我问他，你们对这一切都想清楚了吗？

接着，我向根舍提了一个问题。在公布之前，他是否知道科尔的十点计划的内容？根舍承认，他是在联邦议院第一次听到的。于是我便问他，他以后将怎么做事？

密特朗：您知道，我们同根舍的情况一样。事先没有得到科尔所提建议的通报。

戈尔巴乔夫：我又问他，您不能同我们交流吗？那我们关于要搞磋商、约定还有用吗？在这个对所有人都十分敏感的问题上，你们做事情竟然是那样的粗鲁。

根舍向我保证，他会忠实于全欧发展进程，并提醒说，他个人做的事，完全是为了他要取得成功。我说，解决自己的问题，你们怎么干是你们的权限。而我们的权限是作出结论。我请他向科尔总理报告我的这番话。

根舍长时间地作解释，说我们对科尔的十点计划理解得不准确。然后问我，我们该如何向媒体通报我们的会谈？我告诉他说，我们要写在纸面上，说我们进行了直言不讳和坦率的交流。暂且我们不想写上对我们这几年所做事情有疑问之类的话。我在这里强调的是暂且。但是我们将密切关注今后发生的事情，因为联邦德国的所作所为，让人想起闯进瓷器店里的大象。

密特朗：您知道不知道，根舍所在的党是自由民主党。在自由民主党的代表大会上，与科尔的想法并不合拍？矛盾到处都有，在联邦德国也是如此。

戈尔巴乔夫：我昨天和莫德罗举行了会谈。在他们解散了党的所有机制之后，成立了组织小组。莫德罗担任主席。这个小组负责筹备党的非常代表大会。

密特朗：的确，局势是复杂的。而我正准备12月20日去民主德国访问。

戈尔巴乔夫：一切必须考虑成熟。也许，我也应当去那里走一趟？

密特朗：那我们就一起去吧。问题的独特性在于，我去民主德国是应昂纳克的邀请。实际是回访。尽管局势复杂，但我不想再拖了。因为这时去，有政治上的意义。

戈尔巴乔夫：是的。我们的时代总会产生意外的事情。民主德国的局势很严峻。但还没到糟透了的地步。人们还在上班，示威活动变少了。

密特朗：民主德国人民对恢复统一的思想作出过严肃的回应吗？

戈尔巴乔夫： 有回应。但您知道，民主德国半数以上的居民想保持国家目前的面貌，当然，需要改变她的政治结构、深化民主等等。他们认为民主德国和联邦德国的关系，是两个主权国家的关系。莫德罗说可以搞一个新的条约共同体。

密特朗： 不管局势如何变化，我都要去一趟民主德国。但我强调，我这是国事访问。

戈尔巴乔夫： 看来，这是要突出我们刚才谈到的民主德国事态发展具有顺其自然的性质。

戈尔巴乔夫基金会档案：全宗号1，目录号1

摘自扎格拉金[1]同戈洛维茨[2]的谈话记录
（1989年12月11日）

应肯尼迪[3]参议员请求，会见他的头号亲信戈洛维茨。……这位参议员给戈尔巴乔夫同志写了信。信中提出了一些着眼未来的建议，请戈尔巴乔夫考虑。信已通过相关渠道转交。戈洛维茨就此信又作了如下补充：

肯尼迪认为，在欧洲事务中，布什对德国问题尤为重视。他无论如何不希望德国实现统一。但这样的立场，一是他自己不能公开讲；二是也不知道具体该怎么做。布什总统回家后，同自己的幕僚探讨，能否利用四方机制来做这件事，但没有形成任何结论。

布什总统认为，在当前条件下，不管怎样，都要维持住两个军事同盟并使它们的关系更加紧密，还要加快欧洲一体化的步伐；为此甚至可以不顾撒

---

[1] 瓦季姆·瓦连京诺维奇·扎格拉金，1988年起任苏共中央国际部第一副部长、戈尔巴乔夫国际事务顾问。

[2] 劳伦斯·戈洛维茨，美国电影制片人，20世纪80年代末任参议员爱德华·肯尼迪的办公室主任。

[3] 爱德华·肯尼迪，美国政治家、参议员，是美国总统约翰·肯尼迪的弟弟。

切尔的抵制。因为这两种手段均可"遏制住"德国人。在肯尼迪看来，布什总统会根据事态发展找我们磋商的，因为总统认为事态可能会失控……

戈尔巴乔夫基金会档案：全宗号1，目录号1

摘自扎格拉金同拉莫尔斯[1]的会谈简报
（1989年12月20日至21日）

同联邦德国议会基民盟—基社盟党团裁军问题的发言人拉莫尔斯会谈时，谈到了两个德国统一、民主德国的形势、欧洲一体化和国际关系，特别是欧美关系的变化等问题。拉莫尔斯总体支持本党领导层的立场，否则也不会成为本党在议会的发言人。但他还是不时表达出一些有别于官方的个人观点。最值得关注的有以下几点：

一、关于德国问题

会谈中，拉莫尔斯多次谈到科尔总理的"十点计划"。看来他已被授权对"十点计划"作出阐释，以便安抚苏联方面，还可显示科尔对自己原先不成熟的立场作出了"微调"。当然，拉莫尔斯并不否认，波恩已经注意到，对"十点计划""持消极立场的，不仅有苏联和东欧各国（特别是波兰），还包括几乎所有的西方国家"。

针对科尔的"十点计划"，拉莫尔斯还指出，外国评论者，包括在苏联的外国评论者，都把注意力集中到这一文件中有关民主德国未来改革的那部分内容，而恰恰是这一部分的内容"表述得不是那么准确"。与此同时，科尔的讲话还包括其他一些内容。

拉莫尔斯首先提请注意科尔讲话的开头部分，这部分内容界定了"民主

---

[1] 卡尔·拉莫尔斯，西德政治家。联邦德国议会基民盟—基社盟党团裁军问题的发言人。

德国发生变化的范围,以及科尔不得不提出他应变思路所依据的条件"。这些"范围"和"条件",包括以下几个方面:一是苏联和东欧各国的改革进程,促使德意志民主共和国发生了变化;二是联邦德国积极参与西欧一体化的进程,开创了"欧洲各民族自由联合的模式";三是北约的演变,北约的政治化,使联邦德国成为北约成员,并构成西欧安全与合作的保障,等等。拉莫尔斯引用科尔的话说:"德国永远不会对别人构成威胁。"

我表示,尽管上面列举的以及其他种种"条件",确实在欧洲营造了新的政治环境,但匆忙出台考虑欠妥的、形式上让人无法接受的举措,绝对是没有必要的。更何况当前形势发展要求的,是根据欧洲一体化的原则进一步缓和东西方的关系。

拉莫尔斯基本同意我的观点并表示,科尔是"受形势所迫",民主德国国内形势发展之快出人意料,使他"不得不"提出"某项计划",将"联邦德国国内爆发的激烈争论纳入正常轨道"。

拉莫尔斯还说,苏方曾在莫斯科向根舍表示,科尔的举动带有准备参选的性质,这种想法总体上有失公允。但拉莫尔斯承认,科尔在一定程度上还是考虑过选举的前景,但与"莫斯科的猜想"完全不同。据拉莫尔斯说,如果科尔总理本人不提出一个明确的计划,那么共和党[1]就会提出一个形式上更加激进、甚至让人完全无法接受的方案,这样他们就可以进入联邦德国议会。拉莫尔斯说:"但是,我们坚决不能允许议会中有共和党的议员。这对联邦德国,对我们在东方和西方的邻国来说,都是极度危险的。"

拉莫尔斯接着提请我们注意,"十点计划"中的头五点,主要讲同民主德国的关系;而对后五点,科尔的意见十分明确,即两德统一问题不可能脱离欧洲一体化的框架来解决,这实际上是支持了苏联加快解决两德统一问题的主张。拉莫尔斯说,科尔总理强调要"阻止欧洲分裂,进而阻止我们的祖国分裂",而不是像共和党等极端分子要求的那样,反其道而行之。拉莫尔斯确认,科尔现在终于接受了莫德罗主张的"条约共同体"的立场,并愿给予推动。我对此作出了两点回应:一是目前一切均取决于如何解读莫德罗的建议;二是如果科尔确实放弃了原先的立场,为什么还在继续宣传之前的主

---

[1] 德国共和党:右翼极端民族主义政党,当时开始在联邦德国政坛上崭露头角。

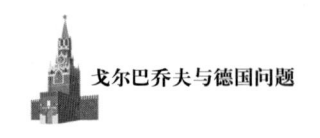

张?

拉莫尔斯对此表示,在西柏林召开的基督教民主联盟的会议上,科尔总理特别指出,他并没有提出组建邦联的设想,"十点计划"中对此未做表述。我反驳道,这一说法并不准确,因为在"十点计划"的第五点中,科尔直接提到了"邦联结构"。拉莫尔斯辩称,邦联结构"与邦联完全不是一回事",并重申,科尔是支持"条约共同体"的。

就"十点计划"读到最后,拉莫尔斯私下又对我说,这份文件起草得"并不理想",科尔总理没有时间作充分的考虑,甚至没来得及同根舍等人探讨。拉莫尔斯再次强调,科尔总理不希望搞"没有头绪的讨论",他本人绝对是支持维护民主德国、联邦德国乃至整个欧洲的稳定的,毕竟联邦德国面临着上百万东德人涌入的威胁。拉莫尔斯再次表示,"十点计划"不是要强迫别人干什么,而是要避免出现"混乱"并提供一个"协商的平台"。

我告诉拉莫尔斯,作为一个有理性的人,维护缺乏理性的行为和文件,是没有意义的。我建议他谈谈"十点计划"中没有涉及,但又极为重要的两大问题:一是是否会承认与波兰的边界,并遵守边界不可侵犯的原则;二是是否会谋求恢复"1937年的德国疆界"。

拉莫尔斯重复了特尔奇克[1]和根舍说过的话,用非常清晰的表述作了如下保证:波兰的西部边界无论如何都不会改变,现在不会,将来也不会。尽管《赫尔辛基最后文件》规定可以"用和平手段变更国界",但联邦德国不会对波兰使用这一条规定。

联邦德国驻苏大使布列赫[2]出席了12月21日的部分会谈,他对此回应说,"波兰边界问题不是只有一个,而是有两个,另一个是波兰东部边界的问题"。这完全是不"搭界"的事。看来,要考虑到联邦德国今后还会继续使用这样的应对策略。

我问,既然联邦德国不打算改变奥德河—尼斯河的边界,为什么不公开讲出来?拉莫尔斯说,最终的划界协议目前还没有签署,科尔总理"不方便"对此公开表态。他用同样的理由辩解,为什么联邦德国没有足够明确地批驳

---

[1] 霍斯特·特尔奇克,1982—1990年任科尔办公室副主任,外交与安全处处长,科尔对外事务顾问。

[2] 克劳斯·布列赫,西德外交官,1989年起任联邦德国驻苏联及俄罗斯联邦大使。

"1937年的德国疆界"的说法。在布列赫大使的提示下，拉莫尔斯还引用了联邦德国宪法条款以及宪法法院的判决结果来加以说明。

我反驳道，无论联邦德国本国法规作如何表述，根据国际法准则，联邦德国必须优先履行她所签国家条约应承担的那部分国际义务。拉莫尔斯在12月20日的会谈中本来承认了这一点，但在21日再谈到这一问题时，却闭口不提了。于是，布列赫大使表示："没错，联邦德国确实承认现有边界，但两个德国将来一旦统一，就不得不重新确定立场。"我措辞严厉地表示，在这个问题上不能模棱两可。在布列赫大使离开后，拉莫尔斯表示，即使实现国家统一，德方也不会向波兰或任何其他国家要求重新划定边界问题。因为两个德国均承认现有边界。何况，科尔不止一次对身边的人表示，现在"不是19世纪了，不能在捍卫国家利益时只考虑自己，也要考虑一下其他国家特别是邻国的利益"。

拉莫尔斯还进一步解释说，现在是认真考虑欧洲各个民族国家的发展以及未来如何划界问题的时候了，欧洲正在迅速走向"全面一体化"进程，虽然个别地区参与一体化的情况有所不同。

欧洲所有在今天看来非常迫切的问题都将变得不再重要，因为未来会有更重要的问题需要解决，对此应该早作"打算"，未雨绸缪。

针对两个德国统一的问题，拉莫尔斯最后表示，联邦德国不会试图"加速"统一进程，"德国统一只能在欧洲一体化的框架内实现"，边界问题"不应让任何一方感到担忧"。

我问拉莫尔斯，按你的意见，为两德统一创造外部的整体条件，离不开联邦德国的积极参与，那么联邦德国的西方盟友如何评价科尔总理的主张呢？拉莫尔斯先后两次回答了这一问题。第一次是单独会谈时，他明确表示，各国并不希望加快实现德国统一，有些人表面上认为两德统一的诉求是合法的，其实并不乐见其成，特别是在近期。拉莫尔斯还指出，波恩方面非常认真地研究了戈尔巴乔夫，研究了戈尔巴乔夫在意大利、马耳他和乌克兰等地举行德国问题磋商同时伙伴们作的表态，感到科尔总理确实"过于冒进"，需要"减速"。

双方再次谈及这一问题时，布列赫大使在座，拉莫尔斯略显委婉地表示，波恩方面知道各个盟友的反应，"不认为有人强烈否定"德国统一，只是希

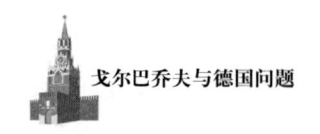

望在特定框架内实现这一进程。拉莫尔斯还提到了布什的五点主张。

布列赫随后补充说，联邦德国不会"同各方背道而驰"，但任何一方都不能否认，两个德国的存在是不正常的现象。布列赫还立刻反问，苏联方面对四国大使在西柏林的会晤怎么看，这种接触是否还要继续？布列赫说，如果四国只是重新讨论一下柏林问题也就罢了，但如果是想借此"对德国加以控制"，那无论是西德还是东德，都不会同意。可见，这场会晤令波恩深感不安。

我没有对此给予明确回复，只是强调指出，四个大国有责任维护欧洲和平，而且不会放弃这一责任。

拉莫尔斯继续说，德国乃至欧洲的分裂，首先是希特勒发动战争并导致失败的结果，分裂是战争的恶果；其次是由苏联在战后初期推行的政策导致的。对此我作了适当的回应。拉莫尔斯认为，要对德国统一及可能导致的结果负责的，首先是以联邦德国为主的德国，其次是苏联。一切问题，或者说很多问题的解决，归根结底要取决于苏联同西德的合作是否顺利。我原则上同意他对莫斯科和波恩合作意义的评价，并补充说，波恩要明确遵守已经达成和未来将会达成的共识，这一点同样重要。

二、关于东德局势及其未来走向

拉莫尔斯说，对于东德局势突变，联邦德国和其他各国一样感到意外，甚至感到更为意外。联邦德国一向自认为很了解东德形势，也曾期待东德内发生变局，但没想到来势会"如此迅猛"。

拉莫尔斯反复强调，联邦德国没有做任何"推波助澜"的事，甚至现在还在试图遏制东德事件的发展速度。在单独会谈时，我强烈批驳他的表态与事实不符，指出西德在今年夏秋，先是鼓励东德居民大量外逃，后又提出建立两德成立邦联的口号，还鼓动东德民众冲击国家安全部门。拉莫尔斯对此表示并不知情，并称如果上述情况确实存在，那也不是西德政府所为，而是极端分子们"擅自行动"导致的。拉莫尔斯对我提出这样的问题极为不满，并要求我同意将这部分会谈内容转告特尔奇克，我没有拒绝，相反，我还请拉莫尔斯让特尔奇克关注上述情况。

随后，拉莫尔斯就东德国内局势作了阐述。据他判断，东德局势近几个月内会"维持在即将陷入暴乱的状态"。他提出平息局势暴乱需要两大要素。一是政治上，如果东德新一届领导人，也就是新政府能够迅速通过一系列法律，让民众看到改革方案是切实可行的，那么街头骚乱就会平息下来，当局就算不能完全缓过气来，也可稍稍松口气，为采取下一步行动留出空间。

我不反对拉莫尔斯这样提出问题，但反驳他说，东德领导人已经表达了要推进深刻民主改革的意愿，但联邦德国各主要政党还是派了几十名代表到东德去。他们绝不是去旅游，而是要"火上浇油"。如果西德继续这样做，东德的"街头骚乱"就不会平息。我再次提醒拉莫尔斯，究竟是谁提出建立邦联的口号，这一口号又是怎么提出来的呢？

拉莫尔斯又一次回应说，联邦德国不会加速事态的发展，所有西德领导人都会对建立邦联一事缄口不提。但他随后又说："当然，波恩方面确实应该更谨慎些。"

拉莫尔斯认为，第二大要素是经济。东德民众需要看到国内经济状况有所改善，否则东德会面临现实的选择：要么让几百万老百姓为改善生活逃离到西德去，而这对联邦德国是真正的灾难；要么就在大多数人民要求下举行全民公决，决定是否要立刻并入西德，而这将造成更为不利的政治心理影响。

拉莫尔斯介绍说，民主德国的社会民主党坚决不同意立刻同西德合并。这个党的代表不久前出席了艾伯特基金会举办的会议，并在会上表示，如果说联邦德国对难民的接受能力已近极限，那么民主德国"输出"难民的能力也已饱和——东德已经因为人口过少而感到难以为继了。

拉莫尔斯又说，一切显然都要取决于民主德国国内改革的速度和效果。民主德国在这方面需要别人的帮助，才能防止国内爆发危机并出现失控的局面。无论是联邦德国，还是苏联，都应通过自身渠道向东德提供这样的帮助。

拉莫尔斯后来再三强调，联邦德国是希望民主德国改革成功的。他还不断阐述这样一种观点，即改革只有在恢复某种资本主义市场关系的条件下，才能获得成功。因为社会主义市场在任何地方都不存在。苏联推行过新经济政策，但最后被扼杀了。只有以民主多元化作为补充的高效的市场，才是振兴经济和解决物资短缺最快捷、最现实的途径。

拉莫尔斯说，他当然理解很多东德人是希望继续进行"社会主义实验"的，

但他们已经没有这个时间了，走这条路费时费力，又没什么效果，最后还是要靠市场来实现理想。

拉莫尔斯继续说，他不是说市场只会带来好处，联邦德国市场也引发出不少问题，并且还有新的问题不断产生，这包括失业、贫富不均、犯罪等难以解决的问题。他们目前也没找到解决的办法。他相信，市场也会给民主德国和苏联带来类似的问题，其中包括更严重的失业和社会分化问题。联邦德国会密切关注，两国将如何通过构建社会保障体系，来应对市场经济带来的弊端。

拉莫尔斯还说，通过逃离出来的东德人就能看出，民主德国还抱有这样一种幻想：他们既想引入市场经济，又想保留免费的医疗、良好的假期福利和便宜的住房等。这的确只能是幻想，任何国家在市场调控下都无法承受这样的福利开支。还是那句话，市场与难题总是分不开的。尽管如此，还没人发现什么能比市场机制更有效地实现富裕。丘吉尔就说过："除了人类尝试过的其他一切手段外，民主的确是最坏的政治管理形式。"市场也是如此。

拉莫尔斯还提到民主德国未来政治架构的问题。他说，统一社会党即使是改头换面，也无法在议会选举中赢得多数席位，只能沦为少数派。或许统一社会党可以找到合适的盟友来组建联盟。根据拉莫尔斯的推断，当然这不仅是他个人的判断，社会民主党最有可能迅速壮大起来，因为德国工人运动一直有着深厚的社会民主主义传统。而且这个"左倾"的社民党，可以成为改组后的统一社会党的盟友，尽管两党可能无法对所有问题都保持一致的立场。也不排除农民组织可能成为统一社会党的选择。

拉莫尔斯分析说，基督教民主联盟的未来前景还不确定。他们显然在采取吸纳所有信徒的方针。但联邦德国的国内实践表明，许多信徒没有加入基民盟或基社盟，而是加入了社民党或自由党。特别是信仰路德宗、改革派在内的新教教徒。这样的信徒在民主德国恰恰占多数。但基民盟在民主德国显然是右翼。

拉莫尔斯对东德出现新法西斯主义团伙表示担忧。根据他掌握的数据，民主德国境内这样的团伙有25至35个，目前规模都不大，力量分散，但还是有可能会串通一气。拉莫尔斯想知道，东德是否有法律禁止新纳粹主义团体活动。值得注意的是，拉莫尔斯还提到1945年关于对德国进行非纳粹化的四方协定,并承认他对联邦德国境内类似团伙的活动同样感到担忧,但他认为,西德大多数民众已经"吸取了历史的教训",都会抵制这样的团伙现象。

拉莫尔斯总结说,民主德国不会轻轻松松就发展起来的,这既取决于政府推行经济改革是否"灵活",也取决于发展的外部环境。拉莫尔斯再次指出:"联邦德国和苏联将对此负有特殊的责任。"我回应说,如果联邦德国担心民主德国国内形势产生负面的变化,那最好的预防手段,就是停止挑唆。

三、关于欧洲发展趋势和欧美关系

拉莫尔斯在会谈中着重强调了欧洲一体化发展的问题,认为这事关两个德国的未来。他的总体主张是:欧洲一体化进程需要加快,并应成为解决德国统一问题的基础,而不是障碍。

拉莫尔斯转达了基民盟－基社盟议会党团主席德雷格尔[1]的立场。德雷格尔主张在欧洲一体化框架下尽快解决两德统一的问题。他认为,加快维也纳谈判和裁减欧洲军备极为重要,要发展欧共体同苏联和其他东欧国家的合作,建立由所有欧安会成员参与的新型欧洲一体化组织。

德雷格尔表示,联邦德国不能单方面决定两德统一的时间,但如果希望实现统一,就必须尽最大努力缓和欧洲局势。否则,没有人会同意"还德国以自由"。德雷格尔希望尽快同苏联方面举行会面,探讨"欧洲内部的核心问题",还抱怨说,他们的党团至今无法到访苏联。

拉莫尔斯的立场同德雷格尔基本一致,只不过表达得更为强烈。例如,讲到维也纳谈判时,他强调,如果说谈判还有些进展的话,也完全是得益于苏联、美国和联邦德国作出的特殊努力。他认为,现在是苏联与联邦德国通过磋商加强协作的绝佳时机,并抱怨西方大国立场不一,给谈判造成困难。拉莫尔斯预计,随着德国统一问题的解决,西方国家内部设置的障碍将会增多,其他西方盟友会对波恩更加心存忌惮。

我问拉莫尔斯,是不是出于上述原因,联邦德国最近开始讨论裁军问题了。拉莫尔斯表示,裁军主要是考虑国家内政和人口因素,但也承认含有"安

---

[1] 阿尔弗雷德·德雷格尔,西德政治家。1982—1991年任基民盟议会党团主席。

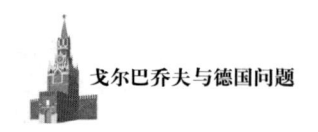

抚"邻国和盟友的意图。

随后，拉莫尔斯又回到德雷格尔的观点上来，认为有必要更加积极地推动建立"欧洲一体化机构"，建立"超越社会制度和军事同盟的联合机构"，包括苏联方面建议成立的军事威胁预警中心、在赫尔辛基提出的欧洲经济共同体—经互会—欧洲自由贸易联盟"三方会议"，以及戈尔巴乔夫在意大利提出的35国法律工作者会议。拉莫尔斯认为，波恩愿就这些倡议立即开展实质性的探讨，还可考虑成立环保、信息合作等领域的相关机构。

拉莫尔斯特别提到苏联、中东欧国家同欧洲经济共同体开展合作的问题。他说，苏联和中东欧国家希望融入并积极参与世界经济发展，当然，前提是保持各自的经济独立。同欧洲经济共同体开展合作是最为有效的途径，而东欧推行的民主改革为此创造了新的机遇。当然，这也与军事和政治方面的因素有关。拉莫尔斯说，联邦德国正"在一定范围内"讨论一种未来可能的趋势，就是建立从瑞典经波兰、德国、捷克斯洛伐克、匈牙利到巴尔干地区的某种纵贯欧洲的中立国家带，以及这些国家未来是否也要搞"芬兰化"[1]。

拉莫尔斯还论述说，波兰、捷克斯洛伐克过去出现的一切问题，归根结底都同德国和俄国的政策有关。成为中立国，是这些中欧国家一个不错的选择，因为这样能够获取苏美两国的保障，也有利于苏联自身的安全。

我问，联邦德国，或者说统一后的德国，会不会同意成为中立国？如果这样，两大军事同盟怎么办？西方大国会有什么反应？这其实不就是要在废除华沙条约的同时，还以某种形式保留北约吗？

拉莫尔斯回应称，不，所有这些设想都是针对未来的，是着眼于消除两大集团对立之后的，也就是在建立统一的欧洲安全体系之后。拉莫尔斯所有这些论断，最终都要基于一些客观条件，即欧洲"从布列斯特到布列斯特"[2]，要实现某种形式上的统一，苏美两国不会被排斥在外，而且还在欧洲保有"特殊的地位"，从而为欧洲提供稳定和安全的外部保障。他相信，这种"格局"符合苏美的利益。

我问，如果苏联积极参与所有的欧洲一体化组织，那这样的格局要如何

---

[1] "芬兰化"，西方政治宣传术语，用来表示苏联对非社会主义国家施加影响。

[2] "从布列斯特到布列斯特"，指从法国大西洋沿岸的布列斯特港到苏联位于与波兰边界的布列斯特市。

实现？拉莫尔斯没有回答，而是说，他现在讲的是保障欧安会35个成员的安全体系。他表示，当然，任何一种"设想到"的格局，都不能破坏苏联应有的安全保障。在一体化条件下开展的欧洲政治、安全等领域合作，可以覆盖到35个成员国。

拉莫尔斯介绍了他对欧洲"力量格局"的看法，很有新意。他认为，欧洲事务主要围绕三条"主线"：

一是莫斯科—布鲁塞尔（欧洲共同体）。首先在欧安会基础上开展密切合作，然后在苏联—欧洲经济共同体基础上进行协作，其他东欧和西欧国家也将参与。这条主线还将涵盖全欧安全合作。拉莫尔斯认为，苏联同西欧不会只局限于开展安全对话，不管怎样，只要更新后的欧共体不"醉心防务"就行。这条主线当然会存在困难，但拉莫尔斯对莫斯科—布鲁塞尔合作的前景表示乐观。

二是布鲁塞尔—华盛顿。双方的盟友关系会继续保持，但是面临重重困难。首先，欧洲希望在防务上更加独立，不再唯五角大楼马首是瞻；其次，建立"统一市场"后，美国和西欧的经济矛盾"不会有丝毫缓和"。

三是莫斯科—华盛顿。拉莫尔斯在表述上对此极为谨慎。他认为，一方面，苏美应"保障欧洲稳定"，虽然两个大国在世界其他地区也有很多"操心事"；另一方面，苏美似乎没有就维护或牺牲欧洲的利益达成共识。拉莫尔斯对后者透露出一丝忧虑，这在布列赫大使的对话中体现得更加明显。

拉莫尔斯表示，围绕这三条主线，各国将同时开展合作与竞争，但重要的是"在两者中寻找平衡"，而唯一有效的办法，是推进欧洲一体化进程。

在会谈期间和临近结束时，拉莫尔斯多次提到，应立即开展第二次赫尔辛基会议的筹备工作，确定举办形式和议题，并希望不要在会议上探讨两德统一的问题。

拉莫尔斯对这次会谈作了极为认真的准备，而且准备工作明显不是由他一个人完成。拉莫尔斯是试探波恩意图和传达我方立场与关切的良好渠道。他的立场与根舍相近，较为温和，更易令我接受。

戈尔巴乔夫基金会档案：全宗号3，目录号1

戈尔巴乔夫与德国问题

1990 年

在苏共中央总书记办公室小范围会议上讨论德国问题

(1990年1月26日)

(出席人：戈尔巴乔夫、雷日科夫、谢瓦尔德纳泽、克留奇科夫[1]、阿赫罗梅耶夫、切尔尼亚耶夫[2]、沙赫纳扎罗夫[3]、雅科夫列夫[4]、法林[5]、费奥多罗夫[6])

戈尔巴乔夫：我们现在同民主德国的关系，就像同国内的阿塞拜疆一样，没什么人可依赖，同谁的关系都不可靠。就算找个人来商量，也拿不到决定性的东西。连莫德罗也离开统一社会党了。他是我们忠实的朋友，但这也没用了。我们在民主德国没有能用得上的力量。

---

[1] 拉基米尔·亚历山德罗维奇·克留奇科夫，1988—1991年任苏联国家安全委员会（克格勃）主席。

[2] 阿纳托利·谢尔盖耶维奇·切尔尼亚耶夫，1986—1991年任苏共中央总书记、苏联总统外事顾问。

[3] 格奥尔基·霍斯罗耶维奇·沙赫纳扎罗夫，教授、法学博士，曾任苏共中央对社会主义国家共产党和工人党联络部第一副部长，后任戈尔巴乔夫助手、苏联总统国务顾问。

[4] 亚历山大·尼古拉耶维奇·雅科夫列夫，苏联党务活动家。1986—1990年任苏共中央书记，1987—1990年任苏共中央政治局委员。苏联（俄罗斯）科学院院士。

[5] 瓦连京·米哈伊洛维奇·法林，苏联外交家。1971—1978年任苏联驻联邦德国大使，1986—1988年任苏联新闻社社长，1988—1991年任苏共中央国际部部长、中央书记。

[6] 拉法埃尔·彼特罗维奇·费奥多罗夫，1990—1991年任苏共中央对社会主义国家共产党和工人党联络部副部长、中央国际部第一副部长。

因此，我们只能通过联邦德国来施加影响。我们要作出选择：是要科尔还是要德国社会民主党。尽管勃兰特等人发表的声明和誓言令人宽慰，但社会民主党人还是忍不住在选战中拿东德做文章。

勃兰特已经是合并后的德国社民党主席。这个党的一些要员打算参加东德议会选举，并放弃在西德议会中的席位，重新回到他们大多数人出生的东德故乡。他们计划靠这样的方式来压倒基民盟。

我们可以利用这点扳回一局。要把科尔请来并告诉他："看现在的情形，您可能会输，社民党在东德的胜算比您大。在德国统一这个问题上，我们要考虑的不是你们选举的输赢，而是欧洲和世界大局。您的北约盟友们也是这样想的。他们嘴上说的和心里想的有多大的差别，您是清楚的。

所以，亲爱的赫尔穆特，我们建议您在德国问题上着眼一下欧洲全局，要立足实际，而不是只停留在口头上。

具体来说，在东德有我们的军队，在联邦德国有北约的军队。这是由战胜国根据战争结果决定的，并让四个大国有权参与德国事务。您，尤其是勃兰特，对法国进入四个大国之列是不满意的，你们还戏谑地称法国是"荣誉战胜国"。没错，但法国现在与1945年时不一样了。既然这样，我们就不要仅限于"四方"，而是"五方"，也就是把您，科尔先生也算在内，一起来确定德国和其他各方的权利。"

切尔尼亚耶夫：米尔哈伊尔·谢尔盖耶维奇，我认为应该不是"五方"，而是"六方"：四个战胜国加两个德国。

戈尔巴乔夫：这个问题我们再探讨。我继续说。主要的问题在于，任何人都不应指望，统一后的德国能加入北约。有我们的驻军在，这就不可能发生。我们可以撤军，条件是美国人也要撤出自己的军队。可美国人近期内不会这么干。科尔必须认识到这一点。就像西德要在经济上吃掉东德，也需要几年的时间。而这几年时间，既是对方的，也是我们的。我们要好好加以利用。要做好参加1990年全欧高层峰会的准备工作。我们倡议的"五方"或"六方"机制，可以使我们重新成为处理德国事务的积极又不可或缺的参与者。这是一招好棋。

谢瓦尔德纳泽：米哈伊尔·谢尔盖耶维奇，对科尔来说，现在主要的是解决"条约共同体"的问题，也就是建立起由联邦德国—民主德国组成的邦联。

我们不需介入德国怎么统一才好的争论。这不是我们的事。就让民主德国提倡议去吧。驻军的事我们只同美国谈。我反对搞有四个战胜国参加的"机制"。因为在这个机制里，最后说了算的，是北约的人。

克留奇科夫：统一社会党的日子没几天了，对我们来说，统一社会党既不是杠杆，也不是支柱了。莫德罗是个摇摆不定的人，靠让步才支撑到今天，很快他也没什么好让的了。要值得注意的，是东德的社民党。苏联人民担心德国会再次构成威胁，对现行的边界，德国恐怕永远也不会认可。要使我们的人民逐渐适应两德统一的现实。我们在东德的驻军，是实现全欧进程的一个重要因素。对德国的前克格勃和前内务部人员，必须给予积极支持。他们才是我们的朋友。

雅科夫列夫：要想办法让莫德罗加入社民党，并领导东德地区的社民党。美国比我们更需要驻扎东德的苏军。要是莫德罗能拿出不带偏见、着眼现实、使德国统一起来的方案，就可以积极支持。我们因此也能赢得德国民众的好感。而且我们还可以说，我们从1946年起就赞成保留一个统一的德国，条件是实施国家的中立化和去军事化。这样，英国、法国和一些欧洲小国会表示反对，美国则会权衡不定，而我们看热闹就行了。我们的人民怎么看不用担心。要知道斯大林在战争一结束就主张保留一个统一的德国。只不过后来事态的发展出乎我们的意料罢了。

费奥德罗夫：这正合那些想要实施报复的人的心意。据我掌握的情况，西德并不希望现在合并。莫德罗已经提议举行全民公决，但要在5月6号以后。

雷日科夫：形势发展是不可抗拒的，应当客观看待。现在只能在战术上采取措施，因为民主德国我们已经保不住了。两德之间所有屏障都被解除，东德经济正被击垮，所有国家制度都已经解体。想保住民主德国是不现实的。搞邦联制？也可以呀。但我们应提出搞邦联的条件。不能把一切都放手交给科尔。否则再过二三十年，德国会发动第三次世界大战。

戈尔巴乔夫：苏联和东欧局势客观上都在变化，并且升温过头了。这种变化波及的环节越是牢固，产生的作用就越猛烈。民主德国、捷克斯洛伐克、罗马尼亚都是这种情况。给我们的教训是：要跟得上变化，不能迟缓，要时刻关注现实的发展。

苏联人民即使听到些猛烈的批评，也不会允许扼杀改革，确切说，他们

是不会容忍改革的反对者的。同其他和我们一样的国家相比，我们的社会是最腐朽不堪的，已经无药可救了。我们是自己主动开始变革的。而且要这样继续挺下去，不断前进，不能放弃。止步不前的后果是致命的。

以前我们签过布列斯特和约，现在的处境就相当于要签新版的布列斯特和约。如果我们不能摆脱困境，面临的威胁就是再丢掉半个国家。理解到这一点很重要。我们的社会意识形态化程度很高，导致现实的发展比我们要超前，而我们党却怎么也不能与时俱进。

当然，民主德国是个例外，需要特别对待。她同罗马尼亚不一样。我们对捷克斯洛伐克、保加利亚、匈牙利是有吸引力的。她们会饱受各种冲击，但不会离开我们太远。波兰是个例外，民主德国更是个例外。波兰国内私营经济还很强大，农业其实也是私有的，况且波兰在经济、政治和历史上都不依赖我们。不要怕波兰总理马佐维耶茨基[1]和他的各种牢骚。我们毕竟没给过他们什么东西，还欠着他们的债。苏联搞改革的这段时间，我们同波兰人民的关系暂时还没有恶化。

最难的一关还是在民主德国，因为它可能会离开我们。民主德国早就向往联邦德国和欧洲共同体。我们还面临着道义上的因素，那就是苏联人民的反应。我想尽可能争取更多的时间。现在最重要的是拖延局势，无论最终结局如何，哪怕是两德实现统一。要让德国、欧洲和苏联民众都能接受这个结局。

谈谈应对策略吧。毕竟西德不希望与我们失去接触。西德需要我们，我们也需要西德。但这种需要不是绝对的。难道我们就不需要法国和英国吗？要是这样认为就大错特错了。德国人需要我们。这种借重的关系我们不得不考虑。西德的企业不会愿意养白吃饭的人。西德有5800万人，东德有1600万。法国不希望两德统一，英国担心被置身事外。这些我们都要考虑到。

所以，应对策略的一些基本点有：

1. 同其他大国在这个问题上的关系如何；
2. 维也纳进程（维也纳欧洲常规军备谈判）；
3. 我们与德国统一社会党；

---

[1] 塔德乌什·马佐维耶茨基，波兰政治家、国务活动家，团结工会领导人之一。1989—1990年任波兰总理。

4. 我们与西德；

5. 我们与东德。

不能放弃战胜国地位。还是要提搞"4+2"机制的思想。但先要与法国商量。或许我该去趟巴黎？

把德国问题纳入维也纳谈判。不要让人以为，到了胜利50周年时，我们会自动从欧洲撤军。在德驻军要与维也纳谈判密切挂钩。

要告诉科尔不能冒进。这点我们同其他各方都谈得拢。同联邦德国要有保持密切来往的空间，同民主德国也是一样。这点要一直坚持。这方面既有共同利益，又有相互理解的基础。

再说说我们同统一社会党的情况。这个党正在为德国社民党欢欣鼓舞，但忘了这里面还有一堆的问题，既有欧洲的问题，也有德国的问题。不能认为统一社会党就这么完了，毕竟还有200万党员，就算现在只剩70万了。把他们都除名也是根本行不通的。这些人以后会沉淀为一支左翼力量。这方面，我们要再听听居西的看法。

至于其他社会主义国家，要做好她们的工作。她们还是我们的盟友。如果我们抛弃她们，她们就会被别人抢走。

搞带有邦联特征的"条约共同体"的设想，同赢得时间的思想是相符的。我们要牵制那些急于求成的人。

目前要采取的行动是：

1. 2月2日在莫斯科会见莫德罗，然后再见居西。这方面，我们有道义上的义务。

2. 见完贝克[1]和莫德罗后，立刻会见科尔。然后向莫德罗通报同科尔会谈的情况。

3. 在同贝克和莫德罗会谈的基础上，制定同科尔会谈的思路。

4. 同莫德罗会见后立刻向撒切尔通报。

5. 给密特朗[2]写信。问什么时候更换大使。

---

[1] 詹姆斯·贝克，美国国务活动家，曾在里根和老布什时期担任要职。1985—1988年任财政部长，1989—1992年在老布什政府任国务卿。

[2] 朗索瓦·密特朗，法国的政治家和国务活动家。1971—1981年任法国社会党第一任书记，1981—1995年任法国总统。

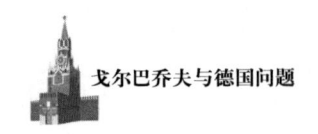

谢瓦尔德纳泽：这是核心的问题。

戈尔巴乔夫：我交代一下任务：

1. 雅科夫列夫、法林、费奥多罗夫负责对东欧局势提供宣传保障；

2. 在同莫德罗和科尔见完面后，我要就德国统一问题接受采访；

3. 不排除安排我短暂出访，去伦敦一天，去巴黎一天。

4. 阿赫罗梅耶夫负责从德国撤军的筹备工作。要向科尔和莫德罗讲清楚，民主德国在经济上已经丧失抵抗力。

讨论过程中，法林、谢瓦尔德纳泽、费奥多罗夫、阿赫罗梅耶夫、切尔尼亚耶夫还作了详细阐述。

笔记由切尔尼亚耶夫会后整理，记录内容并不完整，但确保真实。会议没有做完整速记，也没有撰写会议纪要。

戈尔巴乔夫基金会档案：全宗号2，目录号1

摘自戈尔巴乔夫同莫德罗的谈话记录

（1990年1月30日　莫斯科）

（出席人：雷日科夫、谢瓦尔德纳泽、法林、民主德国副外长欧特[1]、民主德国驻苏联大使柯尼希[2]）

戈尔巴乔夫：莫德罗同志，欢迎您和您的随行人员。我们在一个特殊的时期见面，这是一个充满反思、不安和希望的时期。各国领导人，特别是欧洲领导人，都迎来一个非常艰巨的任务。我们生活在所处的时代，不得不应对时局的变化，不得不作出一些决定，这些决定的意义远远超出我们这个时代的界限。但这也怪不了谁。一切早应该去做，你们也好，我们国内也罢。

---

[1] 哈里·欧特，东德外交官。1974—1980年任民主德国驻苏联大使。曾任民主德国驻联合国代表、外交部副部长、德国统一社会党中央委员。

[2] 格尔德·柯尼希，1987年起任民主德国驻苏联大使。

这是主要教训。要知道，火山学家们顶着迎面吹来的火山灰，也要继续工作。我们不能逃避生活中的新挑战，不能畏首畏尾。我这个开场白，应该说有点抒情。

我们希望与你们展开坦诚的、同志式的交谈。我们特别关注民主德国，无论在外交上，还是在内政上。在德国问题上，历史、现实和未来，是交织在一起的。

现在很多人在描述现状时，认为似乎只有苏联对加快德国统一进程的态度是冷淡的。但事实是，法国、英国和许多其他国家都感到不安。西德的活动家们，则是越来越坚定地推动两个德国实现统一。尽管他们在正式场合一直宣称，不打算加速统一的进程。

最近，科尔看起来似乎更愿意等到你们成立新政府后，再与新政府正式打交道。而他的所作所为，实际是在破坏东德的稳定。显然，他们打算利用现在的局势，给统一社会党一个致命的打击，并打击国内与统一社会党相联系的那些国家机关和干部……

科尔显然担心社民党的影响在东德超过自己，这将对基督教民主党不利。而这已直接关系到联邦德国下届选举中谁将上台的问题。西德国内的选战，对民主德国的稳定将产生不利的影响，是显而易见的。总之，西方政客们嘴上说的，和他们实际做的，完全是两回事。

我们想听听您对形势的分析，当然，我们知道局势变得越来越紧张。极端主义已经干扰到政府开展正常工作。如何遏制极端主义，是最艰巨也是最复杂的问题。因此就这个问题交换一下看法，也是有必要的。我认为，要向人们说清楚，现在最主要的事情就是要把经济正常运转起来，谁阻碍这样做，谁就是在与民族利益作对。

莫德罗：我们的情况十分复杂。民主德国现处于命运攸关的时刻。国内危机日益深重，往届政府犯下的错误都暴露出来。昨天通过了一项决定，即对昂纳克、米塔格、梅尔克[1]、约赫尔曼[2]等人的叛国行为进行起诉。共有29

---

[1] 埃里希·梅尔克，1971—1976年任德国统一社会党中央政治局候补委员，1976—1989年任德国统一社会党中央政治局委员，1957—1989年任民主德国国家安全部部长。

[2] 约阿希姆·赫尔曼，1973—1978年任德国统一社会党中央政治局候补委员，1976—1989年任德国统一社会党中央书记，1978—1989年任德国统一社会党中央政治局委员。

名前中央领导人和290名地方官员受到指控。他们被指控犯有侵犯人权和宪法规定的自由权罪、破坏经济罪和滥用职权罪。

民主德国发展进入了新阶段。新阶段的初期很短暂（10月至11月）。这一时期我们国内的革命性质受到质疑，一方面是因为有一些因素带来了较大的不利影响，比如向联邦德国开放边界，另一方面也因为联邦德国方面向我们施加了很大压力。现在，人民群众得知过去的高层领导滥用职权的行为后，将愤怒的情绪转到了国家安全机构和执政党的身上。

我们的联合政府成为能维护国家威望的唯一机构，但国家威望已遭到严重削弱。

10月份以来，我们党经历了两个阶段。克伦茨当选第一书记和国务委员会主席，便想方设法把老领导们保护起来，结果导致党的更新进程未能实现连贯性。这一阶段实际只持续到统一社会党特别代表大会召开的时候。代表大会成功避免了党的分裂，但未能实现党的彻底更新。现在党内有各种改革方案，但普通党员们一直看不到。

我们根据教会人士的倡议，设立了"圆桌会议"，邀请一些反对派参加。反对派组织的数量还在增加。政府也加入了"圆桌会议"。迫于局势，考虑再三，1月15日，我在"圆桌会议"上发表了讲话。

1月19日，在党中央理事会的会议上，有人提出要解散党，我表示反对，并否定了这一提议。1月26日，召开了全国地方党组织理事会会议，会上都一致赞成要党继续存在下去。2月4日，在中央理事会的例行会议上，我们打算改变一下党的名称，今后改为民主社会主义党。当然，只换个名称是不够的，需要推动实实在在的改革，否则我们就会失去群众基础。

为了缓解当前的紧张局势，我在1月22日提议，让反对派进入政府。上个星期日，举行了有新的反对党派人士参加的大型"圆桌会议"。我在会上明确表示，执政联盟的地位越来越脆弱。有些党派已经准备退出联盟。我们真是付出巨大努力，才得以维持联盟的正常运转。

但是经济和社会的紧张状况还在加剧，并已影响到人民群众的日常生活。到处都在要求提高工资和退休金、延长假期。但这需要再增加差不多400亿马克的开支，远远超出民主德国的实际承受能力。

戈尔巴乔夫：那你们现在的国家预算状况怎么样？

莫德罗：所有预算加起来有2300亿马克，其中内债1700亿，外债200亿。我们只能通过提高管理效率来解决我们的问题。但是经济形势还在不断恶化，罢工接连发生，许多地方停工、减工。可能引发危险的连锁反应。日用品供应出现困难。向西德开放边界的影响很坏，人们担心我们的货币不稳，疯狂抢购商品。社会紧张局势越来越难以控制。各地地方权力机构被解散，许多人民代表机构已达不到法定人数。剩下来的得不到承认。使地方权力机构威信扫地的主要原因，是对1989年5月7日地方选举造假的调查结果。国内的法律秩序存在诸多问题。违反法律规定的情况比比皆是。公民权利根本无法得到充分的保障。不断有人威胁要到企业和机关单位去搞破坏，甚至连医院也不能幸免。所有这些，都让人们感到不安。不论老党还是新党，都被恐惧的氛围所笼罩。

不久前，新成立的社民党主席对我讲，他经常变换住地，晚上则到西柏林去过夜。

无论右翼还是左翼团体，都变得更加激进。已经有国家安全人员自杀的事件发生。说实话，他们的处境很艰难。他们总共有8.5万人。军队还在履行华沙条约组织框架内规定的义务，但内部也出现骚动。军官联合会要求搞军事改革，提高工资。利用军队恢复国内稳定的能力已经受到限制。警察机关的情况要好一些，他们在全力维护秩序，但也不能全指着他们把所有问题都解决。

对苏联军队的反感情绪在上升。这可能引发一些问题，特别是当苏军官兵操练的时候。一些地方的居民对苏军部队的一举一动都盯得很紧。

国内人员出走的势头很高，屡禁不止。仅今年1月，就有近5万人离开东德。照这个速度，到年底我们将失去50万公民。可惜的是，出走的人中，知识分子和年轻的熟练工人的比例在增加。

民主德国受到了来自联邦德国方面的强烈影响。科尔打算亲自到我们国内参加竞选活动，为此甚至取消了对智利和巴西的访问，并积极联系民主德国的基督教民主联盟。德国社民党也在这样做。勃兰特到过我们的许多城市，在集会上对成千上万的人发表演讲，主要要求就是实现德国统一。他甚至直截了当地说，是科尔和莫德罗在阻碍应当加快实现的统一进程。他们还打着"德国是统一的祖国"的口号，在我们许多城市组织游行。像昨天在莱比锡和德

累斯顿的游行，就有不下 10 万人参加。

这些都表明，民主德国新成长起来的一代人，已经不再接受两个德国并存的主张，这一主张已经行不通了。要求统一的趋势，在图林根等一些边境地区表现得尤为明显。不单是老牌政党，就连一些希望保留两个德国的新兴政党，也无法阻止这样的势头了。联邦德国和民主德国都要搞选举，这令局势变得更加不稳。联邦德国实际上把自己内部的竞选斗争搬到了民主德国，使这里成为科尔和社民党人的角斗场。

对德国统一社会党的攻击不断升温，情况十分危急。国务委员会和经济部门因而变得四分五裂。党内还剩多少党员现在都很难说，可能还有 50、60 万？有人认为还有 80 到 100 万，但我不相信。10 月份以前党内还有 220 万人，遗憾的是，不少知名党员也退出了，包括联合企业的总经理等领导干部。伯格霍夫尔[1]公然叛党影响很坏。要知道，他毕竟当过党中央委员会的副主席。

上个星期日，我在"圆桌会议"上对国内局势所作的评价十分严厉，并没有人提出不同的意见。包括一些新成立的政党在内的所有党派代表，都认为形势已经到了十分严峻的地步。会上达成了一些共识，主要包括：

1. 今年 3 月 18 日提前举行人民议院选举，5 月 6 日举行地方人民代表选举。

2. 组建民族责任政府，由参与"圆桌会议"的所有党派各推一名代表，作为不管部部长加入，但都有权投票通过政府的决议。

3. 政府指派若干代表参加"圆桌会议"。

不得不这样做的原因，是反对派可以让政府和人民议院干不成任何事。

现在还不能肯定，新的政府能否有所作为，新执政联盟的担子究竟有多重。国内国外的舆论势头不减，扬言要扼杀掉保留民主德国作为独立国家的思想。现在针对我们国家搞的这些事情，实质上是要推翻欧洲的整体战后格局。例如，前不久在莱比锡的游行队伍中，就有人对举着民主德国旗帜的人进行恐吓。遗憾的是，整条街现在都落在反对者的手中。所以到选举的时候，即使那些没参加街头骚乱的人，也很难说会做出什么事。

我认为，探讨有关两个德国的全部问题，以及需要采取的相关措施，是

---

[1] 沃尔夫冈·伯格霍夫尔，德国政治家。1986—1990 年任德累斯顿市市长。支持在民主德国推行政治改革，参与倡议同反对派开展所谓的"德累斯顿对话"。1990 年 1 月中旬退出德国统一社会党，党内许多领导人随后纷纷效仿。

很有必要的。因为此前我们使用过的理念和表述，已经不管用了。除了一些左翼的小团体，大部分社会力量都以各种形式团结以来，支持两德统一。对此，我们整理出自己的一些看法，想请您现在尽可能看一下。（莫德罗转交了一份文件。）[1]

如果我们现在不提出倡议，那么已经开始的进程就将持续自发和急剧地发展下去，并彻底摆脱我们的影响。只有我们的倡议才能将这个进程扭转到负责任的轨道上来。这一点有多么重要，米哈伊尔·谢尔盖耶维奇今天已经对记者讲过了。您说科尔已经背离了我们同他在德累斯顿达成的共识，这点我完全赞同。首先，他觉得可以利用民主德国现在的局势，发挥统一进程发起人的作用；其次，两德统一已成为联邦德国国内选战的核心话题，所有参选的人都在努力加快统一的进程，以便为自己的竞选加分。

我们怎样影响未来的局势？看来必须阻止事态进一步发展，将它纳入欧洲一体化的轨道；否则，对手的影响会上升，我们的影响将下降。

我认为，苏联和其他三个大国需要共同重申自己在德国享有的权利，并很快就四国在稳定东德局势问题上开展合作达成共识。

您对我们新提出的建议有什么看法？这对我们很重要。我在想，有必要研究一下，究竟应该通过哪个国际平台来讨论欧洲当前局势，特别是中欧形势。毕竟德国目前的发展态势，也牵扯到我们的一些邻国，首先是波兰。

我们知道，苏美两国外长很快要在莫斯科举行会晤，他们的一些相关表态将会助我们一臂之力。

米哈伊尔·谢尔盖耶维奇和尼古拉·伊万诺维奇（雷日科夫）如果能对民主德国进行访问，对我们将是巨大的帮助。特别是最近西方高层领导人到我们这里来得都很积极。

关于经济方面的问题，我们前不久同西拉耶夫[2]同志谈过，所以这里我想只拣最主要的说。从苏联进口石油的问题，对我们来说非常重要。1月份，我们实际进口苏联的石油量，比商定的进口量少了50.8万吨，一季度进口量

---

[1] 莫德罗在1990年1月30日向戈尔巴乔夫转交了《告民主德国、联邦德国公民和全体欧洲人民书》草案。

[2] 伊万·斯捷潘诺维奇·西拉耶夫，苏联国务活动家。1985—1990年任苏联部长会议副主席，主管机械制造业，1990—1991年任苏联俄罗斯加盟共和国部长会议主席。

要减少112.7万吨。这会给我们的化工行业带来严重影响，进而影响交通、民用燃料供应和春播的工作。1月份我们部分缓解了局势，但今后就未必行了，因为外债高企让我们几乎没有回旋余地。希望再考虑下，能否通过高层解决我们这个难题，因为和西拉耶夫同志会谈时没能达成共识。

还有一点。"维斯穆特"企业的情况很严峻，那儿有4万名职工。和别洛乌索夫[1]同志也没能解决这个问题。问题很严重，并且不单纯是经济上的问题。

边界的放开造成货币领域极为困难的局面。民主德国马克和西德马克的现行汇率是1:3，但商业汇价是1:8。这会在未来几周甚至几个月内，给民生领域带来很多的麻烦。我们的社会政策只有在不开放边界的条件下才是有效的。而现在，我们的社会福利都变成了负担，因为我们的廉价产品都成了投机倒把分子的目标。如果按西德马克计算，那么投机分子在我们这里买东西非常便宜。而民主德国的公民现在也可以到西柏林或联邦德国其他地方找工作，他们也都在倒汇。

在当前形势下，同苏联结盟，对我们具有战略意义。对苏关系依然是我们的优先方向。不仅如此，现在还必须充分利用只有我们双方合作才具备的各种机遇。特别是要在经济领域开展稳定的合作。这方面，双方政府合作委员会的作用尤为重要，甚至在很大程度上决定着民主德国的经济形势。

本着不久前在索菲亚经互会会议上讨论形成的精神，我们正致力于同联邦德国和整个西欧开展国际分工方面的合作，他们目前同我们相当配合。显然，我们在这方面也可以密切协作。

捷克斯洛伐克和匈牙利爆发的要求苏联撤军的运动，也波及到民主德国。但我们目前在对外合作方面的主要问题，是处理好两德关系。

星期六，我要同科尔在瑞士简单见个面。2月13日至14日，在波恩再举行一个较长的会晤。为了保证这些会见能富有成果，我很想听听您的意见。

我觉得，我们今天会谈的内容和意义都是前所未有的。我讲的都是实际发生的情况。遗憾的是，没有什么其他情况可以告诉您。

戈尔巴乔夫：我认为您的介绍是非常坦诚的。我们也是本着这样的原则，

---

[1] 伊格尔·谢尔盖耶维奇·别洛乌索夫，1984—1988年任苏联造船工业部部长。

即看待和评价事物都要实事求是,无论事物本身是否令人愉快,否则就无法制定出实事求是的政策。任何人都没有权利逃避现实。而且拖延时间,会让那些怀有其他政治目的的势力钻空子。这只会引发混乱,混淆社会视听。

我们清楚民主德国局势发展的尖锐程度。作为联邦德国的邻国,民主德国身上一直都被打上特殊的印记,所以我们早就提醒民主德国领导人,要与时俱进。在国内局势还比较稳定的时候搞改革,困难会相对小得多。而现在的民主德国,都被笼罩在要恢复统一的喜悦中了。但即便是联邦德国的有识之士也明白,一旦局势失控,将会给联邦德国和整个欧洲带来多么严重的影响。实业界人士已经意识到,如果民主德国的移民不断涌过来,最终的烂摊子不得不由他们和联邦德国老百姓来收拾。现在,联邦德国的政客们正在为了选举,争相煽动民主德国的民族主义情绪。

我同意您说的,民主德国正处在命运攸关的时刻。所以我想告诉您,莫德罗同志,不要慌,要撑下去。要让政府、"圆桌会议"和其他各方感到,莫德罗坚持的政策是靠得住的。而且我认为,你们的人民也会感到这一点。我认为您对提前选举的考虑是正确的,毕竟现在科尔也好,其他人也好,都在拼命搅局,千方百计地抹黑统一社会党和莫德罗政府,以便为实现自己的政治目的创造有利条件。

我们要直截了当地告诉科尔,他这种做法是没有远见的。如果他们继续破坏莫德罗政府的稳定,将对包括科尔和整个联邦德国在内的所有各方都带来极为不利的影响,因为现在的一切都是相互密切联系着的。我们打算将这一点私下告诉他。科尔非常想同我们在莫斯科会面。我想,我同您谈完之后,将立刻把我们的考虑写成书面东西交给他。我认为,说出我们三国对目前发生在欧洲中心的事件都负有特殊责任,是很有建设性的。这种表述,可以让我们捍卫民主德国的利益,影响民主德国和联邦德国相互接近的进程,并强调必须要考虑到苏联方面的利益。我们会想办法告诉科尔,我们都不愿看到已达成的政治共识遭到破坏,并由此引发信任危机。

这方面,我们还有不少机会可以利用。在伦敦、巴黎还有美国,我们都有做工作的余地。不过坦白地讲,越来越多的迹象表明,美国是想利用德国问题做文章的。美国担心自己在未来欧洲的地位受到影响,不希望西欧实现一体化,更不希望整个欧洲实现一体化。美国看来在权衡让德国统一并成为

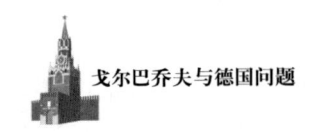

中立国应提出哪些条件，因为这将会导致美军全部撤出西欧。

所有这些因素，你们都要考虑到，并要利用手上更多的资源去争取主动。

至于苏联方面，我们理解两个德国人民加强交流、深化合作的需求和意愿。我认为，你们建议中提出的阶段性方案是对的。现在显然应该致力于签署带有邦联成分的合作与睦邻条约。这样，在第一阶段就引入了新的邦联成分。下一阶段，则向邦联结构过渡，并在较远的未来实现最终统一。这看起来是掌握主动的不错方案。

当然，我们一定会将你们的想法向所有领导人传达。但现在就可以说，你们强调必须将维护稳定和法制作为统一进程发展的前提，这是正确的。只有民主德国国内秩序正常了，才能顺利地向下一阶段迈进。我认为，在忽视四个大国权利的情况下，两个德国肯定是无法相互靠近的。这一点毫无疑问也是正确的。

坦白讲，我们的想法和立场高度一致，是因为就在几天前的星期五，我同我们的相关领导同志和专家，就围着这张桌子，详细讨论了民主德国的局势。所以我现在能够这样回应你们的意见。

我认为，可以就这些问题举行四个大国会晤，甚至可以是四国最高级会晤。四国用声明的形式表明自己的意向，可以使局势进入更为健康的轨道。至于德国问题要在全欧大家庭发展的条件下解决，我们的看法也是一致的。最主要的是，民主德国和联邦德国都要保持军事上的中立。这个问题还要再斟酌。但有一点无疑是更重要的，即在这一进程中，两德双方要相向而行。如果东部的军事政治体系被破坏，就会造成力量的严重失衡，不能不引起全体欧洲人的普遍担忧。问题不在于，是否从根本上确立中立的地位，而在于是否只保留一个阶段的军事中立。我们的部长们要好好研究下这个问题。

重点是维护好民主德国的国家主权，不能干涉她的内政。

总之，我觉得你们的建议出发点是积极的，要加以推动，不放弃机会。那你们打算怎样落实这一建议？

莫德罗：一下子就看出来，你们已经研究过先前我们提到的问题了。您刚才讲的这些，对我们都是巨大的支持。我们要坚持下去。我们也根本没有别的选择。我劝统一社会党的党员们不要放弃政府的职位。我们现在的处境，就像曾经写在我们旗帜上的那句话那样，"无产者没有什么可失去的。"现在我们只有一个目标：要保护住自己的名声，不能让任何人说，我们在应该有所作为的时候变成了没脑子的胆小鬼。

我个人的处境越发艰难了。我是唯一一个留任的统一社会党中央政治局委员。对我的攻击已经出现了。既有国内的，也有西方的。昨天《世界报》刊文，说我没有完全取缔安全部，以致安全部的间谍还继续在联邦德国活动。到星期日晚上，就对我提出了信任⋯⋯的问题。

现在谈一下我们对落实新设想的考虑。首先，我们要把这些设想在今天的新闻发布会上说出去，就在莫斯科这里说。要对外讲，我们已经把自己的设想通报给了苏联方面，苏方正在研究。

戈尔巴乔夫：怎样做更合适，要好好斟酌一下。可能要在您同科尔会面前就将这些新设想公布出去。但要想好，以什么名义公布，是以您个人名义，还是联合政府名义，或者是"圆桌会议"的名义？如果莫德罗公开表示，这是整个政府的立场，那就是一步好棋。它可以强化政府的地位，降低它的脆弱程度，并将所有政府成员捆绑在一起。但问题是，联合政府内部是否都会支持您，会不会封杀您，会不会由此引发长时间的争论，把时光都浪费掉？以政府首脑个人的名义表态，是不是最好的方案？或许可以同政府中什么人先酝酿一下，有个预热，使大家不感到突然，以免引起不良反应。

雷日科夫：或许，在向议会发表讲话时，可将新建议和盘托出，让整个议会都了解清楚。

谢瓦尔德纳泽：您相信能获得政府的支持吗？

莫德罗：我认为，应该能获得。也许会对设想再作些补充。今晚，我还可以找教会代表以及"圆桌会议"的其他成员再议一议。

谢瓦尔德纳泽：那一定会就中立地位问题展开一番较量。

戈尔巴乔夫：的确，不绕过政府，也不绕过议会，这一点很重要。或许可以广泛报道您向政府提出新建议的情况，为您会见科尔做好铺垫。至于我方的立场，大致可以这样表示：对于民主德国政府提出的新建议，苏联方面总体上给予应有的重视，认为民主德国政府在仔细听取所有相关国家的讨论⋯⋯

莫德罗：我想明确一下石油问题。是否可以期待你们的援助？

雷日科夫：这对我们是非常困难的问题。石油开采量已下滑到1700万吨。

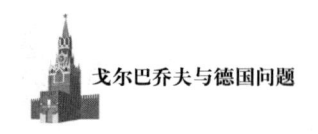

我们的处境艰难。我们还会研究，看是否能给点援助。但我重申，目前情况确有困难。

戈尔巴乔夫：总之，我们会尽一切努力，不使双边经济联系遭到破坏。我想，联邦德国也应明白这种联系有多么必要。要把西德人吸引到三方经济协作中来，成立三方合资企业。毕竟我们同联邦德国和民主德国的联系都很多。话说回来，西德人也应当明白，他们未必能独自解决民主德国的经济问题。难道他们可以充分供给民主德国所需的燃料和原料吗？一句话，继续保留双边互利关系，是我们要坚持的原则。这些问题还要同联邦德国也讨论一下。

莫德罗：我们力求从联邦德国那儿得到一定的经济支持，希望得到150亿西德马克。另希向市场投放价值40到50亿西德马克的商品。现在急缺这类商品。

戈尔巴乔夫：……你们对保护统一社会党党员免受无理攻击有什么考虑？不能让大多数党员去为斯大林的罪行和勃列日涅夫的错误负责啊。工人阶级、农民、劳动知识分子不能为统一社会党前领导层的行为承担责任。道德因素在这里也很重要。整整几代劳动者付出的生命，事实上是不能抹杀掉的。

莫德罗：米哈伊尔·谢尔盖耶维奇，我们正在想办法做这件事，但甚至连在企业都得不到必要的响应。

戈尔巴乔夫：怎么？基层也暴露出这么多丑陋现象和渎职行为？

莫德罗：事情恐怕不是这样。遗憾的是，现在针对高层领导爆发的仇恨，正在全体党员中间蔓延开来，甚至出现了要将全党宣布为犯罪组织的声音。

戈尔巴乔夫：这怎么能行？要进行抵制。

莫德罗：我甚至收到联邦德国总统魏茨泽克的呼吁，他说，民主德国一些前领导人都受到了非人道的对待。我不得不回复他，遏制当前局势不属于政府的权限。但我想同一些宗教人士，可能还有一些大律师再议一下怎么办好。

戈尔巴乔夫：我认为，这里只能有一个标准，就是法律。如果谁非法敛财，用公费给自己盖别墅，滥用职权，那他就必须完全依照法律承担全部的责任。但如果是政治上出现失误，犯了错误，则是另一回事。哪有政治家不犯错误的？肯定没有。既然这样，怎能将从政的人一个不落地进行审判？

莫德罗：我认为，在苏联、民主德国和联邦德国间开展三方经济合作，是一个令人感兴趣的、重要的建议。需要尽快就具体事宜达成一致。例如，不久前我们向联邦德国提出了有关30个项目的建议。联邦德国打算就此向我们提供特别贷款。这是一种类似"马歇尔计划"那样的贷款。大概要拨出60亿马克，主要用于发展小型私营企业。此外，联邦德国和民主德国地方间的直接交往发展得也很快。

对我们来说，戈尔巴乔夫和雷日科夫近期要能到民主德国访问，就太好了。我们正式邀请你们。这在当前联邦德国和其他西方国家的领导人非常积极往访民主德国的背景下，是尤为迫切的。

戈尔巴乔夫：我们感谢并接受你们的邀请。我不久前去过你们那儿。或许，这次可以请尼古拉·伊万诺维奇回访柏林。尽管现在出国很困难，因为我们的改革进程已进入到迅猛发展的阶段。你们那些国家的情况已经开始对我们产生影响。有人甚至说，要让苏联变的像民主德国或者罗马尼亚那样。

莫德罗：考虑到统一社会党和国内出现的情况，我不得不重新确定自己在党内的位置。我找到了这样的表述：政府首脑对人民负责，而不是仅仅对党负责。相应地，我退出了党的理事会副主席的职位。事实上我也从未履行过副主席的职责。联合政府的首脑必须维系远远超越党的框架的一致立场。像我现在就同教会建立起非常不错的相互理解关系。

戈尔巴乔夫：是这样，必须考虑到国内形势的特殊性，并找到与此相应的政治体制和开展全部政治工作的新的形式。

戈尔巴乔夫基金会档案：全宗号1，目录号1

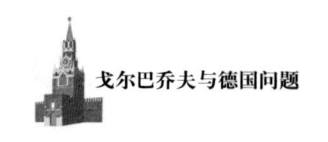

为了德国，为了统一的祖国

（讨论实现德国统一的构想）[1]

根据民主德国和联邦德国所有公民的意志，为履行德国人民的自决权，我们力争实现两个德国的统一。实现这一目标以历史、社会政治和经济现实为前提，只能在多年进程中分阶段地完成。

在实现统一的进程中，会出现如下一些必经和可能的阶段：

签署含有以下明显邦联成分的《合作与睦邻条约（建立条约共同体）》，如经济、货币和运输联盟，拉近法律体系；

在民主德国和联邦德国成立具有邦联意愿的联合机构和部门，如议会委员会、地方院、联合执行机关；

在未来规划中设定目标，通过邦联的两个部分举行选举、组建统一的议会、撰写统一的宪法、成立位于首都柏林的统一政府等等，合并成一个统一的德意志国家，采取的形式可以是"德意志联邦"或"德意志联盟"。

上述发展的必要前提是：

在维护稳定、法制和法律的条件下，继续民主革新的进程；民主德国国家机关拥有行为能力；向行政区划体制过渡；

维护四个大国的利益与权利，顺应欧洲各个民族对和平、稳定、独立、主权和边界稳定的期待；四个大国声明，愿在统一的德意志国家成立后，最终解决在第二次世界大战结束和战后时期产生的所有问题，包括外国军队在德国驻扎和归属某些军事联盟的问题；

将德国统一进程纳入欧洲进程，并考虑建立"欧洲大家庭"和"欧洲邦联"的建议；

在实现联邦的进程中，民主德国和联邦德国都保持军事上的中立；

---

[1] 此文即为莫德罗向戈尔巴乔夫转交的《告民主德国、联邦德国公民和全体欧洲人民书》草案。

尊重国家主权以及不干涉原则和独立原则。

德国统一进程将在民主德国和联邦德国的政府和议会都取得共识的基础上实现。各方宣布，坚持通过民主和非暴力形式开展政治斗争，并为此创造必要的保障。各方将就统一问题在国家和国际层面推动开展文明对话，包括举行全民公决。定于1990年底召开的欧洲安全与合作会议成员国峰会，可在这一进程中发挥建设性作用。

本构想的制订，是基于过去共同的历史及不久前出现的追求德意志民族统一的民主、爱国与进步思想和运动，以及德意志人民的人道主义和反法西斯传统。落实本构想，应符合德意志人民的愿望和利益，并成为维护欧洲大陆持久和平、稳定、合作和富足的因素之一。

本构想面向民主德国和联邦德国公民，面向所有欧洲国家和人民，面向国际社会，请大家发表意见、想法和建议。

戈尔巴乔夫基金会档案：全宗号1，目录号1

扎格拉金同联邦德国驻苏联大使布列赫的谈话记录

(1990年2月1日)

一、布列赫引述了同科尔的对外政策顾问特尔奇克的谈话，并按照特尔奇克的指示转告了以下信息：

在密切联邦德国和民主德国关系并准备实现两国统一的政策方面，联邦德国政府力求审慎行事（特尔奇克指出，包括执政党在内的联邦德国政治势力的部分代表还做不到这点）。此外，联邦德国总理主要从以下两点考虑出发：

一是联邦德国在国际事务中应承担的责任。特尔奇克表示："我们清楚，统一进程会引起联邦德国一些邻国及其他国家的担忧。所以我们不想采取哪

怕能稍微验证这种担忧的任何举措。

二是联邦德国政府的民族责任。这种民族责任一方面要求要考虑东西两方德国人的诉求，考虑他们的情绪；另一方面要求不能着急，不能人为加快统一的进程。因为人为加快以及它所产生的后果，将在经济、社会和政治等方面给联邦德国自身造成极为严重的问题。总理对这一点是很清楚的。

特尔奇克还请布列赫转达，政府很难"将情绪与理智的行为相结合"，何况现在民主德国的情绪越来越被煽动起来。联邦德国公民的警惕性在上升，因为他们意识到，统一不可避免地会给联邦德国带来难题，特别是不愿看到统一进程被加快。

二、布列赫接着说，波恩方面怀着很大的兴趣研究了戈尔巴乔夫同莫德罗会晤的消息。他说："凡是会阅读的人，都能在那里找到许多令人关注和积极的东西。例如在欧洲政策方面的新举措。无论我本人，还是特尔奇克，对苏联领导人的任何一项意见都没有反对意见。"

布列赫说，他同特尔奇克讨论了联邦德国政党干涉民主德国国内选举的问题。特尔奇克承认，联邦德国政党"做得过火"，它们过于积极了。布列赫自己也表示，联邦德国各党积极性确实过高，但这首先是来自民主德国的压力导致的，因为所有"亲戚"党都要求援助，它们难以拒绝；其次，基民盟—基社盟同德国社会民主党的选战也有影响。社民党人表现出最大的积极性，基民盟—基社盟"不能在他们的进逼下让步"。布列赫说："你们要同勃兰特谈谈。"

三、后来提及德国恢复统一进程的影响，也就是安全和边界问题。布列赫否认统一后的德国会重新出现任何一点侵略的倾向。他接着说，应该在相关国家共同参与下，考虑可以采用哪些法律来作保障。

我向布列赫大使询问了边界问题，特别是同波兰边界的问题。虽然联邦德国总理在巴黎就这点作出了较前更加明确的表态，但他讲话中还是有不清楚的成分。而在他讲话后，联邦德国宪法法院院长赫尔佐克[1]再次表示，德意志帝国在法律上依然继续存在。这两个表态不矛盾吗？

---

[1] 罗曼·赫尔佐克，西德国务活动家。1987—1994年任联邦宪法法院院长，1994—1999年任联邦总统。

布列赫回答说，宪法法院没有一份文件提到1937年的边界；宪法中说的是"德意志民族"的统一，不是德意志人曾经居住过的领土的统一；提到统一，联邦德国人想到的只是民主德国和联邦德国的合并，没有人认为，这之后还要将其他某些现已属于波兰或苏联的领土并入其中。

布列赫接着说，不论莫斯科或者波恩方面作何打算，事情都会按自己的进程发展。时间不等人。布列赫最后说，联邦德国总理希望同戈尔巴乔夫单独举行工作会晤，也就是说其中一部分的会晤必须一对一地进行。因为他"有一些包括有关民主德国的事情，只能由他讲，并且只能讲给戈尔巴乔夫本人。"

戈尔巴乔夫基金会档案：全宗号3，目录号1

戈尔巴乔夫会见居西
（1990年2月2日）

谈话中广泛探讨了有关苏联和民主德国各自国内的民主改造和两党革新进程、欧洲地区形势发展等问题。

居西介绍了统一社会党—民主社会主义党在活动内容和方法上的显著变化，强调统社党—民社党积极推动国内稳定的意愿，认为稳定局势被破坏，将威胁维护欧洲和平的努力和德意志人民自身的根本利益。

戈尔巴乔夫说，苏联共产党与民主德国国内的志同道合者团结一致。统社党—民社党卸掉过去的包袱，认清自己对国家和民族命运的责任，因而有能力为团结一切进步和民主的力量作出重大的建设性贡献。这对民主德国非常必要。

面对迫害努力造福社会、为人正直的党员群众的行动，同志们敢于站出来抵制，彰显出了勇气和意志。在反共情绪愈演愈烈的情况下，民主德国国内的新纳粹主义和亲法西斯团体更加肆无忌惮，外部右翼极端势力明显希望利用这些团体，来扩大和巩固自身影响。

会谈双方一致理解民主德国国内民主变革的重要性，以及独自决定国家未来问题的绝对权利。双方声明，不允许从外部干涉民主德国的内部政治生活，这种干涉只能视之为颠覆一个主权国家的图谋。而这个主权国家在当前自身发展的历史转折点上，却是实现欧洲稳定的最重要的保障。

戈尔巴乔夫指出，苏联理解民主德国和联邦德国人民希望密切往来和开展协作的意愿，这是合乎情理的事实。这一点，在不久前同莫德罗会面时也提到了。戈尔巴乔夫想再次强调，围绕这一问题煽动政治热情和做简单化的处理，有很大的危害性。

这位苏联领导人说："我们相信，在欧洲进程的框架内，在欧洲共同家园的架构内，可以找到解决德意志民族统一问题的方案。这是否会在密特朗总统提出的全欧邦联的条件下实现，或是以其他某种形式，要留待历史去解决。我们希望，在探索这样的途径和可能统一的形式时，两个德意志国家会表现出高度的责任感，使它的结果不违反欧洲各族人民的利益，有利于整个世界和平的利益。据我们所知，统社党—民社党对这些问题的立场，在今年2月1日发表的党的理事会主席团声明中已经阐述得相当明确。在德国问题取得积极进展的条件下，所有与此利益密切相关的国家、政党和运动，大街上的人也好，办公室里的人也好，都必须保持慎重态度和最高程度的理智。否则，就可能把刚刚踏上相互信任与共同创造道路的欧洲给毁掉。"

居西在回答记者提问时说，两个德意志国家统一的进程会沿着邦联的道路，在考虑四个大国利益的全欧进程的框架内进行。第一阶段，将在承认主权与独立的情况下建立起条约共同体。用居西的话说，只要这个过程在全欧统一进程框架内进行，就将促进欧洲的稳定。否则，就会破坏稳定。

居西还指出，解决德国问题，要准确把握行动的连贯性，使这一进程不损害德意志和欧洲其他各族人民的利益。

在谈到民主德国国内政治发展前景、包括共和国人民议院选举可能出现的结果时，居西强调，统社党—民社党将接受选举的任何结果。

《真理报》，1990年2月3日（塔斯社）

| 1990 年 |

摘自戈尔巴乔夫同贝克的谈话记录

(1990年2月9日 莫斯科)
(出席人:谢瓦尔德纳泽和切尔尼亚耶夫)

戈尔巴乔夫:……在这部分谈话开始时,我想对已经说过的有关1990年举行全欧会晤的事情[1]作一下补充。

众多迹象表明,欧洲局势正在失控。所以,这种高层会晤有助于我们对局势加以引导。如果以民主渐进的形式推进发展的方向,那就可以带来对西方也对东方都有利的结果。

我想了一下,我们有关对世界会变化、并且在很多地方都将发生剧烈变化的预测,看来是准确的。非常巧合的是,世界上两个最强大、最有影响的国家的关系,这个时候处于最有利的时期。这对当前很重要,也给未来打下良好的基础。

现在,我们还有很多事情可以做。接下来要困难一些。我说过,我们两国"注定"要合作。要使这种合作变得稳定。我们两国没有不能克服的矛盾。要了解清楚那些存在的矛盾,并将它纳入到相互合作的框架内。

贝克:今天早上我同谢瓦尔德纳泽外长详细讨论了德国问题。我也想听一听您对这个问题都有哪些考虑。

戈尔巴乔夫:我想先听听您的。

贝克:首先,这一进程的发展正在远远超出去年,甚至超过出去年12月时人们的预料。上个星期,我会见了英国外交大臣和法德两国的外长。大家的看法都是这样。3月18日,民主德国人民就要参加投票选举了。绝大多数人都会赞成统一,会选出支持德国统一思想的领导人。很快,两个德意志国家将开始讨论有关统一的内部问题,如合并政府、议会,确定共同的首都、共同的货币和经济联盟。所有这些,事实上已经发生了。

---

[1] 指计划召开的全欧高层会议。

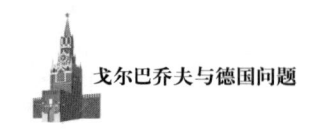

我很清楚苏联的关切有哪些。我同谢瓦尔德纳泽外长已经详细地讨论过。同时我们认为，您不久前的表态和谢瓦尔德纳泽先生去年12月在布鲁塞尔的讲话都表明，你们明白德国实现统一，已经是不可避免的事实。最重要的是，要使这一进程在稳定的条件下进行，并能为将来的稳定提供保障。为此，我们认为，针对实现统一的外部因素问题，必须确定好范围和解决的机制。与此同时，对建立这样的机制也要采取极为谨慎的态度，避免引发德意志民族主义出现反弹。必须在两个德国讨论实现统一的内部问题之后，再着手建立这样的机制。

我们同法方和德方就能否建立"2+4"机制开始了初步讨论，暂时还没有达成共识。

戈尔巴乔夫：想问一下，你们对"4+2"机制怎么看？

贝克：我想，最好还是采用"2+4"机制。我向谢瓦尔德纳泽先生解释过，为什么在我们看来四方机制的方式行不通。我认为，利用欧洲安全与合作会议进程的想法同样难以实现，因为规模实在是太大了。我想再强调的是，联邦德国方面没有向我保证过，德方会同意"2+4"机制。

自然，处理实现统一的外部问题，必须在一定程度上考虑德国那些邻国的关切。因此利用欧洲安全与合作会议来批准"2+4"机制框架内达成的一些协议，是完全可行的。

我们两国共同战斗过，共同给欧洲带来了和平。我们后来没有把握好和平，没能相互好好协作，导致了"冷战"。这是很遗憾的。如今，当欧洲发生迅速和根本性的变化时，我们拥有了为维护和平而开展协作的更好机会。我非常希望您能理解，无论美国总统还是我，都不希望从正在发生的进程中获取单方面的优势。

还有一点。我们确实不赞成德国成为中立国。西德人也对我们说，他们不认为这样的解决方案令人满意。我想解释一下为什么。

如果德国变成中立国，不一定就不会军事化。相反，德国完全可以决定建立自己独自拥有的核武器，以取代对美国核制衡力量的依赖。

我们所有的西欧盟友和不少东欧国家都告诉我们，她们希望美国在欧洲保持军事存在。我不知道，您是否赞同这样的前景。但请您相信，只要我们的盟友对我们说，他们反对我们的军事存在，我们会把军队撤回美国。

谢瓦尔德纳泽：至于你们其他的盟友我不清楚，但统一后的德国完全会要求这么做。

　　贝克：如果这样，我们的军队就返回美国。我们会离开任何不希望我们存在的国家。美国人民这方面的愿望总是很强烈。但如果统一后的德国还是由现在的西德领导人领导的话，他们会对我们说，他们反对我们离开。

　　最后一点。保障美国在欧洲存在的机制是北约。如果北约解散了，那么美国在欧洲存在的机制也就没有了。我们明白，无论苏联，还是其他欧洲国家，都需要获得这样的担保：如果美国在北约的框架内继续维持在德国的存在，那么北约的辖区和军事存在的范围绝不可以向东扩张。我们认为，在"2+4"机制框架内的磋商和讨论，应该就德国统一不会导致北约这一军事组织东扩作出承诺。

　　这就是我们的考虑。或许还能找到更好的方案。我们暂时没有获得德方对这一方案的认可。我对根舍讲过了，他只是说会予以考虑。至于罗·迪马（法国外长），则表示他喜欢这一想法。现在我已经对您说明了这个方案。再说一遍，或许能够想出好得多的方案，但暂时我们还没有。

　　戈尔巴乔夫：我想说的是，我们总体上赞成这样的思路。确实，进程已经开始，并在继续。我们应该适应新的现实。欧洲是非常重要的国际政治中心，需要一个机制推动欧洲的稳定不被破坏。不过，我们在对形势的看法上，同你们是有些区别的。我想这没什么可怕。重要的是，对局势的处理方法不要过于简单。

　　首先，我们希望欧洲的局势能有改善。不能受当前事态的影响，让局势变得更坏。要想一想，在新的现实条件下，应当怎么办。问题在于德国将会是什么样的？在欧洲和世界上，德国做事会有哪些倾向？这些都是原则问题。而且据我们掌握，巴黎、伦敦、华沙、布拉格、布达佩斯等各方，对这些问题的理解都不一样。

　　贝克：这点我明白。

　　戈尔巴乔夫：昨天我同雅鲁泽尔斯基[1]通了电话。他知道您现在就在莫

---

[1] 沃伊切赫·雅鲁泽尔斯基，波兰军人、国务和政治活动家。1962—1983 年任国防部部长，1981—1983 年任波兰救国军事委员会主席，1981—1985 年任部长会议主席，1981—1989 年任波兰统一工人党中央第一书记，1989—1991 年任波兰人民共和国总统。

斯科，也知道明天科尔和根舍会到莫斯科来。雅鲁泽尔斯基讲了他自己对一些问题的看法，包括对德国的看法。而德国对波兰人来讲，是个问题！他认为，要就这个问题保持沟通并举行磋商。他的意见是，美国军队和苏联军队在欧洲同时保持存在，才是稳定的因素。

拿捷克斯洛伐克和奥地利来说，那里担心统一的德国会兴起要求恢复1938年边界、觊觎苏台德地区和奥地利的势力。当然，今天没有人表达这样的诉求。但明天会怎么样？拿法国和英国来说，她们就面临这样的问题，即法国和英国还能否继续当欧洲的主要玩家？简而言之，在这种情况下，我们两国凭借自身的规模和分量可以轻松一些了。科尔和他的班子明白这意味着什么，要和我们对话。

贝克：我同意。

戈尔巴乔夫：所以，做事必须有分寸，要权衡，要理解人民的民族感情。不对德国实现统一的进程设置障碍，而要加强疏导。至于机制是"4+2"还是"2+4"，都要基于国际法，要能进行磋商和对形势作出评估。或许在我们交换意见后，如果你们觉得需要，可由我们双方继续以相应的方式同西方伙伴和东方伙伴们磋商。但这并不意味着我们已经达成了共识，而是要寻求共识。您说联邦德国没有对这一方案表示同意。至于莫德罗，根据我们同他会谈的情况，他会支持这个方案。明天我们可以问下科尔，看他怎么考虑的。

贝克：这样很好。但我想提醒一下，就算我们有机会说服德国人支持"2+4"方案，也只能是在3月18日之后，只能等到民主德国的立场确定下来，要在他们开始讨论实现统一的内部问题之后。否则他们会说，四个大国的施压是不可接受的，统一纯粹是德国人自己的问题。我们的方案已经明确，有关统一的内部问题的确是两个德国的事情，但讨论外部因素时，要考虑德国那些邻国的安全利益，要让邻国们能够接受。此外，我们必须讨论柏林的地位问题。如果我们采取这样的态度，那么德国人是有可能赞同搞我们建议的那种机制的。

我要再次说明，我同联邦德国总理根本没有谈过这件事，根舍也没给我回复。他只是说会研究这个方案。我认为，他会赞成。但总理怎么想，就完全是另一回事了。毕竟他是未来选举中的候选人。

戈尔巴乔夫：这个因素很重要，它会对局势的发展产生影响。

| 1990 年 |

贝克：这就是民主让人感到怪异的地方。科尔不得不非常谨慎从事，以免在德国形成他要把德国统一的问题交到别人手中的印象。

戈尔巴乔夫：想向您介绍一下不久前由福音学院举办的一个座谈会的情况。除了莫德罗的党外，联邦德国和民主德国的其他所有政党和团体代表都出席了座谈会。讨论的结果是，大多数与会人员都赞同组建邦联。民主德国的代表强调，两个德国经济上的接近，不意味着要把民主德国"清仓甩卖"或者搞殖民化。这些代表说，他们不希望同他们的谈话，像对待小孩子一样。

第二个结论是，统一应该只在联邦德国和民主德国的现有领土上完成，要尊重现有边界，并维持两部分德国分属北约和华约的各自归属地位。

同时也有分歧。联邦德国和民主德国都有一些代表赞成未来的德国实行中立。但两国大多数代表赞同维持对两大同盟的各自归属，希望两大同盟能由军事组织转变为新型的政治结构。

勃兰特的发言最令人震惊。他断言，任何人都不应妨碍德国搞自决。他说，德国人不应等着看欧洲安全与合作会议的进程如何，不应是欧洲一体化走在德国统一的前面，而是相反，德国的统一要在欧洲一体化之前实现。他拒绝了搞邦联的主张，赞成建立联邦制的德意志国家，并且联邦内属于西德的部分还应留在北约之内。至于过去属于民主德国的部分，他表示要考虑一下。

许多联邦德国的代表批评勃兰特煽动德意志民族主义情绪，批评他甚至还想超越科尔的做法。

著名学者、联邦德国现任总统的哥哥魏茨泽克的发言比较有意思。他说，要避免德国民族主义激化的原因有很多，其中也包括它还可能在苏联掀起一股民族主义的浪潮。他清楚，过去战争的记忆对苏联人民意味着什么。他还强调，民族主义在苏联爆发，会对改革构成威胁。德国人对统一叫得越响，邻国们就越是害怕。魏茨泽克强调，奥斯维辛集中营在欧洲并没有被忘记。

作家格拉斯[1]强调，一个统一的德国在历史上，一直是沙文主义和反犹太主义的温床。还有人从经济上对实现统一算了一笔账，并列举出这样一些数字：未来8到10年，德国实现统一要付出的经济代价，将达到500亿马克。发言者们还强调，当德国人知道这样的真相后，就会三思，是否值得搞统一。

---

[1] 君特·格拉斯，德国作家。1999年获诺贝尔文学奖。

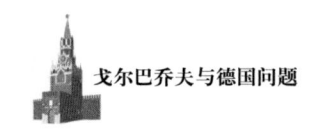

都是些五花八门的观点。我如此详细地向您介绍这些，是因为我认为，不应受大众情绪的支配，不要屈服于压力，不要脱离思考和判断，要预测这一切可能意味着什么、如何引导事态发展。在两个德意志国家都有看得见危险的力量，这是重要的。我想请您转告总统，我们希望同你们就这个问题保持沟通，互换信息。如果需要的话，可以交流想法。

贝克：我一定转告。我希望您理解，我不是说我们应该受大众情绪的支配。但我认为，德国内部实现一体化很快会成为现实。在这样的条件下，对民众的责任、对全世界和平的责任，要求我们尽一切可能，搞出一个能够保障欧洲稳定的外部机制。这就是为什么我提出要搞这个机制的原因。

至于说实现统一的经济代价，这个问题可能会在竞选期间加以讨论。但我觉得，这个问题也可能被突如其来的情绪所左右，被人们获得统一、从而成为一体的渴望所席卷。

我想向您提一个问题。不一定现在就回答。假设统一实现了，那么你们更倾向于哪种情况：统一后的德国不加入北约，完全独立，没有美国军队驻扎；还是统一后的德国可以同北约保持联系，但要保证北约的辖区和军队不会从现有界线向东扩张？

戈尔巴乔夫：这些我们都会考虑。我们希望在领导层面深入讨论所有这些问题。当然，北约范围扩大显然是不可接受的。

贝克：这点我们同意。

戈尔巴乔夫：根据目前形成的局势，美国军队在统一后的德国保持存在，可以发挥牵制性的作用。这是完全可能的。或许，我们双方应该共同考虑，如您所说，一个统一的德国可能会寻求重新武装自己的途径，就像当年签署了凡尔赛和约后，德国便组建了法西斯军队。的确，如果德国身处欧洲各种机构之外，历史可能会重演。技术和工业方面的潜力使得德国可以这么干。如果德国被纳入欧洲各种机构的框架内，就可以避免上述情况的出现。所有这些，都要考虑到。

您讲的很多东西都很实际。让我们想一想吧。现在就作出结论是不可能的。您知道，民主德国同我们关系很密切。即便是联邦德国，也是我们在西方国家中的第一大贸易伙伴。德国在历史上一直是俄国强有力的伙伴。我们也好，你们也好，都有影响局势发展的能力。当我们拟定出兼顾我们同其他各国利益的合理方案，搞出配套的机制时，就可以运用这些能力。当然，竞选斗争、笼罩社会的激烈情绪，都使事情变得极为复杂。我们会跟进局势的发展，考虑怎么办……

戈尔巴乔夫基金会档案：全宗号 1，目录号 1

摘自戈尔巴乔夫同科尔的一对一的谈话记录

(1990 年 2 月 10 日　莫斯科)
(德方出席人：特尔奇克，
苏方出席人：切尔尼亚耶夫)

戈尔巴乔夫：欢迎您，联邦总理先生。您来莫斯科了，这很好。现在这个时候我们需要保持经常性的沟通。事态发展得很快，所以我们有许多话题可以说。

我经常回忆起去年夏天在波恩时的谈话。那时我们讨论了一些问题，但无论如何都没想到，这么快就得解决这些问题。当时对我们来说还是遥不可及的事情，现在已经近在眼前，成为客观现实，并迫在眉睫了。上次会见后的这段时间，我们保持了积极的沟通，交换过信函，通过电话。这些都很好，有助于我们彼此更好地沟通和理解。

现在真的是一个非同寻常的时期。我们在苏联国内，时刻都保持着紧张的状态，以便不做出太多的蠢事。显然，无论是国内事务还是对外政策，都要以持重和审慎的态度来处理。

您是客人，请您来讲。

科尔：感谢你们的热情接待。我们今天的会见正是时候，这次交谈极其重要。

戈尔巴乔夫：我同意。

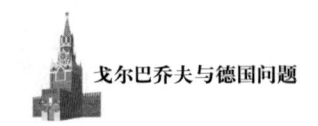

科尔： 回忆起我们在波恩的会见和交谈，我也很满意。我们今天的谈话也与那次有关。去年夏天我们的确非常详细和严肃地谈过。所以我想从那次的谈话出发，同您依旧真挚、坦诚地交流。

在您访问联邦德国的时候，我们做成了许多事情，签署了联合声明。声明中的各项条款都得到了执行。在我看来，目前事态的发展都符合这个联合声明的精神。这段时间，很多事情发生了改变，很多情况在变化。这可能同你们实施的政策、采取的行动有直接的关系。我想说的是，我对你们在推动改革中取得的成果感到满意。我明白，您和与您志同道合的人做事情都很不容易。我从内心里地祝愿你们获得新的力量，取得新的成绩。

我很清楚你们现在的处境。我的心在你们这一边。我密切注视着苏共中央不久前召开全会的情况。好的是，全会之前做了充分的准备工作。所以这是一场令人难忘、深入人心、不同寻常的全会。再一次祝贺你们取得成功。

苏联正在发生的事情在我们国内引起强大的共鸣。我经受住了考验，并且很轻松地过了关。政府同意在粮食供应上向苏联提供资金支持。没有遇到任何反对意见。所有的人都赞成给予帮助，支持改革政策。

戈尔巴乔夫： 我想借此机会感谢您提出的倡议。这一倡议超出一般关系的范畴，并获得充分肯定的政治反响。我们珍视联邦总理先生的倡议，珍视联邦政府的支持，珍视联邦德国企业界的理解和人民对我们的态度。

科尔： 我们希望改革继续向前推进，不断取得成功。这次推出的具体行动，毫无疑问是一个重大的创新。双边关系开启了新篇章，我们也应该成为创新的人。

坐车从机场过来的路上，我对谢瓦尔德纳泽讲，这些行动完全印证了我去年夏天在波恩作出的保证。

总书记先生，我要非常坦率地告诉您，如果出现您需要帮助或支持的情况，并且您认为我能帮上忙，请您立刻告诉我。您可以相信，您会再次发现我是一个认真、有求必应的人。

戈尔巴乔夫： 先提前表示一下谢意。我高度评价采取这些行动的政治意义。

科尔： 请允许我分析一下当前形势。自从我们在波恩会面以来，形势发生了戏剧性的变化。这一点任何人都没能预料到。最近四五个星期，形势发展更加不可捉摸。我们希望同苏联加强协作，同您加强协作，总书记先生。除我们双方之外，还必须同美国加强协作。这样，可防止事态发展陷入混乱。因为这些混乱，是任何一方都不需要的。

我对形势的看法是，局势正沿着两条轨道向前推进。一条轨道通过德国，在德国人中间穿过，触及德国人的利益。另一条轨道则涉及我们的一些邻居，首先是苏联，影响到苏联的安全利益。两条轨道是相互关联的。我从德国这条轨道开始讲。另一条轨道是欧洲的。顺序并不重要，因为如果在一条轨道上没有进展，那在另一条轨道上也不可能推进。

去年 10 月，我同克伦茨通了电话。那时他刚当选为民主德国国务委员会主席。我直截了当对他讲，我不相信他能掌控住局势。结果让我说中了。

莫德罗接替了克伦茨。我认为莫德罗是个坦诚的人。我当时认为他能在 12 月管控好局势，把握住事态发展，进而控制住事态发展的速度。12 月 19 日，我同莫德罗在德累斯顿见面，讨论了一系列问题。我还以为，就成立条约共同体、联邦机构及其他一些设想的谈判可以马上开始。但莫德罗改变了自己那一套想法。他把精力都集中在谈判事务上的经济方面，以及选举法的方面。

到了 1 月 1 日至 2 日，形势已经十分困难，但还算稳定。可随后的两个星期，一切都乱了。围绕执法机构的争议，演变成对国家安全部大楼的冲击。带来了灾难性的后果，人们心理上的混乱首当其冲。可以肯定，到了大约 1 月 20 日的时候，民主德国的国家威信一败涂地。无法用别的语言来形容，后果真的是灾难性的。

最近一年，从民主德国跑到联邦德国来的人有 38 万。其中 20 万人在 30 岁以下。他们是一个国家的知识精英，是国家的未来。他们当中有电子技术专家、医生和其他脑力劳动从业者。

如果认为他们是为了钱、为了能自由兑换的马克而来，那就错了。我们迎接这些移民时，不搞任何铺张的招待。他们来后每人可拿到 200 马克，外加用于住房安置的 4000 马克无息贷款。所以并不像苏联某些人想象的那样。钱对他们来说，不是目的。他们是为了自己的未来才来的。

1 月初的时候，移民的数量下降了，但随后再次猛增。整个 1 月份，从民主德国来了 5.5 万人。照这个速度，2 月份将有 6.5 至 7 万人到我们这边来。

也正因为如此，民主德国的选举才从 5 月 6 日提前到 3 月 18 日。日期

提前是否会影响移民的速度，现在还难说。一个星期之前，莫德罗在达沃斯对我说，国家已经威信扫地。对我们来讲，现在的情况有些不可思议。我举几个例子。

民主德国一家国有企业向另一家国企出售自己的产品，却要求用联邦德国的马克来支付。民主德国有些州已经宣布要完全独立、脱离柏林政府的管辖。

复仇情绪、要求报复的声音在增多，这非常不好。现在到处都在吵吵要对民主德国的一些前领导人提起诉讼。我建议莫德罗要克制一些，努力压住负面的情绪，不要把精力都集中到揭发和批判前领导人上来。莫德罗本人倒没有这样做，正想方设法制止。

但莫德罗手下的那些人完全另搞一套。检察院的人、还有那些市长们，就像通常说的那样，都想挣点儿"外快"。现在已经有近100件诉讼案堆在那儿。对于民主德国这样的国家来说，这太多了。何况那里并没有像联邦德国一样的三个区划层级：联邦、州、县。在民主德国，领导层以下是怎么回事儿，还真不清楚。

另外，还有一个暂时没有公布的情况。昨天早上，东柏林市政府提议请西柏林市政府来掌管民主德国首都的医院、警察局、城市铁路和公共服务部门。

民主德国国家人民军的一些军官到联邦德国来，表示愿转到联邦德国的国防军服役。如果以前我说，这是有可能的，会有人觉得我不正常。但现在一切都成为了现实。

最近10来天，我承受的压力特别大。要想出点什么办法，用什么手段才能阻止民主德国的人跑到联邦德国来。如果她们那儿专业人才都走掉了，那还怎么稳得住经济。可现在有2/3的医生、大量的电子专家和各种专业的学者都已经离开。民主德国的居民处在一种惶恐的状态。

目前一切都还相当平和。就是有50万人参加的游行也都很有秩序。没有出现矛盾激化的现象，但仅仅是暂时。民主德国的居民把所有的希望都寄托在我们身上，寄托在联邦德国的身上了。不能让他们失望，否则会使局面变得更加难以收拾。

民主德国有近40万的苏联驻军。那里还生活着苏联军官的配偶和子女。保护他们是苏联领导人的责任。这是基本的道理，合情合理的需要。对此我是支持的。

到现在为止，我讲的都是实际的情况，已经发生的情况。下面，我试着说说可能发生的情况，之后局势看起来又会怎样。我试着做一下预测。

3月18日民主德国将迎来大选。我和我的政府会尽一切努力，让民主德国在选举前不致于垮掉。选举后会组成新的议会，产生新的政府。无论选举结果如何，对德国统一的渴望肯定都会增加。现在，民主德国没有一个政党反对统一，甚至连过去的统一社会党也支持德国统一。我们并不怀疑，民主德国的政党和新政府会宣布，他们渴望实现德国统一。

对此我们要理性地加以对待。也正因如此，我提出要建立货币联盟和扩大经济合作。目的是恢复民主德国的经济，抑制人员外流。对联邦德国来说，这些都是问题，但都是可以解决的问题。

不管怎样，一旦提出要落实德国统一的建议，我就不得不采取行动。总书记先生，我希望在行动中同您保持密切的沟通。目前发生的一些变化，很多是苏联改革政策的结果，所以我们希望同你们站在一起。

还有一个不好的方面。现在联邦德国国内正就民主德国境内的核电站一事展开激烈讨论。这个问题不仅涉及我们，还涉及苏联。联邦德国主管核电站安全事务等生态问题的部长托普弗[1]不久前访问民主德国时，收到要求联邦德国要承担起保障民主德国核反应堆安全的建议。托普弗说，目前还没有这个可能。在考察格赖夫斯瓦尔德核电站后，他的确建议立即停止这个电站的运行。那里的情况很危险。这个核电站的设施比切尔诺贝利的还陈旧。人们都在逃离这个地区。您知道，切尔诺贝利事件后我们一度非常紧张。现在的情形比那时还要糟得多，忧虑情绪强烈得多。媒体在火上浇油。民主德国的核电站成了热门话题，近期必须要就此作出决定。

对即将发生的突发事件，要提前考虑好应如何妥善应对。我不希望加快这一进程。但是我看到，有一股浪潮正向我涌来，而且我无法对抗。这是现实，所以我不能不去考虑。

各方都要保持理性和信任，考虑彼此的安全利益。安全利益是由现实利益和心理因素构成的。毕竟出现过希特勒，法西斯德国军队也侵略过苏联、法国、荷兰、波兰。

---

[1] 克劳斯·托普弗，西德国务活动家，1987—1994年任科尔内阁环境保护部部长。

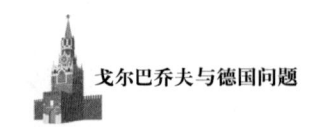

对德国人来说，这是严酷的历史。德国人从中汲取了教训。总书记先生，我本人希望同您一道参与构建90年代，构建了这新开启的十年。同时，要时刻记住历史的教训。我相信，我们很快会继续谈论这一话题。有许多事情要思考、讨论和反思。

如果由民主德国、联邦德国和柏林组成的统一德国能够产生，那就必须签署相应的条约。其中首先要就边界问题作出最终的结论。我知道，苏联对联邦宪法法院的裁决有疑虑。这一裁决不会成为问题。如果事态像现在呈现的这样发展下去，那么德国新的统一政府、统一的议会将会作出最终的决定。这里不应存在疑虑的阴影，或者不信任的因素。

北约和华约的问题可是不一样。我听说，您同国务卿贝克进行了富有成果的会谈。抛开细节不谈，我只想说，我们赞成在裁军问题上取得新进展，并会竭尽全力予以推动。我们支持维也纳进程，支持首先针对化学武器的战略进攻武器问题谈判取得成果。当然，这方面不能不提短程导弹，也就是你们所说的战术导弹。这个问题也要谈。

我们不希望的，就是保持中立的地位。这会成为历史上的一件蠢事。这样的错误在1918年后就已经犯过了。当时对德国地位作了特殊规定。拉帕洛条约的意义，就在于摆脱这样的特殊地位。不要再次犯错。

我们认为，北约不应扩大自己的覆盖范围。这里要找到理性的解决方案。我对苏联的利益有准确的认识。总书记先生，我清楚，您和其他苏联领导人要把这件事情向苏联人民解释清楚。

我们说的是一回事，老百姓说的就是另一回事了。他们记得自己的父亲和兄弟们的遭遇。这是完全正常的现象。但是，如果我们没有行动，事情就会变得很危急。这是要避免的。我们愿同我们的伙伴、邻居和朋友们一起来行动。您有一句话在我们那里很流行，"动作慢的人要受到历史的惩罚"。我们愿按照这一点来做事。

戈尔巴乔夫：感谢您谈出您的看法。我有一些问题。看来，保持民主德国的经济稳定，是当前迫切需要解决的现实问题。

科尔：那里需要建立另一套经济体制。

戈尔巴乔夫：关于货币联盟，是否规定了什么时限？

科尔：我回答不了这个问题，原因如下。如果有人在12月底这样问我，我会说，实现这样的过渡需要几年。经济学家们认为，这样做是符合情理的。但现在没有人这样问我。人们用脚来做决定。混乱已经开始。也许，对这一问题的反应，要在几个星期后才会出现，也可能几个月后。

戈尔巴乔夫：也就是说在选举后立刻出现？

科尔：完全有可能。我也不想太着急。但我已说过东柏林市政府向西柏林求助的事情。下个星期，西柏林市长会来找我，告诉我要花哪些钱。我不可能拒绝他。现在的情况是，大家都在自行其是。但是需要经济秩序。这正是我提出的十点计划的意义所在。这些计划规定，要一步一步地解决建立条约共同体的问题。

戈尔巴乔夫：我不明白您有关签署彻底解决边界问题的新条约的说法。难道边界还没有确定吗？还是这方面的翻译不准确？

科尔：是的，这一问题在莫斯科和华沙条约成员国中已经解决了。但这些条约是同联邦德国签的。所以，我指的是要对这些条约中规定的问题加以确认。如果民主德国和联邦德国合并了，那么新的德国议会应承认这些条约的内容。对这些条约的实质性内容不应有丝毫的怀疑。而联邦宪法法院的裁定，涉及的则是苏联同联邦德国签署的莫斯科条约。

戈尔巴乔夫：而这不令您担心吗？您是要埋葬联邦德国啊。

科尔：我不担心这个。我觉得，统一后的德国作为新的国家组织，可以不签署新的条约。新国家可以承袭旧的条约，当然要得到莫斯科和华沙的同意。但这已经是技术问题，而不是政治问题了。我不觉得解决这个问题有多么困难。

戈尔巴乔夫：统一德国地位的核心问题在于军事安全。

科尔：这个问题也可以找到解决方案。苏联有权维护自身的安全利益。我们关心的是维护主权。要想办法加强双方的信任。这涉及的不仅是我们，还有美国、法国和英国。我相信，可以做的事情还有很多。我认为，如果新的德意志国家在核武器、细菌和化学武器方面采取同联邦德国一致的立场，承担同样的义务，那应该说是非常重要的。这对苏联，对美国、英国和法国同样重要。法国人和英国人内心深处，对他们拥有德国人没有的武器，是感到高兴的。他们对此感到高兴，并不是因为他们可以用这样的武器威胁我们。对他们来说，这种高兴主要是特殊的心理基础在起作用。

戈尔巴乔夫：联邦德国的多元体制和竞选斗争已经触发一些机制，让统

一问题成了导致各势力竞争的对象，不是这样吗？这已经造成了民主德国社会的分裂。如果民主德国社会引入这种竞争的话，不会变得更糟吗？

科尔：这种情况并没有发生。

戈尔巴乔夫：民主德国没有被竞选斗争绑架吗？

科尔：没有。早在民主德国作出选举决定前，一切就已经开始了。要是昂纳克1989年春天开始改革，那里的一切就会平静得多。

戈尔巴乔夫：这点我对他说过。

科尔：这我知道。因为我们之间有非常良好和互信的沟通。我坦白对您讲，如果没有您，谁知道苏联会发生什么？那些反对您的人，既不懂与时俱进，又不懂政治。但我们看到，您在创造未来，真理在您这边。任何一位政治家都应该熟悉历史，顺应历史，否则没人会理解他。要知道我们有下一代，我们培养他们，让他们受教育，也就是创造未来。

昂纳克的所作所为，让人觉得似乎戈尔巴乔夫不存在，匈牙利和波兰也都不存在。他没想出比去罗马尼亚更好的主意。现在清楚了，这一切都带来了什么，结束得又是多么可悲。

至于选举，我们不打算由联邦德国来指挥，不打算用什么办法去引导。圣诞节前，我飞到德累斯顿，脚还没落地，我就转身对随我前去的一位部长说，这一趟来对了。从机场到市区的路上，我受到几万人的迎接，而市区内则聚集了几十万人。坦白讲，这一辈子我还从没像在德累斯顿那样，说起话来是那么困难。您可能看到过报道的画面，也听过我的讲话。讲话中我特意提到，我们将同苏联走一致的、共同的道路。

至于民主德国国内的选举，像图林根和萨克森这样的州是老牌政党的堡垒。过去马克思、恩格斯、倍倍尔、拉萨尔都在这几个州积极并且顺利地开展活动。在艾森纳赫和格拉还举行过具有历史意义的大型代表会议。1932年，纳粹上台前，共产党在萨克森州的支持率最高。社会民主党只能排在他们后面。总体上，社会民主党比别人的起点要好一些。1945年，在朱可夫元帅的帮助下，社会主义党同共产党合并了。现在这个党又重新出现了。你们很熟悉的勃兰特，现在却像主教或都主教一样，到民主德国各地去分发祝福。他甚至被选为民主德国社会民主党的名誉主席。

戈尔巴乔夫：您也没有袖手旁观啊。您在达沃斯主持讨论的时候，曾提及不干涉的议题。后来提出来，是因为民主德国内部乱了套。

科尔：是，确实如此。

戈尔巴乔夫：如果真是这样就好了。民主德国国内的各种力量都在要求联邦德国，不要像对待小孩子一样对待他们。

科尔：我们没这么做。

戈尔巴乔夫：我知道著名学者魏茨泽克[1]的一些主张，他就呼吁不要进行干涉。还有一个问题，联邦德国领导人的确已经不在全欧进程框架内，而是在这个框架外之来看待德国统一问题了吗？

科尔：既在框架内，也在框架外。因为这毕竟涉及到所有的人。我没看到有什么区别。

戈尔巴乔夫：或许可以说，苏联、联邦德国和民主德国在德意志民族统一的问题上不存在分歧，这个问题应由德国人自己解决。简单来说，我们的主要出发点是一致的，即德国人应自己作出选择。德国人应该知道我们的这一立场。

科尔：德国人知道这一点。您是想说，统一问题是德国人自己的选择。

戈尔巴乔夫：但是要着眼于现实。

科尔：这点我同意。

戈尔巴乔夫：现实情况是这样的。曾经有过给我们留下沉重遗产的战争。我们现在重新审视这份遗产，并希望作出改变，即放弃冲突和敌对。我们致力于全欧进程，是在国际政治新思维的基础上致力于……如此，才可能将"德国问题"推进到另一个阶段。这需要共同努力去做，不仅要考虑自身利益，还要考虑到其他邻国的利益。

科尔：您这个观点我赞成。

戈尔巴乔夫：德国人已经证明，他们吸取了过去的教训。欧洲和全世界对此都给予了积极评价。并且，这一点在西方和东方正在形成的新环境下，在就"德国永远不再成为战争策源地"的反复声明中，都能得到验证。

科尔：这句话我要反过来讲，"德国只会成为和平的发源地"。这不是随口说的，而是十分认真的。

---

[1] 卡尔·冯·魏茨泽克，德国学者、物理学家，联邦德国总统里夏德·冯·魏茨泽克的哥哥。

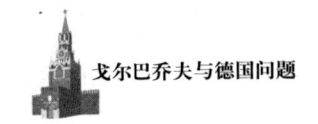

戈尔巴乔夫：您进一步作的这个表态，非常重要。这体现出德国人致力于和平的态度。

统一后的德国，要建立在非常坚实的基础之上。这就是为什么我要提到边界的问题。这是非常坚实的基础。有人在这样关键的时刻，抛出一些不同的观点。而这样的时刻，是非常需要责任感的。因为一个统一后的德国正在远处的地平线上升起。

科尔：对我来讲，这一问题会在内政方面造成一些困难。但对您讲过的话，我会继续坚持。

我有一些德国同胞，还处在背井离乡的状态。二战结束时，德意志帝国失去了 1/3 的领土。有 1300 万人被赶出世代生活的家乡，有 200 万人死在迁徙的路上。现在这 1300 万人中，只有四五百万人活了下来。他们也生有自己的后代。理性告诉他们，从前的领土已经是昨天的事了。要是举行民意调查的话，会有 88% 到 89% 的人认为，一切都过去了。

如果搞一次全民公决，要求以承认奥德河—尼斯河一线作为最终边界为条件，来实现民主德国和联邦德国的统一，那么会有 92% 到 93% 的人表示赞同。不过说实话，很多人内心的伤痛是不会平息的。这个问题，也部分地牵动着联邦德国的国内局势。也有人在向我施加压力，要求我去迎合特定的那部分选民，争取他们的选票。但我坚持遵守已经达成的共识。

总书记先生，我本人对您有个不小的请求。在那些流亡他乡的人们的命运彻底明朗前，如果边界的话题不会连带这个问题一起提出来，那就太好了。至于这个问题是明天，是四个月后，还是四年以后才彻底明朗，对我来说就不重要了。这是我在内政方面遇到的一个问题，而我不想在这个问题上承受更大的压力。

戈尔巴乔夫：但是您也要承认，我和雅鲁泽尔斯基、莫德罗以及捷克斯洛伐克的领导人，我们所有人都要应对各自国内的压力。最近召开的苏共中央全会想必您也关注了。边界的话题在会上已经谈到了。有人就问，德国是在执行既定边界的政策吗？我们难道忘记人民作出的牺牲了？这种观点已经抬头了，在我们国内还很有市场。总理先生要考虑到这一点。因为你要建设统一的德国，就要搞清楚她在各民族大家庭中的位置。这也很重要。这个大背景，我们各方都要考虑到。我们赞成各国和睦相处、互利合作。

科尔： 我已经说过，德国只会成为和平的发源地。如果国内没有和平，国外的和平也无法保证。而目光短浅，或者是愚昧无知的人，哪里都少不了。

关于边界的问题。为了维护我们国内的和平，必须就奥德河—尼斯河边界一事作出决定。捷克斯洛伐克同我们没有问题。14天前，苏台德和波希米亚地区的流亡者联盟宣布，他们同捷克斯洛伐克不存在边界问题。复仇的念头在逐渐消失，取代它的是对和睦相处与合作的渴望。至于是否要以奥德河—尼斯河作为边界，我需要获得国内大多数德意志人民的支持。在这一点上，我现在面临不错的机会。就我看来，我不久前在华沙说过的话，获得了积极的反响。

戈尔巴乔夫： 两天前，我同雅鲁泽尔斯基通了电话。所以他清楚我们今天会面的事。

科尔： 雅鲁泽尔斯基是波兰国内可以了解这些情况的人之一。但那里也有其他持不同看法的人。

戈尔巴乔夫： 雅鲁泽尔斯基有个不错的主张。他认为，现实进程的发展，要求考虑到一些民族的内部利益。而德意志人同这些民族，有历史上的联系。

科尔： 总书记先生，民主德国和联邦德国人民，要以全欧进程为背景作出决定。未来的边界如何，没必要担心。一切都很清楚。总有一天，这个问题会彻底解决，不再成为问题。但今天就揪住这个问题不放，还为时过早。我对您说过，这一问题同我在内政方面的问题有关联。这个问题不应该再让您担心了。不过我希望您能理解，为什么我目前不能这么做。但我会遵守诺言。

戈尔巴乔夫： 我们讨论双边关系，可以达到互信的层面，可以相互这样交谈，这一点很重要。

我们原则上的立场就是这样。目前的情况表明，"德国问题"对欧洲和国际政治都发挥着巨大影响。所以我们要从历史的角度来把握局势。有情绪的作用也好，有渴望的影响也罢，但还要看到现实的条件。

我们愿意通过合作，使我们三国人民，使苏联同民主德国和联邦德国各自形成的相互理解的良好关系，不会受到伤害，使今后这种关系不仅不会断送，还会得到丰富。在社会主义国家中，我们同民主德国的联系最为广泛，这就是现实。

科尔： 我相信，经贸关系是我们特别关心的重要领域。

我要极为明确地表示，如果实现统一的进程，按目前这样的状态发展下去，那我们会承担民主德国同你们达成的各项条约和协议中规定的一切义务。

戈尔巴乔夫：这点我清楚了。

科尔：这样，我们会为增进双方的互信作出重大的贡献。

戈尔巴乔夫：在苏联同资本主义国家的交往中，联邦德国排在首要的位置。所以说，德国人是我们的主要伙伴，我们拥有共同的重大利益。

科尔：我想提个建议。如果选举后，实现统一的进程开始加快，我们要本着互信的精神，立即着手讨论经济合作的问题。我们不希望苏方认为，我们会不再履行针对苏联的义务。如果情况不出所料，你们将失去在民主德国的一部分伙伴。这可能会引起误解，这一点需要避免。所以我建议，要在平和、信任的氛围里，毫不声张地谈论需要采取的措施。

戈尔巴乔夫：我要将对莫德罗说过的话也告诉您。如果统一进程发展得很快，那么在讨论是选择联邦还是邦联的问题之前，经济上就会出现问题。您说得对，没有货币的经济还算什么经济？！我告诉莫德罗，在联邦德国和民主德国的经济关系面临重大转变的这个关头，不能损害我们的合作，而是要去充实。但我明白，联邦德国总理要担负起解决民主德国问题的重担。我们愿参与未来在民主德国境内成立的联合企业或合资企业的合作项目。

这些问题将载入苏德关系的发展史。我们不放弃现有的基础，而且还要加以充实。但我现在要谈一谈重点。所有这些都要经得起推敲。军事问题依旧还是核心。这对确立欧洲和世界的平衡，能起到决定性的作用。这个话题您也谈到了。正如我们所说，"德国不会成为战争的策源地"，"战后确定的边界不能受到破坏"。还有一条，"德国的领土不能被外部势力所利用"。

这里出现一个问题。统一后的德国要拥有怎样的地位？我知道，总理先生不接受实行中立的方案。有人说，这会损害德国人民的尊严。考虑到德国这一代人对欧洲和世界发展作出的贡献，对他们来说，这可能显得不够公平。仿佛我们把这一代人给抹除了一样。这样做是不正常的，在政治上也行不通。

但我还是认为，统一后的德国不能加入军事集团，而只能保留用于基本防卫所必须的国家军队。我不知道，这种地位该怎么称呼。是叫"独立"，还是叫"不结盟"？印度、中国这些国家，都坚持要这样的地位！这也没损害她们的尊严。为什么这会令德国人感到屈辱？这不是中立。这是一种实力。

它不仅限于欧洲，还延伸到全世界。要"鼓励"这样的认识，还要从各个角度加以权衡。

如果一个国家一部分加入北约，另一部分加入华约，就未免太不严肃了。在一条河的一侧是一家军队，河对岸就成了另一家。联邦总理先生，我们还是要"鼓励"正确的认识。有人说，"没有联邦德国的北约，还算什么北约"？但同样不得不问问，"没有民主德国的华约，还算什么华约"？这是个严肃的问题。在军事问题上不能存在分歧。有人讲，"失去联邦德国，北约就会解体"。但失去民主德国，华约也将不复存在。如果我们要就重点问题达成共识，那么在这一点上，就不能有分歧。

科尔：这不是一回事。只要看看地图就知道了。

戈尔巴乔夫：如果我们单方面撤出在民主德国的所有军队，那北约的军队你们也保不住。做决定要有理性，不要使我们的关系蒙上阴影。

不管怎样，这部分谈话的内容，我认为不宜公开。我们就说，我们就欧洲和世界发展的广泛问题举行了富有成效的讨论，这样的交流还会继续。

科尔：这一点很重要。当然，需要达成某种共识。还有，美国不能被晾在一边。

戈尔巴乔夫：这是肯定的。昨天我同贝克国务卿举行了会谈。他说，选举后两个德国和四个大国的代表，可以聚到一起谈一谈，为统一进程提供依据，暂时不将其他国家纳入谈判。

科尔：我很喜欢这个想法。但为了明确，我要十分清楚地表示，我们不接受在四个大国范围内举行单独的会议。

戈尔巴乔夫：我们不会抛开你们来作任何决定的。

科尔：两个德国要同四个大国共同举行谈判。如果统一进程发展得快，可以由共同的一个德国来参加。如果谈判能在德国召开，就再好不过了。

戈尔巴乔夫：这完全有可能。

科尔：这一点从心理上来说，对我们非常重要。

戈尔巴乔夫：只是谈判桌究竟放在哪里好？把两条腿放在两个德国边界的一侧，两条腿放在另一侧？

科尔：举行这样的会晤，非常重要。会晤时通过的决定，要让苏联、美国和联邦德国都感到满意。还要考虑到伦敦和巴黎方面的心理状况。参加会

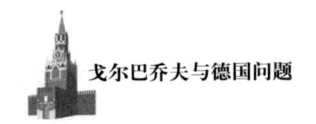

晤的人，需要具备非同寻常的政治艺术。

戈尔巴乔夫：我们和美国人，你们是摆脱不掉的。毕竟，你们最好的朋友在美国。

科尔：如果布什总统今天坐在这里，那他肯定会支持举行这种会晤的倡议。他是希望这样的。他比较轻松，因为他背后有美国舆论的支持。我们国内在心态上，同法国和英国不一样。但她们的意见也要考虑进去。

请允许我来做个简短的总结。如果您的意思我理解得准确，那么您认为，德国统一的事，应由德国人自己做主。要让德国人有机会思考实现统一的条件，包括德国不再构成发动战争的威胁、会吸取过去的教训并照顾到邻国的安全利益。

此外，要在德国统一进程向前推进的同时，探索解决北约和华约如何继续存在这一问题的方案，要让双方都感到满意。与相关伙伴的讨论要立即开展起来。这一点，我认为可以公开讲出去。

我们要总结民主德国和苏联的经济往来，保证对苏联承担的义务能得到履行。这些义务由统一后的德国负责执行并予以担保。这一点共识我们就不要公开了。

要同美国、法国和英国这些伙伴们商量，在两个或一个德国同四个大国共同举行会晤，制定相关的决议。

戈尔巴乔夫：您把我说的话，几乎一字不差地复述出来。我只想重申一下会谈开始时的表态。苏联和联邦德国在考虑莫德罗的意见后表示，双方在实现德国统一和德国人拥有自主选择权的问题上，不存在分歧。同时，双方理解并一致认为，德国问题不仅限于实现国家统一和满足德国人的期待。它还涉及到邻国的利益，涉及欧洲乃至世界的局势。

科尔：关于这些，我们的看法都一样。

戈尔巴乔夫：还要指出，这是构建全欧进程非常重要的一个组成部分，它为推动全欧进程作出了贡献。

科尔：我最近经常引用阿登纳[1]35年前说过的一句话，"德国问题只能

---

[1] 康拉德·阿登纳，西德国务活动家、政治家。1946—1966年任基督教民主联盟主席，1949—1963年任西德首任总理。

在欧洲的屋檐下解决"。

戈尔巴乔夫：我们会牢牢把控住局势。不让局势失控，这一点很重要。

科尔：我在车上对谢瓦尔德纳泽说，苏联的领导人无论在多么复杂的情况下，都可以指望获得我的支持。如果是在 5 个星期前，我就不会这么说。因为 5 个星期以前，还根本没要有组建货币联盟的想法。一旦您遇到什么难处，我愿意在接到信息后的几个小时之内，立即同您会面。我们面前的道路并不平坦，但我希望能同您一起走下去。我们开启了相互关系发展的新篇章，我们要共同来谱写。

戈尔巴乔夫：好的。

科尔：我还要说一下，在苏联的德裔人的境况令我担忧。他们到联邦德国来的人数在迅速增加。我们不希望他们离开苏联。要让他们在这里能够幸福地生活。

戈尔巴乔夫：这个问题我们注意到了。在有德裔公民生活的哈萨克斯坦、阿尔泰等苏联各个地区，都在劝说他们不要离开。他们非常受重视。要为他们探索新的集体生活方式，包括成立自治机构。有关具体方案的设想以前和现在都有。但需要指出的是，我们取消德裔人的自治权已经有几十年了。所以要解决恢复这一自治权的问题，并不容易。这件事最高苏维埃正在解决。我们力求尽快找到合适的解决方案。届时，我们会向你们通报。

科尔：你们能处理好民族冲突的问题吗？

戈尔巴乔夫：我们必须处理好。我们国内使用的语言有 120 种。解决不了民族问题，改革就无法实现。但这不是件容易的事，比解决经济问题要复杂。

科尔：民族问题得不到解决，将阻碍经济问题的解决。

戈尔巴乔夫：还将阻碍政治问题的解决。这会给我的批评者们以口实。但我们的社会已经明白，再这样下去是不行的。如果 5 年前我们不启动改革，我们的下场就会和罗马尼亚或民主德国一样。当然，影响也将是苏联这样的规模才会有……

科尔：我们今天谈得非常好。能够同您会面，让我感到很高兴。

戈尔巴乔夫：我们希望，在欧洲和世界发展的这个重大关头，在攸关各国命运的时刻，我们的合作能保持下去。我们不会损害我们同其他国家的关系。

科尔：我们的对话会继续深入。夏天的时候，我们在德国聊得很好。今

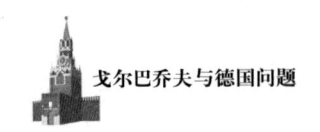

天我们的交谈得以延续。我觉得，过不了多久，我们将再次会面。我会同您就各项事务保持沟通。我再说一遍，如果有需要，我愿意在几个小时以内，立刻同您会面。

戈尔巴乔夫：我们还会有问题需要讨论的。要谈的问题相当多。比如说，你们要在民主德国推行联邦德国的马克。而我们在那里有驻军，他们用的钱是民主德国的马克。这个问题也要想想怎么解决。

科尔：我们是不会回避任何问题的。

戈尔巴乔夫基金会档案：全宗号1，目录号1

摘自戈尔巴乔夫同科尔的谈话记录（续）

(1990年2月10日)

(德方出席人：根舍、特尔奇克，
苏方出席人：谢瓦尔德纳泽、切尔尼亚耶夫)

戈尔巴乔夫：在这里，首先要欢迎联邦德国总理、外长和各位同事来到莫斯科，来到克里姆林宫。

仿佛就是不久前，我们在波恩刚刚见过面，同根舍先生也在莫斯科刚刚见过。但当时的条件和局势同现在都不一样了。我们讨论了发展两国关系的各个方面，包括今天看起来已经非常迫切的一些话题。

我认为，我们当时不仅讨论了现状，还觉察到即将发生的变化。我们及时就这些话题进行探讨，决定在这样一个具有转折意义的重大时刻，秉持合作的精神，认清担负的责任，并通过联合声明的形式加以体现，这一点尤为重要。

这有助于我们在东欧和苏联局势发生转变的时刻，拿出对当前形势应采取的唯一正确的态度。这是我们两国关系真正迈向新阶段的最好证明。

我们正是从这个角度出发，来看待德国问题的。这是我们目前首先要解决的问题。我同联邦总理先生一致认为，有关德意志民族未来的问题正变得日益迫切。这个问题，以及涉及德意志民族的国家体制和自主选择权的问题，均由德国人自己来决定。同样，我们还一致认为，像德国统一这样的问题，不仅关系到德国人自己，还关系到其他邻国，关系到整个欧洲乃至欧洲以外的地区。这是国际政治中的一个核心问题。这是非常重要的共识和政治表态。同时，这还是一项重要的方针，使我们能够在这个非同一般的时期，避免犯下错误并负责任地开展工作。

当然，苏联同两个德国的关系具有特殊性。这一点我们和你们都有感受。在这个急剧变化的时刻，我们两国关系发展积累起来的成果不仅不能受到损害，还要继续充实新的合作内涵，要不断发展和巩固。对此要十分明确。这一点尤为重要。

这里有两个关键点，即德国人的正当利益和苏联等其他国家的正当利益。我同联邦总理先生，就目前局势中的军事层面问题进行了详细认真的研究。在这方面办事情要负责任，这特别重要。我们都认为，在这个问题上我们是有共识的。

科尔：我想提几条意见，都是原则性的。

我们这次谈得非常好。我们将这次会谈，看作是我们在波恩举行的会谈的进一步延续和深化。的确，当我们在波恩见面时，我们谁都没料到，局势会有如此戏剧性的发展。我们当时决定，要相互保持经常性的密切沟通，这一点十分重要。因为那时实在想不到，局势会变化得这样快。不管怎样，我们都不希望欧洲出现乱局。

如果有人打算破坏局势的稳定，那无论如何都将带来巨大的危害。确实，局势的发展充满了戏剧性。对此，我们谈了很多，也很详细。

总书记先生，我非常欢迎您的看法，即德国人希望实现统一，这个问题要由德国人自己来决定。但看待这一问题，要围绕整个背景，要同我们邻国的利益相联系，要从欧洲和世界大局出发。因为这个问题，直接关系到战后和战后发展形成的现实。这个问题还关系到我们邻国的安全，特别是关系到苏联的安全。这里既要考虑到安全的因素，又要考虑到与安全相关的心理方面的因素。这里还直接关系到华约和北约。

我们同时还提到，世界上并不是只有苏联和联邦德国这两个国家。当我们谈到联邦德国时，自然就会提到有关民主德国和柏林的问题。如果讨论安

全方面的问题，首先要讨论的就是裁军问题。幸运的是，在这方面我们已经迈入正轨。而德国国内目前发生的事情，可以拓宽这条轨道。当然，还要顾及英国和法国的利益。德国问题同她们也有直接的关联。这些都表明，我们要持续开展细致的工作，处理好摆在我们面前的任务。

形象地说，目前的局势就像在沿着两条轨道发展。其中一条是德国的国内局势，另一条是德国的外部环境。

戈尔巴乔夫：只有同时沿着两条轨道，才能继续前进。虽然其中一条轨道已经有了，但只沿着这一条是走不远的。

科尔：我们的出发点是，局势的发展要保持同步。要让我们能够直接影响的那条轨道上的行进速度，与另一条轨道上的行进速度相匹配。如果双方都能展现出良好的意愿，那么关于"德国只会成为和平的发源地"这一点，会在统一后的德国彻底得到实现。

戈尔巴乔夫：联邦总理先生，这样一来，我和您分别作了总结。现在想听听部长们的想法，看看他们都谈了些什么，今后决定采取什么措施。

谢瓦尔德纳泽：部长们同我们的领导，考虑问题的方向是一致的。不一致的话就不对了。

我们非常详细地讨论了在全欧高层会议上希望取得的成果。我们认为，通过这次会议，可以为解决德国问题、东欧局势等在内的迫切问题提供方案。我们决定，要认真开展这次会议的筹备工作，同我们所有的伙伴进行认真的讨论。

我们将为此成立工作组，并在一段时间以后，就高层会议的筹备工作举行外长会晤。

我们谈了很多。我们还认为，要使事态的发展有利于保障欧洲的稳定。这里还有许多做工作的空间，必须充分挖掘。

我们还十分具体地讨论了华约和北约的转型问题，使这两个组织根据欧洲出现的变化来保障欧洲的稳定。我们一致认为，双方有必要经常会面，在苏联和联邦德国分别举行各个层次的磋商。因为局势在迅速发展，在这种条件下特别需要开展对话。会谈中还提到了一个令人感兴趣的方面，即组建一些符合欧洲和德意志民族利益的四方机构。当然，这方面还要认真研究。

根舍：在我同谢瓦尔德纳泽先生会谈时，双方先是评价了民主德国的国内局势，然后介绍了我们为稳定民主德国的经济形势要采取的措施。后来我们谈到，需要做好全欧高层会议的大量筹备工作，以保障会议取得丰硕的成果。我们在渥太华还会详细讨论这个问题。要使这次会议既务"天上"的虚事，又务"地上"的实事。

戈尔巴乔夫：有时是要从"天上"降到"地上"来。

根舍：还得在"地上"呆得住。当然了，前提是不想去当宇航员。我同谢瓦尔德纳泽先生还谈到，两个德意志国家要如何就自己的未来发展前景达成一致意见，如何同四个大国来谈这个问题。总之，就是要确定如何实现统一的途径。在这之后，两个德意志国家都可以同苏方，在现有机制的框架内举行磋商了。所有这些问题都要明确下来。这样，我们才能在即将召开的会议上向欧安会的各个成员国作通报。

科尔：我想特别强调，这些问题的解决要有一定的顺序。不解决这些问题，就无法参加全欧高层会议。一切都要提前确定好，不能留到最后让各方一起解决。

戈尔巴乔夫：别忘了，我们参加第一次赫尔辛基会议时，联邦德国就提前同苏联、波兰和其他社会主义国家达成了一揽子广泛的共识。

根舍：我在会谈中还表示，我们不打算背着四个大国举行这样的谈判。

戈尔巴乔夫：要是那样的话，我们也要背着你们采取行动了。

科尔：在20世纪，我们两个国家都尝试过这种作法，但结果大家都知道，谁也没能获得什么好处。

戈尔巴乔夫：看来，部长们会谈中的精神，确实同我和总理先生谈话的方向和性质是相符的。

我同联邦总理先生交谈中的个别细节，这里我就不再重提了。但我要强调，通过这次极为重要的谈话，我们一致认为要开展协作，防止因不够了解而出现的风险，保持相互信任，审慎负责地处理现有的问题，为今后的合作开辟道路。为此，我们决定要保持密切沟通。

科尔：我们一致同意，当局势出现特别戏剧化的发展时，我们要立即沟通。我总是觉得，我们最好能再谈一次。如果现阶段我们能取得进展，那么今后的情况会更好。有了这样的势头，我们可以依照双方在波恩发表声明中的精神，在经济领域，在有关苏联与民主德国特殊的经济交往等方面，都

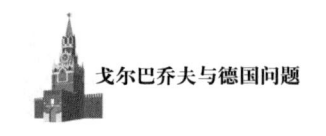

迈出重大的步伐。在这里，我们一定能找到成熟的方案。

另外，既然谈到了经济合作，我有一个消息，能让在座的我们两国大使都感到高兴。那就是，我们即将签署关于两国宇航员联合升空的协议。

戈尔巴乔夫：这恰恰体现出两国合作的水平。因为宇航领域的合作，是相互信任的标志。

戈尔巴乔夫基金会档案：全宗号1，目录号1

摘自戈尔巴乔夫同莫德罗的通话记录

（1990年2月12日）

戈尔巴乔夫：同科尔的会谈给我留下这样一个印象。科尔要让我们相信，民主德国国内的局势，必然要走向崩溃。据他所说，在今年1月20日之前，他还觉得民主德国国内的局势稳定一些。但到了1月20日以后，他的想法就改变了。情况正面临崩溃。民主德国的居民不断逃往联邦德国。国内的联合政府逐渐丧失了对企业、乃至好几个州的控制权。希望在两个德意志国家之间建立货币联盟、将西德马克作为民主德国的结算货币的呼声非常强烈。科尔还说，民主德国首都政府，还建议西柏林市政府接管自己下属的铁路运输、公共服务、医疗和治安机构。科尔想向我们传递这样一个意识，即民主德国国内的局势已经难以掌控，与联邦德国合并的趋势正在增强。此外，他还引用了您同他在达沃斯的谈话。

我回应科尔的话时表示，那些要力争在选举中获胜的西德政治家们，利用自己的一言一行，助推着德国统一的进程。而这显然违背了我们的共识，即对两个德意志国家的相互接近，要持审慎负责的态度。

科尔还表示，在将于3月18日举行的人民议院选举过后，民主德国将成立新的政府，这个新政府将会加速德国实现统一的进程。况且，民主德国各界群众都赞成实现统一。要想办法稳住民主德国国内的局势。

显然，科尔试图在莫斯科表现出一副德国人的救世主、德国统一之父的姿态。按他说的，人们正逃离民主德国，要采取积极的措施，包括要向货币和经济联盟过渡。

我倾向于认为，科尔在这个问题上已经获得美国政府的支持。这一点在同美国国务卿贝克的交谈中也能感觉到。科尔也会考虑英国和法国的立场，虽然重视的程度要弱一些。

我对科尔总理说，我们在德国事务上的立场没有变。两个德意志国家，是特定历史阶段的产物。她们未来如何存在下去的问题，要根据历史的背景来解决。现在，历史加快了自己的进程。究竟要采取什么样的国家形式，民主德国和联邦德国应以怎样的速度相互接近，最终都要由德国人自己来决定。但德国实现统一的进程毕竟关系到苏联，关系到其他国家，特别是关系到民主德国和联邦德国的那些邻国。维护苏联和整个欧洲的安全、保障边界不受侵犯、维持战后领土和政治现实不变等等问题都很迫切。参与德国统一进程谈判的，不能只是民主德国和联邦德国两家，还要有苏联。我们不能立足双边，而是要立足三边。

科尔听取了我们的理由，答应考虑考虑。同时，他还试图借机在德国统一后的军事政治地位问题上做文章。他以国内舆论为借口表示，联邦德国国内要求保留北约成员国身份的民意很强烈。

我对此回应说，让统一后的德国依旧作为北约成员，这一点我们无法接受。大家都知道，联邦德国对北约意味着什么。但大家也都清楚，民主德国对华约意味着什么。至于军事地位的问题，是有值得借鉴的先例的。一个国家可以是中立的，也可以是不结盟的。我强调，在军事政治层面的问题上，苏联和联邦德国之间，一定要搞的明明白白。

就我整体的感觉来说，科尔为人很傲慢。

莫德罗： 米哈伊尔·谢尔盖耶维奇，感谢您提供这些宝贵的信息。我想对此做一些解读。科尔将施佩特[1]提出的一些倡议拿到了莫斯科，包括在民主德国和联邦德国组建货币联盟的问题。他甚至直接就说，把民主德国的钱

---

[1] 洛塔尔·施佩特，1981—1989年任基督教民主联盟副主席，1978—1991年任巴登—符腾堡州州长。

全都用于消费，是毫无意义的。

对于货币联盟我想指出，联邦德国政府有关这个问题的建议，我是从媒体报道中才得知的。在此之前，我同科尔在达沃斯会面时，一致同意由民主德国和联邦德国各派4个人，组成一个8人专家工作组，来讨论财经领域的合作问题。我指定了我方参加这个工作组的人选，但他们没有被邀请到联邦德国去，也没有谈论过任何有关货币联盟的问题。然而，联邦德国政府却突然宣布要组建货币联盟。科尔在会谈中同您说的话，不符合实际的情况。

至于民主德国国内的政治形势，确实很复杂。施佩特在民主德国呆了5天，去了德累斯顿、莱比锡和卡尔·马克思城，把他对这里的印象带回了国内。当然了，在他来之前，就有人使劲鼓吹要实现统一，鼓吹民主德国即将崩溃。

我同东柏林的市长也谈过了。他从没像科尔讲的那样，去找西柏林市长莫波尔[1]建议过什么。这纯属无中生有。虽然我知道，西柏林市政府曾提出过类此这样的一些想法。在科尔访问莫斯科之前，在施佩特等人的策划下，联邦德国国内就搞出了这样一系列混淆是非的手段。前不久，居西同联邦德国绿党代表的会谈中，也证实了这一点。

民主德国国内，要求与联邦德国实现统一的呼声是很强烈。但与此同时，劳动人民对德国统一后产生的社会影响担忧，也不断增强。联邦德国各主要政党，多数都站在科尔一方。社民党人暂时还没有十分明确的立场。对此，我也不想作特定的评价。德国社民党在表态上含糊不清。考虑到这一点，我在同科尔举行会谈时，将有所区分。不能都听他的。

在今天柏林召开的"圆桌会议"上，将讨论我同科尔会晤的预案。这次讨论的结果会如何，我不好说。初步结果到傍晚时就会知道。

总的来说，我认为在今年3月18日以前，民主德国和联邦德国不会作出什么重大决定。

民主德国的经济形势确很糟糕，工业品生产不仅出现停滞，还发生下滑。1月份的生产额比去年下跌了6%。

我们在尝试加强地方权力机关的作用，支持各个专区和各个县的委员会。但这里也有问题。民主德国总检察长，正在调查与1989年5月基层选举作弊

---

[1] 瓦尔特·莫波尔，德国社会民主党党员，1989—1991年任西柏林市市长。

相关的案件，有 100 宗左右。被调查的对象中，就包括各个专区和各个县委员会的领导人。这件事使地方权力遭到削弱。我会想办法采取措施，中止这些调查。克伦茨表示，他愿在人民议院会议上就筹备和组织这些选举的问题发表声明。对这个问题，要从政治上给予重视。

您觉得科尔为人傲慢，这点我赞同。他想以德国人"统一之父"的身份载入史册。

戈尔巴乔夫：我认为，我们交流一下信息，很有必要。

莫德罗：联邦德国试图影响民主德国国内的选举进程，想办法使选举结果能对波恩有利，使新成立的民主德国政府能够推动德国实现统一的进程。

戈尔巴乔夫：依我看，在目前条件下，我们的任务是要坚决捍卫既定的政治路线，采取审慎负责的行动。在两个德意志国家相互接近的进程中，不能不考虑欧洲国家的正当权益，不能无视历史的教训。这是一个非常严肃的问题。只有把这个作为基础，统一的进程才能继续，我们也才能加以推动。

戈尔巴乔夫基金会档案：全宗号1，目录号1

扎格拉金同赖斯[1]的谈话记录

（1990年2月12日）

赖斯说，……在德国问题上，美国首先有以下几个出发点：一是德国人有权恢复统一；二是德国统一不能给欧洲及欧洲以外的任何国家造成损失；三是联邦德国40年来都是美国可靠和忠实的盟友。

赖斯指出，根据美国专家的分析，战后成长起来的几代德国人，受到了民主精神的熏陶。即便有人要促使他们发动侵略，都是很困难的。

---

[1] 康多莉扎·赖斯，美国政治学家、国务活动家。1981—1989年任斯坦福大学教授；1989—1991年任美国国家安全委员会苏联和东欧司司长；2001—2005年任（小）布什总统的国家安全事务顾问；2005年任美国国务卿。

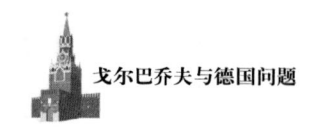

赖斯还回应了这样一种看法,即联邦德国和现在的民主德国,都还存在不少复仇主义的因子。她说,这样的因子"在最民主的国家也可能出现"。对这些要密切跟踪,并要相应制定出一些严格的法律。

接下来,赖斯着重谈了一下这样的观点,即让统一后的德国成为北约成员,是维持她"正常"发展的主要保障。赖斯毫不掩饰地说,首先,美国将北约看作是保持自己在欧洲存在的基础,并且"我们也不打算从欧洲撤出来";其次,北约还是美国掌控地区局势、保障地区安全的工具。这样说来,苏联也应该希望保留北约,哪怕只是在目前复杂的过渡时期要保留。而这个过渡时期显然会很长。她还说,更何况,北约现在和未来都要转变,要从纯粹的"军事监管"工具变成政治工具。她最后总结说,"北约是我们在欧洲的根基。要把它从欧洲这块土地上拔掉,对我们来说是不可能的"。

赖斯要让我们极为清楚地明白,无论用任何方式使联邦德国退出北约,美国都不能接受。如果我们坚持这样做,将会损害到苏美两国关系。她反复强调,"我们要找到令两国都能感到满意的解决方案"。

接下来,她还进一步延伸了自己的观点,即统一后的德国要继续作为西欧一体化组织的成员。这也是控制德国的一个手段。需要这个手段,是因为德国统一后,将在经济上变得更加强大。在这种情况下,德国更是要履行她在欧共体框架内承担的一切义务。

赖斯说,一个经济上强大的德国,当然"不被所有的人喜欢"。但是我认为,这不会给东欧和苏联带来风险。这样的德国,甚至反而会成为她们的好伙伴。再考虑到苏联同联邦德国,尤其是同民主德国已经建立起来的关系,就更是如此了。与统一后的德国开展合作,可以为加快实现东西欧一体化开辟一条渠道。……

摘自扎格拉金的记录
戈尔巴乔夫基金会档案:全宗号1,目录号1

苏共中央书记处关于苏联人民代表大会非例行会议及苏共二十八大筹备问题会议的发言摘录

(1990年2月13日)

戈尔巴乔夫：科尔干什么来了？主要就是为了让我们相信，民主德国眼看就要垮了。在1月20日以前，他还认为局势会渐渐地演变。而现在他又觉得，局势明显要崩溃了。

德国人和美国人已经商量好了。美国担心西欧实现一体化，想拉德国做主要盟友。所以，现在要在苏德美三角关系上多下功夫。

对我们来说，重点是要守住在安全、边界和欧洲进程方面的立场。

"4+2"模式的意义很重要。在力量对比上，会对我们有利。特尔奇克、密特朗、莫德罗倾向于我们的立场。

但莫德罗等人，已经不再是我们的朋友了。他们同联邦德国搅在一起了。

昂纳克时期，民主德国欠下了几百亿美元的债务。

要继续同各方保持秘密的沟通。这种沟通要根据最新的实际情况，特别是就安全和边界的问题。

德国将来是要统一的。在这个进程中，要保持欧洲和世界的平衡不受到破坏。

另一方面，要同联邦德国保持住经济联系。我们和联邦德国每年的贸易额有65亿卢布，和民主德国将近140亿。

在"4+2"机制启动前，要继续做法国和英国的工作。马斯柳科夫负责同联邦德国和民主德国处理关于货币方面的问题。让西拉耶夫、西塔良[1]也过去帮忙。

---

[1] 斯捷潘·阿拉玛依索维奇·西塔良，苏联国务活动家、经济学家。1986—1989年任苏联国家计划委员会第一副主席，1989—1991年任苏联部长会议副主席。苏联（俄罗斯）科学院院士。

普里马科夫[1]：要利用德国统一的有利因素，服务于我们对波兰和捷克斯洛伐克的政策。

利加乔夫[2]：要到议会里去说德国问题吗？

戈尔巴乔夫：到那里只能说些还没落到纸面上的东西。

如果北约和华约两个集团都转型了，那就会形成新的安全体系。这个也许可以到最高苏维埃里去讲讲？让我们的筹备委员会，也就是雅科夫列夫、亚佐夫[3]、谢瓦尔德纳泽、克留奇科夫他们，好好考虑一下这个问题。

普里马科夫：等到我们选总统的时候，德国问题将是总统要谈的一个话题。

戈尔巴乔夫：现在还很难作预测。我们暂且可以这样说，由于战争，导致了两个德意志国家的产生，既要考虑德国人的利益，也要考虑所有邻国的利益。目前的情况还是这样。

要通知我们的盟友吗？除了波兰，还要告诉谁？

卢基扬诺夫[4]：有这个必要吗？

谢瓦尔德纳泽：这个到了渥太华再说吧，还来得及。

马纳延科夫[5]：要不要在党内讲讲？……

摘自切尔尼亚耶夫的记录
戈尔巴乔夫基金会档案：全宗号1，目录号1

---

[1] 叶夫根尼·马克西莫维奇·普里马科夫，苏联和俄罗斯政治家、国务活动家。1989—1990年任苏共中央政治局候补委员、苏联最高苏维埃联盟院主席，1991—1996年任俄罗斯联邦对外情报局局长，1996—1998年任俄罗斯联邦外交部长，1998—1999年任俄罗斯联邦总理。苏联（俄罗斯）科学院院士。

[2] 叶戈尔·库兹米奇·利加乔夫，1983—1990年任苏共中央书记，1985—1990年任苏共中央政治局委员。

[3] 德米特里·季莫菲耶维奇·亚佐夫，1987—1991年任苏联国防部长、将军，1987—1990年任苏共中央政治局候补委员。

[4] 阿纳托利·伊万诺维奇·卢基扬诺夫，苏联国务和党务活动家。1987—1988年任苏总中央书记，1989—1991年任苏联最高苏维埃第一副主席、主席。

[5] 尤里·阿列克谢耶维奇·马纳延科夫，1989—1991年任苏共中央书记。

戈尔巴乔夫同科尔的通话记录

(1990年2月20日)

戈尔巴乔夫：经历了这里改革的暴风雨，让我们都习以为常了。一切都见怪不怪了。一切都是政治斗争。

前不久，叶利钦无法无天的行为，引起社会上以及他身边人的震惊和不满。

没错，他这样做像是走投无路了，要么就是为了提一提自己的精神。显然，他的这一举动，从根上说还是因为他快要威信扫地了。他是一个破坏者。他在俄罗斯最高苏维埃受到过孤立。所以他就想，到底要怎么办？于是就决定多利用一下目前紧张的局势。

不过总的看，俄罗斯最高苏维埃内部的情况并不妙。代表们要求召开俄罗斯苏维埃联邦社会主义共和国代表大会。叶利钦想要摆脱被孤立的状况，就要依靠一些社会力量，利用一下人们对物价上涨的不满情绪来折腾。

应该说，苏联最高苏维埃的态度很明确，即叶利钦的话，不是他这个级别的人该说的。对他讲的话还要作出回应才行。他要收回自己说的话，否则他未来的前途要出问题。

科尔：（听不清讲了些什么。）

戈尔巴乔夫：社会上都等着在财政、市场和价格领域能有些具体进展。我愿意同任何社会力量合作，包括同俄罗斯政府，也就是俄罗斯苏维埃联邦社会主义共和国政府里面的力量合作。但叶利钦这个人已经没什么建设性可言了。他本性上就是个破坏者。纳扎尔巴耶夫[1]、克拉夫丘克[2]等很多人都同

---

[1] 努尔苏丹·阿比舍维奇·纳扎尔巴耶夫，苏联和哈萨克国务活动家、政治家。1984—1989年任哈萨克苏维埃社会主义共和国部长会议主席，1989—1991年任哈萨克斯坦共产党中央第一书记，1990—1991年任苏共中央政治局委员，1990年任哈萨克斯坦共和国总统。

[2] 列昂尼德·马卡罗维奇·克拉夫丘克，苏联党务活动家、乌克兰国务活动家。1989—1990年任苏共中央政治局候补委员，1990—1991年任乌克兰共产党中央政治局委员、乌克兰最高拉达主席，1991—1994年任乌克兰总统。

他公开划清了界限。

科尔：（？？）

戈尔巴乔夫：当然了，出现冲突的情况是可悲的。但我觉得，坏的事情也都有好的方面。

科尔：（询问2月12日戈尔巴乔夫同莫德罗交谈的情况。）

戈尔巴乔夫：暂时还没有回复。但我要对您说，我们谈话谈得很生分。

科尔：（？？）

戈尔巴乔夫：我们不清楚。还在等回复。我保证会及时向您通报。

（双方用简短的词句通话。）

戈尔巴乔夫：对，对……我们赞成在新的基础上，同东欧的关系要增添必要的特性，特别是同匈牙利。现在匈牙利国内正在组建新的内阁。

有段时间，我们和东欧人民曾不得不思考怎么继续发展关系。而现在双方开始相向而行了。

祝一切顺利，给家里人带好。

摘自切尔尼亚耶夫的记录
戈尔巴乔夫基金会档案：全宗号2，目录宗2

戈尔巴乔夫回答《真理报》记者提问

（1990年2月21日）

问：我们编辑部不断收到来信，读者们要求就德国统一的问题作些解释。我们知道，西方对此也发表了不少各式各样的见解，其中有些还涉及您同科尔总理会晤的成果。您对此有什么看法？

答：这个问题的确很重要。这是当前国际政治中的一个主要问题。在这里我想谈两点。

首先，这涉及德意志人民实现国家统一的权利。我们从来没有否认过这样的权利。我想提醒大家的是，尽管二战给我们的人民，既带来为胜利油然而生的自豪，又带来无法估量的痛苦和对罪魁祸首理应的仇恨，但战后苏联对肢解德国立刻表示了反对。这不是我们的主意。我们也不对后来"冷战"条件下局势的发展负有责任。

另外我要补充的是，甚至在两个德国产生后，苏联政府还同民主德国一起继续维护了德国统一的原则。1950年，苏联对民主德国关于恢复共同的德意志国家的倡议表示了支持。1952年3月10日，苏联政府提出在民主中立条件下实现德国统一的方案。西方否决了这个提议。1954年，我们在柏林召开的外长会议上，再次提出建立统一的、非军事化的德国，但又一次遭到拒绝。1年以后，到了1955年1月15日，苏联政府提议在自由选举政府的条件下建立起统一的德国，并同这个政府签署和平条约。但这个提议还是没有得到响应。1957至1958年间，甚至没有人去研究民主德国提出的关于建立德意志邦联的提议。而我们是积极支持这个提议的。1959年，苏联在四个大国外长会议上又提出新的建议，即统一后的德国不能加入军事政治集团，但可以拥有一定的军事力量，苏联愿意同这样的德国签署和平条约。但结果还是一样。

即使是在签署《莫斯科条约》时，苏联也没有排除德国未来结束分裂的可能。在勃兰特、谢尔[1]签署这一条约时，我们的政府接受了他们要求作为附件的《关于德国统一的信函》。这点就是证明。

事实就是如此。

您看，这对我们来说也不是个新问题了。无论是在公开场合，还是在同德国政治家们交流时，我不得不反复这样讲：我们的根据是，历史决定两个德国的出现，而德意志民族最终以什么样的国家形式存在，也要由历史来决定。而现在历史运转得出人意料的快。在这样的情况下，我们又一次重申，德国人要自己来决定，要怎么样、在什么时候和通过什么样的形式来实现统一。这一点，我同莫德罗会谈时说到过，随后同科尔也讲了。

但这仅仅是问题的一个方面，在这些会谈中谈的不只是这些。

问：为什么这样说？

---

[1] 瓦尔特·谢尔，西德国务活动家。1968—1974年任自由民主党主席，1974—1979年任联邦德国总理。积极支持对苏联和东欧国家实行新东方政策。

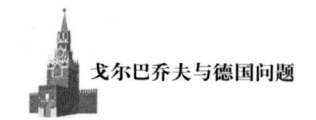

答：首先，德国统一不只是德国人自己的事。尽管我们充分尊重他们的这项民族权利，但现实是，我们无法想象，德国人自己商量好以后，就可以直接让其他所有人同意他们作出的决定。有些东西是根基性的，国际社会有权知道，而且这里面不能有模棱两可的成分。

其次，从一开始就要明确，无论是联邦德国和民主德国相互接近的进程，还是统一后的德国，都不能威胁或损害邻国等任何其他国家的利益。当然，也不允许有任何侵犯其他国家边界的企图。

二战结束后确立的边界是不可更改的，这一点是最重要的。除此以外，战争还带来其他方面的影响。四个大国担负的责任，没有任何人可以取消，只能由她们自己主动放弃。同德国的和平条约还没有签署。只有通过这个条约，才能从国际法的角度最终确立德国在欧洲格局中的地位。

不管怎样，我们长期以来，都是靠华约和北约这两个军事政治联盟来保障安全的。组建全新的欧洲安全体系的必要性只是刚刚才开始有。所以这两个联盟的作用依旧存在。只不过随着军事对抗程度的降低，军事安全因素的弱化，两个联盟政治活动的加强，使得它们的作用发生重大的转变。所以，实现德国统一，要考虑到这些情况。尤其是不能破坏这两个国际组织的军事和战略平衡。这方面要明确到底。

最后，德国实现统一的进程同全欧进程有机地联系在一起，需要同步实现。全欧进程的核心，是要建立全新的欧洲安全格局，以取代集团间的对抗。

问：我们知道，在渥太华，各国外长就建立由苏联、美国、英国、法国、联邦德国和民主德国共同参与的德国问题磋商机制，已经达成了共识。您能否解释一下，如何理解这个机制的作用？

答：这其实就是在上述六国确定一个能磋商德国问题的形式。值得一提的是，苏联和其他西方国家不约而同地想到要建立这个机制。关于这个机制，我同莫德罗和科尔先后都谈过。所以，一切有关是谁先提出这个想法的议论，都未必可靠。

提到这个机制的法律基础，就要想到战争的结果，想到四个大国对德国在未来世界中的作用应担负的责任。同时，还要考虑到战后在欧洲、世界和两个德意志国家内部发生的巨大变化。所以，要将两个德国纳入这个机制，称之为"2+4"模式。

建立这个机制的任务，是要全面地、按部就班地讨论影响德国统一的外部因素，为把德国统一纳入全欧进程，并确定未来签署对德和约的基础等问题作准备。而且，这种磋商是否有效，是否权威，完全取决于参加的各方相互信任和坦率的程度。当然，主权国家之间，可以就包括德国问题在内的任何议题，举行双边或其他任何层面的沟通。但我们无法同意三四个国家先内部达成协议，再把她们商定的意见强加给其他国家的做法。这是让人无法接受的。

问：但是建立这个机制，难道没有对其他同样参加过战争的国家造成一些歧视吗？

答：您有这样的疑问，是可以理解的。正是因为出于这种考虑，我们一方面不损害由历史赋予四个大国的权利，另一方面将"2+4"机制同全欧进程结合起来，并对这个机制以外其他国家的特殊关切表示理解，进而理解她们捍卫自身国家利益的正当权利。这里首先要说的就是波兰。要保障波兰在战后形成的边界，同其他国家的边界一样不受到侵犯。只有通过国际法才能提供这样的保障。

问：苏联人民，还有其他欧洲国家的人民，对欧洲的中心将出现统一的德意志国家表现出一定的担忧，对这一点您有什么评价？

答：无论是从历史，还是从心理的角度，出现这样的担忧都是可以理解的。虽然不能否认，德国人民已经从希特勒的统治和第二次世界大战中吸取了教训。在两个德意志国家内，都有好几代人新成长起来。他们看待德国目前在世界中的作用，同最近100多年来，特别是同纳粹时期是不一样的。

当然，无论是联邦德国和民主德国的国内舆论，还是两国通过官方和国家的层面，都不止一次面向世界宣布，德国永远不再成为战争策源地。这一点很重要。并且科尔在同我会谈时，还对这个表态进一步加以限定，表示德国只会成为和平的发源地。

情况就是这样。但是对德国国内过去形成的潜在的负面力量，任何人都无权置之不理。更何况，不能不顾及人民对战争、对战争的惨烈和造成的伤亡仍然留有记忆这一现实。所以，德国人在处理国家统一的问题时，不能忘记自己的责任，除了考虑自身利益，还要尊重其他民族的感情。这点非常重要。

特别是，这关系到我们的国家，关系到苏联人民。要考虑去争取德国统

戈尔巴乔夫与德国问题

一不给我们的国家带来道义上、政治上和经济上的损失。这是苏联人民不可剥夺的权利。最终还是要顺应历史早已作出的"安排"。是历史决定我们两个民族成为近邻，让我们相互交往并形成深厚的共同利益；让我们的命运相互交织，即使有时是在悲剧般的冲突中交织。历史在新的时代条件下，也让我们有机会相互信任与协作。……

（在采访的第二部分，谈到了苏德双方在削减部署在中欧地区的苏联和美国军队方面达成的共识。）

《真理报》，1990 年 2 月 21 日

摘自戈尔巴乔夫同乔治·布什的通话记录

（1990 年 2 月 28 日）

布什：……我先介绍几句科尔总理前不久的访问。我觉得，这次访问是有收获的。同科尔一样，我们正面地看待德国统一这件事。我们有一个共同的目标，就是建设民主的、统一的德国，使德国能够同自己的传统盟友一道，在一体化不断加强的欧洲框架内，推动欧洲的稳定与持久和平。

我们还一致认为，统一后的德国要继续留在北约，而美国军队要继续留在欧洲。只要欧洲人民不想这样，那么美军一天都不会多留。我们还一致同意，要赋予原民主德国地区相对特殊的地位。

最近，无论在西方，还是在东方，对德国实现统一后果的担忧都在加剧。但是我们认为，现在距离第二次世界大战结束已经过去很多年了，统一后的德国不应该再引发任何国家的顾虑，也不会损害任何国家正当的安全利益。联邦德国愿同自己的邻国、苏联以及苏联的盟友一道，努力在经历迅速变化的欧洲实现稳定与和平。同科尔举行的一系列长谈，使我相信情况会是这样。

您显然也知道，我们还谈论了苏联以及您个人在欧洲和解进程中的作用，

谈论了您对在东欧发生的和平变革展现出的尊重态度。考虑到这一点，科尔请我积极同您磋商，并尽快就削减和限制武器达成共识。我告诉他，我正打算这么做。

最后，我想感谢您在百忙之中抽出那么多时间，会见不久前去莫斯科访问的贝克。我和他都对您的盛情接待表示谢意。

戈尔巴乔夫：谢谢您，总统先生。下面我想作一些回应。

欧洲正围绕德国统一发生着一些变化。我想，我们和你们的出发点，都是要在出现这些变化的情况下，保障好各国的共同安全。显然，我们双方都明白，要从战后形成的现实和全欧进程的角度出发来看待这个重要的问题。

从这个角度来讲，科尔总理的立场并非是完全明确的。欧洲各国对此都有很多疑问，包括我们在内。即使是在联邦德国国内，也有许多人要求科尔必须尊重战后形成的现实，并明确表态不会破坏现有的边界。我在接受《真理报》采访时，也不得不提到这一点。这方面必须要明确。

从欧洲安全的角度出发，考虑到统一后的德国拥有怎样的未来，对全世界具有特殊的意义，所以这个问题也必须要明确。您说，您同科尔总理在这方面达成了共识。而我要令您失望了，因为我同他还没有形成这样的共识。

您说，目前发生的事情不应该引发任何人的顾虑，统一后的德国不会造成威胁。那就会产生这样的疑问：如果确实如此，如果不会有威胁，如果现有的平衡不会被打破，那么西方国家究竟为什么这样希望将德国纳入一个军事政治组织？难道这样就不会改变现有的平衡？如果我们得出结论，认为这关系到苏联和苏联的盟友们的安全，那么我们不得不严肃地考虑一下。

所以，我想请您继续磋商这个重要的问题。请您相信，我们也会同科尔总理继续磋商。我希望，您能对我们在这个问题上的特别关切表示理解。我想，在磋商与合作的过程中，我们能够找到让各方都可以接受的解决方案。

当然，贝克先生对自己已到访莫斯科的感受，和他在访问期间同我们一起开展的工作，令我感到满意。这种工作是值得肯定的。维护我们两国关系中积累起来的一切成果，现在来说是非常重要的。要知道，这大概是目前国际政治中最宝贵的东西……

布什：您所说的一切，我都认真听取并理解了。或许，过一段时间，我们可以再通过内部电话更加坦率地谈一谈。

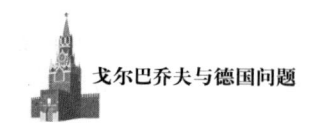

戈尔巴乔夫：我也希望这样。

布什：请您相信，您就德国问题表达的意见，不仅代表了有历史记忆的苏联，还代表了许多西欧人民，对此我是明白的。您理应毫不犹豫地、坦率直白地阐述自己的立场。

在45年前结束的那场战争中，我们同样付出了牺牲。但是我们现在相信，统一后的德国不会成为侵略势力。至于您问，为什么在这种情况下我们想要把德国纳入西方同盟。我的回答就是，这样做是为了以防万一。

戈尔巴乔夫：谈到如何继续我们的对话，我希望，我们可以在未来一段时间，通过我们掌握的各种不同手段，来保持沟通。希望我们能对一切加以权衡，并找到这样一种方案，使它能够符合我们的利益，符合新的、统一后的德国以及整个欧洲的利益。

布什：说得很好。要对一切加以权衡。我也希望就这个非常重要的问题能够继续交换意见。

戈尔巴乔夫基金会档案：全宗号1，目录号1

戈尔巴乔夫会见民主德国政府代表团
（1990年3月6日）

戈尔巴乔夫表示，他要再次重申，苏联尊重民主德国和联邦德国人民的自决权。苏联，显然同其他国家，特别是同欧洲其他国家一样，对两个德意志国家如何互相接近，如何继续履行自己的国际义务，绝对不是漠不关心的。这一点是可以理解的。德国问题关乎国际社会的基本利益，所以苏联同其他国家理应获得绝对的保障，即德国永远不再成为战争的策源地。

戈尔巴乔夫说，我们坚信，只有保障民主德国和联邦德国能够逐步地、可控地相互接近，同维护所有相关国家的安全挂上钩，并在全欧进程的轨道内进行，欧洲大陆上的利益平衡才不会被打破。德国问题对欧洲和世界的命运来说，都非常敏感。鼓动社会不满情绪、试图吞并民主德国、采取"既成事实"的政策，这些行为都不符合解决这种问题时要采取的负责任态度。在我们看来，这些行为也不符合德国人民自己的利益。他们不会不希望同欧洲各国人民，在牢固的互信基础上发展具有建设性的、富有成效的关系。

迈向统一的德国，一个必要的条件，是充分考虑到四个大国和邻国等其他国家的权益，无条件地承认现有的欧洲国家边界，放弃一切带有报复性质的领土主张。

我们极其明确地表示，无论出于何种理由，把未来的德国纳入北约，都是不能接受的。不能允许可能导致欧洲已经确立的平衡遭到破坏的行为，这是稳定与安全、互信与合作的基石。

戈尔巴乔夫指出，包括德国军事政治地位在内的、有关德国统一的原则性问题，能够在和平调解的框架内得到最终解决。这将成为欧洲大陆正在形成的新安全机制的重要组成部分，并将从国际法的角度使德国获得同其他国际社会成员平等的地位。

民主德国和苏联领导人积极地交换意见，表明双方在两个德国相互接近的各个方面，都持有相似甚至是相同的基本观点。

莫德罗表示，在向德国统一逐步迈进时，要考虑到民主德国在社会经济、精神和文化上的独特性，考虑到民主德国从事对外交往和对其他国家承担义务的特点。任何人都不要怀疑，民主德国和民主德国绝大多数的公民，都会把奥德河—尼斯河看作是最终的边界，看作是保障德意志、波兰和其他欧洲人民享有和平未来的必要条件。

两个德国在接近的进程中，要相互负责任，采取的措施要十分审慎。不能导致民主德国居民的社会保障水平下降，不能损害他们的合法权利和拥有的财产，不能损害国家这几十年来、由几代人通过劳动创造的全民的财富。当然，也不能忽视联邦德国居民的切身利益。

双方均积极评价苏联和民主德国开展的全方位合作，积极评价两国关系呈现的新特点。双方强调，要共同继承和发扬两国在经济、科技、政治和文化交往中积累的一切宝贵财富，巩固相互信任，造福两国人民。

《真理报》，1990年3月7日

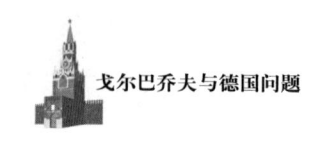

戈尔巴乔夫与德国问题

戈尔巴乔夫接受《真理报》采访

(1990年3月7日)

问：对统一后的德国通过某种形式加入北约，苏联有什么看法？

答：对此我们无法表示同意。这绝对是不可能的。我们认为，两个德意志国家实现统一，是一个自然而然的进程。这符合我之前阐述过的想法，即历史继承给我们的现实，要靠历史自身去把握。历史现在就像我们说的那样，运转加快了。而我觉得，在这种情况下，一定要考虑到德国人民的利益。我们也愿意这样做。但是无论德国人，还是同这个进程有关的其他人，都要考虑到邻国的正当利益。这里面既包括两个德意志国家，也包括所有的欧洲人民。既然我们知道，德国问题是国际政治中一个最重大的问题，那么它就关系到整个国际社会的利益。所以对待这个问题，不能简单化地处理。

有一些命运攸关的重大问题，牵涉到德国人民、欧洲人民和整个世界利益这一些根本性的东西。在处理这样的问题时，不能太仓促，不能"蛮干"。因为这样是干不成大事的。必须采取渐进的方式。而且我认为，民主德国人民也是希望这样的。他们要知道，自己面临的将是什么，自己的命运会是怎样的，在这个国家生活和工作过的好几代人的命运都将是怎样的。采取渐进的方式，也是符合联邦德国人民的利益的。他们要知道，他们要为实现统一付出些什么。我想，联邦德国的企业家、干实业的人都在认真思考这一点。这毕竟是个重大的问题。所以，无论从内政和外交的角度，还是从两个德意志国家的现实情况来看，我都认为，要逐步地向实现统一迈进，做事要审慎。如果这一进程能融入到欧洲的和解进程就好了。顺便说一句，欧洲和解进程或许是我们需要加快推进的。这也意味着，这两个进程将被统一起来。而由此可能产生的顾虑，也会被消除。这种顾虑已经出现了。现在有关边界的议论已经不少了。

最近，联邦德国总理先生对自己在这个问题上的立场作了一些调整。这点我注意到了，也表示欢迎。因为在这样根本性的东西上"玩伎俩"，搞得模糊不清，是不够严肃的。人民群众是要清楚地察觉和了解一切的。这是其一。其二，统一后的德国要留在哪里？我觉得，如果欧洲和维也纳进程能够得到推进，我们能够召开第二次赫尔辛基会议，那么北约和华约就会从军事政治集团变成政治组织。这是一种情况。这样，大家就没有必要再为统一后的德国留在哪里讨价还价了。前不久，一位西方大国的领导人在会谈中这样对我说，"戈尔巴乔夫先生，说实话，这个问题有什么好让您担心的？要知道，德国人和从前不一样了"。没错，无论是东德人，还是西德人，现在都爱好和平，他们为此也做了很多事。这些都对。不过我还是回答说，"既然如此，那么我们这样办好了，为什么他们还要加入北约，干脆让他们加入华约得了，反正这些都无所谓嘛"。对方马上就不干了，"不不，这怎么能行……"。所以说，只要我这么一回应，就什么都明白了。所以，我们还是得好好地斟酌一下，考虑考虑。也就是说，做事要严肃起来才行。

如果你们还记得，我现在总是在强调，"我们在世界和欧洲经历的变革，将给我们带来巨大的改变。我们将面临全新的欧洲，面临人与人、国与国、民族与民族之间的全新的关系。"也就是说，这样的机会不容错失。但同时，这也要求我们担负起重大的责任。我们倾注了那么多努力换来的东西，不能受到破坏。毕竟现在发生的一切，是几十年来共同努力的结果。这些努力有的是正面的，有的是负面的。从负面的努力中我们也吸取了教训。所以，在当前的历史机遇面前，做事要非常负责任。就这样，对您提出的这个简单的问题，我专门作了详细的回答，因为我说的这些对我们所有人都很重要。我们将积极地、建设性地参与到现有的发展进程中去。欧洲内部的积极态势正不断加强，我们不会允许这种趋势被打断，不会允许欧洲国家关系的更新进程被终止。这是我们的一个出发点。

问：您说，德国国内展开的进程十分复杂，需要各方都要保持负责的态度。目前德国国内选举前的表现，是否足够负责任？您对此怎么看？

答：您知道，有一些问题是很微妙的。对其他国家的内政是不能干涉的。我们坚定地奉行这个立场，就是不干涉别国的内政。当然，这不意味着我们对一切都漠不关心。相反，对其中部分进程，我们感同身受，并表示赞同；

对另外一些进程，我们是持否定态度的。但归根结底来说，每个民族都要自己做选择。所以，从我这边，也就是从莫斯科的角度来看德国的选举活动，我发现，有些人操之过急，他们想强加自己的看法，强加自己的观点。我已经看到，有人出于自己的党派利益和个人的政治企图，正在向民主德国人民施压。

是您向我提出的这个问题，所以我只好回答。希望联邦德国和民主德国的人不要以为，我似乎在通过这个方式干涉选举活动。相反，我发现民主德国国内，倒是有很多从联邦德国过来的人，他们在干涉这个国家的内政。就好像民主德国已经失去了主权，已经不再是一个受到国际社会承认的独立国家了。我说的这些情况，在民主德国那里都是存在的。但还是让德国人民自己去处理这个问题吧。我认为，德国人民自己要好好想想，究竟要把票投给谁。因为，对能否让那些办事负责任、有能力同其他相关国家的政府和人民开展协作的人进入议会、政府和各个国家机关，在选举阶段作出决定，是尤为重要的。

问：您对苏联和统一后的德国未来的关系怎么看？同与联邦德国和民主德国的关系相比，会出现本质的区别吗？

答：我想，这种关系自然是要变化的。刚才，我还向莫德罗政府的官员讲了这个问题。我认为，这种关系是具备良好前景的。但是，这还要取决于，我们现在要怎样合作。一方面，我们可以充实，甚至是巩固和拓展合作；另一方面，也可能导致疑虑和不良的后果。

我想，为了我们两国的关系与合作，我们双方都要负起责任。在社会主义国家中，我们同民主德国的交往最深厚、最广泛。在西欧国家中，我们同联邦德国的联系最广泛。这一点本身就很重要。德国实现统一的进程将涵盖包括经济在内的各个领域。我们希望，在开展这个进程时，统一后的德国、德国人民还有我们的利益都不会受到损害。

您也知道，德俄两国的关系拥有悠久的历史。这其中也有要吸取教训的部分。我们不能忘记，在德国法西斯上台后都发生了什么，这给苏联和德国两国人民都带来了什么。我们总结了过去，走上了和平的道路，在新的基础上重新发展两国关系，为了两国和世界的利益开展合作。这是我们两国和两国人民取得的极为重要的成就。这一点要保持下去。我们会尽自己的一切努力,来实现这一点。但就像人们说的那样,这里的利益是相互的,所以双方要相向而行。我觉得前景是广阔的。我看到,联邦德国人民和两国的企业家,对双方开展学术和科研合作、联合技术与资源优势很感兴趣。这既可以为我们两国人民服务,也可以为全欧洲服务。在这方面,我的态度是乐观的。

《真理报》,1990年8月7日

苏联外交部声明

(1990年3月14日)

近来,联邦德国和民主德国开启了相互接近的进程,德国实现统一的前景也变得现实起来。德国问题重新成为国际政治的焦点。社会舆论集中关注以下重大问题,如怎样签署和平条约、德国未来将会拥有什么样的军事政治地位,德国未来的边界如何、如何维护欧洲大陆的稳定和各方势力的均衡、全欧进程如何继续发展,包括如何创建新的集体安全机制等等。这些任务意义都十分重大。解决其中任意一项,无论个别解决,还是统筹解决,都只能在协商一致的基础上加以思考。

基于这样的考虑,各方在渥太华决定成立相应的谈判机制,由两个德意志国家、苏联、英国、美国和法国组成。在这个机制的框架内,各方将根据自己拥有权利和承担责任的性质和大小,开展工作。当然,这不排除任何其他欧洲国家,以某种形式加入到机制中,研究她们关心的、属于和平调解德国事务的问题。要特别重视两个德意志国家相互接近,并可能实现统一,要与全欧进程保持同步。即使用高度的责任心来对待,甚至联合多方的努力,这样繁重的工作也不可能一口气就完成。所以,只能采取渐进的方式。不要人为地去催赶,不要围绕实现德国统一,设定某种时限。说实话,这是绝大多数有关国家的立场。

波恩方面似乎也是同意这一点的。但是在实践中,联邦德国有部分人,

仍然打算把有可能参加调解德国事务的一些人，实际排除在外，并迫使包括四个大国在内的国际社会接受既成的事实。

在基民盟—基社盟的一些政治家们看来，为实现这一目标，要动用联邦德国宪法第 23 条。根据这一条款，可以将民主德国局部个别地区，或整个国家强行并入联邦德国。也就是说，他们旨在让一个德意志国家，事实上去侵占另一个。

这样的话，波恩方面显然是想让民主德国，丧失作为平等伙伴国家的主权特权。这包括捍卫本国公民的权益，维护公民的社会成就，保障民主德国成立以来凭借顽强拼搏树立的价值观。联邦德国目前在根据这样的方针，制定针对民主德国的实际路线。他们想利用密集干涉国家内政，蓄谋破坏国民经济、产业和社会结构，使民主德国面临陷入经济混乱的威胁。民主德国和其他国家都有人指出，这样做会损害民主德国公民的切身利益。导致他们要为了适应不一样的社会经济、政治环境和制度，承受主要的负担和损失。这也会让西德的纳税人，付出不少的代价。

那联邦德国根据国际条约承担的义务又该怎么办？如果他们想让这些义务适用于民主德国，就等于提前确定了德国统一后的军事政治地位，也就是要加入北约。另外，根据联邦德国宪法第 23 条，还可以向其他国家提出领土方面的诉求。但是要知道，这一切都是同外交事务直接相关的。

无论从哪个角度来看，动用宪法第 23 条这样的行为都是没有理由的、不可接受的。解决真正攸关全欧洲命运的问题，不能以联邦德国一国的宪法或其他国内法规为基础，不能只当作是德国人自己的事。

不要忘记，根据《波茨坦协定》，苏联、法国、英国和美国，在整体上仍然保留着对德国的权利和责任。她们有责任让德国不再对和平造成威胁。要以国际法的形式，有效保障落实这项根本责任，她们同联邦德国和民主德国对此责无旁贷。

要记住的是，《波茨坦协定》有一个明确的出发点，即德意志国家的重建，要在规范的民主框架内展开。两个德意志国家统一的程序和条件，要由各直接相关国家协商决定，首先要由四个大国协商决定。此后，联邦德国同三个西方大国、民主德国同苏联签订的相关条约中，也规定了这个原则。根据这些条约，四个大国在整体上充分保留着对德国的权利和责任。这也关系到西柏林，四方协定中还确定了它的特殊地位。

所以，不能让一个德意志国家被另一个吞并，不能趁机单方面采取仓促的行动。而要通过有关各方的共同努力，在处理复杂的德国事务方面，得出各方均能接受的、着眼长远的方案。毫无疑问，绝大多数的欧洲国家，在立足于《赫尔辛基最后文件》的同时，将维护和巩固欧洲大陆的稳定，视为主要的目标。

民主德国和联邦德国有很多人，对这样的立场也表现出强烈的关注。他们十分清楚，未来的德国只有全身心地投入到欧洲和平与合作的事业，才能在国际社会中占据应有的位置，并获得国际社会的信任。第二次世界大战的教训，使所有经历这场悲剧的人，不得不为防止战争的重演，付出一切努力。

苏联在德国事务上的立场，首先出于同德国和其他欧洲人民和睦、和谐相处的真诚愿望。苏联真诚希望为推动全欧和平发展、维护可靠的集体安全作出重要的建设性贡献。

《真理报》，1990年3月14日

苏联政府声明
（1990年3月28日）

鉴于民主德国政府在1990年3月1日，就民主德国境内财产问题发表声明，苏联政府认为，需要说明以下情况：

1945年6月5日签署的《关于击败德国的宣言》和1945年8月2日签署的《波茨坦协定》规定，要采取一系列措施，根除德国军国主义和纳粹主义，实现政治生活民主化，使德国永远不再对其他邻国和维护世界和平构成威胁。决定将德国军事工业整体交由四大同盟国托管，惩治战犯并实行经济分散化政策，解决过去经济力量过分集中的问题。

根据这些决定，盟国对德管制委员会在1945到1946年，通过了一系列

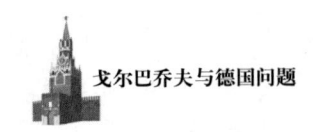

法令。包括1945年11月20日发布的"关于没收法本工业股份公司财产并对该公司实施监管"的第9号法令，以及1945年12月20日发布的"关于惩治犯有战争罪、反和平罪和反人类罪人员"的第10号法令，其中也规定了要没收上述人员的财产。

驻德苏联军事管理委员会为落实这些法令，查封了纳粹犯罪分子、法西斯国家、德国军事机构的财产，没收了民族社会主义工人党的党产。

1946年春，驻德苏联军事管理委员会下令，将上述财产和企业转交给德国地方自治机构。

1946年6月30日，萨克森州举行全民公决，通过了"关于宣布没收纳粹分子和战争罪犯的财产，并将有关财产划归全民所有"的法令。有93.7%的成年居民参加了投票，并有82.42%的人支持这一法令。从1946到1947年，这些决定得到了整个苏联占领区居民的支持，其他各州和行政区的管理机关也发布了类似的法令。到1946年8月，共有9281家企业被划归全民所有。

这些财产奠定了东德全民国有经济的基础。后来，直到1953年底，又有大量企业被划归民主德国人民所有。根据当时占领当局的命令，这些企业曾是苏联的财产。其中有些工业企业，是根据波茨坦会议作出的决定，作为战争赔款划归苏联的。

根据《波茨坦协定》的宗旨，经苏联军事管理委员会同意，并按照农村劳动群众的要求，东德各州政府1945年开始了农业改革。在改革中，消灭了反动的普鲁士容克地主阶层的基础。从1945到1946年，共没收了285.2万公顷的土地。这些都是战争罪犯，以及那些拥有超过100公顷土地的大地主的领地。这样，那些土地很少或没有土地的农民和搬迁过来的人，就可以得到土地了。土地也变成人民的了。

需要强调的是，对东德境内财产实行民主化的所有措施，苏方都向盟国管制委员会作了通报，直到这个委员会被撤销。盟国管制委员会也确认收到了这些信息。

这些措施是在对德国实行去军事化、非纳粹化和经济去垄断化的框架内展开的。因此，这些措施对于在当今的民主德国境内，建立反法西斯的民主机制，具有根本性的意义。

考虑到自己在德国事务中拥有的权利和承担的责任，苏联要求维护民主德国境内财产关系的合法性,反对有人在两个德国组建货币联盟、建立经济共同体或实现统一的情况下,试图混淆民主德国境内的财产关系。这要求两个德意志国家,在相互接近和实现统一的进程中,承认1945到1949年,驻德苏联军事管理委员会,在经济领域推行的措施是合法的。民主德国境内目前有一些土地和其他财产的所有权,是由苏方根据《关于击败德国的宣言》、《波茨坦协定》和其他四方法令与决议,同意或批准授予的。如果有人试图否认这些土地和财产的所有权,是完全不可接受的。

在这个问题上,苏联政府赞同民主德国政府必须严格维护法律秩序、捍卫民主德国几百万人民的社会经济权益的立场。

《真理报》,1990年3月28日

摘自戈尔巴乔夫同赫德[1]的谈话记录

(1990年4月10日)

(出席人:谢瓦尔德纳泽、切尔尼亚耶夫)

戈尔巴乔夫:外交大臣先生,我对您表示欢迎。我首先想说的是,我们同英国各个领域的关系都在进步。所以,我们遇到的任何问题都能解决。我们驻英国的大使办事很积极,你们驻苏联的大使也经常来找我们。在两国政治家和外交官们的共同努力下,我们的关系顺利向前推进。我们珍视这样的关系。我们充分地相互理解、相互信任,所以没必要花时间去搞手段、耍花招和走过场。这一点本身就特别的不容易。现在的情况是,缺少理解、信任和个人关系,就什么都办不成,还可能把事情给"办砸了"。到现在为止,我们双方办事都是审慎和负责任的,虽然有时要相互作些"解释"。我们做的事,还是充分反映时代要求的。欧洲和整个世界,都在发生全球性的变化。这些变化的出现,完全是自发的,但并不是随意的。德国问题突然冒了出来,

---

[1] 道格拉斯·赫德,英国政治家、国务活动家。在撒切尔和梅杰内阁中担任过多任部长。1989—1995年在撒切尔内阁担任外交大臣。

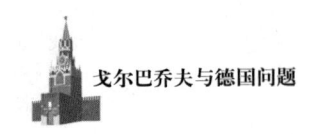

让我们大家不得不好好想想。而且,我们还是要非常的慎重……

我收到撒切尔夫人的来信。她按照以前答应过我的话,通报了同科尔总理会晤的情况,介绍了他们都讨论了哪些问题,得出了什么结论。对她的通报,我表示感谢。我了解您对这个问题作出的表态。而且我发现,苏联和英国的立场很接近。希望这个话题,您已经和谢瓦尔德纳泽讨论过了。不过我想,就德国统一后要被纳入到哪里去,未必形成了共识。

谢瓦尔德纳泽:我建议把德国纳入到华约,但还没达成共识。

赫德:我们还没有讨论过这个问题。但是显然,百分之百的共识是达不成的。我认为,要从维护整个欧洲的稳定出发,来看待这个问题。要是美国军队从德国撤出来,这个大国实现了统一,却还是无法自己做主的话,才是更好的方案。可是德国要是退出了北约,北约对她就谈不上还有什么影响了。

所以统一后的德国,还是留在北约的框架内更好。北约也要发生变化了,要削减军队和武器的数量。但是这样,北约里面还是会有美国的军队,虽然数量减少到最低。北约里面还有英国的军队,还有其他成员国的军队。无论从苏联,还是从英国的角度来说,这对统一后的德国都是个不错的约束。当然,条件是不能作出任何可能损害相互利益和尊严的事,并要解决苏联的军队如何在东德存在的问题。所以,有这样两个问题要讨论。

戈尔巴乔夫:当布什总统和我谈到,要让统一后的德国加入北约时,他请我相信,这绝对不会带来什么问题。他说,要知道,北约已经是存在的了,北约里面的情况是清楚的。我回应他说,要不让统一后的德国加入华约好了。他立刻就感到不安了。

对您所说的话,我是这样理解的。解决这个问题,要注意不能产生疑虑。这种疑虑会减少我们共同积累起来的资本。正是因为有这样的资本,我们现在才建立起合作的关系,我们才能坦然地面对未来。这一点可能比这个资本本身,还要宝贵。

或许,我们要把在新的欧洲,也就是从大西洋到乌拉尔地区,如何建立安全机制的问题,纳入到我们的对话中来。那么这个问题,也可以用新的方式去解决了。在欧洲奠定安全机制以前,可以有一个过渡的阶段。如果认识到了建立安全体系的必要性,就要加快创建新机制的进程,还要与德国实现统一的进程保持同步。这样,我们就能换一个角度,来看待德国统一了。

如果不把这两者联系在一起，如果我们现在看待这个问题的角度，只是要把统一后的德国吸收进北约，这个问题就非常严重了。我认为，考虑到我们国内出现的政治进程，最高苏维埃是不会允许这样的。这一点我是相信的。现在已经有人在给出这样的信号了，即在维也纳进程上不要着急了。我指的是政界、军界和外交界的人。既然北约想把统一后的德国吸收进去，打破安全上的平衡，那为什么还要在削减欧洲军队和武器数量上面加快步伐呢？把德国吸收进北约，对我们来说是不能接受的。

同是一个联盟的盟友，做事要审慎和负责任。他们不能给苏联的社会带来不安。他们也不该这么做。如果有人想破坏欧洲的稳定，给苏联带来损失，那我们有办法应对。

我们是从这个角度来确定立场的。我们做事会负责任，会具有建设性。不能说，出现的障碍就是无法克服的。只不过克服起来有困难。所以我们大家都要用心。

赫德：苏联和英国，可以在三个大的方向上努力合作，这就是"2+4"机制框架内的工作、维也纳谈判和计划在今年年底召开的欧安会成员国最高会议。

戈尔巴乔夫：相信我们可以这样合作。我们同意在这些方向上开展合作。

赫德：没错，这些方向都是相互联系在一起的。如果在维也纳达不成协议，我不认为美国或者是我们的高层，会回应你们的要求。你们这边也在担心，如果在其他领域不能出现进展，德国实现统一的进程就会造成障碍。所以，这就是您所说的，要"保持同步"。

戈尔巴乔夫：我们的美国朋友和伙伴们，有自己的一些想法。他们对实现团结的欧洲有所顾忌。再加上这里还有苏联。所以他们要使所有这些进程都慢下来。

那我们怎么办？我们要消除他们的不安。我们不能把美国放在一边，或者让她心存不安。这样做也是不现实的。美国要参与这些进程，保持在欧洲的存在。要照顾他们的利益，就像要照顾我们和你们的利益一样。要不然是行不通的。所以我想，要共同努力，帮助他们克服这样的想法。……

戈尔巴乔夫基金会档案：全宗号1，目录号1

戈尔巴乔夫与德国问题

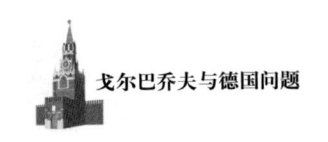

摘自戈尔巴乔夫
同雅鲁泽尔斯基的谈话记录
(1990年4月13日)

雅鲁泽尔斯基： ……前不久，德斯坦[1]和施密特把他们写的文章寄给了我。后来他们在美国报纸上发表了这些文章。里面介绍了保障欧洲安全的途径。我也围绕这个话题写了篇文章，强调了不能让欧洲平衡受到破坏的重要性。在文章里我还建议，既然统一后的德国西部，除美国军队以外，还将保留英国、法国、比利时与荷兰的部队，那么在这个国家的东部，也就是现在的民主德国境内，除苏联军队以外，还要部署波兰和捷克斯洛伐克的部队。

戈尔巴乔夫： 我认为，这个建议非常重要，是个正确的建议。或许，这个建议暂时还没有必要通过媒体来公布。但是一定要在文章里谈德国问题，谈维护战后边界的必要性。……

质戈尔巴乔夫基金会档案：全宗号1，目录号1

---

[1] 吉斯卡尔·德斯坦，法国国务活动家、政治家。1974—1981年担任法国总统。

| 1990 年 |

摘自戈尔巴乔夫同德米克利斯[1]的谈话记录

(1990 年 4 月 17 日)

戈尔巴乔夫：……最近，我会见了美国参议员米切尔……美国人对欧洲强有力推进的一体化进程感到不满，不想让苏联也加入进去。他们认为，这对美国来说是危险的。所以，他们抓紧推动德国统一的进程。东欧正出现复杂的变化。而在西欧，德国事务也影响到一体化的进程。也就是说，苏联要加入进去，变得更加困难。美国人觉得，这样才会令他们感到满意。

我对参议员米切尔说过，在马耳他会见美国总统时，也对他说过，事情不是这样的。要把这些都告诉美国人。您当然很清楚，苏联的改革对我们关系的未来有什么样的意义。

比如说，我们在观察，科尔总理在做些什么。东欧的局势，在经历了迅速和激烈的进程后出现了变化。德国问题又一次成为焦点，局势的动荡也开始了。不过，所有的进程，包括德国实现统一的进程，都要与全欧进程保持同步才行。当然，这种同步不可能是绝对的。这毕竟是一项政策，不是靠齿轮来带动的机械设备。

但是，这些进程要同时进行。只有这样，才能在处理德国问题上得出正确的方案。这样做，一方面是为了防止在欧洲出现不安；另一方面，是为了维护建设性合作的氛围。而这种氛围，是我们在接受了严峻的考验，包括经历"冷战"的考验，通过巨大的努力建立起来的。

我想，欧洲各国人民是能理解到这一点的。可能科尔总理对这一点的理解，现在也更强了。而根舍比起科尔总理，理解和务实的成分显然更大一些。

---

[1] 尼·德米克利斯，意大利政治家、国务活动家，社会党成员。曾多次进入意大利内阁，1989—1992 年在安德烈奥蒂内阁任外交部部长。

我们是从这样的角度，来看待统一后的德国在欧洲的地位的。我想，寻找这个问题的答案，要通过特定的手段。或许要在其他机制和制度的基础上，加快建立新的欧洲安全机制。如果能出现这样的进程，如果能着手确定全欧安全机制的标准，那么统一后的德国在一定过渡阶段的处境和地位，就可以得到某种确定。具体细节我现在就不说了。

但是，如果在不考虑总体进程的情况下实现德国统一，会引起很多问题并造成严重的不安。这可能也会影响到维也纳进程。如果北约不想照顾我们的安全利益，那我们又为什么要在维也纳通过这样或那样的措施？在采取这些措施前，我们是要反复考虑的。这一点在日内瓦谈判上也会有体现。要知道，这是关系到国家安全这个核心领域的平衡问题。

我们的德国伙伴们，容易情绪化。他们"激动"起来以后，就怎么也平静不下去了。话说回来，就像我们有些人，怎么也摆脱不掉参加集会时的情绪，无法专心致志地具体干事一样。

华盛顿对仔细研究、深入分析局势之后，再进行认真思考这方面不是太上心。这个情况令我感到不安。美国人觉得，既然有可能组建华盛顿——波恩轴心，就忍不住要在这个上面做文章。当然"华盛顿——波恩轴心"这个术语的含义，同过去是不同的。他们还不让科尔实事求是，并在这些事情上添乱。我要坦率地说，我们不喜欢华盛顿来添乱。他们要重视欧洲人民更加审慎的立场。

我对您提出的三位一体的理念，也就是梦想、现实和善意，表示欢迎。这说明，在罗马，人们还没有丢掉深入思考重大问题的古老传统。考虑到国家的现状，包括国内政治情况和现在的国家领导人，意大利可以对当前欧洲和世界进程的发展，作出建设性的贡献。对这样的说法，我是赞同的。

德米克利斯：非常感谢。您介绍的内容让人很感兴趣，内涵也很丰富。

我明白您在德国问题上的立场。按照我的理解，您的立场可以分为两个方面：一是德国实现统一的进程，要和建立全欧安全体系保持同步；二是要妥善利用过渡的时期。这个过渡时期会持续18到24个月，将是非常重要和敏感的。所以在这方面，我们要开展合作。

戈尔巴乔夫：对这样的看法，我表示欢迎。

德米克利斯：我很清楚，如果不能出现什么新的体系，你们就会坚持旧的体系，也就是波茨坦体系。这样，总比什么都没有要强。所以，重要的是要加快建立全欧安全机制。

戈尔巴乔夫：我们愿为建立新的欧洲，作出建设性的贡献。……

戈尔巴乔夫基金会档案：全宗号1，目录号1

法林提交给戈尔巴乔夫的报告

（1990年4月18日）

在英国和法国的角色有点消极之时，美国和联邦德国有目的地坚持推动在"2+4"谈判进程中解决德国统一的内外问题，并把苏联置于反对既成事实的地步。舆论正在逐渐培养一种逻辑，即"六国"中的任何一国都不应该有否决权，特别是在存在有"多数民主"意见的问题上。实际上，一些西方大国预先在自己的圈子里达成约定，他们已经违背了一致性原则。把在马耳他与布什会见，以及在莫斯科和渥太华与贝克会见的情况加以比较，不难看出，苏联和美国在重大问题上的立场正渐行渐远。

无论是华盛顿，还是波恩，他们这样做的初始动机都很简单：苏联的回旋余地现在已被限制到极限，西方有能力在不出现大规模对抗风险的情况下，实现自己长久以来的夙愿。不排除有一些持谨慎态度的追随者会提出，为了保障长期的建设性发展，应该适当考虑苏联的利益。但他们的声音微弱，几乎没人听到。

西方策略的一个重要步骤是，不仅强烈诱拉北约成员国，而且还密集拉拢我们的华约盟国。目的是显而易见的：孤立苏联，使苏联在"六国"和"三十五国"会晤中形单影只。

首先，在以下一些问题上，必须迫切而非常明确地表达苏联的立场：

1. 和平条约。对缺乏法律依据的、以第二次世界大战划线的各种方案（如宣言、备忘录等）、以定性方式把和平法令的主要组成部分据为己有（如战

后国界、德国的军事义务、四个同盟国决议及由此产生的权利等的结局）的图谋，苏联应该表明，为何对此不能接受。

应当指出，时效性并不适用于战争与和平的根本问题。一些人士总是试图顽固地回避签署和平条约的问题，这只能令人警觉。而且这本身就是有利于和平解决的另一个理由。

在签署法律意义和内容与和平条约等同的相关文件之前，苏联在任何情况下都不能放弃她在签署雅尔塔协定和波茨坦公告后，通过联合国宪章和现行国际法，对有关德国无条件投降和战败的法令拥有的权利和应承担的责任。

至于和平解决的形式和实质，苏联对建设性对话的态度是开放的。在这个问题上，联邦德国和民主德国的代表同和平解决的其他参与者是平等的。因为，这里首先涉及的是德国对国际社会的义务，即德国统一的外部问题。所以，和平解决的主题成为"2+4"谈判的对象，是完全符合逻辑的。

当时，本来已经同意"六国"承担一些工作，即和波兰、南斯拉夫、捷克斯洛伐克及其他曾遭受希特勒侵略和占领的国家、曾经派军队参加对德国作战的各国政府保持紧密接触，起草以后可公开签署的文件。

为了避免出现"胜利者也是被战胜者"的传统窘境，当时本来可以不提和平条约，而只提"和平决议"，甚至可以简约地使用强调缔约各方不同地位的字眼和措辞。过去的做法（联邦德国签署的莫斯科条约和其它"东方"条约、一系列协议，特别是同法国签署的协议）能使我们在德国人不被歧视的情况下，不受损害地阐述并以应有的方式来巩固竭力形成的局面，从而避免出现"凡尔赛综合症"。

总之，是可以把拒绝暴力原则这一国家政治手段作为这个文件的基础的。这个原则可以用不允许第三国或国家集团利用德国领土对欧洲和欧洲以外任何国家使用暴力的义务来补充。在这种构架下，苏联的利益就能得到必要的法律保护。

接下来，作为履行拒绝暴力和不使用德国领土对别国形成军事威胁义务的第一步，应该控制往德国的军事化水平，哪怕降到欧洲平均水平也好（现在德国高出欧洲平均水平许多倍）。这里想指出的是，在现阶段，无论在裁军和军控领域采取行动的速度上，还是深度上，德国恰恰都能在构建全欧安全体系的过程中耍性子。

最好用更加完整的形式（按日本模式，即不制造、不拥有、不引进核武器）来描述联邦德国和民主德国不生产和不拥有大规模杀伤性武器（核武器、细菌武器和化学武器—"ABC"）的现实义务。除此以外，它们还应作出书面承诺，不用新的物理原理来从事制造或拥有大规模杀伤性武器的工作。

德国本身的军事地位问题，与在和平解决时应确定下来的德国单方面军事义务问题，有着最密切的内在联系。对这个问题的观点详见第2条。这里值得一提的是，和平条约是我们把德国统一与全欧进程对接的唯一机会。尽管随着时间的推移，这两者将分道扬镳，而且好像确实会这样。

关于边界问题，需要签署严格的法律文件。无论如何，不应以单方面宣言的形式，或者按照已有或未来可能的解决形式，来体现德国的义务。要对德国人有权"和平改变领土"的主张保持警惕。民主德国的现实经验表明，一切皆有可能。特别是在经济或其他一体化结构的框架下，在国家（"民族"）的边界问题正淡出公众视野的情况下，不排除德国人从波兰人手中，并且不仅仅从他们手中，"购买"和"赎回"全部或部分属于自己"昔日"的领土。

包括经济问题在内，和平调解的其他问题都可以比较容易得到解决。在这方面的争议多半会是，战争期间哪些事件应该获得赔偿和能够赔偿，以及如何赔偿、在多大程度上赔偿的问题。在与民主德国签署的多边和单边条约中，苏联的经济利益都是个独特的话题。这个问题详见第4条。

还有一点对实现内容充实的和平方案是有利的。如用真正合并两个国家的办法来恢复德国统一，而不是用以大吃小的办法。可以理解的是，如果我们将来要求德国参加"共同市场"等类似组织的话，甚至或许会出现四个战胜国部分利益不对称的情况。

但是，实际情况是，三个战胜国和联邦德国脱离和平解决进程，就等同于企图消除苏联作为二战战胜国及民主德国设计师和同盟者的权利，同时，为美、英、法三国保留了一系列重要的"原始权力"，因为它们已经和联邦德国一道，加入了1952年的波恩条约（1954年作了修订）和其他一些协定。

在苏联"不让步"的背景下，伦敦和巴黎为展现自己的"慷慨大方"，完全有可能宣布，准备终止自己对联邦德国主权的特殊权利和附加条件。这样就会重新修改法律，因为限制德国主权早就列入北约、"共同市场"和西欧军事政治组织的框架之内。在某种意义上，重建统一德国的过程中，最复

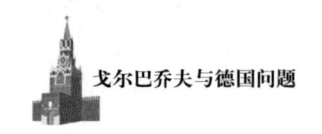

杂的任务，就是重新看待40多年前产生的所有这些相互联系。

苏联如何回应西方表面上的"大度"呢？看来，可以提出一个最受广大德国民众和生意人赞同的和平条约（《和平法令》）草案，并且可以提出，为了使两国人民得到完全彻底的和解，德国应当只与我们签署条约（法令）。如果说1952年与统一后的德国签署和平条约的主张曾在德国人心中产生最广泛的反响，那么应该看到，反对在欧洲用长期协定替代临时决定的人，现在则极难回避这一主张。

2. 统一后的德国的军事地位。总体来看，西方决心在这方面发动一场总决战。在最初的困惑阶段，曾出现过一些不乏有吸引力的主张（联邦德国退出北约军事组织；德国同时加入北约和华沙；在德国境内限制军备的行动要先于在整个欧洲的行动；德国部分无核化的可能性等等），此后，美国和联邦德国的态度日益强硬，大西洋集团领导层的态度也是如此。

根舍依然时不时地对加速向欧洲集体安全方向发展，并把北约和华沙条约组织融入欧洲集体安全体系之中的做法予以谴责。他主张，裁军是全欧进程的"核心"。但除了"共同市场"国家中的西德社会民主党和左翼党派以外，很少有人听到根舍的声音。

现在提出了德国"全方位"参加北约的问题。这个把德国领土从北约基础框架内剔除出来的主张本身就跑题了。如果说以前的宣传重点是对未来统一的德国进行"监督"，那么现在则经常引述的是保持北约这一欧洲"稳定因素"的有效性和重要性。就在前不久，德国加入北约还被称为"过渡方案"。但从某个时刻起，它就被视为未来的解决方案。如果说今年3月前略微抬高了"优惠"价格，即不把北约的活动范围扩展到民主德国，那么大概在1个月前，圈子里又开始议论，说这项义务不适用于"危机情况"。

在撒切尔夫人同老布什总统的百慕大会晤中，德国加入北约被视为保留大西洋联盟的条件。现在，德国军事中立化的主张正在偏离方向，沿着纯粹的实用主义轨道前行。北大西洋集团本来就是按照美国"前沿配置"的军事学说，利用德国领土在联邦德国参与下建立的。正如1958年英国政府的秘密文件中记载的那样，接受德国中立化的建议，就意味着回到了曾被三个战胜国1947年（即1948年2月捷克斯洛伐克事件前和柏林封锁前）正式破坏的波茨坦政治，即回到与苏联共同监督非军事德国的状态。

力量平衡的决定因素不是中立化，而是非军事化。此外，美国和联邦德国对统一后的德国同时加入北大西洋公约组织和华沙条约组织的假设态度十分消极。这表明，在这场由大国主导的赌博游戏中，美国和联邦德国喜欢提高赌注。

布什和撒切尔在百慕大会晤中表示，统一后的德国应拥有"对其主权没有任何歧视性限制的、对所有领土的完全控制权"。按照菲茨沃特的话，统一的德国同时加入这两大集团，对这种"中立化"的作用是相同的。但是，今天的情况就是这样，为了自身利益而破坏平衡的诱惑性增强了，从而引起对泛欧洲事务更加柏拉图式的观望。

至于苏军在民主德国领土上的驻扎问题，我们想把苏军的驻扎期限视为变更驻地，在技术上需要时间。

现在正在竭力展开一项工作，它不只是为北约对德国和华沙的计划打基础，而且正悄悄地改变现有局势，并削弱苏联的抵抗能力。主张德国加入北约的新民主德国的议会发表了声明，波兰人、英国人、捷克斯洛伐克人以前也发表过类似声明。这些都是预兆。在没有与我们交换意见的情况下，民主德国国家空间使用委员会自 1990 年 1 月 1 日开始运作。苏军西部集群居然受邀在该委员会中拥有一个"观察员"。不久，民主德国的人民军实际终止了为华约利益而进行的防空战备值班制度。

在苏美关于在欧洲中部部署苏联和美国的武装力量（包括美国在其他欧洲地区的军队）人员限额的协议中，正酝酿着一场阴谋。赞同向苏联加大压力的人认为，这个协议的"缺点"在于，两大国在同等条件下部署自己在德国的军队。有一种意见认为，美国无意中建立了对自己"不利"的相互关系，最好尽快对此予以纠正。

波恩宪法第 23 条意味着，在欧洲政治地图上出现了新的带有"冷战"所有遗产的联邦德国加强版，由于这一条款适用于民主德国，联邦德国更有意愿与她的伙伴们联合起来。

为强化欧洲问题的长期解决方案，我们有没有与之斗争的后备力量呢？自从德国统一社会主义党体制在民主德国垮台以后，苏联的欧洲政策如果不说是陷入停顿的话，也是陷入了深思和自我剖析之中。西方正在挑逗我们，他们承诺要尊重苏联的利益，但实际上正把我国从"传统欧洲"中隔离出来。

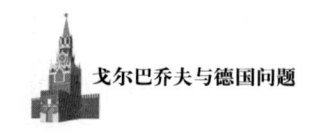

只要对过去的半年作个阶段性总结，便会发现，欧洲国家原先推行的"全欧大家庭"正在变成海市蜃楼。

于是，结论似乎自然而然地就出来了：需要发挥一切才智，向欧洲人、特别是向德国人指出，他们的愿望可能再次被出卖。为了延长政治对抗时代，"冷战"的卫道士们在各领域强行重新配置力量，而不是建立一个对未来和平有保障和互利合作的稳定欧洲。为让他们相信并理解我们，索性打开天窗说亮话，对美国在日内瓦和维也纳的谈判路线、拒不承认平等标准和不承担破坏两大国利益平衡的义务而随意偷工减料的企图给予批评性的评价。苏联的灵活、善意和随和宠坏了华盛顿。美国人常常从我们建设性的立场中，得出与苏联本着良知和起码的正派所期望的东西相反的结论。

成功的另一个必要条件是顽强。在我们进行灵活谈判时，西方国家应能经常感受到苏联一定要坚守的底线，包括企图对苏联进行密集施压时，他们也应该这样做。

煽动挑唆展示"人民的意志"和在驻民主德国的苏军周围营造无法容忍的心理环境，是施加这种压力的最有效形式。这里指的是，必须立即向两个德国和全欧洲的人民解释我们的欧洲和平理念、使欧洲免受各种战役战术核武器威胁的理念和实现地区非军事化的理念。当然，同时还要展示由排除把欧洲分裂为两个敌对的军事阵营和互相排斥的经济阵营所带来的好处。换句话说，在考虑把遏制分裂的欧洲与遏制分裂的德国这一结子解开的同时，应当全面大幅度地增强对"欧洲之家"的工作力度。

要根据公众的反应，权衡一下，在德国就"归属全欧安全体系还是成为北约成员？"举行全民公决的问题是否合理。如果预先研究发现，全民公决的结果不能满足我们的需要，就应把所有条件都列入和平条约之中，同时要记住，在条约签订之前，德国人只拥有有限的自决权；确定德国未来享有何种军事地位，是接受德国无条件投降的几个战胜国的特权。

其实说到底，这不过是为了突出西方的伪善罢了。因为西方不会接受允许统一后的德国成为建立欧洲安全体系过渡阶段中的军事联盟成员这一模式。但与此同时，应该严格遵守以下几点：

（1）和平条约的条件；

（2）德国将不加入这些联盟的一体化结构，不向这些联盟提供自己的领土来进行与德国本身防御不直接相关的行动；

（3）在德国领土上不部署大规模杀伤性武器，不向执行联盟性和全球地区性任务的任何国家的装备和作战单位提供服务；

（4）加入某个联盟，不排除同时加入另一个其某个成员在德国统一前曾系日耳曼国家的联盟。如果德国愿意成为某一联盟的成员，那么在任何情况下，包括在危机情况下，原先归另一个联盟管辖的领土（包括领空），都不能用于部署德国所在联盟的军队或该联盟的其他利益；

（5）在现联邦德国领土驻有外国武装力量，而又没有建立起全欧安全体系的条件下，苏军可以在现民主德国境内驻扎至她认为必要的时间；如果苏联将来认为她的军队没有必要再在该地区驻扎了，苏联有权在军队撤离后，在当地雇用人员，来监督第第 2 条规定内容的执行情况。

3. 两个日耳曼国家的统一是一个把另一个吃掉。"2+4" 的谈判方式没有得到应有的进展，而且目前尚未对民主德国和联邦德国的对接进程产生影响。民主德国的新领导人有时表露出这样的情绪，即民主德国要是不受与苏联的国际法义务约束就好了。看来西德人多次成功地让他们接受了自己的观点。

反常的是，不仅西方，就连我们的盟友也劝我们说，统一后的德国应该加入北约，不需要和平条约，而且联邦德国宪法第 23 条的规定，几乎是避免国家分裂的最合理的办法。他们提醒我们，对波恩提出实用主义的建议及受北约支持的各种要求，不要再持异议，苏联应"接受"这些要求并使之变成现实。

由于苏联当时没有指出，忽视苏联对为德国乃至整个国际关系制定这样或那样的规定这一合法的反对意见会产生何种后果，致使苏联丢掉了很多东西。比如，如果苏联当时警告说，根据波恩宪法第 23 条，民主德国如果被并入联邦德国，就是北约一个成员国侵略一个华约成员国，是损害苏联的基本权利，那么在波恩，还不只是在波恩，便会开始考虑值不值得走极端。如果当时我们声明，没有和平条约，也要完全保留我们作为战胜国的权利，这就会使许多人醒悟，并促使德国人不会绕过苏联去寻找解决方案，而是和苏联一起去寻找。

正如我们两个德国的朋友们知道的那样，是苏联在捍卫无可非议的法律立场方面的软弱或准备不足，把他们引入了迷途。苏联本可以早就举起旗帜，

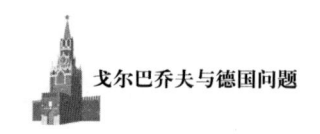

哪怕就在民主德国的那个护法机构对局面失去了控制力的柏林。现在，三个西方战胜国在考虑德国实现统一后，在西柏林如何能延长自己军队的驻扎期限，同时他们正也在权衡，能否把苏军在民主德国领土上的"临时"驻扎，作为延长自己军队驻扎期限的理由。也许，考虑到民主德国国家机构已经瘫痪和原委托统治政权继任者的昏庸无能（40年前就是在委托统治基础上成立了民主德国），我们应该在保持西德现状的条件下，在东柏林恢复（"临时"—大家都懂的）苏联的军事政权吗？对玩弄波恩宪法第23条的行为，要发出警告，并暗示苏联的权利是不可动摇的现实方式。

苏联不能用联邦德国宪法，来取代通常或阶段性地解决德国问题的法律基础。联邦德国宪法基于泛日耳曼主义的要求，（帝国《1937年的国界》，要求以"所有德国人，包括居住在海外的德国人"的名义主张权利）、否定社会选举（这成了禁止德国共产党的借口）、歪曲涉及民主、肃清纳粹主义和德国非军事化的波茨坦公告。

因此，要使联邦德国宪法可以被议论，以提前清除其中"冷战"和复仇的痕迹，可那样等于又出台一部新宪法了。

从各种声明来看，应当说，联邦德国和民主德国的领导人对迅速实施的经济、金融、社会和其他主要措施，都给予了高度重视。但这些措施与根据第23条推进的德国统一，没有直接的刚性联系。在莫德罗政府和洛塔尔·德梅齐埃[1]政府时代，实施上述措施并没有什么妨碍。为了利用在很大程度上人为建立起来、并非未受波恩影响的民主德国的复杂经济状况，找到超越两德统一框架的解决方案，科尔先生正在采取迂回的方式行事。

4. 关于德国统一背景下苏联的经济利益。这个问题首先与苏联和未来的统一德国的双边关系有关，并几乎在"2+4"谈判中占居中心地位。而这一问题对我们的意义，怎么评价都不为过。苏联与民主德国签署过成千上万个合同，其中有些合同的效力甚至延伸到了21世纪。

根据第23条统一两个德国，形式上是可以把民主德国从这些义务中解放出来的。在没有可接受的解决方案时，波恩不排除苏联可能完全拒绝研究

---

[1] 1990年3月19日，民主德国举行了人民院（议会）选举，基督教民主联盟（40.9%）和德国社会民主党（21.8%）获得多数票。获胜者组成了"为了德国联合体"的联合政府，民主德国基督教民主联盟主席洛塔尔·德梅齐埃任新政府总理。

统一德国的外在因素。与此同时,科尔在莫斯科会晤中说过"一切正常"的话。看来联邦德国不急于对此作出什么保证,只是说说而已。

西德私人资本进入东德经济,孕育着根本性的变化。我们的主要供货商正准备关闭部分企业,其他企业将转产新产品。总理的许诺对他们没有约束力,他们已经把变更条件和相互结算方式提上了议事日程。

民主德国新总理德梅齐埃表示要保留现行法规的共性特点。他主要牵挂的是,当民主德国与联邦德国讨价还价时,苏联给予的能源和原料供应不要中断。西德人同样不愿意一下子毁掉我们与民主德国的经济来往体制,况且,用自由的可兑换货币来计算贸易量,德国人并不吃亏。

为了客观起见,应当指出,波恩不止一次地请求苏联,向她提供一份对德国统一时有关经济方面的愿望和要求的详细目录,以便她进行"研究"。我们至今没有完成这件事。在不久的将来,一旦产生纠葛,德国人会立即指出我们对此拖沓。

最后,如果能有目的地提前开展工作就好了,即现在开始与联邦德国就西德货币在东德流通后,如何向我驻民主德国的军队提供财政拨款等事宜,进行秘密接触。根据一些情报,波恩准备与我方相向而行,但要在"隐蔽"的形式下进行。直接补偿苏联军费,可能会激怒美国人,因为他们在联邦德国不享有这样的优惠待遇。

戈尔巴乔夫基金会档案:全宗号2,目录号2

摘自戈尔巴乔夫和德梅齐埃的会谈记录

(1990年4月29日)

戈尔巴乔夫: 欢迎您,您作为民主德国政府总理,在当前的历史转折阶段,肩负着对本国人民和欧洲人民的重要责任。

德梅齐埃: 请您相信,我感到自己肩上的担子很重。总统先生,首先感

谢您会见我们。去年10月在柏林时，您肯定感受到我国人民是怀着多大的希望来迎接您的。当时，您在接受一个记者的采访中表达了一个思想，不能倾听时代召唤的人，将会因此痛哭并失败。这个思想通过媒体，顷刻间传遍了全国。

戈尔巴乔夫：在柏林的那些日子里，我清楚地感到，你们会发生大事。

德梅齐埃：当时全体人民都知道，可惜的是，当政的领导没有看明白。

戈尔巴乔夫：从全国各地来的人数众多的各种代表团，实际上都不赞同当时的国家体制。我当时的直觉是，昂纳克和他身边的同事们已经难以发现和理解国家当时发生的事情。

德梅齐埃：令人遗憾的是，我国许多人多年来都未理解贵党1985年4月全会发出的更新信号。而去年秋天我们国内一些事态发展来得又那么快，证明我们当时浪费了太多的时间。

戈尔巴乔夫：是啊，是这样。应当承认，我们大家在许多事情上都落伍了。

德梅齐埃：请允许我送您个小礼物，这是柏林墙上的一块碎片。

戈尔巴乔夫：在很长时间内，柏林墙好像是不可战胜的，但客观来讲，它已完成了自己的使命。有人经常问我如何看待这堵墙。我总是说，这堵墙是时代建立的，它的存在是相互不信任、相互对抗的局面造成的。现在的时代不同了。新时代正在清除通向相互理解与合作之路上的一切障碍。但重要的，是让这个进程少出毛病才对。与大选之前相比，现在东德和西德的现实主义态度似乎增强了。

那曾经是个艰难的时代，落在了莫德罗政府的肩上。我认为，对在这一时期坚守不倒的人，历史会给予应有的评价。幸运的是，他们总算成功避免了一些更加艰难和悲惨的转折。但我们现在的使命同样也不简单。看来，联邦德国总理科尔在评估局势时体现出了更多的现实主义精神，尽管不是在所有问题上。

我不止一次对他说，无论是德国内部事务，还是国际事务，都要怀着最大的责任心来处理。起初他们对事情的理解是，万事俱备，只欠把民主德国装到自己口袋中了，于是反复衡量该装到哪个口袋中——是左边口袋还是右边口袋。首先，这是不现实的；其次，不能这样推行政策。我在所有场合对他都讲过这些话，并要求他兑现自己在波恩对我说过的话。后来我们达成协议：东欧和整个欧洲正进入改革阶段，我们自己已经知道局势有多不稳时，做事就一定要非常负责，要克制利己主义和私欲过多带来的影响。这对在欧洲开始出现的积极进程具有重大意义。要知道，我们现在正在为欧洲未来的100年的发展打基础。

但德国总理的记性不好。他经常说一套，做一套。

对我们来说，德国统一不是一个新问题，甚至在第二次世界大战进入尾声谈到战后军事体制时，我们就表示赞成一个统一的德国。尽管如您所知，当时还有其他一些完全不同的解决方案。有人想肢解德国，以此彻底消灭她在欧洲心脏的强大潜力。

即使现在，我们也认为，民主德国与联邦德国走向统一是一个自然有机的过程。与此同时，我们尊重民主德国的利益，因为民主德国与我们有几十年紧密和卓有成效的合作关系。任何人都不应忘记，民主德国是国际法的权利主体，是联合国的正式成员。一句话，民主德国不是联邦德国的后院，而是有自己利益和命运的数百万人。这是任何人都不得不正视的现实。

在理解德国人的宿愿、尊重她的自决权的同时，我们以同样的态度对待德国的统一进程，我们不想以任何形式加以阻碍。但是，这个进程拥有许多重要和非常敏感的国际多边问题，应该得当、从容地推进。

德梅齐埃：总统先生，您说得对。自11月起开始的整个选战，是一个非常艰难的时期。那时我经常走进莫德罗的办公室。当时我们有三个主要目的：尽一切努力让人民在即将来临的冬天里不挨冻，不挨饿，不流血。政府的全部工作，就是应对当时的这些现实危险。我们成功地避免了这些危险的发生。但当时，其他什么事情我们就没有精力做了。

现在，我国政府正努力掌握主动权，着手领导社会运动。但这只有在我们正确理解人们意愿的情况下，才会取得成功。我国绝大多数人希望尽快实现德国统一。重要的是，近来人们对有序推进这一过程的必要性的理解加深了。如果不把统一进程纳入到构建新的欧洲安全体系之中，统一就不会成功。

至于您对科尔总理立场的意见，可以这么说，他正在理解时代的变迁。现在各种进程变得更加复杂了。我在政府发布的纲领性声明中表示，应该在保持和尊重民主德国尊严和特色的同时，推进统一德国的进程。我们与苏联紧密关系的历史，也是我们独特性的组成部分。

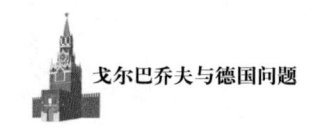

遗憾的是，两德统一进程的速度远远超过了全欧进程。看来，我和您应该考虑的是，如何共同协调这两个进程。

我国要成为苏联可靠和可预测的伙伴，这是我国政府坚强的意志。

关于苏联利益的不同表达形式，我们感到缺乏自信。因此，我们非常愿意在这次会谈中确定相互配合的方法，并就考虑对方立场达成明确的一致。

我们对同苏联保持和拓展经济关系很感兴趣。我们向新经营方式转变的过程和许多重大难题，都相互交织在一起。

拥有苏联的那些可靠伙伴和订货商，对我们非常重要。

现在制造业中 35% 的就业人员在为苏联生产产品。您知道，这是多大的比重啊。我们需要贵方的支持。因为在德国统一的情况下，德国西部将会成为我们强有力的竞争对手。这会对德国东部的社会稳定产生影响。

在两德统一的情况下，会出现如何以法律保障经济利益和其他利益的问题。

为更好地保护人民利益，我们把现有土地分成了五个部分。

重要的是，现在就要对三方谈判的可行性达成协议，也就是要包括联邦德国，首先就经济问题展开谈判。

戈尔巴乔夫： 我也赞成我们的关系朝着互利、给德国和苏联都带来实际利益的方向正常发展。

我不止一次对科尔总理说过这些。他总是很快就表示同意和完全理解，并说准备开展最有建设性的合作。我都开始怀疑他的话了，他的话很少符合实际情况。

您关于联邦德国、民主德国、苏联开展三角合作的合理化建议值得各方关注。说到这件事，尤其不要忘记正在进行中的"2+4"谈判。

随着时间的推移，这个三角形将失去自己的三个角，变成一条直线，也许它会稍微有些弯曲，但终将成为苏德互利和卓有成效合作的宽广大道。这样来看，这种三角关系有值得讨论的东西。

现在，在讨论建立德国货币与社会联盟的主张时，对您来讲，保护好民主德国人民的社会利益，关心人民生活不要恶化的问题，是最重要的。

我认为，在几十年的合作过程中，苏联与民主德国在经济、科学和技术方面建立起了强大和现实的各种联系。维系好保持这些联系，符合统一后的德国的利益。这就是当货币联盟开始运行时,必须密切关注新条件下货币结算问题的一个重要原因。从经济角度理解保障驻民主德国的苏军集群问题,也很重要。我这里指的不是这个问题的政治方面。

从与科尔的谈话中可以得出结论,他明白,保留苏联和东德因经济联系而建立起来的市场有多么重要。但问题不在于他对这个问题的理解。保留市场首先是经济的要求。经济本身迫使政治家们按经济规律办事。在这个问题上,政治家们不得不成为现实主义者。搞经济问题时,不能陷入意识形态的圈套,否则我们会丢掉许多东西。

要在最近几个月内,在上述三角关系的框架中,解决好经济上的原则问题和经济上的实践问题。这件事儿刻不容缓。

我将和您保持经常性的协调与配合。在"六方"会谈中,我们不允许任何一方对苏联的利益和民主德国的利益表示出些许的蔑视。一般来说,过分亲热是不合时宜的,而在国家关系和人民关系这类问题上表现出蔑视态度,更是不行的。我认为,科尔总理应该用理解的态度来对待我们同您的合作。他希望从三个西方大国那里得到完全的支持,但他并不完全了解这些大国的立场。大国的支持并不像他认为的那样一致。这一点我是了解的。

然而,主要的支持将来自美国人。美国人希望把联邦德国和自己绑得更紧,因为他们对西欧一体化进而对从大西洋到乌拉尔的范围更大的全欧一体化,始终怀有戒心。

我们的改革在某种程度上削弱了西欧人对自身安全的担忧,同时从另一个方面向西欧人展示了现实的、富有吸引力的全欧合作的前景。美国人更加警惕苏德接近和出现新的经济竞争对手的可能性,正努力巩固美国在欧洲的存在,同时试图让世人明白,由于欧洲大陆并不太平,美国在欧洲的存在是完全必要的。这样一来,政治网络、军事网络和经济网络就交织在一起了。

西欧人本来也不太愿意看到德国和苏联的潜力整合在一起,而我们其实也不想吓唬他们。我们愿意更多地体验一下,并像欧洲人那样来表现自己。

德梅齐埃:我在许多方面同意您的见解。建立全欧大家庭的目标,并不排除其中两个国家拥有特殊的相互关系。如果回顾德国的历史,就会发现,当德国与俄罗斯关系好的时候,德国人总是过得不错。

戈尔巴乔夫:而且总体上看,欧洲也经常从中受益。

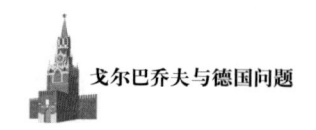

德梅齐埃： 那当然。当我提到德国与俄罗斯关系的重要性时，也应当考虑波兰和其他国家的利益。要知道，也曾经出现过我们两国关系很好，可其他国家却不太好受的情况。

我相信建立欧洲安全体系的重要性，但不能把美国人排除在外，因为如果没有美国人的参与，就不可能实现国际稳定。更不必说，没有苏美合作，就不可能解决像削减核武器这样重要的难题了。所以，我们是怀着很大兴趣和希望，期待您5月份在美国举行的会晤取得成果。

至于我们同联邦德国有关货币和社会联盟的谈判，可能形成的共同行动框架取决于两个因素。一方面，联邦德国准备考虑我们的利益，尽管西德公民们并不想为此付出太高昂的代价。另一方面，民主德国的公民们正期待着迅速得到西德马克。如果他们的期待落空，那么又会加剧人们逃向西德。我们有过3000多人逃往西德的时期，当时主要是年轻的熟练工人。现在每周大约流失1000人，因此我们的居民人口年龄金字塔现象在恶化。这制造出了紧张气氛。现在，我国民众首先看到的是西德马克，他们并没有发现随后而来的是对我们企业生存状态、对自己本身的社会状态造成的危险。

我们知道，联邦德国对民主德国的状况迅速恶化并不感兴趣，而这确本应马上对联邦德国本身也产生负面影响的。

戈尔巴乔夫： 所有这些都表明，我们确应现实对待统一进程的各个方面。

德梅齐埃： 在今年1月索菲亚经济互助委员会的例会上，苏联提出转为按国际货币兑换体系的世界价格来进行结算。众所周知，民主德国请求保留现有的结算方法。昨天在与雷日科夫先生会谈时，我们谈了准备向货币兑换体系结算方式转换的方式问题。我认为，我们还应当就苏军集群的军费问题达成协议。在和联邦德国进行的关于货币与社会联盟的谈判中规定了这些费用。在这个问题上，联邦德国听取了我们的意见。

戈尔巴乔夫： 我曾经让科尔注意这个问题。科尔总理说，他对保留民主德国与苏联的经济联系感兴趣，说这些联系还会得到进一步发展。民主德国的代表们非常熟悉苏联市场，这也是个优势。它将帮助整个德国更加成功地打入苏联市场。

德梅齐埃： 是啊，与苏联有良好的关系是我们的优势。

戈尔巴乔夫： 最近几天，我在斯维尔德罗夫斯克的一家国防工厂那里得知,这家厂子已经和西德的"菲里普斯"公司建立了协作关系。要知道,大约一年前还没有这种协作关系呢。现在您看,当西部的德国人看到并认可我们的能力后,建立合作就比较快了。再过两年,双方的合资产品便会在世界各地参与竞争。要知道,民主德国的专家们不只了解我们的一二家企业,而是几乎了解全国的企业。

我认为,那些涉及我们双边关系的难题,你们和雷日科夫讨论了,以后还会和他再讨论。

我想请你们注意下有关对外政策的一些看法。我认为意义非同寻常。的确,就像您说的那样,全欧进程和德国统一进程的发展速度不一样。我们应该一起考虑,怎样来调整。应该把德国统一的进程切实地列入全欧进程的框架下,这应当成为"六国"会谈中一个严肃的话题。必须推动建立新的欧洲安全组织。如果不把这些意见写进文件,就可能出现多种不同的解读和现实的分歧。

我们已经把这个想法转告给了我们的西方伙伴,在涉及安全的德国统一的所有问题上,我们会和所有人一样严格要求,也就是说,不能多也不能少。

您说得对,要是美国不参与重大国际事务,什么事都办不成。我们历来认为,这是个公理。也正因此,我们才如此重视和美国人的关系。在研究地区冲突方面,我们正和他们进行合作,并试图在解决地区冲突方面相互协调配合。况且在新的欧洲安全体系的建设过程中,美国积极参加全欧合作新阶段是必要的。如果不吸引美国人参与这件事,我们不仅不能建成全欧大家庭,甚至连全欧车库都建不成。如果把美国人隔绝开来,那不得不再给我们大家盖一个避难所。美国人明白这一点。所以,在实现德国统一的问题上,也应该与美国人合作。在和布什的一次通话中,他试图使我确信,无论是西部的德国人,还是东部的德国人,态度都发生了变化,苏联不应该做额外的事来干扰统一后的德国加入北约。作为回应,我使用了同样理由,提出了替代方案,也就是让统一后的德国加入华沙条约组织。这个建议立刻使布什变得惶恐不安。德国统一确实提出了一些现实的复杂问题。解决这些问题,首先必须考虑到德国的那些邻国和参与全欧进程的所有国家的安全利益。

要是有人试图劝说我们,说统一后的德国加入北约,不会在任何方面威胁我们,我就想这样回答:别再对我们了,这里不是幼儿园,我们说的不是

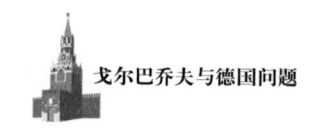

玩玩具的事，而是涉及安全这样如此严肃的事情。我们做了多方面的思考，怎样才能把实现德国统一和其他的安全保障结合起来。我们得出的结论是，应该更快地建立起欧洲安全体系；还要论据充实地设想，建立这一体系的过渡时期应该是什么样子。或许，也应估算一下，有无可能让统一后的德国成为双重成员，既成为北约成员，又成为华约成员。有些人从一开始就否认这种共生和杂交的模式。我再次强调，应该平心静气地权衡所有的可能性和方案。至少我们对这件事是完全清楚的，即现在驻扎在民主德国的苏军，应当继续留在那里，并且拥有正常的驻扎条件。

我们坚决反对通过我方付账来获取单方面军事战略优势的企图，任何损害我们利益的单方面的不均衡措施，都将迫使我们从这个角度来看待整体的战略态势。很自然，也就产生了一个推动维也纳裁军谈判和其他所有裁军谈判进程的问题。我不想现在展开讲这个题目，只是想强调它的重要性。

德梅齐埃：我同意您的观点，现在确实存在一系列非常严重的问题。如果统一后的德国整体加入北约，就将意味着否定了民主德国曾是欧洲中心的稳定和安全因素这一环节。另一方面，如果简单地保持现状，而不考虑同德国统一相联系的种种变化，又有可能引起我们国内的不稳定。这同样不能解决上述难题。

我们的立场是，我们不认为统一后的德国一定要成为北约成员，我们赞成推动解散两大集团的方针，当然，也包括解散北约。

我想指出推动这种工作的三个方面。

第一，实施全欧进程机制化是必要的。这应包括所有成员国的外交部长、国防部长、军队总司令的定期会晤。看来还应建立一个解决各种争端的多方机构，感到预先研究检查有关裁军和缓和军事紧张局势的模式。

第二，要给维也纳条约谈判提供新动力。我们感到不安的是，维也纳谈判搁浅了。第一次维也纳高层会谈后，就应举行第二次。

第三，我们主张改变北约的结构和战略方针。这些改变不仅应当体现在宣言中，还应当体现在实践中。北约的性质也应向政治合作优先于军事的方向转变。

进入我们政府的各党派达成了联盟协议，预先规定了为邻国和欧洲其他国家所能接受的统一后的德国加入北约的可能形式。

同时应当指出，北约还是要改变自己的性质。此外，在现在的民主德国境内，正在形成一种特殊的军事体制。现在的民主德国境内不应该有北约的部队。民主德国的人民军部队在技术层面应同华约保持联系，在任何情况下都不应同北约的军事机构发生关系。否则，德国东部就会变成受攻击的目标。这是因为民主德国人口非常稠密，有许多工业目标，很难对它进行防御。

让我们回到谈话的起点。我想强调的是，准确地确定我们对德国统一进程的立场，会便于我理解同这一进程相联系的那些行动。而这对我们非常重要，因为我们现在必须目标明确地积极行动。否则，历史就会惩罚我们。

戈尔巴乔夫：我们正在输掉在第一次"六国"会谈中应当能坚持的许多方案。但我们的原则立场，就是我曾向您描述过的那样。

实现德国统一的进程提出了关于加快建设新的全欧安全框架的问题，这是第一。第二，我们无法想象统一后的德国完全融入北约的情景。

德梅齐埃：我们同样无法想象。

戈尔巴乔夫：第三，我们主张根据东欧已经和正在发生的转变，改变华约和北约的活动内容。

我们有权向北约提出您说过的那些问题，这既包括防御学说，也包括改变北约的结构和趋向问题。况且这类变化在华约中已经发生了。在这个方面，我已经批评了美国人和西欧人，他们实际上是不想改变北约的军事学说，他们还违背已经发表的若干声明的精神，他们正在搞的军事演习的性质就证实了这一点。

同样，我们也正在讨论北约和华约开展接触以及建立多个全欧机构的合理性问题，以使欧洲的事情成为可预测的，也就是您说过要采取的那个一揽子措施。这样，可以大体上勾勒出建立新的欧洲安全体系轮廓的过渡时期：不是把改变华约和北约的军事活动作为重点，而是把改变他们活动的政治方面作为重点，来改变这两个组织的学说、结构及其行为的方向。

值得注意的是，关于统一后的德国加入北约的谈话，常常附带着有关苏军要在现在的民主德国境内继续驻扎某段时期的各种建议。这些建议表明了对苏联不接受统一后的德国加入北约的种种担心。

显然，我们的西方伙伴们在谈判中不可能不考虑到，过分明显地坚持要形成单方面的优势，可促使我们解散华约，并将苏联的武装力量全部撤回苏

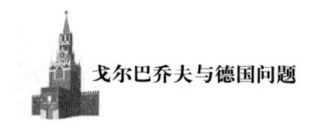

联境内。但那时，北约的领导人们将很难向北约各成员国的国民解释清楚，为什么还需要北约。

重要的是，在原则问题上，我们和您的立场是接近的。我认为，不该把所有难题的细节都列入"六国"会谈的第一个阶段。要看看各种进程如何进行才好。利用现有的所有力量，强化在所有问题上的立场协调和推进，是非常重要的。当然，总体上行动应当有建设性。只有当我们的安全利益遭到明显伤害时，才需要采取我曾经提过的那些特殊措施。

我认为，谈判的过程并不会轻松。我们不能接受作为德国统一基础的联邦德国基本法第23条。我们认为，和平条约要符合统一德国的目的。

在确定在德国东部驻军的数量、军费额度和军队活动性质方面，也要实事求是。现在我暂不谈论苏军的下一步安置，这是个特殊问题，应该在其他的范围内来讨论。但我要重复一下：如果我们一致认为，在统一后的德国将同时存在两种指向各异的武装力量，你我就是极大的乐观主义者。要知道，在统一后的德国，政治发展的逻辑本身将不会是今天的样子。

德梅齐埃：迄今为止，我们并没有提出什么最终建议。我们现在正努力寻找折衷方案，并认为应该共同思考这些解决方案。

戈尔巴乔夫：我认为您的想法很重要。我觉得，我们今天的意见已经为首轮"六国"会谈提供了足够多的材料。至于细节，我们可以以后再谈。

德梅齐埃：我想再谈两个问题。

总统先生，对根据联邦德国基本法第23条来实现德国统一的可能性，您提出了批评意见。我们现在按另一种方式来评价这种情况。在选战中，我们直接表达了通过这种途径来统一德国的倾向性，并得到了选民的授权。我们认为这种途径是有可能的，是正确的。因为按我们的意见，它将改变基本法并将剔除该法的第23条。这将表明，统一后的德国不会再有任何领土要求。

总体上我认为，在讨论德国统一时应倾向于使用哪个条款，是第23条还是第146条，法律工作者对这个问题的争论，比对此事的本质的争论还要多。我们认为，问题主要在于统一后的德国会是什么样子，而不是通过什么途径来统一德国。我们当然要以联邦德国和民主德国能够进行谈判为前提。可以考虑在两德签署货币和社会联盟条约时举行谈判。这样的话，联邦德国和民主德国政府就可能谈起来。

戈尔巴乔夫：但愿您不要把我们对基本法第23条的批评，理解成试图迟滞德国统一的进程。事情并非如此，我们是从原则出发的。

德梅齐埃：我们要考虑到这样一个情况。比如说，如果1600万人去参加决定民主德国命运的全民公决，成功的可能性不大。我们也很难说服6000万西德公民，告诉他们要改自己的这个基本法。毕竟总的看，他们过去靠这部法律生活得相当好。

戈尔巴乔夫：我想，对触及德国的邻国和欧洲其他国家利益的所有问题上，都要避免含混不清和不确定的态度。这一点非常重要。您看，对波兰人要求最终承认奥德河—尼斯河边界的问题，科尔总是不作明确的回答。这让人多么难以接受啊。

德梅齐埃：要是我们没有发现这些困难，我们就太幼稚了。您知道，在这方面，我们的立场是非常明确的。人民院曾明确表态最终承认这段边界。我不认为科尔总理对基本法第23条的态度，是出于外部的政治原因。他在这种情况下的举动，首先是内政原因，是由于"流亡者联盟"等组织对他施加了压力。

戈尔巴乔夫：我不打算干预内政问题。这显然完全是两个德国自己的事。至于德国统一的外部政治问题，我们将密切跟踪，以使作为四个战胜国之一的苏联，在任何方面的权利，都不逊色于其他三个战胜国。

我想提醒一下大家，在民主德国建立时，苏联曾经宣布，组建这个国家符合波茨坦公告的所有要求。但联邦德国基本法却做不到这一点。因此，我们对联邦德国基本法第23条的批评态度是有实际历史原因的。我们想提醒大家注意这一点。但我同时认为，没有克服不了的障碍。我希望我们共同面对新情况，采取建设性的行动。你们应该清楚并理解我们的立场。我们过去和现在，都不同意承认德国1937年的边界。因为这严重违背了对第二次世界大战所做的全部政治结论。

德梅齐埃：问题在于，参照1937年边界，只有在确定联邦德国公民身份时才有意义。这并不是领土要求。我过去曾经研究过这个问题。

在严格的法律意义上来看，现在参照1937年的边界，能使曾经居住在当时边界内的德国人，有权申请德国公民身份。

戈尔巴乔夫：尽管有各种各样的解释，参照1937年的德国边界，正在

引起德国各个邻国的不安。就连联邦德国的官方代表们也表示，德国边界还有待最终确定。

德梅齐埃：我觉得，法律人士应该再研究一下现有的文件，并对文件作出正确的解释和说明。

戈尔巴乔夫：您看，要是把所有东西都列入各个解释方案中，或许又会导出这样的推理过程。联邦德国领导人赞成以基本法第23条为基础来统一德国，民主德国现政府也赞成这一点。可在哪里能够保证两德实现统一后，德国能放弃这一条款呢？

我们认为，利用四个战胜国的相应特权，是公正解决德国问题的保障之一。

德梅齐埃：我们立足于找到一个国际法上的解决方案。"六国"会谈最后可以找到这个方案，之后把相关条约提交联合国备案。这可以大大提高联合国的稳定性。

我们的政党联盟在民主德国选举中获胜的原因，在于它提出了通过利用联邦德国基本法第23条来统一德国的建议。这个建议符合民主德国大多数人民的意愿。而那些反对使用第23条的人，基本上就是反对德国统一的人。

还有人主张把苏联友好互助条约也纳入与德国统一相关的条约体系之中。我想请您注意这个主张，它能为延续和拓展我们同苏联的合作关系提供保障。

戈尔巴乔夫：您指的是统一后的德国同苏联签一个这样的条约吗？

德梅齐埃：是啊，联邦德国也有这种想法。据我所知，联邦德国总理对此持肯定态度。这样一来，可能解决许多问题。

戈尔巴乔夫：我认为，用正式文件来确定德国问题的最终和平解决，能够保证实现合理和公正的利益平衡，消除包括与基本法第23条相关的多种忧虑。四个战胜国可以签署并担保有关和平解决德国问题的文件，这个文件可以整体解决现在遗留的所有问题。

我想强调，必须达成不引起任何一方任何担忧的最终解决方案，而且这些方案要能巩固、向前推进这项改善国际关系的伟大工作的积极成果，包括德国人在内的欧洲人民，特别是为巩固和平事业作出重大贡献的德国年轻一代，在几十年内一直从事这项工作。

至于我对您说的基本法第23条，希望您再认真思考一下。您再考虑考虑，我们也再想想。

德梅齐埃：这里最主要的问题，是不要触碰这个条款。

戈尔巴乔夫：现在我与您是开诚布公地交换意见，我们彼此阐述自己的观点和疑虑。可以说，这是我们的内部试验室，用来寻找更加充分和深入的相互理解。

我觉得，应该盘点一下苏联与民主德国现行的条约和相互应尽的义务，确定其中哪些能以继承法的形式被统一后的德国所接受。

我认为，我们今天谈得很好，对彼此都有好处。显然，我们必须在各个层次上继续进行合作。

德梅齐埃：总统先生，谢谢您今天和我谈话。这对我们非常重要。我非常希望尽快继续这种对话。

戈尔巴乔夫：我认为，我们的专家们应该非常积极和认真地共同研究所有互相感兴趣的问题。与货币联盟相关的问题尤其重要。我重复一下，这是刻不容缓的问题。当然，与德国统一的对外政策问题相关的所有方向，都是刻不容缓要研究的问题。

我想使您相信，在即将举行的"六国"会谈中，我们的代表准备同您相互配合。

德梅齐埃：我并不认为，我们今天谈到的所有问题值得在"六国"会谈中讨论。

戈尔巴乔夫：那自然。今天我们两人举行了一个首先涉及双方利益关系的双边信任对话。我认为，在"六国"会谈会议上，应该能找到建设性的解决方案。最重要的是，"六国"会谈应该在不破坏、不损害几十年来形成的那些积极的东西的情况下来完成自己的工作。当然，取得这样的成果并不容易。

很高兴认识您，德梅齐埃先生，我们以前见过面吗？

德梅齐埃：很遗憾，我们没有见过面，这是头一次见面，而我对这次见面很满意。

戈尔巴乔夫：我们赞成在各个方面继续和发展我们的交流，其中包括和民主德国的社会政治团体进行交流，比如和您领导的基督教民主党和吉济领导的社会民主党开展交流。好像您和吉济在律师委员会一块儿工作过？

德梅齐埃： 他曾担任律师委员会主席，而我当时任副主席。

总统先生，您在接见莫德罗政府的部长们时，在莫斯科见过的埃普佩利曼，他请我向您转达亲切的问候。

戈尔巴乔夫： 噢，我记得他。请向我们所有的民主德国的朋友们转达问候和良好祝愿。在德国和欧洲历史上这个极其重要的转折时期，祝愿您为民主德国人民谋福祉的活动取得成功。

戈尔巴乔夫基金会档案：全宗号1，目录号1

摘自切尔尼亚耶夫写给戈尔巴乔夫的请示[1]

(1990年5月4日)

米哈伊尔·谢尔盖耶维奇：

……如同您教导我们的那样，对任何事情，都不能简单化地处理。然而政治家不同于专家。政治家通常总是能把简单的事情归结为最主要的事情。

很显然，德国会加入北约，而我们现在手中，没有任何能阻碍这一进程的手段，这和组建俄罗斯共产党一样，是不可避免的。在这种情况下，我们为什么要在显然不可能跳上火车头的时候，去追赶一辆正在开走的火车呢？上帝保佑，难道我们能跳上列车的中部吗？

反正我们将不得不容忍德国留在北约。但如果我们现在"固执已见"，以后看起来，就是很大的让步和后退。

关于德国统一后波兰可能加入北约、北约边界会向苏联边界推进的讨论，都是昨天的东西，是第二次世界大战和"冷战"时期的战略。那时，我们的自身安全不仅要从军事方面来估量，而且要从社会政治方面，也就是通过友

---

[1] 因1990年5月3日苏联共产党中央政治局讨论了德国问题，而写就本请示。

好团结来估量。联邦德国国防军的装甲车和榴弹炮会不会部署在奥德河—尼斯河或厄尔巴岛上或其他的什么地方，都不会改变世界军事的战略格局。世界军事的战略格局，由苏美核平衡的程度来确定。苏美核武器将削减50%、80%还是90%，并不重要。重要的是苏美的核武器要保持平衡。而且，安全还与不接受报复原则有关。根据这个原则，我们与美国达成了事实上的核战略对等。英国、法国、中国的核学说也遵循这一原则。欧洲拥有的东西方军队员额和武器数量并不影响苏联的现实安全（尽管国际政治局势正在发生深刻变化）。我们的现实安全，取决于苏美的各种谈判。

如果您说，要是整个德国被吸收进北约，我们就中断维也纳进程和进攻性战略武器谈判。但要知道，这将是对整个新思维政治的近乎致命的一击，至少是把新思维政治击倒在地的一记重拳。我不说这是送给美国人的一件大礼物，我们会让美国人放手去完善和发展自己的核潜力。我觉得，这方面的价值和优先权简直是不可比拟的。从经济的角度看，从为我们内部改革保存力量的角度看，这即便不是不可避免的政治讹诈，也是冒险十足的政治讹诈。

我有这样一种感觉，谢瓦尔德纳泽不会成功地坚守他得到的指令，而且北约人也将难以理解他。苏联似乎从来没有像现在这样，需要西方对改革表现出支持。苏联似应高度评价美国在美联社事件中采取的相对克制态度。看来，苏联的兴趣在于相信欧洲进程现实性、相信新的信任时代正在降临，而过去的入侵、侵略和军事占领等等的恐惧正在消失。而对此需要的一些客观前提条件，您不止一次地公开说过。

可正是在这个时候，对那些从新思维和新军事战略的角度来看是十分奇怪的事物，我们却突然表现出坚决不妥协的立场。我们为什么要在现在，在如此复杂的改革时机，把同西方的关系搞得那么复杂，从而引起不必要的怀疑和投机呢？……

附上一份对欧洲发展前景和我国可能实施政策的分析报告，我认为写得很好。报告是欧洲研究所的茹尔金起草的。

顺致敬意，

国际问题助理亚·切尔尼亚耶夫敬上

戈尔巴乔夫基金会档案：全宗号2，目录号1

戈尔巴乔夫与德国问题

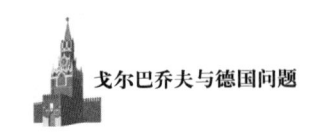

摘自戈尔巴乔夫同特里奇克的会谈记录

(1990年5月14日)

(雷日科夫、"德列兹坚涅特银行"董事会主席列尔列尔、德意志银行董事会主席科普佩尔参加了会谈)

戈尔巴乔夫：欢迎你们来到莫斯科，我们认为你们代表团此行有非常重要的意义。我知道，你们同雷日科夫和谢瓦尔德纳泽已经谈得非常详细和全面。今天我也想讲一些看法。

情况一目了然。但是，如果不搞清楚总体情况，便可能在具体问题上陷入歧途。我想就我国局势先说几点意见。我们现在正用自己的经验，如俗话说的那样，伸长自己的脖子，来了解研究情况。

首先一个出发点，是我们有丰富的资源，有引人瞩目的物质潜力和智力潜力。第二，我们的改革不是搞宣传，而是有斗争的现实生活。谁都不能用带有蓝边的小盘子端出来新的改革样式。推进改革要靠努力，要集中所有的力量和资源。当然，同时也应该注意伙伴们的能力。

合作并不意味着依赖，特别是并不意味着政治依赖。苏联在精神上不能接受这种依赖。我们总是自己在下决心，同时我们也考虑到，当今世界上所有国家都这样或那样地相互联系着。

正因为懂得这一点，苏联才不固步自封，不自以为是。她努力同周围世界接触，同一些国家，首先是发达国家签署协议。

如果我们索取了什么，就一定会回报什么。这是我们独立自主的保障。世界上所有国家都应该互相帮助，我们应该帮助你们，你们也应该帮助我们。我们应该最大程度地利用国际劳动分工的优势。

我国当今局势的特点是，改革进入了决定性的发展阶段。1985年我们作出了自己的选择。从那时起5年过去了，这期间我们多次碰壁，也学到很多东西。在我国社会，公开性和民主化正越来越深入人心，破除行政命令体制已经成为不可逆转的进程。我们主导这个进程不是靠灵感，而是建立在认真研究和政治预测的基础上的。

过去的5年是准备阶段，而现在是采取果断措施的时候了。政府正在研究这些措施，不久将向社会公布。社会接受这些措施的条件已经成熟。我指的是我国引入市场经济关系的条件已经成熟。我们砍断了旧体制，好比分开了链条，切断了离合器，但轮子还在继续转动。这阻碍着推行新体制，阻碍着我们沿着新轨道前进，所以我们的社会还处于摇摆之中。这里有担忧的因素，有不果断的因素，也有不自信的因素。但我们不想半途而废，我们会全力以赴战胜这个最困难的时期。

西方人习惯的传统合作方式正在逐渐形成新的飞跃。这是我们的选择。以善于衡量和算计著称的德国人应当注意到这一点。俄罗斯和德国拥有历史悠久的大规模合作的经验。这两个要素可以结合在一起。生活的逻辑就是这样。

是什么把过渡时期复杂化了呢？首先是坚持推行新的经营方式。旧的经营方式现在不投降，就这样纠缠不休，它纠缠着所有的新经营方式的成长，于是我们出现了复杂的经济形势。实际上，现在市场已经失控，我们现在的任务是捆住这些淹没国家的"野蛮"资金。

我们赞成节制、削减消费，并且正在引入新的税制。但你们看看，当苏联最高苏维埃讨论企业征税法草案时，架打得多厉害呀。银行系统也要求改变。在发达国家中，就连优惠利率也达到了6%–7%，而我国是1.5%。你们看看，我们比你们要慷慨、大方得多。所有这些都需要改变，同时要建立广泛而有分支系统的基础，来生产我国人民迫切需要的物质财富和商品。

这正是我们推行的经济改革的目标。过去，我们的经济重心是重工业和国防领域。现在，我们正向解决社会问题和大众消费品的方向转变。当然，在做所有这些事情时，我们想少冒些风险。为此我们需要采取保险措施，也就是建立一种保险基金。我们把它理解为西方伙伴的一种优惠贷款。贷款当然是要还的。履行自己应承担义务的基础，我们还是有的。

我举个例子。不久前我在乌拉尔参观了一家生产宇宙型钢仪器的国防企业。以前，"菲里普"公司曾经瞧不起这家企业。但时机来了，我们把这家

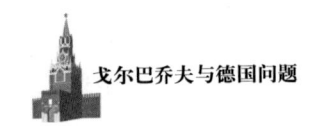

企业变成开放企业。后来,"菲里普"公司的专家们来了,参观了企业并同有关人员进行了交谈,然后签订了为期二年半的共同生产零部件的计划。这些零部件会在国际市场上走俏。对这一点,我们这家工厂和"菲里普"公司都不怀疑。

令我们担心的是,当前的金融形势不允许我们完全放开搞社会发展计划,但整顿局势又需要贷款。苏联部长会议国家计划委员会主席那里有一份几十家前景看好的企业名单,向它们投入5000万到1亿卢布,能得到10到60亿卢布的回报。这开辟了广阔的前景,其中包括不使市场价格失控的前景。

在轻工业和食品工业方面,我们有不少需要解决的难题。对当时从你们那儿获得的贷款,我们用得还不够尽心,选择得慢。此外,我们正在失去25%到30%的已生产出的农产品。

我们知道,德意志银行初步打算对200到300家企业进行重组。对此,我们表示欢迎和支持。当然,德国人和所有人一样,都怕花自己的钱。我们对此的回应是,加快向市场经济转换,转向国际价格,引入卢布可兑换机制。我们将谨慎从事,循序渐进地来做这些事。如果我们一下子完全放开,就肯定破产。为了明了起见,我再简单地表达一下自己的意思。

我们在扩大一体化、整合我们的生产和科技能力、更加有效地利用资源、推广新工艺和培养高素质人才等方面,有着很好的合作前景。

现在这个时候,我们应该特别好地相互理解对方。当说到在国家层面上提供优惠贷款的问题时,当然应该看看你是在和谁打交道,站在你面前的是谁,是波兰、保加利亚、印度,还是像苏联这样的强国。

我们需要氧气来度过2至3年的时间。这是最紧张也是责任最重大的时期。根据最乐观的估计,为了站稳脚跟,我们需要5到7年的时间。我们计算过,我们至少需要150到200亿卢布的贷款,过7到8年后我们一定可以偿还这些贷款。我们有这个能力。顺便说一下,我们的联合企业将会盈利,并为巩固我们的金融状况作出贡献。我们正在转向市场经济,正在走一条新路。我们需要一只肩膀作为支点。

现在就有一些亟待解决的难题,雷日科夫已和你们谈过。为此,我们需要尽快得到15到20亿卢布。你们知道是怎么回事。有人理解我们的现状。前不久有谁打来电话说,他已经凑齐了60到100亿卢布。

美国不想理解我们。而这对我是个原则问题，联邦德国的领导人也应该知道这一点。我们开始了转折，而转折可能产生非常复杂的后果。企图利用我们现在局势不稳来做事，是不道德的。政治家不能这么干。而思维狭窄的实用主义者，从这次选举到下次选举，都是用旧的框框来考虑问题。

应该明白，没有苏联的改变，世界上什么都不会改变。我们的人民对这些变化的必要性的理解已经成熟。我们的人民曾经自卑过，曾经几十年生活在束缚中，而现在他们想要另外一种生活，想呼吸一下民主的空气，想成为一个文明国家的公民。

我们国内重新认识问题的过程发展得很快。就在一个月前，当谈到市场经济时，还出现了这是倒退到资本主义时代、是反革命等等的批评言论。而今天，所有的事情都被理解为是"正常的"了。这里发生了心理上的转变。就连那些昨天还想把我们撕成碎片的人，今天也表示支持新生事物了。如果我们不能相互理解，那就错过了最主要的东西，即错过改革的方针和未来的美好前景。

我愿意和布什总统进行公开的、有原则的对话。现在美国的复仇主义开始在全世界范围内出现，人们感到超级大国的自负在增加。美国国务卿贝克将很快再来莫斯科，我将与他会面。会谈将为下一步我同布什的会晤做准备。我会请贝克向总统转达一些看法，以便布什在我抵达华盛顿前能有一段深思熟虑的时间。

特里奇克： 5月17号，星期四，科尔总理将同布什会晤。

戈尔巴乔夫： 我们说的是一些重要的东西，而不是微小的政治游戏。要看到，我们不只是简单地坚守既定的内外方针。有人认为，只要放个筐子在那里就行了，尔后什么都不用做，就等着成熟的果实自动跳到筐里来。这不是有远见的政治。

如果要问，要是没有西方的支持，我们还会不会走已经选择的道路？那么答案只有一个，我们将会走自己选择的路，而且谁都不能阻止我们。但是，这做起来肯定是不轻松的，因为这条路上会遇到危险。要是我们的人民感到事情会朝好的方向转化，他们就会暂时忍耐并动员出自己的内部力量。

但是，没有西方的支持，可能就发生一定的挫折。要注意，我们的反对党，无论是左翼党派还是右翼党派，都没有打瞌睡。他们正等待我们犯下错误和

过失，以此来加剧社会的紧张局势和劳动人民的不满。政治多元化已经导致各种派别出现，局势严峻。我们不能对此视而不见，更不能在西方伙伴的眼中去美化它，不能使西方人误入歧途。

事实上，近20年以来，我一直不停地和劳动人民见面，多次非常生动、公开地与他们交换意见。我能感到，人民正在与左派和右派拉开距离，而去追随能提出现实的、深思熟虑的解决方案的人。社会学家们认为，目前，在苏联政治家中，最有人气的是戈尔巴乔夫和雷日科夫。这令人高兴，但同时也赋予我们沉甸甸的责任。

我刚才尽力向你们描述真实的情况。我们不能把什么事情都拖到明天。所有事情都要搞得清清楚楚。5月25日，雷日科夫将在苏联最高苏维埃就经济改革的原则问题发表讲话。所以，恰恰是现在，我们需要知道，我们可以真的指望谁，谁是我们最可靠的西方伙伴。这对我们很重要。

特里奇克： 总统先生，请允许我感谢您非常有趣和有力的论述。您很愉快，这是我和与我一同前来的"德列兹坚涅特银行"董事会主席列尔列尔、德意志银行董事会主席科普佩尔的荣幸。

首先，请允许我向您转达联邦德国总理科尔的最衷心的问候。我们受他的委托并以他的名义来完成此次莫斯科之行，科尔以此表示愿意和您加强对话，以确保我们两国关系达到崭新水平。

戈尔巴乔夫： 这和我们的想法相吻合。

特里奇克： 我们这么快就来到莫斯科，表明联邦德国总理准备为谱写苏德关系的新篇章作出自己的贡献，也表明他本人准备积极参与这一过程。

我很高兴，您如此详细、毫不隐瞒地向我们讲述了苏联国内的状况和改革的情况。我们不止一次确认了两国的合作意愿。这是一个双边进程。改革能否在明天取得成功，取决于今天苏联的意志及其同伙伴们的关系。我们相信您在苏联这个大国加强改革和增加公开性方面采取的坚定措施。联邦德国总理祝愿您在这方面取得成绩，并再次说明他对此的好感与支持。总统先生，我想请您注意，科尔总理非常清楚，在苏联开始的这场改革，工作的面很宽，苏联领导人需要及时获得支持。当然，您一个人也能胜任，但是会耗费过多的精力。

我们不追逐单方面的利益。您说得对，所有国家都是相互依存的，联邦德国也在这个相互依存的链条之中。我们赞成以进一步完善相互经济协作为目标,理顺所有国家间的利益,并引导他们向着互利的方向相向而行。

德国一直在和全世界开展进合作。德国经济的发展,取决于出口,取决于开发其他国家市场的程度。我们并不自我封闭,因为我们明白,我们邻国的经济状况同时也决定着我们的发展速度,你们的政治成就和经济成就也是我们的成就。

科尔总理在和谢瓦尔德纳泽会谈时指出,我们现在不仅进入发展双边关系的新的历史阶段,而且进入了发展全欧进程和世界进程的历史阶段。总统先生,科尔在他的所有讲话中,总是指出您个人对为推动全球积极改革事业所作的贡献。

戈尔巴乔夫:我们想让所有人都感到,我们首先要在欧洲寻找自己的伙伴。在全欧开启深化互利合作、沿着构建全欧大家庭道路前进的背景下,我们的目标是发展欧洲伙伴关系。欧洲离我们最近,但这并不意味着,我们拒绝和其他国家交往。现在许多国家都想和我们发展关系。南朝鲜正在越来越响地敲我们的门,从中东方向传来的信号也越来越强。所有国家都想以新的经济协作方式为基础发展相互间的关系。

雷日科夫:这里,再投资是个非常重要的形式。这首先涉及到合资企业的经营行为,而当他们形成了长期合作基础时,就会有很好的前景。

戈尔巴乔夫:我们想成为更容易被理解的欧洲人,并且不拒绝西方推出的不同寻常的举措。政治和经济必须同步,要把可靠的经济基础置于政治之下。没有经济就没有未来。

特里奇克:科尔总理也是这样看的。他在和谢瓦尔德纳泽的会谈中强调,现在必须为苏联和统一后的德国建立起高质量、新水平的关系做好"半成品储备"的工作,必须为这种关系建立起牢固和长期的国际法基础。您知道,联邦德国总理因此提议,我们要致力于签署一个广泛的、全方位的苏德条约。

戈尔巴乔夫:现在就应该开始准备这个条约了。另外,苏德在建立新型关系的同时,还应当考虑到,不要把其他国家吓着了。要在全欧的范围内来思考问题,目的是使苏联和德国的相互合作成为全欧进程的一个支柱。

特里奇克:总统先生,联邦德国总理请我向您转达,他已经准备好在不久的将来同您举行工作会晤。他提出供您参考的时间是,从7月16日至20

日或者从8月27日至31日。双方可就共同感兴趣的广泛问题非正式地交换意见。

说到会晤，总理请我向您转达，您有关您家乡的讲述给他留下很深的印象。他盼望着能看见草原和斯塔夫罗波尔市。他还记得，您是怀着多么大的兴趣为他描述这些美丽地方的。

戈尔巴乔夫：我们正在认真考虑科尔总理的提议。7月初将召开苏共中央第二十八次全体代表大会，为期10天。所以对我和科尔总理的会晤来讲，7月20日是最合适的。

特里奇克：我会向德国总理转达您的意见。他把同您的对话看成是全欧进程和世界进程的一个组成部分。这个进程包括所有双边关系问题、"六国"会谈框架内的谈判、欧洲安全与合作会议和维也纳谈判。我们认为，对这一系列问题没有也不会有一个统一的答案。但有时为了把情况都搞清楚，为了顾及所有各方的利益，也需要做大量的回复。

在我们双边关系的总体框架中，占第一位的，是搞一个苏联和统一后德国的条约，与此同时，也把经济协作的关系发展起来。多边关系领域包括安全问题、裁军问题、解决地区事务的相互协同问题。

戈尔巴乔夫：请转告联邦总理，我们赞成在既不损害自己安全，也不损害任何人安全的情况下做事情。如果在讨论安全问题时，天平突然向某一方倾斜，那么就需要相应地校正这个天平。对苏联来说，有必要预留时间来全面分析变化中的战略态势、衡量包括苏美关系、维也纳问题等一切要素。

现在重要的是要在战略层面达成协议，找到东西方的平衡点。我们的主要结论是，要重建不妨碍任何人安全利益的相互关系。

特里奇克：联邦德国总理确信一定能达成协商一致，这将是我们大家的成就，而且我们已经开始向这个方向前进了……。顺便说一下，科尔曾提出倡议，建议美国总统认真考虑确定美国导弹核武器的种类问题。华盛顿当局对此作出的积极反应，想必大家已经知道了。

戈尔巴乔夫：有时科尔并不反对向布什施加压力。我们不说美国人不好，但我们也不想同美国人一起落入那些对国际关系积极变化不感兴趣的人士设下的圈套。前不久我和布什通了电话。他对我说，不要对统一后的德国抱着不信任的感觉，未来的德国，只有加入北约才能成为献身于和平的国家。

我告诉他，我们华约中正缺少这样的国家。华约组织现在衰弱了，一系列加入华约的国家都在被迫处理自己的内部事务。所以，要是统一后的德国能以自己加入华约的方式来巩固华约的话，那是件好事。

布什没有料到这个提议。他没有想到会从这个方面来提出问题。如果要谈论对德国人信任还是不信任的问题，那为什么不把她变成一个独立的不结盟国家，从而使她的邻国及全世界同德国都建立起多边经济、科技、文化及其他方面的联系呢。美国人为什么认为德国最好还是应处于西方的控制之下，因而需要加入北约呢。

最好的解决方案当然是解散北约和华沙。要是这样，我们便可以生活在新的安全架构的条件下。这也是我曾经告诉联邦德国总理的那个目标。

特里奇克：我们正在积极地认真考虑与此相关的问题。

戈尔巴乔夫：许多事对你们不简单，对我们也不简单。在庆祝二战胜利45周年时，我作过一个报告，当时我并没有把话说透。我们现在已经踏上苏德关系发展的主干道，但要知道，在我们身后，苏联牺牲了2700万人，伤了1850万人，成为孤儿和丧失健康的有几千万人。我们整个民族都被这些数字震惊了。德国人也被震惊了。

因此，我们两国人民有责任建立起一种不再有忧愁的未来关系。在我看来，对开创着新未来的德国和俄罗斯来说，今天的局面是几百年以来最好的。

特里奇克：我还有个小问题。星期五，联邦德国总理会见了立陶宛女总理普隆斯克涅。他当时彬彬有礼，但表现出了克制。

戈尔巴乔夫：立陶宛总理在电话中请求我在莫斯科接见她。我们认为，一开始还是让他们在立陶宛内部自己搞清情况，然后我们再看看要不要见他们吧。

特里奇克：总统先生，联邦德国总理请我向您转达，他觉得他不担负向您提供意见和建议的任务。他甚至也不想成为中间人，他曾经和密特朗一起采取了一些防止冲突的措施。

在欧洲，没有人愿意看到因立陶宛事件[1]而出现局势乱的情况。所以，

---

[1] 1990年3月，立陶宛最高苏维埃通过了恢复立陶宛国家独立地位及终止苏联宪法在立陶宛境内效力的法令。

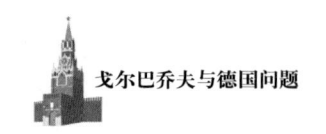

德国总理公开对普隆斯克涅说，要是他是立陶宛领导人的话，他就不会作出那些决定。应进行没有任何先决条件的对话，而冻结立陶宛议会3月10日发表的著名声明，是开展这种对话的最好起点。

戈尔巴乔夫：非常正确。应该完全回到3月10日前的状态，然后可以在宪法框架内着手办理离婚诉讼事务。在立陶宛政坛上，有许多不严肃的人，甚至是冒险家。为使立陶宛认识到她同苏联其他部分中断关系意味着什么，我们曾对立陶宛实行过有限的经济制裁。

雷日科夫：压根儿不是经济封锁的问题。他们是苏联人。我们祝愿他们一切都好。我们当时只是没有供应石油和部分天然气。一些多嘴多舌的人和政客们就向全世界喊叫，说有人想毁灭他们。所有这些都是假的。

戈尔巴乔夫：当然，这个矛盾现在仍然很尖锐，但路走到底，就是恢复宪法制度。我们对此深信不疑。

我曾与美国著名政治家米特切尔谈过话。要是在美国发生类似立陶宛事件的话，美国会在24小时内灭掉所有的人。您看，美国人允许自己甚至在国外采取某些行动，而我们在自己的国家里还要小心从事，要考虑国外怎么说。

所有这些事情，加剧了苏联人民的不满情绪。我们的善良不是无限的。立陶宛人会等到实行总统管制那一天的。

您关于和普隆斯克涅谈话的消息很有意思，请转告联邦德国总理，我们将沿着政治解决的道路前进。

特里奇克：联邦德国总理认为，普隆斯克涅有个印象，到目前为止，在西方没有谁对她讲得更加坦率和明了。德国总理认为，西方的话落在了肥沃的土壤里，不久就会感到这一点。

戈尔巴乔夫：立陶宛有许多波兰人，在立陶宛脱离苏联时，他们不想跟着立陶宛人走。二战后白俄罗斯划给立陶宛五个区，白俄罗斯因为切尔诺贝利事件而落难，但这五个区是干净的，所以，他们现在请求要回这些地方。一句话，有待解决的问题并不简单，但会解决的。

嗯，德意志银行在想什么呢？

列尔列尔：我在想，总统先生，您问过我，为什么我的银行叫"德列兹坚涅特银行"，它叫这个名字已经100多年了，我们与你们合作也已经100多年了。我们打算巩固我们未来的合作关系。我们这次莫斯科之行也会对此有帮助。

特里奇克：我非常感谢您有意义的谈话。我们这些银行家主要和金融问题打交道，但这其中也有经济和政治上的考虑。从苏联开始改革起，世界发生了积极的变化。在这个意义上，我们懂得了联邦德国在对苏联关系问题上负有的特别责任和特殊义务。

列尔列尔：我和西方许多人都非常喜欢您提出的构建全欧大家庭的构想。欧洲是个巨大的建筑物，西欧正在一体化，东欧正在重建。在全欧大家庭这个屋檐下，我们可以解决一些历史性的问题。

联邦德国应该成为东西欧之间的一个传送带。未来统一的德国的历史命运就应该是这样。在这方面，我们希望同苏联开展积极合作。正是从这个角度出发，我们准备提供包括15到20亿卢布紧急措施在内的一揽子贷款。

特里奇克：总统先生，衷心感谢您的谈话。我们坚信，苏联将坚定不移地坚持改革和民主化的方向。我们带着这个信心回国了。在这方面您可以期待我们的支持。

戈尔巴乔夫：请向联邦德国总理科尔转达我的问候。

戈尔巴乔夫基金会档案：全宗号1，目录号1

摘自戈尔巴乔夫与贝克的会谈记录

(1990年5月18日)

(参加会谈的有谢瓦尔德纳泽和切尔尼亚耶夫)

戈尔巴乔夫：……请您谈谈德国统一问题。你们在这个问题上的观点是自相矛盾的。我不知道，你们的依据是什么，你们害怕欧洲统一？我不止一次地在这里，在欧洲说过，而且我现在可以肯定，我们理解美利坚合众国在欧洲所有进程中存在的必要性，不仅仅是军事存在的必要性。您可以从这一点出发来考虑问题。

您会说，两个德国都是热爱和平的民主国家，没有看到出现什么现实的

危险。你们说我们夸大了危险。但我对布什总统说过，如果是这样，如果您不认为两个德国是个重要因素，那您为什么不同意统一后的德国成为华沙条约组织的成员国呢？

还有一种情况，您会说可以信赖德国人，他们已经证明了这一点。但如果确实如此的话，为什么要把德国列入北约的阵营呢？您会回答说，如果德国不加入北约，那么会在欧洲制造麻烦。这样看来，您又不信任德国了。

要是您举出其他一些实际论据的话，我倒是可以理解您。要是您说，德国不加入北约，就可能会破坏欧洲现行的安全架构，那么也许我就会理解您了。那就让我们想想，寻找某种新机制来替代现有的建立在两大政治军事集团并存基础上的安全体系的方法吧，以及如何形成这种新机制，如何向这种安全架构推进。您又会说，现在需要北约，将来北约也几乎完全是必不可少的。您还会补充说，苏联现在仍然拥有庞大的军队，并且装备精良。所以，北约是永远需要的。

总之，我再说一遍，您的观点和您的论据是矛盾的。这些论据同作为我们双边关系基础的立场不相符合。

我想说什么呢？我将再次与您坦诚相待。如果统一后的德国加入北约，这会使所有战略平衡力量的对比发生很大的改变。我们会出现这样一个问题：我们下一步该怎么走。我想，作为一个逻辑思维严谨的人，您是理解这一点的。显然，要是那样的话，我们就不得不暂停裁军讨论，并研究应该如何修改我们的军事学说、改变维也纳谈判中的立场和我们的裁军计划。请问，为什么现在要这样做呢？这本身也是一个严肃的问题。

我们期待着贵方拿出认真的态度。当我们看到玩游戏的成分，不免感到担忧。难道需要这样吗？难道能允许我们的关系陷入嬉戏吗？苏联正在发生巨变，正在复兴，这个复杂过程的发生是不可避免的。我们知道，有时我们会面对善不善于利用局势的考验。

我认为，这样做会误入歧途……

贝克：总统先生，您在小范围里提出这些问题，这很好。您提出了这些问题，总的来说是件好事……

在对德国问题发表意见之前，我想强调一下，我们的政策并不是要切断东欧和苏联的联系。过去我们有过这个方针。但今天，我们致力于建立一个稳定的欧洲，并愿和你们一起做成这件事。

您说要是美国信任德国，那为什么还把她纳入北约呢？我的回答是，如果你们信任德国人，为什么不给德国人作出自己选择的机会呢？我们并不强迫德国人加入北约。我们想让统一后的德国成为北约的成员，并不是因为我们害怕苏联，而是因为我们认为，如果德国将来不能牢固地根植于欧洲制度之中，还可能会重蹈覆辙。

您和我都学过历史，您还记得国际联盟吧。当然，关于全欧安全体系、关于欧安会的作用，说起来都很好，但只是个美好的愿望，并且只是个梦想。而北约却现实地存在着。

德国加入北约，意味着她在保障自身安全方面将永远依赖于这个联盟。

戈尔巴乔夫：那北约还有什么用？要知道，北约是在另一种形势下建立的。它现在还有必要存在吗？

贝克：如果德国将来不能稳固地根植于现有的安全体系中，那么在欧洲中心将会出现用其他方式来保障自身安全的组织。这个组织想获得核安全。而现在，在北约，这种安全是由美国的核保护伞来保障的。如果德国成了北约的成员，它就会很容易地拒绝拥有核武器、生物武器和化学武器的能力。

同时我想说，我们知道，为什么德国成为北约成员国对苏联是个心理上的难题。

戈尔巴乔夫：让我们从军事角度来看这个问题吧。现在，华沙条约组织正在越来越快地向纯政治组织转变，统一后的德国成为北约成员国，将会增强你们北约军事联盟的实力。

贝克：在很短的近期内，或许是这样的。但是，我们现在谈的是改变北约和北约自我调整的问题，还有增强北约政治性的问题。

我们承认裁减联邦德国国防军的重要性，但对在什么地方进行协商，我们之间有分歧。但我们理解你们的关切。我不认为，我们要达成只对单方有利的结果。

我们希望欧洲稳定下来，并祝愿改革成功。我们和你们一样遭受了两场战争，而这两场战争就是源于欧洲的不稳定。所以，我们不想看到战争重演。

请允许我举几个例子，来说明我们在制订对德国政策时，是如何力求理解你们的合法关切的。

第一，签署第一个常规武装力量协定之后，应立即开始第二阶段维也纳谈判，我们建议在这个阶段研究裁减和限制联邦德国国防军的员额问题。我们和德国人谈过这事，我认为他们会同意的。

第二，布什总统建议提前开始战术核武器谈判。

第三，经我们提议，德国人同意承担不生产、不研制、不拥有核武器、生物武器、化学武器的义务。

第四，我们建议，在一定的协商过渡期内，北约军队不在民主德国境内驻扎。

第五，我们还建议，在一定的过渡时期内，苏联军队可以在现民主德国境内驻扎。

第六，北约将进行变革，将变成更加政治化的组织，考虑到您说的华约效率降低以及必须增强两个联盟的政治性问题，我们将会大幅度修订军事战略。

第七，为达成有关德国边界问题的协议，我们作出过很大的努力。统一后的德国将只包括民主德国、联邦德国和柏林的领土，对此已经形成固定的理解。这对波兰人乃至西欧一些国家是重要的。显然，这对苏联也是重要的。

第八，我们正在作各种努力，以最终将欧洲安全与合作会议变成可作为新欧洲重要基础的常设机构。

这个机构最好包含所有欧洲国家、苏联和美国。我曾提议，今年9月在纽约召开35国外长会议以准备欧安会举行高层会晤。

最后，第九，我们正积极寻求在实现德国统一的进程中，以合理的方式考虑苏联的经济利益。

我们完全明白，统一后的德国加入北约，对我们是个政治难题。而且我们认为，如果统一后的德国未来在这一试验性的安全机制框架内决定抛锚的话，那她任何时候都不会想拥有自己的核能力或自己的独立军事指挥部。

鉴于现在中欧、东欧正在发生的变化，北约在军事方面将变成另一种样子。

当然，如果德国不想成为北约成员国，她就不会变成北约成员国。美国不能强迫德国加入北约，这不是信任或不信任德国人的问题。我们真心认为，这是保障欧洲稳定的那个组织架构；而且这不仅体现在东西方的关系上。各国角逐、民族关系紧张的结果，导致欧洲出现不少不稳定的策源地，并且经常表现在与东西方紧张关系没有任何共同点的一些欧洲国家中。

波兰、捷克斯洛伐克、匈牙利支持我们的观点。这一事实不是美国外交努力的结果。我们欢迎他们的立场，但过去我们并没有积极寻求这种立场。顺便提一句，对于上述国家愿意建立这样或那样的地区联合体的问题，我们表达过自己的看法。

总之，我理解您的关切，您的关切是完全合法的。我希望我的上述解释对您能有好处。

戈尔巴乔夫：如果您的预言应验了，统一后的德国不想加入北约，该怎么办呢？您说，你们不能迫使德国加入北约，那这以后会发生什么事呢？

贝克：我想问您，要是德国将来不加入北约，您建议怎么办呢？

戈尔巴乔夫：在德国实现统一前的谈判阶段，我想做一些事情。现在我们有能力来做。而德国统一后，我们就不再有任何可能建议做什么了。问题的本质就是这样。

你们的论断仅仅建立在统一后的德国应该成为北约成员国这个观点之上。你们不提任何其他方案。同时您自己说，德国有的时候不想留在北约。我们可以想象，谈判进程结束后会发生什么情况。德国有离开北约的权力，可那时我们却不会有提出任何建议的可能性了。但现在，我们有这种可能性，还有四个战胜国的权利和义务，因为德国统一进程还没有完成。

如果我们决定，统一后的德国将不再是某一军事组织的成员，那自然会产生德国地位的问题。我认为，统一后的德国应该成为一个民主的非军事化的国家，应该有明确的边界等等。这会是个新情况。要把它写入最终和平解决的文件中，也可以把您提出的上述九点列进这个文件，所有的人都能理解这一点。这是或多或少等距离的方法，当然，德国离你们近些。但这总归会取得较好的平衡效果。

贝克：您建议，在文件中写明德国将无权留在北约？

戈尔巴乔夫：假如德国像许多其他国家一样，不加入军事集团，就好了。

贝克：就是说，这里谈的是德国实行中立的问题？

戈尔巴乔夫：我不知道怎么说，或者就是德国不结盟的问题。也许，德国应该获得某种特殊的地位。比如法国现在就有特殊的地位。

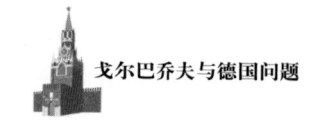

今天的会谈马上结束了。我想提个建议，让我们再次认真地考虑一下。我们再考虑一下，你们也再考虑一下。然后我们在华盛顿再继续谈这个话题。如果我的这些论据不能说服你们，那么我会向美国总统建议并公开说出来，我们想加入北约。因为你们说，北约不是反对我们的，北约不过是适应新的现实情况的一个安全架构。那我们也提议加入北约。

贝克：对这一点，在波恩的新闻发布会上，有人问过谢瓦尔德纳泽。

谢瓦尔德纳泽：当时我说，我们尚未提交加入北约的申请。

戈尔巴乔夫：无论如何，这不只是个假设问题，也不是什么荒诞问题。

贝克：这很有意思。您说过，世界上有许多中立和不结盟的国家。是这样的，但他们成为这样的国家是出于自己本身的选择，而不是因为谁强迫他们接受这种地位。

戈尔巴乔夫：也许，德国人会自己选择国家的地位。无论如何，应该有备用方案。你们只从一种方案出发考虑问题，因为你们想要这种方案。而我们想要另一种方案。不能只立足于你们想要的那个方案。

贝克：我们是应他们自己的请求这样办的。您说，这对你们来说是不能接受的。但中立是不能强加的。不能把要求德国中立作为终止四个战胜国义务的条件，这会违背欧洲安全与合作会议赫尔辛基最后文件的原则。这一文件明确表示，各国有权加入各种联盟。另外，实施"中立"的方法会把德国划入另类，会引起德国人的极大不满和反感。也就是说，这会给未来埋下不稳定的种子。而这正是我们想避免的。

戈尔巴乔夫：为什么您认为，只有德国不成为西方联盟的一部分时，才会产生不满呢？

贝克：只有在德国被划入另类或强加某些违背德国意志的东西时，才会产生不满。如果德国自己想要加入华约，那就是另一回事了。

戈尔巴乔夫：要是他们想要加入华约，你们会怎么说？

贝克：我们不会反对，如果这确实是他们自由选择的话。

戈尔巴乔夫：这样我们可以看到，你们会以理解的态度来对待这种愿望了。

贝克：赫尔辛基最后文件宣布，任何国家可以成为任何组织或任何联盟的成员国。

戈尔巴乔夫：如果统一后的德国想成为国华沙条约组织的成员国，美国将对此持理解的态度。我能得出这样的结论吗？

贝克：我们会说，在我们看来，德国应该成为北约当之无愧的成员，但是，必须由她自己作出选择。

戈尔巴乔夫：那么概括地说一下，如果统一后的德国按照自由选择的原则，利用自己的权利选择她想加入的那个组织，想成为华约成员国，你们是同意还是不同意？

贝克：我们会说，在我们看来，从未来稳定利益的角度来看，这不是个正确的决定。但是，我们承认赫尔辛基原则。

戈尔巴乔夫：我明白了。您事实上给出了有利于我的立场的论据，我对此是满意的。要知道，我们也说，统一后的德国成为北约成员国，将改变过去45年来保障了欧洲稳定的力量对比状况。这样一来，我们的理由就是你们理由的镜中影像。

贝克：不，我不能同意这一点。

戈尔巴乔夫：要找到一种途径，把我们的观点揉在一起。德国实现统一，是个新的现实，并且这个独特现象正在考验我们找到解决方案的能力。这个方案应该建立在利益均衡的基础之上。我们说过，我们正致力于此。而现在，这个观点正经受第一次严峻的考验，我们要寻找能相互接受的解决方案。

贝克：我想问一下：您同意德国自由选择成为北约的成员国吗？

戈尔巴乔夫：对您，我是直言不讳的。所以我告诉您，如果统一后的德国将来只属于北约或者华约，那么这无疑会改变欧洲和全世界的战略平衡。我认为，在当前局势下，你们不该留下我们再单打独斗。这是个责任重大的时刻，而我们可能采取你们完全意想不到的步骤。因此，我们最好寻找彼此都能接受的解决方案。

现在谈谈我们可能成为北约成员国的问题。这不是什么荒唐的幻想。要知道，过去是有过大同盟的。那为什么现在不能有呢？

贝克：我非常理解您说的关于不能把你们单独留下的说法。坦率地说，正因为这样，我们才提出了"2+4"机制的解决方案。我们承认你们有必要参与欧洲进程的管理，包括参与德国统一进程的管理。

戈尔巴乔夫：绝对正确。

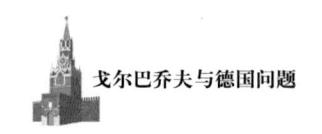

贝克：我们也理解你们的内政因素。

戈尔巴乔夫：是啊，我们得知"1+4"机制已获得成功。这里的"1"，指的是苏联，而德国是西方四国之一。

贝克：还有一件事。我说过，实现全欧安全是个幻想，我是指它是今天的幻想。对怎样建立全欧安全架构并使它变成现实的问题，我们提出了一些具体建议。此前我们认为很重要的一点是，德国已经牢固地根植于安全体制中，不会再为建立某种安全保障架构所诱惑。我们认为德国成为欧洲共同体的成员很重要，尽管我们自己不是这个组织的成员。我们曾经看到，一个孤立、中立的德国在过去导致了什么。

谢瓦尔德纳泽：我说几句关于联邦德国国防军员额的问题。我们认为，这个问题应该在"六国"全体成员会上来确定，然后要在欧安会框架内的维也纳常规武装力量谈判中，固化已经通过的决议。因为实现统一后，德国的军事潜力问题不可能不与德国统一的外部事务相联系。

戈尔巴乔夫：概括起来，我想说，在华盛顿会晤前我们很好地"启动了思想"。

不久前，为庆祝反法西斯德国战争胜利45周年活动，我作了一场报告，其中讲到在这场战争中牺牲的2700万苏联人。但我并没有说透。我们其实失去了我们人民中最优秀的那部分人。此外，我们还有1800万伤员呢！还有饥寒交迫给后方的人造成的健康损害。这对全体人民来说，都是一次无比强烈的震荡。

所以，所有的事情都很复杂，因此请对此再一次作出思考。

最后，我想再次告诉您，不要相信那些断言苏联想把美国从欧洲排挤出去的人，相反，我们坚信，没有美国，在欧洲不可能做成任何事情，也不可能取得任何成果。

贝克：我们也不相信这些断言。

戈尔巴乔夫基金会档案：全宗号1，目录号1

摘自戈尔巴乔夫与杜布切克的会谈记录

（1990 年 5 月 21 日）

杜布切克：……关于苏军撤军问题，我说几句。就这一问题达成的协议，总的来说已得到人们的理解。我尽力帮助合理解决与此相关的一些问题。但现在社会上出现了一些担心，即苏联从捷克斯洛伐克撤军，会不会像从民主德国撤军那样推迟呢？

戈尔巴乔夫：苏军在捷克斯洛伐克和民主德国驻扎的根源和性质是不一样的。您可以告诉所有的人，苏军从捷克斯洛伐克撤军会严格按照协议来执行，不会拖延。

杜布切克：还有一些因苏军驻扎而引起的损失问题。但我认为，我们会就这些问题谈妥的。我们现在不得不去修补那些被别人损害的东西。我认为，撤军问题具有广泛的全欧意义。西方经常纠缠这个问题，不是偶然的。

谢瓦尔德纳泽：在实现德国统一的现实进程方面，我们向联邦德国和美国提出了一系列他们不得不认真思考的问题。一些西方政治势力企图从苏联改革的困难和东欧改革的复杂局面中捞一把。我们对此不能视而不见。这场游戏玩得很大。当然，被拖进游戏的有我们，有匈牙利人，还有波兰人。

杜布切克：波兰人注意到，科尔在统一后的德国的东部边界问题上的立场表现得很不确定。波兰人的态度相当慎重。因为他们清楚地记得，两次世界大战都是如何从德国发起的。

戈尔巴乔夫：关于德国统一和德国加入北约一事，前几天，我和贝克详谈过一次。我直截了当地告诉他，如果不能完全保障苏联安全，那就不能在最广泛的意义上保障国际安全。我们将被迫按另一种方式来看待整体战略格局。比如我们是不是还需要进行战略进攻武器谈判和常规武器谈判。

必须寻找相互接受的能顾及各方利益的解决方案。如果统一后的德国加入北约，也许我们也该加入这一联盟？我给布什总统布置了一项家庭作业。

杜布切克：能看出来，作业非常复杂。

戈尔巴乔夫：不这么干是不行的。要知道，现在谈的是向国际关系的新欧洲架构和世界格局转变的原则问题。问题就在于此。因此，不能用从一次选举到另一次选举轮流当总统的思想来狭隘地看待这个问题。在解决这些问题时，我们无权只顾今天，而对明天视而不见。而我，在全力关注人们的日常生活需求时，不能把所有资金用来生产或购买我们当下如此缺乏的香肠，而不顾日后如何办。

与美国人打交道，不得不对他们在一系列原则问题上采取纯粹务实主义的态度和立场留一手。

杜布切克：我经常在一切可能的地方对我们的人讲："伙计们，小心点，不要忽视德国统一问题，不要过分期待它和西方的经济关系。德国有可能会陷入被支配的地位，那时挥动国旗也无济于事了，因为她已丧失了主权"。

戈尔巴乔夫：我觉得，捷克斯洛伐克应尤其关注统一后德国，这很重要。

杜布切克：在和西方发展经济关系的同时，不能丢掉和苏联的互惠关系。这对我们格外重要。

戈尔巴乔夫基金会档案：全宗号1，目录号1

美国《时代》杂志对戈尔巴乔夫的采访摘录

（1990年5月22日）

……您问，我和布什总统的观点有什么区别。区别是有的。按照美国人提供的脚本，现在多少可以发表一些评论，即建设欧洲的"实施人"和担保人应该是北约，它将通过统一后的德国而强大起来。

美国人和许多欧洲人对北约这个组织有自己的认识，我是可以理解的。整个"冷战"期间维护和平的功劳被毫无根据地赋予了北约。在这方面有人想劝说我们，说北约在新阶段的作用也是非常积极的，并且是为苏联利益服务的。这种说法是不严肃的。对北约，无论现在说什么，对我们来说，它都是过去对抗和平事业的危险的象征。我们永远都不会同意，也不相信北约在建设新欧洲方面能发挥主导作用。我想请您正确地理解我们。

我们提出了另一种方案。第一，欧洲发展要实现机制化。要在全欧基础上，当然在美国和加拿大的积极参与下，建立起全新的架构。第二，政治和裁军进程要与德国统一同步实施。无论如何，要最大程度地把它们拉近并捆绑在一起。顺便说一下，在这方面，我们可以看到"2+4"机制发挥的一个重要功能。

明天欧洲将出现一个统一的日尔曼国家，这是德国民族自然权力的体现。我想再次提醒德国人，特别是针对"六国"会谈结束后他们表现出的极度兴奋情绪，不要忘记了，两个德国实现统一，并不只是涉及到德国人。德国位于整个欧洲进程的核心方向，触及包括苏联在内的欧洲许多国家的切身利益。为了在德国领土上不再发生战争，苏联付出了比任何国家都要大得多的牺牲。也许，现在说的话无论多么热情洋溢，作出的表态如何诚恳，都不能代替作出德国要永远和平发展和永远奉行和平政策这样坚实的国际保证。

我还有一个意见。我有时觉得，不是所有的西方人都像他们有时表现的那样乐见德国实现统一。甚至他们有人希望我们能迟滞德国统一进程，以便向我们转嫁责任，进而挑起我们和德国人的不和。

苏联外交部通报，1990年6月30日第12（70）号

戈尔巴乔夫与德国问题

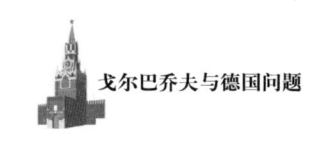

摘自戈尔巴乔夫与密特朗[1]的会谈记录

(1990年5月25日)

(扎格拉金参加了会见，
会谈是以工作早餐形式进行的)

密特朗：……的确，苏联和法国隶属不同的军事联盟。我们有不同的体制，这些体制在一系列领域中彼此处于竞争甚至对立的状态。无论是你们，还是我们，在德国问题上都遇到了相似的困难。但我们是德国人的同盟者，而你们目前还不是（笑）。的确，我们的部长们工作起来都很难。

戈尔巴乔夫：几天前，我对贝克说，我们大家，包括德国领导人，无论是现任的，还是将来领导未来统一德国的领导人，都必须最认真地考虑德国怎么实现统一的问题。要知道，要是每个人都追求私利，我们就不可能找到真正的解决方法。

贝克劝我说，不会发生任何可怕的事情。于是，我问他："要是统一后的德国表示出不加入北约而加入华约的愿望，您会反对吗？"。他立刻说，德国会自愿加入北约。我再次重复了自己的问题，并强调，我说的不是德国人的未来选择，而是美国方面对德国选择加入华约的态度。贝克接着表示，美国不同意这个方案。我说："您给了我一个很好的论据：苏联反对未来统一的德国成为北约成员国"。下一步我们会怎么做呢？

密特朗：在这种情况下，有一些客观现实是难以回避的。从辩证法的角度，从善于引导谈判的方面来看，您的论据和问题都提得很在行。但您的对话人可以这样回答说，我不是搞政治幻想的。的确，联邦德国将成为北约成员国，恰恰是北约把民主德国吞并了，如果直呼其名并抛弃外交辞令的话。

戈尔巴乔夫：但我们现在并未提出"吞并"一说。

密特朗：我从来也没说过"吞并"！只不过现在和您交谈，我对现实情

---

[1] 在法国总统密特朗访问莫斯科期间，戈尔巴乔夫和他举行了会谈。

况就直呼其名了。

戈尔巴乔夫：还有一些不能忘记的现实情况……苏联可能感到自己被孤立了，那很自然，苏联就会寻找出路。

密特朗：被孤立首先是东德的难题。联邦德国是有着6200万人口的强大的经济体，有自己的军队。而当今1700万人口的民主德国会怎么办呢？这当然是个非常重要的问题，但它不是占主导地位的中心问题。

我提出过要求，就是不管采用哪一个方案，北约的前方界线都不应向未来统一的德国东部推进，法国不参与对北约前方界线的防御。

戈尔巴乔夫：未来的德国成为北约成员国，会极大地破坏整体战略平衡。现在只向我们提出了一种解决这个问题的办法，没有任何备选方案……

密特朗：可以有一些其他解决方案。这就是我们同您正在讨论的、您正在和布什讨论以及在一些国际论坛上讨论的方案。孤立苏联，不应是德国统一的结果。法国不接受这个结果。所以，在这个问题上，我们要有一些想象力。

戈尔巴乔夫：您又给了我一个好论据。我们所有的人都应当表现出想象力。但是，最近和我交谈的那些伙伴们，他们的想象力都只局限在一种方案上。

密特朗：我们还要研究和平条约与和平解决方案中存在的问题。德国人准备为建立起新体制付出什么样的代价呢？可能是不想付出任何代价。

戈尔巴乔夫：但不管怎样，都不能中止我们这些二战后出现的大国们的权利。对苏联来说，这些权利是用2700万人牺牲、1800万人致残为代价换来的。

密特朗：这是无可争辩的，这是历史。但现在德国人有了其他的想法。德国人变了。

戈尔巴乔夫：你看，既然德国人有了其他想法，而你们又完全信任他们，那为什么你们现在坚持一定要让德国成为一个军事政治联盟的成员呢？就让我们遵守战后的协议吧，也就是德国应该成为非军事化的、民主的、非纳粹化的自由发展的国家。既然你们这样信任德国，就让德国独立发展与各方的关系吧，无论是与东方的关系，还是与西方的关系。

密特朗：当然，德国人还是德国人，但他们已经不是过去的德国人了。

戈尔巴乔夫：可这说起来是矛盾的。

密特朗：我没看出这里有矛盾。

戈尔巴乔夫：比方说，这里有辩证法的矛盾。

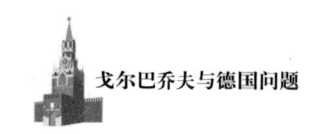

密特朗：比方说，如果现在对德国25岁以下的青年人进行民意调查的话，会有一半人说不出来科尔是谁。每一代人都是在为自己活着。所以，高层政治领导人的主要任务，在于保障历史的继承性。而眼下这代人更不想把自己看成是与过去有关联的人。

戈尔巴乔夫：毫无疑问，我们是赞成向前走的。但有些东西是不能作为政治交易对象的。这一点要明白。

密特朗：同时也要明白，加快从去年11月开始的实现德国统一的进程，把这些反对意见都推翻了。1989年11月欧盟峰会会晤中，科尔甚至没敢提有关统一的话题。从那时到现在的时间并不长。而在今年4月就都认为，德国的统一已经开始了，至少是在头脑里开始了。

1989年12月，我和您在基辅讨论过统一后的德国的前景问题。就在这次会见后，在斯特拉斯堡举行了欧盟成员国最高级会议。正是在那次会上，科尔首次提出了有关德国统一的问题。我们对此表示同意，但提出了附带条件。首先涉及到遵守已经达成的各种协议，包括最终和平解决边界问题的协议，遵守欧安会的决议和协议等等。几个月后，即1月、3月、4月后，联邦德国总理突然加快了步伐。当时的情况竟然发展到，就连他的政治对手们也被迫违心地要迈出与他步调一致的地步。

这段时间，所有的德国报纸都一起指责我。他们控诉说，好像我在实现统一德国的道路上设置了障碍。的确，我对这个问题没有表现出特别的热情，但我只讲了德国实现统一应满足的条件。有人请求我参观柏林墙，我没回应。

我们有什么能力来影响这个正在进行的进程呢？当时，我能做什么呢？难道能派个装甲师，甚至是装备核武器的部队过去吗？何况这里涉及的是我国的盟国啊。那时我还同撒切尔进行了商议。她和我的想法一样。可她是在德国人投票赞成统一后第一个向德国人发出贺电的人。

所以，除了威胁以外，我们现在有什么影响的手段呢？空谈是没有意义的。应当努力平息冲突，而不是让矛盾尖锐化。我是一直致力于要逐渐废除军事联盟的，但现在却看到了两个强硬的联盟。总之，美国和联邦德国不存在任何困难。

戈尔巴乔夫基金会档案：全宗号1，目录号1

| 1990 年 |

摘自戈尔巴乔夫和密特朗一对一的会谈记录

(1990 年 5 月 25 日)

(法方：密特朗的助手阿塔利、苏方扎格拉金参加了会谈)

戈尔巴乔夫：……现在，世界事件的中心在欧洲。早餐时，我们就欧洲事务交换了意见，现在可以就这个议题继续交换意见。讨论完德国问题后，再谈一下有关欧洲进程的前景问题。

密特朗：我同意。我将直接表达法国的立场。我们同德国的关系很好，但我们也不是瞎子。为了尽快实现德国统一，德国人是怎么集中力量做工作的，我们都看在眼里。这段时间，我经常这样表示，对德国的重新统一，我不预设什么条件，但我认为，德国统一产生什么样的后果，应该成为有相应保证作为基础进行谈判的对象。这里说的保证是什么呢？

首先，要提出边界问题。必须就边界不可侵犯达成一个协议。这个问题首先涉及到波兰。为使这一问题明朗化，我在巴黎会见了雅鲁泽尔斯基和马扎维茨斯基。同他们就这一问题商定了立场。

我常对科尔说，实现德国统一的进程，应当也必须同时保证能解决边界问题，他应该澄清这个问题。但除了最近和我搞了一次会谈外，科尔竟然什么都没做。当时他说，不管局势如何发展，两个德国的议会都会各自召开会议，以宣布德国统一后双方进行谈判的原则。而在此之前他却经常说，在德国统一之前，我们根本不会讲任何话。

他显然是有点"向后摆动"了。这意味着，6 月份东德议会和西德议会可能会聚集到一起，然后通过相应的声明。但是，很清楚，其实是波兰人需要更加严肃的东西。这是我对当今局势的看法。

第二，德国和欧洲共同体的关系问题。我不打算深谈这个问题，只是点

到而已。我总认为，为了使共同体的这些国家向前发展，德国应该作出让步，应向欧共体让渡她的一部分国家权限，换句话说，必须比"纯德国意志"要走得更远一些。

第三，当然是有关两大集团的问题。对未来的北约和华约，您现在是如何看待的呢？今天早餐时，我们已经简要谈过了。当德国实现统一并完全获得主权后，我看不出有禁止德国自己作出选择的任何可能。这不符合赫尔辛基协定。

在德国统一之前，必须要求德国作出一些保证，这是另一回事。我认为，在统一进程完成后，谁都不能再禁止德国实现自己的意图。

现在，我们又回到在德国东部保持苏军存在和在德国西部保持西方国家军队存在的问题上。这是问题的实质，但它的形式也很重要。我认为，这一领域的进展不应太快。德国国内民众对这些问题抱有的情绪已今非昔比，比如说，已不再是议会选举前的那个样子了。而我们现在难说今年年底会是什么样子。

科尔对德国下萨克森州和莱茵兰－普法尔茨州的选举结果很失望。所以，科尔想加快德国统一的进程，以便在选举中利用民主德国的众多选票。要是能阻止他这样做就好了，也就是说，要让实现统一的进程走得慢一些。过一段时间，当举行由全体德国人参加的新的选举时，局势将变得比较清晰，刚开始的热情就会减弱。然后会发生什么呢？如果未来德国的领导人从我们认识的人中产生，那局势就不会发生什么改变。要是新人上任，那到时候再看吧。

现在我们有哪些手段呢？美国完全站在联邦德国一边，他们赞成刻不容缓地立即实现德国统一。英国的态度比较克制，甚至可以认为，实际上她对德国统一持敌视的态度。但英国人却明确地表示，赞成德国成为北约成员国。

所以，对德国人极力追求的事，我们阻止的直接手段不多。我想知道，你们在这方面打算怎么办。

接下来，还有在欧洲签署各种协议的问题。首先，必须保证遵守在赫尔辛基进程框架内达成的那些原则。要赋予欧安会更大的能量，必须建立起常态化的交流机制，而不是限于偶尔举办的外交部长会晤。要把这种会晤机制化。有必要设立有具体授权的常设秘书处。顺便提一句，美国人不会抱怨这种方法，因为他们本身也是欧安会的成员。

吃早饭的时候，我对您说过，必须避免醉心于孤立苏联的现象出现，必须避免所有可能使苏联产生有人想孤立他们的印象……

根据上述观点，我打算对休斯敦七国会晤期间苏联同"七国"开展对话一事表示赞成，毕竟要摆脱欧洲两大集团的对立状态；同时，在同样理解苏联内部安全利益的情况下，保障给予苏联必要的安全环境，也是重要的。

我指的是什么呢？我清楚地意识到，德国统一并成为北约成员国，会给你们制造出一些很大的难题。这方面我也感到困难，但这是另一种困难。所以，我强调为你们及整个欧洲安全创造安全环境的必要性。我一直在遵循这个宗旨，并且特别提出了建立欧洲邦联的设想。这个设想与您建立欧洲大家庭的理念是相似的。

戈尔巴乔夫： 总统先生，谢谢您的详细阐述。我认为，两个强大的进程一起出现，是造成当今局势的原因。首先是西欧一体化进程，它以到1992年底建立统一市场为目标。

从另一个方面来看，我们的改革出现了动力，产生了建立全欧大家庭的设想。现在欧洲人比过去强大了。当然他们过去也觉得自己很强大。我看到，或者说我早就发现，美国人已经为此感到不安，而且不像以前那样主要为经济竞争尖锐化的局势感到不安，而是为自己在整个欧洲的地位感到不安。

美国人看到，欧洲人，无论是东欧人，还是西欧人，都在由谈论全欧大家庭转向朝着这个方向迈出实际的步骤。美国人的忧虑开始增加，并导致局势更加复杂，相互猜疑也多起来。

据我所知，美国人在西方怀疑法国，在东方怀疑苏联，怀疑我们推动这些进程，是为了把美国人从欧洲大陆赶出去。而我们和你们，别说公开发表演讲了，就连在私下单独场合也没有说过。我们不反对美国在欧洲的存在。我认为这是必不可少的。否则，美国人就会忧心忡忡，而这又孕育着一些负面后果。我们应当成为现实主义者。

对此，我是这样想的。美国人要是感到自己受到伤害，尤其是将来出现某些冷落自己的现实威胁时，那么，在欧洲以及全世界积极谋求向前发展的道路上，美国人就会动员各种力量来制造障碍。同时我发现，美国自己也正在寻找能预防欧洲进程超出它应有框架的手段，寻找不允许它朝着美国人不希望看到的方向发展的手段。

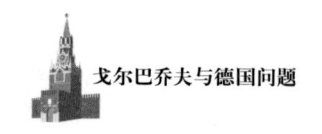

密特朗：我完全同意您的看法。

戈尔巴乔夫：科尔是我们的朋友，我和他关系不错。我觉得，他现在非常急于把我们拉入这个进程中。他可能会做错事。我和您的观点是一致的，即不要仓促行事，应该协调行动。

我相信，时间安排上不应太仓促。我认为，摆脱当前局面的办法，在于使欧洲一体化和德国实现统一的进程同步进行。实际上这两个进程的发展速度已经不同，所以，未必能达到绝对的同步。一般来说，在国际关系中，这是不可能的，但必须尽量使两个速度接近，这种方法符合所有欧洲国家的利益，包括波兰乃至保留自己所有特点的英国的利益。

美国人同科尔的观点更接近。他们认为，他们正在用这样的方法保留北约和自己在北约的影响。过去，北约需要美国的军事力量充当苏联军事力量的平衡器。现在，北约想把统一的德国固定在某些可靠的框架内。不排除美国人持这种立场，意在使北约长期存在下去。

美国人非常顽固地坚持北约存在的必要性和有益性，这使我不得不提出下面这个问题。美国是不是正在用这种方式来建立某种体系或制度，作为管理国际事务的一种执行内阁呢？这显然是同在欧洲开始盛行的政治、哲学及思维方式背道而驰的，也与曾以苏联和法国为发源地的欧洲发展的积极走向相矛盾。

如何求同存异，是个难题。我可不想把"四国"尚未彻底运用自己权利的问题从议事日程中抹掉。

密特朗：科尔利用美国的支持，打算在今年年底前结束德国统一的事业。这是个现实的难题。

戈尔巴乔夫：在这个问题上有个非常重要的情况。我再次强调，这就是"四国"的权利问题。就算将来不能签署和平条约，但愿也能签署有关彻底和平解决的某种文件。这种文件要能够对第二次世界大战、包括德国问题作出总结。这应是一个确定许多重要因素的有国际约束力的文件。这个协议可成为未来安全架构的部分基础。

我觉得，现在是思考新机制的时候了。为什么不考虑北约和华约建立起互相协同的关系呢？应该在这两个组织之间找到某些联系方式。包括必须在欧洲建立某个预防危机中心。这已成为广泛的共识。

我们希望北约转而考虑与现在不同的另一种学说。应考虑到华沙条约正在实施的有关军事学说，可以开辟两大集团政治化的应有前景，可以建立起新的相互关系。如果真的能在两大军事政治集团之间构建出某种形式的相互协同和相互联系，那么，也许统一后的德国便能成为这种相互协同的空间和领域。那时，统一的德国就不再只属于华约或北约，而属于双方重叠的那部分。

我告诉贝克，有些东欧国家的代表表示打算退出华约，以便日后加入北约，我们知道您对这些人持友好态度。可要是苏联也表示出类似愿望的话，美国会有什么反应呢？现在就必须搞清楚两大军事政治集团的相互关系问题，因为这决定着未来德国的政治面貌。

最好能在设计新欧洲政治组织的背景下找到两个联盟关系的新形式。您曾提到过有关和统一德国相联系的一些具体措施和保证，比如边界问题，外国武装力量在德国驻军问题、德国与他国签署国际协定的安排问题以及其他一些和平解决的要素问题，可以有机地把两大联盟签署的所有协议都列入到这个进程。

那时，大家就会明白，我们正在发生变化，东西方正在相向而行，包括在维也纳也是这样，并且两大军事政治集团正就诸如建立统一德国这样重大的问题上进行相互协调与配合。但愿包括欧洲银行在内的新的经济合作形式能适应这些任务。欧洲银行应该可以成为联结东西方国家的桥梁。

可以把举行欧洲所有国家高级定期会晤的协议，建立由各国外长派代表参加的常设机构的协议等等，都列到这个进程。您也曾说过这些。希望这项工作能促进新欧洲更加一体化和整体化的实施，而不是使欧洲走向分裂。希望这项工作有利于消除最近出现的相互猜疑。这样，不只是欧洲那些最强的国家，而是所有的欧洲人，都能真正感到自己是欧洲大陆的主人。

我觉得，我们在外交部长层面上开始共同研究解决这些问题的现实方法，是有好处的。现在各方都在抛出"简单"的解决方案。但其实这些方案都蕴藏着很大的危险。指的是对欧洲命运的危险。而欧洲的命运又将决定整个世界的命运。我坚信，如果说到世界的发展存在哪些积极动力的话，那么这些动力只能来自欧洲。我根本看不出来它还能来自别的什么地方。

密特朗： 我同意把上述这些问题都作为我们开展建设性讨论的对象。

目前，现实的困难同统一后的德国成为北约成员国的问题是联系在一起

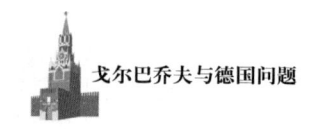

的。美国和两个德国的领导人都希望尽快解决这个问题，当然希望是朝着有利于德国加入北约的方向来解决这个问题。

全体德国人、普通人怎么考虑，这是另外一回事。当然，这些问题将由德国人自己来解决。您想向他们提出什么方案呢？

戈尔巴乔夫：未来统一的德国，应同时存在于两大集团之中。

密特朗：我不认为，这个还算聪明的建议会被采纳。同时，我想重申一下，我本人赞成逐渐废除北约和华约两大军事集团。

现在，正在形成一种印象，即未来德国成为北约成员国的问题，将和裁军谈判的进程相挂钩。具体来讲，您会不会让维也纳谈判也这样挂起钩来呢？您是不会拒绝像裁军谈判这样的王牌的，至少，在得到解决德国问题的答复前，您是不会拒绝的。换句话说，您会不会根据德国事务的进展来停止裁军进程呢？

戈尔巴乔夫：这或许就是我说过的那些后果之一吧。

密特朗：在涉及有关北约的问题上，我毫不怀疑联邦德国和支持她的美国的决心。看来，在即将同布什举行的会晤中，您将要谈这个问题。

戈尔巴乔夫：一定会谈。就这个题目我和贝克谈了很久。我曾请他向美国总统详细转达我的看法。我说，就让他把这当作我们会晤前的"家庭作业"吧。在同国务卿的会谈中，我强调，要求我们按照布什和科尔想要什么或不想要什么来采取行动时，我们就会处于一种怪异的状态。

密特朗：我不是悲观主义者。可我觉得，当您告诉布什您自己的建议后，他肯定会非常惊讶。他对此并没准备。他会觉得，德国同时属于两大集团的设想有些荒谬。一方面，这种设想给了德国非同一般的强大立场；另一方面，德国人自己也会拒绝这个设想。

戈尔巴乔夫：可以说，华盛顿是这样看的。但欧洲人有自己的观点……

密特朗：我注意到您说的，关于和平条约或和平解决方案的问题，其中规定了保障欧洲安全和苏联安全的一些必要条件。我觉得，这种方法比德国同时成为两大集团成员的建议，更容易被人理解。

戈尔巴乔夫：那好吧，这也是可以讨论的一种方案。我们的关系使我们能在轻松的氛围中讨论这些问题。为什么不考虑这样的方案呢，也就是统一的德国加入北约的政治组织，而不是像法国那样加入北约的军事组织。

密特朗：我不反对，但这将取决于德国人自己。我本人不觉得这对我们自己有什么不便之处。

戈尔巴乔夫：这年头很少有不被反对的政策，应该进一步提出政策建议。而法国总统今天的意见是非常有分量的。

密特朗：我多次考虑赋予德国不拥有核武器义务的问题，其他问题不太重要。

7月初，我要去参加北约委员会的例会，会上将讨论一些政治问题。我不参加讨论军事问题的例行公事式的活动。您知道，这和法国不参加北约军事组织有关。4月19日在佛罗里达与布什共同出席新闻发布会时，我认为必须强调，根本不能说法国已经提高了对北约的参与程度。

这样，面对北约例会的与会者，我该怎么表态呢？您已经向布什阐述了自己关于德国可以同时作为两大联盟成员的建议。和任何人一样，我也可能会犯错误。但根据我对北约盟友的了解，他们同意这一建议的可能性微乎其微。

您知道，谁能最好地接受您的建议呢？是德国人自己。我指的是德国公众，而不是"指挥部的人"。问题在于德国公共舆论感到不自信。德国公众宁愿根本不加入任何联盟体系。德国已经获得统一了。现在提到议事日程的，是平衡未来德国各地的发展水平问题。德国人害怕核武器，要是从德国领土上拆除核武器的话，德国人会高兴的。因此，德国公共舆论也许会同意您的建议，但只有一年后才能真正这样说。所以在此之前，不要对德国的公共舆论抱有特别的期待。

根据我的请求，阿塔利去了美国，在那儿他会见了美国一些军方人员，包括斯考克罗夫特在内。

阿塔利：美国认为，德国成为北约成员国非常重要，这一点毋庸置疑。美国把这一点视为保持自己在欧洲大陆存在的重要条件。

密特朗：如此看来，美国人和德国人要解决这个难题，可他们又对您的建议持消极态度。在德国将来获得完全主权后，我们就不能对她再提出任何建议了。德国人会说："我们和其他人一样，有权选择自己的命运"。这种情况不久就会发生，再过八个月或者一年就会发生。到那时，一切都将成为定局。

戈尔巴乔夫：看来，您是对的。

密特朗：可以预先想象一下北约其他伙伴国会是什么反应。比如英国，与欧洲其他国家相比，英国对德国统一进程更多持慎重和实质上敌视的态度。英国更赞成德国留在北约内部的主张。这样一来，我不能对英国抱有希望。

戈尔巴乔夫：您可以对我抱有希望。就算您不接受共同行动的建议，我还是要说出自己的观点。

密特朗：但你们现在不是北约成员国，请正确地理解我（笑）。法国不允许自己被大西洋联盟边缘化。我对涉及德国的所有事务发展状况都不满意。我可以同布什谈这个题目，我和他关系不错，但不是谈有关德国加入两大联盟的问题。在两大集团问题上，我反对勇往直前。

我多次说过，不要采取任何孤立苏联、而且使苏联感到有人企图孤立自己的行动。我强调，归根结底，德国成为北约成员国的问题不是最紧迫的问题，况且联邦德国正在加入北约。就让事情自己发展吧。与此同时，"4+2"集团将发挥作用，关于和平调解的问题将得以解决，欧安会将得到加强，事情随后就明朗了。然而，对话方却不怎么听得进去我的话。

戈尔巴乔夫：德国人经常敲我们的门，并发出一些信号。

密特朗：我很想知道，他们从您那儿得到了什么？

戈尔巴乔夫：他们想让我对德国统一进程支持到底，其中包括在有关期限的问题上。我对您说过，我们不反对德国统一。

密特朗：我既不赞成，也不反对。这个问题由德国人自己解决。有些方面不仅取决于德国人自己，还取决于"4+2"集团，也取决于欧洲共同体。

但是，德国人竭力想成为主宰自己政治生活百分之百的主人，他们想摆脱"4+2"集团的监护。可能会出现这样的情况，即德国人对波兰作出一些承诺，草拟出解决柏林问题的方案，然后对"4+2"集团说，"这里没什么事可做了，请离开吧"。这种行为可以称为力量反射。

所以我提出一个问题：我们拥有引导这一进程的什么手段呢？

所有国家都理解有关边界问题的论据，不仅波兰，而且丹麦、比利时、英国、意大利、法国等国也都理解。这当然是个积极因素。说到欧安会的作用，可以说，各国都支持欧安会。关于不允许孤立苏联的问题，情况比较复杂。当我提出建立欧洲邦联的主张时，有人向我提了个问题："您想必不会让苏联加入欧洲邦联吧？"。我回答说："我当然会让苏联加入"。我建立欧洲邦联的主张的意义就在于此。在这方面，我得到了刚才提到的那些国家的支持。

至于德国成为北约成员国的问题，我准备提供帮助，并且我认为，解决问题的钥匙在你们手中。我能做什么呢？往哪里派个师去？

戈尔巴乔夫：这对我们更简单，我们几个师已经在那儿了（笑）。

并且，他们是依法驻扎在那里的。如果想让他们从那儿撤出的话，应该依法行事。

密特朗：您指的是德国不加入北约军事架构的地位问题。这一点很关键。

戈尔巴乔夫：我经常产生这个想法，您是第一个和我分享这一想法的人。

密特朗：谢谢您。我与您责任不同，但我们有共同的目的。我们应该保障欧洲安全，不是为了反对谁，而是和大家一起做这件事。当然，这不是说，我们会联合起来反对德国人。尽管我或许可以坦率地说，我和您在一起比和他们在一起更放心。

戈尔巴乔夫：科尔正在敲门，简直在乞求我们。这是可以理解的。他希望我们不制造障碍。科尔明白，我们是能够对这个进程的发展施加影响的。尽管他同时也觉得，谁也难以阻止这一进程。

密特朗：当然，我们知道我们难以阻止这个进程，但是我们有一定的能力来对它施加影响。说到这里，关于期限的问题具有特殊意义。至于同步问题，我认为您提出了一个重要的想法。

戈尔巴乔夫：当然，这里说的不是绝对同步。重要的是，必须使各种进程都互相依赖……

密特朗：问题在于，我不善于说"不"，对德国人也一样。如果我说，有人曾不止一次地在公开和秘密场合向我抛出有关向德国人转交部分检查我们战略核手段权力的主张，这对您不是一个多大的秘密。无论这件事重复多少次，我每次都说"不"。如果我知道下次不得不说"是"的话，我现在就不会说"不"。如果我在德国归属北约的问题上说"不"，我就会在自己的西方伙伴中陷入孤立。

戈尔巴乔夫：我这里情况更复杂一些。对德国加入北约一事，我们社会上普遍持否定态度。

密特朗：我理解您的关切。对此，我国民众也感到有些不安。

人们在不同的联盟系统的体制下生活了45年。他们好像已经形成条件

反射了。所以，任何一个新事物都会引起他们的不安。据说科尔就令许多人感到不安。

我经常说，没有苏联，就没有欧洲的安全。这不是因为苏联拥有强大军队的敌人，而是因为苏联是我们的伙伴。这符合我们的利益。

戈尔巴乔夫：我们已经错过一次在一起的机会了，重要的是在这方面不要再犯大错。新错误可能酿成不可挽回的后果。

密特朗：我理解您说的话。1939年之前，英国和法国外交官犯了许多错误。他们在莫斯科有意制造各种不稳定的景象。结果，斯大林不得不在两个不利于稳定的方案中作出一个选择，而不是在保障稳定与违背稳定的方案中进行选择。结果酿成了悲剧性的后果。

无论苏联实行什么体制，我们都应该成为朋友。而现在，您的国家正在推行民主化，我们又看到两国应该相向而行的一个理由。

戈尔巴乔夫：是啊，我们正在明显地靠近。

密特朗：现在，您提出了不让未来的德国加入北约的任务，您自己就陷入了孤立。如果将来不能实现您说的那个任务，德国人和她的北约伙伴们就将选择一个简单的方案，即作出让德国成为北约成员国的决定。

我知道这一领域的利益冲突有多么敏感，所以经常对我们的北约伙伴说，不要把北约的战斗序列从现在联邦德国的领土上向德国东部推进，请承担起这一义务。本着这一观点，我支持削减近程导弹的数量。1988年初，法国希拉克政府执政时，我就反对改进"长矛"导弹。几周前，布什为此发表声明，实际上承认了我的这些主张是正确的。

您看，我在努力促进和平解决现有的冲突局面，但对我们讨论的这个具体问题，我根本看不出您要怎样达到自己的目的。您可以强化自己的立场，但这种方法将成为欧洲不稳定的来源。对其他一些问题，总会有办法进行协商。但是，德国成为北约成员国的问题则是个特殊问题。即使您能从德国人那里得到让步，那也不是本质上的让步，而是程序上的让步。比如，允许你们的军队在那里驻扎一年半，或者三到四年。然后对他们说，请你们离开吧。总之，在原则问题上，德国人不会向您的建议靠拢。

戈尔巴乔夫基金会档案：全宗号1，目录号1

|1990年|

摘自戈尔巴乔夫与乔治·布什[1]的会谈记录

(1990年5月31日 华盛顿)

(苏方：阿赫罗梅耶夫、马林、切尔尼亚耶夫、谢瓦尔德纳泽；美方：贝克、斯考克罗夫特及其他官员参加了会谈)

戈尔巴乔夫：……假如我们过去没有建立私人联系，假如我们的部长们没有合作经验，最主要的是，假如没有召开马耳他会议，我们这些国家就会对东欧，特别是德国发生的事件没有准备。也就是说，本来是有可能犯下大错的。要知道，在局势紧张时期，一根火柴就可以点燃一堆篝火啊。

现在，我们可以确切地认为，大变革的敏感时期已经平稳过去了。尽管在东欧和苏联，这些改变本身有时是以非常敏感的形式表现出来的。

因此，我想建议您立即研究正在变化着的欧洲和由德国实现统一引发的各种情况。要知道，它们是相互关联的，不能彼此分开……

我认为，有可能找到一种能解决德国统一的外部问题的方案。这个方案不仅不会阻碍苏美对话，不会阻碍欧洲和全世界的各种积极发展趋势，相反会促进这些趋势的发展。在时间上有跨度，并且能与欧洲进程同步，这种方案是能找到的。这样，经过一个过渡时期，我们便能走向新的欧洲关系结构，包括建立新的欧洲安全关系。

在这个时期，必须迅速改变两大相互对抗集团的性质，将它转入相互协作的轨道，实现从军事组织向以政治组织为主的转变。在我们看来，这个积极发展态势，可以用华约与北约间的某个或某些协议来确定下来。

在你们表现出要改革北约学说意向的同时，苏联可以根据自己新的防御战略，来细化自己的军事体系。这样，军事指挥部之间的交流就会得到发展，

---

[1] 1990年5月底6月初，戈尔巴乔夫率团访问了美国。访问期间，双方就德国统一的外部政治条件和统一后的德国加入北约达成了协议。

我们可以共同研究未来统一德国的武装力量水平应保持在何种程度。同时，还有可能提出有关苏美安全体系相互协调配合的更多共性问题。

最后，这种创造性的方法，可能会搞出一些能保障统一后德国安全的新方案。比如，统一后的德国有两个支点，在西方有一个支点，在东方也有一个支点。作为假设，我认为这可以成为某种共同成员国的形式。

我承认，国务卿在莫斯科与我们分享的那些想法，给我们从事创造性工作带来了飞跃。而寻找互利关系的延续性，是这种创造性工作的特点。我希望您不要令我们失望，并向我们提出新建议。因为，要是我们能谈妥的话，德国人会同意我们的建议。

布什：谢谢您的解释。根据我的理解，我们在德国问题上存在根本的分歧。可能这一问题的根源来源于苏联和美国有不同的历史传承。对统一后的德国的意图，您有很深的关切和不信任感。您忽略了德国大地上有过50年的民主经验。

同时，您的担心是可以理解的。我们也同希特勒打过仗。但美国的牺牲比不上苏联。苏联在同纳粹德国的武装斗争中，牺牲了2700多万人的生命。

我觉得，我们对德国的态度，应更高瞻远瞩，更经得起时间的考验。因为统一进程的发展，比任何人想象得都要快，并且没有什么力量能够阻止它。所以，在这个问题上，总以怀疑的眼光向后看，是特别糟糕的办法。

我觉得，我们对德国这个亲密朋友的态度应更加务实和有建设性。尽管，我坦率地说，在西方，也远不是所有人都同意这个态度。有些西欧人像您一样，既不相信联邦德国，也不相信所有德国人。但是，我们所有的西方人有个共识，即主要的危险在于将德国从民主国家的共同体中分离出去，并强加给她特殊的地位和有损自尊的条件。这种时局的演变，恰恰会导致德国军国主义和冒险主义的复活。而这正是您担心的。

看来，不要对纳粹德国曾经发生的那些侵害人权的事件耿耿于怀，与此同时，应该考虑德国最新的民主经历，基于德国已经在民主国家大家庭中获得了应有的和平等的地位。

总之，归纳起来，我想说，我们在从不同的立场上来看待德国，就如您正确指出的那样，尽管各种变化改变着苏联和美国的面貌，这些变化正在和已经定型的教条主义产生着矛盾。

当然，我们没有魔法水晶球，不能预测未来。但是，我们可以想象最近一个时期最大的灾难是什么，就是将实现统一后的德国打入另册。在这个问题上，不仅西欧人同意我们的看法，而且大部分东欧人也同意。同时，统一后的德国不应成为任何人的敌人，而她融入新欧洲的一个先决条件，就是苏联最密切地参与和公正地考虑到苏联的利益。

我还想说个问题。我想，您还是应该同意，美国在欧洲保持某种存在是必要的，尽管有些美国人坚持另外一个观点。他们抱怨，保护欧洲及为欧洲提供经济保障方面的沉重负担，分摊到每个美国人头上很不成比例。总之，我们的观点是，为了维护东半球的安全和稳定，美国对欧洲命运所作的政治、经济和军事安排是不可替代的。

有时有人问我，你看，连提问题都有圈套。新欧洲已经变得令人无法辨认。在新欧洲，谁还会是美国的敌人呢？我总是坚定地回答：不确定性、不稳定性和不可预见性。无论有多难，我要使您确信，美国在欧洲的存在一点也不威胁苏联的利益。不仅如此，我们今天在欧洲的存在，正是欧洲实现稳定的一个保证。

当然，我们是以民主为条件的。如果新一代的德国人将来决定让我们离开，我们就会离开。但现在，我重复一下，他们完全是另一种想法和情绪。北约的传统和北大西洋公约的条文，对这些思想情绪产生着影响。综上所说，我再次请您抛弃对德国实现统一的恐惧感，把过去抛到身后吧。在这条道路上，您会遇到像我们一样可靠的伙伴。我们可以共同向世人展示，我们已经将利己主义踩在脚下，为共同利益而努力工作。

您可能从我的话中找不到任何新鲜东西。我对此是理解的。不过，请您相信，这是真诚的想法。如果我说得不对，请您不要犹豫，直接指出我的错误。我再补充一点，我不急于得出结论，更不会在行为举止上表现出急躁及某些政治上的怪癖。记得，当柏林墙猝然倒塌时，我的一个政治对手责怪我胆小，说我没有大张旗鼓对这一事件表示欢迎。但是，考虑到在欧洲和苏联的新进程的脆弱程度，我对您要谨慎表现、委婉从事的呼吁给予高度重视。

我对批评我的那个人说，我不打算像小男孩儿那样在柏林墙的墙头上跳舞。

请您相信，不是我们驱赶着德国走向统一，统一的速度也不是由我们来

决定。我们当然也没有要给苏联带来某种损害的想法。所以，在顾及两个德意志国家传统经济关系及不忽视扩大欧安会内涵的同时，我们赞成统一后的德国获得北约成员国的资格。我们认为，这个方案也符合苏联的利益。总之，请您告诉我，我错在哪儿了。

戈尔巴乔夫：首先我想，我已经知道您感到不安的根源了。您认为美国在欧洲的存在是稳定因素，并为保持这种存在的前景感到不安。那么好吧，我已经说过了，现在美国在欧洲的存在甚至是必要的（以后会怎么样，生活会告诉我们）。而且，我指的正是美国的军事存在。因为在欧洲事务中，美国的经济存在和政治存在是一种无可争议的常态。

欧洲是世界政治的自然中心，如果这里出现毛病，那么后果就会影响到全世界。苏美合作是欧洲政治空间的一个支点。所以，我们赞成顾及你们的利益，也就是赞成美国在欧洲的存在。

但是，您打错主意了。您只把美国的存在和北约相联系，并且，您担心，联邦德国离开北大西洋联盟将是结束这种存在的开始，即结束你们在欧洲军事存在的开始。我不同意这个结论，但您的关切我是理解的，特别是没有北约就可能什么事都办不成。这是今天的现实。

我看到了您要修正北约的职能并让新成员加入北约的意图。在全欧转型进程中，如果北约转型和北约政治发展的方针是严肃认真的，那当然就是另外一回事。这样就产生了把北约变成一个真正的开放组织的问题。而通向北约的大门对任何国家都不会关闭。如此看来，我们也可以考虑成为北约成员国的问题了。而目前，说实话，对这一根本性的结论还缺少事实来证明。

现在说另一个话题。对统一后的德国的自我感觉使您格外不安，而您也根据这种自我感觉来计算北约的健康状况。您的不安达到了使您忘了苏联的自我感觉和利益的程度。而这本身，无论对世界的稳定，还是就其可预见性而言，都没有任何帮助。

我们最好考虑一下，怎样使仍在分割欧洲的两大军事政治集团互相接近，而不要再纠缠于未来统一后的德国是否成为北约成员的问题。为什么从一开始就拒绝联邦德国同时拥有北约和华约的成员资格呢？这种双重成员资格，可以成为新欧洲结构的粘合剂和先驱者，同时也可以巩固北约。

在实践上，统一后的德国可以声明说，它将不仅遵守从联邦德国继承而来的所有义务，也将遵守从民主德国继承而来的所有义务。联邦德国的军队仍然隶属北约，而民主德国的军队则隶属新德国的政府。与此同时，在过渡阶段内，希望苏军能留在现民主德国境内。所有这些都可以补充写入华约与北约间的某种协议中。这样一来，我们将解决所有国家的关切，并实现建立未来欧洲安全框架的目的。

不一定要一下子办成所有的事。在这方面，可以采取阶段性的方法。比如，我们欢迎在北约的最近一次会议上对北约学说作出一些改变。

又引出一个自然而然的问题，如果北约不准备和我们交战，那和谁呢？难道和德国吗？

布什：我已经说过了，和不稳定性交战。

戈尔巴乔夫：难道您认为，武器越多，稳定性就越强？过去几十年似乎已经能够使您相信，军备竞赛和对抗给人民带来多么沉重的负担啊。

就如常言说得那样，我和您"开动了"脑筋，接下来就让我们的部长们寻找解决德国统一外部政治问题的方案吧。寻找解决方案，要考虑"2+4"框架内的进展情况和保留我们二战后享有的权利。我奉劝任何人都不要同这些权利开玩笑。只有在全面解决的最后阶段，这些权利才能终结。

一个具有前瞻性的领域，是讨论过渡时期都包括哪些内容。用什么及用什么结构来充实这一过渡时期，如何改变两大联盟以及如何制定共同文件？

在这方面，我准备对下列义务公开签字画押。如果在过渡阶段的某个时期，美国感到苏联企图损害她的利益，那么，华盛顿有权无条件退出已达成的协议，并有权无条件采取单方面的行动。

但是，我们任何时候都不会允许发生这种事情。因为这会违背我们自身的利益。

布什：很好，我知道了您的这个意见。然而，我想更正一个不正确的印象。我绝不认为，武器越多，世界就越稳定。相反，美国正努力尽快达成维也纳协议，并在第二次维也纳会谈判的框架内，立即转入更大幅度削减军备的谈判。在这种情况下，美国当然要准备考虑苏联的合法利益。

或许，我本不必讲这些。但我觉得，美国的军事存在实际上得到了所有欧洲人的欢迎，是欧洲的一个稳定因素。把苏军从不需要他们的国家中撤出，与削减美国军事存在的前景相提并论，是不正确的。

戈尔巴乔夫：这方面的问题，我们以后可以协商。但应当清楚地意识到，如果苏联人产生了在德国问题上没有被考虑的印象，那么所有欧洲的积极进程，包括维也纳谈判在内，都将受到严重威胁。这不是虚张声势，而是人民会迫使我们停下来"环顾四周"。我非常不愿意看到这样的情况。我想推动苏美对话，尽快在维也纳和其他一些论坛上达成协议。

因此，我们必须在这里，在华盛顿，达成一个清晰的谅解。否则，一切都会变得复杂起来，对此没有任何客观的显示。

此外，要是双方都显示灵活性的话，可能还会有额外的灵活。比如，我记得，国务卿在莫斯科如何劝我理解，不要反对回到我们过去的提议上，即不把苏军和美军的部队员额限制在 19.5 万人，而是 22.5 万人。我表示，好吧，对这个问题，可以考虑一下。

贝克：利用这个机会，我想强调一下我的主要想法。我们力争全面考虑苏联的利益。我在莫斯科表达的那九条直接说明了这一点。现在，我简要地回顾一下这九条的内容。

我们已经开始支持建设全欧架构，而从前是回避这个问题的。

我们已经宣布，通过巩固北约的政治组成部分来使北约适应新的环境。

在限制武装力量，包括限制德国国防军方面，我们正努力走得更快些，包括限制联邦德国的国防军数量。当然，为此需要和德国人保持最密切的接触，并得到他们的信任。

我们已经向苏联保证，在一定期限内，民主德国将不会驻扎北约的任何军队。

我们准备短期内允许苏军留在民主德国境内。总统表示，晚些时候会就这个问题和您进行更详细的讨论。

我们为讨论欧洲战术核武器问题增添了新的动力。

目前，我们正致力于保障所有的人满意地最终解决边界问题。

未来的德国有义务拒绝核生化类武器。对此，我们已经和德国人达成了共识。

为进一步发展苏德经济关系，美国正努力建立良好的政治环境。

所有这些，显然是为了保障苏联的合法利益。

谢瓦尔德纳泽：我们准备同国务卿来研究上述这些问题。但对未来德国的军事政治地位这个中心问题，需要在总统层面解决。

必须确定过渡时期的内涵。在这一时期内，未来的德国既应对北约负责，也应对华约负责。这不是幻想，因为两大集团相互靠近、消除军事对抗、建立欧洲集体安全的基础会同时进行。

布什：北约是一只稳定的铁锚。

戈尔巴乔夫：但两只铁锚会更加牢靠。作为水手，您应该明白这一点。

布什：我们在哪儿找到第二只铁锚呢？

戈尔巴乔夫：在东方。具体在哪儿，让我们的部长们好好动动脑筋吧。

布什：好的，就让他们想想吧。但要考虑德国统一不寻常的进展速度。在成功完成"2+4"框架的协商后，离新德国的出现就只有一步之遥了。

这时，就只能依靠北约了。当然，讨论一下如何扩大欧安会这一进程的作用。但我对您说实话，欧安会进程过于庞大，不可能很快取得具体成果。

戈尔巴乔夫：我们不排除任何方案。北约和华约可能会以某种形式存在较长时间，而这段时间比我们现在可以想象的还要长。这样，就像我说过的那样，北约和华约就能够签订考虑德国统一以及改变相应组织的协议。那时会出现华约和北约成员国交叉存在的可能。要是我们想永远结束欧洲大陆分裂状态的话，就应该使欧洲的军事政治组织与全欧进程的统一趋势相一致。

今天，或许说这个有些突然，但我们正在进入欧洲政治的全新时期。况且，第二次世界大战已经见证了一个极不平凡的同盟的诞生，而这个同盟是由善良的共同目的意愿连接成的。难道我们比斯大林和罗斯福笨吗？

布什：也应该借鉴他们的错误。

戈尔巴乔夫：那么，就让我们在军事架构之上强调政治的首要意义，并建立一个新的自由同盟。我们会改变现有的学说和制度。

贝克：您怎样看待新北约和新华约同时并存呢？

戈尔巴乔夫：一开始两大集团要签署协议，尔后从这个协议中引发出大量的交流活动，并建立一些增强互信、预防危机情况发生的联合机构。

这些进程是对维也纳协议的很好帮助，并能为这些协议提供政治保险。

要是不这么做，要是把强大的统一后的德国只纳入一个联盟，那马上就会出现不平衡。我们就将面临谁都无法回答的一些问题。

布什：不能把统一后的德国置于一个特殊位置上，您同意我们这个立论

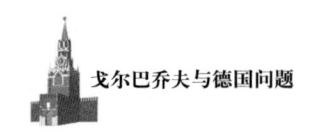

吗？

戈尔巴乔夫：如果您接受两大集团联合，接受统一后的德国作为中介，使两大集团相互靠近的原则，也就是说在不改变联邦德国和民主德国现有义务的情况下，再在维也纳进程和全欧进程的有机结合中改革两大集团本身，那么我同意您的观点。

我们在第二次世界大战中作出了惊人的牺牲。这是今天的心理现实和政治现实。无论是我们还是你们，都不能不考虑这一点。

布什：我还是难以理解您。也许是因为我不害怕联邦德国，我看不出这一民主国家能成为一个侵略性的国家。如果您不去掉自己心理上的旧框框，我们将很难达成协议。而达成协议本来是可能的，因为我和科尔都想和你们在各领域开展合作。

戈尔巴乔夫：这方面，不搞清楚是不行的。无论是美国，还是联邦德国，我们谁都不怕。只不过我们看到了改变各国关系、破除旧模式并建立建设性模式的必要性。这是我们的自由选择。

我希望，在座各位中没人相信某一方在"冷战"中获得胜利的胡言乱语。这类想法只抓住了冰山一角，是站不住脚的。应该得出的完全是另外一个结论，即 50 年的对抗证实了冷战的荒谬，证实了冷战只会导致自我毁灭。

现在说说信任问题。您说我们不相信德国人。那为什么我们赞同他们为实现统一所作的努力呢？我们本可以亮起红灯的，我们有过这样的机制。但是，我们向德国提供了用民主方式作出自己选择的机会。您会说，您信任联邦德国，所以把它拉入北约，而不是在最终调解后让德国自己决定自己的命运。就让联邦德国自己决定加入哪个联盟吧。

布什：我完全同意。要知道，德国人已经完全清楚地确定了自己的选择。

戈尔巴乔夫：不，您正急于把德国置于自己的控制之下。

布什：如果德国不想留在北约，它有权作其他选择。这已经写入赫尔辛基最后文件。

戈尔巴乔夫：那就让我们在谈判后发表公开声明，说美国总统宣布，作为主权国家，统一后的德国将自行决定，她如何选择其军事政治地位，即选择成为北约成员国或成为中立国或其他国家。

布什：选择加入哪个联盟，是每个主权国家的权力。我现在纯粹做个假设，如果联邦德国不想留在北约，甚至要求我们军队离开欧洲，我们会接受他们的这个选择。

戈尔巴乔夫：也就是说，我们可以这样表述：在遵守第二次世界大战胜利成果、最终解决实现德国统一的问题之前，美国和苏联赞成统一后的德国自己决定成为哪个联盟的成员。

布什：我想建议另一种表达方式：美国明确赞成统一后的德国成为北约的成员国，但是，如果德国将来作出其他的选择，我们将尊重这种选择而不加以排斥。

戈尔巴乔夫：同意。我同意您的表达方式。

布什：或许，这个问题还是让我们的部长们再详细讨论一下吧。

戈尔巴乔夫：我当然赞成，请他们讨论一下，并把这个表述方式和我们关于过渡阶段的想法写入某个纪要文件中。

贝克：无论您怎么说，同一个国家同时对华约和北约履行义务，会导致精神分裂。

戈尔巴乔夫：只有把美分换成美元的银行家才会出现精神分裂。而政治家有时就是要在不寻常的地方寻找到可能的方案。

贝克：可是，对华约和北约同时履行的义务是相互竞争的关系呀。

戈尔巴乔夫：你看你看，温度又上来了。您刚才说到了竞争，随后便是对立了吧。这就是说，现在什么都没有改变。把统一后的德国拉入一个集团的时候，您就严重地破坏了平衡。那样的话，我们将不得不作出决定。在新情况下怎么办？还要不要在维也纳谈判桌前坐下来，等等。

还是让我们拒绝对抗逻辑，寻找建设性的出路吧。

法林：我想弄清一个问题。我们现在谈论取代临时架构的问题，尽管这一临时架构已经以常态化的方式存在了近50年。在可预见的未来，苏联和美国将在这个常态化的架构中联合起来。您自己也说，将来德国可能提出退出北约的问题。所以，我们现在思考一下未来和未来的安全结构，也不是一件坏事。只有全欧洲体系能够提供这种保障，而统一后的德国将根据所有平等条件加入这个体系。

如果我们能就最终的共同目的达成一致，那么可以就过渡时期的问题达成协议。最主要是的要摒弃军事上的对立状态。要明白，欧洲安全是不可分

割的。在这个意义上，德国统一会终结欧洲在安全领域的分裂状态，而不是永远维持分裂状态。

布什： 那共同声明怎么办？

谢瓦尔德纳泽： 考虑到"2+4"框架、为举行全欧最高级会晤作准备和维也纳谈判现实进程的脆弱性，我倒觉得不用着急，我们表现得谨慎些为好。

布什： 要是有人问这次会谈成果的话，我们还是要说些什么的。

戈尔巴乔夫： 我们可以这样回答，这次大范围会谈研究了欧洲局势，其中包括从解决统一德国外部状况的角度来研究欧洲局势。在这次交换意见的基础上，我们商定，由两国外交部长和专家们继续研究这次讨论的问题。

如果问到，我们双方的立场是否接近了，可以回答说，我们认真、有效地交换了意见，现在需要更好地理解彼此的立场和观点。还可以补充说，在讨论中提出了一些需要另行研究的想法。让人们绞尽脑汁去想，这是什么想法吧。

布什： 我同意，我们就这么办。

戈尔巴乔夫基金会档案：全宗号 1，目录号 1

戈尔巴乔夫与乔治·布什
在共同举办的访美情况新闻发布会上的讲话
（1990年6月4日）

戈尔巴乔夫： 我们讨论了欧洲进程问题，特别是有关统一德国的外部状况问题。我现在不能说，我们已经达成一致了。但这不表示我们的努力是无效的。在讨论中，出现了一些新论点和新观点。双方解释了各自的立场。我们准备进一步谈判，以寻求彼此都可以接受的方案。而我和美国总统两个人不能在华盛顿解决这个问题。现在"2+4"框架和其他一些欧洲国家，也正在将致力于找到能令各方满意的正确方案。

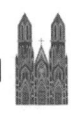

我们希望共同找到同世界和欧洲变化的总体积极趋势相一致的解决方案，希望加强安全而不是动摇或减少安全。苏联的立场就是这样。

《真理报》，1990年6月5日

摘自戈尔巴乔夫与撒切尔[1]的会谈记录

(1990年6月8日)
(英方：撒切尔的助手鲍维尔先生、
苏方：切尔尼亚耶夫参加了会见)

戈尔巴乔夫：……我理解，为什么布什总统抓住北约不放手，因为没有这个联盟，美国在欧洲军事存在的必要性就会丧失，相应地，就会严重地削弱美国在这一地区的政治影响。所以，他们主张德国留在北约。美国人觉得，没有德国，北约就不完整，而没有北约，就没有美国在欧洲的存在。

我个人非常严肃地看待这一点。我和您的出发点是一样的，即原则立场是，安全不能失去平衡。如果其中一个伙伴感到没有信心，产生怀疑，感到自己和自己的安全遭到损失，那事情是办不下去的。

这一出发点的第二个方面是，要是我们将来不与美国开展全方位的合作，在这个世界上也是什么事都办不成。但不排除我们和其他国家进行合作。但是，如果没有与美国的谅解，就不会有什么好事，这会阻碍所有的事……

撒切尔：美国现在是世界上最强大的经济体，他们的自由企业体系非常发达，那里还有一些优秀和心地慷慨的人。的确，美国充当了某种"世界警察"的角色，而这只是帮助美国结束了一系列的冲突。我同意您的意见，即只有与苏联、美国、欧洲，再加上日本和中国开展合作和相互理解，才有可能取得进步。

关于德国统一，我有些担心，并且同密特朗总统分享过这些情况。是的，

---

[1] 在访美结束自华盛顿回国途中，为会见英国首相撒切尔，戈尔巴乔夫在英国做了短暂停留。

我们两人的区别在于，我公开表达了这些担心，而密特朗没有。这是完全可以理解的，因为他竭力支持德国在欧共体中享有地位。

我确信，德国统一必须有一个漫长的过渡时期。联邦德国、法国和美国的媒体批评了我的这个观点。而现在已经看清楚，不会再有长时间的过渡期，且根据德国宪法第 23 条，民主德国将并入联邦德国。整个欧洲都非常清楚地记得两次世界大战是如何爆发的，所以是带着一定的恐惧情绪关注着这个进程。现在的任务，是要排除再次在德国领土上发生冲突的可能性。

美国在欧洲的军事存在是个稳定因素，但只有一个地方最需要这种存在，那就是在德国领土上。法国没有加入北约军事指挥体系。就部署美国军队而言，荷兰和比利时太小了，西班牙太远了，而在英国境内的美军已经够多了。这样，只剩下德国了。顺便说一下，在美国国会中，有些人认为，应当大大降低美国在欧洲军事存在的水平。我希望美国的立法者在这个问题上不会走得太远。如果美国军队留在德国，这对包括苏联在内的所有国家都将是强有力的安全因素。因为民主德国打算加入联邦德国，而联邦德国已经是北约成员国了。所以，我们认为，统一后的整个德国应该与在德国驻扎的美国军队一起加入北约。

问题在于，就德国可能出现威胁而言，怎样安抚苏联和其他国家。对这个问题我们有过一些预先谈判。我昨天会见了国务卿贝克，提出了把德国军队员额限制在非常低的水平，即 40 万人以下的主张。您提议考虑北约和华约发表一个共同声明，这个问题有必要认真研究。但是，不论我们达成什么样的协议，作为和平和安定的因素，美国军队应该留在欧洲，留在德国，其中应当包括尽可能少的战术核武器。

关于建立欧洲安全架构问题，您是对的。在这个问题上，我觉得不应该低估欧洲安全与合作会议的作用。昨天，我对贝克国务卿说，欧洲有欧洲经济共同体式的经济组织和北约式的防御组织，我们应该更多地发挥欧安会的作用，在欧安会内部开展政治对话并讨论安全问题。要知道，这样我们可同 35 个国家打交道，这个地域覆盖了从美国西海岸到苏联东海岸及中国边界的广大地区。希望每年举办两次欧安会国家外交部长会晤。谢瓦尔德纳泽先生对此也正在发表意见。

你我二人都知道，历史上，中欧国家总是存在着波动性因素和对未来的不确定性。希望中欧国家能在和主要大国基于平等的理由加入一个平台，而这个平台对中欧国家是必不可少的。这个平台就是欧安会。

戈尔巴乔夫：我们在绕着弯子说德国统一问题。也许，我现在说的会显得很不寻常，但请对此不要持怀疑态度。我们会找到令各方都满意的方案。

不应该抛出超出常规或不可能实现的方案。而且，这是谁提出的方案，是撒切尔、布什、戈尔巴乔夫，还是罗马教皇提的，都并不重要。重要的是，不要全盘否定已经形成和沉淀下来的东西，而是要巩固它。现在，这项伟大的事业已经开始了，而我们所有人都是这项伟大事业的参与者。请看看吧，欧洲正在发生什么。如果欧洲各国的新关系都变得复杂化了，那么也会在全世界中表现出来。

我感到很不安的是，在讨论德国地位时，应避免使任何一个国家感到自己遭受了损失，避免损害各方力量的平衡，避免对某一方产生不信任。所以，我认为，几个进程应当相互联系地进行，并且所有的进程都应涵盖整个过渡时期。德国统一进程应该进行得平稳、审慎。这也是您的意见。

但并不是所有的人都这样认为。我们的朋友科尔总是企图把一切都赶在竞选运动开始的时候。他想成为德国统一"之父"。但现实摆在面前。昨天，我同民主德国总理进行了交谈。尽管他现在代表着科尔的那个党派，但他很清醒，并且关心欧洲战略和政治格局。因此我喜欢他。

西德最新民意调查的结果很有意思。不久前，有56%的受访者反对德国过快实现统一，而现在这一数字已达到60%。所有这些都是由内部动因决定的。

如果谈到实现德国统一的外部因素，那么许多情况取决于我们。谁也没有剥夺四个战胜国的权利。现在装出四大国权利耗尽的样子还为时尚早。我们应该彻底解决这个问题，应该签署最终解决的文件。没有这一点，统一后的德国就不会有完全的主权。对此我们自己要搞明白，要清楚地告诉德国人，告诉所有欧洲人。

接着说。我们听到对统一后的德国要加入北约的一些议论。但科尔只是联邦德国的总理，而不是统一后的德国的总理。可你们就支持德国加入北约，依据在哪呢？统一后的德国还没有呢。我们现在可以讨论某些准备阶段，研究一些方案。但我们需要的是一个不给欧洲进程带来伤害的方案。为了转向新的安全架构，需要解决一些难题，首先指的就是为把两大集团变成政治组

织而改变其自身性质的问题。

我们对即将在伦敦召开的北约最高级会议寄予厚望。我担心,要是这次会议如果不能拿出一某些明显的积极成果,那就可能会在一些欧洲国家播下怀疑的种子。

最近,我们在谈论有关欧洲信息空间、文化空间、法律空间和科学空间的问题。现在倒是到了讨论有关统一安全空间问题的时候了,并且应以此为基础,来解决德国实现统一的外部问题。

我请您考虑一下有关起草北约和华约共同文件的问题。应在这个文件中写入这两大集团正在相互靠拢,它们的相互理解正在增加、正在开展合作的内容。在这两大集团之间建立起一个常设机构是件好事,军事专家们可以在这个机构框架内召开会议并进行磋商。顺便说一下,各国的国防部长们已经开始相互往来了。

为什么统一后的德国不能确认联邦德国和北约的义务关系,也不能承担民主德国和苏联的义务关系?因为我们拥有两只能拴住统一后德国的铁锚。有关对边界不可侵犯、不允许拥有核武器和军备水平等建议,我们已形成共识。这两只铁锚是对这一共识的补充。

所有这些建议都有存在的权利。不要像西方那样,只用一种方式来看待统一后德国的军事政治地位。须知,成为北约成员国的方式有好多种,有法国模式、丹麦-挪威模式,还有英国模式等。

撒切尔:我们装备北极星核弹头的潜艇归北约联合司令部管辖,但我有随时解除这种隶属关系的特权。至于美国部署在我国境内或水域上的核力量,没有我们的许可,是不能动用的。

戈尔巴乔夫:完全正确。北约成员国的模式是各种各样的,在这方面必须灵活处理。我想利用这些条件,建立符合各国利益的另一种模式。但愿北约和华约的改革以及它们达成的协议,能使任何一个国家可以加入其中一个组织。也许,有的国家现在还想加入北约。要是我们苏联决定加入北约,那会怎么样呢?总之,为了确立欧洲安全架构的进程,必须有个过渡期。在这个过渡期内,四个二战战胜国的军队将留在德国境内。这一点我已经告诉布什了。

近期我们将详细制定出解决这一问题的构想。当然,我们会与您分享这个构想。现在，就让我们的外交部长和他们手下的专家们赶快解决这些问题吧。

撒切尔：以加速度进行的德国统一进程是个现实存在。签署经济和货币联盟的协议，对德国的未来有重要意义，它将于今年7月1日生效。此后，德国统一进程将更加成为一种现实。把民主德国的牌子换成联邦德国牌子的过程，是不能拖延的。因为民主德国的牌子的价值正在降低。现在，联邦德国的各种金融机构正在民主德国设立分支机构。因为根据科尔的看法，如果不这样做，民主德国的大量公民会再次进入联邦德国，寻求更高的生活水平。而能预防出现这种情况的唯一方法，就是尽快实现德国的统一。10月1日，民主德国基督教民主联盟和联邦德国基督教民主联盟也将合二为一。

既然民主德国正在并入联邦德国，民主德国将会继承联邦共和国的所有国际义务，包括北约和欧共体的成员资格。在欧共体范围内，则必须采取一系列过渡措施，以使统一后的东部德国能更快地进入市场经济关系。

我毫不怀疑，科尔总理正利用统一的进程来达到竞选活动的目的。我过去经常表示赞成过渡时期要长一些，但我承认，在这个问题上，我在西方国家中处于孤立的地位。

当听说您正期待着6月份北约最高级会晤能取得明显成果时，我很高兴。现在，北约成员国的外长们正在英格兰讨论北约未来的军事战略，比如，北约需要什么样的装备，它的防御应该是前沿防御性质的，还是纵深防御性质的。西德现有驻军120万人，它们需要相应的目标来进行训练和军事演习。而西德人认为，这种目标在西德太多了。所有这些都需要讨论。但是我担心，在7月份，前我们来不及就这些问题准备好具体的解决方案。

我们也试图预测有关各方签署常规武器协定会导致什么后果。毫无疑问，政治问题所占的比重在北约的活动中将会增加，尽管北约仍是一个防御性的战略联盟。总体上，我们会保留北约，因为我们打算继续进行军备控制谈判，同时在拉近两大联盟的方向上继续开展工作。

至于从德国境内撤出大规模杀伤性武器，我认为，驻德美军拥有战术核武器是个非常重要的因素。否则，就会破坏美国在德国军事存在的基础。

您提到法国，由于和盟友们意见不合，当时，法国总统戴高乐把法国从北约军事架构中退了出来。北约总部也从巴黎搬到了布鲁塞尔。我有时对法国领导人说，为什么你们不走回头路呢，你看。戴高乐早就不在了。但他们

现在仍然坚持自己已经作出的决定。

戈尔巴乔夫：根据我们的情报，在北约的计划中，法国武装力量只能用于发生紧急状态的时候。

撒切尔：是啊，当然，除此之外，我们还有一个法德旅。

在联邦德国的前沿地带，驻扎着7万英国军人，其中陆军5.5万人，空军1.5万人。还有归北约统一指挥的核武器。但是，就像我刚才说的那样，我们能在任何时候把它从这种指挥体系下分离出来。

我们和美国形成了特殊而牢固的关系，这种关系建立在历史、传统、文化和语言的基础之上。因此，布什完全支持科尔总理。

北约和华约发表一个联合声明，是个好主意。但要认真研究，以使这个声明能令人信服。世界形成了新格局，这在许多方面得益于您的努力。现在看来，这一联合声明能实现。声明中可以包括信任措施，可以把各国国防部长互访纳入正式框架，还可把军事专家们的讨论机制化。在声明中，可以提出有关两大联盟在最低威慑水平上维护安全的问题。

戈尔巴乔夫：还可以把建立冲突预防中心这一常设联合机构的设想写进声明。

撒切尔：在欧安会的主持下，我们正在进行常规武器谈判。也许，还应该就在德国驻军的员额问题上达成协议。说不定会出现其他的新观点。

德国实现统一后，有着8000万人口的德国很快就会成为西欧真正的巨人和最强的经济强国。但这里不能忽视安全问题。要是新德国自命不凡的话，唯一能够压制她这种行为的，便是美军在德国领土上的存在。我相信，你们完成改革进程并在经济上强大起来后，你们在欧洲的作用将会增大很多。

作为一种保险，必须在德国保留美国军队。要是我们在波斯湾没有军舰，那不知道伊朗和伊拉克的战争还会打多久。

戈尔巴乔夫：好，就让我们的外交部继续研究这个问题吧。在下次"六国"会议上，我们可能带来解决这一难题的方式和草案。

撒切尔：您能不能现在告诉我们这种方式的某些细节？

戈尔巴乔夫：这还有些为时过早，我们还在制定中。有必要让德国人明白，在"2+4"谈判的基础上最终解决德国问题之前，统一后的德国不能被认为是个主权国家。

撒切尔：重要的是，不要人为拖延最终解决的过程。德国人不反对某种最终解决方式，但同时愿意在不扩大"六国"范围的情况下实现最终解决。

这样一来，列入议事日程的就会有以下几个问题。第一、应该在今年签署常规武器协定，这个问题的进展情况总体上是令人满意的。第二，必须认真准备北约和华约的联合声明内容及其文本。第三，要继续进行"2+4"框架内的谈判。

戈尔巴乔夫：如果解决实现德国统一的外部问题的工作能正常和平稳进行的话，那么任何一个相关国家对这种解决的正确性，都不会产生任何疑问。如果某个国家采取非建设性的立场，并且谋求改变力量平衡，那么，我们就有权认为，我们的安全受到了威胁。那时我们将不得不重新评估局势，以确定我们下一步如何行动。我的愿望是，走我们已经走上的道路。这条道路将指引我们作出一些重大决定。这条道路是个长期的和平阶段，破坏它，就是对整体进步的沉重打击。所以，不能采取最后通牒的方式。

撒切尔：我完全理解您的观点。我也愿意看到我们有稳定的合作关系。别的方案会损害你们的安全，这也不符合我们的利益。我们已经给这种合作开了个头，这非常重要。没有这个开头，就不可能前进。当然，德国实现统一，会导致一些后果，我们不应忽略任何事情。关于这一点，昨天我告诉了国务卿贝克和我的外交部长赫德。所以，也对，让我们把所有这些问题交给我们的外交部门做进一步的研究吧。

戈尔巴乔夫基金会档案：全宗号1，目录号1

戈尔巴乔夫与德国问题

戈尔巴乔夫和撒切尔在新闻发布会上的讲话

(1990年6月8日)

戈尔巴乔夫：很自然，大家都很关注德国问题。我已经详细阐述了我们的观点和关切。撒切尔女士确认，她都最大限度地理解并考虑我们的意见。我在美国不止一次说过我的看法，在这里我又向撒切尔女士详细讲述了自己的看法。我的中心思想是，不要局限于哪一种方案，因为这肯定是片面的方案。需要多交流思想，多寻找建议，以便找到令所有人满意的最佳方案。最主要的，是要在全世界巩固和发展欧洲的积极进程，在任何情况下，都不要阻碍这个进程。

我们两人都确认这样的立场，即德国人有权生活在一个统一的国家之中。但是，对战争作最终的总结，不只是一些德国人的事情。现在已经有了"2+4"机制。这个机制应该充分发挥作用。这个作用源于对战争的总结，而不是源于分离德国。大家都知道，德国分离是后来的事。当然，在全欧进程的背景下，我们说过，所有的欧洲国家都可以参与解决这个问题。

撒切尔：总统已经列举了我们讨论过的一些比较重要的问题。当然啦，我们也讨论过德国实现统一会产生什么后果的问题。德国应当留在北约，你们是知道我们这个观点的。德国有权选择自己作为联盟成员的义务。但我们也理解，苏联和华约需要有安全上的保证。就像我刚才说的那样，我们应该向他们作出这类保证。这一点，我在参加北约国家领导人会晤时，也同一些代表讲过。

《真理报》，1990年6月10日

联邦德国和民主德国政府关于解决公开财产问题的联合声明

(1990年6月15日)

人们从东德向西德迁移，与此相关的两德分界线及两个德国的不同法律体系，导致许多有关财产权的问题。这些问题涉及民主德国和联邦德国许多公民的利益。

两德政府在解决列入议事日程内的财产问题时，所涉法律保障、法律定义及所有产权，都是民主德国和联邦德国政府在解决迫切财产问题时要遵循的基本原则。只有这样，才能在未来德国的法律领域中营造出一种稳定的局面。

两德政府就如下基本原则达成协议：

1. 不能废除在占领权至上或占领当局至上（1945-1949年）基础上形成的财产转让权。苏联政府和民主德国政府认为，不必修正当时采取的措施。基于历史变化的原因，联邦德国政府注意到了这一点。联邦德国政府认为，有关最终解决有关可能的国家赔偿问题，应该提交给未来统一的德国议会去解决。

2. 应当废除对两个德国的监护权以及类似限制处置土地所有权、管理生产企业和其他财产权利的措施。同时，因从东德跑到西德或其他原因，财产被国家管理部门没收的，应当向这些公民归还所没收的财产。

3. 划归国有的财产应当物归原主或归其继承人所有，但下列第（1）和（3）条例外。

（1）由于既成事实，不能归还土地或建筑所有权。如其用途已经变为用于公共目的，或已经作为成套居住建筑或乡村建筑使用，或已经用于经营，或已经并入新的企业中。如果根据针对民主德国公民的现行规定没有作出补偿的话，应当给予补偿；

（2）如果民主德国公民已经以诚实合法的方式取得了应当归还的不动产的产权或者对其进行处分的物权，那么，在这种情况下，应当以等价地块置换或货币补偿的方式对原物主给予社会通行的损失补偿。这也包括被国家监护人卖给第三方的不动产。具体操作细节另行确定；

（3）如果原所有人或其继承人拥有索回财产的权利，则他们也可以选择补偿。

价格变化的核算问题将另行解决。

4. 第3条包含的各项规定，也同样适用于曾被所有者管理的已使用的建筑地块、受所有者委托处分的已使用的建筑地块和出于经济需要已经国有化的已使用的建筑地块。

5. 对本声明涉及的地块和建筑物，应一如既往地保障民主德国公民作为房客的权利和已有的使用权，并根据民主德国现行法律的各个具体规定，调整上述权利和使用权。

6. 取消对被管理企业的现有限制；企业所有者本人拥有自己的企业。

对1972年转为全民所有的企业和入股股份，适用于1990年3月7日颁布的关于成立私有企业、私有企业经营及入股问题的法律。同时，这一法律中第2段第19条第4个建议可以解释为，根据私人公司的申请，国有股份应当出售给私人公司。这样一来，决定出售问题的不仅仅是主管机构。

7．对自1949-1972年间以没收方式转为全民所有的企业和股份，如果他们不愿接受补偿，在考虑企业价值变化的前提下，可以将企业整体移交给原企业主，也可将企业的社会股份或产品移交给原企业主。具体情况需制定更加详细的规定。

8. 如果财产，包括获得收益的权利系以不诚实的骗人勾当（如恶意利用权力、贿赂、强迫或欺骗买方）获得，那么，所获得的权利不受保护，并应被废除。如上述财产等系以诚实劳动获得，则适用于第3款第3项。

9. 如果没收财产过程与国家刑法程序相矛盾，则民主德国可通过建立合法程序来修正这些程序的法律规范。

10. 1990年下半年，即货币置换后，实行包括利息在内的联邦德国公民在贷款赎买过去的资产上的份额权。

11. 在支付流通系统保留货币限制的情况下，货币限制自货币联盟、经济联盟和社会联盟生效之时起失效。

12. 根据权力载体执行法，联邦德国国家机构以监护方式管理的民主德国现有或曾有的公权力法人财产，应转移至有全权的人士或其法律继承人。

13. 法律执行

（1）民主德国将立即建立必要的法律准则和程序规定。

（2）民主德国要向公众宣布，相关公民应在何地、在何时限内提出申请。递交申请的期限将不超过六个月。

（3）为满足公民在民主德国得到补偿的要求，将成立一个独立于国家财政、在法律上独立的基金会。

（4）根据第13款第2项的规定，民主德国要作出安排，在期限终止前，不出售原所有权尚未明晰的地块和建筑物，但相关各方达成不追回产权和不申请主张财产产权之协议的除外。已经征用原所有权不清晰的地块和建筑物，且1989年10月18日后办理了相关手续的，要重新研究。

14. 两德政府授权专家进一步研究细节问题。

《新德国报》，1990年6月16—17日

摘自戈尔巴乔夫与韦尔纳的会谈记录

(1990年7月14日 莫斯科)

戈尔巴乔夫：欢迎您，秘书长先生。欢迎您到我办公室来谈话。这本身就说明，世界上正在发生一个事件。

韦尔纳：的确，我还觉得，这是在梦中发生的事，是幻想。

戈尔巴乔夫：您说得非常好，好像做梦一样。我们的意识是保守的，跟不上现实。当1986年我和我的同事们搞出外交政策的新建议，并发表1月

15日的声明时，欧洲和北约各方人士都说，这是乌托邦，是宣传。

而现在，有关消除中程导弹的协定已经达成，在地平线上又出现了关于削减50%核武器的条约、削减常规武器协定和消除化学武器协定等几个重要文件。你看，北约秘书长韦尔纳先生正在这里，在克里姆林宫。瞧这多么乌托邦！……

现在，一切的一切都正在发生变化。我欢迎任何一种相向而行的运动。在马耳他，我对布什总统说，苏联不再认为美国是自己的敌人。总之，当今世界思想、现实，一切都在变化着。

我应该说，我们喜欢伦敦宣言中的许多东西，但不是全部。我是这样理解的，一步不能跨越所有的东西……

或许，您现在想解释一下这个宣言？

韦尔纳：您刚才提到了您1986年1月15日发表的声明。当时，我们所有人都非常专注地听了这个声明。但当时，我们当中有人说，这个声明的真诚程度需要得到验证。

如今，我们也处于变化当中。我们说，你们也可以考验我们的真诚程度。这也涉及到我们的声明。

我能使您相信，我们这个声明绝对不是宣传，而是一个非常严肃的文件……。比如，我们决定，首先要改变我们的军事战略。我已经组建了一个我自己领导的特别小组，它由一些政治和军事活动家组成。小组将制定涉及修改军事和核领域战略的详细内容。我们正在寻找摆脱对抗、走向新的合作时代的道路……我们建议您，不仅要在政治领域进行合作，而且要在经济和军事领域进行合作。

所以，我以北大西洋公约组织的名义，邀请您来布鲁塞尔，并在北约总部发表演讲。要是您能接受我们的邀请的话，我们会非常高兴。

戈尔巴乔夫：最近，我验证了印度格言的正确性：路上只有走的人才能跨越。这个格言在两千前就已经有了，现在仍然适用。但我想把这一格言不仅用于东方和西方的关系上，而且用于北约和华约的关系上。现在，我们不仅有了相互理解，而且还有一定的相向运动。这不是一个简单的过程。在这方面，你们和我们目前还都保持着警惕性。但如果我们沿着这条路走下去，就能战胜出现的各种困难。

| 1990 年 |

韦尔纳：如果说实话，那么应当承认，没有您这里发生的改革，就不可能有北约正在发生的改革。所以，我们这里的改革是对你们提出勇敢倡议作出的反应。我们也想像你们那样改变自己。但是，只是因为您才得以破冰。

我曾经主持过伦敦最高级会晤。我坚信，现在就应该行动，就在今年行动。今天，我们双方都有千载难逢的机遇。

戈尔巴乔夫：我们认为，为使国际关系步入正常轨道，开辟一个长期的和平时期，要承认我们有相互利益。现在出现了共同合作的机会，我们就不能擦肩而过。在这方面，需要全世界作出努力……

我们要一起继续已经开始的事业。要把"冷战"和对抗的悲剧抛在身后，面向未来。否则就会出现真正的历史困境。我们都对采取共同行动的必要性有清晰的理解。我们已经开始和你们相互配合。我们对此给予高度重视，认为其他所有事情都应服从于这项任务。无论是华约、北约，还是建设欧洲安全架构，都应当服从于这项任务。

我们已经开始思考北约和华约的联合声明应该包括哪些可能的内容。或许，我们能在这方面达成协议。这将是一份令人瞩目的、有分量的文件。它将成为国际政治的里程碑。

我高度评价我们这次会晤……我很高兴接受您的邀请，到布鲁塞尔北约总部去。在那里，我会有话说。什么时候去，我们要想一想。

戈尔巴乔夫基金会档案：全宗号 1，目录号 1

戈尔巴乔夫与德国问题

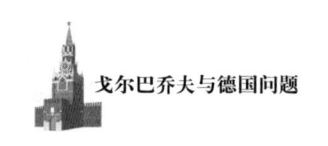

摘自戈尔巴乔夫与科尔一对一[1]的谈话记录

(1990年7月15日)

(特尔奇克和切尔尼亚耶夫参加会见)

戈尔巴乔夫：科尔先生，衷心欢迎您来到莫斯科。我们可以就双方共同感兴趣的问题深入交换意见。

科尔：我很高兴，能有两天的时间进行会谈。相信我们会谈得很好。我很喜欢俾斯麦的一句话："当上帝沿着历史行走时，应该努力抓住它的衣角"。这句话正好能够表达出我们这个时代的特点，特别是90年代前五年的特点。

特殊的责任正落在我们这代人的肩上，落在我们同龄人的肩上。我们没有直接参加过战争，我们的良心没有背负责难，但我们见过战争的恐怖，因此会铭记战争。这是我们和现在的青年人不同的地方。我从自己两个儿子那里感受到了这一点。对我们这代人，我常用"宽恕晚生代"的说法。我们有别人没有的经验，应该把这些经验完全放在文明的圣坛上。

戈尔巴乔夫：我想特别支持您这个思想。的确，我们有把过去和现在作比较的能力。二战开始时，我才10岁。战争结束时，我15岁了。这是印象非常深刻的年龄。当代人或许比我们更优秀，但我们有独一无二的经验。我们感受到了正在展现的机会。我们这代人还能在历史上说话，现在，谁输谁赢的话少了。我们感到，我们属于同一个文明……

我想为我们的会谈"标明"一个重要的原则思想。进入90年代，苏联和德国有很多事可以做。我们应该友善和谐地相处，应该相互丰富对方，巩固相互理解，加强互利合作，事情就是这样。过去，苏联和德国分道扬镳，给两国人民带来了沉重的后果。我们现在能够做到使两国人民站在一起。我

---

[1] 7月15至16日，科尔访问苏联。他首先抵达莫斯科，随后又去了北高加索阿尔赫兹（斯塔夫罗波尔边疆区）。访问期间，制订并协商了有关实现德国统一的文件草案。

把我们同德国的关系放到与苏美关系一样高的水平。对我们两国人民的命运来说，对历史来说，苏德关系同样重要。

科尔：我完全同意这一点。我从不怀疑崭新的德苏关系会有益于苏美关系。我此访的目的是，为两国关系各方面的进程提供动力，我指的是一年后苏联和统一后的德国签署一个全面条约的事。这个条约将顾及苏联和两个德国之间现有条约中所有值得保留的东西，当然，也会带来许多新东西。

可以说，如果一切正常的话，今年12月将举行全德国的大选。我不能预测选举结果，但我会继续做自己的事。所以，一年后，我们可以为所有人开辟一个令人瞩目的德苏关系新篇章，进入一个新时代。

搞这个条约，不须做广告式的宣传，而要紧锣密鼓地进行，不要浪费时间。全德大选后，统一问题会得到解决。任何东西都不能转移我们的注意力，我们很快都能获得成功。

我赞成用前瞻性的态度来看待对所有现有条约和协议的下步处理问题。要确定，哪些已经过时了，哪些今后还能用，哪些根据时代的要求应作重新表述。我希望这一条约能涵盖两国政治、经济、文化和人文关系的所有主要方面，为德苏人民的进一步理解与合作，建立起可靠的基础。

当我们向这一目标迈进时，我相信，我们不是单枪匹马。布什也会加入我们的行列。在前不久举行的北约最高级会晤上，我感受到了这一点。签署德苏条约这一想法，会对其他一些进程产生积极的影响，包括对在欧安会框架下开展的北约和华约的合作。这两大集团将要发表的联合声明将具有特别的意义。我愿意赋予这个声明具有互不侵犯和互不使用武力的公约性质。那样的话，各国人民就能轻松地喘口气了。您瞧，我们的全部条约应该扮演好历史的角色。办好事的时机成熟了。我们应当把这件好事办成。

最近四个星期，我在都柏林、伦敦、休斯敦参加了三场西方国家领袖的会晤活动。在这些会晤中，提出了未来的发展方向，协调了行动方针。实际上，这些都是朝着一个积极的方向前进。当然，各国进展的速度是不同的。

在休斯敦会晤中，您给布什的信得到了积极的理解。在这次会晤中，出现了明显支持苏联正在进行的改革和计划进行的改革的趋向。各国表示将高度关注贵国国内政治的发展情况。

还要注意到，11月4日，布什那里将举行大选。大选后，布什将会更加

自由和充满信心。您可以认为，他会同我们站在一起。

如果您对改革政策抱有明确的期望，希望制定与您将要实施的政策相一致的构想的话，我想请您力争在11月前，最晚在12月前，准备好这个文件。届时将要举行一些全欧和世界范围内的重要会晤。当然，与往常一样，这些会晤肯定要谈到苏联改革问题。要是您愿意，我们可以派我们的经济专家去您那儿举行磋商。

最近几个月，对我们来说，主要任务就是担负起有关德国各项进程的工作。民主德国的经济状况比我们先前想象的严重得多，发展趋势可以说是日益复杂，而不是日益简单。我们不得不考虑这个问题。

我现在不打算触及这些进程。我们以前有过其他认识。我们曾认为，所有事情都在有条不紊地进行着。但事态的发展引发了悲剧性的转折，这给您也带来了影响。眼下的局势迫使我们要同时着手办几件事。所以，我们要相互依靠、相互信任。从这个意义上说，12月2日的全德大选具有决定性的意义。

戈尔巴乔夫：可以说，你们正站在改革面前，改革的目标巨大又艰难。

科尔：我们要互相帮助。关于这一点，去年您访问联邦德国期间，我们就说好了。

在提供贷款、苏军在民主德国驻扎等问题上，我们都遵守了诺言。现在到了考验我们相互兑现诺言的时候了。

戈尔巴乔夫：我们看到了你们的问题。在两国关系的现阶段，必须十分认真地考虑两国发展的政治背景。在议论的时候，必须持审慎的态度，要有信任、相互理解和相互配合。仅靠纸面上的东西，是不能解决所有问题的。需要人与人的对话和交流。尽管好的文件也是需要的。

科尔：我同意。这就是说，这两天我们还有重要的工作要做。在我看来，首要的问题是驻德苏军的未来命运、统一后的德国成为北约成员国以及未来德国军队的数量。这是我们要跨越的三个障碍，对完成"2+4"框架内的工作，对德国获得完全主权，都有着重要意义。而德国军队的顶端，则直接触及北约的势力范围。当然，摆在第一位的还是苏联与统一后的德国的关系问题。

戈尔巴乔夫：需要政治家们高度关注事物发展的动态过程，要以相互联系和向前发展的观点看待一切事物。

我们正努力把乔治·布什固定在能促进这种进程的立场上。而过去对他的压力也很大，我看到了这一点。最终，他还是跨出了一大步，把我们两国关系提高到了一个新水平。我认为，我们在政策上的延续性，我们同联邦德国发展关系，都对美国最终持建设性的立场有所帮助，这是件好事。

坦率地讲，我发现美国人忧心忡忡，他们在思忖我们和你们是不是打算把美国赶出欧洲。在和布什的会谈中，我坚定地表示，美国军队在欧洲的存在，是一个稳定因素。布什没有料到我会这么坦诚。他甚至又问了我一遍。我向他确认，没有美国发挥的积极作用，各种新型关系都不会有意义。

科尔：我和他就这个题目谈了很久。我们知道，长期以来，苏联对美军在欧洲大陆的存在抱怀疑态度。

戈尔巴乔夫：我们的立场是在对现实作出分析后形成的。

科尔：这为苏美关系增加了一个新的建设性要素。在伦敦和休斯敦会晤中，大家对此感到非常高兴。

布什喜欢我引述俾斯麦的那句话，他是个现实主义者，他非常明白我的难处。在欧洲，并不是所有人都喜欢德国正在展开的进程。至今，历史往事在一定程度上，依然是我们同意大利、法国和英国关系的沉重负担。我们知道，要想忘记所有的事，还需要相当长的时间。

布什有个清晰的构想。这个构想考虑到了欧洲的发展。布什让德国人在这个构想中承担重要的作用。布什不会对德苏关系和苏联与统一后的德国关系的快速发展持不信任的态度。至于美国在拉近苏德关系方面提出的建设性路线，斯考克罗夫特给我讲了许多。您认识他，他是个聪明人。

戈尔巴乔夫：我和美国人会谈时，他也给我留下这样的印象。

科尔：斯考克罗夫特是个细致而审慎的人，不是那种爱诈唬的将军。斯考克罗夫特了解克劳塞维茨。他明白，苏美关系应该建立在新的基础上，这是一个层次，苏德关系则是另一个层次；但苏美关系越好，我们就越能轻松地来改善欧洲的氛围。

戈尔巴乔夫：现在的政治背景与2、3个月前大不相同了。北约正在搞改革，政治活动在增加。在把自己从过去的禁锢中解放出来的路上，伦敦已经跨出了一大步。苏联不再被西方视为敌人。这对制定未来许多计划都有重要的意义。

我们了解并高度评价联邦德国总理和联邦德国政府在发展欧洲各个进程中的积极作用。苏联正认真地关注着这些积极作用。我们的公众舆论也在逐

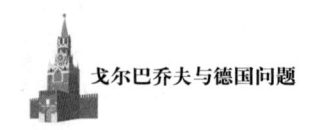

渐地、一步一步地转而理解踏上统一之路的德国人民作出的选择。过去的事我们是不能忘记的。但现在应该面向欧洲，应该走上和伟大的德国人民开展合作的道路。这也是我们对巩固欧洲和世界和平所作的贡献。

现在，一些军人正在转业，由于他们具有专业素养，所以，记者们说我们正在抛售胜利的马克。而这个胜利是付出如此大的代价和牺牲后才取得的。不能把情况简单化，但我们应该看到现实情况。

所有事情都在朝着好的方向转变。我们现在要把情绪方面的因素放在一边，开展具体和富有前瞻性的讨论。无论是你们还是我们，都必须从以下这个前提出发，就是说，我们看到了目标和未来，也看到了一些需要共同解决的迫切问题。看不到这些，我们就不能继续走下去。为我们双边关系奠定新的法律条约基础，具有决定性的意义。因此，我想向您转达我们对苏德条约的一些看法。这不是一个草案，而是一些看法，或许，您会有其他一些看法。我们会把这件事情办下去。这是要达到的目标。

科尔：我也有些想法，写在纸上了。我这就交给您。我想强调一下，这是我个人的看法，没有把它们提交联邦政府讨论。在写这个看法的时候，我甚至没有请部长们来帮忙。部长们有很多工作人员，要是一个人对另一个人说些了什么，随后就会流传到报纸上。我同样没有让外交部和财政部参与这件事。

我这里说的只是各种想法和看法的雏形。我想说的是，它们和德法条约有许多相同之处。我想建议由我最亲密的部下特尔奇克和您信任的一个人来预先研究一下这个文件。下一步，也许可以让两国外交部加入进来。我主张暂时保密。因为，我不想使这一议题在我国的选举运动过程中广受议论。

戈尔巴乔夫：我很理解您，我会交代给下边的。

在准备条约时，应当相向而行，亮明立场，以免引起误会。一部分立场已经固定下来，其余的立场需做进一步研究。新德国将建在联邦德国、民主德国和柏林的领土上，新德国将放弃重新划定边界的要求，这些都是很清楚的。也有一些我们立场相近的问题，可以迅速归纳为同一类问题。

科尔：许多事情对我们并不是问题，在很大程度上是我们走得太远了。在边界问题上，民主德国的人民议院和联邦德国议院已经通过了两个相同的决议案。这是重要而扎实的一步。

戈尔巴乔夫：德国将放弃核武器、化学武器和生化武器。这也是我们的一个出发点。

科尔：在这个问题上毫无疑问。

戈尔巴乔夫：还要说说在民主德国境内不得扩散北约的军事机构，在一定的过渡时期内保留苏军驻扎在民主德国境内，以及取消柏林的四国联合占领区地位的问题。

科尔：也就是说，涉及德国完全主权的问题。

戈尔巴乔夫：是啊，但要在理解苏军在过渡时期内将会裁减数量的前提下进行。

这里有两个沉重的话题。一是德国是否成为北约成员国的资格问题。这个问题是清楚的。事实上，德国实现统一后，在民主德国现在的领土上不应该有北约的军队驻扎。这就进入了一个过渡时期，随后这个问题不再尖锐。而过渡状态下形成的特点是，德国在法律上具备北约成员国资格的同时，德国的东部将依然作为华约的活动范围。这样，我们就解开了德国成能否为北约成员国这个结子。

第二个话题。您坚持从统一德国建立时起，就应该取消四个二战战胜国的权利和责任。这个要求是不现实的。因为需要批准相应的"六方"文件，而批准这个文件又需要时间。

原则上，我们可以朝这个方向努力，也就是在关于基本原则的文件中，写入取消四个战胜国权利和责任的条款。这样做的前提，是签署有关苏军在未来3至4年内可以留在德国境内的条件的新条约，或者确认同民主德国签署的有关苏军留在民主德国的现行规定条约的效力。

科尔：我们会认真研究这些看法。我认为，我们可以同意在3至4年内，保留一个苏军集群在前民主德国境内，具体员额另行商议。或许，我们还能找到其他什么方案。不管怎样，我们感兴趣的是停止四个战胜国的权利和责任，以使德国成为一个完全的主权国家。

戈尔巴乔夫：一定要解决好苏军的驻扎问题，这个问题不能总是挂着。而且解决这个问题需要法律基础。否则，苏军将被视为占领者。

科尔：我的目标是清晰的，德国将整体加入北约，无论你们还是我们都明白这一点。我们知道将来等待北约的是什么，我们认为现在您也明白。当然，

这一点，我的朋友韦尔纳也对您说过。在民主德国的领土上不会有北约的军队，如果我没有错误理解您的意思的话，在未来3至4年内，当苏军留在前民主德国境内时，您不想让北约势力范围扩展到那里。在苏军撤离民主德国后，民主德国的领土将被划入北约势力范围。

戈尔巴乔夫：这里说的是把两个原则问题结合起来。统一后的德国是北约成员国，事实上，当苏军在前民主德国领土上存在时，前民主德国的领土就不会被纳入北约势力的范围。但在这种情况下，统一后的德国的主权绝不会受到质疑。在过渡时期，可以就苏军撤离问题开始谈判。

科尔：我认为，应该就苏军留在德国的条件签署一个单独的条约。如果我们再来按苏联和民主德国以前签订的那些条约来做事，这些条约就会变成德国人的心理综合症，到处都会听到您提到的"侵略"一词。所以我主张单独签署一个新的条约。

戈尔巴乔夫：是未来3至4年苏军留在民主德国条件的条约吗？

科尔：3至4年对我不是问题，但对您却是个难题，因为苏军驻扎的那片地区的经济形势正在发展变化，而这种变化会以相应的方式影响到苏军。

对我来说，问题在于，那些士兵离开后会到哪里去，会从事什么职业。我们在这方面愿意给予协助。如果签一个新的条约，我们在心理上会感到轻松些，被占领时代的最后一点阴影便会消失。在培训军人们掌握向市场经济转变时期所需的民用职业技能方面，我们能够提供协助。

戈尔巴乔夫：再加上提供住房。

科尔：应该这样说，是为了苏联公民建造住房，而不是为了苏军士兵建造住房。不要作任何暗示，好像德国有个什么帮助苏联军队的计划。

戈尔巴乔夫：我们会在苏联自己的领土上为撤回的军人安排住房。苏联的土地也不算小，所以您不用担心了。

科尔：为了不引起什么怀疑，应该给孩子起个真名。

总体上，我想说，德国人愿以理解和支持的态度向苏联提供帮助。在这方面我们有强大的后方。戈尔巴乔夫先生，这首先是您和你的战友们的功劳。人们对苏联从莫斯科开始的改革的不可逆转性和积极改变抱有信心，这对德国人产生着的影响非常好。

再过10年，20世纪就结束了。为了欧洲和全世界，在德国，我们对和伟大的苏联一道庄严地结束本世纪，充满了信心。美国也支持我们。令人好奇的是，美国人再次为自己打开了德国之门。现在华盛顿每两个参议员中，就有一个确认，他自己的奶奶是德国人。

我们和法国的关系是好的，但也有一些问题，到目前还保持着平衡。联邦德国现在没有核武器，而且将来也不会有。我们的经济比法国强，而且在实现统一后会变得更强。请问，为什么还要有核武器呢？苏联不会开战，北约也不打算发动战争，而拥有核武器，就要从预算中拿出大笔的资金。法国人在这方面有复杂的心理问题。

在这些条件下，德国希望获得和平，并同伟大的俄罗斯建立起新型的关系。更何况要实现德国统一，并不是建立在同其他国家对抗的基础上，而是获得建立在与邻国及其他有关国家和谐相处的基础之上。对我们来说，同俄罗斯的和平协议不是因某种压力搞出来的，而是在自由、主权的基础上，由两个平等的伙伴国家签署的。我再重复一下，俄罗斯和德国的全部历史表明，俄罗斯人和德国人从未有过先天的敌视。过去，一些邪恶的、不良的力量曾经挑唆俄罗斯人和德国人互相反对对方，造成了悲剧性的后果。那个时期有二百万德国人自愿来到俄罗斯，不是偶然的。把自己的深植于俄罗斯，应当对他们加以呵护。

戈尔巴乔夫： 在代表大会的间隙，我在克里姆林宫中散步，有三次都遇到了来自慕尼黑、斯图加特和其他城市的德国人。我们的谈话总是温暖和入心。

科尔： 我们的人民逐渐变得更加乐观起来。苏美关系的进步、德国统一和德国与苏联关系掀开的新篇章，所有这些都使人民感到对和平的未来充满信心。我们已经划定了我们即将交谈的话题，我和我的代表团准备为此做最具建设性的工作。

戈尔巴乔夫： 我们在莫斯科开始这项工作，在高加索也将继续进行。呼吸着山地的空气，许多事情都会变得明朗起来。

戈尔巴乔夫基金会档案：全宗号1，目录号1

戈尔巴乔夫与德国问题

摘自戈尔巴乔夫与科尔（代表团成员）的会谈记录

(1990 年 7 月 15 日)

戈尔巴乔夫：……我有一个印象，我们正以理解的角度来对待生活中出现的难题。在我们的谈话中，既有对苏德关系有重要意义的务虚问题，也有务实的问题。我们现在所做的，正是要使这两种方法结合，并在这个基础上形成我们两国关系的基础。

苏共二十八次党代表大会刚闭幕。会上吵得很激烈。约翰·里德有本书叫《震撼世界的十天》。而我们已经过了 11 天。这 11 天的意义并不比 1917 年的那 10 天的意义小。

代表大会没有接受左派和右派发出的责难，表示要继续推进改革。但在具体改革的优先方向上，我们达成了谅解，即优先发展农业和解决食物问题、制定和签署新的联盟条约，改善生活必需品的市场状况，以激进的经济计划推动向市场经济的过渡。拟于下个星期举行总统委员会和联邦委员会的会议。我们将讨论下一步如何实施向市场转变的政府方案，如何在联盟条约基础上重新改造我们的国家的问题。现在，等待我们的是最为深刻的变革。

利用联邦德国政府成员在这儿的机会，我要说，我们重视近几个月和近几个星期以来，在各个不同方向上双边交流的状况和着眼长远而形成的各种经济关系。特别要说的是，我还有一个好主意，即要建立中小规模的经济形式。我到过乌拉尔，在那儿有人告诉我，西德一家公司找到了当地的一家国防工作企业，他们以军转民为基础，找到了非常有意思的合作形式。

我想感谢你们向我们提供贷款，感谢德国总理在休斯敦"七国"会议上的发言，这有利于向苏联提供经济援助。在经济上，我们正在采取重大的措施。这种贷款和帮助减轻了我们解决一系列重要问题的压力。

希望这次会见能在各个方面加深相互理解，希望我们两国迈入合作的新阶段。

科尔：谢谢你们安排的招待会，谢谢你们的热情好客以及这次建设性的会谈。我相信，历时两天的谈判会取得积极成果。

国际政治的历史性时刻到来了。90年代初对未来可能具有特殊的意义。一系列进程需要那些能够对今后发展施加长期和积极影响的解决方案。重要的是，不要错过机会。

我确切地知道，参加在都柏林、伦敦和休斯敦举办的西方国家代表会晤的人们，看到了这些绝无仅有的机会。我们非常关注苏联的发展。人们对苏共第二十八次全国代表大会的召开很感兴趣。这次会议确立了坚持改革的路线，选举出了党的总书记，我对此表示祝贺。

关于您向布什总统提出的有关西方同苏联开展经济与金融合作的呼吁，到今年年底，"七国集团"和欧盟将予答复，极可能在12月初美国中期选举结束后给予答复。

对同苏联开展合作的态度，西方的态度总的来说发生了重大积极的变化。布什总统在休斯敦直言不讳地说："我们愿意让戈尔巴乔夫获得成功"。

至于联邦德国，我们打算近期就向苏联提供实际的帮助，不会拖延。

关于德国事务。今年年底，德国将重新获得统一。和1870年不同的是，这次德国重新统一是在完全不同的条件下实现的，它不是基于同其他国家的对抗，而是在与邻国和其他所有相关方和解的基础上完成的。

应该指出，欧洲正在变成另一个样子。同时，我们也不会忘记历史。不能记住历史的人，就不能推行面向未来的正确政策。在战争年代，对打仗来说，我们还年轻。但当时已经是成年人了，已经能明白所有战争的恐怖。为了使这些悲剧不再重演，我们已经做了许多事情。我们将把这个火炬传给新一代，但我们自己也要做些事。

我们认为，近期的一项任务是让苏联和统一后的德国，比如说在一年内，签署一项全面的条约。这个条约应当包括苏联和两个德国之间现有的协议中所有有价值的东西，当然，也会增加许多新东西。鉴于华约和北约正计划签署互不侵犯的联合声明，苏德签署全面条约的可能性就变得更加现实。要是苏联和德国能积极帮助实现华约和北约互不侵犯的意图，那就太好了。

戈尔巴乔夫与德国问题

戈尔巴乔夫：对以上您所说的话，我要表示感谢。我们要更加扎实地开展工作，可以满怀信心地说，我们能够找到双方都满意的办法。

戈尔巴乔夫基金会档案：全宗号1，目录号1

摘自戈尔巴乔夫与科尔的会谈记录

（阿尔赫兹，1990年7月16日）
（德方根舍和威格尔，苏方谢瓦尔德纳泽、
科维钦斯基和西塔良参加了会见）

戈尔巴乔夫：科尔先生以及代表团的全体成员们，我很高兴在阿尔赫兹见到你们。在这里，我们可以平心静气地自由谈话。你们是我的客人，所以我对你们说这样的话。

科尔：昨天，在莫斯科，我们已经着手讨论此次会议议程中最重要的一些问题。现在，我想从苏联和统一后的德国要签署一个全面条约开始谈起。现在就该开始这项工作。我们看到与此相关的一些问题，但它们是可以解决的。

我现在是代表联邦德国，而不是代表统一后的德国讲这番话。对条约的制定，也将沿着联邦德国——苏联这条线进行。为避免其他国家产生误解和不理解，我认为，在今天的联合记者招待会上，应该说出我们打算搞这个条约的有关意图。可以不谈细节，但似应宣布，这个条约将涵盖政治、经济、文化和人文关系的各个方面，并将为苏德两国人民的进一步理解与合作打下稳固的基础。

对满足记者们和政治人士的新闻需求来说，这些消息就足够了。此后，我们的代表们便可以在保密的场合着手具体研究这个条约的内容了。

我认为，这个条约可能会在一年后由统一后的德国政府来签署，这也是我的目的。

戈尔巴乔夫：这里有个逻辑，既要考虑历史教训，又要考虑到现实状况。在西方国家中，苏联和联邦德国在各个领域都有着最为广泛的联系，而在东欧国家中，苏联和民主德国在各个领域都有着最为广泛的联系。因此，统一后的德国与苏联签署的条约，应当具备相应的容量和特点。这个立场是真诚而坦率的。我觉得，大家都会理解这一立场，这里指的是苏联和它未来的合作伙伴——统一后的德国，将把彼此关系提高一个崭新水平。

科尔：对这个条约，我们不会有任何问题。我想避免产生一个印象，即当今的联邦德国政府正在履行未来统一后的德国政府的角色。这是一个要点，首先是在心理动机方面的一个要点。

我想重复说一下，现在，我们愿意着眼长远，由苏联和统一后的德国签署一个全面条约。这个条约应当能够涵盖苏联和两个德国之间现有的各种条约中的合理内容。当然，最好能补充许多新内容。要研究，我们将来可以从业已签署的条约和协议中拿出些什么。对苏联和德国来说，这个条约文件应该内容丰富、深入人心、公正合理。

戈尔巴乔夫：问题主要在于，这个条约要着眼于长远的未来。重要的是，要使苏联人民感到，将会由此展开互利的睦邻合作，同德国人民将有全新的联系和交流。

科尔：这是着眼长远的非常重要的一点，它能保证赋予我们的双边关系以新的质量。

谢瓦尔德纳泽：最好能在11月前协商好条约的主要条款。如果没有这个条约，苏联最高苏维埃将很难通过与德国实现统一相关的一系列文件。这一点非常重要。

科尔：我觉得，我们和波兰可能出现一些问题。这些问题将涉及领土问题，但不是本质上的，而是形式上的。而苏联最高苏维埃需要什么呢？

戈尔巴乔夫：交换书信。

根舍：是表明意图类的书信。

科尔：我没有发现这会有什么问题。可以这样约定，我给您发封信，我们事先商量好这封信的内容。这封信将包括我们要共同拟定的条款目录。

戈尔巴乔夫：也许，还需要同民主德国进行相关的协商。

科尔：这方面没有任何问题。我们会与民主德国接触。民主德国的总理可能会给您写信，信中将表示支持苏联和统一后的德国签署条约的想法，并同意我信中所说的那些内容。

戈尔巴乔夫：我明白，这个条约要由统一后的德国政府来签署。但确定一些中间的解决方案也很重要。我们已经将对条约内容的一些看法转告给了你们。

科尔：为了使一切都清晰明了，应当这样来办。苏联和联邦德国正在讨论未来条约的框架。现在谈的不是条约本身，而是条约的框架。在谈判过程中，要准备好致苏方的信函草案。然后，我们联邦德国将同民主德国进行协商，这是我们双边的事。我认为，这种方法会使涉及该条约的各方都满意。

戈尔巴乔夫：好的。

科尔："2+4"机制的工作非常重要。建立这个机制的主要目的，是使德国在统一后获得没有某种限制的完全主权。在这方面，我们必须讨论一系列重要问题。

我已经说过，在我看来，波兰在边界问题上提出了一些多余的要求。民主德国的人民议院通过了一项著名的决议，联邦德国议院也搞了一个这样的决议。对边界问题，这两个决议都说得简单、明了、彻底。但波兰人不满意。我们会和他们再进行谈判。

三个星期前，我告诉马佐维耶茨基说，为了共同利益，最好能够签署波德全面条约。他的立场模棱两可。在我们以前的有关试探中，对我们这个建议，波兰人也没有给出明确的答复。总的看，德国实现统一后，我们将不得不和波兰人首先签订边界条约，因为他们目前还不愿意签署全面条约。

戈尔巴乔夫：您怎么看待结束"2+4"机制这件事？

根舍：应该通过一个相应的最后文件。在欧安会最高级会晤前搞出来，然后签署。这很重要。出现一个拥有完全主权、不受某些问题困扰的德国，应当成为"六国"工作的一项重要成就。

戈尔巴乔夫：我们的意见是，这个文件应当涵盖统一后的德国外交方方面面的原则问题，其中包括：

在民主德国、联邦德国和柏林的边界之内建立一个新德国；

德国不拥有核武器、生物武器和化学武器；

与四个战胜国权利和责任的关系。最终将恢复德国的完全主权。在这方面，要确定目前存在的需要解决的一些问题。

根舍：总统先生，您指的是哪些问题呢？

戈尔巴乔夫：首先，在民主德国境内，北约的军事机构不得扩散；苏军在一定的协调期限内继续留在民主德国境内。关于就苏军留在德国的条件签署一个单独条约的想法，昨天我已经和联邦德国总理反复斟酌了。在"六国"的最后文件中，应对这个问题，作出原则上的确认。一句话，需要法律根据。否则，我军留在德国，就会像浮在空中一样。

根舍：我们打算这样理解那个"六国"文件，也就是，根据赫尔辛基最后文件，统一后的德国将拥有选择加入或不加入某一联盟的权力。您知道，我们主张她加入北约。在这个问题上，我们应当有清醒的认识。

科尔：为了不引起混乱，我想建议这么办。让我们先把所有的问题过一遍，最后再谈应当做什么和在什么地方做。

戈尔巴乔夫：这个理解应该包括所有问题。但是，还应该就相互义务达成协议。

科尔：对德国来说，政治上的主权，意味着她可以决定加入哪个联盟的问题。我们可以对此达成相互谅解，但不一定要把它写下来。

关于德国拒绝核生化武器一事，我已经说过了，这方面没有任何问题。

这里有个为民主德国境内的苏军制定一个明确文件的问题。我们是这样理解的，德苏将会制定一个双边条约来解决这个问题。应该现在就着手条约文本的起草工作。建议使用我们在制订苏德全面条约时拟定的程序：由联邦德国和苏联先进行谈判，联邦德国同时按自己的渠道和民主德国进行必要的协商。

戈尔巴乔夫：这是一个重点问题。在谈判过程中，我们不会放下苏军留在统一后的德国领土上这个话题。这与北约不在民主德国境内扩散其军事组织的原则立场是相关联的。苏军在德国东部驻扎的局面将会出现。北约军事组织当然不能向德国东部扩散。这不会产生德国主权问题。关于德国实现统一后苏军驻扎的条件，确实需要搞一个单独的双边条约。

根舍：统一后的德国将是一个主权国家。但在一定时期内，苏军将继续驻扎在前民主德国的领土上。这个问题应该通过另外一个单独协定来解决。

科尔：看来，也应该在今年11月前搞好这个协议。

根舍：科尔总理会告诉您他对这个文件内容的看法。

戈尔巴乔夫：我们也会发表自己的看法。

科尔：从我方来说，我们将和民主德国一起研究一些必要的问题。

戈尔巴乔夫：实际上，这好像是要把你们和我们的立场结合起来。德国是北约的成员国，但北约的势力范围不包括民主德国。

科尔：在苏军留在民主德国期间？

戈尔巴乔夫：我们看情况怎样发展吧。我们双方都需要考虑得周全一些。事情正朝着恢复统一后德国主权的方向发展。总理先生提出，需要搞一个有关苏军驻扎的新条约，我支持您的这个建议。

新获得主权的德国会告诉我们，她理解我们的关切，并且北约成员国不会带着核武器向民主德国挺进。

科尔：您是说，只要苏军留在那儿，就会这样吗？

戈尔巴乔夫：当以后谈论苏军撤军问题时，我们会讨论这一点。在此之前，维也纳谈判可能会出现进展，华约与北约可能会有新的关系。那样的话，一切都会变得完全不同了。现在，我们只谈近期的未来。

要是你们发表了有关北约要在民主德国境内扩散势力范围的声明，那我们这方面就会出现强大的对抗运动。要考虑到这一点。

根舍：为避免对德国主权产生怀疑，要头脑清晰地执行。要是有人问我们，我们会说，将根据实际情况来解决这个问题，但是不涉及德国主权的问题。

戈尔巴乔夫：我们不会把主权当成问题，其他所有问题都只是策略问题。要是有人问，苏军撤出后会怎么样，我们会回答，这种情况发生后，我们会予以研究。

根舍：是在主权的框架下吗？

戈尔巴乔夫：是的。

谢瓦尔德纳泽：军队问题是个原则性问题，将来还要再讨论。如果苏军撤出后，北约进入了民主德国并且在那里部署了核武器，那就会发生爆炸性的局面，我们所做的一切都将会被埋葬。

戈尔巴乔夫：这涉及到兼顾两个原则的问题，也就是统一后德国的主权和未来应该怎么办。生活正在快速变化，当下一个阶段来临时，就要制订相应的解决方案。在这个问题上，超前行事会导致最危险的后果。

科尔：为了自我检查，我现在把讨论过的问题综合一下。

德国实现统一后，立即恢复德国的完全主权，统一后的德国和苏联签署关于一定时期内苏军留在德国境内的条约。这个条约将以未来苏军撤离为目标，旨在解决苏军必要的、逐渐收缩的所有部署问题。

这样，苏军将在新条约的基础上留在统一后的德国境内。我们将按苏联—联邦德国和联邦德国—民主德国的路线图来准备这个条约。

拥有主权的德国将自行决定加入哪一个联盟。我们现在说，德国将成为北约的成员国，同时我们也表示，苏军在德国驻扎期间，北约不会东扩。苏军从现驻地撤离后如何决定，那是主权国家德国的权力。

为了不给未来留下任何负担，对所有这些问题，现在就都要说好。否则，就会真的损害这个大条约。

谢瓦尔德纳泽：最明智的方法是明确清晰地写下来，苏军撤离后，在前民主德国的领土上不会出现外国军队和核武器，而且这些领土不会被用作反对苏联。

戈尔巴乔夫：这个条约中应该有这么个思想，也就是不会利用苏军撤离来建立对苏联的安全威胁。我们应当相互理解。德国是北约成员国，苏军撤离不应损害苏联安全。对这些，应全都清楚地协商好。

根舍：不要产生只有苏军撤出后德国才是个主权国家的印象。应当明白，德国肯定会是个主权国家，但以北约机构不东扩为条件。尽管从外部来看，对统一后的德国成为北约成员国不应有任何疑问。我们说，主权国家德国可以在拥有政治主权的基础上作出自己的决定。而你们说，北约不应向前民主德国扩展自己的机构。

戈尔巴乔夫：我们将保证，留下来的苏军不会触碰德国的主权。

根舍：必须弄清一个问题，到那时，还会不会有其他国家的军队留在民主德国境内。这里说的是不隶属于北约的德国军队。

科尔：这指的是不隶属北约的德国国防军。

根舍：在柏林，现在有美国军队、法国军队、英国军队和苏联军队。一些特殊协议管理着他们的驻扎行为。而在德国获得完全主权地位后，这些协议将会被废止。

我们感兴趣的是，当苏军留在民主德国时，这些军人会驻扎在大柏林。但这根据的是新的条约基础，而不是根据四个战胜国的权利。驻军的人数不应超过现在的水平。

425

科维钦斯基：在柏林也将保留苏联军队，同时，根据1945年的协议，联盟军队不应在柏林部署核武器。

根舍：请让我做个中间性总结。

统一后的德国将是个主权国家，德国将加入北约，对此我们已经达成谅解，但不会对外公布。苏军在民主德国境内驻扎期间，北约机构不得向民主德国境内扩展。对苏军驻扎问题，应该签署一个相应的条约，并在德国实现统一之前完成这个条约的准备工作。除苏军以外，在现民主德国境内，也将部署不隶属北约的德国军队，这些军队称为区域防御部队。

在恢复德国主权后，根据相应的各个双边协议，四个战胜国驻扎在大柏林境内的军队，仍将留在原地，直到苏军从前民主德国境内撤离。四个战胜国留在上述地域的军队的员额不应超出它们现有的水平，并保持目前的装备水平。

为了不产生误会，我还想说一点。根据各个双边协议，四个战胜国的军队驻扎在大柏林，不是德国国防军部分部队在哪儿驻扎的障碍。

戈尔巴乔夫：我再谈一下对我们非常重要的一件事。必须找到一种合适的形式，比如义务、声明或其他什么东西，来使我们确信，在苏军撤离后，拥有核武器和核武库的北约不会进入前民主德国的境内。否则，我们所有的协议都会遭到破坏，人们会对你们的政策产生疑问，更何况还要继续推进裁减军备的进程。且不论是我们，还是西方大国，都将削减自己的军队员额。

根舍：我们坚持一个原则，即无论在哪一国，都不存在安全被降低的区域。北约条约第5条和第6条都毫不含糊地说明，在一国遭到侵略时，盟国有义务相互进行保卫。这个条款适用于北约成员国所有国家的所有领土。当然，它也适用于民主德国的领土。

戈尔巴乔夫：通过德国拥有主权权力，可以解决德国隶属北约的问题，但我们也有权获得完整的不受损害的安全环境。所以，应该让我们相信，在我们撤离后，北约各国是不会带着核武器进入民主德国的境内的。

根舍：当德国成为一个主权国家时，北约条约第5条和第6条将适用于德国全境。

科尔：德国国防军可以完成这些任务，为了明确起见，我再重复一遍。我们愿意公正地彼此对待，愿意相信我们和你们是可靠的伙伴。德国将不受任何限制地获得完全主权,并成为北约的成员国。北约条约第5条和第6条将适用于整个德国。在苏军在前民主德国境内逗留期间,德国国防军也会在那里驻扎,但这将是德军的区域防御部队,而不是隶属北约的部队。同时已经达成协议,苏军在民主德国逗留期间,将在大柏林保留法国、英国和美国的军队。已经达成协议,其他三个战胜国的军队将不拥有核武器,而其员额也不能超出现有水平。

您的关切在于,"X"的那天到来后,苏军将会撤离,之后会发生什么?在前民主德国的境内会不会出现核武器?

我坦率地说,目前还没有讨论这个问题。但是必须找到解决问题的交叉点,这一点我们已经感觉到了。首先,到这个时候,我们有了互不侵犯公约,这便能提供安全保证。不能允许发生这样的情况,即签了条约,几年后又出现了核武器。我们主张彼此以诚相待。如果有什么矛盾,要展开讨论,思考解决矛盾的办法。如果我们不协商,也就不会有全新的国家关系。现在,我提不出什么具体的形式,但这种形式一定能找到。

戈尔巴乔夫:德国将会统一,将获得政治上的主权,并将成为北约成员国,德国将适用北约条约第5条。

那对我们刚才谈到的那些打算,德国总理在信中有相应的表述吗?

科尔:暂时我还不知道该如何更好地表达这个建议。我想再核实一下,您认为,苏军撤离后,在前民主德国境内,比如说,既不能有美国士兵驻扎,也不能有核武器。还是您指的仅仅是不能拥有核武器?

戈尔巴乔夫:我指的是,既不能有外国军队,也不能有核武器。

科尔:当苏军留在前民主德国境内时,德国区域防御部队也会留在那里。但一般的德国部队是另外一回事,他们不是外国军队。

戈尔巴乔夫:当苏军在那里驻扎时,这个区域的防御部队可以在苏军旁边驻扎。在我军撤离后,隶属北约的那些德国国防军可以出现,但不能携带核武器。

科维钦斯基:也不能有核武器的载体。

科尔:很好。我再试试更清晰、扎实地表达所有这些观点。

德国的完全主权指的是,在苏军撤离后,在前民主德国境内可以部署任何德国军队,但不得拥有核武器的载体。在前民主德国境内不得部署外国军队。

谢瓦尔德纳泽：在"六国"的最后文件中，应该以某种形式提及苏军的地位问题。因为这个文件将会公布。而苏德关于军队方面的单独条约还没有签订。

戈尔巴乔夫：现在说的是，在签署"六国"最后文件后，我们应当批准这个文件。情况会是这样的：出现了一个拥有主权的德国，同盟国拒绝履行自己的权利和责任，而关于苏军驻扎的条约尚未达成。苏军的西部集群似乎已经陷入困境。所以，在形成双边条约之前，应该在最后文件中写上一句关于苏军的话，这里指的是，苏军留在德国的条件，将由统一后的德国政府和苏联政府在条约中加以确定。

科尔：没问题。或许在今天的记者招待会上，就应说出有关苏军驻扎大概的期限和驻军人数？

戈尔巴乔夫：如果美国人不拒绝已达成的协议的话，那么苏军驻扎的数量为19.5万人。不错，前不久，美国人开始说是22.5万人。

根舍：维也纳协议适用于这个问题。

戈尔巴乔夫：当然，为使驻扎的苏军裁减到19.5万人，需要一段时间。裁军不是件简单的事，这您是清楚的。根据我们的测算，裁军需要5到7年的时间，有人甚至说，需要10年。

科尔：这时间太长了。昨天说需要3到4年，这是最现实的期限。

我非常坦率地讲，我们不想使我们的相互关系复杂化，也不想让你们为难。延长苏军驻扎的期限，可能会出现问题，不是我们出现问题，而是你们会出现问题。现在，民主德国的经济状况正在发生急剧变化，情况与过去会大不相同。你们所有的士兵都明白这一点。他们正在作出相应的结论和某些决定。

我完全坦率地说：我们可以同意4年的期限，但最好是3年，而且这正是为了你们，3年的期限更符合你们的利益。

我们知道因苏军撤回苏联而产生的一些问题。昨天，我们谈过这件事。我想再次确认，在培训苏军转业人员学习民用专业方面，联邦德国准备提供协助。

关于向撤回的军人提供住房的问题非常敏感，我们对此表示理解。我们愿提供协助。主要是，要避免产生联邦德国为苏联士兵建造住房这样的印象。

应当这样来看，即我们在全苏范围内帮助你们解决住房问题。你们让谁来住，这是你们的事。但只是需要建立专门的军人村或士兵居住区。

戈尔巴乔夫：科尔先生，我们不仅欢迎，而且满意地接受这些看法。还应当指出，我们正在国内裁减 50 万的军人，我们的国家很大，但我们能使我们的人不产生任何担心。苏联军人在国外驻扎 3 到 4 年，这是个合理的期限，而我们的经济环境会变化得非常快。我想请西塔良和威格尔研究这一系列问题。

威格尔：我和西塔良先生从联邦德国马克进入民主德国流通的角度，讨论了因苏军而产生的问题。大家知道，1990 年，我们作了特殊处理，在民主德国的国家条约框架内，拨付了 20 亿联邦德国马克。现在，我们正在认真研究那些向苏联出口产品的民主德国企业的情况，正在考虑如何帮助这些企业运转下去。同时，我们不是以对我们的风险程度为出发点，而是以促进统一后的德国和苏联发展关系为出发点。我们正在向这些企业提供必要的贷款和其他协助。要是能在秋天，在 9 月份，系统地研究所有这些问题，就好了。

戈尔巴乔夫：昨天，在莫斯科已经约定，雷日科夫将就此致信科尔。

科尔：重要的是，双方领导层能继续进行对话，我们准备让部长们加入这个工作行列。在我看来，迄今为止，我们所做的一切都非常有效。

戈尔巴乔夫：必须努力找到把民主德国的企业整合到我们相互联系的一些形式上来，既使你们满意，也使我们满意。民主德国非常了解苏联伙伴和苏联的工业，同苏联企业一直保持着直接的联系。应该利用好这一点，为我们的事业服务。

西塔良：大致勾画出需要讨论的四类问题：

1. 根据裁军和撤军的程度，对苏联集群军提供资金上的保障。换算成石油的话，如果现在需要 600 万吨石油，那么明天，在使用德国马克后，则需要 1700 万吨，也就是增加了 1100 万吨。这正好是我们向民主德国出口的石油量。也就是说，没有剩余资源来完成其他任务了。

2. 苏联国防部的资产处置。要考虑，下一步如何处理好这些财产。或许可以采取赎买或其他什么方式，或是利用共同经营的方式。

3. 在德国实现统一的过程中，不得损害同苏联的合作关系。雷日科夫关于建立三方委员会的建议，可以解决这个问题。不能把这个问题拖到 11 月份，因为企业等着签第二年的合同。

4. 苏联和统一后的德国签署一项涵盖经济、贸易、科技合作的长期协定。

威格尔：最近几个星期到几个月，为在联邦德国和民主德国建立起货币联盟，在解决经济问题方面做了大量工作。我们认为，在相应的条约中，规定对经互会成员国同东欧国家的贸易实行保护性条款，是一个成就。困难是有的，但我们对同东欧国家发展贸易充满希望。

戈尔巴乔夫：当然，我们打算从1991年1月1日起，对东欧国家将按国际价格和可自由兑换货币来结算，你们知道吗？

威格尔：苏联撤军问题和卢布兑换体系变化是相联系的。许多事情取决于，过多久后，苏联才能扩大自己的经济能力和出口商品的名录。可以把天然气的出口量增加30亿立方米。但愿这能帮助解决民主德国的环境问题。我指的是使用褐煤问题。

在休斯敦"七国集团"会晤中，在立即向苏联提供技术援助方面，我们成功地得到了所有与会者的支持。

戈尔巴乔夫：我们理解休斯敦发出的信号。我们还知道，11月4日和12月初[1]意味着什么。我指的是个纸袋子，它能影响我们现在讨论的观点。我记得科尔的那封来信。当时，所有的东西都放在一个公文袋里。怎样才能不在华盛顿或国际货币基金组织那里把这个公文袋封上呢？我希望，在成立财团来落实和财政问题相关的重大思想过程中，联邦德国总理应不会背离自己的角色。

为了准备向市场过渡，我们已经做了大量工作。对我们来说，这是比今天讨论的问题都更加重要的现实问题。应当现在就解决这个问题，而不是过两年来解决。

有关希望到秋天前得到我们向市场过渡计划的第二个信号，我们也清楚了。

我们还注意到了涉及欧共体的第三个信号。我会同德洛尔见面，也许，近期也能和安德列奥第见面。

---

[1] 1990年11月至12月间，苏联国内政治局势变得急剧尖锐起来。一些加盟共和国和自治共和国一个又一个地通过国家主权宣言，摩尔多瓦、乌兹别克斯坦、南奥塞梯爆发了一些民族矛盾。车臣暴乱也开始了。在脱离苏共的那批人的基础上开始出现各种各样的政治派别，谢瓦尔德纳泽则像演戏一样，递交了从外交部长位置退休的申请。

我非常希望，大家能尽力落实已经达成的那些协议，而不是中断这些协议……

科尔：计划于12月15日至16日在罗马举行欧洲经济共同体第二次会议。这两个会议、这两个日期以及这两个会议之间的时间都格外重要。在这个时间段内，应当尽最大努力来做好事情。我们的外交部长们要加强经常性的接触。

戈尔巴乔夫：我想归纳一下。

1. 我们商定，就驻德苏军集群出现的新情况进行谈判。

2. 关于因德国实现统一而产生的财政经济问题，包括与苏联有紧密合作经营关系的民主德国企业的命运问题，雷日科夫将很快致信科尔总理作出说明。

3. 关于苏军撤离德国后苏联国防部的资产问题。

4. 苏联向市场经济过渡的构想。

根舍：苏联国防部的资产由什么构成？

戈尔巴乔夫：这和德国实现统一的外部情况一样，需要进一步弄清楚。

科尔：需要3到4年吗？我们是现在决定，还是稍后再决定？

戈尔巴乔夫：也许不用现在就办？

科尔：提到时间框架，我们不要回避。在记者招待会或其他场合，一定会有人问这个问题。

戈尔巴乔夫：有关相关协议的谈判也需要3至4年时间。

根舍：问题是最后一个士兵什么时候能离开德国呢。这是个难题，要搞清楚。

戈尔巴乔夫：现在谁又能说清楚呢？

科尔：我会很难受的。麻烦在于，我在议会上必须说清楚苏联什么时候能撤军，也要解释为谁建房的问题。

戈尔巴乔夫：所有问题应当归纳起来讲。可以这样说，我们正在建立合作关系，苏联正在向市场转变，正忙于接收军人、军人转业和安置等等问题。所有这些自然都需要时间，需要奠定相应的法律基础。

根舍：重要的不是第一个撤走的兵，而是最后离开的那个兵。

科尔：这对谈判的主持人很重要，因为谈判之前总要提出一定的目标。

戈尔巴乔夫：必须搞清楚问题的两个部分，即撤军和合作，这都需要具体化。

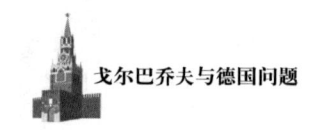

根舍：应当就德国统一后德国国防军的员额问题交换意见。对此我有如下看法：

1. 在以后的谈判中，参加维也纳谈判的 23 个国家，将就各国陆军、空军的员额上限达成一致。

2. 在相关协议生效前，任何国家都不能增加军队员额。

3. 为了直观起见，我们德国人准备就统一后德国军队（陆军、空军和海军）的员额问题发表一个声明。

4. 这个声明将具有国际法效力，并将与"维也纳 -2"所有谈判参加国的裁军协定一起生效。现在，我们就可以发表这样一个声明："在等待'维也纳 -2'谈判结果期间，我们将在'维也纳 -1'谈判后，开始裁减自己的军事力量"。

裁军应该这样来进行。为达到我们完全撤军的目的，苏军须从前民主德国境内全部撤离。这样，一切从"维也纳 -1"谈判开始。苏联现在开始撤军，而我们现在开始接近裁军的目标。

科尔：这里为"2+4"方式建立了相互联系的基础。

根舍：要是苏军在 3 年内离开，那我们也会在 3 年内裁军。要是你们 4 年后离开，那我们就在 4 年后完成裁军。而且和苏联不同的是，我们将马上开始裁军。

戈尔巴乔夫：苏军留在德国的 3 至 4 年内，要考虑就相应的财政经济条件达成一致意见，至少要对 1990 年实施的那些原则达成一致意见。

科尔：对 1991 年，要对整体经济情况作出权衡。这已经说定了。

戈尔巴乔夫：我们现在在搞一个新的协议。如果现在解决我们军队的问题，并确定最后一个士兵撤离的期限，那么能在多大程度上说清楚，财政经济条件可以建立在与 1990 年相同的基础上呢？

科尔：我们应该从最后的 19.5 万人出发来考虑问题。

戈尔巴乔夫：但现实是另外一种情况。19.5 万人是今后的目标。

根舍：在联邦德国总理写的信中，是可以说清楚的。但不能把对 1990 年的处理方法自动地适用于 1991 年。建造住房和军人转业从事民用专业的事，联邦德国总理会说的，为此会拨出资金。

我们知道你们资金有困难，其中包括有关建房资金的困难。但为什么我们不愿意呢。因为这是签订一个与安置军队费用有关的条约。问题不在于钱的数量有多少，而在于用钱的名目是什么。我们也有其他的军队，但我们并不给他们掏驻扎费。我们想解决苏军驻扎问题，但要避免称之为"驻扎费"。

戈尔巴乔夫：费用用什么名称，我们可以再想想。军队给养条件发生变化，需要新的支出和财政来源，刚才我们听说，统一后的德国政府对此持理解态度。

西塔良：这就有个汇率差和使用1990年当时汇率的问题。

科尔：我们希望苏军在商定的期限内撤离德国，我们对此感兴趣。同时也不愿意你们发生不愉快的事。我们会找到提供帮助的途径。所以我们现在讨论有关建造住房和培训民用技能的问题。但我非常不愿意德国人民热议"德国成了主权国家，却还要负责支付苏军军费"之类的话题。

德国联邦政府与地方各州的关系，可以成为解决这个问题的实际范例。在联邦德国政府向地方各州授权时，宪法并没有把所有问题解释清楚，否则地方各州会被联邦捆住手脚，从而导致许多麻烦。中央在能帮忙的地方都帮忙。但在多数情况下，各州的问题都由他们自己解决。所以，我想请您不要称之为驻扎费或部署费。

您可以认为，我们能找到令人满意的解决方案。我们也不希望出现困难，你们驻民主德国军队的困难，也是我们的困难。

戈尔巴乔夫：从1991年1月1日起，会是另一种局面。当然，我们应当看到，这给部队供给增加了额外负担。这增加了撤离、回国、安家和转业等许多问题。对我们本来就已经沉重的经济状况来讲，这是个巨大的额外负担。如何表达有关意图是个技术问题。在事情的实质上，我们应该保持清醒头脑，通过各种合作，来找到能保障苏军西部集群基本供给条件的解决方案。

科尔：也许该考虑签署一个过渡条约？

根舍：应该签署1991年、1992年和199年的过渡条约。在名称上不提及军队二字。可以这样表述："处理在民主德国流通德国马克后续事宜的过渡条约"。这个条约可以包括现在所说的费用问题，但不要具体提及。条约中还可以涉及其他经济问题。现在，经济方面已经出现了一些新的实际情况，所以有必要在这个条约中对经济情况作出新的评估。

戈尔巴乔夫：看来，搞这个条约是有益的。条约应该规定，截至目前，以前我们负担的费用仍由我方来负担，而新增加的费用则由你方负担。

威格尔：是啊，是这样。

根舍：必须根据苏军在民主德国驻扎的期限，来为条约确定一个临时的框架。这个条约要管3至4年的时间。

戈尔巴乔夫：可是这样，有了一个关于苏军在民主德国驻扎条件的条约，同时又有一个在民主德国流通德国马克的条约。我们不得不同时在两个方向上开展工作。

科尔：这对我们不成问题。

戈尔巴乔夫：我们什么时候可以宣布德国实现统一后德国国防军拥有的员额数量呢？

谢瓦尔德纳泽：对德方关于削减德国国防军员额的声明，现在还不完全清楚。你们在和"维也纳-2"机制联络，但目前这方面，还没有作出任何决定。我不认为，削减德国国防军的问题应当同苏联撤军挂钩解决。

科尔：我们不觉得这有什么问题。可以把这4年称为裁军期。今天，在记者招待会上，可以宣布这件事。

谢瓦尔德纳泽：这个决定应当在"2+4"谈判框架内得到体现。

根舍：在维也纳谈判中，我们会发表声明，表示在4年内，统一后的德国武装力量将减少到37万人，我们会从"维也纳-1"谈判生效之日起开始裁军。然后，我们会说，在"维也纳-1"谈判中，我们会赞成所有参加"维也纳-1A"或"维也纳-2"谈判的23个国家承担不提高本国武装力量上限的义务，我们关于削减武装力量的义务将涉及"维也纳-2"谈判，尽管我们也许可以早点儿开始或结束这个削减过程。我们的义务将具有国际法的效力。

如果"2+4"框架机制选择发表声明的话，就不成问题。

戈尔巴乔夫：我们哪里还可能有困难？

根舍：明天，7月17日，"六国"外交部长将在巴黎举行会晤。关于未来德国的边界，我们打算坚持过去会晤中已经协商确定的方针。在这方面，波兰人提出了三点补充要求。其中一点是，我们必须同意，德国只有在和波兰签署德波边界条约以后才能成为主权国家。对此，我们不能同意。因为德国国防军和民主德国议会都发表了相应的声明。在未来的最后文件中，可以清楚地看出统一后德国的边界都标在哪些地方。

波兰人还要求我们修改德国国内的法律。在"2+4"谈判中，我们已经说过修改联邦德国宪法的事。我们说,在统一后的德国宪法中,不会再有哪些条款。但是,我们内部应设立什么样的法律架构,是主权德国自己的事务。波兰的第三点要求是,要用和平解决德国问题的原则要素,来命名统一后的德国和波兰的边界。

我们愿意签署边界条约,但不能为波德边界确立特殊地位。这是个不合时宜的先例。我们有很多邻国,无论是丹麦人、荷兰人、法国人,还是哪个国家的人,还没有哪一个提出要赋予其同我国的边界以特殊地位的要求。要是事情照这样办下去,那么波兰人也会要求赋予波苏边界以特殊地位。

科尔:我们在边界方面没有问题,但我们有国内政治问题。要是因波兰立场而出现的德波边界问题,成了处理欧洲所有边界问题的标准,那就会产生非常不合适的后果。这种处理方法是不可取的。我们现在直截了当地这样说。

根舍:我再详细说一下统一后的德国军队安排问题。今后,它似乎还会保留"德国国防军"的名称。我们的陆军、空军正在日内瓦展开讨论。对我们来说,把统一后的德国的海军算到37万人里,是再自然不过的事。但这种算法不应成为讨论"维也纳-1"议事日程的先例。

戈尔巴乔夫:要考虑一下,我们该向记者们说些什么。看来,我们的出发点应该是,已经进行的谈判是"2+4"进程的一部分。本次谈判中,我们讨论了在国际大背景下因德国实现统一而产生的一些问题。

戈尔巴乔夫基金会档案:全宗号1,目录号1

戈尔巴乔夫和科尔举行记者招待会

(1990年7月16日)

科尔在开场白中说:戈尔巴乔夫总统和我,两国外交部长、财政部长以及我们双方代表团进行了两天的会晤,此后便召开了本次记者招待会。我们在莫斯科谈,在飞机上谈,在这里,在戈尔巴乔夫总统的家乡还接着谈。我

认为，就谈判的紧张和密集程度而言，这次会晤将成为德苏关系史上之最。我的理解是，邀请我们到总统的家乡是个特别的姿态，所有参与谈判的人在所处的这种特殊环境下，促进和深化了彼此的信任。

我们谈判的特点是高度坦诚、相互理解，并且谈判者个人互有好感，也因为我们现在所处的条件促成了这一点。我们和斯塔夫罗波尔的居民们进行了真诚的会面。有一次，我们的直升机在途中着陆时落在了麦地里。我们就和麦田里的农民进行了交谈。但我们会谈的特殊意义还在于会谈的成果。我们认为，在一些关键问题上，我们向前跨出了一大步。

取得这一成果的原因，是我们双方都意识到，目前，在欧洲、德国和苏联，正在发生历史性的转变，这个转变赋予我们特殊的责任。对这些国家中每个国家的政治活动以及发展我们两国关系来说，的确是这样。对未来整个欧洲来说，也的确是这样。戈尔巴乔夫总统和我都同意，我们应该担负起这一历史责任。我们将尽力办好这件事。首先，我们把这个任务看作我们当代人的特殊义务。我们这代人是二战和二战后已觉醒的见证人，我们获得了重要的、或许是唯一的在和平、安全和自由的条件下，建设我们国家和全世界独一无二的未来机会。

戈尔巴乔夫总统和我都很明白，德苏关系对两国人民的未来具有特殊的意义，对欧洲的命运也同样具有特殊意义。我们愿意表达这一点并且商定，德国实现统一后，同苏联立即签署一个全面基础性的双边条约。这个条约将在睦邻的基础上长期调整我们两国的关系。条约将涵盖双边关系的所有方面，既包括政治关系，还包括安全问题、经济问题、文化问题、科技问题、青年交流以及许多其他问题。我们的目的，是要把我们的双边关系建立在稳定、信任和可预见以及在共同的未来中开展相互协作的基础之上。

我们的谈判弄清了"2+4"谈判框架中要讨论的一些重要问题。6月份，在柏林举办的四国外交部长会晤中，一致通过了一个协定，即，应及时结束"2+4"谈判，以使它的成果能列入11月份在巴黎召开的欧安会国家元首和政府首脑会晤之中。经戈尔巴乔夫总统同意，我愿指出以下几点：

第一，统一后的德国包括联邦德国、民主德国和柏林。

第二，德国统一后，四个战胜国的权力和责任将全部取消。这样一来，自德国统一之时起，统一的德国将获得完全和无限制的主权。

第三，为了履行自己的无限制主权，统一后的德国可以自由并独立地作出选择，要不要加入某个集团；如果要加入，是加入哪个集团。这是符合欧安会最后文件的。在解释联邦德国政府的观点时，我说过，统一后的德国愿意成为北大西洋联盟的成员国。我相信，这也符合民主德国政府的愿望。

第四，统一后的德国将和苏联签署关于苏联从民主德国撤军的双边条约。这个条约将在 3 至 4 年内执行完毕。同时，德国还将和苏联签署一个有关在这 3 至 4 年间因民主德国流通西德马克而受到影响的军事条约。

第五，在苏军驻扎在前民主德国境内期间，北约机构不向德国这个地区扩展，并且从一开始就不会涉及立即适用北约条约第 5 条和第 6 条的问题。作为区域防御部队，不加入北约军事组织的德国国防军，可以在德国实现统一后立即部署在现民主德国和柏林的地界之内。德国统一后，在苏军在前民主德国境内驻扎期间，西方三个大国的军队应该留在柏林。联邦政府将就此向西方三个战胜国发出请求，并在条约的基础上同这三国政府一道解决其军队部署的相关问题。

第六，现在正在举行维也纳谈判，联邦德国政府表示，准备在此期间发表声明，在 3 至 4 年内把统一后的德国武装力量削减至 37 万人。这次裁军应和第一个维也纳条约同时生效。

第七，统一后的德国将拒绝拥有核武器、生物武器和化学武器，并将成为核不扩散条约的缔约国。

女士们、先生们！这个共同的协议是个很好的出发点，它可使我们今后在"2+4"谈判框架内就德国统一的外部问题及时和顺利地达成一致。我一回国，就会和民主德国政府进行必要的联系。我相信，民主德国政府会同意我们的评估。至于今天取得的成果，我们很快会通报给三个西方战胜国。明天在巴黎会晤时，联邦德国外交部长根舍会向西方三个战胜国的外交部长作出通报。

关于在双边和多边关系中开展经济和金融合作的问题。我们，首先是威格尔和他的同事西塔良进行了详细的谈判。同时，我想说，戈尔巴乔夫总统热情地感谢联邦德国过去所持的建设性立场。我们商定，将继续在各个层面进行谈判，并使谈判更加具体化……

戈尔巴乔夫：有关我们一块儿做的工作，有关这次我们双方都认为很重

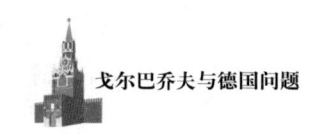

要的访问，总理先生已经说的非常多了，我也利用这个机会说几句。在对一些具体问题发表评论之前，我想强调两点：

首先，我认为，这次工作谈及许多问题，它不仅涉及我们两国人民的利益，而且涉及所有欧洲人和国际社会的利益。我们的工作之所以卓有成效，是因为近年来两国关系有了很大进展。现在两国关系的特点是，政治对话水平高，有一定的信任水平，高层不断密集地交换意见。我们和总理先生利用各种形式交换意见，如亲自见面、互访、电话交谈、书信来往等等。这是一种非常积极的对话。

由根舍和谢瓦尔德纳泽领导的两国外交部门也在紧张和富有成效地开展工作，两国政府和其他部门的代表都参与其中。

这种关系形成的气氛，使我们能够在这一困难的转折阶段，本着相互理解的精神，积极采取行动，寻找解决最尖锐问题的方法。应当说，最近几个月，特别是事先做了大量准备工作的这一次会谈，使我们向前走得很远。这是第一点。

我想，要是没有目前的这个背景，我们就不会达成总理先生所说的协议，总理先生对我国进行此次工作访问也是在这个背景下进行的。我指的是，近几个月以来，举行了几十次高层会晤，主要讨论同欧洲和世界政治及各国关系深刻变化相关的所有问题。我们正在摆脱国际关系发展的旧时代，走向另一个时代。就像我们认为的那样，这个时代将是长期和平的时代。

但是，并不只是会晤才有意义。我们期待过像北约这样的组织也发生相应的转变。华沙条约集团在这方面已经发生了变化。大家知道，早些时候，华沙条约组织修改了自己的战略学说，而最近举行的华约成员国会晤实际上是呼吁建立起新的关系，把军事机构转变为政治和军事机构，并在各成员国之间建立起直接的联系。

我们终于听到了来自伦敦脉搏的跳动声。为了回应时代的召唤和来自华约国家及其他欧洲国家的邀请，在最近的一次伦敦会议上，北约作出了非常重要而积极的决定。但这不是说，我们对伦敦传来的所有东西都满意，远远不是这样。但我还是要把这个前进的开端称为北约发展史上的转折。总之，我们是在强调我们同总理先生这次会晤的背景有多么重要。

希望在伦敦所说的东西能使我们搞出一个声明，并依法批准它。这个声明要能为北约和华约都接受,并能对欧洲和整个国际政治产生重大的影响。我再重复一下,要是没有我刚才说的那一切,昨天和今天,我们就会很难和总理先生有效地开展工作,很难达成我说过的那些成果。

我们已经本着德国著名的俗语"现实主义者就是政治家"的精神来开展工作。现实政治要求我们考虑在现实生活中、在欧洲空间、在世界政治方面发生的所有复杂变化。现在,各个国家正在相互靠近。我们感到自己尽管变了,但也是人类文明的有机组成部分。我们感到在全球挑战面前的相互依赖性。我们应该本着现实主义和对欧洲人民和国际社会负责的精神,共同审慎地行动。这在我们的会晤中得到了体现。

我想这样说:这次会晤的成果整合了联邦德国和苏联的立场。也许,西德方面没有"完全"得到她期望的那些东西,我们也没有"完全"得到当时期望得到的东西。但我们都是现实主义者。我们评估了事物的发展方向并经常加以比较。我们时常融入欧洲的背景情况,尝试着把所有这些进程都有机地考虑进去。尽管总理的访问被称为工作访问,但我想把它列为当代最高级的访问。

就像我刚才说的那样,总理把主要的东西都说了。我们的出发点是,通过具有国际法性质的最后文件,来中止四个战胜国从战后相关国际法案中取得的权力和责任。也就是说,统一后的德国将获得完全主权,它有权利用这一主权来作出自己的选择。这既涉及到社会发展,又涉及到它想加入什么联盟,保持什么样的关系,将和谁建立或恢复关系的问题。这是一个国家取得完全主权的全部象征。

我们仔细讨论了这部分问题。我记得曾经说过,无论我们是否愿意,如果统一后的德国的人民选择成为北约成员国,统一后的德国将成为北约的一员的那一天就一定会来到。但是,就算统一后的德国作出了成为北约一员的决定,它还会在某种程度上,以某种法律规定的相互联系的方式来同苏联开展合作,同样,它也会和华约组织开展合作。现在,这种关联性已经开始出现了。于是,我们以建设性方式认真讨论了有关已经裁军并将继续裁军的苏军西部集群的驻扎、驻扎期限、法律地位、驻扎条件等问题。在这个问题上增加了透明性,消除了彼此的担心。所有这些都不应涉及统一后的德国的主权,但与此同时,也应该考虑到苏联的利益。

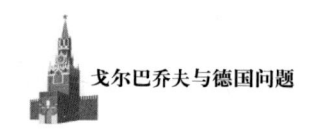

在"2+4"框架会晤中,我们还会发表一个观点,即北约机构不得在前民主德国的境内得以扩展。

现在还有一个问题,即下一步怎么办?我们希望,苏军在某个期限内(和总理说过关于3至4年的事,当然,这个问题还需要进一步研究和考虑)有计划地撤出民主德国后,在这块土地上不能出现核武器,也不能出现外国军队。当然,这块土地将完全属于统一后德国的主权范围,德国有权在当地部署自己的军队—德国国防军。这是保持已有信任的前提,也是保持在对彼此和其他欧洲国家采取行动负责任的前提。

总理先生原来说过,有必要为建立苏联和统一后的德国的新关系而努力。在这次会见中,他也阐明了这个主张。现在还不能证明德国已经实现了统一。现在说的是对未来的思考和看法。我欢迎他的言论,这是他的观点。为什么呢?今天的联邦德国是我们在西方国家中最大的伙伴,民主德国是我们在东欧国家中最大的伙伴。我们这三个国家的人民应当对新形势下正在发生的事情加以思考,应该面向新时代,应该用相应的国际法文件来构建和巩固苏德关系的新特性和新动力。所有这些,既是昨天广为探讨的话题,也是今天广为探讨的话题。我国政府总理雷日科夫也参加了部分谈判。他们已经和总理先生商定,就这个问题交流一下思想和一些重要文件。

总之,就像你们看到的那样,在这次会晤中,我们本着对人民尽职、为两国人民利益着想、对全世界负责的精神,采取了建设性和负责任的行动。在我看来,我们对未来的谈判伙伴是有话可说的。

现在,我和总理先生将努力回答你们的问题。

苏联电台记者: 去年,在对波恩进行国事访问时,您曾经说过,各民族之间的战争历史正在结束。您如何评价去年在这方面所做的工作?

戈尔巴乔夫: 我正好要在自己的开场白中说这件事。要不是去年一整年,特别是最近几个月以来,我们进行了紧张又富有建设性的合作,我们就不可能在这次会晤中取得成就。我认为,在这方面我们取得了进展,而且是非常大的进展。

或许,您指的是,我访问波恩后,在德国土地上发生了重要变化。我觉得,正因为这些变化,使得一些引人关注的事件从一开始就有了安全系数,这些事件就是在德国领土上迅猛发展的各种进程。而在复杂的年代,这种安全系数在帮助我们开展行动，这非常重要。我觉得，现在和总理先生共同做的那些事情，都正在证明着这一结论。

西德记者： 我向戈尔巴乔夫总统和科尔总理提个问题。昨天，我们一起看望斯塔夫罗波尔的农民，并和他们交谈。在农业领域，苏联和德国已经讨论并计划采取哪些共同行动？

计划首先支持家庭农业还是集体农庄和国营农场？目前，联邦德国政府正帮助在莫斯科附近搞一个德苏联合农业学校的项目。总统先生，您对这所学校有什么期待？

科尔： 首先，我想说，农业政策问题不是我们讨论的中心问题。我们说的是发展双边和多边经济联系的问题，并且就像我说过的那样，在涉及经济关系集约化的问题上，威格尔先生和他的苏联同事们做了许多工作。当然，在整体构想的框架下，我们可能会在您所说的领域内拓展工作的面。但这不是个特别的题目。至于第二部分问题，遗憾的是，您说的那个事实我并不清楚。

戈尔巴乔夫： 当时，我们很高兴见到了农民，闻到了土地的味道。这些土地现在将获得大丰收。这给了我们力量。我们应该为这块土地、为种植庄稼的人们、为他们的未来考虑。这是令人鼓舞的一次会见。这是第一点。

第二点，总理先生说得对，威格尔和西塔良同志讨论过经济合作问题，特别是在农业和轻工业方向的合作问题。今天，我们全体人员都集中在这儿。西塔良提出把农业问题作为一个重要合作领域，指的是可能进行的相互协作，特别是在工艺领域、加工饮食业方面。要是我们能收割、贮存和加工所有种植物，那我们的食品就会增加30%以上。这为德国经济拥有的资金、技术、工艺提供了用武之地。

最后，关于如果要进行合作，我们会帮助谁的问题。大家知道，农民有的在集体农庄工作，有的在国营农场工作，有的在农业公司工作，还有的在搞个体经营。总之是农民在使用各种不同的经营形式。这是一回事。我们主张在农业领域各种经营形式和经济活动是平等的，应该让它们竞争，并证明谁更有效率。当我和总理从直升机上俯瞰斯塔夫罗波尔的田地时，我想，未必有人想去"分割"并破坏这些土地，而不去考虑如何更有效地利用化肥、新工艺、高效能机器，去最大程度地贮存和收获庄稼。而这正是我们应当思考的。

可以给集体农庄社员增添劳动的动力。在斯塔夫罗波尔，许多集体农庄社员几年前就已经转为经济核算、自负盈亏和租赁经营。为了利用大集体农庄和国营农庄的基础设施，他们在大集体农庄内部成立了许多小的合作社。要是把所有现有的体系都破坏掉，只搞一些小经济体，以后再重新建设基础设施，那就蠢到家了。所以，我们要根据实际情况来开展合作。这是最正确的道路。

苏联新闻社记者： 米哈伊尔·谢尔盖耶维奇，毫无疑问，这些谈判的重要成果，是双方都表现出了很大的信任。很显然，在关于统一后的德国享有的未来军事政治地位的问题上，出现了新情况。您能不能再详细谈谈您对这个问题的看法，以及为了被充分证明是真正的相互信任关系，下一步还应该做些什么？

戈尔巴乔夫： 我想说的是，目前在这个问题上的立场是归纳性的，它大体整合并理顺了统一后的德国同苏联的利益，达到了力所能及的程度。我认为，要是有人在这一立场中寻找矛盾的话，矛盾是可以发现的。但是，政治就是一种可能的艺术。在这种情况下，我认为，在中止四个战胜国权利的基础上，统一后的德国在获得完全主权的同时，应该在新选举的议会和新成立的政府的框架内认真思考所有东西，并决定自己站在什么位置。我们承认选择权属于全体人民，在德国的新阶段，我们不能拒绝伟大的德国人民拥有选择权。但我们希望，背负着历史教训，背负着沉重而悲惨历史教训的德国人，能为这个国家或其他国家作出结论，即用自己的战后历史证明，德国人对民主进程是开放的，德国人正在为实现在德国领土上再也不会产生战争威胁的政策作出自己的贡献，德国人准备和其他民族开展合作。这是一个重要前提，没有这一点，就什么都办不成。

第二，要有一些过渡阶段。我指的是外国大的军队集群在德国领土上驻扎的问题。我们应该以现实的态度来对待这个问题。这就引出了我们不可动摇的方针：北约机构不能向前民主德国的境内扩展。此外，有关苏军在一定时间内驻扎、裁军和逐渐撤离的问题，我们会同统一后的德国签署单独的条约。在使两国关系正常化的同时，我们知道，为解开所有的矛盾结子，我们应在多大程度上，有多大的可能来分担军费的开支。为此我们要相互配合。我们已经得到了伙伴们在政治和经济方面的理解。

接下来，我们约定，当在双边基础上实现了苏军停止驻军的想法后，我们将解决所有和苏军从前民主德国撤离有关的问题。当然，前民主德国将被划入拥有主权的统一德国，在一个政府的管理下，德国境内将不得部署核武器和外国军队。这是非常重要的一点。北约不应向"东"扩展。

现在终于要讲最主要的内容了。让我们不要忘记，我们正生活在什么年代。我认为，要是在别的年代，我们就不会签署协议，今天所有的一切也都不会发生，更不会产生一个统一的德国。在欧洲进程得以发展的同时，我们正在迈向维也纳协议。联邦德国领导人已经表示，赞成把未来德国国防军的总员额削减近一半，即为目前两德总兵力的42%-45%。这体现出联邦德国领导人的负责态度。我希望也能体现在统一后的德国的政策中。这是很重要的一点。最后，北约的性质正在改变，将来两大联盟会发表一个共同声明。两大联盟正在彼此敞开思想，正在互相接触、建立相应体制，甚至正在相互检查方面进行协调配合。也就是说，我们已经拥有完全不同的局面。

我想说，这是通向未来欧洲安全架构的过渡阶段。我认为，只有这样，才能理解各种进程的复杂性和辩证性。我们和来自联邦德国的伙伴们相互尊重彼此的利益和关切，并在这些条件下负责、审慎地采取行动。

对我们正在共同讨论和解决的事，德国人民表现出了浓厚的兴趣，苏联人民也很有兴趣。人们关注着事态的发展。所以，站在时代要求的高度来做事，尤为重要。还应补充一句，我们想为自己与统一后的德国关系创造出一个转折，这个转折将符合两国和全欧洲人民的利益。这也说明，我们现在不仅考虑今天，而且还考虑明天。所以，在这一背景下，应该研究我们现在所持的立场，以使它可以整合所有我们讨论过的问题。

西德记者： 您谈到了有关未来德苏合作的经济前景和金融前景问题。总理先生，您能不能指出其中的几个基本方向？总统先生，您能不能说一下，在多边基础上增加援助力度，是否符合您的意愿？

科尔： 正如您知道的那样，最近几个星期以来，在一系列国际研讨会上，包括在都柏林举办的欧共体高层会晤和几天前在休斯敦举行的国际经济会晤，都多次讨论过这个问题。戈尔巴乔夫总统给主持休斯敦会晤的布什总统写了信，现在已经收到回信。

最近一段时间，苏联将同各种国际组织进行谈判，也将举行多轮双边谈

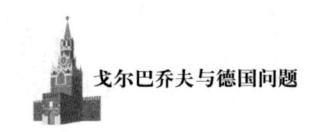

判。因此，我想指出，11月初，将在罗马召开由意大利代表主持的第一次欧共体国家高层会晤。在都柏林时，我们已经商定，届时要听取有关这个问题的报告。

苏联领导人，首先是苏联总统本人，将在建立市场经济方面发挥主动性，这是个决定性的因素。关于这一点，我们在会见时多次谈及。因此，最近几周内可能要举行各种会谈。我们也讨论过提供专家帮助的建议。当准备好的改革方案摆在我们面前时，我们会利用北约、"七国集团"和其他所有对此有兴趣的国家的力量，在双边和多边的基础上，着力构建共同理念。我们的目的，确切点说，是我的目的，是要在这一过渡时期内，向戈尔巴乔夫和他的国家提供必要的帮助。

戈尔巴乔夫：对总理先生的话，我想做个补充，这些问题我们讨论过。好像我们谈的是应该向某人抛送救生圈的细节问题，实际不是这样。我们说的是怎么样推动走向长远的大规模变革，实质是战略高度的问题。现在苏联发生的事情，即苏联推行的改革和革命性的变革，这一切都表明，苏联正在转向根据民主和自由的原则来实现人的利益，苏联正在寻求新的经济、政治和人们精神生活的新的形式。所有这些绝不只具有国内意义。苏联同时在向全世界文明的方向转变。而且，这不单是个想法，在这方面许多东西都已经发生了改变。正因为这样，我们现在可以在另一种氛围下见面，举行深入和有前景的谈判，寻找解决多个现实问题的方案。

对苏联这样一个拥有巨大能力、有千百万人民、有千百年文化历史的国家来说，为了找到通往民主的、宽广的、逐渐进步的发展之路，我们现在在苏联所做的一切事情，都是非常需要的。正因为这样，我们才进行改革。然而，由于这一世界性的角色，由于苏联幅员的辽阔，由于苏联肩负的责任，为了共同安全，为了我们和其他国家，我们非常希望把我们强大的经济有机地融入世界经济的体系之中。这对其他国家也是有利的、适宜的和必要的。在我们的改革发生深刻转折的时候，在结构性的调整中，当然会出现种种压力和困难。我们会认真对待这一非常深刻的变革。而现在，我们需要利用国际分工，利用某些金融资源，来战胜和克服困难时期，度过最艰难的阶段。其中包括我们需要在合适的条件下，延长贷款偿还的期限。

我们把这个涉及所有人的问题直截了当地提出来。我和总理先生都坦诚地认为，这种合作不仅符合我们两国的利益，而且符合全欧洲和全世界的经济体的利益。

斯塔夫罗波尔区电视台：米哈伊尔·谢尔盖耶维奇，在您的家乡，人们了解您、信任您，我们很高兴在您的家乡见到您。我能不能问问您，您来到家乡时有什么感受？

戈尔巴乔夫：古代有个英雄，他一接触家乡的土地，便能获得力量，我感到自己现在就像那个英雄。

慕尼黑《南部德国报》：我有两个问题，一个是提给联邦德国总理先生的，另一个是提给总统先生的。

总理先生，戈尔巴乔夫领导的苏联给了德国人完全的主权。这里说的是一个新的阶段、一个新的欧洲安全体系，我可以想象出明天一些西方报纸会刊登这样的头条新闻：《欧洲最大的经济强国赞成同超级大国苏联开展更加紧密的合作》。您怎样打消有关理解《拉巴洛条约》的疑虑呢？

也给总统提个问题。您在哪些方面讨论了在苏联生活的德意志人问题，在不向这一族群单独提供土地的情况下，您打算怎样纠正对这一族群的不公正现象？

科尔：关于您提的第一个问题，我当然没有能力阻止某些人写愚蠢的评论。但有历史概念的人都知道，把它和拉巴洛条约相提并论是不合适的。当时完全是另外一种历史情况。如果把20年代初的苏联与90年代的苏联作一下比较，就很容易理解这一点了。您说的那种比较，在任何意义上都是不正确的。

但是，这一问题还有一个重要的方面。统一后的德国，我们说的正是统一后的这个德国，是北约的一部分，也是欧共体的一部分。我深信，在统一后的德国政府主持工作的情况下，将继续奉行总协议规定的方针，即在1992年12月31日前，建成一个全欧大市场和一个有着3.36亿人口的欧洲共同体。在今年年底举行的罗马欧洲共同体高级会晤中，计划举办两个政府会议，一个是关于欧共体经济与货币联盟问题的，另一个，用通行的说法来表述，是关于建立欧洲统一国家问题的。

这意味着，统一后的德国将来不会走西方社会之外的路，它将成为这个西方社会不可分割的一部分。这是一个方面。另外，我不认为，戈尔巴乔夫总统和我在波恩、特别是在这里所谈的东西，以及谈到通往未来道路的这一条约时，我们所说的东西中包括着某些反对第三国的东西。相反，许多欧洲

人出奇地希望德国和苏联能建立起良好的关系，能有一种和平关系。如果德国人和苏联人能建立良好关系，如果这种关系能不断发展，如果能在两国关系上谱写出美好的篇章，而我们过去有过不少这样的篇章，那么，我们所有各方无疑都能从中受益。

德国的地缘政治状态决定了我们处于欧洲中心的地位。在战争年代，从东方到西方和从西方到东方的军事征战的道路，都经过我们的国家。同时，我们也是"思想和观点的桥梁"。没有这种体外授粉，德国文化就是不可想象的。比如数学、哲学、绘画。我还可以举出许多例子。总统和我，以及双方代表团在这些谈判中将推动这些东西，意在续写上述篇章。就像我在开始所作的声明中说的那样，有关我们对当今一代应承担什么样的责任问题，我们在面对面的谈判中谈了很久。

二次大战结束时，我们才十四五岁。所以，我们现在觉得有责任汲取这一沉重的教训，把这个教训用来做好事，用来开创合理的历史新篇章。离本世纪末只剩下10年了，我们为什么不能在本世纪末少犯一些错误呢？这一合理的历史新篇章，不对任何人构成威胁，并能给各方都带来好处。首先是给德国人和苏联人带来好处。

戈尔巴乔夫：您提出了一个很重要的问题。我对科尔先生所作的详细回答表示欢迎。我从我的角度也说一下。我想说，当我们在斯塔夫罗波尔市向长明火献花圈时，我和科尔同战争老兵们进行了简短的会面。这次会面令人记忆犹新。这些人刚毅果敢，其中有苏联英雄。我们听到他们是这样说的：共同的经验教训在于，为了使我们的人民相互合作，为了使我们建立友好关系，为了使我们成为伙伴，为了使类似的战争不再重演，我们需要全力而为。希特勒主义把我们推入了那场从根本上震惊两国人民的可怕战争。这些话是经历了那场可怕战争的人们对后来人的训示。最近几年，特别是最近几个月，总理先生经常谈到合作及发展两国人民关系的话题，他不仅赞成在经贸领域，而且主张在人员交往、青年交流、科学家和文学家联系等领域建立起合作的新水平。这得到了我们苏联人的理解。作为国家领导人，我对此表示满意。

我再次强调，现在的访问和谈判，始终贯穿着对两国人民走向新的更好的未来这种必要性的理解。我们汲取了过去的教训，在与欧洲进程的联系中，发展我们和德国的关系是非常重要的。您也知道，由六个国家参加的"2+4"

模式正在发挥作用。而参加欧洲进程的，是包括美国和加拿大在内的欧洲大陆所有国家的代表。所以，不能说我们是在预谋对欧洲和其他国家构成潜在威胁的什么波恩－克里姆林宫密约。我们在同欧洲人、同所有人进行合作。我们想和他们共同建设新的未来，也就是建立那种对各方都有益的，并且能保障欧洲稳固安全的新欧洲和新关系。这是世界政治的中心点和世界安全的支撑点。

至于在苏联生活的德意志人的命运问题，我们在一对一的会晤中谈到了。我欢迎平静而现实地提出问题。这是个问题。但它已在我们最高权力机构——苏联最高苏维埃议事的视野之内。我们想在顾及所有苏联人利益的情况下来解决这个问题。顺便提一下，应当说，对生活在伏尔加河沿岸的德意志人，也就是在苏联境内的德意志人，无论他们在何处居住过，无论他们做过什么工作，我国都对他们持尊重的态度。不过有些难题是在一定历史阶段下形成的，对此，我们不能回避。我们想在苏联人自己主动提出的前提下来解决这些问题。而这种主动性正在显现。我们理解这些主动性，并将和你们共同考虑，看怎么才能找到一个平稳、有正当根据、又令所有人都满意的解决方案。在这个问题上，我希望大家明白，我们所有人都希望公正地解决问题。

联邦德国电视台：联邦总理先生、总统先生，有关统一后的德国在北约框架中享有何种地位的问题，你们还有没有分歧意见？您刚才说过，在苏军撤离后，北约机构将向德国其他地区扩展。而戈尔巴乔夫则坚定地表示，在这一地域内不应部署外国军队和核武器。您能不能解释一下这个问题，还有，您从整体上对德国未来能否拥有核武器的看法是什么？

科尔：至于您说的第一个问题，我们没有任何矛盾。我们商定，苏军在前民主德国境内驻扎期间，不得在民主德国部署德国国防军的北约部队，只能部署区域防御部队。而苏军撤离后，当然可以部署统一后的德国国防军的任何部队。这是由德国主权决定的问题。至于统一后的德国国防军不能在前民主德国境内部署核武器，是另一回事。此外，我们还达成了协议，苏军撤离后，在前民主德国的境内将不得部署非德国的部队。

西德记者：总统先生，如果我正确地理解了总理先生的意思的话，在过渡时期内，目前留在柏林的苏联军队和同盟国的军队，不能拥有触及或损害德国主权的权利。您如何看待苏军的地位呢？他们算是客人吗？

科尔：总统先生，我认为，我应首先来回答这个问题。也许，我解释得

不够充分。在德国获得完全主权的情况下，我们立足于统一后的德国签署一个关于各国部队在柏林驻扎的条约。这既涉及到苏军，也涉及到美国、法国和英国的部队。我们还主张，这些部队的员额无论如何不能超过现有水平，而且可能还会低于现有的水平。也就是说，从国际法的角度来看，这是个正常的过程，即由主权国家德国签署这些协议。

戈尔巴乔夫：为了更清楚起见，我想补充一下。自终止四个战胜国的权利和责任时起，就会出现统一后的德国的完全主权。因此，在第一个全面条约中，看来要加上个附件。这个附件需要标明，苏军集群在统一后的德国境内如何驻扎以及它享有的法律地位，苏联政府和统一后的德国政府将会就此单独签署一个条约。最后，由于货币体系发生变化，还产生了一些同向新统计方法过渡相关联的问题。所以，要签署一个与这个领域相关的条约。这样，在统一后的德国同苏联的政府签署上述两个条约的基础上，所有的事情都会得到解决。我想，我们不会允许出现驻德苏军处于没有着落的状态。这是个很重要的问题，您提了个好问题。

苏联"灯塔"广播电台：米哈伊尔·谢尔盖耶维奇，就像您和科尔先生说的那样，苏联和联邦德国关系的一个特点，是人与人之间保持着深厚的联系。您怎样看待国际关系中的人的因素？

戈尔巴乔夫：在政治上，有很多重要的因素和重要的组成部分。我觉得，要使政治能够成功，政治就必须和科学进行合作。关于政治，无论看起来有多么怪异，我却看到了时代的必然要求，那就是政治越来越依赖于正常的"道德"基础。我看到了一个新情况，这就是对外政策的民主化。对外政策已不单单是一些政治家的事，而是广大公众的事。

最后，在我们要解决转折时期（实质是过渡到国际关系的新阶段）各项任务的情况下，政治家之间的合作和个人关系的意义，以及个人间相互信任的意义，就更大了。这是个非常重要的因素。从这个角度看，我要说，我和科尔总理的关系在日益增强。这是有利于我们解决重大问题的重要因素。同样可以这样来评价我们各位部长的关系、根舍先生和谢瓦尔德纳泽先生的关系。同样，我和根舍先生的关系、谢瓦尔德纳泽先生同科尔先生及联邦德国其他代表的关系。我认为个人因素很重要，这里包括必要的信任水平。而信任，在国际关系中，往往能取得突破，形成一个良好的氛围。

科尔：我想加入刚才说的话题。不能仅靠个人关系来解决问题。但是，当你理解伙伴的话语，产生信任之后，当你可以从简单生活的实践出发，即在你不怀疑自己的地方也不怀疑别人时，情况就完全不同了。如果这成为一个工作原则，如果同时还有幽默感和相似的利益，那么，我会找到非常正面的东西。我会找到令人可喜的东西。我想在这里强调，最近几年，尽管有意见分歧，尽管这也是难免的分歧，我们依然建立了如此之好的个人关系，这不仅能减轻生活压力，而且能减少意见分歧。

《法兰克福评论报》：总理先生，您认为计划中的双边条约有什么意义，将来能从这个条约中产生哪些协议呢？

科尔：这应该成为一个全面的条约。我们打算很快集中精力做这件事。我已经指出了这个条约应涉及的基本领域。总统和我都意识到，我们的目的，是最迟一年之后签署这个条约。

戈尔巴乔夫：看来，我们的会见要接近尾声了。我感谢总理先生举行这次记者招待会。这个会结束了我们这些天的共同工作。我想以个人名义对总理先生邀请我访问德国、访问总理先生的家乡作个回应。我想，我会去访问的。女士们、先生们、同志们，谢谢。

《真理报》，1990 年 7 月 18 日

摘自戈尔巴乔夫与乔治·布什的通话记录

（1990 年 7 月 17 日）

布什：联邦德国总理对您的国家的访问取得了重要成果，祝贺您。我刚刚同科尔通了电话，他对会谈成果很满意。在他看来，你们达成的协议对苏联同德国和美国关系的发展，以及西方国家同苏联关系的发展，都会产生有益的影响。对你们就统一后的德国有权自己选择成为哪个联盟成员问题发表

的声明，我们感到高兴。这证明苏方有很大的国家智慧。

对这次会谈的成果，我们总体上表示满意。我希望今后几个月的削减欧洲常规武器谈判和削减战略核武器谈判，也能取得这样的进展。

这次通话的主要目的，是向您简要通报休斯敦"七国集团"会谈的成果。稍后我会就此向您发书面的信函。

显然，就像您从发表的会谈公报中得知以及科尔总理对您讲述的那样，我们所有各方都强调，准备帮助苏联……

现在谈谈有关北约的事。我知道，您已经收到我有关这个话题的信函。对在伦敦北约理事会例会上协商通过的那些措施，您和谢瓦尔德纳泽部长给予了评价，我们对这个评价表示满意。我记得，您在访美期间曾经说过，您会认真关注伦敦会议的进程。我们已经沿着改革北大西洋联盟的道路前进。这样，现在就可以去开辟东西方合作的新纪元了。我希望，苏联也是这样理解这次会谈的成果的。

对您在同我和其他人的会谈中表达出的那些关切，我们也努力给予重视。我们是这样办的：

我们建议华沙条约组织成员国通过一项有关互不侵犯的联合声明；

我们邀请您赴布鲁塞尔并在北大西洋理事会会议上发表演讲；

我们同意开放北约，并同苏联和东欧其他国家建立定期的外交联系；

我们真诚地建议，对未来统一后的德国的武装力量员额问题（据我所知，您和科尔总理已经讨论过这个问题）作出保证；

在军事领域，我们宣布彻底改变我们对常规武器和核武器的观点；

我们建议，设立能使苏联参加欧洲重建过程的新的欧安会组织机构，扩大并巩固欧安会的进程；

我们试图在通过的文件中这样强调，我们希望拥有一个任何战胜国都不会感到自己被孤立的欧洲。您知道，我把北约视为一个稳定因素，尤其是，如果统一后的德国将来不被孤立，并成为北约全权成员……

戈尔巴乔夫：在同科尔总理的几次会谈中，我们成功地拉近了立场。实际上，我们会谈的成果顾及到了我们的共同利益，即德国的利益、我们和你们的利益。我想说，如果没有华盛顿会晤、戴维营会晤、北大西洋联盟高层会晤和伦敦宣言，没有我和您的努力，没有我们外贸组织的努力，我们就很难拉近彼此的观点。但因为我们有责任感，相互理解并照顾到彼此的利益，我们取得了非常积极的成果。

我希望谢瓦尔德纳泽和贝克能更加具体直观地谈谈这件事，就像我和您现在谈论的这个问题一样。也希望他们能谈一些电话中不便谈的个别具体问题。我认为，要是这些协议能够执行的话，将会产生积极的成果。

我同意您的看法，即这种过程有望成功地扩展维也纳谈判，有望使涉及欧洲所有问题的工作都取得进展。

最后，我想说，我们今天的谈话使我坚信，我们的合作将会得到加强。

布什：让我们继续进行这样的意见交流吧。

在对媒体的通报中，可以这样说，在此次谈话过程中，我们对休斯敦会晤和北大西洋联盟高层会晤的成果展开了建设性的讨论。

戈尔巴乔夫：对，我想我们就这样说，并且就用这个当题目。

戈尔巴乔夫基金会档案：全宗号1，目录号1

关于呈报苏德条约草案并附戈尔巴乔夫致科尔的信件事

(1990年7月25日)

米哈伊尔·谢尔盖耶维奇：

现呈上苏德伙伴、睦邻与合作条约草案。其中包含了科尔7月15日在莫斯科会谈中向您表达的一些观点，同时也做了一点补充。

建议通过苏联驻波恩大使向科尔转交这封信件，并附上您的信函。函中应赞成尽快开始谈判，即尽量在"六国"莫斯科会晤前，基本解决涉及德国实现统一的所有外部问题。

此外，关于结合财政问题协议、尽快制订有关我军在德驻扎期限和驻扎条件的条约，关于更新与德国的经济、工业和科技合作的长期条约，达成共

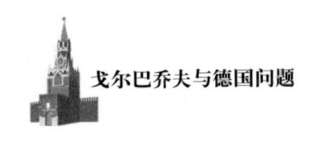

识很重要。

谢瓦尔德纳泽

戈尔巴乔夫致科尔的苏德条约草案附函

尊敬的联邦德国总理先生！

作为我们会谈的继续，我现在向您发去苏德伙伴、睦邻和合作条约的补充草案。其中考虑了7月15日我们在莫斯科会谈时您表达的那些意见。

通过比较双方交流过的观点，可以看出，我们彼此的距离已经非常近了。这使我们对能本着这种务实精神短期内达成协议充满信心，就像我们在莫斯科和北高加索会晤时解决问题那样。没有必要再多说什么了。由于众多原因，解决安全问题、为优先发展苏德经济关系创造现实条件和拟定各个条约的条款，对我们都很重要。我认为，这些条款对德方也是重要的，因为这里谈的，是涉及我们两国关系的新质量问题。

因为伙伴、睦邻和合作条约是与德国实现统一有关的诸多规定中的重要组成部分，所以，最好能在莫斯科"六国"会晤前就其全部内容达成一致。然后，就像以前说好的那样，我们通过信函交换已经确定的共识。这有利于促进各方面的工作。

请通过我们驻波恩大使转达您在这方面的看法。我们准备在波恩或莫斯科进行商讨，具体地点请您选择。

就像我们商定的那样，关于苏联驻德国部队今后的驻扎期限和驻扎条件，我主张尽快制订并签署一个单独的条约。这个条约，包括我军驻扎的物资金融问题，与解决因德国金融和经济统一带来的各种问题的协议在内，都是互相联系的。当然，为了在最近几个月内彻底搞清情况，请民主德国一起就这一系列问题交换意见，也是非常重要的。

不要把制订新的经济、工业和科技合作的长期条约一事拖得太久。这是正确的做法。

我经常愉快地回忆起我们以前的那些会晤。为未来的苏德关系，为建设新欧洲，我们做了许多大事。

过去一段时间，许多事情办成，都取决于我们两国的协调配合和相互理解。而在进入真正的转折阶段之后,更是这样。

  致以友好的问候

米·戈尔巴乔夫(此信于 1990 年 7 月 25 日后发出)

戈尔巴乔夫基金会档案:全宗号 2,目录号 1

摘自戈尔巴乔夫与安德烈奥蒂的会谈记录

(1990 年 7 月 26 日 莫斯科)

  戈尔巴乔夫:在欧洲,许多事情的发展就像我们事先预料的那样。我们当时就已经知道,欧洲会遇到这些变化,特别是与德国统一相联系的剧烈变化。

  尽管有各种困难,但是保持沟通渠道的畅通非常重要。我不认为,我们能像希望的那样,解决所有的问题。但所有的欧洲人,包括密特朗、撒切尔,当然也包括你和我,都能保持这个共识。这一点很重要。在当前情况下,这给我们提供了以某种方式用"缰绳"控制事件发展的可能。

  当然,科尔先生正处于一种兴高采烈的状态。但这只是他的部分表现,还有另一部分表现,即他从美国政府那里获得了预支的保证。在和他会谈时、在戴维营时,我都感到了这一点,我们在华盛顿的伙伴总是担心,说是有人打算把他们赶出欧洲大陆。就如我以前和您会谈时说的那样,这不是现实的政策。在最近一次访美时,我对美国领导人说了这个看法,并公开声明,我们把美国在我们这块大陆上的存在,包括军事存在视为一个稳定因素。这句话使他们如此吃惊,以至于反问道,翻译得是不是正确。我回答说,是的,翻得准确。我想象不出,要是美国将来感到自己受到伤害,欧洲一体化进程还怎么能向前推进。而现在,美国人还有这种感受。他们对西欧的整体化进程持怀疑态度。因此,他们在试图"催促"德国统一的进程。他们认为,与德国保持特殊关系,能为美国建立必要的机制施加影响。

  总之,可以这样说,我们所有人都有这个担心。这是政治家的常态。现在想想,我和您花了多少时间来分析如何向前推进全欧进程,如何走向新的

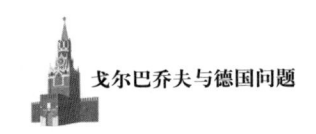

欧洲安全架构，如何建立全欧经济、法律和文化空间呀。所有这些问题，都要在相互联系中加以研究。所以，有担心也是负责任的一种表现。

应当说，科尔先生的现实主义也多起来了。尽管他依然很着急，他必须经常对局势作出判断。他本人总对我重复同一句话。他说，他催促办事情的次数，不如民主德国发展中的进程催促他的次数多。他说，要是不在货币金融系统中采取行动的话，涌入德国西部的东德人就会增多，整片的土地将会被废弃。然后该怎么办呢？向这些地区迁移居民吗？他断言这会导致德国经济崩溃。您和我已经看到，在民主德国改用西德马克进行结算后，对企业的命运和就业的担心开始出现了。

而时代总是提出新的问题和新的任务。也许会出现统一后的德国能融入欧洲市场的问题。我认为，我们所有人都要尽可能努力把这种发展与全欧进程联系起来，提出北约和华约转变的问题，提出过渡时期的问题。这里，有苏军在民主德国境内驻扎多长时间和德国国防军员额数量多少的问题，有这个问题与维也纳谈判（现在是第1次维也纳谈判，以后是第2次维也纳谈判）的相互关系问题，还有这个问题与美国、加拿大参加的所有欧洲国家高层会晤间的关系问题。我认为，我们现在不去破坏这种互相联系，是非常重要的。

我坦率讲，要是没有以下三到四个因素的话，我们便难以在先前和科尔的会晤中达成一系列协议。

第一、首先，从欧共体的都柏林，随后从北约的伦敦会议，先后传来很重要的信号。如果没有这些相互联系的话，我们当时就很难形成新的观点。我不能说，那里说的事，我们全部同意了。但最重要的是，我们已经开始行动了。

第二、我们正感受到来自德国方面对责任的理解。我们感到，为了使我们同联邦德国和民主德国业已形成的关系继续得到发展，他们准备理解这种关系。苏联的公众舆论对这个问题很有偏好，这是因为他们心理上很脆弱。

第三、我们试图把与德国实现统一相联系的新进程与全欧进程结合起来。

还有一点。有个事情意义重大。在休斯敦，欧洲人发表了声明，坚定支持苏联的改革。尽管我已经知道，那里开展的讨论的确是复杂曲折。但是，这对苏联社会很重要。因为它为我们进一步推进改革、进行协商、拉近立场减轻了一些压力。这一重要的积极因素，是我们在世界和欧洲政治中共同努力构建的。应当维护这个积极因素并对它作出反应。积极因素战胜了许多局部问题和难题。这就是世界政治的合作与理解。坦率地讲，要是没有与我们那些伙伴们进行的密集会见、谈判和讨论，我们就很难胜任新的局势。因此，我把今天的会晤看作是讨论当今局势、展望未来和"对表"的机会。

安德烈奥蒂：说说德国问题吧。我们非常理解你们，不得不克服心理上的障碍。我曾经主张，对目前的两个德国，都应该保留下来。几年前，我的这个言论引起积极的争论。在新的政治局势下，也要有一定的新逻辑。这一新逻辑要求必须准确地抓住重点。如果一个统一、更加强大的德国能持久地加入欧共体、加入大变革后的北约、加入积极向前的全欧一体化进程，那么，它就不会引起各方的关注。

我个人的观点是，在促进局势平衡的同时，苏联在经济发展方面的飞跃，也符合欧洲各国的利益。我们高兴地看到，你们在向德国人提出问题时表现出的现实态度和想象力。在过渡时期，苏军将留在前民主德国境内。有关过渡时期的提法是天才的表述方法，它能避免局势的剧烈变化，并为观察北约行动提供了时间，推动东欧局势发生一些具体的变化。

戈尔巴乔夫：我说过，在某个时间段内，必须给统一后的德国设置"两只铁锚"。这样就会产生新的局面。

安德烈奥蒂：这是个非常准确的政治、法律和外交表述。在欧共体中，我们曾非常用心地观察着德国事务。德国事务的发展速度比科尔想象得还要快。或许，电视在这里起到了很大作用。当人们看到德莱斯顿和莱比锡成千上万的人上街示威游行时，便会暗示自己，认为自己能够加快事件的发展进程。

戈尔巴乔夫：确实是这样，我们可以用自己的亲身经验来证实这一点。

安德烈奥蒂：我想请您注意问题的另一方面。我们在欧共体感到，更加密集地吸引德国去加入欧共体、北约、全欧进程等各种各样的组织机构，可以保证德国的"民主纯度"。顺便提一句，我们邀请德梅齐埃参加都柏林会晤的目的，就是要向他表明，我们不会按照德国似乎已经实现统一的情况来行事。

在我们有些公共舆论中，首先是在知识分子中，表达出不少和德国实现统一相关的关切。但是我应当说，你们成功签署的那些最新的协议，在很大程度上消除了这些关切。

戈尔巴乔夫基金会档案：全宗号1，目录号1

戈尔巴乔夫与德国问题

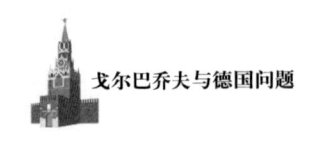

摘自戈尔巴乔夫与迪马的会谈记录

(1990年8月25日)

戈尔巴乔夫： 您在这个时候到我们这里访问，我非常满意。这再次证明了我们两国关系的特殊性质。我希望，您跟谢瓦尔德纳泽可以找到那些未能解决问题的办法。如果您与他认真思考怎么看待苏法关系，这种关系的作用如何发挥，那将会非常有益。您知道，我们正在同德国人就决定我们两国相互关系整个框架的许多方面展开谈判。您拥有同联邦德国发展关系的丰富经验和潜力。必须用好这些潜力。看来，依靠这些可靠支柱的一个体系正在形成。为了建设新欧洲，必须保证这些支柱得到对接。

迪马： 我想再次提及德国问题。让我高兴的是，我们有机会见面并讨论这个问题。我们接下来还要再讨论这个问题。它既有自己的历史渊源，又有一些新的因素。不过现在，我不谈那些属于五十年前历史有关的那些特点。

戈尔巴乔夫： 量变产生质变。

迪马： 如果谈现状，德国时下正积极地参与欧洲经济共同体框架下的一体化。这是我要跟您一起讨论的一点。联邦德国目前正为统一而欢欣鼓舞。但是德国人很快将迎来一个复杂时期。民主德国就是一个例子。我们可以看到，德国那里也会产生政治、经济和心理上的问题。

戈尔巴乔夫： 您说得对。

迪马： 但不能由此低估德国的活力。在未来三到五年的时间内，当他们解决了自己无数的问题之后，会有时间深入思考未来欧洲的组织问题。

戈尔巴乔夫： 但他们不应只是思考，还要采取一些行动。

迪马： 是的，我是说要更加谨慎。

至于法苏相互协作，我要指出的是，苏联与法国都及时注意到了两个问题，并不指望花五年的时间能够解决。我指的是边界问题，还有从第二次世界大战继承下来的军事政治地位改变的问题。我认为，我们在这些问题上做得不错。我还想与我的朋友爱德华（指谢瓦尔德纳泽——译注）能够在莫斯科一起结束这个过程。可以说，任何其他国家都不会比我们更知道这些问题，谁也不会比我们更有兴趣解决这些问题。

我记得，在起初的阶段，美国人害怕统一市场在1992年就显现出轮廓，所以，他们非常起劲地推动德国实现统一。统一就比实际需要快得多。

同美国人的交往表明，短期来说，他们总是实用主义优先。结果他们很快就能体会到欧洲政治的复杂性。而且我确信，在欧洲问题上，不同美国人合作，涉及世界政治的所有其他问题都不会向前推进。美国人也有许多的问题要弄清楚，搞明白。

美国最终会明白，欧洲是可以自行其是的。这在休斯顿表现得特别明显。

戈尔巴乔夫：他们应该经历这个阶段。要知道这涉及一些新中心的出现。

戈尔巴乔夫基金会档案：全宗号1，目录号1

摘自戈尔巴乔夫与科尔的通话记录

(1990年9月7日)

戈尔巴乔夫：上午好，总理先生！

科尔：非常高兴，向您致敬，总统先生！我判断，就如我最近一次跟您会晤的时期一样，您依然保持着特有的情绪，满怀信心地沿着自己的奋斗道路前进。

戈尔巴乔夫：谢谢。要说变化，我认为，我们两人早已到了改变自己信念为时已晚的年纪。当然，如果有必要，我们应该改变为完成所提出任务而要选择的策略。

科尔：是这样。如果可以的话，我的话题要回到在莫斯科和阿尔赫兹与您的会晤上去。我想指出的是，这些会晤对我来说具有非常重要的意义，无论是政治上还是在个人方面。

戈尔巴乔夫：我同意您说的话，这是我们两人持续时间最长、也是最重要的一次会谈。我们在对话中提出的任务意义重大，并且负有很大的责任。

科尔：但是也有相应的机遇。

戈尔巴乔夫：绝对正确。应该做出一切努力，充分利用好这些机遇。

科尔：这是必须的。现在让我谈几个问题。

戈尔巴乔夫：好，你说吧。

科尔：首先我想确认的是，我们在莫斯科和阿尔赫兹商定的所有事情，都保持必要的效力，都在运作着。比如，我对在阿尔赫兹商议的那个叫"大条约"的文件的工作非常满意。如果您也有这样的愿望，我们可以在统一之后，即今年10月3日签署这个条约。

戈尔巴乔夫：总的来说，我们同意您的评价。在这个非常重要的领域，事情正在取得进展。

科尔：我认为，在这方面，我们已经找到了共同语言。至于有关苏联军队驻扎和撤离条件的条约，正在进行谈判。我认为，也可望尽快完成。

戈尔巴乔夫：他们向我报告说，事情进展得并不很顺畅。

科尔：我正想同您讨论与此相关的问题。关于过渡性经济措施的协定，主要问题就是费用问题。这里可以分为四个用项：为苏联军人建造住宅所需的支出；在苏军撤出之前的给养费用；再培训的支出（这方面问题不太大，因为所涉费用不多）和最近产生出来的新用项——交通方面的支出。

正如我说过的，在为撤离德国的苏联集团军的士兵建造住宅方面，我们想对苏方提供协助。我在这个问题上的态度没有变化。但是，问题却不断地出现。我们认为，同苏联一些机构一起，为返回苏联的士兵们建造住宅，是可行的。我们准备提供一定数量的资金、材料和解决这一任务所需的一切。但是，如果苏方没有任命一些能够有担当的人，使他们实际上拥有现场拍板解决所有问题的特权，那么这个计划就未必能够得到落实。

总统先生，我还有一个问题。就资金数额达成协议后，为了讨论实施这个项目的一些细节，把我们在解决所有特殊问题方面确实在行的一些代表都召集到一起，是不是更合理呢？

毕竟我们俩人都希望在这方面获得成功。所以我还想强调一下，只有在这一项目的所有工作都按照总参谋部精确组织的情况下，才可以获得成功。

戈尔巴乔夫：我想突出强调一下这个问题的政治方面，即最重要的是，综合性地解决所有的问题。这是原则。我们做出了非常具有历史意义的决定。我希望总理先生能够协助我们找到解决实际问题的头绪。因为保持合作氛围非常重要。正是有了这种氛围，才使得现在所有的进展成为可能。目前讨论的实际上并不比德国统一涉及的问题大。所以我想强调，我们不是守财奴，我们不搞讨价还价。我们提出的所有花销都会得到验证。德国人那么会算计，为什么我们不去共同验证这些花销的准确性呢？确定了相应数额的资金后，正如您建议的那样，可以举办一个讨论会。在讨论会的框架内协商各种细节，这是合理的。但是，在这个阶段，必须拥有政治意志，即以应有的方式，去解决因德国的方案而产生出来的所有问题。

科尔：您知道，这样的意志已经有了，我的所作所为已经证明了这种意志。我想说的是，已经到了年底，在您的一整套改革方案准备好之后，联邦德国不仅自己要研究，而且还要与盟国共同研究在财政方面能在多大程度上对苏联的改革给予协助。

我们肯定会详细地研究财政问题。我们知道，解决返回苏联的军人的住宅小区保障问题，在政治上有多么重要。但我建议把双方的计算费用暂时放在一边，先确定一个总数，然后再解决各项目资金如何分配的问题。当然，苏联方面首先要确定，如何优先使用所拨付的资金，是住宅建设优先还是军人给养优先。对我们来说，拿出 80 亿马克是比较现实的。我觉得，最佳方案是把重点放在住宅建设上。

戈尔巴乔夫：应该说，您提出的这个数额把我们逼进了死胡同。光建设带有必要基础设施（幼儿园、学校、诊所）的住宅小区的费用，就已经需要 110 亿马克。还有其他的数额，比如用于军队给养的开支和他们撤离所需的费用。在这种情况下，80 亿马克哪够呀？这个数字能把我们所做的一切工作都毁掉。要知道，工作一直是在良好的相互谅解和信任的气氛下进行的。

你们的专家对民主德国融入新体制的估价为 5000 亿马克，为期 10 年，即每年 500 亿马克。这就是说，在期限缩短的情况下，每年拨付的款项还要增加。但您知道，这里谈的不只是民主德国，因为这个过程的所有组成部分都是相互联系着的。我重复一下，我们的计算都是开放的。我要指出的是，按四年期限分配的数额，可真不那么大。

多亏有良好的意愿和相互谅解，才使得就解决德国统一问题的最终文件达成一致变为可能。同时确定，与军队驻扎和撤离有关的具体问题不列入政治文件，这些问题可以作为单独文件的内容。现在，由于这个文件，通向制定政治文件的道路已经敞开。但与这个文件有机联系在一起并且对我国军队的命运具有决定性意义的那些问题，还没有解决。怎么办呢？是不是要让整个进程表现出的信任与良好意愿的氛围都再受到质疑呢？

科尔：我不认为是这样。我们两个人具有良好的意愿。我不怀疑，通向解决问题的道路已经找到。但我也想指出，现在苏联方面提出的资金数额大大高于原先提到的数额。比如，我们谈了住宅小区的建设，现在还要谈准备解决基础设施保障的问题。而这完全是个新东西。

我要直截了当地说，我方对承担各种各样的、数额特别巨大的财政重负有难度，而且对我们来说，这些问题是最近才出现的。但我还是认为，这些问题是能够解决的。我认为，我们两人应在最近几天就现有的情况再作一次权衡。现在就可以约定，我们什么时候可以再交换一下意见。也许，下周一我就给您打电话，一早就打？

戈尔巴乔夫：届时我在芬兰。

科尔：我可以往芬兰给您打电话。

戈尔巴乔夫：星期一我将回到莫斯科，不晚于莫斯科时间下午2点。

科尔：如果您乐意，那我就在欧洲时间14：30跟您通话。

戈尔巴乔夫：好。我还想指出，我对现有的情况十分忧虑。

科尔：同意您的看法。我们应该集中力量，找到解决问题的办法。

戈尔巴乔夫：9月12日将在莫斯科举行"六国"外长会晤。该向苏联外长下达什么指示呢？局势非常令人不安。看来，我们将掉入政治陷阱。

科尔：任何指示都不下。您知道，在这方面，我不想进行这些对话。

戈尔巴乔夫：但毕竟是现实。

科尔：是的。我们将谈谈现实。然而，现实有两个方面。我们两人必须一起研究解决办法。

戈尔巴乔夫：这个问题很重要。我们如何解开这个结，许多东西都取决于这个问题的解决。

科尔：我们一定要解开这个结。现在让我谈一下另一个问题。我的代表今天正在莫斯科就肉类和其他产品,包括香烟的供应问题进行谈判。我认为,双方都提出了合理的建议。所涉金额差不多有6亿马克。我们的印象是,谈判的立场已经接近,我们提出的建议引起了苏方代表的兴趣。但从我方来看,又产生了期限问题。要知道,供应的产品来自民主德国。现在我们还可以自由地讨论这个问题。过了10月3日,就将出现新的复杂问题,这同履行欧共体和关贸总协定的义务和准则有关。问题在于,作为联邦德国政府,我们可以向苏联提出这样的建议,但是德国统一后的政府,就没有这种可能性了。因为它同履行欧共体和关贸总协定框架中的义务有关。我请您让你们的工作人员关注这种情况。我国的代表——国务秘书基特尔已经前往莫斯科,他拥有签署相应协议的一切必要全权。

戈尔巴乔夫:好。我立即下达相应的指示。

科尔:昨天晚上我与乔治·布什就其他问题进行了交谈。请允许我(这完全是议程之外的)问一下:您对苏联、美国、英国和法国的领导人10月3日抵达柏林参加德国统一的庆典活动是否感兴趣?在不知道您的看法之前,我不会正式提出这个问题。坦率地说,我想先和您及布什谈此问题,然后再同巴黎和伦敦谈。如果您同意这个想法,那么,也许我就可以在赫尔辛基和布什讨论这个问题。我们下一次谈话时,可以再回到这个话题上来。

戈尔巴乔夫:我认为,如果相互谅解和信任的氛围得以保持的话,我们就该在应有的水平上完成这个进程。因为正是有了这种氛围,才可能踏上这个历史性进程。这是我初步的看法。但重要的是,要在我们两国关系中,把所有努力都用于保持这种建设性的精神。

科尔:好。我明白了您的意思。我深信,通过共同努力,这种积极氛围会得到保持。

戈尔巴乔夫:好。我要强调的是,应该作出一切必要的努力,不对这个历史性进程的最后阶段设置障碍,否则,不仅会把我们这些年积累下来的积极成果化为乌有,而且还将破坏我们的长期计划。

科尔:是的。完全同意您的看法。我们在这个问题上没有任何分歧。总统先生,感谢您的谈话。

戈尔巴乔夫基金会档案:全宗号1,目录号1

戈尔巴乔夫与德国问题

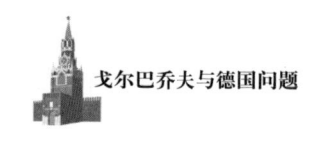

摘自戈尔巴乔夫与乔治·布什一对一的会谈记录

(1990年9月9日 赫尔辛基)

(斯考克罗夫特和切尔尼亚耶夫参加了会见)

戈尔巴乔夫：问题在于："冷战"结束以后，我们进入了世界政治的新阶段。我们能否在这个新阶段以同样的精神来做事？最主要的是，我们将如何采取具体的行动？这是个严肃的问题，必须多加思考。事实上我们面临着全球性选择。您谈到了有关新秩序的问题。的确，我们应该按照新的方式来生活，按照新的方式建设关系。代价肯定会非常大。正如我说过的那样，如果没有马耳他会晤，如果没有我们关系的新水平，那么，东欧发生的进程和与德国统一相关的进程，可能比波斯湾危机的局势更加尖锐。

布什：完全正确。

戈尔巴乔夫：考虑到欧洲现有的军事对抗水平，可能会出现我们难以应对的局势。现在，我们面对着更加复杂的考验。

也许您会同意，东欧的事件、德国的事务对我们来说，要比对美国更加困难。我坦率地告诉您，需要作出巨大的努力，以极其紧迫的政治意愿来超越自我，克服过去看似牢不可破的旧观念，按照已经变化的现实要求的那样去行动。迄今为止，我不得不在我国举行的各种论坛上去阐述我们的这些立场，论证新思维的必要性，以新的态度对待世界上发生的事情，说服人们确信我们在国内外采取的政治行动是正确的。这并不总是令人感到轻松。更何况西方有些人对事件做出分析时，总是立足于旧思维，从而使我们的处境变得复杂起来。然而就是这样，我们社会的绝大多数人都能理解苏联领导人的立场。

布什：科尔总理邀请我到德国，以便与您一道出席10月3日庆祝德国统一的仪式。我对科尔说，而且十分坦诚地说，我难以满足他的请求。问题在于，这次活动离国会选举只有一个月时间，我不得不取消对南非的访问，而南非人又把此访看得非常重要。您认为庆祝德国统一的仪式活动重要吗?我知道,这个活动对科尔很重要。但是我本人未必能去得了。如果我不出席这个活动,会对您产生什么问题吗?

戈尔巴乔夫:不会有问题。我自己现在国内也非常忙。在过渡到市场经济这一问题上,将会有一场重大斗争。此外,我现在还不得不牵头制定联盟条约的工作。您看,要解决我国的未来问题,我很难分身。当科尔邀请我时,我就说,我认为这个事件非常重要,它象征着整个历史阶段的结束。至于出席仪式活动的级别,我说,我将同您以及其他人商量一下。

布什:如果您不请我改变自己的决定,我就告诉科尔,我很遗憾,我不能前往。

戈尔巴乔夫:我也不去。

布什:我赞同您的这一决定。

戈尔巴乔夫:在这个问题上,我和您没有分歧。

戈尔巴乔夫基金会档案:全宗号1,目录号1

切尔尼亚耶夫起草的就即将同科尔通话和10月3日可能赴德国的请示件

(1990年9月10日)

米哈依尔·戈尔巴乔夫!

今天16:30(莫斯科时间),您将同科尔再次交谈。在哪里准备电话和翻译?

当然,科尔会请您就10月3日去不去德国作出最后答复。根据您上次谈话定下的调子,如果科尔做出"新的让步",那么我们的答复就是肯定的。可是您对布什说过,如果他不去,您也不去。

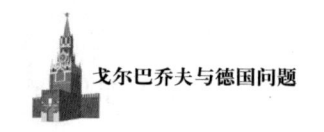

我把这次谈话内容对科维钦斯基讲了。我们进行了讨论。他认为（我也同意他的看法），美国人在这个问题上有自己的政策。当然，问题完全不在于，布什因再过一个月就选举而不能飞到欧洲，甚至连一昼夜都不能离开。他看起来是不想认可我们同德国的接近。美国人是用非常疑虑的眼光，看待我们同德国签署"大条约"的前景的。

我不相信，撒切尔和密特朗会支持布什拒绝出席。

我认为，在任何情况下，应科尔之邀赴德国对我们都是有利的，甚至是在西方谁都不去的情况下，也是如此。不但如此，西方人会把自己置于非常愚蠢的境地，把德国人更加推到我们这边来。

如果您去，那将是我国奉行坚定政策的一种展示，也表明正是因为您，德国人获得了统一，并由此展现出欧洲两个伟大民族（就像人们通常所说的）今后多年的关系。

切尔尼亚耶夫

戈尔巴乔夫基金会档案：全宗号2，目录号1

摘自戈尔巴乔夫同科尔的通话记录

（1990年9月10日）

科尔：我想对您和美国总统布什在赫尔辛基会晤顺利进行以及取得的成果表示祝贺。明天我将同布什通电话，届时他将会谈及自己的感受。

戈尔巴乔夫：我对同布什会晤取得的成果表示满意。我觉得，这次会晤将对他以后的工作有帮助。他获得一个额外的支撑，这使他能更加有效地顶住施加给他的压力。

科尔：从我们9月7日最近一次交谈起，我进行了认真思考。您帮助了我，我也会帮助您。

我想向您建议，现在就对苏方期待我们提供的资金总额交换意见。我希望，您能同意我的建议。我们想协助您建造36000套单元房。我们对所有东西都作了认真的测算和估值。西塔良[1]在和我国财政部长维格尔的会谈中，提出了160至180亿马克的数字。我们认为，这个数字太大了。我们的估算表明，110至120亿马克应该够用于所有的支出。

戈尔巴乔夫：您提出了一个非常重要的必须解决的问题。我不想使我们已经达成的协议蒙上阴影，出现阻止我们沿着合作道路前进的障碍。当然，您有您的困难，但您也应该设身处地地想一想。然而，您不是按照我们设想的那种规模向前推进。我们也不想以斤斤计较的态度来解决这个问题。摆在我们面前重大的目标是，开展同我们两国地位相称的大规模合作。

您知道，我国国内的局势十分复杂。我们必须坚决地改善经济状况。我们不能坐等3到5个月。从10月1日起，就应该开始过渡到市场经济。我面对非常严峻的局面，不能讨价还价。请您对此予以理解。

我认为，150至160亿马克还是能够找到的。我们的要价是非常克制的。您也可以想象一下，我们需要让多大的庞然大物动起来。这里谈的是具有相当规模的集团军，他们的命运在双方相互满意的情况下可以得到解决。

前不久，我同雷日科夫谈了一次，他也向我确认，我们的要价太低。应该相信，将来一切都会有很大回报。但现在看起来，我们像是在讨价还价。问题非常复杂。我不得不坚持已经提出的要价。

科尔：我不想讨价还价。我的建议是合理的、符合实际情况的。

还必须看到我们提出的到年底要实现的目标。西方工业发达国家已经做好了支持苏联把经济转向市场轨道的准备。秋季时，我们将就大额信贷进行谈判。我曾经对您说过，联邦德国准备在这方面作出自己有分量的贡献。我做了承诺就要履行。对我来说，这是个责任问题。我请您理解，我不能两次做同一件事情。如果现在给你们多点，那么秋天的时候我们将不得不少给。而联邦德国想在秋季时作出应有的贡献。

所以，请您接受我的建议。这个建议完全合理，可以立即着手建造住宅小区了。到圣诞节之前，还可以再作一个贡献，即第二个贡献。我是真心要帮您的。我十分清楚，你们的问题是什么。

戈尔巴乔夫：坦率地对您说，这里讲的不是怎么帮助一方的问题。您也

---

[1] 西塔良，苏联科学院院士，著名数理经济学家。

是在帮自己。我们想让您感受到什么是主权。坦率地说，您的建议让我大失所望。

科尔：我不想让您失望。12个月之前，我们在两国关系中开创了新纪元，关系达到了新水平。所以，必须进行一切努力，不使这一进程被冻结。我知道，应该像帮助一个人那样帮助您。您也要帮助我。7月份，我们讨论了所有问题，并且拟定了必要的措施。秋天，我们将协助您落实改革计划。在我们的关系中，应该保持这种相互帮忙的气氛。

我们的协助很快就会有眉目。我们准备动用一切力量去建造住宅小区，包括提供技术。应该把良好的物质内容充实进我们两国关系的新阶段。

戈尔巴乔夫：我不知道该怎么回答您。也许，我们需要认真思考一下，是回到最初状态还是把时间期限拉长。

我们现在正在制定稳定措施的清单。其中包括考虑对国内改革进程采取强硬的措施。我国的局势很复杂。您应该看得到。

科尔：正因为如此，我们想帮助您。我们的估算表明，我们能够给予有效的帮助。

戈尔巴乔夫：在经过我们不得不与政府、财政专家和军人的较量后，我没有看到低于150亿马克的可能性，另30亿必须找到。

科尔：也许可以吧，让我们考虑下一个问题。我们可以向你们提供为期5年的无息贷款。要让我们两国懂行的代表尽快见面。

戈尔巴乔夫：联邦德国方面的代表是谁？

科尔：我准备派联邦德国财政部的国务秘书去莫斯科。他明天或后天就可以飞过去。

戈尔巴乔夫：我理解您的意思是分两步走，对吧？您拿出120亿马克，为期4年，用于军队的给养和撤离，再加上一些不相干的贷款。

科尔：关于为期5年、额度为30亿马克的无息贷款问题，已经同西塔良先生谈过了。

戈尔巴乔夫：也许，这有助于解开这个结？

科尔：我主张能解开所有的结。我们没有达不成的协议，一切都是明确清晰的。我这里所说的明确清晰，指的恰恰是我们两人，而不是政府。对我来说，这极其重要。

戈尔巴乔夫：我也主张保持我们已经达成的东西，培育合作，巩固我们的友好关系。

科尔：对我最重要的是友好关系。

戈尔巴乔夫：总理先生，跟您握手。祝您一切顺利！

科尔：最后一个问题。关于10月3日柏林之行，您跟布什总统定下来了吗？

戈尔巴乔夫：我们商定再考虑一下这个问题。

科尔：我期待着您的答复。祝您一切顺利！

戈尔巴乔夫基金会档案：全宗号1，目录号1

摘自戈尔巴乔夫与德梅齐埃的会谈记录

(1990年9月12日)

戈尔巴乔夫：非常高兴，在这个具有纪念意义的日子欢迎您。在莫斯科，今天，一个历史性的事件结束了。一个早就在进行的客观进程找到了自己的逻辑终点。苏德关系掀开了新的一页。我想，我们有理由乐观地看待未来。

德梅齐埃：我认为，只能对正在发生的事情表示欢迎。源于1985年3月的历史进程结束了。民主德国的人们非常关注苏联改革开始的发展进程。这不是事不关己的观察，而是分析性的观察。得出了不少相关的结论，有吹毛求疵的，观点可说是形形色色，但结果，我们走到了现在这个样子。

从1985年到1989年，在民主德国，对我们来说，您就是能带来希望的绝对载体。在统一后的德国，我们永远不会忘记您，也不会忘记您的战友。

至于我本人，看来我还要从事政治，留在未来德国的领导集团里，我不会回到自己的律师岗位。

但我想一如既往地同您保持接触。我希望，我们可以同苏联大使继续进

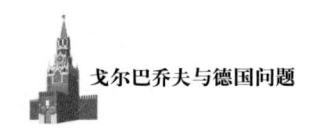

行我们已经形成信任和有益的交往。

戈尔巴乔夫：接触可以使彼此更好地理解，我们欢迎这种接触。这自然特别涉及到统一德国未来的领导人。

德梅齐埃：现在，许多人都说，统一后的德国将是放大的联邦德国。情况不是这样。这将是另外一个德国。但是一切都不会像人们认为的那样平稳。

戈尔巴乔夫：我也是这种看法。因为这里所谈的不是数百万人被并入的问题，而是要把这几百万人的生活和命运融入进去的问题。这方面无论如何都不能简单化。

德梅齐埃：我们人少一些，我们弱一些。而他们人多，他们强一些。但是我们不想简单地做小兄弟。我们自己的心理状况已经成型，民主德国的许多公民，也许是多数，都会宣布，他们不能也不想放弃过去而生活。

戈尔巴乔夫：我们也不能一笔勾销自己的过去，而是要批判性地再思考。我们推翻了斯大林主义和这个体系的其他弊病，但不能把一切都涂成黑色。

德梅齐埃：无论哪一个人都不可能，也没有权利说他自己的生活是虚度的。

现在，由于实行市场经济，我们面临着困难。必须采取果断措施。在我被任命为总理的最初几个星期，我试图一步步地推行改革。但未产生任何效果。所以，不得不破除过去的东西，同过去切割干净。

戈尔巴乔夫：我国的局势更复杂一些。人都有害怕新事物的天性，特别是在他不懂的时候。不得不破除许多东西，不得不重新学习许多新的事物。但所有事情并不都是那么顺利。

德梅齐埃：最近几个月我经常重复的一句俗话是，糟糕的结局也比没有结局的糟糕要好得多。

戈尔巴乔夫：你们那儿居民的生活水平和补助的情况怎么样？

德梅齐埃：现在所有的情况都比较复杂，但我们希望稳定。我们基本上按照社会状况对个人进行补助。老年人或是刚刚来到世上的人，都不应该因为处于急剧变化的时代而受苦。

现在请允许我提出一个很独特的重要问题。多年来，我一直是犹太人社团代表的律师。作为基督徒，我认为自己的职责，就是为那些遭到迫害和追究的人们辩护。我同美国的犹太社团关系很好，也同世界犹太人大会的领导人布隆福曼有好的经常性联系。

戈尔巴乔夫：我们知道布隆福曼。

德梅齐埃：前不久我见到了他。他请我转达，如有可能，近期他想亲自同苏联总统举行会见。

戈尔巴乔夫：我们将认真考虑这个请求。近几天，我将会见以色列的财政部长。

德梅齐埃：美国的犹太人发现，现在有许多向苏联提供大量财政援助的机会，而且这些援助可以通过国家渠道来进行。

戈尔巴乔夫：为了有更灵活的回旋余地，我们需要获得贷款。当然，这些贷款我们过几年肯定能还上的。

德梅齐埃：我准备就此履行通讯员的作用。您可以指望我来做这个事。

戈尔巴乔夫：我们会考虑您的愿望。希望您未来一切顺利！

戈尔巴乔夫基金会档案：全宗号1，目录号1

摘自戈尔巴乔夫与根舍的会谈记录

（1990年9月12日）

（谢瓦尔德纳泽参加了会见）

戈尔巴乔夫：我们走过了漫长的道路。我希望您也能很好地理解这一点。局势有时非常尖锐，可能会产生严重的后果。现在一切都过去了，应该面向未来。

首先我想指出的是：需要考虑一下，我们要往哪里走。没有苏联和联邦德国领导人所作的相应贡献，德国就不会统一。现在可以看出来，我们曾经处于什么位置，谁是主要的当事人。主要当事人首先是联邦德国和苏联。这一点不容置疑。

战后已经过去了几十年。双方都表现出了耐心和国家智慧。很明显，如果苏联还有联邦德国不进行深刻的国内改革，那么一切都会照旧运行，也就不会发生任何事情。时间的流逝，使联邦德国和苏联都发生了变化。走过了

寻求相互谅解和相互信任的漫长道路。缔约变得可能了。其中首当其冲的当然是 1970 年的《莫斯科条约》。苏联的改革也成为可能。所以，一切既成的事物都有其合乎逻辑的解释。

我同意联邦德国总理科尔的看法。他说，我们一起走过来并不轻松，但对两国来说很值得。在我们两国关系中，头等重要的事，过去做过，将来还要做，不仅对我们两国，而且对欧洲乃至整个世界来说，都是如此。

前不久我通过电话与科尔总理进行了交谈。当然，您是知道这个事的。主要谈的是财政方面的事。我对解决这个问题的方式表示了失望。对我们来说，这个问题极其重要。我们希望德国方面也能持相应的态度，给予相应的理解。有时我就觉得，我们简直就是在做某种交易。我们不想感觉自己在扮演小商贩或者勒索者的角色。

科尔总理确认准备向我们提供相应的援助。但还应该看到，联邦德国与其说是在帮我们，不如说是帮她自己。因为这里涉及的是未来德国的主权问题。不然军队留下来，主权问题就会延迟。解决问题的进程非常复杂，对此不能视而不见。

苏联人、社会各界都明白，德国统一的政治进程已经彻底完结。自然而然要提出的问题是：其他有关协议，首先是涉及我国军队驻扎和撤离的协议该怎么办呢？如果对此没有清晰的答案，那么就会导致爆炸局势的发生。

自然，所有问的解决都不那么顺。可您知道，协商成功"120 加 30 亿"的数额，情况就等同于已成定局。这或多或少都可以接受，其中也包括你们。因为很清楚，30 亿中的某些数目，或许其中相当大一部分，是要以支付供货费的形式返还到联邦德国的。

未来我们两国的关系应该具有牢固的和负责任的特点。明天将草签全面性条约，这将巩固苏联与统一后的德国的睦邻、伙伴和合作的方针。这个条约已经经过了总统委员会审核的程序。我们认真审议并批准了它。条约开始执行的路径已经开辟出来。

谢瓦尔德纳泽：我同根舍先生明天将草签这个全面性条约。现在正在完成这个条约的经济合作部分。有关军队驻扎及其物质供给条约的协商，也在进展之中。

戈尔巴乔夫：我看，一切都不错。再次祝贺您，根舍先生。在所有完成的事情中，我们看到了您个人作出的重大贡献。

苏联想把联邦德国，想把未来的德国视为可靠的伙伴。我们感觉到你们也有类似的渴望。

然而，不是所有的人对此都喜欢。随着我们的关系越来越进入新的阶段，发出特殊味道的议论将会增多。"同情者"无论在国内还是在国外，真是够多的。但在这种情形下，最真切的答案就是确认自己的责任，自己的历史作用。人们说的东西不应使我们变得犹豫不决。

根舍：我代表我国所有领导人，并以我个人名义，衷心祝贺您所做的一切。我想不带任何激情地表示，德国人民知道而且永远不会忘记，德国的统一，首先应归功于您个人的贡献以及谢瓦尔德纳泽先生的贡献。您的勇敢和洞察力在统一的进程中发挥了决定性作用。大家都清楚，发生的这一切，要归功于您近几年来的政策。

现在的事情就是，我们怎样更好地组织自己的未来。各种观点和看法正在协商之中，而且它们已经进入积极的、充满建设性的方向。

中心点和出发点就是欧洲进程的大规模发展，它要求苏联同联邦德国开展全方位的合作。许多东西取决于我们，这是大家都知道的。这让我们负有重大责任。我们要无愧于这种责任。

今天所做的事情，对苏方来说，是最复杂的问题。不要以为我们不明白，你们做到这些是多么不轻松。你们给予德国人的信任，将会被证明是正确的。苏联人民是永远不会感到失望的。时代在变化，历史的教训我们已经记取。我们看到的未来就是睦邻与合作。苏联和统一的德国，比苏联和两个不同的德国，合作的前景要广阔得多。

我不是个多愁善感的人。但我要坦率地说，现在，我毕生的理想实现了。我的祖国成为统一的国家，我出生的城市现在就将属于我代表的国家。许多人说，德国人从1945年起被分割了45年。实际上，我们是过了57年才成为统一的民主国家，时间应该从1933年算起。

非常可喜的是，明天我们将草签"大条约"。但这并不是让我们可以袖手旁观的理由。所有工作还在后面。我们只是经历了一个阶段，结束了一个章节，现在正在掀开我们两国关系的另一个篇章。自然，应该认识到自己的责任。"大条约"和其他拟议中的协定将把我们联合起来，我们将在不断增

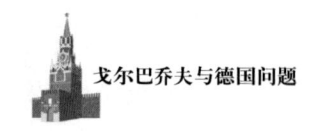

长的相互依赖条件下生活与合作。这当然让我们感到高兴。当一个国家知道，其他国家遇到困难并接受命运抛给他们的挑战之时，它是不会幸福和自由的。需要相互提供帮助。现在出现了许多共同问题，包括经济互助、环境保护和其他问题。这些问题把我们联结在一起。

戈尔巴乔夫先生，从我们4年前，即1986年夏天第一次会见时起，已经过去了许多时间。当时我们的确是各说各话，对未来的看法完全不同。现在，许多问题已经解决，这也值得高兴。

让我感到高兴和自豪的是，我们形成了诚实和信赖的关系。您和谢瓦尔德纳泽先生可以永远信赖我。

戈尔巴乔夫：以上您所谈的出发点是，我们将以同样的相互关系来作出回应。这将给我们，也给你们提出更高的要求。

根舍：非常希望在不远的将来，您可以访问我出生的城市加勒。那里有贵国的许多朋友，而且是真诚和信赖的朋友。

朋友越多，生活就越平静。就这个意义来说，你们在德国的士兵们的命运让我非常不安。我们想在余下的3到4年里，让他们成为我们的朋友，带着良好的感情回到苏联。我们想让苏联人民知道，苏联士兵们在德国有朋友。

我想重申我的一个愿望，即同谢瓦尔德纳泽先生一起去看望驻扎在德国的苏联军队的几支卫戍部队。要让士兵们看到，我们完全可以成为朋友。让他们在返回家乡时成为苏德友谊的使者。

戈尔巴乔夫：我对实施这样的想法表示欢迎。部队的问题非常复杂。需要用一切方式来缓解复杂的问题。

要考虑怎样才能制止对我国军人采取的挑唆和挑衅活动。要以某种隐密的形式，让媒体的领导者了解到这些情况。我今天看到一份电报，里面说，报刊、电视，特别是中央伏龙芝苏军之家的节目单上，公布了求助地址和电话，如果士兵想逃跑的话，可以请求它们帮助。

根舍：我想，我们能回应您的请求。戈尔巴乔夫先生，我们不需要发生什么耸人听闻的事。

戈尔巴乔夫：那就祝您一切都好。请您转达我对科尔总理的问候和最良好的祝愿。

戈尔巴乔夫基金会档案：全宗号1号，目录号1

摘自戈尔巴乔夫与赫德的会谈记录

(1990年9月14日)

(切尔尼亚耶夫参加了会见)

戈尔巴乔夫：我们把同英国即同撒切尔夫人的对话，看作是同优先伙伴的对话。没有原因不让这个对话继续下去，也没有原因不让我们两国的合作关系获得新的动力，以解决我们共同面对的众多问题。

我高度评价我们同英国的紧密关系，高度评价同撒切尔夫人及其同事们的接触。我们把您这次访问视为这种精神的体现。

为了落实这一思想，我要告诉您，考虑到欧洲目前发生的一系列事件，我认为扩大我们的对话与合作是非常必要的。

我还认为，应该把统一后的德国也有机地纳入这个新的关系组织中。可以通过几支力量的联接以及同德国的合作做到这一点。当然我们做这些的时候，不能失去我们同你们合作的必要性和意义。

我深信，美国人也应该感觉到自己是欧洲进程的积极参与者。这是一个重要的经常项目，它毫无疑问将会促进欧洲进程的发展与深化。如果在欧洲能够做到这一点，那么我认为，在整个国际关系中也可以保持积极发展的进程。

戈尔巴乔夫基金会档案：全宗号1，目录号1

戈尔巴乔夫与德国问题

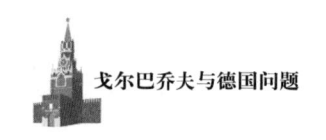

谢瓦尔德纳泽在苏联最高苏维埃国际事务委员会会议上的演讲

(1990年9月20日)

尊敬的主席：

尊敬的各位代表：

我认为有必要向苏联最高苏维埃，就9月12日苏联、美国、英国、法国、联邦德国和民主德国的外交部长在莫斯科签署的《关于最终解决德国问题的条约》的性质和意义作出如下说明。

首先要说明的是，在多边和双边基础上签署的所有文件，都将提交国家最高苏维埃审议并予批准。

我的任务是，对提交审议的文件做个开场白，介绍苏联外交部对这个条约的看法，签这个条约能给我国带来什么利益，以及这个条约在多大程度上符合我国的国家利益和政治利益。

给我们留下的时间不到两周了，一个统一的德国将会成为既成事实。欧洲的政治地图将会发生根本性的变化。我想强调的是，在莫斯科签署的条约将解决、而且会及时解决对我国政治具有战略重要性的两项任务。条约将在考虑所有各方利益、当然也要考虑我国利益的条件下，确定新德国在欧洲的地位。在可预见的整个时期，条约将为我国同这个欧洲主要的强国开展最积极的相互协作开辟道路。

由于剧烈和迅猛的变化，一个统一的德国就在我们眼皮下出现了。对许多人来说，所发生的一切令人感到很不习惯。它要求仔细思考，重新评价一些已经固化的观念。但是，我们一天比一天更明显地意识到，没有其他的发展方案。

今天，从来没有这样适宜的场合再次提醒我们，把德国人分开不是一种自然的状态。无论在40年代，还是50年代，以及稍晚一些时候，乃至现在，我们都没有把德国统一的路堵死，尽管在不同的阶段提出过不同的路径，达到目标的期限也有所不同。这不是偶然的。这就是为什么从一开始，当1989年秋季的事件汹涌而来，我们坚定地站在承认德国人有权选择自己所走道路的原因。做出这样的决定是不容易的。但这是唯一正确也是具有远见卓识的决定。

在战后整个几十年当中，"德国问题"以及它必须得到最终解决，依然是世界政治和欧洲政治的中心问题。

在"冷战"和对抗的条件下，这个问题是不可能解决的。更何况德国恰恰是"冷战"和对抗的焦点。也正是在这里，两边强大的武装力量集团军一直在相互对峙。

这里还不止一次地出现最尖锐的局势，把世界置于战争的边缘。这种局面不能也不应该永远地持续下去。不能因为苏联人民做出了难以估量的牺牲，为取得胜利付出了难以想象的高昂代价，就经常处于威胁之下，将不得对来自德国土地上的新军事危险进行回击。应该直面真理：只要存在着被分裂的德国，只要在欧洲中部还保持着强大的军事存在和对抗，那么这个威胁就是现实的，而且是重大的。

我可以完全负责任地说，从1990年9月12日起，这个威胁就不复存在了，因为这时在莫斯科为第二次世界大战划上了句号，最终解决了德国统一的外部因素。

这就是有关德国条约的主要意义。

人们可以指责我幼稚。但不要同我争论，而是要同条约的条款争论，同这个条约造成的现实争论。

条款包括以下内容。

——各方要使自己的武装力量脱离直接接触，再过3至4年，我们的士兵将撤离德国。

——德国有义务把自己的武装力量削减到37万人。

——德国放弃拥有核武器、化学武器和细菌武器。

——德国的东部将获得特殊的军事政治地位。那里将不得部署任何外国武装力量、外国核武器，而德国军队将不拥有核武器的运载工具。

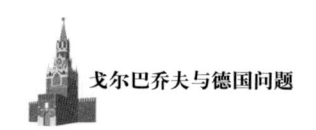

——承认德国的最终边界，或者把联邦德国与民主德国现有的外部边界确定为它们的最终边界。德国不再有任何领土要求。

——准备发动进攻性战争将被视为反宪法的行为，应予严惩。

得到的其他保证有：统一后的德国不得允许纳粹主义及其意识形态复活。统一后的德国也不得对1945至1949年间四个大国就财产问题和土地问题所作决定的合法性提出质疑。要保证在德国领土上，完好无缺地保存那些纪念为打败法西斯而牺牲的人民纪念碑、我国公民的军人墓地纪念设施及其他纪念碑。

新德国还确认，要维护对联邦德国和民主德国在过去那些年代签署的条约和协定的信任感，即解决继承性的问题。

我认为，上述列举的协议的这些方面，已经明确回答了我们获得的保证是否足够的问题。

我之所以强调这一点，是因为近来人们多以这种或那种形式提出问题：要签署的关于德国的文件能在多大程度上保障苏联的利益，首先是保障苏联的安全。

我再以完全负责任的态度说，我们签署的文件完全符合苏联的利益，符合苏联各族人民的利益，符合苏联各加盟共和国的利益。这些文件将在巩固欧洲安全和国际安全方面发挥作用。

与此同时，我不能不跑一下题：任何协议，无论它有多么好，都不能完全保证国家的安全，如果这种安全不是由国内来加强的话。如果那些消极的、破坏性的趋势在我国继续保持，如果对经济、财政和国家其他机构的牵扯仍在继续，那么，任何国际协议都不能保证我们能获得可靠的安全和宁静的生活。对外政策是国内政策的继续，我们应该永远记住这一点。

是什么促使我们在如此短的时间内，相对顺利地作出如此重大的原则性决定？是一系列因素在这里发挥了作用。其中我想首先突出强调的因素是，苏美关系正常化得以稳步推进并持续加深。这为在所有事情中看得见或看不见的情境打下了基础。按照国际生活的各个尺度来衡量，这使我们逐步远离对抗时期，进入越来越有规模和密切合作的时代。

制定与德国统一相关的多边和双边解决的方案，不是在真空中进行的，而是在涉及一系列最重要事件紧密的政治和逻辑上的相互联系中完成的。这些事件从根本上改变了欧洲的局势，改变了几大集团关系的性质，为目前局势和未来前景提供了一种新的视野。在谈判过程中，我们的立场总是能对发生的变化作出敏锐的反应，并依据这些变化去适应新的条件。

请你们自己做出判断吧。在维也纳举行的23国谈判中，完成了大幅削减常规性武装力量——坦克、装甲运兵车、步兵战车、机枪和其他类型的武器的协定制定工作。在那里举行的35国谈判中，制定了军事领域信任的新措施，这些措施将大大增加欧洲大陆军事活动的透明度。

在下一阶段的维也纳谈判中，将讨论削减所有欧洲国家军队和空军的官兵数量，以及美国和加拿大驻扎欧洲的部队。

新德国将产生在欧洲政治和军事坐标的另一个体系中。如果西方不准备对建立两个军事政治同盟的新的相互关系做出表示的话，我们就将难以改变对德国加入北约的态度。

正在起草一份声明。同盟参与国将在声明中保证，它们互不视对方为敌人，不首先使用武力。

华沙条约组织正在经历深刻的转型。北约将重新审视自己的学说和战略，其中包括诸如"前沿防御"、"灵活反应战略"等。集团部队的战备程度将降低，军事演习的数量和规模也将缩小。

将来，北约和华约都将成为整个欧洲安全架构的组成部分和要素，之后会融入其中。欧安会的政治机制将会越来越多地承担起解决那些与加强稳定与可预测性、与预防和解决危机局势和冲突等相关问题的责任。为此，将会有一个专门的全欧洲中心运作起来。有关创建这一机构的决定，可望于今年秋天在巴黎举行的欧洲国家领导人会晤期间做出。

不能不考虑到的是，在整个欧洲领土上，已经准许从事广泛的监督和检查活动。无论在德国，还是在欧洲大陆的其他地方，以后都不能再开展大范围的隐蔽性的军事行动。这个意义是难以估量的。在保障安全和可靠和平问题上，通过共同努力，打造出相互信任和伙伴关系的客观基础。

面对这些新条件，再用旧尺度来对待德国问题，包括德国问题中的军事因素，已经行不通了。局势变了。德国人自己也变了。在经历了战后这些年发生的一切事情之后，德国人赢得了对自己不同的态度和信任。这个对德条约也可能遭到批评。我对此毫不怀疑。伟大的变革正在完成，期间总是伴随

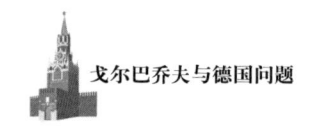

着巨大的恐慌和忧虑。但我确信,我们已经达成了最佳的效果。

况且,如果谈到由于德国统一而形成的各方利益的整体平衡,那么,这种平衡自然并未终结于"六国"最后文件的那份决议。体现这种平衡的许多重大要素,体现在这份文件之外。它们构成了一揽子协议,并在苏联总统戈尔巴乔夫和联邦德国总统科尔7月在莫斯科和北高加索会见时的谈判中达成。

这首先包括这些日子里在莫斯科草签的苏联与统一后的德国建设睦邻、伙伴关系与合作这一范围广泛的条约。这个条约把我们同排在苏联之后版图位居第二的欧洲国家的相互协作关系提到了崭新的水平。

在条约中,除了定期进行政治磋商和各层级合作的条款之外,还包括经济、科学、文化、生态、人文和其他领域,还有极其重要的军事政治制度条款,以及关于互不侵犯,关于放弃首先使用武力针对另一方或针对第三国,关于一旦一方成为被攻击的目标、另一方不予侵略者支持等等。这些条款,都是对有关统一后的德国享有的军事政治地位协议的重要补充。

恢复对德国人的历史正义,使我们同德国的交往有了不为一时一事而动摇的长期基础。将来,欧美所拥有的东西,要比苏联同联邦德国和民主德国关系的总和还要多得多。未来在欧洲,将出现国家间交往的新范畴。交往赖以存在的基础是更加完善的条约,首先是在公共政治和经济领域的条约。

不单是相互交流与合作的性质和规模发生变化。人们参加交往的范围也会急剧地得到扩展。它将从日益深化的议会交流开始,并在实际上涵盖苏联与德国所有的政治社会力量。目的就是要使任何一个政治组织、社会组织、工会组织、生态组织或者妇女团体,都不能置身于这个最重要的进程之外。

媒体也好,卫生和社会保障机构也罢,还有教会的代表,都能够在这种合作中找到自己的位置。两国的青年、中学生、大学生在相互理解、交往和合作的深化过程中被赋予特殊角色,因为他们明天就不得不自己承担起直接的责任,即用他们的生命来充实已经达成的协议,沿着欧洲团结的道路扎实地向前推进。

同德国合作的规模将很快扩大,速度加快。问题并不限于睦邻、伙伴关系与合作条约。在经济、工业、科学与技术领域,搞一个新的有分量的大规模合作条约,势在必行(实际上已经协商好)。毫无疑问,一个社会总产值达到近乎1.5万亿美元的统一的德国,将是我国强大和可靠的伙伴。双方准备作出一切努力，把我们的相互协作质量提高到新的水平。

正在制定的协定即将完成。这个协定将明确我国军队驻扎和有计划撤离的条件，以及与此相关的解决办法和若干过渡性措施。我认为必须指出，在这些事情上，德国方面，包括科尔总理、外交部长根舍已经做好准备，他们将努力使我们的军人在剩下的驻扎期限内，享有正常的条件，包括物力财力方面的；要使我们的军人带着良好的感情，作为德国人民的朋友离开德国的土地。在苏联欧洲部分的领土上，德方将为撤离的苏联部队实施建造面积为4百万平方米的公民住宅小区的专项计划，并对此作出贡献。还将建造四个住宅建设联合体，施工能力为一年10万平方米。还将采取其他措施，如给予技术援助和协助、提供交通服务和对我国军人进行再培训，以使他们能融入公民的劳动活动中。我认为，德国方面对涉及我国军队有关问题的这种态度，本身就说明了许多问题。它不仅值得在国家层面，也值得在道德和风尚方面，给予高度的评价。

总的来看，我们同德国的关系已经进入真正的新时期。我们应该学会以充分、勇敢的精神，去挖掘同这些伟大的欧洲人民开展合作的种种可能性。历史上，我们之间有过黑暗的篇章。但是现在已经到了必须坚决地尊重充满活力和强大无比的源头的时候了。这就是和平互利协作的传统。许多世纪以来我们共同的历史特点就是如此。我深信，正是这些传统，将决定我们的未来，也决定整个欧洲的未来。

苏德合作不针对任何一方。一些欧洲国家用同盟和阴谋的把戏反对另一些欧洲国家的时代，应当成为过去。我们的目标是建立信任、团结和合作的欧洲。继苏德条约签署之后，将同法国签署相互理解与合作条约、同意大利签署友好与合作的条约。还将签署的一些新文件决定苏英关系的性质。这些条约和文件都更具份量，更有意义。同西班牙、欧洲其他国家签署一揽子重大协议的条件正在成熟。改革开始带来的不只是个别的对外政策成就。形象地说，是近乎格局性的总体推进。

德国问题是战后最复杂和最尖锐的对外政策问题。解决这问题获取的经验，最直观地展现出建设新欧洲的现实性。苏联在这个新欧洲中，将占据与她作为全欧洲家园的建筑师、作为和平、民主国家联合体的积极成员相似的地位。

《苏联外交部通报》第20期，1990年10月31日

戈尔巴乔夫与德国问题

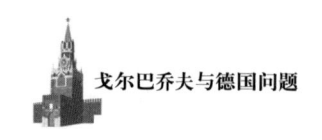

《苏联最高苏维埃国际事务委员会决议》
(1990年9月20日)

爱·阿·谢瓦尔德纳泽同志的报告以及对1990年9月12日苏联、美国、英国、法国、联邦德国和民主德国的外交部长们在莫斯科签署的《关于最终解决德国问题的条约》的初步了解，可以使我们得出结论，条约能可靠和充分地调整好两个德国统一的各种外部因素。条约的基础，是条约签署各方实现利益上的平衡。就内容和条约所要解决问题的规模来看，这个条约是向建设和平与合作的欧洲道路上迈出的重大一步。

重要的是，条约清晰和明确地确定了统一后的德国边界，规定了边界的最终性质，并把德国放弃提出领土要求这一点固定下来。

除了有关边界的决议之外，条约中关于安全问题的条款对苏联具有特殊意义。文件郑重地确认了联邦德国与民主德国的义务，即德国的土地只能产生和平。这些义务由以下几方面得到充实。一是德国不再生产、持有和支配大规模杀伤性武器；二是条约规定了德国武装力量的上限为37万人；三是在现今民主德国的土地上建立特别军事政治区域。

关于最终解决德国问题的条约以及与此相关的文件，包含着一些必要的保障条件和义务，以确保我国的利益，并符合欧洲的现实情况。这使苏联同美国、英国和法国一道取消了对德国的四方权利与责任。

苏联最高苏维埃国际事务委员会知悉了爱·阿·谢瓦尔德纳泽通报的苏联同联邦德国的《关于睦邻、伙伴关系与合作》条约（草签于1990年9月13日）的内容。委员会指出，条约为两国在政治、经济以及其他领域的合作与互助迈上新台阶创造了良好的条件。

苏联最高苏维埃国际事务委员会认为，必须：

——向苏联政府建议提交关于最终解决德国问题的条约并予以批准；

——筹备缔结条约的委员会并吸收相关专家参加；

——责成苏联外交部和苏联国防部,近期要解决因德国统一而必须重新审议驻德国的苏联外交与领事代表机构现行制度的问题,以及必须采取必要步骤,终止四方协定、决议和具体做法的效力;

——授权苏联有关部委同各加盟共和国一道,采取一切必要措施,保证苏军从德国领土上有计划地撤离,并在苏联安置好他们,解决军人及其家属的社会问题。定期在苏联最高苏维埃各委员会会议上听取有关这一问题情况的报告。

《苏联外交部通报》第20期,1990年10月31日

摘自戈尔巴乔夫与拉方丹的会谈记录

(1990年9月21日)

(苏方参加会谈的有法林,德方参加的有巴尔、爱姆科、希尔泽曼)

戈尔巴乔夫: 我把今天的会谈视为我们两党独特关系的继续。我不认为,这种关系的意义将随着时代变化而下降。在承上启下的这个时候,我们承担着保卫社会主义思想的共同责任。社会主义思想不是要在哪个"小酒馆"里体现,而是要在生活中加以推进。

许多人想把现在东欧和苏联发生的事情视为社会主义思想的破产。我则持另一种观点:是把这一思想落实到生活中的乌托邦式的、唯意志论的、强词夺理的种种论说破灭的时候了。我们要在社会主义选择的框架下,在世界文明和放弃两个世界阵营模式的背景下,去思考社会主义运动的前景。

无论是因德国发生事件的背景,还是就苏德关系而言,我都欢迎代表团来访。同德国领导人举行的所有会谈的一个中心思想,就是我们两国人民、两个国家不应该再搞对抗,而应该开展合作。我深信,德国也好,我国也好,所有的政治力量都赞同这样的观点。

现在发生的转变是巨大的。实践中,不是所有的事情都如同想象的那样

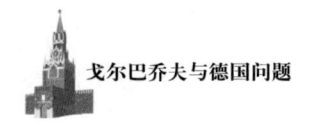

进行。重要的是，战后的几十年并没有虚度。苏德关系再生的进程是艰难的，但它又是建立在很久以来就奠定下来的历史根基之上。总而言之，我看到了你们代表团到莫斯科来的充足理由和发展前景。

眼下苏联领导人和戈尔巴乔夫本人面临的任务并不轻松。刚刚有人在讲坛上历数了戈尔巴乔夫毁灭苏联共产党、社会主义、苏维埃社会主义共和国联盟、东欧、马克思列宁主义的种种罪过。还毁灭了什么呢？

法林：毁灭了无产阶级国际主义。他们还提到毁灭了军队。

戈尔巴乔夫：不要拉下什么。我们正在从一个时代进入另一个时代。命运就是如此安排的：现任领导人成了改革的中心倡导者。我依然是社会主义思想的拥护者。这是我内心的信念和本质。作为赞同民主的人，我主张搞社会公正，主张维护不与劳动人民异化的政权，主张奉行爱好和平的政策，主张推动国际合作。

要知道，一个社会的改革进程，正是在这些观点的作用下进行的。我认为，无论哪一个民族，哪一国人民，都没有经历过如此艰难的历史。如果说这一切都仅仅是戈尔巴乔夫和他的同事们杜撰出来的，那么它就是对本国以及国外的现实生活施加的又一次暴力。

我们大家，苏联、欧洲、世界，都理解重新改变生活的必要性。我国历史上的情况是：如果政治上有敌人，那么就要消灭他，不是从政治上，而是从肉体上消灭他。已经有6年了，在我国民主政治进程的框架内，把这个国家向前推进。

顺便说一下，德国人也善于解决政治问题。感觉最近你们那里的民主增添了不少内容。

拉方丹：非常感谢您拨冗会见我们。我们还想感谢您为德国统一所作的贡献。正式由于您的政策，才为德国统一创造了决定性的前提。这已经不是秘密。还要谢谢您对有人谋害我之后，给我写的那封鼓舞人心的信。这种姿态在困难时期非常感人。

戈尔巴乔夫：我们大家都对这一事件感到震惊。

拉方丹：我还想再谈谈有关社会主义的思想。随着时间的流逝，社会主义思想正在发生变化，但它的基本含义和目标没有变。德国社会民主党最近一次代表大会通过了新的党纲（我担任编辑委员会的领导），我们对党纲做了许多修改，但并没有放弃目标。

戈尔巴乔夫：我了解这个党纲，还是草案时我就看过了。

拉方丹：里面加入了有关劳动的新概念。对劳动这个概念作了新的阐释，使它的内涵更加宽泛。这个概念不仅包括产业工人，而且还包含所有要支付报酬的雇佣劳动。而我们肯定要为此受到我国工会的责难。

戈尔巴乔夫：也许是冶金工人和矿工的工会吧。当然，如果以信息工作者和高技术人员来说，那就难以在他们与普通工人、调试工、工程师和技术人员之间划清界限。

拉方丹：这里可以看到思维的抵触。马克思曾经指出，上几代人的传统总是影响着下几代人。不久前逝世的社会学家诺尔别特·艾里阿斯提出了一个思想，即现实永远超越于意识的发展。

现在，可以看到有一种特别强烈的助力，向一体化方向发展的推动力。各国都需要学习按新的方式来思考问题。德国也在进行改革，尽管我们的改革是另一种性质。但在改革过程中也遇到了不少问题。重要的是，不再重复过去的错误。欧洲一体化进程应该在欧安会的框架内与苏联一起推进。

戈尔巴乔夫：完全同意您的看法。看来，您怀疑我在某个阶段忘记了这一点。我说明一下：我主张德国实现统一要循序渐进。而你们内部则不好搞定。办事循规蹈矩。当时我们需要作出选择，而选择并不容易。因为不是对所有的情况都建好了沟通渠道，所以不得不决定把谈判的进程转到国际框架内。我想，我们没有采取消极立场，这样做是对的。尽管一波三折，德国统一的进程一直没有脱离主渠道，甚至在某些方面还推动了欧洲进程，使我们两国关系进入了新阶段。至于全欧洲的关系，我们的政策总的来说没有改变。

在第一阶段已经做了许多，然而，机体成熟了，就可能不仅想摇动头部，而且想活动肌肉。的确，我希望，德国人是另外的情况，国际环境也不一样。您要明白，我国社会非常关注德国人在那里怎么样，他们靠什么生活。

拉方丹：当时出版了一本名为《迟到的民族》的书。书中说，只有在欧洲共同体获得的补偿越来越多，在某种意义上融化了民族界限之时，德国人才会建设统一的民族国家。我们把希望寄托在欧洲的统一上，寄托在建设有东欧和苏联参与的欧洲共同体上。马上就出现了自相矛盾的想法。比如说，前不久有一个建议，即要使德国成为联合国安理会的常任理事国。这可能要

比让欧盟获得这样的地位更好一些?

戈尔巴乔夫：法国和英国对此怎么说?

拉方丹：就让他们继续思考自己的作用吧。要英国人还有法国人这样做,特别不容易。

艾姆科：有趣的是,安德烈奥第在答复这一建议时,根舍也建议他一开始就在巴黎和伦敦提出来。

拉方丹：尽管有抵触,欧洲统一的进程毕竟向前发展了。看来,这也是个代际更替的问题。

戈尔巴乔夫：我们已经作出了选择,即迈向欧洲共同体。世界正在发生剧烈变化。即使在美国,反思的过程也在加快。你们想象一下大约7年前波斯湾危机爆发时的情景,美国人就像当年那样,以众所周知的帝国主义式的宪兵方式很快地恢复了秩序。

美国有这样的情结。在美国的这种舆论环境下,布什总统奉行目前的路线实属不易。但上帝就是这样安排的。它使新的苏美关系在最初的发展阶段就要经受严峻的考验。

一向被视为因循守旧的联合国忽然活跃起来了。这个机构似乎等到了自己出头露面的机会。我告诉美国人,不仅我们苏联需要改革,美国人也需要,而且需要的程度也不低。美国也在发生变化,也在谈论着自己的改革。眼下欧洲发生的事情,无论在东欧,还是在西欧,在许多方面还决定着我们这块大陆以外地方的下一步如何发展。欧洲的经验、人才潜质、历史根源和政治素养可以提供正面的支持,特别是当我们的各种资源都聚集在一起的情况下。我作为俄罗斯人,作为苏联人,越来越感到自己是欧洲人。

拉方丹：毫无疑问,你们的政策改变了欧洲和美国的许多东西。只要关注一下军队正在撤离、西部军队数量正在减少这一情况就够了。这在以前是不可思议的。居然有人能够解开基于"对等"思维的矛盾之结。布什明白,他在舆论面前坚守不住,所以要寻求国际合作。

戈尔巴乔夫：您前不久去了美国?

拉方丹：是的,在赫尔辛基会议之前去的。

戈尔巴乔夫：这就是说,您筹备了赫尔辛基会议?至少是参加了会议筹备。

拉方丹：这里有个经济上的背景。里根在军备领域奉行的政策，给美国经济带来重大损失。美国的预算赤字越来越大。我想强调，联邦德国政府在德国统一进程中犯了低级错误。联邦德国政府没有理会专家们的建议，直接就在民主德国境内使用了德国马克。

戈尔巴乔夫：这里也有政治上的失误。

拉方丹：推行政策就如同下棋，头两步对了，并不能保证后一步一定是正确的。与最初的评估相比，在德国统一问题上花费的资金现在已经高达10倍。每年都需要超过1500亿马克，或者说是占我国预算总额一半的马克。这还没有考虑到私人投资的数量。联邦德国的财力蒙受了很大的损失。

在美国的时候，我就说，在与民主德国的统一问题上，我们付出的，要比美国为波斯湾事件付出的，多好多倍。

戈尔巴乔夫：而且是由别人来买单。

拉方丹：当时的马克汇率定得也不对，影响到我们同东欧国家和同你们的关系。商品流向东方，要加3/4的补贴。例如，东德生产的公共汽车拿到匈牙利卖，匈牙利人为此要比过去多花费1/4。西德马克和东德马克的实际汇率为1∶4，补贴的量也要达到这个程度。

艾姆科：做个比较，如果你们按世界价格卖石油，也会发生同样的事。

戈尔巴乔夫：重要的是，在目前对我们两国来说是过渡性的这个阶段，我们要彼此开展更紧密的合作。这对变革的活力和规模将产生积极影响。

在苏联，我们已经专心致志地走向市场。这从激烈的辩论中也可以看出来。难以让人满意的是，总理与总统的意见不一致。我们将引进市场机制，走向私有化。对我们而言，私有化不意味着要用私有制的极权统治来取代国家所有制的极权统治，私人所有制统治要取代的是所有者。我们指的是出现一批生产者的自由联合体。形式可以各种各样，如股份制、合作制、租赁制等。这样，我们就把社会主义思想同生产者的个人利益结合在一起。接着要采取措施，实现非垄断化，建造新的基础设施。我们还要完善有关外国资本投资的立法。《企业经营法》也将问世。看来，为使我们的合作能有一个良好的基础，也有必要着手解决卢布可兑换的问题。你们的企业家是很会算计的。

拉方丹：不是所有的都会算计。

戈尔巴乔夫：民主德国与联邦德国是我们两个最大的外贸伙伴。

艾姆科：在过渡时期，德国居民对驻扎在德国的苏联军人持何种态度，对未来的苏德交往具有重要意义。

戈尔巴乔夫：根舍说过，苏联的军队将被视为友好国家的代表。我希望，社会民主党的立场不要再后退了。我支持艾姆科先生提出这个极其重要的问题。许多情况都取决于我们的军队是否会被看成占领军。

艾姆科：居民们需要直接同军人及家属们进行交流。我请求向您驻扎的部队首长通报一下我们的意图。因为反应会是完全不同的。

戈尔巴乔夫：这件事要做。此外，我们已经商定，在谢瓦尔德纳泽到访德国的时候，他将同根舍一起去部队驻地看看，把信号发出去。

我还想提请注意以下情况。我已经对根舍说过，西德一家名为"德意志电视二台"的电视台，在拍摄我国驻民主德国的军人及其家属有关镜头和采访时，有挑衅性的内容。我指的是他们想方设法要我们的军人提出政治避难的请求。当然，经常会有各种各样的情况发生。但如果这类情况发生，是不能允许有任何投机行为的。

拉方丹：我想，我国在难民问题上的总基调完全可以封堵类似的事件。基督教民主党非常害怕难民潮扩大。去年，差不多有100万人到了联邦德国，今年估计能有60万。住宅问题、工作岗位问题，都会给竞选造成巨大压力。谁也不能认为，人们是可以欺骗的。

希尔泽曼：如果是这样，我们同你一起谴责"德意志电视二台"。

拉方丹：我国的法律氛围就是这样。只要提出政治避难的请求，驳回的可能非常有限。现在我们正在考虑，怎么才能不再向那些没有受到政治迫害国家的公民提供避难。

巴尔：从我方来看，我们可以为你们的军人和其他苏联公民提供他们需要的民用职业的培训计划。

戈尔巴乔夫：我支持这个想法。在正在起草的关于苏联军队在德国驻扎条件的条约框架内，要就解决哪些具体问题作出规定。

艾姆科：在这个问题上，你们可以指望获得德国企业家的赞助。

拉方丹：还想提一下有关德意志民族从苏联移居出来的问题。

戈尔巴乔夫：德裔苏联人在我们关注的视野里。社会上对他们的态度不错。只是需要以相互都能接受的方式解决自治问题。不能"自上而下"地解决。

德意志人原先所在的自治区域已经人满为患。尽管在乌里扬诺夫州有两个区已在邀请德意志人迁移到他们那里。我们希望问题能以"自下而上"的方式获得解决，就是说要相互都同意才行。最高苏维埃民族院有一个专门委员会，一般由他们处理这个问题。

拉方丹：那再顺便说一下，你们的德意志裔军人一旦提出申请，就可以自动获得我国国籍，以及相应的财政支持和长久帮扶。

戈尔巴乔夫：我知道你们的"帝国"法律（在场气氛一下子活跃起来）。你们现有的禁止从事某些职业的决议还有效吗？

拉方丹：社会民主党人在联邦德国上台后，就要取消这个决议。在萨尔和下萨克森两个地方已经取消了。德国社会民主党现在在联邦参议院拥有多数席位，科尔不能只做他想做的事。

戈尔巴乔夫：透露个秘密，我给科尔总理写了封信。我提请他关注，不能允许在德国迫害德国统一社会党[1]原来的那些党员。如果要开始搞迫害，那就会令人感到疑惑，感到这是对过去的一种"反噬"。看来反苏的这种趋势还存在。如果我们面向未来，就不应该再发生这些事情。

巴尔：说得非常好！就让基督教民主联盟的"朋友们"想一想吧。迄今为止，共产党员在我国还不能当邮递员。不过，社会民主党的党员不久就可以当上联邦德国国防军的军官了。

法林：这未必真实吧。在国家人民军的军官中间传看着一张表格，上面不仅要问是不是党员，而且还问，是否同德国统一社会党的党员一起搞过什么体育活动。

拉方丹：在昂纳克执政时期，东德的基督教民主联盟进入了民主德国政府。而现在，按照联邦德国领导人的意见，这个联盟也"有资格"参加新政府。科尔的基督教民主党同这个党合并了。在民主德国，是从政的一个条件，是你要成为德国统一社会党的党员或其他联盟党的党员。这对谁都不是秘密。科尔对其他党的态度，哪怕有对东德的基督教民主党一半那样就好了。

戈尔巴乔夫：如果我们在这个问题上持中立立场，势必会产生危险的后果。因为在我们国家，在社会多元化的进程中，有的人会有搞政治报复的想法。

---

[1] 德国统一社会党，是德意志民主共和国的执政党。

拉方丹：有这方面的历史证据。希特勒第三帝国垮台后，纳粹党的原党员甚至都可以成为联邦总理。为什么在现在的情况下，统一社会党的前党员就没有权利成为国家的官员？我就这个话题同冈萨雷斯谈了一次。西班牙推翻弗朗哥以后，人们也是向前看的。

戈尔巴乔夫：这种处理方式是公正的。一件事情结束了，就继续向前。弗朗哥的纪念碑没有妨碍任何人。

拉方丹：您要把您的意见告之科尔。

希尔泽曼：重要的是要向总理提出呼吁，让他按照新思维的精神，在全国取消对职业选择的限制。社会民主党人要为此而努力。我明白，这是国内问题，但您的呼吁有特别的分量。

戈尔巴乔夫：我们曾与民主德国的许多人都建立了密切联系。说得轻一点，如果在这个问题上走样，搞"政治迫害"，那么这会在我国社会产生非常不好的印象。我不认为，昂纳克会真的卷入到滥用职权的事情里。他不是那样的人。要知道，我是这整个悲剧的见证人。政治上的失误是一回事，滥用职权是另一回事。

拉方丹：昂纳克年纪有点大。我和他经常见面。昂纳克是从反法西斯抵抗运动中走出来的人。他的问题是不能与时俱进地重新审视过去的观点，接受不了新思想。您跟科尔谈谈他吧。但如果我们和科尔谈怎么对待昂纳克，那所有的人都会骂我们。

巴尔：米哈伊尔·谢尔盖耶维奇（戈尔巴乔夫），部署在联邦德国的核武器怎么办？这个问题看来并不在同科尔谈话的范围内。我们是想在整个德国境内建立起第一个无核区。

戈尔巴乔夫：这个问题已经讨论过了。顺便说一下，民主德国的国防部长艾别尔曼，差点忘了说，他是"你们的人"。

巴尔：我不能为他做的所有事情都承担责任。我们将坚决做到，苏联最后一件核武器从德国撤出的同时，美国的核武器也撤出。西方大国目前只准备谈地面核武器，而不打算谈空基武器。这是对中远程导弹协定的破坏。

戈尔巴乔夫：当时达成的谅解是，维也纳谈判第一阶段一结束，就把核武器问题提上日程。在这个问题上，我同你们的观点完全一致。我看到了有关美国化学武器从联邦德国撤出的电视报道。确实，当您走进家门，就要想想怎么走出去!

拉方丹：在通过这样一些重要的政治决定时，我们不想浪费您的时间。我们希望继续保持接触，也可能在我们国内进行接触。您打算什么时候到德国？

艾姆科：圣诞节的时候吗？

戈尔巴乔夫：许多事情取决于我国国内的情况。我们考虑要签署苏德"大条约"。不过我不知道，如何来支付空头支票。已经做出了不少允诺，其中包括去法国。我们也准备同法国签署一个"大条约"。

很高兴在这里见到诸位。我高度评价我们的这次对话，无论它是个人间的，还是政党层面上的。请转达对我的老朋友勃兰特、福格尔的问候。祝你们取得成功。也请转达我对科尔总理的问候！

拉方丹：非常乐意转达。再次感谢您会见。我也转达伯兰特和福格尔对您的问候和祝愿！

戈尔巴乔夫基金会档案：全宗号 1，目录号 1

切尔尼亚耶夫的请示和致科尔的信件草稿

（1990 年 9 月 24 日）

米哈伊尔·谢尔盖耶维奇（戈尔巴乔夫）：

现呈上就民主德国发生的迫害事件致科尔的信件草稿。您同拉方丹谈过这件事。

初稿起草者是法林[1]。

我编辑时，删掉所有华丽的辞藻，将原文压缩了一多半。

此致　阿·谢·切尔尼亚耶夫

---

[1] 瓦连京·法林，时任苏联共产党中央国际联络部部长。

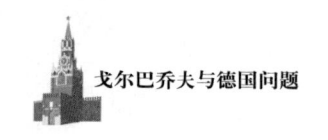

致联邦总理科尔先生的信

尊敬的联邦总理先生！

坦率地说，在阿尔赫兹会晤之后，我没有想到，很快就有必要向您提出那个被结束过去的逻辑本身所遮蔽的问题。如果一开始就在另一个完全靠自己的法律生活的国家擅自行动，另搞一套，不知道能否达到目的。

也许，您已经猜到，我指的是对遵循原始共产主义精神的德国统一社会党的党员及其领导人进行指控和开始的迫害。

我不会对 8000 人这个数字是否准确做出评价。好像因"叛国"、"反人类罪行"，还有"为外国利益从事破坏活动"等罪名，已经在联邦法院对他们进行了审判。欲加之罪，何患无辞？

作为"冷战"的产儿，我与您都晓得，战争给我们双方带来了多少不公正的事情。联邦德国和德意志民主共和国当然也不例外。

现在，替代两种生活方式，替代两个主权的，将只有一种制度。但看来这对某些人还不够。总有人想把过去的敌人置之死地而后快？

至于说到"为某个外国服务"，我们就不要玩游戏了，他们暗示的就是苏联，以蔑视苏联对德国恢复统一所作的贡献。苏联社会各界，还有最高苏维埃，正面临着批准条约的任务，他们密切地关注着统一进程和动向。毫无疑问，他们不会不对制造刑事案的企图置之不理。因为不久以前，在民主德国，规定了这样的联盟义务。公开或暗中的反苏联主义和反共产主义宣传，同我们与你们发誓要忠于的睦邻原则毫无干系。

联邦总理先生，这就是为什么我想请您找到一种能冷却在德国国内愿意延续"冷战"的那些狂热者的办法的原因。我们一起开启的伟大历史转折，应该以实现你们家里的公民和睦而告终，而不是被"政治迫害"蒙上阴影。这样做，只会增添我对您的好感与信任。

戈尔巴乔夫基金会档案：全宗号 2，目录号 1

苏联最高苏维埃关于《苏联与民主德国友好、合作与互助条约》的决议

(1990年9月2日)

鉴于德意志民主共和国与德意志联邦共和国即将统一，考虑到民主德国的要求，苏联最高苏维埃做出决议：

1. 对民主德国政府的要求已经知悉，其中根据《维也纳关于国际条约权利的公约》第62条，表示愿意在统一的德国建立之时，终止1975年10月7日签署的《苏维埃社会主义共和国联盟与德意志民主共和国友好、合作与互助条约》的效力。

2. 责成苏联部长会议在德国统一的背景下，到新的解决方案生效之前，继续进行必要的工作，全面保证国家利益，首先是安全领域的利益。

3. 责成苏联最高苏维埃国际事务委员会和苏联最高苏维埃国防与国家安全委员会，同最高苏维埃各委员会成员以及两院常设委员会成员一道，就本决议讨论过程中人民代表提出的问题举行听证会。

苏联最高苏维埃主席阿·卢基扬诺夫

《苏联外交部通报》第20期，1990年10月31日

戈尔巴乔夫与德国问题

摘自戈尔巴乔夫与魏茨泽克的会谈记录

(1990年11月9日 波恩)
(切尔尼亚耶夫参加会见)

魏茨泽克：非常高兴，再次欢迎您到这里，到波恩访问。在苏联和联邦德国全部关系史上前所未有的这一年就要结束了。多亏苏联的"新思维"政策，这一切才变得可能。没有这个政策，柏林的两个部分一年前就不能合并起来。没有苏联建设性的路线，解决德国统一的外部因素的过程就不会以如此积极的成果结束，这个成果是面向未来的。

您和联邦总理今天就要签署的条约，将成为我们两国关系最重要的事件。我们想尽一切可能具体落实好这个条约。

联邦德国的人们紧张地关注着苏联国内事态的发展。他们祝愿改革与重建政策取得成就。

戈尔巴乔夫：本次访问的理由非同一般。我们两个大国，我们两国人民的关系即将进入转折阶段。这个阶段对我们两国，对所有欧洲人，都呈现出一种特殊的机遇。围绕这种机遇及其未来的后果，目前有许多议论和想法。我们坚信，后果将是最积极的。要知道，不仅我们的关系在变，而且整个世界都在变。

目前，我们在这方面已经取得很多进展。发生在波斯湾的那些事件，在另外的年代或许会导致战争。但现在已经是另一种局面了。

我们期望，我们两国的未来建立在积极、目标明确的相互协作之上，符合睦邻、伙伴关系与合作的精神，这已经在"大条约"中阐明。我们已经确立了明确清晰的指针，我们不应该让它们从我们的视野中消失，即使是在应对暂时困难之时。

当开始谈论值得不值得向苏联拨付贷款的时候（涉及到100—200亿），就会感到这种实用主义态度有多么多余。苏联与联邦德国的合作包含着巨大的机遇，正在走向市场。如果我们在此基础上开展合作，特别是在世界经济发展面临下行趋势的情况下开展合作，将给苏联，也给德国带来重多好处。我们感到，美国人已经看到了这种趋势，开始以浓厚的兴趣对待经济合作的大项目。我们与美国就建造新民航客机、田吉兹油田等大项目，有价值数十亿美元的合作。

总而言之，我们赞同现在就加速发展苏德关系。在这方面，在前民主德国融入统一后的德国的进程中，曾经的各种交往、以前数十年来我们在东德积累起来的重大合作潜力，都不应丧失和被破坏，这具有特殊意义。

我们的军工企业转产纲要为合作提供了重大空间。我们在这方面有很好的人才储备、高素养的专家。我们在诸如为市场经济培训干部、管理人员和专家教育方面具有很好的前景。如果说"大条约"体现了两国关系的哲学理念，那么即将签署的第二个条约（关于大规模经济合作），则为具体充实这种关系指明了道路。

我想高度评价联邦德国领导人在诸如苏联军队在德国临时驻扎这样重要问题上的立场。对于我国舆论来说，这是极其重要和敏感的问题。我们希望，这种建设性的路线能得到巩固和延续。联邦德国领导人在这个问题上有分量的话语，对于我们两国整体关系的发展，其中包括最终解决德国问题的全部一揽子文件在最高苏维埃通过，具有重要意义。

魏茨泽克： 前不久，我在莱比锡发表演讲，谈到了苏军在民主德国的问题。我强调，他们是友好的人民在德国土地上的代表。政治气候正在变化，苏联武装力量在这里的任务也发生了变化。过去，对苏军的态度并不总是热情的，这不是秘密。但是，现在有理由以开放和良好的感情来对待他们。

观众对所有这些话报以长时间的掌声。

戈尔巴乔夫： 三四十年来，我们与东德的关系达到了非常高的水平。在这种关系框架内，许多情况都发生了变化，包括克服极其惨烈的战争造成的后果。没有这个发展阶段，就难以看到今天的局面。现在的发展阶段是人们长期接近、是人们在许多领域密切交流形成的。所有这些，都不应从战后的历史中一笔勾销。

魏茨泽克： 我同意您的话。前民主德国 1600 万德国人也是这样看问题的。他们不想让自己与苏联形成的深厚的人与人的交往化为乌有。相反，他们想把这种潜力纳入到新德国的政策中。

戈尔巴乔夫与德国问题

在德国统一日那天,我已经表示过,苏联的西部边界,不应该是欧洲的东部边界。联邦德国所有人都同意这个看法。今天,我们在历史上第一次有机会在欧洲建立牢固、自由与和平的秩序,要用新的全欧洲机制来使之加强。即将在巴黎举行的最高层会晤应该为此作出重要贡献。苏联与联邦德国一道做了不少工作,以便使之成为可能。

戈尔巴乔夫:同意您的看法。苏联高度评价根舍处长在发展我们两国关系和欧洲合作中发挥的建设性作用。他和谢瓦尔德纳泽那种友好,在很大程度上可说是同志式的关系,有助于加强我们两国的信任。

现在,历史性转折即将完成。这样的转折并不容易。所以,站在外交政策前列的应该是勇敢的人,这很重要,因为他们能够充分胜任时代的挑战。

摘自戈尔巴乔夫和科尔一对一的会谈记录

(1990年10月9日 波恩)

科尔:总统先生,非常高兴在波恩欢迎您。这已经是我们今年的第三次会面。事情进展得很顺利,我们还有值得讨论的事情。

今天我们这里阳光灿烂,甚至老天都在欢迎您的德国之行。德国人民对您个人所做的一切感激不尽。

戈尔巴乔夫:晴朗的天气为我们定下了乐观的基调。我们必须认真地工作。我深信,我们会履行我们在我踏上德国土地时预先拟定的庞大计划。

科尔:首先我想知道,你们家里,苏联的情况怎么样。我们获得的信息明显不够。您熟悉情况,想请您稍加详细地介绍一下。我要真诚地向您表示,11月7日发生在红场的事情让我们很发愁。一个月以前,我们这里发生了针对内务部长朔伊布勒的谋杀案。一个精神病人、吸毒者对他开了枪。现在朔伊布勒残废了。

戈尔巴乔夫:十月革命节时,我们那里也搞了示威活动。与过去的年代不同，倡议不是来自上面，而是从下面来的。对十月革命周年纪念日搞庆祝活动是否合理的问题，有过许多争论。以前，庆祝活动中的口号都由党委来批。现在每个人都可以自己写。很有意思的现象。

都是些什么口号呀！搞多元化没有了界线！人们向总统提出许多要求，比如"总统，我们主张搞社会主义"、"总统，我们赞同向市场过渡，但反对搞集市"、"总统，我们赞同民主化，但反对蛊惑人心"。

主席台上，站在我旁边的是雷日科夫。我问他，我们不是有政府吗？为什么不是向政府而是向总统提要求呢？！

许多口号主张保留苏联，反对社会失去稳定。人民甚至直接喊出来：戈尔巴乔夫和叶利钦，你们要为国家考虑！你们不要搞对抗，这将给沿着改革道路前进的苏联社会造成危害。

节日之前举办的庆祝会议也不同凡响。一位来自巴甫洛夫巴萨德的工人发言，直截了当地要求叶利钦和戈尔巴乔夫开展建设性的相互协作。会议结束时，当我与叶利钦并排站立时，大厦里的人们久久不愿离去。

我们的社会现在有理由这样。您知道，在对待节日的态度上，莫斯科市苏维埃搞了一场需不需要庆祝节日的辩论。我从西班牙回国时，辩论已经在全国展开。我们从社会得到信号，人们不想放弃国家的这个主要节日。可以这样说，11月7日，全国的人都自愿而又坚决地去参加游行庆祝活动。

自然，也有一些人不赞成搞节日活动。其中包括波罗的海国家。

但如果以里加为例，那里却有12万人参加了游行庆祝活动，几乎与莫斯科的人数一样多。这些人是拉脱维亚人，俄罗斯人，还有其他各民族的代表。举行了隆重的阅兵式。人民不停地向军人抛去鲜花。

大部分群众都动起来了。只是到最近，他们才采取观望的立场，观察着整个进程。现在，我们得到了明确的信号，苏联人是要稳定要团结的。他们赞同搞民主，同时也主张维护秩序和守纪律，并坚决反对分离主义和民族主义。

科尔：那么，叶利钦想干什么，想占据您的位置吗？

戈尔巴乔夫：我不知道。他是某些势力手中的玩偶。就个性和信念来说，他是个破坏者。怎么搞建设，他不知道。他天生就是个反对派，还有独特的小圈子。小圈子里的人对他施加非建设性的影响。他是不会同把他带进圈子里的那些人断绝关系的。

总的来看，还可以同他打交道，不能对他视而不见。我和他达成协议，11月11日我们见面，谈谈下一步的事情。许多声明、蛊惑人心和对抗性的东西，都是在他那里炮制出来的。社会开始排斥这种东西。人们厌烦了这些。叶利钦感觉到了这种悲惨的情况，在寻找策略性的步骤。他10月16日的演讲害了他自己，也害了我们大家。许多人已经明白，叶利钦是个危险和惑乱人心的人。

就整个社会而言，尽快签署新联盟条约的情绪在加强。草案已经起草完毕。近期将予公布并供讨论。

科尔：显然，中央不得不放弃某些传统的权利和权限。否则，就如同我们感觉的那样，联邦的发展就会停滞不前。

戈尔巴乔夫：带有地方性的一切权力将从中央下放，这首先能给各个地方带来好处。提到"联邦"，那么我应该说，我们事实上是单一制国家。就实质来说，是莫斯科决定一切——从生产钉子到发射火箭，都是中央来定。当然必须快速地改变这种荒唐的状况。应该保证个人和地方享有经济自权。

科尔：我之所以想获得有关苏联局势的第一手详细信息，是因为必须精确地知道，我应该做什么和什么时候做，以促进苏联改革取得成功。欧洲和世界发生的积极变革同你们的改革是联系在一起的改革成功与否，对德国人和德国至关重要。

我们的合作将迈向全新的水平。如果可以这样表达，那就是我们需要头顶一片天，平静地开展工作，而不受个别的局部性现象打扰。我主张我们肩并肩地亲密工作，相互鼓励，对明天充满信心。

戈尔巴乔夫：社会上的情绪都很激昂。目前局势下，总统的任何措施都还能得到支持。但是我想用其他的办法，通过革新的途径来解决问题。

科尔：现在，对于社会来说，而且不仅对你们的社会，最现代的民主制度就是联邦制。中央集权制已经是上个世纪的事了。

戈尔巴乔夫：我们是多民族国家，必须以考虑保护各民族的利益为前提。在一个民族内部建立联邦制，要容易得多。

科尔：经济改革情况怎么样？我们看到，你们已经走上了全新的道路，但你们的现代知识和经验还不够。在黑暗中摸索，筚路蓝缕，是不合时宜的浪费时间。我们准备提供帮助，我再次建议，派一些高素质的专家到苏联去。

这些专家（对你们是合适的），可以在选择走向市场经济的手段和方法上提供协助。

戈尔巴乔夫：如果有人觉得，我们是在虚与尾蛇，拖延改革，无疑是错误的。我们正在搞所有制改革，推出混合经济。在这种情况下，国家所有制、股份制公司、私人企业主、合作社和承包人等等将同时并存。关键在于，他们可以获得自主权和责任感，并有权支配自己的活动成果。

我们所做的这一切，是为了尽可能无痛苦地转向市场，努力不出现大的失误和错误。有人问：为什么今年春天戈尔巴乔夫不转向市场？根据民意调查，春天时，有85%的居民反对市场。现在局势发生了变化，有同样数量的人赞同市场。让国家转向市场不是件轻易的事。这里要有经济改革，要把卢布和整个财政体系都理顺，还要完善价格政策。所有这些，都是实现经济稳定的前提条件。与此同时，我们还实施了企业去国有化、发展经营活动的方针。现在，每个星期都通过一些重大的决定。

前不久，货币方面的情况是这样的。各共和国既没有美元，没有马克，也没有其他外汇。比如，乌克兰就找不到4到6万美元来使她的轻工业和食品工业的某些产能实现现代化。而如果实现了现代化，它们就可以生产出价值50亿卢布的产品来。

现在我们开始专心致志地研究货币政策。成立了以雷日科夫挂帅的货币委员会，吸收各加盟共和国部长会议的主席参加。委员会要做大量的工作。

接下来和您谈一个重要问题。西方许多人都在议论，苏联已经越来越陷入混乱。所以他们说，暂时不要对苏联提供物质上的支持。他们说，这是无底洞。这些话不是科尔总理说的。他的立场大家都知道。

我对这种议论一笑了之。你们自己判断一下吧。向国家提供为期10到12个月必要的财政周转资金，而这个国家的国内总产值超过1万亿卢布。在这种情况下，100亿、200亿美元算什么？不是他们要拯救我们，而是我们在自救。我们承担所有的后果。但作为伙伴，我们要坦率地告诉你，接下来的10到12个月，或者一年半的时间内，对我们来说是最困难的时期。在这个时期内，希望你们能对我们转向市场的进程给予支持，首先从向居民供应日用品、使苏联经济适应世界经济规律的角度给予支持。

我们的短板是食品和一些日用消费品。我们打算对某些商品降价。这个

时刻,对我们来说,就要有回旋余地,而不是让局势失控,不能让市场空空如也。最好在这方面,也能获得相应的支持。

我们不能允许随着向市场的过渡,人们走上街头的情景出现。这将给我们大家都造成失败的印象,使我们要共同实现的目标受到威胁。我重复一下,最大的短板就是轻工业和食品工业的产品。

德国实业界的特点是总有超前意识。你们的商人是最先搞清什么是军工转型的那批人。已经确定下来一些非常有意义也有前景的联合项目。我们准备尽一切可能支持他们。

科尔: 您说的这些我都非常理解。我承诺要采取相应的措施。我非常高兴的是,整整一年间,我们的谈话是多么坦率和友好。我特别在意,我和您已经建立起可靠、友好的个人关系,彼此家庭抱有好感的关系。

戈尔巴乔夫: 我也同样感到很满意。

科尔: 我祝愿您个人取得成就,同时也祝愿整个苏联国家、全体人民取得成就。

人们总是问我,如果改革不能取得成功怎么办?我回答说,那不仅对苏联,而且对欧洲和整个世界,都将造成混乱的后果。同时我指出,尽管现在苏联没有朱可夫元帅,也说明不了任何问题。还有一些人在毫不知耻地展示自己的存在。"波拿巴主义"的概念已经众所周知,不需要作任何解释了。

当我不得不参与有关苏联改革话题的辩论时,我常常强调,真正的政治,不是坐在歌剧院的包厢里从侧面观察舞台发生的事情。我们所处时代的真正政治家,不应该做旁观者,而应参与到事件中去。只有这样,才能保证历史向前发展。坐而论道,饱食终日,是可耻的。认为历史漩涡会从你旁边擦身而过,至少是幼稚的。

无论作为联邦德国的总理,还是作为公民赫尔穆特·科尔,我都指望您了,戈尔巴乔夫先生。我就是看重您,而不是看重与您在一起的那些人。

所以,我认为自己有使命和义务,协助您完成您规划的那些好事情。或许还可以请您相信,在这个复杂的岔路口上,我将与您并肩站立。

现在,正如我已经说过的那样,除了其他方面,你们首先需要内行和有素养的专家的帮助。这些专家不必全是德国人,也可以有其他国家的代表。您应当听取他们的想法,以避免在黑暗中迷路。

我认为，无论从短期、中期还是长期看，时间都不等人。必须行动起来。如果没有了气氛，改革还有什么成效？我们要看到这一点，并采取相应的措施。

10月27日，我在罗马就说过，即将在12月举行的欧洲理事会会议框架内的会晤中，日程上有一项议题，其中主要一点就是深入分析苏联的改革进程。我们要做好准备，参加这次会议。

所以，过2、3个星期，我将派我最亲密的助手特里奇克带2到3名权威经济学家去你们那里。德洛尔和冈萨雷斯也有这样的想法。

就这个意义上说，华盛顿也改变了许多。那里也开始在一系列问题上倾向于欧洲的思维方式了。前不久，我与布什总统通了电话。我告诉他，欧洲正在满意地看待美国和苏联在中东局势方面、包括波斯湾问题上日益加强的团结与合作。我对布什说，您可以想象，如果现在苏联的国防部长是乌斯季诺夫元帅，那会是怎样一种局面？

今天早晨，我接见了美国前国务卿舒尔茨。我们一致认为，要帮助戈尔巴乔夫，而且就是现在，在冬季到来之前，要用食品和消费品来帮助。

戈尔巴乔夫：我已经说过，一个最需要担当的阶段即将来临。我们将走向市场，恰恰是最近的10到12个月，甚至是一年半的时间，我们需要援助。

科尔：亲爱的朋友，您可以信赖我。我有意识地把您称为朋友，因为我们一起做了许多事，我们还将一起做更多的事。

我认为我有权谈到以下情况。我的印象是，日本人想改变自己的立场，打算同"七国集团"开展更紧密的合作，找到积极的切入点。

我觉得，如果同日本人交流的基础有了，那就另当别论。您当然理解我指的是什么。

戈尔巴乔夫：那还用说。对我们来说，问题是尖锐的、敏感的。叶利钦一提出问题，人民就直截了当地问他，是不是要准备出卖我们的土地？一般来说，我们必须非常谨慎地对待领土问题。瓜分世界，是最危险的事情，您不知道会导致什么样的结局。最好的办法就是走合作的道路，加强经济上的相互协作，全面扩大经济往来。如果说在这个背景下，对日本人开放远东，那么交往将会是多种多样的。

科尔：我想多发些议论。历史进程发展得非常迅速，成果就在眼前。我会对日本人说，作为起步，首先应在经济方面搞门户开放，把解决问题的重

点放在经济领域。他们当然最关心，莫斯科对此是否持赞同的态度。这样我就会回答，我们当时是把德国问题，把统一的问题放在一边的，所有的注意力都集中在经济合作上。历史进程有自己的轨迹，有时候真的会出乎我们的意料。但是我们立足于现实，控制住了这个进程，从而产生了各方都欢迎和赞同的成果。

戈尔巴乔夫：我准备春天去日本访问。我们感觉，那里有些新的情况。我们必须跨越特定的时期。这是再明显不过了的。我们会说，就让我们不要预设条件吧，先合作起来。

科尔：好，我明白您的意思了。要把日本人引入到这个进程中来。所有的人都会从中获利，但工作是紧张的。因为日本有一些孤立情绪很浓厚的集团，必须战胜他们的抵制。

现在我还有一个让我们感到不安的问题。请您把这个问题置于您的直接管辖之下。就是为回国的军人建设住宅的问题。在这个领域，我恳请您任命几个权高位重的人，类似"营房独裁者"那样的人来做事。我们直接向这几个人提要求，而不是同几百个人进行无谓的沟通和争论，白白浪费时间。

必须及早启动住宅计划。我刚听到这方面的情况，很难乐观起来。我国的经济部长向随您来访的西塔良先生转交了相应的备忘录。问题应该果断地得到解决，因为一年后，人们问起您和我，你们做了什么，我们就应给出具体的答复。

还有，我想再次强调，我们十分重视落实提高经济领导干部的技能培训计划。这个过程带来的好处显而易见。所以，我们建议把这个计划延长，因为原计划是三年。我们在这方面积累了一些经验，并且我们知道，现在哪些地方需要完善，需要变得更好。

戈尔巴乔夫：好。那我就对您说的话作个回应。首先我要强调的是（我想您也会同意我的观点），现在，为我们两国关系进入新时代出现了独一无二的机遇。如果我们现在不利用好这个机遇，我就不知道，命运会在多大程度上还会垂青我们。

我担心的是，政治家会成为蝇头小利经济算计的牺牲品。我重复一下，改革使我们负重前行，我们会经受住过渡时期遇到的一切困难。我们想获得回转的机会。我们打算口子更宽地对外国资本开放自己的经济。这是一个自然的进程。现在在美国,在西方,都出现了经济衰退的征兆。所以,我们的意图正逢其时。

科尔:首先是英国和美国感觉到了衰退。我们暂时还没有。

戈尔巴乔夫:日本也出现了下滑的迹象,日本已经开始甩卖有价证券。所以,从这个观点看,苏德开展合作,不仅为我们,而且为德国开辟了前景。只要苏联同德国建立起最亲密的交往,美国就会带着大项目来砸我们的门。

科尔:顺便说说,美国人想与德国人一起,在苏联搞几个大项目。

戈尔巴乔夫:当然,可以搞很多项目。正如您建议的,请把特里奇克和专家们派到我们这里吧。需要好好地筹备一下12月14日在罗马的会晤。

总理先生,如果您在欧洲经济共同体的框架内提出倡议,向苏联提供欧洲共同体国家中多余的粮食和工业品,那我将感激不尽。这是因为,在过渡时期,我们必须有回旋的余地。苏联政府为此成立了由沃罗宁领导的专门小组。这个小组将协调国家对内对外的所有活动。在国外如何开展活动,应当受命于中央,因为涉及的是对国家的几个大工业中心保障供应的问题。

就军人住宅建设问题而言,我同意您建立权威小组的建议。为了落实好计划,您可以提出,要最大限度地利用苏联国防部的能力。

科尔:这方面需要绝对内行的专家,而不是关于官员。要让专家们坐下来,讨论所有的问题,并使建设机制运转起来。

戈尔巴乔夫:不用说,我对延长提高苏联经济干部技能计划的建议表示欢迎。我们确信,我国具有西方水平的管理人员严重不足。以前还可以对付,现在绝对不行了。但正如我们这里所说,雷声没有响起时,农夫是不会划十字的。

科尔:还有两个涉及双边关系的问题。波兰、匈牙利和捷克斯洛伐克请求我们把原民主德国人民军的武器装备转给他们。我们不需要这些武器,我们会把它处理掉。武器装备堆积如山。光是库里的卡拉什尼科夫冲锋枪就有120万支。这是多么愚蠢的事。无论如何我们也不明白,他们为什么需要这么多。

同时,我认为,这些武器无论如何也不能落到"第三世界"国家手里。所以,如果您能果断高效地解决这些武器的安置问题,我将非常感激。否则,我们不得不把它当作废金属处理掉。

波兰、匈牙利和捷克斯洛伐克得到他们想要的武器，未必会给我们制造什么问题。我准备白送他们，而不是卖给他们。的确，马佐维茨基跟我说，波兰人想让德国人把这批武器从我国运到波兰的费用也出了。这太过分了。但是我们想扔掉这些武器，因为把它放在仓库里，维护、保管，都是要花钱的。

戈尔巴乔夫：好，我们考虑一下，要搞清楚是怎么回事。这需要几天时间，一旦作出决定，我们就向您通报。

科尔：我们期待肯定的答复。

第二个问题涉及到德裔苏联人。情况不太让人安心，因为离开苏联的人在增加。1990年，会有12.5万人离开苏联。我们不会诱惑他们，这不是我们的政策。我们只是想让他们留下来，保持自己的民族认同感，保留语言和文化传统。顺便说说，在我们今天要签署的条约中，已经对德裔苏联人给予了关注。今天的记者招待会可能提出这个问题，我们应当有所准备。

戈尔巴乔夫：德裔苏联人的确是个必须解决的现实问题。我们赞同有关解决他们未来命运的倡议由地方提出，而不是由上面提出。前不久我向劳申巴赫院士颁发勋章时，和他谈过这个问题。

科尔：双边关系方面，我谈完了。还想了解一下您对波斯湾局势的见解。我感到，那里的局势越来越严峻了。

戈尔巴乔夫：我对双边关系还有几点意见。很重要的一点，就是要使第二个条约（有关经济合作的）的签署，成为苏联与民主德国关系继承的一种延续。要在文件里说好，不能把一切都交给私有化政权。

科尔：自然是这样，也不能做得太快。

戈尔巴乔夫：合作要继续。我们已经决定，要找到并供应1千万吨石油。这就是说，位于德国东部的所有石油加工企业将运转起来。

科尔：那非常好。

戈尔巴乔夫：还想就我国驻扎在德国的集群军说几句。贵国总统、联邦总理以及根舍先生都发表声明，呼吁德国人民把因某些决定和签署的条约而要驻留在当地的苏联士兵视为友好军队的代表。这一点很重要。我们欢迎这样的声明，以便回国的士兵们作为朋友返回家乡的时候，能带走他们对德国人民的友好感情。

这对我们是非常敏感的问题。恳请您亲自给予关注。如果从哪个角落传出不受欢迎的言论，后果将是十分难堪的。要知道，苏联最高苏维埃里的军人代表们是非常关注这件事是怎么处理的。

科尔：我们看到的问题是，苏联士兵的纪律有些涣散。他们已经不是几年前的士兵了。他们搞出那些事的性质，在以前是难以想象的。当然我也明白，所有这一切，都同过渡时期有关。

我在前民主德国的领土上同新土地的领导人见了面。我请他们向市政机构下达指示，要同驻扎在他们领土上的苏联军队保持友好的关系。我本人打算明年春天大张旗鼓地看望一下苏军的部队，再和军人们聊一聊。

我本来准备好现在就去那里的。但是我不想让人们指责我利用苏联军队来为自己的竞选活动造势。我其实喜欢同士兵们交往。我总去看望驻扎在联邦德国的美国人。我知道，哪里有士兵，哪里就有需要解决的问题。

戈尔巴乔夫：你在这方面可以获得我们的完全谅解。我们欢迎苏联军队与联邦国防军建立起相互谅解和善意的接触。

科尔：只是不要交往到将军那一级。就让连级和营级军官以及普通士兵会面吧。都是些年轻人，未来属于他们。

大概也有了要建立解决同苏军驻扎有关问题的混合委员会的想法。我们准备在你们的军营中开设军人再就业培训班，向他们讲授有就业前景的公民职业，比如计算机工作。为此我们决定拿出 2 亿马克的拨款。

戈尔巴乔夫：我们将审议成立混合委员会的问题。但这也就此产生出如何处置苏军财产的问题。我们知道，你们的一些商界人士对此表现出了兴趣，他们想购买或建立联合企业。这是一件非常有前景的事情。

科尔：我听到对你们的飞机场感兴趣的信息。我认为，其他一些设施也有开展合作的前景。在这方面我们可以一起工作……

（随后还讨论了波斯湾的局势）

戈尔巴乔夫基金会档案：全宗号 1，目录号 1

戈尔巴乔夫与德国问题

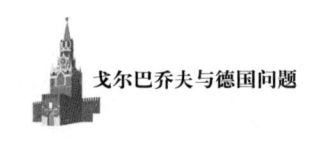

摘自戈尔巴乔夫和科尔的会谈记录
(1990年11月9日 于波恩)
(苏方：谢瓦尔德纳泽、法林、莫伊谢耶夫、
切尔尼亚耶夫、科维钦斯基、捷列霍夫，
德方：根舍、斯图尔滕贝格、哈乌斯曼、
威格尔、布留姆参加了会见)

科尔：真诚地欢迎苏联代表团的各位成员。我们今天的会谈是历史性事件，将为德苏关系奠定全新的基础。这种关系证明，我们已经汲取了历史教训。

在会谈之前，我和戈尔巴乔夫先生讨论了两个小时。我们就所有问题达成了广泛谅解。部长们都进行了对口会谈。我请他们简要地向参加会谈的人通报一下这些会谈的内容和主要成果。我建议先从外交部长开始。

根舍：正在为各国国家元首和政府首脑即将在巴黎举行的全欧会晤作准备。这是德国和苏联两国外交主管部门负责人关注的主要内容。谢瓦尔德纳泽先生和我达成的一致意见是，需要作出一切努力，在建立预防和解决冲突中心的问题上达成共识，即使还来不及考虑涉及中心职能的所有要求，也要先动起来。这很重要。

讨论了欧洲常规武器力量维也纳条约的现状。令我们高兴的是，和贝克先生在莫斯科会谈前，已经达成了积极成果。

根据我们的共同信念，在欧洲建立一些新的机构，建设全欧家园，要求加强各国的内部安全。毫不夸张地说，大家都对此感兴趣，包括那些经受冲突和对抗的国家，也包括摆脱冲突又感受到冲突后果的国家。

谢瓦尔德纳泽：这是我和根舍先生今年的第13次会面。

戈尔巴乔夫：数量不是成功的主要指标。但是现在世界上确认了对你们见面的积极态度（全场活跃起来）。

谢瓦尔德纳泽：我们详细讨论了波斯湾的局势，时间长达一小时。结论是这样的，波斯湾的局势极其复杂，要求我们两国联合起来，确保萨达姆履行安理会的决议。现正准备按照这样的精神行动。

我们在准备巴黎"峰会"方面没有分歧。我们深信，我们能够解决就常规武器条约剩下的问题。为此，需要另做土耳其人和挪威人的工作。

还提出了一个重要问题，就是统一后的德国在苏联与民主德国缔结条约中的法律继承问题。有大量的工作要做。要在一年半时间里，审议差不多400个条约和协定。已经商定加快谈判进度。此外，需要对苏联与联邦德国签署的条约和协定——进行清理。有些已经过时，需要作出修订。

威格尔：负责经济与财政工作的部长们谈到了预算问题。下星期，联邦政府将通过预算决议。我们讨论了在休斯敦通过的关于就银行活动举行磋商的进度。西塔良先生通报了苏联政府向市场过渡所作的努力，以及苏联方面在能源领域合作方面的具体建议。

哈乌斯曼：能源方面，讨论了1991年能源进出口供应保障问题，条件是基于世界价格并考虑到可兑换货币的结算情况。下星期一，将根据过渡时期的若干协定，其中包括欧洲其他国家的一些建筑公司参与实施住宅计划，在莫斯科举行专家级谈判。届时主要讨论价格、质量和期限问题。就建立苏德专家委员会交换了意见。这个委员会将研究转向市场关系的现状并提出对策。

西塔良：我想把我们的会谈分两点来汇报。

第一，除战略性任务之外，还谈到了同位于联邦德国领土上的公司与联合体，以及前民主德国的商品生产者开展贸易的预购合同工作的了结问题。问题的关键在于，须将零配件和成套设备的供应保持在必要的水平上，否则就会对明年苏联的工业产生严重的消极后果。

第二，对石油开采和苏联向德国供应石油的前景给予了特别关注。对民主德国，我们每年卖1700万吨，对联邦德国每年卖800万吨。现在苏联面临困难，难以再保持这样的供应水平。目前，苏联方面每年能够供应的量，不超过1000万吨。如果联邦德国能在设备上提供帮助，对这个行业的现代化作出贡献，以后我们可以增加供应量。双方商定就此在专家层面继续谈判。

至于天然气工业，11月6日已就亚姆布尔格气田的合作开始谈判。我们邀请联邦德国参与巴伦支海的天然气开采项目，这个气田很有前景。德国方面已经表现出兴趣。我们还期待，苏联的天然气工业公司能以参股形式，参

与联邦德国的天然气联合体系统。这将促进苏德在该领域的合作。雷日科夫已就此给科尔总理写了信，我也向哈乌斯曼先生提出了请求。

布留姆：有关今天我们将要签署的社会劳动问题的合作协议，延续了1989年6月13日签署的促进提高残疾人劳动保护和职业再创造能力协议的做法，是完全正确的。新协议不仅关注劳动保护和职业恢复，而且解决劳动关系问题。尤其是其中规定了建立就业中心这一项。苏联15个加盟共和国的劳动和社会保障部长很快要到我们这儿来接着谈。

斯图尔滕贝格：莫伊谢耶夫将军和我谈得很好。军人之间的一般性接触越来越密集。今天会谈中涉及的，几乎都是西部集群军及其周边的局势。毫无疑问，签署有关军队临时驻扎和有计划撤离的条约，为以建设性精神解决产生的所有问题，奠定了可靠的基础。众所周知，当地某些居民区对苏军搞教学演练活动是有不满情绪的。西部集团军指挥部采取措施，限制和减少了此类活动。这被视为积极迹象。

莫伊谢耶夫：我们与联邦国防军的领导人举行了会谈。可以说，会谈是计划中的。除了斯图尔滕贝格先生刚才所讲的以外，我们还讨论了信任措施、军队撤离问题，确定了撤离的具体期限，商定了信息交换的程序。

科尔：谈点简短的看法。我的热烈祝愿是，国防军与苏联西部集群军建立起了牢固的联系，不仅是司令员和将军，首先是士兵们建立起了联系。我计划看望驻扎在德国的苏联军队，与士兵们谈一谈。我呼吁内阁其他成员也这样做。

戈尔巴乔夫：我们听取了大家的发言，谈到的情况都很有意思。下面谈谈我对这些工作的看法。

可以说，双边关系的性质使我们能快速地进入正题。务实会谈的态度都很积极，形成了高度相互信任的氛围。我希望，今天会谈以后，那些悬而未决的问题都将彻底解决。

我强调一下，我同总理讨论的都是带有根本性的问题，比如如何看待欧洲和世界局势的发展，在变革的背景下我们两国应扮演什么样的角色。扎实的各方面基础，使我们对构建新的国际关系作出贡献的信心增加了。

我此访的中心任务，是使我们的关系得到更好的发展。过去的一年，联邦德国和苏联都发生了历史性的变化。产生了这样的理解，即开展新合作、建立伙伴关系，符合两国人民的根本利益，且不针对其他国家。

我和总理还一致认为，双方就解决双边关系大的原则问题之后，必须把重点放在具体的协调务实合作方面。我们的关系进入了新阶段，成果既应在苏联看到，也应在德国看到。

我们谈到了波斯湾问题。那里的局势对我们实际是个检验，看我们能否采取有效行动，尽力避免使用军事手段。

我们谈到了改革。我通报了苏联发生的事件，包括最近几天的事情。我确认，苏联的改革，这是苏联的事务，首先是我们需要改革，以便有机地融入全世界的发展。不用说，整个国际社会也会从改革成功中得到好处。

总而言之，我们干得不错。谢谢所有的与会者！

戈尔巴乔夫基金会档案：全宗号1，目录号1

在《联邦德国与苏联睦邻、伙伴关系和合作条约》签署仪式上的演讲[1]

(1990年11月9日)

科尔的演讲

总统先生、各位部长先生、女士们、先生们：

总统先生，我们聚集在这里，在沙伍堡宫，一起成为你此访高潮时刻的见证人。我们即将签署第一个基础性的政治条约，《联邦德国与苏维埃社会主义共和国联盟睦邻、伙伴关系和合作条约》。这个条约的签署，意味着德国实现了统一。

我们为此选择了当之无愧的框架，它体现了我们两国关系的继承性。在这里，在这间大厅里，70年代中期以前，摆放着一张桌子，联邦德国内阁成

---

[1]1990年11月9日至10日，戈尔巴乔夫访问联邦德国。

员就坐在这里开会。在这里，1955年，我们的第一任联邦总理阿登纳作出决定，与苏联建立外交关系。1970年，在联邦德国总理勃兰特任内，签署了《莫斯科条约》。

我们今天将要签署的全面条约，在三个方面代表着我们共同的政治意志。

第一，我们将对过去多灾多难的篇章作出总结，并为一切从头开始扫清道路。同时，我们将继续发扬两国人民许多世纪以来形成的良好传统。

第二，我们将为两国开展广泛的合作开辟道路，从而使我们的关系迈上新的台阶，以服务于我们两国人民的利益，服务于欧洲和平的利益。

第三，我们商定，将共同解决今天以及第三个千年到来之际将要面对的重大任务。

——我们将防止任何战争、核战争与常规战争的发生，维护和巩固和平；

——我们将确保国际法在国内和国际政策中拥有至高无上的地位；

——我们将为保护人类的生命、关心环境保护作出自己的贡献；

——我们将人、将人的尊严和权利置于我们政策的中心。

我们的条约把这些崇高的目的变成双方关系中的具体义务：

——遵重欧洲所有国家的领土完整；

——放弃使用武力或以使用武力相威胁；

——和平解决争端、互不侵犯；

——注重裁军与控制军备；

——开展密集而广泛的磋商。

由于贵国的改革进程，我们的经济与科学合作获得了巨大的意义。这一点在大规模合作发展经济、工业、科学与技术领域的条约中得到了强调。今天我们也将签署这个条约。

这个条约对于统一后的德国作为欧洲共同体的成员国，也是苏联最大的经济伙伴这一事实来说，将成为国际法的基础。

今天，也将为在劳动和社会保障方面开展合作，奠定新的法律基础。

总统先生，我感到特别满意的是，我们签署的全面条约也面向人，即两国每一个公民单个的个人。

——条约为开展广泛交往，特别是青年人的交往和文化交流的发展，开辟了道路；

——条约为德裔苏联公民保留自己的语言、文化和传统提供可能性,并使我们有机会在这方面帮助他们;

——更重要的是,我们的条约将使人道主义的愿望得到实现,即允许祭扫死难者的墓地,无论他们葬在哪里。

总之,这个条约不仅是我们两个国家和政府达成的广泛谅解,而且也是我们全体公民为我们两国人民的和解作出自己贡献的一种宣示。

还有一点,总统先生,这个条约涉及的不只是我们两国和两国人民。按照这份对德关系的最终协议,我们也将为确立欧洲和平秩序奠定新的强大的基石。我们很高兴,苏联刚刚同法国签署了类似的条约,下一步将同西欧的其他伙伴签署这类条约。

再过10天,欧洲安全与合作会议参加国的国家元首和政府首脑将在巴黎举行会晤,届时我们还将要签署一些新的历史性文件。这些文件将把欧洲的裁军和加强信任措施推向前进,并建立起全面的安全架构。

简而言之,我们已经走在通往欧洲与和平的正确道路上,走在通往睦邻、伙伴关系和合作的道路上。

总统先生,本着这种精神,我们想签署这个条约。

戈尔巴乔夫的演讲

尊敬的联邦总理先生:

女士们,先生们,同志们:

我认为,在我们两国多世纪交往的历史上,在欧洲的历史上,今天都是个特殊的日子。

签署这个在前不久还难以想象的文件,需要我们对以前的全部历史进程作出正式的总结,并为我们和你们描绘出久远的共同的前景。

通向这个条约的道路,不能用几个星期准备的文字来衡量,而是要用几年、几十年共同战胜过去,寻求苏联与德国崭新的关系来评价。

我要非常满意地指出联邦德国总理科尔先生对这项伟大事业作出的贡献。在最初几次同他交往时,我们就得出结论,我们两国人民的关系发生根本性改变的时机已经成熟。

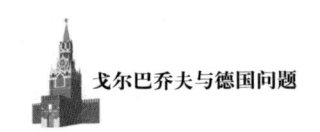

此时此刻，我想对"东方政策"的倡议者和缔造者、首先是勃兰特先生和根舍先生给予应有的评价。

我们对时代的召唤作出了回应。在新世纪到来之前，我们把这种召唤看作是对我们两国、对整个欧洲应担负的责任。

但是，如果不能确信，我们已经从20世纪悲惨的历史中汲取了教训，并且已经深深地嵌入到我们的意识和政治生活中，我们是不可能着手做这件事的。

还应该说，如果这时候美苏关系没有得到实质性的改善，我们也不会取得成功。

在这件事上，我们要对芬兰和英国，对他们的人民和政府给予应有的评价。

东德内部变革的迅猛进程加快运动，打破了将德意志民族割裂开来的一堵墙。在德意志人实现统一的意志与苏德关系转向新的发展水平之间，不应该有不清晰和不确定的时期。

所有三方负责任的政治家都及时看清了这一点。他们从一开始就按照和平与和谐的原则来掌控这一进程。

而且非常重要的是，《苏联与德意志联邦共和国睦邻、伙伴关系和合作条约》与2个月前在莫斯科签署的《最终解决德国问题的条约》一同诞生了。

我深信，我们作出了唯一正确的选择。我们搞出来的这个经过深思熟虑的长期解决方案，符合两国和两国人民的切身利益和固有的传统。

我还深信，"大条约"（无论如何叫它），苏德条约，将不是一个片段，而是全欧进程所有参与者通过努力建造起来的新的和平秩序的一个常量。

苏德条约不针对任何人。我们的和谐与合作，是全欧大家庭承重结构的一部分。在这个大家庭里，每个人的安全就是所有人的安全。在这里，全人类的价值、相互尊重精神、团结与睦邻，将一直占据上风。

……

摘自戈尔巴乔夫与沃格尔和拉方丹的会谈记录

(1990年11月10日　波恩)

(法林参加了会见)

戈尔巴乔夫：非常高兴，欢迎德国社会民主党的领导人。我高度评价德国社民党为发展我们两国关系所作的贡献。我们将会一直记住联邦德国那些屹立在"东方政策"源头的人，记住社会民主党人在联合政府中采取的行动，关注你们在野时做的工作……

沃格尔：总统先生，首先让我代表德国社民党，感谢您为德国统一所作的贡献。现在，在所有的竞选集会上，只要一提到您的名字，人们马上就开始鼓掌。您现在在德国西部是受人欢迎的政治家。我们为此感到高兴。

社会民主党欢迎昨天签署的"大条约"。这是指明未来前进道路的指南针。但这个条约不是空穴来风。在座的法林先生，当时是贵国驻联邦德国的大使。他会记得，社会民主党人是如何制定和捍卫历史性的莫斯科条约，包括为此回击基督教民主党攻击的。欧洲安全与合作会议的成立进程，绝对应归功于德国社民党和自由民主党。但在历史上，总有这样一些情景，你播种了，收获的是别人。这也没有办法……

戈尔巴乔夫：现在我们即将进入改革最困难的时期——向市场关系过渡。我们为此需要理解和声援。对我们来说，这是头号问题。

沃格尔：答案在我们这儿是完全清楚的。我们站在你们一边。

戈尔巴乔夫：历史向我们提供了独一无二的机会，抓不住就是罪过。苏德交往源远流长。在现阶段，这种悠久的交往传统可以成为欧洲合作的轴心。

法林：如果我们能够把苏联与德国的技术工艺标准统一起来，那么，苏联与德国就可以走得更远，就可以大踏步向前发展，而日本这样的竞争者就会望尘莫及。

戈尔巴乔夫与德国问题

戈尔巴乔夫：我们重视同东部德国继续开展合作。民主德国曾是我们最重要的经济伙伴。

拉方丹：我领导的萨尔州与格鲁吉亚保持着最密切的交往。我们以后也将继续发展这种交往。在这方面，我听说，继续由前东德的那些企业向格鲁吉亚供货依然很有意义，因为格鲁吉亚需要这些企业。

戈尔巴乔夫：一个开展大规模的、可持续数十年的苏德合作的重大机遇已经到来了。"投资"于现在进行的改革，对那些表现出勇敢和远见卓识的人来说，将会证明是非常正确的。

戈尔巴乔夫基金会档案：全宗号1，目录号1

摘自戈尔巴乔夫与威格尔的会谈记录

（1990年11月10日　波恩）

戈尔巴乔夫：很高兴欢迎您，威格尔先生，来自巴伐利亚的代表。我同您1987年就见过面，当时是在莫斯科，与施特劳斯先生一起。这是一次难忘的会见，进行了长时间的内容丰富的会谈。时间虽然拖得很长，但那是同德国大政治家和知名公民有意义的一次相识。施特劳斯先生看得很远。他在寻求开展苏德合作、克服战争遗产的手段方面做了很多事情。他提出的那些方案，摒弃了个人成见，现在都在一一落实。施特劳斯拥有不竭的智慧，他可以跨越停滞的观念。施特劳斯是一个思想家，一个意志坚强的人，并不是每个人都能做到这样。

威格尔：您，戈尔巴乔夫先生，当时就给我留下难忘的印象。我做了最详细的记录。这份记录施特劳斯只让两个人看过——魏茨泽克总统和基辛格。

戈尔巴乔夫：嗯，魏茨泽克是个可靠的人。至于基辛格嘛（哈哈大笑）……嗯，他是个有趣的人。我跟他多次争论，总的来说彼此都非常坦率。

威格尔：我们的党是联邦德国最大的一个人民政党。在最近一次选举中，我们几乎获得 55% 的选票。您看到，人民是多么信任并追随着我们。

总统先生，您昨天发表了伟大的演讲。我连夜又读了几遍。我深信，您的演讲不仅在德国，而且在全世界，都将引起强烈的共鸣。这是一次令人感动和激动不已的演讲。

请让我利用这个机会，祝贺您获得诺贝尔和平奖，尽管这来得有点晚。

我想代表党，感谢您对我们多年的领袖施特劳斯所作的评价。许多人谈到施特劳斯时，用语法的范畴表达就是用"过去时"，如"前……"。但您却说，别人无人能够出其右。

戈尔巴乔夫：长期积累的相互熟知和对周围世界的认识，导致了历史发展在今天的加速运动。这也再次证明，我们不仅创造历史，而且历史也改变我们。结果形成了诸如信任这样的因素。信任能够保证苏德关系获得真正意义上的大发展。如果我们不搞权宜之计，而是时常意识到我们两个民族、两个国家拥有众多资源的话，德国同苏联开展合作就拥有巨大的未来。

威格尔：我自豪的是，作为财政部长，我签署了主权德国与苏联过渡措施的第一个协定。这个文件本身，就是对我们两国人民和解作出的必要贡献。

阿尔赫兹是工作的好地方，它提供了动力。之后，我们只经过几天和数周时间，就制定出一系列重要的具体的协定。这证明，在相互信任的情况下，实际回报是多么有效。

戈尔巴乔夫：您知道我们的事情，部长先生。您已经实地展现出我们未来合作的规模。财富可以在这种合作中被创造出来，造福于两国人民，造福于国际进步。在向新的经济形式过渡时，苏联用于克服特殊困难所需的财富数额是微不足道的。如果注意到，你们计划支出 7000 亿美元，用于将前民主德国拉高到联邦德国的水平，那么给我们提供过 4 到 5 年可以归还 150 到 200 亿美元的贷款，完全是微不足道的。

应该指出的是，在目前这个最需要承担责任的阶段，谁向改革投资，谁就是在用历史纬度来思考问题。这就是我为什么如此珍视联邦总理的立场，珍视您作为联邦德国财政部长立场的原因。尽管我们都很清楚，财政部长的职位本身，总是会受到最大程度的关注。

威格尔：苏联总统理解我，对我极其重要。

戈尔巴乔夫：必须利用好现在给我们提供的历史机遇。吝啬的人付出的

戈尔巴乔夫与德国问题

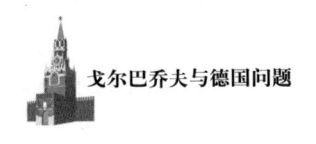

将会更多。

巨大的成就期待着我们去获得。因为苏联和德国拥有难以找到的各种因素成功组合，如经济的、智力的、历史的、地理的和其他的因素。这些因素在互动中，可以为我们提供不同寻常的巨大成果。

问题在于，我们是在一个危急阶段，向我们的人民不习惯的新的生活方式过渡。现在敢做投资的人，就是有深谋远虑的人。我希望人们能有开阔的思路。

威格尔：我们了解你们遇到的所有问题。我们将给予协助。因为我们知道真理在你们一边。就这一点，我和联邦总理没有任何分歧。

尽管我是财政部长，我也准备在这方面和明年在涉及苏联的事务上冒些风险。我们信任您，总统先生，所以准备冒险。同贵国经济过渡到市场有关的一切事情，能做的，我们一定去做。现在，我和农业部长一道组织从前民主德国的领土上向苏联供应农产品。我们认为，这对你们将是很好的帮助。

就在今年，我以德国的名义签署了向苏联提供240亿马克的金融债券。我们将此视为德国在国际责任的框架内为团结苏联所作的贡献。

总统先生，我祝您一切顺利。作为巴伐利亚人，作为德国巴伐利亚最大政党的领导人，我想请您下一次访问联邦德国时，一定光临慕尼黑。我在那里焦急地等待您，相信您不会让我们失望……

戈尔巴乔夫基金会档案：全宗号1，目录号1

摘自戈尔巴乔夫与根舍的会谈记录

(1990年11月10日　波恩)

(拉姆多夫参加了会见)

戈尔巴乔夫：非常高兴欢迎您，我的老相识。昨天是伟大的一天。我们签署了"大条约"。在充满建设性和相互关注的氛围中，条约在一段不长的时间里就能够搞出来，实在令人愉快。

这里面有您的一份重大功劳，根舍先生。我们对您为加强我们两国相互关系所作的贡献给予高度评价，希望今后继续开展良好的合作。

我们将采取一系列重要的、负责任的措施，来解决我们面对的那些复杂的政治和军事政治问题。我们赞同苏联与德国在各个领域开展相互协作，因为世界比以前更加关注它们。

根舍： 总统先生，在与您的交往中，我们总是感觉到靠得住，感觉到有前景。正是由于您的努力，欧洲发生了积极变化，我的国家和我的人民的分裂状态被克服掉了。我们对此给予高度的评价。首先体现在统一的问题上，西德政治家们，还有我，都力求这一进程不要孤立地进行，而要与整个欧洲的发展联系起来。

正如我们希望的那样，德国的统一，已经并将对欧洲安全与合作会议的发展进程产生着影响，这一组织能保证欧洲和世界向更好的方向发展。

我很高兴，今天可以与我的朋友谢瓦尔德纳泽一起去我的家乡加勒市看一看。多亏实现了统一，多亏了您的努力，总统先生，我们此行才会成为可能。

拉姆多夫： 当然，您知道，我也是我的朋友根舍那个党的。以前是他领导这个党。现在我是这个政党的主席。总统先生，我百分之百完全同意根舍先生刚才对您说的话。您知道，现在，我们正在搞竞选，不得不在全国到处跑，在各种各样的人群面前发表演讲。需要赢得选民们的好感，我拟定了自己的方式，即只要在我的演说中提到两个名字——戈尔巴乔夫和根舍，人们一下子就爆发出掌声。

您昨天在总理午宴上的讲话，给我留下深刻印象。我现在得马上到德国东部去，在那里对人们发表演讲。在所有的会面中，我都不断地重复，对还有一段时间要驻扎在我国领土上的苏联士兵，应像朋友和客人一样善待他们。他们会带着良好的感觉回国内的。坦率地说，这样的呼吁也获得了掌声。

戈尔巴乔夫： 拉姆多夫，您的姓我们都熟知。您的祖先在俄罗斯居住过。我知道您在70年代对发展我们两国经济的相互协作作出过贡献，当时您是联邦德国的经济部长。现在，我们两国关系进入了新阶段。我们希望，您能积极参与落实已经拟定的计划。

涉及到目前的欧洲，还想提及两点看法。包括在我们那里，有时候能够听到这样的说法，即东欧国家的变化意味着政治上的失败，丧失了政治上的

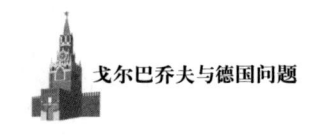

独立。

这种态度让我们感到很吃惊。因为实际上我们进入了新的历史时代。我们没有失去任何东西，相反还获得了新的欧洲，获得了一个拥有主权、舒适和走向未来的欧洲。

第二点意见是，现在进行的这个进程带有基础性的特点，它首先使我们建立起欧洲安全的新架构。发表空洞宣言的时代已经过去。华沙条约组织和北大西洋公约组织都在发生变化。我们将决定它们的下一步命运。

根舍：我们昨天讨论了这些问题，谈到了欧洲的稳定以及不要使戏剧化的进程导致爆炸性危险局势的出现。对于现在的欧洲来说，首先关注的不是改变现有的边界，而是要巩固和确认现有的边界。就这一点来说，欧洲东南部，首先是南斯拉夫发生的事情，引起了我们的强烈关切。

戈尔巴乔夫：出现了诸如巴尔干化和黎巴嫩化的术语。而巴尔干化和黎巴嫩化在欧洲都不应该发生。我们有亲身的体会，知道这意味着什么。无论如何，民族主义和分离主义都不应该得到鼓励。两者都将使社会发展出现倒退。

根舍：历史已经证明，对于欧洲来说，最可以接受的民主制度，是联邦制或邦联制，但绝对不是分离主义。

现在的局势是，在西欧，各国越来越友好接近，并准备把自己的一部分权利让渡给欧洲的一些机构。而东欧还在为新的边界划分而争吵不休。

戈尔巴乔夫：我们遇到了"主权检阅"。40年过去了。历史在发展，各国已经摆脱了过去曾被证明是正确的"托管"。我们已经告诉我们那些位于东欧的邻国，他们在做什么，还想做什么，我们都不会干涉。希望那里的一切都能够理顺，都能各就其位。

根舍：我打算星期三去趟华沙，讨论未来要签署的德国和波兰的边界条约问题。我还想在巴黎最高级会晤举行之前，就一系列问题作出阐述，以使这些问题不要届时再浮出水面。

戈尔巴乔夫：这种处理办法好。我们也赞同巴黎会晤要面向未来，不被可以个别解决的问题所纠缠。

根舍：重要的是，巴黎会晤将使欧洲各国和各国人民的关系迈向全新的阶段。将产生一些新的机构。要推动事业前进，首先应该遵循的原则，是保证进步，而不是制造障碍。

人们的观点各不相同。不是所有的人都想看到我们要与之打交道的那些看起来很文雅的机构,比如预防冲突中心。但是,正如人们所说,一切各有其时。保持发展的趋势并向前前进,是正道。

戈尔巴乔夫： 欧洲的稳定一定要保持。我们知道这有多么的重要。我们现在正在制定新联盟条约,草案近期就要提交全民讨论。苏联国内的发展同整个欧洲的发展,联系是非常密切的。所以,我们会以极其负责的态度对待它。

根舍： 我知道,做这件事我不得不跟波兰人出出汗了。没有别的出路。我主张集中全部力量,在边界问题上,打破这个我们现在在其中净兜圈子的魔鬼循环。边界应该变成某种多余的东西。我深信,人类历史上这样的阶段即将来临。人们将保持民族和文化的独特性,而连接他们之间的边界,将只具有纯粹的象征性。

让上帝保佑我们开始重新划定边界吧,我们将埋葬一切。为什么不利用一切的合作可能,去建设一个全欧的空间,并为此目的共同向前推进呢?这是一个远景,它可以使我们大家都能获得可靠的发展。

戈尔巴乔夫基金会档案：全宗号1,目录号1

戈尔巴乔夫给切尔尼亚耶夫下达的指示

(1990年11月10日　从波恩回国的飞机上)

戈尔巴乔夫： 从我们与科尔和其他人的会谈中,得出了哪些实际的结论?

1. 科尔建议向莫斯科派出由特里奇克率领的专家组,以便准确弄清,我们需要什么样的援助。我们这边的西塔良和马斯柳科夫将同他们一起工作。

需要准确地办好以下几点：

——充实市场所需的食品和日用品,要有紧急措施；

——凡是想在工业中心供货渠道中"做手脚"的路,都要堵死；

——对军事设施(特别详细地列出整套最必需的商品)采取同样的办法；

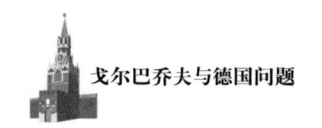

——准确设定好运输机制，根据用户单位的要求加以协调；

——向欧盟收集多余的商品和食品，那里的这类储备是足够多的。要向德国人提出这个问题，请他们予以协助。

过一个星期可在莫斯科接待特里奇克。

2. 成立专门小组，为从德国回国的军人解决住宅问题。小组不是部委一级的，不是国防部一家派人，而是国家级的。小组由别洛乌索夫领导。小组要搞一个工业建筑基地，把德国人的钱都用在这上面。

3. 落实好对前民主德国企业的供应问题。威格尔承担这件事情的组织工作。

4. 有关对退役士兵进行民事职业培训的问题。科尔特别热衷于这个想法。要准备好论据充分的对策建议。

5. 德裔苏联人的安置问题。德国人准备为此出钱。

6. 要参与进全欧范围的重大交通项目。德国人想在这件事上"当领袖"。这对我们极其有利。

7. 西部集群军的军事财产问题。卖什么，卖给谁，哪些可以转给合资企业，还有机场以及其他设施怎么处理。所有这一切，都要列出一张单子，同威格尔和特里奇克进行协商。

关于处理的标准和具体建议，由国防部汇同卡图舍夫一起来办。

8. 对被希特勒分子驱赶到德国工作的苏联公民给予赔偿的问题。德国人已经准备设立一个专门基金会。要同他们接触，确定应该给哪些人赔偿。

9. 什佩特（巴登—符腾堡）准备组织干部培训（为我们培训管理人员）的问题。德国其他地方也有类似的建议。请马斯柳科夫和西塔良等人拿出具体的对策。

10. 12月14日将在巴黎举行欧盟首脑会议。科尔请我给他准备"一些提示"，即让他怎样服务于我们的利益，服务于我们同他们开展合作的利益，服务于我们同欧盟合作的利益。

把这件事落实一下。我以上所说的，就是苏联总统令的底稿。

还有，第一部分要加上军转民问题。德国人准备提供帮助，也应把美国人拉进来。

科尔问我，可否把武器和属于东德人民军的其他军事装备卖给捷克人和匈牙利人？请国防部会同外交部解决这个问题。但要说明，捷克人或其他什么人，没有权利把武器再转卖给其他国家。

关于德国人以人道主义的形式寄送给我国居民的包裹问题。把这道门都打开吧。给我们的海关下指示：免征关税。

阿·谢·切尔尼亚耶夫记录

戈尔巴乔夫基金会档案：全宗号2，目录号1

摘自扎格拉金和舍费尔的会谈记录

（1990年11月14日）

11月14日，同联邦德国联邦政府新闻出版署副署长舍费尔（基督教民主联盟的人）进行了会面。

1. 舍费尔引用该党领导人、联邦德国财政部长威格尔的话说，对戈尔巴乔夫访问波恩给予极高的评价，请求一有可能，将再次感谢苏联领导人为德国所做的一切，并保证德国人对此永远铭记在心。

2. 舍费尔再次援引联邦德国领导人的话，请我们不要对驻扎在前东德领土上的我国军队的状况和问题不闻不问。

他说，联邦德国领导人将尽一切努力对待他们，就像对待友好国家的军队一样。科尔明年初将到苏联军队驻地走一趟，就这个话题同当地的居民会面。但苏联部队本身的情况和纪律状况（如擅自离开、开小差和买卖武器）就是这样，科尔此行未必能保证他对我国军队的态度发生决定性的转变。

舍费尔说，与当地居民的冲突也越来越频繁。且不只一次发生苏联军队士兵的盗窃行为。调查过程中，据谈话者反映，有些情况是再清楚不过了。如抢劫是按照军官的命令实施的，为了计划外休假而搞贿赂等等。

从社会层面看，苏联士兵和军官的物质状况、他们家庭生活的条件，在当地居民中引起了不良反应。正如调查中遇到的谈话人所说，对苏联军人的

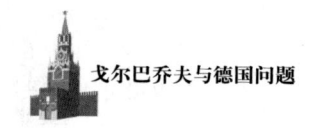

态度也有两重性,即同情和感同身受,同时还有不信任和悲伤。

舍费尔说到这些时,表情十分真诚。当然也可以琢磨出他的潜台词:要让我们的军队快点回家。

3. 舍费尔还注意到一个问题,即随着苏联与德国关系的改善,特别是两国签署了内容特别丰富的条约,德国的一些"邻居"(点了法国、英国和意大利的名)的担忧和谨慎也在增长。舍费尔还说,他们准备减少对改革给予的援助。

不用说,后面这句话显然同德国国内对我国国内的发展前景持怀疑态度有关。"德国因素"也在起作用。

瓦·瓦·扎格拉金

戈尔巴乔夫基金会档案:全宗号2,目录号1

1991年

摘自戈尔巴乔夫与科尔的通话记录

(1991年1月18日)

戈尔巴乔夫：你好，亲爱的赫尔穆特。我从电视转播中看到你当选统一后的德国总理的仪式。作为个人，作为政治家，我向你祝贺这个意义重大的事件。要知道，你当选的是统一后的德国的第一任总理。感到有些遗憾的是，你当选的仪式同一些悲剧性事件在时间上巧合了，令人喜忧参半。但就是这样，我也要再次祝贺你当选。

科尔：非常感谢你的祝贺。从你的话语中，我体会到非常友好的感情。我很高兴，昨天你能够观看联邦议院选举总理的电视转播。我清楚地知道，这在许多方面都要归功于我们一道开始和一起实施的共同政策。

戈尔巴乔夫：我还认为，我们开始的共同政策，预先决定了我们两国人民以及欧洲和全世界要发生的历史变革。亲爱的赫尔穆特，我想特别强调的是，我能够与你代表的敢于履行诺言的人打交道，对在目前苏联经历的剧烈发展的转折期来说，是极其重要的。我们特别珍视的是，从德国方面，我们不仅可以指望建立起伙伴关系，而且还可以指望参与我们奉行的政策。

我国国内的进程现在已经进入决定性的阶段。一方面要继续奉行实现既定目标的路线；另一方面，又要让人们远离可能产生的消极后果，确保社会得到保护。为此不得不展开许多争论、辩论，甚至是真正的政治斗争。需要坦率地说，在这方面，不实行严厉的经济、金融和行政性的措施就不行。于是，立刻就有人提出了这样的问题：戈尔巴乔夫是不是正在放弃他制定的方针，

戈尔巴乔夫与德国问题

新的戈尔巴乔夫能不能站住脚？他会不会又走回老路，宁愿再变回行政命令体制？戈尔巴乔夫是不是在向右转？我想十分坦率地说，我们已经作出了选择，我们不打算改变自己的政策。

科尔： 在前不久的一次公开演讲中，我明确地表示，我毫不怀疑戈尔巴乔夫会改变自己的政策。作为政治家，我很清楚，有时候这种情况，即为了推动某些政治目标得以实现，不得不搞一些迂回。需要经常保持耐心和坚韧不拔的精神。这样才会产生效果。

戈尔巴乔夫： 赫尔穆特，我知道你对局势发展的看法，我对此高度评价。

（因美国对伊拉克实施"沙漠风暴"的军事行动，下面谈到了中东局势。）

科尔： 我认为，我们必须加倍努力，以尽快解决冲突。

戈尔巴乔夫： 一旦从巴格达获得信息，我即刻向你通报。也许今天就会发生什么，届时我们再电话联系。

科尔： 我认为，我们必须保持密切接触，最晚在星期一下午我们再次通话，交换一下意见。

戈尔巴乔夫： 一言为定。赫尔穆特，我想再次转达我个人的祝贺，赖莎也加入祝贺的行列。祝贺你当选这一崇高的职位。

阿·谢·切尔尼亚耶夫记录

戈尔巴乔夫基金会档案：全宗号2，目录号1

苏联最高苏维埃的声明
（1991年3月4日）

今天，苏联最高苏维埃批准了三个最重要的条约，都涉及德国问题的解决和苏德关系的未来。这三个条约是：《最终解决德国问题条约》、《苏联与联邦德国建立睦邻、伙伴关系和合作条约》和《苏联与联邦德国在经济、工业和科学技术领域开展大规模合作条约》。

苏联最高苏维埃把这一揽子文件视为具有历史意义的文件。这些文件为第二次世界大战划上了句号，它顾及到欧洲和世界新的现实情况，开辟了实现持久和平、推动苏联人民和德国人民开展大规模合作的新时代。

苏联人民代表、苏联最高苏维埃委员们希望，德国由此承担起的义务，是在德国的土地上实现和平；而只有和平，只有矢志不渝地恪守和平，才能同欧洲安全与合作的新的架构实现对接。在回击纳粹侵略中付出难以估量牺牲的苏联人民，有权期待统一后的德国以过去的历史教训为鉴，承担起现在与未来她应担负的责任。只要沿着这样的道路走下去，德国人民就永远可以指望获得苏联的支持和团结。未来欧洲的面貌、世界的局势，在很大程度上取决于苏德关系的基础奠定得如何。

条约中有一些条款具有特别重要的意义，如最终确定了德国的现行边界，德国不再有任何领土要求，德国承担履行其军事政治义务所需的全部款项，德国承担不生产和不购买核武器、生物武器和化学武器的义务等等。苏联最高苏维埃由此认为，统一后的德国将矢志不渝地遵守人权，包括不歧视前东德公民行为的政治动机和其他动机。

苏联最高苏维埃由此得出结论，批准上述条约，符合苏联的民族利益和国家利益。

各方对上述条约产生的实际义务，将使解决同发展大规模互利经济与科技合作有关的问题，都得到保障。

最高苏维埃责成苏联部长会议、有关部委和组织，采取必要措施，落实上述已批准条约的各项条款，各方要严格遵守其中应尽的义务。对所有这些涉及苏联人民切身重要意义的问题，苏联最高苏维埃将给予严格的监督。

莫斯科　克里姆林宫　苏联最高苏维埃
《真理报》　1991年3月6日

戈尔巴乔夫与德国问题

摘自戈尔巴乔夫和科尔的通话记录
（1991年3月5日）

戈尔巴乔夫：欢迎你，赫尔穆特，情况怎么样？

科尔：你好！米哈伊尔，你听得清我说话吗？

戈尔巴乔夫：很好，我甚至听得清你声音的细微变化。我认为昨天批准有关苏德关系的那些文件之后，我们越来越近了，彼此听得更清楚。

科尔：衷心感谢你兑现了诺言。昨天批约给我留下很深的印象，尽管在此之前还听到看到不少胡说八道。现在都达到了非常好的效果。我衷心地感谢你。

戈尔巴乔夫：应该说，在批准之前，就这些文件做了大量的解释工作。昨天的最高苏维埃的会议，讨论过程和当时的气氛都很好，投票结果也不错。

科尔：请转达我对你们所有工作人员为此所做大量工作的衷心感谢。

戈尔巴乔夫：我想，是清醒的头脑最终胜了。人们相信，苏德关系已经掀开了新的一页。过去我们的合作不错，现在将要迈上一个新台阶。在我看来，理解这一点也是决定性因素。

科尔：谢天谢地，一切都顺利过去了。

戈尔巴乔夫：我认为，剩下的问题我们也可以很快解决。

科尔：再次感谢。今天梅杰在你那里怎么样？

戈尔巴乔夫：转达了你的问候。我们的会谈给我留下非常好的印象。

科尔：请你相信，他是个好人，我非常希望你同他的交往，就像你同布什的交往一样顺利。这有利于推动我们的关系。他还年轻，前途无量。

戈尔巴乔夫：也许是吧。我对同他会谈的内容和气氛表示满意，谈得相当坦率。给我的印象是，他对你有好感。

科尔：我再重复一遍，他是个非常好的人。请你谈谈波斯湾地区的局势，你有什么消息吗？特别是伊拉克本国的局势，你有什么可靠的信息吗？

戈尔巴乔夫： 伊拉克的局势很复杂。那里有各种问题，明里暗里都在增长。暂时我还不能说更多的东西。

科尔： 那你知道萨达姆·侯赛因现在在哪儿？

戈尔巴乔夫： 确切地点我不知道，感觉他还在当地。我们会密切跟踪局势的发展，并向你通报。

科尔： （笑）是不是你把他藏到克里米亚的什么地方啦？

戈尔巴乔夫： 嗯，也许把他藏到德国北部最好不过。

科尔： 那倒用不着了。没有他，我们这里的疯子也够多的了。

戈尔巴乔夫： 顺便说说海湾局势。我觉得，对乔治的反应作出某些平衡是有益的。我认为，他在那里不会那么顺利。他自己当然能搞清局势，但在这方面帮帮他，总是要好一些。要知道他现在是走在刀刃上，我们是可以使他脱险的人。如果他认为，那些对他一切都唯命是从的人，才是他真正的朋友和伙伴的话，那我们就不管了。我只限于讲这些。

科尔： 我明白你的意思。也许，下周初，我们再通一次电话，到时候我告诉你，我同乔治谈的结果。

戈尔巴乔夫： 还有一个问题想跟你交换一下意见。但不便在电话里谈。最好我给你写信。

科尔： 那没问题。我等着并给你回信。你怎么过自己生日的？

戈尔巴乔夫： 在家里过的。我们这儿局势复杂，没有心情欢度生日。只限于家里人。感谢你的祝贺。再见！紧握你的手！

阿·谢·切尔尼亚耶夫记录
戈尔巴乔夫基金会档案：全宗号2，目录号1

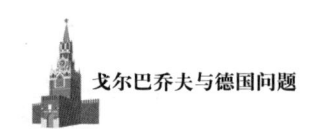

戈尔巴乔夫会见科尔的谈话要点

（1991 年 6 月 18 日）

需要准备材料的问题：

1. 国内局势，特别是从俄罗斯选举的角度来看。

对最近选举政治后果所作的评价。

2. 有关 1941 年 6 月 22 日以及拟交换信件和采取其他举措的主要内容。

3. 向科尔通报与布什关系的现状，就反导问题、谷物贷款问题和落实贸易协定问题交换信函，通报即将举行的苏美最高级会晤的性质。

4. 准备在"七国集团"会晤时打出的我国经济改革计划的一些要点。

5. 就东欧局势交换意见，其中包括：

我们对苏联同东欧各国双边关系现状和前景所作的评价；我们对一些"难点"所持的立场。

我们对盘活东欧方向政策的打算，以及处理同前盟友关系的原则。

从全欧的角度观察东欧局势，我们两国在维护东欧地区安全与稳定问题上开展合作的机遇（这一地区对苏联、联邦德国、整个欧洲及地中海地区都至关重要）。

6. 有关全欧进程问题：

关于即将在柏林举行的欧安会内务部长会议；对苏联同欧共体的关系，我们能带点什么东西到那里（别斯梅尔特内赫（注：时任苏联外长）应该会向根舍作通报的，不过考虑到别斯梅尔特内赫同根舍的会见，也许要告诉科尔点什么），科尔对能否谈论这个话题会有什么考虑。关于西欧一体化与苏联改革的关系；

在我们同西欧其他主要国家发展关系的背景下，如何处理好苏联同德国的接近问题；

北约在巴黎宪章签署之后的作用和要求；欧洲进程和欧美关系背景下的

北约和西欧联盟；

为实现欧安会的机制化而协调欧洲各种机构的问题。

7. 波斯湾局势和解决中东问题（鉴于欧共体要参与解决）的前景。

8. 苏德关系的某些问题：

前不久决定组建北约快速反应部队和计划1991年在德国东部领土上部署多国联合部队，这一部队将以某种形式依赖美国在德国土地上部署的核武器。这同苏德条约是相抵触的；

履行从德国撤出西部集群军（请西塔良准备）协定有关的问题；

德国与苏联各共和国关系以及加里宁格勒问题如何处理。

9. 关于恢复德裔苏联人自治地位的问题。

10. 就民主德国一些活动家受到歧视和迫害的事件表达我们的关切。

切尔尼亚耶夫

戈尔巴乔夫基金会档案：全宗号2，目录号1

戈尔巴乔夫就交换文物事致魏茨泽克的信

（1991年7月12日）

尊敬的总统先生：

《苏联与德国的睦邻、伙伴关系和合作条约》的签署，为我们两个伟大民族实现最终和解与接近敞开了大门。条约使我们的合作水平发生了原则性的改变。由于一系列原因，我们提起过去的事情时，双方都喜欢详细地加以诉说。我指的是，要尽可能地补偿战争给我们两国文化、艺术和历史遗产造成的巨大损失。

就此列入条约中的特殊条款证明，我们不再认为把文化价值的损失归结为共同灾难的观点是正确的。苏联公民、文化与艺术活动家给我写的信，都谈到了这一点。

在战争和被占领的年代，苏联丢失了众多独一无二的文化、艺术珍品和民族历史文物。我们的档案馆、图书馆和博物馆的损失更是难以弥补。用马克或卢布来衡量这种损失是很不合适的，因为许多作品和文物是无价的。但如果用1914年的标准来估价，那么国家文化财产的全部损失就达到1400亿金卢布，其中包括被盗窃或损坏的就达230亿金卢布。

而且我还没有把拥有收藏品、图书馆和艺术品的私人损失计算在内。

遗憾的是，除了普斯科夫－伯朝拉修道院的珍宝外，这些年几乎没有向我们归还任何艺术作品和历史文物。被从苏联领土上运走并且为希特勒、戈林和科赫"收藏"的所有这些东西都在哪里？苏联公民向我提出的这些问题，我该怎么回答？

在1945年进入德国的我国军队的手里，有不少文物，分布在他们固定或临时保管的地方，或者被抛弃、放置在坑道里，甚至还布了地雷。后来这些国家财富都转交给了德国人民。捷尔任斯基画廊的763件杰作、1610件其他油画、18383件古希腊罗马文物、166646张线条画、十万多枚钱币（其中包括4187枚金币），都已经归还。如果算上马伊森藏品，民族志博物馆的收藏，乐谱图书馆等等，那么留下来的还有更多。

自然，双方要做细心和耐心的工作，把所涉文物和历史珍品移动及其下落的有关资料加以系统化整理，并确定她们现在的方位。毫无疑问，要让我们经两国政府授权的专家行动起来。这种细致的劳动要依靠他们。

我毫不怀疑，在双方都有意愿的情况下，我们可以破解不少秘密，发现许多失踪的东西，填补已经形成的空白。苏联方面时常在酝酿，对这些东西应该有一个好的处理方法，惦记着要把这些物品管起来，不要让它们流散到世界上。

没有统一后的德国政府及其相关部门的切实协助，就不可能把这项工作做起来。因为属于苏联文化机构的这些文献，就如同现在的文化机构一样，在已经被占领的苏联领土上毁掉了，许多文物珍品的保管者或其所有者都已不在世上了。

如何更好地组织所有这些工作，怎样保证被非法运走的东西在相互有效的基础上归还，我想听听您的看法。

我原听说，联邦德国内务部国务秘书霍尔斯特·瓦峰斯密特曾同苏联科学院科学信息研究所有过接触,后者手里有歌德图书馆的一些藏书。他们商定了把这些书退还德国的方式,以及在赔偿框架内开展合作的问题。我觉得,总统先生,这是个良好的开端,所以我就此向您提出来。

还有一件事我想知道您的意见。

剧院的活动家们和首都当局想在莫斯科建一个国际文化、商业和贸易中心。德国"都柏林"和"罗尔夫—戴尔"(斯图加特)、"皇冠"(美因茨)公司一度打算与莫斯科人组成"红丘陵"合资公司,来建这个中心。"百丽舍—菲拉因银行"(慕尼黑)已经同意牵头搞一个西方银行的财团,来为这个项目融资。

我觉得这是个很好的倡议,它将进入苏德伙伴关系的轨道。但是,正如我理解的那样,上述公司需要从德国最高当局那里获得对他们意图的许可。

总统先生,请接受我对阁下的崇高敬意!

苏联总统 戈尔巴乔夫

戈尔巴乔夫基金会档案:全宗号2,目录号1

与科尔通话的谈话要点

(1991年10月2日)

尊敬的联邦总理先生:

我向您,向联邦政府和所有的德国人表示祝贺!

现在,一年来蓬勃发展的历史已经证明,一年前,当历史的洪流只提供唯一一次解决办法的时候,我们及时抓住了机遇,我们的行动是正确的。

德意志民族的统一已经恢复,这是它的福祉。统一,为和平与自由事业,为欧洲两个伟大民族关系的健康和全面发展,带来了非常积极的成果。

这一年还再次证明,德国人民已经从历史教训中得出了结论。我们相信,

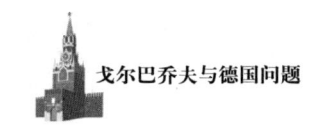

在德国的土地上，永远再不会发生战争。我们两国人民实现了历史性的和解。这是和平与稳定的最好保证，至少在欧洲是这样。

德国经历了重要而不平凡的一年。与东部、西部国土有关的一些复杂问题，与经济的、纯粹人文相关的问题，都逐渐得到解决，令人感到高兴。

众所周知，这个时期我们也很不轻松，甚至还有悲剧出现。赫尔穆特，我想对您，对联邦政府，对德国人民表示感谢，在我们艰难行进的道路上，无论在双边领域还是在国际层面，你们都给予我们声援、同情和实际的支持。

两个伟大的人民在你们实现统一的历史性的一天作出的承诺，已经为行动所证明，并且经受住了这独特一年的严峻考验和检验。

我们苏联非常珍视与德国建立的良好和健康的关系。我深信，我们在未来依然是可靠和诚实的伙伴、朋友，我们相向而行，一起行动，并且铭记命运赋予我们两国人民的伟大责任。

人们说，在人的一生中，第一年是紧要的；对国家来说也是如此。我认为，我们可以确认，一个统一的德国将满怀信心地前进。真是这样的话，德国人将会赢得她的邻国和所有其他国家人民越来越多的尊重和好感。

戈尔巴乔夫基金会档案：全宗号2，目录号1

摘自戈尔巴乔夫与根舍的通话记录

（1991年12月25日）

根舍： 我带着最良好的感情给您打电话，衷心地向您问好。很高兴能亲自同自己的老朋友交谈。

戈尔巴乔夫： 长久的友谊是不会褪色的。感谢您在这样的日子（译注：1991年12月25日，是苏联解体的第一天。）给我打电话。这象征着您赋予我们的关系，赋予我们两国人民的关系以重大的意义。

圣诞节之际，请转达我和赖莎·马克西莫夫娜（戈尔巴乔娃）对您的亲属衷心的祝贺和我对您的友好感情。对我们这些年来成功地做了一些良好和有意义的事情，我记忆犹新。

我努力设身处地为我的国外伙伴们着想，当他们听到我的临别声明会有什么感觉，所以我没有在圣诞节当天发表声明。这么说吧，就让大家在家里平静地过节。

我将发表声明，美国 CNN 将向全世界直播……您会听到的。

我想感谢您这些年来同我的合作。我收到了您通过大使转来的信。我很高兴地指出，您像我一样，理解我们一道做的那些事情。

我已经对乔治·布什说过，我不会躲到原始森林里去，我将继续从政，继续做我们一道做的事。

这句话我也可以对您说。我非常珍视同您和赫尔穆特的友谊。希望继续保持接触，同你们交换意见。

感谢您亲自与我交谈。对我来说，重要的是分享思考，命运是如何安排的。我高兴和朋友谈这些。

根舍：感谢您所作的一切。昨天还给您写了封信，要告诉您我在这一天的感受。这是您一生中特别的日子。而且对世界也是如此。这一天对于我们，对于德国人很重要。您不仅赢得了德国人的感谢，而且征服了他们的心。这将永远被记住。您为您的国家，为你们的邻国人民所做的事情，将永远载入史册。

您可以深信，不仅德国会感谢您，而且世界许多国家都会感谢您。

我很高兴，您将继续在政治和社会生活中发挥作用。人们都期待着您。

我记得我们在 1986 年夏季的第一次会见。当时我同你谈话很难。但我知道，我看出来，我与之交谈的人，是一个真诚的人。在许多问题上，我们的看法是相吻合的。

那时同赖莎·马克西莫夫娜（戈尔巴乔娃）的谈话，对我也有特别的意义。

我记得我和她 1990 年夏天在高加索的那次谈话。她告诉我，要是这里的每一个人承担的义务都得到遵守。我当时向她保证，我们将坚定地履行自己的诺言。

我向您保证，并以我妻子的名义向您保证，我们对您和赖莎·马克西莫夫娜（戈尔巴乔娃）拥有最良好的感情。祝愿你们一切顺利！

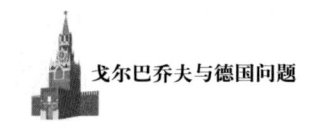

戈尔巴乔夫：谢谢，祝您一切顺利！

根舍：我真诚地期待与您再次见面。

您要知道，根舍说的话是可靠的、忠实的。

我希望，我们还可以在各种不同场合见面，继续合作。您要知道，戈尔巴乔夫在这里有忠实的老朋友。

戈尔巴乔夫：朋友般地紧握您的手！

阿·谢·切尔尼亚耶夫记录
戈尔巴乔夫基金会档案：全宗号2，目录号1

戈尔巴乔夫致科尔的告别信
（1991年12月25日）

联邦德国政府总理科尔先生阁下和科尔夫人：

亲爱的赫尔穆特：

我即将离开苏联总统的职位。

尽管事件的发生不是我认为的那样正确和合理，但我并未丧失对我6年前开始的事业最终会成功的希望，俄罗斯将同加入新的联合体的其他国家一起，变为现代民主的国家。

在这个对我并不轻松的时刻，我想起我与你一起所做的那些事情。德国实现统一，是世界历史和新的世界政治上的最重大的事件。我希望，我们比其他人更多地促进这一进程的发展，我希望，这些将留在人民的记忆中。

我想，俄德关系将在我们一道签署的"大条约"中奠定的基础上顺利地向前发展。

我和赖莎衷心地祝愿汉内洛蕾，祝你全体家人身体健康，顺遂和幸福。

你的米哈伊尔

戈尔巴乔夫基金会档案：全宗号2，目录号